PORTA LINGUARUM ORIENTALIUM
HERAUSGEGEBEN VON BERTOLD SPULER UND HANS WEHR

NEUE SERIE

VII

RICHARD F. KREUTEL

Osmanisch-Türkische Chrestomathie

1965
OTTO HARRASSOWITZ · WIESBADEN

OSMANISCH-TÜRKISCHE CHRESTOMATHIE

VON

RICHARD F. KREUTEL

1965

OTTO HARRASSOWITZ · WIESBADEN

ISBN 978-3-447-00690-3

Gesamtherstellung: BoD, hamburg
Printed in Germany

Otto Harrassowitz GmbH & Co. KG
Kreuzberger Ring 7c-d, D-65205 Wiesbaden,
produktsicherheit.verlag@harrassowitz.de

PAUL WITTEK

in Verehrung und Dankbarkeit

zugeeignet

Inhaltsverzeichnis

Vorwort XI

Einführung XIII

Abkürzungen und Zeichen XXI

Lesestücke 1

I. Volksliteratur 3

a) Schnurren vom Ḫoǧa Naṣreddīn (*1899*)* 3

1. Himmlischer Haushalt 3 / 2. Unter falscher Flagge 3 / 3. Die Sterne der Heimat 3 / 4. Traumgeschäfte 3 / 5. Einfacher Ausgleich 3 / 6. Mit gleicher Münze 4 / 7. Gewogen und zu leicht befunden 4 / 8. Grenzen der Narrheit 4 / 9. Das liebe Hauskreuz 4 / 10. Jedem Thema gewachsen 5 / 11. Dünne Brühe 5 / 12. Der böse Wirbelwind 5 / 13. Wundersame Kalenderverwirrung 6

b) Vierzeiler und Rätsel (*1889*) 6

14. Kränkung 6 / 15. Hohn 6 / 16. Schade! 6 / 17. Liebeskummer 6 / 18. Der Rohling 7 / 19. Der Genießer 7 / 20. Verliebt 7 / 21. Auf der Hut 7 / 22. Zwei Rätsel 7

c) Hausmärchen (*1887*) 7

23. Der Prinz und die Derwischstochter 7 / 24. Die Rabenfee 10

d) Volkslustspiel (*1888*) 14

25. Der Bettlerdampfer 14

II. Erzählendes Schrifttum 16

a) Aus dem „Papageienbuch" (*1840*) 16

26. Der Kalif und der Tagedieb 16 / 27. Die Erfindung des Saitenspiels 16 / 28. Ein wahrer Esel 16 / 29. Der Esel in der Löwenhaut 17 / 30. Persische Königsprobe 18 / 31. Der Blinde und sein liederliches Weib 18 / 32. Die Ausreißerin und der Fuchs 19

* *Die den Werktiteln in Klammern beigesetzten Jahreszahlen geben die — teilweise nur annähernd erschließbare — Zeit der Entstehung oder Aufzeichnung des betreffenden Textes an.*

b) Aus Romanen 22

33. ʿOsmān Aġa: Die Kammerjungfer im Pferdestall (*1724*) 22 / 34. ʿOsmān Aġa: Der Graf und die Sänfte (*1724*) 23 / 35. Evliyā Čelebi: In Allahs Hand (*um 1683*) 24 / 36. Muʿallim Nāǧī: Der Tod des Vaters (*1889*) 26 / 37. Ḥüseyn Raḥmī: Ein nettes Schwesternpaar (*1909*) 27

III. Drama 32

38. Nāmıq Kemāl: Zwei junge Helden (*1873*) 32

IV. Epistolographie und Publizistik 36

a) Briefe 36

39. Sultan Bāyezīd I.: Geheimerlaß über Murāds I. Tod auf dem Amselfeld (*1389*) 36 / 40. Qara Muṣṭafā Paša: Bericht über die Aufnahme der Belagerung Wiens 1683 (*1683*) 37

b) Zeitungsnachrichten (*1848*) 37

41. Fundanzeige 37 / 42. Aus dem diplomatischen Korps 38 / 43. Türkische Medizinstudenten im Ausland 38 / 44. Hinweis auf das Verbot des Hasardspieles 38

c) Essays und Tagesschriftstellerei 39

45. Šināsī: Die Hundeplage in Stambul (*um 1865*) 39 / 46. Nāmıq Kemāl: Kritik an der türkischen Familie (*um 1875*) 41 / 47. İbrāhīm Ḥilmī: Aufruf zur Europäisierung (*1911*) 45

V. Gelehrtes Schrifttum 47

a) Rechtswesen 47

48. Aus dem Gesetzbuch Meḥmeds des Eroberers (*um 1477*) 47

b) Erdkunde 47

49. Meḥmed-i ʿĀšıq: Die Meteora-Klöster (*1598*) 47 / 50. Kātib Čelebi: Die Stadt Venedig (*1656*) 48

c) Tierkunde 49

51. Meḥmed-i ʿĀšıq: Krake und Seeigel (*1598*) 49

d) Literaturgeschichte 50

52. Meḥmed Emīn: Der Weg zum Volksdichter (*um 1903*) 50 / 53. Meḥmed Fu'ād: Der türkische Mystiker Yûnus Emre (*1919*) 52

e) Geschichte 55

54. Ṣolaq-zāde: ʿOsmāns Traum (*um 1650*) 55 / 55. Nešrī: Die Eroberung der Byzantinerburg Aetos (*um 1510*) 55 / 56. Anonyme Chronik: Bāye-

zīd der Wetterstrahl als Timurs Gefangener (*um* 1500) 57 / 57. İbrāhīm-i Pečuyī: Die Erfindung des Buchdrucks und des Schießpulvers (*1640*) 59 / 58. Aḥmed Ǧevdet: Das fünfzehnte Jahrhundert (*1877*) 60 / 59. Ṣolaq-zāde: Selīm der Grimme und seine Wesire (*um 1650*) 62 / 60. Saʿdeddīn: Der falsche Prinz Murād (*um 1580*) 62 / 61. İbrāhīm-i Pečuyī: Kaffeetrinken und Tabakrauchen (*1640*) 64 / 62. Naʿīmā: Stambuls strengster Winter (*um 1710*) 66 / 63. Naʿīmā: Sultan İbrāhīms Ende (*um 1710*) 67 / 64. Rāšid: Meḥmed IV. als Missionar (*1723*) 68 / 65. Anonymes Tagebuch: Beginn der Belagerung Wiens 1683 (*1683*) 69 / 66. Siliḥdār Meḥmed: Die Aufforderung der Festung Ofen 1684 (*um 1695*) 71 / 67. Rāšid: Ein Riesenfisch im Goldenen Horn (*1723*) 73

VI. Dichtung 74

68. Ǧevrī: Omen eines Dezembergewitters (*1635*) 74 / 69. Bāqī: Lenzliedchen (*um 1580*) 74 / 70. Nefʿī: Ode auf den Frühling (*um 1625*) 75 / 71. Nedīm: Der schöne Kastagnettentänzer (*um 1726*) 76 / 72. Neylī: Bauinschrift des Stambulertores zu Belgrad (*1745*) 77 / 73. Emrāh: Schelmische Zwiesprache (*um 1850*) 78 / 74. Meḥmed Emīn: Sturm und Drang (*um 1903*) 78

Erläuterungen 81

Vokabular 173

Vorwort

Auf der in der gleichen Reihe erschienenen Osmanisch-Türkischen Grammatik von H. J. Kissling aufbauend, soll die vorliegende Chrestomathie dem angehenden Osmanisten eine erste Einführung in die Lektüre osmanisch-türkischer Originaltexte vermitteln, indem sie ihm hinreichenden Lesestoff in arabischer Schrift an die Hand gibt, dessen Wortgut in einem eigenen Vokabular erschließt und das sprachliche und sachliche Verständnis der Texte durch fortlaufende Erläuterungen mit Verweisen auf die genannte Grammatik erleichtert.

Die Lesestücke stammen durchwegs aus Originalwerken des osmanisch-türkischen Schrifttums. Ihre Texte werden, da etwa die Wiedergabe von Handschriften im Faksimiledruck die Herstellung des Buches ungebührlich verteuert hätte, im modernen arabischen Typendruck vorgelegt, mit dem freilich die Vokalhilfszeichen einer vollvokalisierten Textvorlage und etliche Buchstabenverbindungen der Schreibschrift sowie überhaupt die kalligraphische Wohlausgewogenheit einer schönen Handschrift nicht wiedergegeben werden können. Von den Verschreibungen und Druckfehlern der Originaltexte habe ich die offensichtlich sinnlosen stillschweigend richtiggestellt, die hintergründigeren jedoch stehen lassen und erst in den Erläuterungen aufgezeigt, um wenigstens einen ersten Eindruck von der Bedeutung der Textkritik für das Studium osmanischer Originalwerke zu ermöglichen.

Die Texte sollen inhaltlich abgerundete Proben möglichst vieler Literaturgattungen und verschiedener Stile bieten. Sie reichen hinsichtlich ihrer Entstehungszeit vom späteren 15. Jahrhundert bis in das erste Viertel unseres Jahrhunderts herauf und mögen somit eine gewisse Vorstellung von der in diesem Zeitraum durchlaufenen sprachlichen und stilistischen Entwicklung vermitteln, können und sollen aber keineswegs als ein repräsentativer Querschnitt durch die osmanisch-türkische Literatur gelten.

Aus methodischen Gründen habe ich im ersten Hauptteil der Lesestücke, für den Proben aus der Volksliteratur mit ihrer schlichten Sprache besonders geeignet erschienen, die Texte nach Umfang und Schwierigkeit geordnet und die vollständige Umschrift der ersten zehn Lesestücke in die Erläuterungen aufgenommen, um Anfängern das Einlesen in die arabische Schrift zu erleichtern. In den folgenden Hauptteilen konnte der Grundsatz, von kürzeren und leichteren Texten zu längeren und schwierigeren fortzuschreiten, ohne Schaden unberücksichtigt bleiben und dafür eine – wenn auch nur oberflächliche – Einteilung des Lesestoffes nach Literaturgebieten vorgenommen werden. Die Proben aus der Geschichtsschreibung – die im Hinblick auf ihre Bedeutung für das Gesamtgebiet der Osmanistik besonders stark vertreten ist – sind nach der Zeitfolge der in ihnen behandelten Ereignisse angeordnet.

Da die Wissenschaft allgemein gültige Regeln für die Transkription oder Transliteration osmanisch-türkischer Texte aus der arabischen in die lateinische Schrift noch nicht festgelegt hat, wurde hier in der Umschrift der Mittelweg eingeschlagen, in der Vokalsetzung allgemein der heutigen Aussprache des Türkischen zu folgen, in der Wiedergabe der Konsonanten jedoch die stimmhaften Laute der arabischen Schrift auch dort beizubehalten, wo sie, gewiß schon immer stimmlos ausgesprochen, heute in der offiziösen Rechtschreibung sogar mit den entsprechenden stimmlosen Konsonanten dargestellt werden.

Die Erläuterungen, denen zu jedem Lesestück kurze Bemerkungen über den Autor und sein Werk sowie die Quellenangabe vorangehen, setzen nicht mehr voraus als die wichtigsten Grundkenntnisse der türkischen Sprachlehre und geben zu Beginn fast eine schulmäßige Präparation des Textes, um die Chrestomathie auch für jene Anfänger nutzbar zu machen, die sich den Lehrstoff im Selbstunterricht erarbeiten müssen. Wiederholungen von Verweisen auf bereits behandelte Regeln wurden nicht streng vermieden, und überhaupt sind die Erläuterungen so eingehend gehalten, daß dem Studierenden, der den gebotenen Stoff in der gegebenen Reihenfolge aufmerksam durcharbeitet, keine unbeantwortete oder aus eigener Denkarbeit unlösbare Frage sich ergeben sollte.

Das Vokabular ist selbstverständlich nichts weiter als ein Spezialwörterbuch, das die Vokabeln nur mit jenen Formen und Bedeutungen angibt, mit denen sie in den Texten dieser Chrestomathie erscheinen.

Die räumliche Trennung des Textteiles von den Erläuterungen und vom Vokabular bietet etwa für die Verwendung des Lesebuches im Seminarbetrieb die Möglichkeit, den Band in seine drei Teile zu zerlegen und diese voneinander getrennt benützen zu lassen.

Die Arbeit an der vorliegenden Chrestomathie, die möglichst gleichzeitig mit der Kisslingschen Grammatik hätte erscheinen sollen, ist durch mancherlei Ungunst der äußeren Verhältnisse behindert und ihr Abschluß wiederholt verzögert worden. Den Herren Herausgebern der *Porta* und dem Verlag Harrassowitz, die meinen diesbezüglichen Schwierigkeiten gegenüber größtes Verständnis und schier unerschöpfliche Geduld an den Tag gelegt haben, darf ich hierfür und für die Bereitwilligkeit, mit der sie auf meine besonderen Wünsche – vor allem hinsichtlich der Erweiterung des seinerzeit vorgesehenen Umfanges und der Ausrichtung des Lehrstoffes auf die Erfordernisse des Selbstunterrichtes – in großzügiger Weise eingegangen sind, auch an dieser Stelle meinen aufrichtigen Dank bekunden.

Kabul, im September 1964. R. F. Kreutel

Einführung

Die vorliegende Chrestomathie ist als Lehrbuch auf die gleichzeitige Benützung der Osmanisch-Türkischen Grammatik von Hans Joachim Kissling (*Porta Linguarum Orientalium*, Neue Serie, Band III, Harrassowitz 1960) ausgerichtet. Sämtliche durch Buchstaben und Zahlen in gewöhnlichem (magerem) Druck gegebenen Verweise in den Erläuterungen und im Vokabular der Chrestomathie beziehen sich also auf die entsprechenden Abschnitte (A–G) der Einführung der genannten Grammatik oder auf die Paragraphen (1–156) ihres Hauptteiles (Formenlehre, Satzlehre und Wortbildungslehre) sowie auf deren Absätze und Unterabsätze. Wo ein längerer Absatz das Auffinden der einzusehenden Stelle erschweren würde, ist dem Verweis noch eine der Abkürzungen „o., M., u." (= „oben, Mitte, unten") beigefügt, so daß z. B. die Verweise „E 2 u." und „512,7 a M." zu lesen sind als „Vergleiche die Grammatik, Einführung, Abschnitt E, Absatz 2, unten" und „Vergleiche die Grammatik, Paragraph 512, Absatz 7, Unterabsatz a, Mitte". Hingegen sind Verweise auf Anmerkungen, Lesestücknummern und Textzeilen innerhalb der Chrestomathie selbst durch die Verwendung von fettgedruckten Zahlen gekennzeichnet (z. B. „Anm. **12**").

Die Texte sämtlicher hier vorgelegten Lesestücke sind der osmanisch-türkischen Literatur vor der Schriftreform des Jahres 1928 entnommen und daher auch in der damals gebrauchten arabischen Schrift – in deren dem modernen Buchdruck angepaßter Form – wiedergegeben. Für die Umschrift im Vokabular und in den Erläuterungen wird nicht die für wissenschaftliche Zwecke mangelhafte moderne Lateinschreibung des Türkischen verwendet, sondern das linguistische Transkriptionssystem der *Porta*-Reihe, das mit geringfügigen Abänderungen den gemeinsamen Erfordernissen des Türkischen, Arabischen und Persischen entspricht. Die unten folgende Darstellung dieses Umschriftsystems zeigt in ihren sechs Spalten

1. den arabischen Buchstaben nur in seiner alleinstehenden Schreibform, da seine verbundenen Formen aus der Grammatik (Einführung, B) zu ersehen sind,
2. seinen Namen (in türkischer Aussprache),
3. das (oder die) zu seiner Wiedergabe in der Umschrift verwendete(n) Zeichen,
4. die Aussprache der Umschriftzeichen, und zwar nach Möglichkeit im Vergleich mit der Aussprache der heutigen türkischen Buchstaben, wie sie in der Grammatik (B) erläutert ist,
5. den Wert des betreffenden arabischen Buchstabens als Zahlzeichen (etwa in den Wörtern eines Datumsverses), und
6. die Nummern der auf den betreffenden Buchstaben bezüglichen Anmerkungen weiter unten.

(„Anlaut" ist der erste, „Auslaut" der letzte Laut einer Silbe).

Buchstabe	Name	Umschrift	Aussprache	Zahlenwert	Vgl. Anm.
ا	*elif*	*a, ā, e, ı, i, o, ö, u, ü,* (')	wie heute, jedoch *ā* lang	1	**1a, b, d; 2; 3**
ب	*be*	*b*	wie heute	2	**13**
پ	*pe*	*p*	wie heute	2	**14**
ت	*te*	*t*	wie heute	400	
ث	*s̱e*	*s̱*	wie heute *s*	500	
ج	*ğīm*	*ğ*	wie heute *c*	3	**13**
چ	*čīm*	*č*	wie heute *ç*	3	**14**
ح	*ḥā*	*ḥ*	wie heute *h*	8	**15**
خ	*ḫı*	*ḫ*	wie heute *h*	600	**15**
د	*dāl*	*d*	wie heute	4	**13**
ذ	*ẕāl*	*ẕ*	wie heute *z*	700	
ر	*re*	*r*	wie heute	200	
ز	*ze*	*z*	wie heute	7	
ژ	*že*	*ž*	wie heute *j*	7	**14**
س	*sīn*	*s*	wie heute	60	
ش	*šīn*	*š*	wie heute *ş*	300	
ص	*ṣād*	*ṣ*	wie heute *s*	90	
ض	*żād*	*ż*	wie heute *z*	800	
ط	*ṭı*	*ṭ, ḍ*	wie heute *t, d*	9	
ظ	*ẓı*	*ẓ*	wie heute *z*	900	
ع	*ʿayn*	*ʿ*	Stimmabsatz	70	**16**
غ	*ġayn*	*ġ*	wie heute *ğ* in hintervokal. Wörtern, im Anlaut wie heute *g*	1000	
ف	*fe*	*f*	wie heute	80	
ق	*qāf*	*q*	wie heute *k* in hintervokal. Wörtern	100	
ك	*kef*	*k, g, ğ, ñ*	siehe Anm.	20	**13; 17**
ل	*lām*	*l*	wie heute	30	**18**
م	*mīm*	*m*	wie heute	40	
ن	*nūn*	*n*	wie heute	50	**19**
و	*vāv*	*v, ō, o, ö, ū, u, ü,* (*ı, i*)	*ō* und *ū* lang, sonst wie heute	6	**1a; 2; 3; 4; 7; 20**
ه	*he*	*h* (im Auslaut:) *a, e, i*	alle wie heute	5	**1a; 2; 21**
ة	*te merbūṭe*	(nur Auslaut:) *at, et*	ebenso	400	
ى	*ye*	*y, ē, ī, i, ı, ā,* (*u, ü*)	*ē* geschlossenes *e*, *ī* langes *i*, *ā* lang, sonst wie heute	10	**1a; 2; 3; 4; 5; 6; 7; 23**

Die Buchstaben *Lām+Elif* werden stets zu لا (*lām-elif*) verbunden. Umschrift: *lā, la, le, li-e*; Zahlenwert: 30+1 = 31.

Die Ziffern werden im Gegensatz zur Buchstabenschrift von links nach rechts geschrieben: ٠ = *0*, ١ = *1*, ٢ = *2*, ٣ = *3*, ٤ = *4*, ٥ = *5*, ٦ = *6*, ٧ = *7*, ٨ = *8*, ٩ = *9*. Also z.B. ١٠٩٤ = *1094*.

Die erst mit der fortschreitenden Entwicklung des Buchdrucks in der Türkei (im späten 19. Jahrhundert) eingeführten Satzzeichen entsprechen den unseren, jedoch ؟ = ?, ؛ = ; und ، = ,.

Anmerkungen zur Umschrift

1. Von den arabischen Hilfslesezeichen werden im osmanisch-türkischen Buchdruck gewöhnlich nur die folgenden wiedergegeben:

a) ء (*hemze*, Umschrift: ʾ), ein leichter Stimmritzenverschluß, wie er in allen Sprachen der Aussprache eines anlautenden Vokales vorausgeht, wird im Arabischen als selbständiger Laut und Buchstabe gewertet. *Hemze* steht mit *Elif* im Anlaut der meisten vokalisch anlautenden arabischen Wörter, wird jedoch in dieser Stellung von den Türken nicht ausgesprochen und in der Schrift (und danach auch in unserer Umschrift) nicht wiedergegeben, ebenso im Wortauslaut nach *ā* (*Elif*). Im Inlaut steht es über *Elif* (Umschrift: *a*ʾ, *e*ʾ), *Vāv* (*u*ʾ, *ü*ʾ) und *Ye* (*i*ʾ, *i*ʾ*e, e*ʾ*i*; vgl. unten Anm. **5**). Sehr selten ist die (spätosmanische) Schreibung von *Hemze* im Anlaut auch türkischer Wörter, und zwar über *Elif*, um dessen Lautwert *e* (gegenüber *a*) festzulegen, und über *Elif* + *Vāv* für *ö* oder *ü* (gegenüber *o* und *u*); auch hier erübrigt sich die Wiedergabe in unserer Transkription, da diese die betreffenden Laute ohnehin mit verschiedenen Buchstaben bezeichnet. – Im Wortauslaut wird *Hemze* innerhalb türkischer Sätze so gut wie immer weggelassen und daher in unserer Umschrift nicht wiedergegeben. — Das „Verbindungs-*Hemze*" (*hemzetü* ʾ*l-vaṣl*) ٱ über anlautendem *Elif* (ٱ) bezeichnet den Ausfall (Elision) seines Vokalwertes (*a, e, i*,) zugunsten des voranstehenden Vokales, wie z. B. oben *hemzetü* ʾ*l-* < *hemzetü el-*; über die Verwendung des Umschriftzeichens ʾ zur Darstellung dieser Elision vgl. u. Anm. **12**. – Über *Hemze* in der persischen *İżāfet*-Verbindung vgl. u. Anm. **23**.

b) ˜ (*medde*) ist ein Längungszeichen für *Elif*, das dann die folgenden (in der Umschrift dargestellten) Lautwerte hat: *ā* im Anlaut arabischer und persischer Wörter, ʾ*ā*/*e*ʾ*ā* im Inlaut arabischer Wörter. Im Anlaut türkischer Wörter hingegen drückt es nicht Vokallängung aus (die ja dem Osmanisch-Türkischen grundsätzlich fremd ist), sondern legt nur den Lautwert des *Elif* als *a* (kurz) zur Unterscheidung von *e* fest, wird aber gewöhnlich weggelassen, so daß ein im Vokabular mit *Medde* geschriebenes Wort in den Texten ohne dieses Hilfszeichen erscheinen kann.

c) ّ (*tešdīd*) bedeutet „Verstärkung" des betreffenden Konsonanten und wird in der Umschrift durch dessen Verdoppelung dargestellt, obwohl im Wortauslaut ein solcher Doppelkonsonant in türkischer Aussprache und danach auch in der heutigen Rechtschreibung (Gramm. E2 M.) zu seiner einfachen Form reduziert erscheint.

d) ً (*tenvīn-i fetḥa*) steht zur Bezeichnung der arabischen *Ḥāl*-Akkusativendung *en, an* (Gramm. 340) über (seltener unmittelbar vor) *Elif* (Aussprache und Umschrift: *en, an*), über *Te merbūṭe* (*eten, atan*) und über auslautendem *Hemze* (*'en*). Sehr selten erscheint ٍ (*tenvīn-i kesre*, unter dem letzten geschriebenen Konsonanten eines Nomens) zur Wiedergabe der Endung des arabischen unbestimmten Genitivs (Umschrift und Aussprache: *in*). Die Nominativendung *un/ün* bleibt im türkischen Buchdruck fast immer weg, wird aber gelegentlich ausgesprochen und in solchen Fällen in der Umschrift zwischen Klammern gesetzt.

2. Das Arabische und das Persische unterscheiden streng zwischen langen und kurzen Vokalen; die ersteren werden in Buchstaben (*Elif*, *Vāv*, *Ye*) wiedergegeben, die letzteren jedoch nur durch im Buchdruck gewöhnlich weggelassene Hilfslesezeichen ausgedrückt, so daß im allgemeinen die kurzen Vokale aus dem Schriftbild des Buchdrucks nicht erkennbar sind und ihre (in der Umschrift bereits vollzogene) Setzung in der Aussprache bereits einen Teil der Textinterpretation darstellt. Das Osmanisch-Türkische hingegen hat grundsätzlich nur kurze (eigentlich halblange) Vokale und stellt diese in einer auch in sich selber folgewidrigen Regellosigkeit wahlweise auf beide oben angeführten Arten dar. – Die langen Vokale *ā*, *ī*, *ō*, *ū*, die also nur in arabischen und persischen Wörtern vorkommen, werden von gebildeten Türken auch heute noch lang gesprochen, in der volkstümlichen Aussprache jedoch fast immer gekürzt (besonders vor auslautendem – und in dieser Stellung stimmlos ausgesprochenem – *b*, *d*, *ğ*, *g*). Zum *ē* vgl. u. Anm. **6**.

3. Am Wortanfang muß in der arabischen Schrift den als Vokalen verwendeten Buchstaben *Vāv* (für *o*, *ö*, *ū*, *u*, *ü*) und *Ye* (für *ī*, *i*, *ı*) jeweils ein *Elif* vorgesetzt werden, das dann bloß als *Hemze*-Träger dient (vgl. o. Anm. **1a**), jedoch in der türkischen Aussprache und somit auch in unserer Umschrift unausgedrückt bleibt. Ohne *Elif* haben *Vāv* und *Ye* am Wortanfang nur ihre Konsonantenwerte (*v*, *y*). Da das (in der Umschrift nicht wiedergegebene) *Hemze* eines *Elif* selber wieder die (nicht wiedergegebenen) Hilfslesezeichen für sämtliche kurzen arabisch-persischen Vokale tragen kann, kann *Elif* am Wortanfang *a*, *e*, *ı*, *i*, *o*, *ö*, *u*, *ü* darstellen. Im Wortinneren drückt *Elif* (ohne *Hemze*) nur *a* oder *e* aus.

4. In einigen arabischen Wörtern kann statt *Elif*, also mit dem Lautwert *ā*, im Inlaut *Vāv* und im Auslaut *Ye* stehen.

5. *Ye* als Träger eines *Hemze* (vgl. o. Anm. **1a** M.) im Inneren arabischer Wörter wird ohne die beiden untergesetzten Punkte seiner Anfangs- und Mitte-Form geschrieben (also ئ und ئـ).

6. Das ältere Persische hatte ein geschlossenes langes *e*, das in der Aussprache dem *ī* weit näher kam als dem offenen *e* und in der arabischen Schrift daher mit *Ye*, jedoch in unserer Umschrift derjenigen persischen Wörter, die in das Türkische mit dieser altertümlichen Aussprachefom übernommen worden sind, mit *ē* wiedergegeben wird. Der gleiche Laut in gleicher Darstellung begegnet auch in türkischen Wörtern, wo er jedoch in der Aussprache offenbar schon früh gekürzt wurde und heute auch offen (also wie *e*) artikuliert wird.

7. Die in der Grammatik (F 4 A) dargestellte Entwicklung der Rundungsvokalharmonie ist im osmanisch-türkischen Sprachbereich keineswegs einheitlich, gleichzeitig und folgerichtig verlaufen. Häufig kommt es sogar vor, daß das gleiche Wort innerhalb desselben Textes mit verschiedener Vokalisierung des gleichen Suffixes erscheint, einerseits in der „historischen" Schreibung mit flachem Vokal (z.B. *oğlı* „sein Sohn") und andererseits in der der tatsächlichen Aussprache gemäßen Schreibung mit rundem Vokal (also *oğlu*). Umgekehrt beweist das Vorkommen etwa von *sevgilü* und *sevgili* mitunter in der gleichen Zeile, daß die erstere Form nur eine historische Schreibung der in der zweiten Form lautgetreu gegebenen Aussprache darstellt. Nun leben aber solche älteren Formen auch heute noch neben den neueren fort, und zwar auch in der İstanbuler Aussprache, die für die einheitliche Schriftsprache der heutigen Türkei maßgebend ist. Da sich die getreue Wiedergabe all dieser Schwankungen in einem Lehrbuch für Anfänger nicht empfiehlt, wird in der Umschrift der vorliegenden Chrestomathie grundsätzlich jede historische Vokalisierung in die der Vollstufe der Vokalharmonie entsprechende heutige Standardform umgewandelt, so daß in den türkischen Suffixen und Infixen *Vāv* auch mit *ı*, *i* (statt historisch *u*, *ü*) und *Ye* auch mit *u*, *ü* (statt historisch *ı*, *i*) transkribiert werden. (Eine aus didaktischen Gründen wünschenswerte Ausnahme von diesem Grundsatz wurde bei Lesestück **56** gemacht.) Die historische Vokalisierung von heute ausgestorbenen Wörtern wird jedoch in der Umschrift beibehalten, da es hierfür heutige Ausspracheformen (etwa für *deyü*, das heute *deyi* oder *diyi* lauten müßte) eben gar nicht gibt. Bei jenen Wörtern, für die auch die heutige Rechtschreibung neben der jüngeren auch noch eine ältere Vokalisierung zuläßt, werden im Vokabular beide Formen angegeben, und zwar die ältere vor der jüngeren.

8. Die laut Anm. 2 aus dem arabischen Schriftbild des Buchdruckes nicht erkennbaren, jedoch in der türkischen Aussprache und daher auch in der Umschrift wiedergegebenen Vokale sind:

a) die kurzen Vokale arabischer und persischer Wörter, und zwar innerhalb arabischer Fügungen (Gramm. 18) auch im Wortauslaut (z.B. *e* in *qāle* „er sprach", *ü* und *i* in *el-ḥamdü li-'llāhi* „Gott sei Dank"). Am Ende der Fügungsgruppe (in „pausa") werden solche Auslautvokale (die dann in der Umschrift eingeklammert erscheinen) gewöhnlich weggelassen, wie z.B. das zweite *i* in *li-'llāh(i)*;

b) türkische Vokale (ohne Einheitlichkeit der Schreibung; vgl. Anm. **2**);

c) das *-ı*, *-i* der persischen *İżāfet*-Verbindung nach Konsonanten (vgl. u. Anm. **23**);

d) das statt *Elif* nur durch Hilfszeichen ausgedrückte arabische *ā* (selten; z.B. in *Allāh*);

e) die im Arabischen überhaupt fehlenden und erst in der persisch-türkischen Aussprache entwickelten Sproßvokale *ı*, *i*, *u* und *ü*, mittels deren arabische Wörter wie etwa *ṣabr*, *vaqt*, *qubḥ* und *ẓühr* in Auslautstellung aussprachegerecht zu *sabır*, *vaqit*, *qubuḥ* und *ẓühür* erweitert werden (Gramm. E 2), sowie die u. in den Erläuterungen zum Abschnitt **VI** (Dichtung) der Lesestücke behandelten Sproßvokale in persischen Wörtern.

9. Die türkische Aussprache und auch die heutige Schreibung schwankt bei den kurzen arabisch-persischen Vokalen gelegentlich zwischen *a/e*, *ı/i* und *o/ö/u/ü*. In unserer Umschrift wird jeweils die gebräuchlicher erscheinende Form (z.B. *mutaṣavvıf*) ohne Hinweis auf die (aus guten Wörterbüchern zu ersehende) Variante (hier: *müteṣavvif*) wiedergegeben.

10. Seinerzeit als vulgär geltende, heute jedoch in der Rechtschreibung zum Standard erhobene volkstümliche Ausspracheformen stehen im Vokabular nach den entsprechenden „klassischen" Ausspracheformen, z.B. nach dem „klassischen" *mümkin* die heutige (volkstümlich vokalharmonische) Schreibung *mümkün*, ähnlich etwa *qāżī*, *kadı* und *forṭuna*, *fırtına*.

11. Die arabische Lautfolge *'i*, also *Ye* mit *Hemze* (vgl. o. Anm. **1a** M.), nach Vokalen wird im Persischen und danach auch im Osmanisch-Türkischen oft volkstümlich *yi* oder *yı* ausgesprochen und auch so geschrieben (z.B. *sāyir* statt *sā'ir*).

12. Innerhalb arabischer Fügungen werden gewisse Vokale, die in der Schrift ausgedrückt sind, nach anderen Vokalen in der Aussprache elidiert. Unsere Umschrift ersetzt den elidierten Vokal durch das Transkriptionszeichen für *Hemze*, das hier in der Aussprache unberücksichtigt zu bleiben hat. So ist z.B. das auf *bi-ismi Allāh* zurückgehende *bi-'smi 'llāh* („im Namen Gottes") als *bismillāh* auszusprechen (und wird heute auch so geschrieben).

13. Die stimmlose Aussprache von *Be*, *Ǧīm*, *Dāl* und *Kef* (mit dem Lautwert *g*) im Auslaut, die in dieser Stellung zu ihrer Wiedergabe mit *p*, *ç*, *t* und *k* in der heutigen türkischen Schreibung geführt hat (Gramm. E3), wird als eine allgemeine phonetische Erscheinung, die sich in gleichgearteten Fällen etwa auch im Deutschen geradezu zwangsläufig ergibt, in unserer Umschrift nicht eigens gekennzeichnet, sondern jeder dieser Konsonanten stets als stimmhaft transkribiert. Das gleiche gilt für *Ǧīm* und *Dāl* im Anlaut nach stimmlosem Konsonanten (wo sie in der heutigen Schreibung – vgl. etwa Gramm. 29; 33; 274e; 184; 511,3 – ebenfalls durch *ç* und *t* ersetzt werden). Unsere Umschrift gibt demnach zwar z.B. die im arabischen Schriftbild als *gelüb*, *baqduğı*, *qalmıšdur* erscheinenden Wörter nach dem Grundsatz der Angleichung an die heutige Vokalisierung (vgl. o. Anm. **7**) mit *gelib*, *baqdığı*, *qalmıšdır* wieder, folgt jedoch n i c h t der heutigen Schreibung mit stimmlosen Konsonanten (*gelip*, *baktığı*, *kalmıştır*).

14. Die Buchstaben *Pe*, *Čīm*, *Že* sind persische Ergänzungen zum arabischen Alphabet.

15. Zweifellos wurden *Ḥa* und *Ḫı* seinerzeit auch im Osmanisch-Türkischen so wie im Arabischen ausgesprochen (*Ḥa* etwas schwächer als deutsches *ch* in „sich", *Ḫı* noch stärker als deutsches *ch* in „Bach"); in der heutigen türkischen Aussprache (und Schreibung) werden sie von *He* nicht unterschieden.

16. *ʿAyn*, im Arabischen durch starken Stimmabsatz mit vollem Stimmritzenverschluß ausgedrückt, ist im Osmanisch-Türkischen früher wohl ebenso ausgesprochen worden, heute jedoch auch im Auslaut (wo es den vorangehenden kurzen Vokal längen kann, so daß z.B. *maʿlūm* wie *mālūm* gesprochen wird) kaum noch zu hören und wird in der modernen Schreibung nur selten wiedergegeben.

17. *Kef* wird als *k* und *g* im Anlaut und Inlaut palatal, vor *ā*, *ū*, *ö* und *ü* fast wie *ky* und *gy* ausgesprochen. Mit dem Lautwert *ñ* wurde es in älterer Zeit nasal (etwa wie deutsches *ng* in „enge") gesprochen, während es heute mit *n* identisch ist. Als *ğ* ist es eine Reduktion von *g* (wie etwa in der Berliner mundartlichen Aussprache von „wegen") und entspricht dem modernen *ğ* in vordervokalischen Wörtern, wird also (fast) wie *y* ausgesprochen. Nach persischer Art kann *Kef* in arabischer Schrift als *g* mit گ (*Kef-i fārisī* = „persisches *Kef*") und als *ñ* mit ڭ (*ṣaġır Nūn* = „dumpfes *Nūn*") geschrieben werden.

18. In dem mit seinem Nomen stets verbunden geschriebenen (in der Umschrift jedoch zur Verdeutlichung mit Bindestrich abgegrenzten) arabischen bestimmten Artikel *al-/el-* wird *Lām* vor *Te*, *S̱e*, *Dāl*, *Ẕāl*, *Re*, *Ze*, *Sīn*, *Šīn*, *Ṣād*, *Żād*, *Ṭı*, *Ẓı* und *Nūn* in der Aussprache diesen Konsonanten völlig assimiliert. Ein solchermaßen assimiliertes *Lām* wird in unserer Umschrift (dem Transliterationsprinzip „Buchstabe für Buchstabe" zwar widersprechend, aber eben aussprachegerecht) durch den betreffenden Assimilationskonsonanten (der dann übrigens in der arabischen Schrift durch *Tešdīd* „verstärkt" wird) ersetzt, so daß das arabische Schriftbild etwa von *alẓāhirü* in der Transkription mit *aẓ-ẓāhirü* wiedergegeben wird.

19. Die in der Aussprache zwangsläufig sich ergebende Teilassimilation von *n* vor *b* und *p* zu *m* wird in der Umschrift nicht ausgedrückt, *Nūn* also auch in dieser Stellung mit *n* wiedergegeben und z.B. *penbe* geschrieben, obwohl dieses in der Aussprache (wie in der heutigen Schreibung) zu *pembe* wird.

20. Etliche persische Wörter enthalten nach *Ḫı* ein *Vāv* mit dem Lautwert *v*, das aber längst nicht mehr ausgesprochen und daher auch in der Umschrift einfach weggelassen wird. So erscheint z.B. das persische Wort für „Schlaf" im arabischen Schriftbild als *ḫvāb*, in der Umschrift jedoch aussprachegerecht als *ḫāb*.

21. Auslautendes *He* in der arabischen Feminin-Endung wird längst nicht mehr ausgesprochen und dient meistens nur mehr zur „historischen" Schreibung von *a*, *e* (statt früherem *ah*, *eh*), ebenso in der persischen Partikel *ki* (entstanden aus *kih*). Dieses stumme *He* gilt schon im persischen und osmanisch-türkischen Gebrauch der arabischen Schrift geradezu als Ersatz der angeführten Auslautvokale und wird so (nämlich durch den betreffenden Vokal selbst) auch in der Umschrift dargestellt.

22. Arabische Genitivverbindungen werden entgegen der heute im Türkischen gebräuchlichen, unübersichtlichen Schreibung als ein Wort (Gramm. 18) in unserer Transkription aufgelöst und die Artikel von ihren Nomina abgesetzt, also z.B. *maʿdenü 'l-fażli ve 'l-yaqīn* (statt heute *madenülfazlivelyakin*). Ausnahmen sind das Wort *Allāh*, in dem der Artikel vom Nomen nicht abgesetzt wird, und zusammengesetzte Eigennamen, die in der Umschrift durchgehend verbunden und ohne Bezeichnung der elidierten Vokale wiedergegeben werden, z.B. *ʿAbdullāh* und *Naṣreddīn* (statt *ʿAbdu 'llāh*, *Naṣr ed-dīn*). In der arabischen Schrift mit dem Nomen verbundene Präpositionen werden in der Umschrift mit Bindestrich abgesetzt, z.B. *bi-ʾsmi* „im Namen". Die Konjunktion *ve* „und" wird in der Umschrift, entgegen der arabistischen Übung, vom folgenden Wort getrennt, weil sie im Türkischen als selbständige Partikel gilt.

23. Auch die Bestandteile persischer Nominalfügungen (Gramm. 17 und 79) werden in der Umschrift getrennt und der *İżāfet*-Vokal (jeweils nur *-ı*/*-i*, also entgegen der heutigen Aussprache und Schreibung der Rundungsvokalharmonie nicht angeglichen) vom vorangehenden Wort durch Bindestrich abgesetzt, also z. B. *ḥüsn-i muṭlaq* und *derūn-ı dil* (statt heute *hüsnümutlak*, *derunudil*). In der arabischen Schrift wird der *İżāfet*-Vokal nach vokalischem Auslaut durch *Hemze* über (oder nach) auslautendem *Vāv* (für *ū-ı*), *Ye* (für *ī-i* und *ā-ı*, aber auch *y-ı*/*y-i*) und *He* (für *a-ı* und *e-i*) ausgedrückt, jedoch nach auslautendem *Elif* durch *Ye*; der in diesen Fällen gewöhnlich entwickelte Bindekonsonant *y* der Aussprache (z. B. *rū-yı* für *rū-ı*) wird in der arabischen Schrift und daher auch in der Transkription nicht ausgedrückt. Persische Präpositionen, die in der arabischen Schrift mit ihrem Nomen verbunden erscheinen, werden in der Umschrift von diesen mit Bindestrich abgesetzt. Die arabische Konjunktion *ve* wird auch in ihrer persischen Aussprache-form *u*/*ü* (Gramm. 306 u.) immer als selbständiges Wort geschrieben. Zusammengesetzte Nomina werden in der Umschrift durch Bindestrich in ihrer Gliederung verdeutlicht.

24. Ferner dient der Bindestrich unserer Umschrift im allgemeinen (also auch bei türkischen Wörtern) als Hinweis, daß

a) in der arabischen Schrift des Textes verbundene Wörter sonst allgemein getrennt geschrieben werden, oder

b) in der arabischen Schrift des Textes getrennte Wörter sonst allgemein verbunden geschrieben werden.

Zum Einlesen in die arabische Schrift mögen Anfänger den Text auf S. 10 ff. der Grammatik sowie die in den Erläuterungen gebotene vollständige Umschrift der ersten zehn Lesestücke dieser Chrestomathie durcharbeiten.

Abkürzungen und Zeichen

Feste Abkürzungen

A = Arabisch(es Wort)
abh. = abhängig
Adj. = Adjektiv(isch)
Adv. = Adverb(ial)
Akk. = Akkusativ
ält. = ältere (n, r, s)
Anm. = Anmerkung
Ao. = Aorist
App. = Apposition
Attr. = Attribut(ivisch)

D = Deutsch(es Wort)
d.H. = (nach) der Hidschra

E = Englisch(es Wort)
(E) = Elidierendes Wort (vgl. Gramm. E 2)
e. = ein (e.e = eine, usw.)
E.N. = Eigenname

F = Französisch(es Wort)
f = Femininum
Fut. = Futur(um, isch)

G = Griechisch(es Wort)
Gen. = Genitiv
Ggw. = Gegenwart

H. = Hidschra
h. = heute

I = Italienisch(es Wort)
Imp. = Imperativ
Indef. = Indefinitus
Inf. = Infinitiv

koll. = kollektiv
Kond. = Konditional
Konj. = Konjunktion
korr. = korrekt
Kurzgen. = Kurzgenitiv

L = Latein(isches Wort)
Lok. = Lokativ

M. = Mitte
maiest. = maiestaticus

o. = oben
Obj. = Objekt
Opt. = Optativ

P = Persisch(es Wort)
Part. = Partizip
Pass. = Passiv
Perf. = Perfekt(isch)
Pl. = Plural(is)
Poss. = Possessiv
Präd. = Prädikat(iv)
Präp. = Präposition
Präs. = Präsens
Ps. = Person

S = Slavisch(es Wort)
s. = sich
Sg. = Singular
Subj. = Subjekt
Subst. = Substantiv
Suff. = Suffix

T = Türkisch(es Wort)

U = Ungarisch(es Wort)
u. = unten
Übs. = Übersetzung, übersetze

V. = Vokabular, siehe im Vokabular unter
v. = von
Vggh. = Vergangenheit
vgl. = vergleiche
volkst. = volkstümlich
Vollgen. = Vollgenitiv
Vvggh. = Vorvergangenheit

w. = (in den Erläuterungen:) wie (im Vokabular:) werden

Z. = Zeile

Bewegliche Abkürzungen

Mit hochgestelltem Punkt (·) werden Wörter oder Wortteile abgekürzt, die in einem engeren Zusammenhang wiederholt werden, wie etwa „*kese k·*“ (lies „*kese kese*“) oder „*tüfenge ṣarılan ṣ·a*“ (lies „*tüfenge ṣarılan ṣarılana*“) oder „*Arslan Paša oğlu Qaplan P·* (lies „*Paša*“) *čiftliği yanında* beim Landgut des Q· P· (lies „Qaplan Paša“), Sohnes des A· P· (lies „Arslan Paša“)“ oder „ihre Köpfe sind mit den Bäumen auf gleicher Höhe und = ragen m· i·n K·n bis zu d· B· hinauf u·“ (lies „= ragen mit ihren Köpfen bis zu den Bäumen hinauf und“) oder (im Vokabular) „lassen, verl·, zurückl·, liegen l·, fallen l·“ (lies „lassen, verlassen, zurücklassen, liegen lassen, fallen lassen“).

Besondere Zeichen

< = ist entstanden aus

> = wird zu

→ = siehe

: = nämlich, das heißt, gemeint ist

≈ = freier übersetzt:

∼ vertritt im Vokabular das Stichwort innerhalb seines ganzen Absatzes.

... vertritt mehrere Wörter des Textes oder der Übersetzung nur zur Verdeutlichung der Stellung des jeweils erläuterten (oder übersetzten) Wortes innerhalb des türkischen und deutschen Satzgefüges, wobei kürzere (..) und längere (....) Satzabschnitte einander im Umschrifttext und in dessen Übersetzung genau entsprechen.

Von den verwendeten Klammern enthalten:

( ) erläuternde Zusätze, die, falls sie Teile der Übersetzung sind, wahlweise verwendet oder auch weggelassen werden können; Übersetzungsvarianten werden hierbei mit = eingeleitet, wie etwa „während (= im Verlaufe) des Gespräches (= der Unterhaltung)“ die vier Übersetzungsmöglichkeiten „während des Gespräches = im Verlaufe des Gespräches = während der Unterhaltung = im Verlaufe der Unterhaltung“ anzeigt;

[ ] notwendige Zusätze und in der Übersetzung unentbehrliche (oder wenigstens wünschenswerte) Ergänzungen, die im entsprechenden türkischen Text nicht eigens ausgedrückt erscheinen, sondern aus dem größeren Zusammenhang erschlossen werden müssen, wie etwa als Subjekt oder Objekt zu erschließende Personalpronomina (z.B. „*buldum* = ich habe [es] gefunden“);

⟨⟩ zu Tilgendes, wie etwa zwar wörtlich richtige, aber sinngemäß überflüssige Teile der Übersetzung (z.B. „*dört nefer atlı* = fünf ⟨Mann⟩ Reiter“) oder zwar wörtlich richtige, jedoch besser durch die mit = angekündigte und nach dieser Klammer folgende freiere Übersetzung wiederzugebende Wörter (z.B. „⟨in =⟩ unter der Regierung⟨szeit⟩“ wo also das wörtliche „in der Regierungszeit“ durch das freiere „unter der Regierung“ zu ersetzen vorgeschlagen wird).

Vgl. auch noch die Vorbemerkungen zu den Erläuterungen und zum Vokabular.

LESESTÜCKE

I. VOLKSLITERATUR

a) Schnurren vom Ḫoğa Naṣreddīn

1. Himmlischer Haushalt

خواجه‌یه آی یکی اولدقده اسکیسنی نه یاپارلر دیمشلر. خواجه دخی قیرپارلر
ییلدیز یاپارلر دیمش . 2

2. Unter falscher Flagge

خواجه بر کیجه باباسنك خلایغنه کیدر، خلایغه ال آتنجه خلایق اویقودن
اویانه‌رق او کیمدر دیر ، خواجه دخی اوز بن بابام دیمش . 2

3. Die Sterne der Heimat

بر کون خواجه بر کویده ای آدملر بیلمش اولکز که بو کویك هواسی ایله
بزم شهرك هواسی بردر، دیمش. نه‌دن بیلدك دیینلره بزم آق شهرده نه‌قدر ییلدیز
وار ایسه بو کویده ده اوقدر ییلدیز وار، دیمش. 3

4. Traumgeschäfte

بر کیجه خواجه‌یه دوشنده طقوز آقچه ویرمشلر. خواجه هله اون آقچه ایدك
دیو غوغا ایدرکن اویانوب باقار که النده بر نسنه یوق. همان کوزلرینی قپایوب
النی اوزاته‌رق کتورك باری طقوز آقچه اولسون ویرك ، دیمش. 3

5. Einfacher Ausgleich

خواجه بر کون ایرماق کنارنده اوتوررکن اون دانه کور آدملر کلیر.
کندیلرینی ایرماقدن کچرمك ایچون خواجه ایله برر پوله پازارلق ایدرلر. خواجه
بونلری کچررکن برینی ایرماق طوپارلیوب کتورر. کورلر باغرمغه باشلاینجه 3
خواجه نیچون باغروب چیغیریورسکز؟ بر پول اکسیك ویرك دیمش .

6. Mit gleicher Münze

بر کون خواجه اونده اوتورركن قپوىي بر آدم قاقار. كيمدر او؟ ديدكده بر آز آشاغى كل بر ديه‌جكم وار، دير. خواجه دخى آشاغى اينه‌رك نه ايستيورسك دير. او آدم زوكوردم ياردم ايسترم دير. خواجه دخى يوقارى كل دير. اول آدم كلدكده خواجه تكرى ويرسون دير. اول آدم نيچون آشاغيده ديمه‌دك ديدكده خواجه يا بن يوقاريده ايكن سن نيچون ديمه‌دك ديمش.

7. Gewogen und zu leicht befunden

بر کون خواجه اوينه اوچ وقيّه ات آله‌رق قاريسنه بونى پيشور ديو سويلر. قاريسى دخى پيشوره‌رك يالكز كنديسى ير. آقشام اولوب خواجه كتور شو اتى ييه‌لم ديو قاريسنه سويله‌ينجه قاريسى دخى اتى كدينك يديكنى سويلر. خواجه قالقوب كدىيى تارتار، كدى اوچ وقيّه كلديكنى خواجه كوره‌رك قاريسنه آ يالانجى اكر بو كدى ايسه ات نره‌ده، و اكر ات ايسه كدى نره‌ده‌در ديمش.

8. Grenzen der Narrheit

بر کون خواجه دكرمنه كيدر. دكرمنده اللك چواللرندن بغداى چاله‌رق كندى چوالنه طولدرمقده ايكن بونى دكرمنجى كورر، نه ياپيورسك ذيو يقه‌سندن طوتار. خواجه دخى آمان دكرمنجى بن شاشقينم، اكسيكمه باقه ديدكده دكرمنجى شاشقينسك ده نيچون كندى چوالكدن بشقه‌لرينك چوالنه بغداى قويمزسك ديدكده خواخه بن بر شاشقينم، اكر ديديككى ياپارسه‌م ايكى شاشقين اولورم ديمش.

9. Das liebe Hauskreuz

بر کون خواجه‌يى عورتى اينجيتمك ايستر. صيجاق چوربايى اورته يره قويوب بر قاشيق چوربادن ايچر، بوغازى يانوب كوزلرندن ياش كلور. خواجه آ قارى نه اولدك يوقسه چوربا صيجاق مى ديدكده عورتى يوق افندى بابام چوربايى چوق سوردى ده كوكلمه او كلدى، آنك ايچون آغلاردم دير. خواجه دخى كرچك صانوب چوربادن بر قاشيق ايچنجه بوغازى يانوب اغلامغه باشلار. قاريسى نه اولدك ديدكده خواجه آناك باباك اولوب ده سنك صاغ قالديغكه آغلارم ديمش.

10. Jedem Thema gewachsen

بر كون بر قادين خواجه‌يه بر كاغد ويروب خواجه افندى سزه يالواررم كه شو كاغدمى اوقويكز. مكر بو صره‌ده خواجه دخى اوقومق بيلمز ايمش. اوتانديغندن اوقومق بيلمم دييه‌ميوب قادينده كاغدى آله‌رق دولتلو عنايتلو افندم حضرتلرى سوزلرى ايله بر دوستك بر دوسته يازه‌جغى بر كاغد كبى اوقومغه باشلاينجه قادين آ افندى بو اويله بر سوكيلى كيمسه‌دن كلمش كاغد اولميوب آنجق بزم اوك طاپو كاغديدر ديدكده آه جانم افندى اويله سويله‌سه‌ك آ كه سكا طاپو كاغدى كبى اوقويه‌يم ، ديمش.

11. Dünne Brühe

بر كون كويدن بر كويلى خواجه‌يه بر طاوشان كتورر. خواجه كويلى‌يى آغرليوب چوربه يديرر. بر هفته صكره ينه كلور، خواجه ينه آغرلار. بر قاچ كون صكره بر آز آدملر كلوب قونوق اولمق ايسترلر، خواجه سز كيملرسكز ديدكده اونلر بز طاوشان كتورن آدمك قومشولرى‌يز ديرلر. خواجه بونلره ده آغرلق ايدر. بر قاچ كون صكره ينه بر قاچ آدم كلير. خواجه كيملرسكز ديدكده اونلر طاوشانى كتورن آدمك قومشولرينك قومشولرى‌يز ديمشلر. خواجه خوش كلديكز ديوب بونلرك اوكلرينه بر باقراچ صو كتورر. بو نه‌در ديدكلرنده خواجه بو طاوشانك صوينك صويى‌در ديمش .

12. Der böse Wirbelwind

بر كون خواجه بر يشيللك باغچه‌سنه كيره‌رك بولديغى حاووچ ، شلغم ، طورپ كبى اوتلرى يولوب قويننه ، چواله طولدرديغى صره‌ده باغچه‌جى كلير ، خواجه‌يه ياقلاشه‌رق بوراده نه كزيورسك ديو صورنجه خواجه نه ديه‌جكنى شاشيروب باغچه‌جى‌يه اوغل هانيا كچن كونلر اسن او قاصرغه يوق مى؟ اشته بنى بورايه آتدى ايدى دير. باغچه‌جى طوتالم كه اويله اولسون ، يا بونلرى كيم يولدى ديدكده اوت اوت بن يولدم ، چونكه قاصرغه‌نك كوچلى اولوب بنى اورادن اورايه آتديغندن هر هانكى اوته ياپشدم ايسه المده قالدى دير. باغچه‌جى قزه‌رق يا بونلرى چواله ، قوينكه كيم طولدردى ديمه‌سى اوزرينه اشته بوراسنى بن ده دوشنيورم يا ديمش.

13. Wundersame Kalenderverwirrung

خواجه اوروج آیی کلدکده آیك قاچی اولدیغنده یا کلمامق ایچون بر چوملکه هر کون بر ر طاش آته‌رق کونلرك صاییسنی بللرمش. خواجه‌نك اوفاق قزی ده باباسنك چوملکه طاش آتدیغنی کوره‌رك بر آووج طاش آتمش. اوروج آینك یکرمی بشنجی کونی حریفك بری خواجه‌دن بوکون آیك قاچی دیو صورار، خواجه ده آزجق اکلن قاچی اولدیغنی سکا طوس طوغرو سویلیه‌یم دیه‌رك اوه کلیر، چوملکده‌کی طاشلری برر برر صایوب یوز یکرمی کورنجه بن اکر بونلرك هپسنی سویلسه‌م بکا کولرلر و سن دلی اولمشسك دیرلر. ایوسی بر آز آشاغی اولسون سویلرم دیه‌رك کیرو کلوب بو کون آیك قرق بشی اولمش دیر. اوراده بولنانلر جانم خواجه افندی، آیك هپسی اوتوز کوندر، سن نصل قرق بشی اولمش دییورسك؟ دینجه خواجه آقرداشلر، آشاغی بیله سویلدم. اکر چوملکده‌کی طاشلرك صاییسنه باقارسه‌کز بو کون آیك یوز یکرمی سیدر دیمش.

b) Vierzeiler und Rätsel

14. Kränkung

بن بر غریب قوش ایدم
دالکه قونمش ایدم
نیچون بنی داریلتدك
بن سنك اولمش ایدم

15. Hohn

اکشیسك قورق کبی
اوزونسك صیرق کبی
نه کزرسك سرسری
یولنمش طاوق کبی

16. Schade!

الما آتدم کلینه
کلین آلمز الینه
یازق اینجه بلینه
دوشدی سرخوش الینه

17. Liebeskummer

یاره کوکل باغلادم
کیجه کوندوز آغلادم
بن یارمك عشقندن
جکرمی داغلادم

18. Der Rohling

قاين آنايى نه ياپملى
مرديوندن آتملى
پالدر كولدر كيدركن
آرقه‌سندن باقملى

19. Der Genießer

قهوه يمندن كلير
بلبل چمندن كلير
آق طوپوق بياض كردان
هر كون حمامدن كلير

20. Verliebt

قهوه‌يى پيشيررم
قورقارم طاشيررم
يار فكرمه دوشرسه
عقلمى شاشيررم

21. Auf der Hut

دامه چيقمه ايز اولور
جانفس شالوار توز اولور
كوندوز كلمه كيجه كل
دشمن دويار سوز اولور

22. Zwei Rätsel

آغزندن طوتدم ، ديبنه قدر تپدم. — چزمه.
ياپان صاتار، آلان قوللانمز، قوللانان بيلمز. — مزار طاشى.

c) Hausmärchen

23. Der Prinz und die Derwischstochter

اوّل زمانده بر پادشاه وارمش ، بونك دنيايه هيچ چوجغى كلممش. بر كون پادشاه لالاسيله كزمكه چيقوب بر چشمه باشنه كليرلر ، اوراده آبدست آلوب نماز قيلارلر، بر ده باقرلر كه بر درويش كلير ، السّلام عليكم پادشاهم دير ، پادشاه ده درويشه سن بنم پادشاه اولديغمى بيلدك درديمى‌ده بيليرسك ديدى. درويش ده قويندن بر الما چيقاردى ، سنك دردك هيچ چوجغك يوقدر، آل بو المايى ، ياريسنى كندك ياريسنى

ده قاریكه ییدره‌سك ، وقتی كلدكده سنك بر چوجغك اوله‌جق ، اما یكرمی یاشنه قدر سنك ، یكرمیدن صكره بنم اوله‌جقدر دیوب كیدر.

پادشاه اورادن قالقر ، سراینه كلیر ، المایی كسر ، یاریسنی كندی یاریسنی ده قاریسنه ییدرر. او كیجه قاریسی كبه قالیر ، وقتی كلیر ، طقوز آی اون كون دینجه بر اوغلان چوجق دوغورر. پادشاه چوق سوینر ، بیوك دونانمالر یاپار. صكره بیومكه باشلار ، بش التی یاشنه كیرر ، خواجه‌یه ویررلر ، اوقور یازار ، اون اوچ اون دورت یاشنه قدر كیرر ، باشلار كزوب یورومكه ، اك صكره چوجق آوه قوشه كیدر. بر وقت كچدكدن صكره آرتق چوجق یكرمی یاشنه طوغرو كلیر ، باباسی ده قالقر اوغلنی اولندرمكه. بر قز بولورلر ، دوكون قوریلور ، كوه‌كی كیردیكی كیجه او درویش كلیر ، اوغلانی قاپدیغی كبی كیدر ، بر طاغ باشنه براقیر ، اوتور بوراده دیر كیدر.

اوغلان قورقوسندن اوراده اوتورر ، برده باقر كه اوچ دانه كوكرجن كلیر ، اوراده بولنان بر صو كنارینه اینرلر صوینرلر ، اوچی ده برر قز اولور ، اوراده ییقانرلر ، اوغلان ده كیدر ، اونلر ییقانركن بریسنك روباسنی آلیر صاقلار. بونلر صودن چیقارلر ، ایكیسی روبالرینی كیر ، ینه كوكرجن اولوب اوچارلر ، اوبر قز دخی صودن چیقار باقار كه روباسی یوق ، اوته‌یی آرار بری‌یی آرار باقار بو اوغلانی كورر ، آكلار كه روباسنی او اوغلان صاقلامش. یالواریر یاقاریر روبالرینی استر ، اوغلان ده ویرمز. قز اوغلانه دیر كه سنی بورایه كیم كتوردی ، اوغلان ده دیر كه بر درویش كتوردی ، قز ده او درویش بنم بابامدر ، سنی شمدی كلیر ، صاچلركدن شو آغاجه آصار ، النده‌كی قامچی ایله سنی دوكر ، اوكرندك می دیو صورار ، سن ده اوكرنمدم دی دیر. اوغلان ده قزك روبالرینی چیقارر ویرر ، قز ینه كوكرجن اولور ، قاچار كیدر.

برده اوغلان باقار كه درویش كلیور النده بر قامچی ، كلیر اوغلانك صاچندن آغاجه آصار ، النده‌كی قرباچله ایوجه دوكر ، صكره ده اوكرندك می دیو صورار ، اوغلان ده اوكرنمدم دیدكده براقیر كیدر. اوچ كون كلیر بو اوغلانی بویله دوكر ، صكره باقار كه بونك اوكرنه‌جكی یوق ، صالیویرر.

اوغلان ده ینه اورالرده دولاشوب طوررکن اول كوكرجن كلیر اوغلانه دیر كه آل بو قوشی صاقلا ، ینه بابام كلیر ده سكا صورارسه كه شو قزلرك هانكیسنی استرسك ، سن ده بنی كوستر ، اكر بنی طانیمزسك قوشی چیقار قوینكدن ، دی كه بو قوش هر كیمه كیدرسه آنی استرم دیوب كوكرجن كیدر.

برده ایرتسی كون او قزلری درویش آلور كتورر ، اوغلانه دیر كه بو قزلرك هانكیسنی بكنیرسك ، اوغلان ده قوشی چیقاریر ، شو قوش هانكیسنه كیدرسه بن

اونی استرم دیر ، قوشی صالیویرر ، قوش ده کیدر او اوغلانه اوکردن قزك اوستنه قونار. درویش ده او قزی اوغلانه ویرر، امّا قزك آناسی بونی استمز، مکر بو قزك آناسی بویوجی اولدیغی ایچون قزلری ده بویو یاپمغی بیلیرلرمش.

اوغلان قزی آلوب کیدرکن برده باقارلر که قزك آناسی کلیور. همان قز اوغلانه بر طوقات اورر، اوغلانی بیوك بر باغچه یاپار، کندینه ده بر طوقات اورر باغچه‌بان یاپار. برده آناسی کلیر، باغچه‌بان بورادن بر قز ایله بر اوغلان کچدی می دیر ، باغچه‌بان ده دها پراسه‌لرم اولمدی اوفاقدر دیر ، قاری ده جانم باغچه‌بان سکا پراسه صورمیورم بر قز ایله بر اوغلان دیورم ، باغچه‌بان ده جانم دها اسپناك دیکمدم ، بر ایکی آیدن صکره کل دیر . قاری باقار که بو لاف آکلامیور، دونر کیدر. برآز کتدکده قز باقار که آناسی کتدی ، باغچه‌یه بر طوقات اورر ینه اوغلان ، کندینه ده ینه قز اولور.

بونلر کیدرلر، برده قاری آرقه‌سنه باقار که اوغلان ایله قز کیدیور، همان اورادن قاری ینه کیرو دونر، بونلرك آرقه‌سنه دوشر. برده قز آرقه‌سنه باقار که آناسی ینه کلیور. همان اوغلانه بر طوقات اورر فرون یاپار، کندیسی ده فرونجی اولور. آناسی کلیر، فرونجی‌یه فرونجی بورادن بر اوغلان ایله بر قز کچدی می دیر ، او ده دها اکمکلر پیشمدی یکی صالدم ، یارم ساعت صکره کل ده ویره‌یم ، قاری ده جانم سکا اکمك صورمیورم ، بر اوغلان ایله بر قز کچدی می دیورم ، او ده دیر که بنم ده قارنم آج ، بر آز بکله ، پیشسون ده ییه‌لم. قاری باقار که بو لاف آکلامیور، ینه دونر کیدر. بر آز کتدکدن صکره قز قالقر، فرونه بر طوقات اورر اوغلان یاپار، کندینی ده قز یاپار، ینه قاچارلر.

قاری ده آرقه‌سنه باقار که اوغلان ایله قز ینه کیدیور، اکلار که او کوردیکی باغچه ایله فرون اوغلان ایله قزدر، ینه دونر ، بونلرك آردینه دوشر. قز ده باقار که آناسی ینه کلیور، همان اوغلانه بر طوقات اورر بر کول یاپار، کندی ده اوردك اولوب صوده یوزر. آناسی کلیر باقار که بر بیوك کول ، بر آشاغی بر یوقاری قوشار، هیچ بر یاننی بولاماز که اوبر یانه کچسون . اك صکره طورر باقار که کچه‌میه‌جك ، دونر کیدر. صکره قز ده باقار که آناسی کتدی ، ینه کوله بر طوقات اورر اوغلان یاپار کندینی ده قز، بونلر ینه یولنه کیدرلر.

کیده کیده اوغلانك مملکتنه یاقین واریرلر، اوراده بر خانه کیررلر. اوغلان قزه دیر که سن بوراده اوتور، بن کیده‌یم سکا روبا آرابه کتوره‌یم سنی ده کتوررم دیر کیدر. برده کیدرکن یولده اوکنه ینه او درویش چیقار، اوغلانی قاپوب دوغرو باباسنك سراینه کتورر، کوه‌کی کیردیکی اوده‌یه براقیر. بر ده اوغلان باقار که کندی یاتاقده ، کلین ده یاننده یاتیور، عجب بن دوش می

کوردم ، بو نصل ایشدر دیر دوشنورکن بر ده او خانده براقدیغی قز باقار که اوغلان کلمیور، بر ایکی ساعت بکلر، های کیدی خیرسز های ، بنی بوراده براقدی ده کتدی ، شمدی کلمیور دیر اورادن بر کوکرجن اولور کلیر، اوغلانك یاتدیغی اودەنك پنجرەسندن به خیرسز، ایللك قزینی آلدك ده خانلرده براقدك ، شمدی بوراده یاتیورسك دیر ، ینه خانه کیدر. اوغلانك عقلی باشنه کلوب آکلادی که او کوردکلری شئ دوش دکل کرچکدر. همان اورادن قالقەرق بر آرابه آلوب دوغرو خانه کلدی ، قزی آرابەیه قویوب آلدی سرایه کتوردی . اوبر قزی آناسنك اوینه کوندروب بو درویشدن آلدیغی قزی کندینه نکاح قیدروب قرق کون قرق کیجه یکیدن دوکون یاپدیلر.

24. Die Rabenfee

بر وقتك برنده بر حریفك بر اوغلی وارمش ، بو حریف قوش طوتوب صاتمق ایله کچینرمش. کونلرده بر کون خستەلنوب اولور ، اوغلی ده باباسنك نه ایله کچیندیکنی بیلمزمش ، بر کون آناسنه ای آنا بنم بابامك کچینمەسی نەدن ایدی؟ باری سویله ده یاپەبیلیرسم بز ده اونکله کچینرز دیدکده آناسی اوغلم سنك باباك قوش طوتوب صاتەرق کچینردی دیمەسیله اوغلان قوشلری نه ایله طوتاردی دینجه اوغلم طوان آراسنده بر قپانی واردر ، اونکله طوتاردی دیدکده اوغلان طوان آراسنه چیقوب قپانی آلور ، قیره کیدەرك بر آغاجك اوستنه قپانی قورار. دیرکن افندم بر قارغه کلوب قپانده طوتلور ، اوغلان آغاجه چیقوب قپانی آلنجه قارغه یالوارەرق اوغلانه بنی صالیویر ، سکا پاره ایدەجك کوزل قوشلر یوللارم ، سن ده اونلری طوتوب صاتدیغك وقت چوق پاره قازانیرسك دیدکده اوغلان قارغەنك یالوارمەسنه طیانەمیوب صالیویرر. ینه قپانی قورروب آغاجك دیبنده بکلرکن اوتەدن بر قوش کلەرك قپانده طوتلور. اوغلان همان آغاجه چیقار ، قوشی کورنجه کوزللکنه اورلوب آمان بو نه کوزل قوش ایمش دیو سووب طوررکن اوتەدن قارغه کلوب اوغلانه هایدی بو قوشی کتور پادشاهه صات ، سکا چوق پارەلر ویرر دینجه اوغلان قوشی بر قفسه قور، دوغرو پادشاهك سراینه کیدر. پادشاه قوشی کوردکده چوق بکنەرك آلوب اوغلانه بر چوق پارەلر ویرر، اوغلان سوینەرك پارەلری آلوب اوینه کلیر.

پادشاه قوشه بر آلتون قفس یاپدروب ایچنه قور، کیجه کوندز بو قوش ایله اکلنیر. پادشاهك وزیری بو اوغلانی قسقانوب پادشاهه افندم بوقوش کوزل امّا بوکا بر فیل دیشندن کوشك یاپدرملی ، بو اونك ایچنده یاقشیر دیر . پادشاه ای

لالا اوقدر فیل دیشنی نره‌ده بوللی دیدکده وزیر افندم قوشی کتورن فیل دیشنی ده بولور دیمسیله پادشاه همان اوغلانی چاغرته‌رق بکا بر کوشك یاپمق ایچون فیل دیشی کتوره‌جکسك دیر. اوغلان آمان پادشاهم بن اوقدر فیل دیشنی نره‌ده بوله‌یم دیرسه ده پادشاه نره‌ده بولورسه‌ك بول ، سکا قرق کون اذن ، اکر بوله‌مزسه‌ك قرق کوندن صکره بوینکی اوررم دیر .

اوغلان دوشنه‌رك اوینه کلیر ، اوتوررکن قارغه کلیر نه طوریورسك دیر ، اوغلان ده ایشی آکلاتیر. قارغه او ده کوچ بر شی‌می؟ هایدی کیت ، پادشاهدن قرق آرابه شراب استه دیر . اوغلان کیدوب پادشاهم بن سزك استدیکزی کتوره‌جکم امّا بکا قرق آرابه شراب ویریکز. پادشاه همان امر ایدوب اوغلانه قرق آرابه شرابی ویررلر . اوغلان آرابه‌لری آلوب کیدرکن ینه قارغه کلیر ، هایدی فلان یره کیت ، اوراده قرق دانه صو یالاغی واردر ، نه‌قدر فیل وارسه کلوب او یالاقلردن صو ایچرلر ، سن بو شرابلری یالاقلرك ایچنه طولدر ، بر یانه کیزلن بکله ، او فیللر صو وقتی کلنجه هپسی اویناشوب صحرایه‌رق کلوب یالاقلرده‌کی شرابلری صوسانه‌رق ایچرلر ، صکره هپسی سرخوش اولوب دوشرلر ، سن ده کیت بتون دیشلرینی سوك پادشاهه کتور دیدکده اوغلان آرابه‌لری چکه‌رك اورایه واریر ، قارغه‌نك دیدیکی کبی شرابلری یالاقلره بوشالتوب بر یره کیزلنه‌رك اوتورر. اوته‌دن بر چوق فیل کله‌رك او شرابلری ایچرلر ، کیده‌جکلری زمان هپسی یره دوشرلر. همان اوغلان کیدوب بتون دیشلرینی سوکر ، چواللره طولدروب آرابه‌لره یوکلته‌رك دوغرو پادشاهه کتورر.

پادشاه او فیل دیشلرندن بر کوشك یاپدره‌رق قوشی ایچنه قور امّا قوشك هیچ سسی چیقماز. پادشاه بو قوش بو قدر کوزل ، عجب نیچون اوتمیور دیو مراق ایدرکن وزیری افندم بو قوشك البت بر صاحبی واردر ، اونی بوللی که بو قوش اوتسون دیر. پادشاه ای لالا اونی نره‌ده بولورز دینجه وزیر افندم بو فیل دیشنی بولان اونی ده بولور دیدکده پادشاه همان اوغلانی چاغرتوب اوغلم بو قوشك صاحبنی ده سندن استرم دینجه اوغلان ای پادشاهم بن بونی قیرده طوتدم ، صاحبی کیمدر نه بیله‌یم دیرسه ده پادشاه البت بوله‌جقسك یوقسه سنی اولدررم ، هایدی سکا قرق کون اذن دیر .

اوغلان ینه آغلیه‌رق اوینه کلیرکن قارغه بونی بولوب نه آغلیورسك دیر ، او ده ایشی آکلاتدقده قارغه ای شاشقین اونك ایچون آغلنلرمی ، هایدی کیت پادشاهدن بر کمی استه ، امّا ایچنده طایفه‌لری قرق دانه قز اوله‌جق ، کمینك ایچنده بر کوزل باغچه بر ده حمام یاپدرسون ، اونکله کیدوب او قوشك صاحبنی بول دیر . اوغلان دوغرو پادشاهه کیدوب قارغه‌نك دیدیکی کبی بر کمی استر ، پادشاه

همان استدیکی کبی کمی‌یی یاپدروب اوغلانه ویرر، اوغلان کمینك قپطانی اولوب ایچنه بینر.

دکیزده شمدی بن نه طرفه کیده‌یم دیوب طورورکن قارغه کلوب کمی‌یی صاغ یانه صالیویر، کیده کیده بر بیوك طاغ کورورسك، او طاغك یاننه کمی‌یی یناشدر، بو قوشك صاحبی قرقلردندر، هر اقشام دکیز قیی‌سنده کزر، سن اونلری کورنجه همان صنداله بین، دوغرو اونلرك اولدیغی یره چیق، اونلر کمی نه اولدیغنی بیلمزلر، عجب بو نصل شئ‌در دیو قز سکا یالواریر، آمان قپطان بنی شو کمی‌یه کتور باقایم نصل شئ‌در دیدکده سن یالکز قزی آل کمی‌یه کتور، باغچه‌یی حمامی کزدررکن کمی‌یی قالدیر، اشته قوشك صاحبی اودر دیدکده اوغلان کمی‌یی صالیویروب دوغرو قارغه‌نك دیدیکی یره کیدر، الك صکره اورایه واروب کمی‌یی یناشدرر. برده اوتوروب طوررکن اقشام اوستی او قرقلرك باشی هایدی دکیز قیی‌سنه کیده‌لم دیو طوپلانرلر، اوراده کزوب طوررکن دکیزده‌کی کمی‌یی کورورلر، آ بو نصل شئ، نره‌دن کلمش دیو سیر ایدوب طوررکن اوغلان بونلری کوروب همان صندالی ایندره‌رك بینر، اونلرك یاننه کیدر. قز آمان سن کیمسك، او دکیزده‌کی نه‌در دیدکده اوغلان او کمیدر بن ده قپطانی‌یم دیر، قز ده اوغلانه آمان قپطان بنی کمی‌یه کتور ده نصل شئ‌در کوره‌یم دیر، اوغلان آمان بیورك کیده‌لم دیو قزی صنداله بیندروب کمی‌یه کتورر، قز سوینه‌رك آمان بو نصل شئ ایمش دیو باغچه‌یی کزر حمامه کیرر، حاضر بورایه کلمشکن شو حمامده ییقانه‌یم دیوب صوینر، اوغلان قز ییقانرکن کمی‌یی قالدره‌رق یوله دوزیلر.

کمی کیتمه‌ده اولسون قز حمامدن چیقار، وای اقشام اولمش وقت کچمش واره‌یم کیده‌یم دیو طیشاری چیقدقده باقار که کمی کیدیور، آیواه سن بنی آلداتدك، بن شمدی نه یاپه‌یم دیو اغلامغه باشلار. اوغلان آمان افندم بن آنجق سزك ایچون بورایه کلدم، نافله هیچ اغلامه‌یکز دیر، نه ایسه بونلر کله کله پادشاهك شهرینه کلیرلر، طوپلر آتلوب اوغلانك کلدیکنی پادشاهه خبر ویررلر، پادشاه سوینه‌رك برده قز سرایه کیرنجه پادشاه قزی کوروب بیك جان ایله عاشق اولور. برده قزك کلدیکی وقت قوش باشلار اوتمکه، آرتق اوتمه‌سی جهانی طوتوب هرکس قوشك سسنه عاشق اولور.

پادشاه همان قزی کندینه نکاحلار، قرق کون قرق کیجه دوکون یاپدقدن صکره قز بر کون صانجیسی طوته‌رق خسته‌لنیر. مکرسه قزك هر وقت او صانجیسی طوتارمش، اونك اولدیغی یرده بر علاجی اولوب او صانجی اونکله کچرمش، قز بونی پادشاهه سویلر. پادشاه همان اوغلانی چاغروب هایدی بونی کتوردیکك یره کیت، قزك بر علاجی وارمش، اونی آل کل دیدکده

اوغلان ینه کمی‌یه بینوب کیدرکن قارغه کلیر، نره‌یه کیدیورسك دیر، او ده سلطان خانمك علاجی وارمش اونی آلمغه کیدیورم دیر. قارغه هایدی کیت امّا اورایه چیقدیغك وقت بر سرای کورورسك، اونك سرایی‌در، قپوسنه واردقده قپو اوکنده ایکی دانه اسلان طورر، آل بو تویی، بر کره برینك آغزینه اور، برده برینه اوردیغکده اونلر سکا بر شئ یاپمزلر دینجه اوغلان تویی آلوب دوغرو اورایه کیدر باقار بر سرای امّا پادشاهده اویله سرای یوق، همان کیدوب قپوسی اوکنه واردقده قارغه‌نك ویردیکی توی ایله بر برینك آغزلرینه اوره‌رق ایچری کیرر. همان قزلر اوغلانی کوردکلرنده قزك صانجیسی طوتوب اوغلانك اونك ایچون کلدیکنی آکلارلر، آمان سلطانمز اولدی‌می دیدکده اوغلان یوق خسته‌لندی، اونك علاجی وارمش ویره‌سکز دیر. اونلر ده بوکا بر شیشه ایچنده علاجی ویررلر. همان ینه کمی‌یه بینوب دوغرو پادشاهه کلیر، سرایه کیررکن قارغه ده اوغلانك اوموزینه قونه‌رق برلکده پادشاهك یاننه چیقارلر.

قز ده صانجیدن اولو کبی یاترمش. همان علاجی ایچردکلری کبی قز کوزینی آچه‌رق اوغلانك اوموزنده قارغه‌یی کورور، های کیدی قحبه های، اك صوکنده بنی بورالره دوشردك، نه ایسه بن صیقنتی چکمدم امّا بو اوغلانجق بو آنه‌دك نقدر اذیت چکدی، سن هیچ اوتانمز میسك دیو باغروب چاغررکن پادشاه آمان افندم نه اولیورسکز دینجه قز ده پادشاهم بو قارغه بنم خلایغم ایدی، بر کون بوکا جانم صیقلوب بویله قارغه قیلیغنه قویه‌رق صالیویردم، شمدی او ده بکا بو ایشلری یاپدی، نه ایسه بن بر فنالق کورمدم امّا اونك یوزندن بو اوغلانجق چوق قورقولر چکدی دیوب هایدی قلتق قیلیغکه کیر ده کل دیمه‌سیله قارغه کیدوب سیلکنه‌رك بر قز اولور امّا کوزللکی همان پادشاهك آلدیغی قزدن ده پك آشاغی قالمز.

شمدی قز پادشاهه شاهم بو اوغلانی کندیکه اولاد ایت، بو قزی ده بوکا ویر دینجه پادشاه اوغلانی کندینه اولاد ایدوب قزی ده اوکا نکاح ایده‌رك قرق کون قرق کیجه دوکون یاپارلر، مرادلرینه ایررلر.

d) Volkslustspiel

25. Der Bettlerdampfer

حمدی : آمان طوسونجغم ، باشمه کلن ماجرایی نقل ایتسم ده دیکلسه‌ك ، او زمان آ کلارسك .

طوسون : آمان افندم ، کچمش اولسون ! بنده‌کز ده مراقلی اولدیغمی بیلیرسکز آ ! نقل ایدك ده بنده‌کز ده آ کلایه‌یم .

حمدی : جانم ، شو بزم یوقاریکی سمته‌کی مختارك اوینك بر اوطه‌سنده کرا ایله اوتوردیغمز معلومکزدر آ .

طوسون : اوت افندم ، معلوم .

حمدی : هر نصلسه ، اوّلسی صباح ارکنجه قالقمشدم ، طیشاری آبدسته چیقدم ، برده باقدم که او صاحبمز اوله‌جق مختار افندی کینمش قوشانمش سوقاغه کیدیور.

طوسون : صکره افندم ؟

حمدی : آمان افندم ، اویله ارکنجه نره‌یه تشریف ایدیورسکز دیدم . مختار افندی آمان بنی لاقردی‌یه طوتمه ، دیلنجی واپورینه کیدیورم ، کچ قالورم دیدی .

طوسون : اوت ؟

حمدی : طوسون ، حالمز معلوم یا ، بز ده آز سفیللك چکمیورز .

طوسون : اوت افندم ، معلوم .

حمدی : آمان اویله ایسه طور، بن ده چابوجق کیینه‌یم ده برابر کیده‌لم دیدم . پکی دیدی ، بن ده چابوقجغنه کییندم ، برابر بر قوشو دیلنجی واپورینه یتشدك ، واپوره کیردك . بن اطرافه باقنمغه باشلادم ، فقط اوته‌یه کیتدم سورندم ، بری‌یه کیتدم سورندم ، کیسه چیقاروب بش پاره ویرن اولمدی . آمان طوسون افندی ، بنم دیلنجی واپورینه کیدیشمك سببنی بیلیرمیسك ؟

طوسون : خیر افندم ، نیچون کیتدیکز باقه‌لم ؟

حمدی : فقیر اولدیغمزی آ کلاتدقدی یا ، دیلنجی واپورنده دیلنجیلره پاره ویررلر ظنّ ایتدم ده بر قوشو آنك ایچون کیتدمدی ، باقدم که بش پاره ویرن یوق.

طوسون : واه ، سز یا کلش آ کلامشسکز ! نه ایسه ، صکره ؟

حمدی : دیر کن طوسونجغم ، النده بر تنکه ایله تنکه‌یی اوره‌رق بریسی کلدی ، نره‌یه چیقاجقسکز دیدی . بن ده دوشندم دوشندم داولنبازه چیقاجغم دیدم . خیر اویله دکل ، هانکی اسکله‌یه چیقاجقسکز دیدی . بز آنکله محاوره ایتمکده

اولەلم ، واپور قانليجه اسكلەسنه يانشمش ، صوڭ اسكله ده اوراسى ايمش . باقدم ، مشتريلرك جملەسى چيقدى ، بز قالدق . بيلاتجى بيلات آل ده هايدى چيق بورادن ، بشقه اسكله يوقدر ديدى . بن ده وير ده چيقەيم ديدم . او يله ايسه پاره وير ده ويرەيم ديدى . نه پارەسى استيورسك آيول ، بن بورايه ديلنجى واپورى ديه ديلنمكه كلدم ، سن وير بكا پارەيى ديدم . صكره بيلاتجى طايفەلره خبر ويرەرك بزى پاتر كوتور طياقله تكمه ايله اسكلەيه آتديلر .

طوسون : آمان افندم ، صكره ؟ بيوك قضا صاومشسكز .

حمدى : ديركن طوسونجغم ، اسكلەيه چيقدق . بيلات طوپلاديانلر بزى پارماقلقدن طيشارى چيقارمديلر ، بندن بيلات استديلر ، بن ده واپوره نه ايچون بينمش اولديغمى آكلاتدم ، پارەم ده اولمديغندن بيلات آلەمدم ديدمسه ده ياقەيى قورتارەمدم .

طوسون : آمان حمديجكم ، چيقمەنك قولايى ، صكره نصل ياپدك ؟

حمدى : نصل ياپەجغز ؟ حريفلر بزى عادتا دوكمكه باشلاديلر . بركت ويرسون اسكلەنك باشنده بر بيوك يالى وار ، اورادن يالينك صاحبى اولان افندى بزه ايتدكلرى حقارتى كورمش ، بزه آجيمش ده خدمتكاريله واپور پارەسنى كوندرەرك بزى اورادن قورتاردى .

طوسون : اوح كچمش اولسون ، افندم !

II. ERZÄHLENDES SCHRIFTTUM

a) Aus dem „Papageienbuch“

26. Der Kalif und der Tagedieb

بر کون بر اعرابی مأمون خلیفه‌یه کلوب دیدی که یا امیر المؤمنین حجّ ایتمکه عزیمت ایلدم لکن آقچه‌م یوقدر دیدی مأمون خلیفه جواب ایتدی که چونکه آقچه‌ك یوقدر سکا حجّ ایتمك فرض دکلدر نافله یره نیچون زحمت چکرسن دینجه اعرابی ایتدی یا امیر المؤمنین یوقلقدن شکایت ایدوب حجّ ایتسم کرك آقچه‌م یوقدر دیو نزاکت ایلدم سندن احسان امید ایده‌رم سن ایسه بکا مسائل شرعیه بیان ایدوب حجّك وجوبنی نقل ایدرسن دیدکده مأمون خلیفه اعرابینك بو ظرافتندن غایت حظّ ایدوب عظیم انعام و احسان ایلدی.

27. Die Erfindung des Saitenspiels

حکماء هندستانك آدملرندن شویله استماع اولنور که حکیم سازپرداز سیاحتی حالنده طاغلرده آغاجلر سایه‌سنده کزر ایکن بر میمونی کوردی که آغاجلرك اوستنده دالدن داله صچراردی بو حالده ایکن میمونك قارنی بر کسکین داله راست کلوب ییرتلدی و باغرساغی ایکی دالك اراسنده قالدی بر زماندن صکره اول باغرسق قوریدی و کرلدی روزکار طوقندقجه اندن خوش صدا ظاهر اولمغه باشلدی پس حکیم سازپرداز اول باغرساغی ایندروب ایکی آغاجك آراسنه باغلیوب اوّلکندن زیاده خوب صدا ظاهر اولدی آندن صکره اول آغاجه بر دری قپلیوب بر قاچ تل اضافه ایدوب چالمغه شروع ایلدی بعده عقلی ایرشدیکی مرتبه صورته قویوب درلو درلو سازلر پیدا ایتدیلر.

28. Ein wahrer Esel

بر کون مخدوم سامی بایزید بسطامی حضرتلری بر جامع شریفده وعظ ایدرلردی جمیع صغیر و کبیر وعظه حاضر اولوب کلام نصیحت انجامندن جماعت وجد و حال اوزره اولورلردی تمام مجلس وعظلری کرماکرم ایکن کرسینك یاننه بر تریاکی چیقه کلوب ایتدی ای مرشد سعادت اثر کلام ثریّا نظام ایله خلق عالمی طریق حقّه دلالت ایدرسن ایمدی لطفکدن رجا اولنور که بن حمارمی ضایع

ایلدم کرم ایله آنی بکا بولیویر دیدی بایزید بسطامی حضرتلری دخی صبر ایله بولنور دیوب ینه وعظنه مشغول اولوب اثنای وعظده مجلسنده حاضر اولنلره خطاب ایدوب دیدی که ای امّت محمّد هیچ آراکزده عاشق اولمامش وار ایسه اياق اوزره قالقسون دینجه بر اختیار آیاق اوزره قالقوب ای شیخ بو فنّ عشقده بن قوللك جاهلم عالم طفولیتمدن برو بو یاشه کلدم بر معشوقه عاشق اولمدم و عاشقلق نه اولدیغنی دخی بیلمم و بو عشق دیدیکزدن اصلا خبرم یوقدر کرم ایدوب بکا تعریف ایله دیدکده بایزید بسطامی حضرتلری اول حمارنی یتوره‌ن تریاکی‌یه ایتدی ای کشی اشته غیب ایتدیکك حمار بودر آل حمارکی دیوب بو کلام ارشاد انجام ایله هم تریاکی‌یه شافی جواب و هم اهل مجلسه تنبیه باصواب حاصل اولدی.

29. Der Esel in der Löwenhaut

زمان قدیمده بر بازرکان وافر ماله مالك اولمشیدی بامر الله تعالی کون بکون نزول بولوب آخرکار بر حبّه‌یه محتاج اولدی عالم دنیاده فقط بر حماره مالك اولدی اول دخی آجلقدن ضعیف و زبون اولوب حرکته مجالی قالمدی پس بر کون بازرکان حماره مرحمت ایدوب باری آج قالمدن ایسه شونی صحرایه صالایم اوتلاسون بلکه درمانی کله دیو عزم ایلدی لکن حمار زیاده ضعیف اولدیغندن جاناورلر بونی طشره‌ده انجیدوب هلاك ایدرلر دیو خوفندن و حماره مرحمتندن کندوسنك بر آرسلان پوستی وار ایدی کتوروب حمارك اوزرینه چکدی بعده صحرایه صالیویردی حماری اول قیافتده کوره‌ن حیوانات آرسلان قیاس ایدوب یانندن فرار ایدرلردی بونك اوزرینه بر زمان کچوب حمار تمام مرتبه سمردی اتّفاقا حمار بر کون کزرکن بر باغه راست کلوب ایچری کیردی باغجیلر حماری کورنجه آرسلان ظنّ ایدوب جمله‌سی بردن بر آغاجك اوزرینه چیقدیلر و حمار میمنه میسره باغك ایچنده بولدیغی شئ یمکه باشلدی اول اثناده باغك طشره‌سندن بر قاچ حمار کچوب کیدرکن چاغرشدیلر همان آرسلان پوستلی حمار دخی کندی امثالینك صدالرینی ایشتدیکی کبی بیصبر وآرام صوت مکروهیله آکرمغه باشلدی همان باغبانلر بونك صداسنی ایشتدیکی کبی اشکلکنی بیلوب و بونك دخی برحیله‌کار آدم ایشی اولدیغنی فهم ایدوب درحال آغاجدن اینوب دردمند حمارك اوزرنده اولان آرسلان پوستنی آلوب کندوسنی وافر دوکدکدن صکره آرقه‌سنه پالان اوروب یوك چکدردیلر.

30. Persische Königsprobe

حکمادن شویله منقولدر که زمان اوّلده دیار اصفهانك پادشاهی یوزیکرمی یاشنده بر مرد صاحب خرد ایدی برکون سفر آخرته رحلت ایتدی امّا کندو یرینه تخت نشین اولهجق بیوك اولادی اولمیوب سود امر کوچك اوغلی قالدی علما و وزرا بر یره جمع اولوب مشاوره ایتدیلر که بو معصومی تخته کچیرسك دها طفلدر سوز سویلمز و حرکت ایتمز که اقوال و افعالندن سلطنته استحقاق اولدیغی ظاهر اوله فرضا مستحقّ سلطنت اولنجیه قدر بیمعنا یره بو طفلك بوقدر سنه زحمتنی چکمك قوری محنت و بوش یره مشقّتدر و اکر خارجدن برینی پادشاه نصب ایدرسك مادامکه نطفهٔ طاهرهدن اولمیان آدمك سیفندن خیر کلمز و مملکت و رعایا خود هیچ محافظه ایلمز همان معقول اولان ینه اول طفلی تجربه ایتمکدر امّا نه وجهله تجربه ایدهلم دیو حکمایه مراجعت ایتدیلر مکر اول زمانده اول نواحیده دورتیوز قدر حکما جمع اولمشلر ایدی پس اول دورتیوز حکیمك رأیی بونك اوزرینه جاری اولدی که بر مجلس پرساز ترتیب ایدهلر اول شهزادهیی کندی اقرانی اولان اطفال ایله اول مجلسه بشکلریله کتوروب قویهلر سازلر چالندقچه شهزاده حرکت ایدرسه لایق سلطنتدر و اکر ایتمز ایسه دکلدر صکره باشکزك غیری تدارکنی کورك دیدیلر پس وزرا حکمادن بو کلامی کوش ایدوب تعلیملری اوزره ترتیب مجلس ایتدیلر همان سازندهلر کوناکون مقاملرله صدایه و خوانندهلر نغمه و نوایه آغاز ایتدکلری کبی شهزاده شوق و شغف اظهار ایدوب اولقدر حرکت ایتدی که بشکی بیله حرکته کتوردی سائر اطفال ایسه قالب افسرده کبی بیهوش و مدهوش و بیمجال یاتوب قالدیلر وبعده جمله حکما بیلدیلر که بو شهزاده صاحب سعادت و لایق تخت سلطنت و شایستهٔ تاج و دولتدر درحال باباسی مقامنه پادشاه و سایهٔ دولتنی کندیلره پناه ایدندیلر.

31. Der Blinde und sein liederliches Weib

زمان قدیمده هند پادشاهینك حرمنده اولان جاریهلردن دنیایه بر قز کلدی حکمت خدا بو قزك اوچ ممهسی وار ایدی ایکیسی برقاعده یرنده امّا بریسی کوکسینك عین الفعلنده ایدی اهل نجوم بو قزك طالعنی یوقلدیلر کوردیلر که بو قز غایتده خائنه و بیوفا اولهجقدر کرچه جمیله و حسندار اولور امّا مکّارهلکده مشهور آفاق اولور دیو باباسنه خبر ویردیلر قز تمام بیودیکی کبی پادشاه بو قزه بیقیاس جهاز و مال و جواهر ویردی امّا بو قزی بوقدر مال و جهاز ایله کیم آلورسه

ملكمده طورمسون بر آخر ولايته كيتسون تاكيم بو فتنه بنم ملكمده واقع اولمسون ديدى پس مقدّما قزك حقّنده اهل نجوم استخراج ايتدكلرى معنى جمله خلقك معلومى اولمغين اصلا كمسه قزى آلمغه ميل ايتمدى مكر او ولايتده بر اعما آدم وار ايدى فقيرلك جاننه كار ايتمشيدى نه بلا اولورسه اولسون بن بو قزى آلوب آخر ولايته كيدرم تك همان شو فقيرلكدن خلاص اولهيم ديوب كلوب قزه صاحب اولدى پادشاه دخى بو قدر مال و جهاز ايله قزى بوكا نكاح ايله ويردى و فى الحقيقه بر آخر ولايته نقل ايدوب كتدى وبونك اوزرينه بر نيجه ايّام كچدى امّا بو قز دائما بو اعمانك صحبتندن نفرت اوزره ايدى آخركار اول ولايتك تازه جوانلرندن بريسيله اختلاط ايدوب هركون اول جوانى اوينه كتوردوب اعمانك كور يانندن كلوب كورلكنه ذوق ايدرلردى بونلر قتى چوق زمان بو منوال اوزره ذوق و صفا ايلرلردى و دائما فقير اعمايى استهزايه آلورلردى بر كون بونلر بو اعمانك وجودينى يريوزندن حك ايتمك ايچون باغجهدن بر سياه كور ييلان طوتوب بر قاچ پارچه ايدوب بر تنجره ايچنه قويوب آتشه بندرديلر قز اعمايه ديدى كه سنك ايچون باليق شورباسى پيشورسم كركدر إشته تنجره ايله آتش اوزرنده كل آلتنك آتشنى ياق سونمسون ديدى اعمى دخى عصاسنى الينه آلوب تنجرهنك يانىنه كلدى وآتشنى ياقمغه مشغول اولدى انلر ايسه اعمانك بو حالنه كولشوب استهزايه آلورلردى اعمى دخى عجبا پيشدىمى اوله ديو تنجرهنك قپاغنى آچوب عصاسنك اوجيله تنجرهنك ايچنى قارشدرمغه باشلدى درحال تنجرهنك ايچنده ييلانك بخارى اعمانك كوزينه كيرديكى ساعت باذن خدا اعمانك كوزلرى آچلدى قچانكم اطرافه نظر ايلدى كوردى كه تنجره ايچنده پيشن مار و خاتونك يانىنده اغيار وار همان غيرته كلوب جوانى و عورتى دوكوب و محكم باغليوب صوباشىيه ارسال ايلدى و خانهنك ايچنده اولان اموال و اثقالدن هر نه وار ايسه آلوب ولايت اصليهسنه كلدى و اول قحبهدن بو بيحيالغى كورديكى ايچون بر دخى عورت آدينى آنمدى.

32. Die Ausreißerin und der Fuchs

خراسان پادشاهنك بر وزيرى وار ايدى اسمنه پير ممالك ديرلردى حقّ تعالى حضرتلرى بوكا بر اوغل ويرمش ايدى كه بر كره كورهن بر دخى باقمغه توبه ايدردى كوزللك حضرت يوسف عليه السّلامده ختم اولديغى كبى چركينلك دخى انده ختم اولمش ايدى كريه المنظرهلغندن ماعدا اول مرتبه احمق وبدخوى ايدى كه حيوانات دخى انكله الفت ايتمكه ارتكاب ايتمزلردى والحاصل باباسى اولان پير ممالك وزيرك اندن غيرى اولادى اولمديغندن (كلّ شىء يحبّ ولده حتّى المار)

مضمونی اوزره قتی خوب و اوضاع نامعقولی اکا دلفریب و مرغوب کورینردی پس پیر ممالك اولادنی تأهل مراد ایدوب شهر خراسان اعیانلرندن برینك دختر پاکیزه اخترنی نکاحله آلیویردی امّا وزیرزاده نقدر چرکین ایسه قز دخی اولقدر حسنا و مستثنا ایدی که هرقچان اول نازنین سروی کبی رفتاره و طوطی کبی کفتاره کلسه نیجه بیك عاشق آه و زاره دوشرردی الحاصل هرحالده تمام مرتبه ارینك خلافنجه خلق اولنمش ایدی امّا نه چاره فلك بی‌امان قارغه ایله طوطی‌یی بر قفسده مهمان ایلدی پس بونك اوزرینه بر قاچ ایّام کچدی امّا بو قزك زوجیله صحبتنك بلاسی جاننه کار ایلدی بر کیجه کمال عجزندن نصف اللیلده زوجنك قوینندن چیقوب صحرایه ناظر بر پنجره‌لری وار ایدی انك یاننه کلوب اوتوردی وکندی احوال پریشاننی دوشنوب آغلار ایدی اول اثناده صحرا طرفندن بر خوش صدا ظاهر اولدی کتدکجه صدا یاقلشدی کله کله سرایك اوکنه کلدی قز کوردی که بو صدا صاحبی بر نازك وجود یکتدر که کوزللکده کندویه همتا و خوب صورت و خوش اندام اولمقده دلپذیر و رعنادر تمام مرتبه بو یکده عاشق اولدی و پنجره‌نك التنه چاغروب راز دروننی سویلدی و وزیرزاده‌دن عظیم شکایت ایدوب یاندی یاقلدی وکرم ایله بنی بو دام بلادن خلاص ایتمکه چاره بول دیو نیاز ایلدی اول جوان دخی قزی خلاص ایتمکی درعهده ایدوب بویننه آلدی درحال قز خلوتخانه‌سنده اولان جمله زر و زیور و جواهرنی کیوب بهاده آغر یوکده خفیف اولان اشیاسنی دخی آلوب جوانك یاننه اینوب معا یوله روانه اولدیلر و وافر منازل قطع ایدوب کیده‌رك یوللری بر بیوك صو کنارنه کلدی کوپریسنی وکچیدینی بوله‌میوب او جوان مغنی قزه ایتدی بن یوزمك علمنی اعلا بیلورم شمدی سن اثوابکی و جواهرلریکی چیقار کندو اثوابمله قرشویه کچوره‌یم بعده کلوب سنی دخی آرقه‌مه آلوب کچوره‌یم دیدی قز دخی بو سوزی معقول کوروب صویندی مرد مغنی جمیع لباس و جواهری آلوب قرشویه کچدی کندو کندویه فکر ایتدی که بوقدر آلتون و جواهر الیمه کیرمش ایکن بن بو عورتی باشمه بلا ایدوب قنده کتورسم کرك علی الخصوص وزیرزاده البته بو خاتونی آرار اکر اوکوز بوینوزنده دخی اولورسم بنی بولورلر مناسبی همان آلتونلری و جواهری آلوب کیده‌یم و قزی بونده قویایم آراینلر کلوب عورتی بولدقدن صکره جواهرلری آرامغه اولقدر مقیّد اولمازلر و بن دخی قورتلور کیده‌رم دیو جبلّیتی اقتضاسندن اول دردمند خاتونی چپلاق صویك بری کنارنده براغوب مال و جواهری آلوب یوله روانه اولدی کتدی پس قز اول صویك کنارنده غریب و عریان اولدیغی حالده بر وافر کریه و ناله ایلدی درحال آنی کوردی که بر دلکی آغزینه بر کمك پاره‌سی آلمش صو کنارنده یمکه کلدی اول کمکی یرکن صویك ایچنده

بر بالق كورندى دلكى بالغى اورمق قصديله اغزنده اولان كمكى قالدروب بالغه آتدى بالغى دخى اوره‌مدى الندن كيدوب متحيّر اولدى صاغه و صوله نظر ايتمكه باشلدى چون قز دلكينك بو احوالنى كورديكى كبى تحمّل ايده‌ميوب كولمكه باشلدى و دلكى‌يه طعن ايدوب ديدى كه دلكى جنسى عاقل كچنوركن زهى حماقت كه اغزنده حاضر طوتديغى نعمتى نعمت موهومه‌يه تبديل ايتمك قيدنه دوشوب اول نعمتى دخى تحصيل ايده‌ميوب آنك اميديله النده‌كى نعمتى كيدره بهى احمق ايشتمدك مى كه آتالردن قالمه سوزدر يارنكى طاوقدن بوكونكى يومورطه يكدر دينجه دلكى ايتدى اى بانوى جهان سؤال ايتمك عيب اولمسون سزك عريان بونده طورمكزه سبب نه‌در دينجه قز دخى باشنه كلن احوال پرملالى نقير و قطمير دلكى‌يه تقرير ايلدى دلكى دخى قزه كولوب سبحان الله سنكله بزم احوالمز همان سحرخيز اولان شخص حكايه‌سنه بكزر ديدى قز سؤال ايتدى كه نيجه‌در دلكى ايتدى زمان اوّلده بر شخص نصف الليلده خانه‌سندن طشره چيقوب كيجه ايله شهرك ايچنده كزردى ناكاه بر كيجه احبّاسندن بريسى قرشوسنه كلوب آشنالق ايتمزدن مقدّم سنى خانندن قوودیلرمى بويله بى‌وقت كيجه ايچنده ديوانه كبى يالكز چارشو و پازارده كزرسن ديو طعن و تشنيع ايتمكه باشلدى پس اول كمسه دخى دوستنه ديدى بهى احمق قرنداش بر شىء طعن ايله كه او كيفيت كندكده اولمسون كيجه ايچنده اصلى يوق يره كزمكده بنم ايله برابر ايكن و سنك احوالك دخى عينيله بنم احوالمه بكزر كندى حالكى دوشنميوب بكا دل اوزاتمق زهى حماقت و طعن ايتمك خود عين قباحتدر نته‌كيم بيورمشلردر (من يشغل بعيوب النّاس فهو غافل عن عيوب نفسه) فحواسنجه ايمدى تعييب ايتمكى قوى وار كندى حالكه مشغول اول ديوب دوستنى الزام ايتدى ديه‌رك دلكى سوزنى بورايه كتوردى و ينه قزه ايتدى اى دختر سعادت اختر سنكله بزم احوالمز همان بوكا بكزر پس ايمدى زوجك كرك ايو وكرك فنا هرنه ايسه تقدير ازلى ايله سكا قسمت ربّانى اولان حلالكه قناعت ايتميوب و آنى كندكه لايق كورميوب حرامه ميل ايلديككدن ايچون حقّ سبحانه و تعالى حضرتلرينك غيرت عليه‌سى سنى بو قيافته كتوردى ايمدى ايتديككك فعله درون دلدن پشيمان اولوب تائب و مستغفر و قسمت ازليه‌يه قناعت و بعد اليوم هواى نفسه متابعت ايتمامكه عزيمت ايده‌سن وبو درددن خلاص اولمق ايچون سكا بر علاج اوكرده‌يم آنى ايله تاكم عالمده بدنام اولميه‌سن وهم سنى اسكى زوجك حلاللغه قبول ايتمكه سعى ايده ديدكده قز دخى سويله ديو نياز ايدنجه دلكى ايتدى چونكه بر ايشدر اولدى البته سنى حلالك وپدرك مطالبه ايدوب اطراف واكناف تجسّس ايدرلر همان سنى بولدقلرى كبى قادر اولديغك مرتبه كنديكى ديوانه‌لكه اوروب تجنون ايليه‌سن تاكم سنى ديوانه اولمش ديو آلوب كتوره‌لر

و قطعا سؤ ظنّ ايدوب عقل كتوره‌جك معالجه‌لره شروع ايده‌لر سن دخی تدريج ايله عقلى كلور واديسنده اولوب بو وجهله احوالكى ستر ايله يوخسه غيرى طريق ايله خلاص ممكن دكلدر سنى هلاك ايدرلر و هم قيامته دكين رسوايلق ايله مشهور اولورسن ديدى فى الحقيقه قز دلكينك نصيحتيله متنصّحه اولوب بدناملقدن خلاص اولدى.

b) Aus Romanen

ʿOṣmān Aġa

33. Die Kammerjungfer im Pferdestall

ياز ايّاملرنده سراى ايچنده بر صغير آخور كمر اوده كبى ايچنده انجق ايكى بنك آت طوروب و بنم يتاغم طورردى بر كون على السّحر جمله خلق خوابده ايكن قادينمزك قفتانجى قزى مارغوط اسميله مسمّى اون بش ياشنده بر محبوبه قره كوزلى ممه‌لرى ايكى دانه ترونجه بكزر غايت لطيف ضفتلى قز ايدى كلوب يتاغمزه بنوب يانمزده ياتوب بنى ايكى قوللريله قوچوب بوس ايلمكه بشلاينجه كوزمى آچوب نه كورسم هيچ مامول اولنميان بر قضيه واقع اولوب عجبا بو شیء دوش ميدر خيال ميدر تفكّر ايدردم نطقه كلوب ديدم كه قادين قز نه عجبدر سز بو فقيره تنزّل ايدوب بويله يره كلديكز و بزه بو دفعه رغبت يوزين كوستروب تشريف ايلديكز دينجه جوابنده بنم جانم كوكل بر بلادر ديلديكى يره دوشر بن سكا چوقدن عاشقم انجق درونمده كيزلردم شمدى سز بزى ترك ايدوب كتمك قصدنده اولديغكزدن غيرى بر وجهله تحمل ايده‌ميوب درونمده‌كى عشق اظهار ايتمينجه ممكن اولمدى اكر سن كيدرسك تحقيق بيل كه بن دردمدن هلاك اولورم لطف ايدوب بزى براغوب كتمه بن سنك‌ايم اشته بندن نه ديلرسك ايله سكا تسليم ايم ديوب هم بنى اوپوب يلوارر و هم كوزلرندن ياش اوزرمه دانه دانه دوكلوب آقر بو حاله باقوب زياده متحيّر قالوب كندو كندم ايله فكر ايدوب طورر ايكن الهى بو نه حالدر بو قزك احوالى حقيقت اوزره ميدر يوخسه بر دوزمه ايش ميدر ديو امّا نفس امّاره بر وجهله غلبه ايدر كه بويله فرصت اله كيرمش

ايكن فوت ايلمك نيجه ممكندر بز دخى اول وقت تمام يكرمى بر ياشنده اولمق وار ايدى زياده آتش وقتلرى ايدى بر مقدار دراغوش ايدوب بوسه‌لرينى آلوب او يانى بو يانى اوخشايوب امّا جانم خوف ايدر كه اكر بر غيرى ايش اولمق لازم كلرسه اول تازه بز دخى كنج ايكى آتش بربرينه طوقوننجه البته طوتوشوب يانار صكره بر لحظه ذوق ايچون كشى ايكى اياغى ايله بند بلايه كرفتار اولور كه اوّلكى اسيرلك بلاسندن زياده مشكل اولمق اقتضا ايدر ديو كندمى حفظ ايدوب بر غيرى قباحت ايتمدك كرچه قز منتظر ايدى امّا بز مقيّد اولمدق بعض مسكّن جواب ايله صاوشديروب دفع ايلدك بر ايكى كوندن صكره بر ايكى دفعه دخى كلوب هربار بزى ازلال ايلمك مرادى اولمغله بعده آخور قپوسنى ايچ طرفدن قپايوب بتردك قز كلوب اورردى هيچ مقيّد اولميوب مهم ايتمزدك.

ʿOşmān Aġa

34. Der Graf und die Sänfte

بر كون اغامز ديديكمز سرايدن ترسانه صوقاغنده ساكن فولقونحايم نام كمسنه‌نك سراينه واروب كيجه طقوز ساعتده اسكمله كلسون ديو بيوروب هنطوى و چوقه‌دارلرى اوه كوندروب بز دخى اوه واروب رفيقمز اولان راچ ديدكلرى بكا ديدى كه بنم برادرم كلدك بورايه امّا خوف ايده‌رم كه پشمان اولورسن ديدى زيرا اغامز كبي كمسنه‌يى بچ شهرنده اسكمله ايله طاشيمق قولاى ميدر شمدى كوررسن ديو بزه خوف كوستروب و الحاصل بر مقدار مكث اولندقدن صكره اسكمله قايشلرينى بوغازمزه طاقوب نالين حلقه‌سى كبي كچيروب بوش اسكمله‌يى سرايمزدن يعنى اشتوم‌طور جانبندن ترسانه‌يه وارنجه كوتورنجه اوموزلرم كسلوب امانم قطع اولدى يا اغامز ايچنه اوتورنجه احوال نيجه اولور ديو زياده متألّم اولوب زيرا اغامز دخى هم ملحّم و هم بر كبير آدم ايدى بلكه يوز وقيّه آغير اولمق وار ايدى كيجه‌نك بر وقتنده اغامز چيقوب نردبان باشنده اسكمله‌يه اوتوروب چوقه‌دارلر بال موملرينى احراق ايدوب بز دخى اغامزى قالدروب يورومك اوزره اولنجه بتون ارقه كميكلرم چاتر چاتر چتلايوب قپودن چيقنجه اياقلرم سطرنج اوينامغه بشلادى كرچه رفيقم بندن بر از قوّتده فرقليجه اولمغله اول كيرودن طاشيردى بز ايلرودن طاشيردق و الحاصل قپودن اون‌بش آديم ير كتمدن اياغم سورچوب دوشه‌يازدم اغامز كوروب چاغرمغه بشلادى طور طور ديو اسكمله قپوسنى آچك طشره چيقايم ديوب طشره چيقوب بزى شتم ايده‌رك يارين سزه بيكر دكنك

اوروب قيد و بند ايده‌لم ديوب پياده‌جه سراينه وارنجه كيدوب بز دخى كوجيله بوش اسكمله‌يى اوه كتوروب يرينه قويوب احتراز اوزره ايكن ايرتسى كون هيچ بر شىء ظهور ايتميوب هله الله ويروب اغامز انصافه كلوب ايكى كوندن صكره تنبيه ايلدى كه اسكمله‌يى آلوب قرال سراينه ايا قادين كه غرافين براينرين ايدى مرقومه‌يه كوتوره‌لم ديو امر ايدوب بز دخى اسكمله‌يى آلوب محل مزبوره ايلدوب امّا نه ايچون ايدوكى هيچ خبرمز يوقدى قادينى بر يره مى كوتوررز ديو فكر ايدركن مكر اغامز اسكمله‌يى مرقومه‌يه هبه ايدوب نه كورسك ايچرودن ايا قادين حزينه‌دار قزى دورت زولطه النده چيقاروب بزه بخشش ويروب اغامزه سلام ايدوب اسكمله‌دن اوتورى شكرانه‌لك عرض ايلمشلردى بز دخى ايكيشر زولطه‌يى آلوب شكر بلادن قورتلدق ديو شكرانه‌سنه واروب آلديغمز نصيب آقچه‌يى شرب و اكل ايلمشز.

Evliyā Čelebī

35. In Allahs Hand

لب درياده قوم اوزره آسوده حال كيدركن اوكيمز صيره هنوز كتمش بر پاره باصلمش آت اياغى ايزى كورندى اما اول ايز كيده كيده دخى بيوك ايز اولدى الحاصل اوچ قارش انلى ايز اولدى حقير غلاملريمه ايتدم بيره اوغلانجقلر شول ايزى تماشا ايتديكز مى ديديكمده فرهاد و خسرو ايتديلر واللهى سلطانم عجايب بيوك آدم ايزى ديو يوللك صول جانبنه بقرلر بيره اوغلانلر بو صاغ طرفه بقلك نيجه آدم ايزيدر اشته بو آت ايزيدر ديديكمده اوغلانلر آت ايزن كوروب اشته سلطانم بو طرفده بر آدم ايزيده وار ديديلر مكر آت ايزينك صولنده برابر آتليله كيدر بر يايان وار همان حقير آتدن اينوب بسم الله ديوب آدم ايزن قارشلدم كعبه حقيچون آدم ايزى كامل دورد قارش كلوب دخى يرى حرارت اوزره اصيجاق ايدى عقلمز باشمزدن كيدوب آيا بو نه حال و نه حكمتدر كه ديو مشاوره ايدوب نه چاره ايده‌لم اول ايزلر اوكيمز صيره لب درياده قوملق اوزره كيده‌يور اللهه صيغنوب غلاملر و رفيقلر ايله آية الكرسى و معوذتينه مداومت ايده‌رك اياق اياق كيده‌رك يول اوزره بعض اوج سمايه سرچكمش چنار و قواق و مشه اغاجلرينك آدم بلى قالنلغى داللرى كويا اوصطره ايله كسوب بيره براقشلر ديبه‌للك حقيره دخى زياده دهشت حاصل اولوب تلاش ال ويردى اما نه چاره يولمز اولدر كرى دونمك ممكن دكل الحاصل كامل بو حال اوزره داغلر و اورمانلر ايچره ٣ ساعت كيدوب پيره‌وزه درياسى كنارن كچوب دخى بيوك چنكلستان اورمانلره

کردکده جان باشمزه صحرایوب کیدرکن همان اون عدد پر سلاح حایدود حرامی کفره‌لری بزی کورد کلرنده الأمان مدد توبه سلطانم دیوب توفنکلری و قلیجلری اورمانلر ایچره آتوب آغلاشراق آتلریمزك ایاقلرینه صارلدیلر حقیر بونلردن ینه الارقه بیره ندر ملعونلر دیو حاللرن سؤال ایتدم بر الای یولجی کفره‌لرز لطف ایلك سزك ایلریده کیدن بیوك آتلو و بر بیوك یاین آدم یولداشلریکز باشلری اغاجلره برابر اولوب اول ییان آدمك النده بر صوپا دیه‌نکی و بر النده قلیجی وار و آتلینك النده بر قلیجی وار یوللر اوزره اغاجلری کسه کسه کیدرلر بز سزك اول یولداشلریکزی کوروب عقلمز باشمزدن کیدوب بر کنارده قالدق و اول یایان النده‌کی صوپا ایله بریمزك باشنه نجه اوردی ایسه خورد خشخاش ایتدی اشته لشی دیو لشی کوستردیلر حقیقة الحال کفره‌یه اویله لبوط اورمشکم آدم وجودیدر دیه‌جك یری قالمیوب جمله خورد اولمش انجاق کفره‌نك لشنی لباس ایچنده تفتك تفتك ایدوب بز دخی کفره‌یی بو حال ایله کوریجك دیبه‌لك عقلمز باشمزدن کتدی اما کفره‌لر حرامیلر ایمش مرد اولنلری باشلری ایمش بو کفره‌لردن دخی خوف ایدوب اورمانلر ایچره آتدقلری سلاحلرن جمله آلوب اشته ملعونلر آنلر بزم ایلریده یولداشلریمزدر تیز بر دخی سلاح ایله یوله چقماك و حرامیلکه توبه جرأت ایدوب بر خیلی تکلملر ایلدم اما خدا بلرکم بیجان اوله‌یازدم غلاملرم طقوز عدد سلاحلرن آلوب طقوز کفره کافرلر اورمانده عالم حیرتده قالوب انده براقدق اما حقیر دخی ایلری کتمکه اصلا درمانم قالمیوب ینه توکلت علی خالق دیه‌رك یوله روانه اولوب ینه پره‌وزه دریاسی کنارنجه کیدرکن ینه ایزلرینه راست کلیردك اما ایزلری کوچلمکه باشلیوب یانیه‌لی ارسلان پاشا اوغلی قپلان پاشا چفتلکی یاننده ایزلرن غائب ایتدك اما یوزلرن کورمدك و بو محللرده یولجیلره قرشو راست کلدکده سؤال ایتدك ذره مقداری خبرلری یوق ایدی همان بو عبد کمتر آنی ملاحظه ایتدمکه جمیع زمانده آته سوار اولدقده حضرت قرآن عظیمه و فرقان کریمه حفظاً مداومت ایدوب کیدردم بو یولده اول حرامی کفره‌لره راست کلسك کرك ایدك و بر عظیم عربده‌مز کچوب بلکی بر قاچمز تلف نفس ایده‌لردی اما حضرت قرآن حرمتنه جناب الله بزلری حفظ ایتمك ایچون اوکمز صره محافظه‌جی رفیقلر کوندروب حرامی باشی‌یی لبوط ایله قتل ایدوب کفره‌لر دخی بزی آنلردن ظن ایدوب آمان دیوب توبه ایدوب سلاحلرینه مالك اولوب قرآن عظیم حرمتنه حرامیلردن خلاص اولدق .

Muʿallim Nāǧī

36. Der Tod des Vaters

پدر بر عید اضحانك ایلك كونی صباحلین نمازدن عودتنده كندیسیله والده ایچون آماده بولنان ایكی قرباندن برینی ذبح ایتدی. دیكلنیر كبی برآز طوردی. دیكرینی ذبح ایتمكسزین وجودنده بر طاقتسزلك حسّ ایتمكده اولدیغنی بیان ایله یوقاری صفّه‌یه چیقه‌رق مندرك اوزرینه اوزاندی. حمّی ایمش، دوشكه یاتمغه مجبور اولدی. طبیبلر كتیرلدی، باقدیرلدی، مفید اولمدی. اون بر كون صكره ارتحال ایلدی. ادرنه قاپوسی خارجنه دفن ایدلدی.

كیفسزلكی اثناسنده بر كون بنی دوشكنك یاننه چاغیردی. الیله یاكاغمی اوقشادی. صكره بر قوللی دیرسكمه قدر صیوادی. دقّتله باقدی. یانمزده بولنان والده‌یه خطاباً:

— نه قدر ضعیف!

دیدی. والده:

— چوجق.

جوابنی ویردی.

او یاقیشقلی یوز صاپ صاری اولمش ایدی. كوزلرینك بیاضنده ده صاریلق كورینیوردی.

بردن بره باشی اوجنده اصیلی بولنان بیوك قامایی ایستدی. والده قالقدی، كتیردی، ویردی. پدر صول الیله قینك آشاغی طرفندن طوته‌رق صاغ الیله قامایی كوجلك چكه‌رك صییردی. بز متحیّرانه سیر ایدییور ایدك. قامایی هوایه طوغری قالدیره‌رق بر پارچه اویناتدی:

— بن شهید اولمق ایستردم!

دیدی. والده آغلامغه باشلادی. بن ده آغلایه‌رق قالقدم، آشاغی ایندم.

او بایرام تصادفی اوله‌رق داییمز استانبولده بولندی.

پدر ارتحالندن بر كون اوّل داییمزی یاننه چاغیره‌رق كیملرده نه مقدار آله‌جغی اولدیغنی، حتی بالاده ذكر اولنان دولكر قلفه‌سنه قاچ غروش ویره‌جكی بولندیغنی سویلدكدن صكره شو وجه ایله وصیت ایتمش:

— بن وفات ایتدیكم كبی ادرنه قاپوسی خارجنه كوتورك. والده‌م فاطمه ایله والده‌مك والده‌سی شریفه زاهده‌نك قبرلری اوراده‌در. بنی ده آنلرك یاننه دفن ایدك . . . وجودم اغیرجه‌در. كوتورنلر زحمت چكرلر. قوّتلی آرقداشلرمدن فلان و فلان آغالری چاغیرك. آنلر بنی كوتوریورلر. سن ده بولنورسین . . . اوغللرمله همشیره‌كی آل، وارنه‌یه كوتور. برلكده اوطورك. آنلر بوراده كندیلرینی اداره

ایده‌مزلر. او ایله دکانی کرایه ویررسکز. اوغللرمه بابالق ایت. سندن باشقه کیمسه‌لری یوق . . .

کندیسی کیفسز ایکن بنی ینه مکتبه کوندررلردی.

بر کون ارکندن مکتبه کیتمش ایدم. یمك یمك ایچون اوکله وقتی عودت ایتدم. صوقاغك کوشه‌سنی طولاشنجه بزم قاپونك اوکنده بر غلبه‌لك کوردم. تلاش ایله ایلریله‌دم. یاقلاشنجه غلبه‌لکك آره‌سندن خیال‌میال پدرك تابوتنی کوردم. قاپونك اوکنده‌کی یوکسك یره وضع اولنمش ایدی. دنیایه کله‌لی اویله بر یورك آجیسی حسّ ایتمدم. فریاد و بکایه باشلادیغم صیره‌ده قارشیکی اوك قاپوسی آچلدی، آره‌لقدن بر قادین کورندی.

— بورایه کل اوغلم، بورایه کل!

دیدی. کیتدم. بنی آلدی، یوقاری کوتوردی. بو او اوچ قاتلیدر. ایکنجی قاتنده سوقاغه ناظر بر اوطه‌یه چیقدق. اوراده بولنانلرله برابر پنجره‌لردن باقدق. تابوتی کوتوریورلردی. شمدی‌یه قدر اویله فاجع بر منظره کورمدم. کوزمك اوکندن کیتمیور! تابوت کوشه باشنی طولاشنجه‌یه قدر متّصل یاش آقتمقده اولان کوزلرمله تعقیب ایلدم. آه باباجغم!

شمدی کندی کندمه دییورم که:

— اورادن بنی باقدرماملی ایدیلر. مقصدلری بنی آووتمق دکل می ایدی؟ مع مافیه آنلری معذور طوتارم. هانکی یابانجی قادین بولنه‌بیلیر که بویله مراقلی بر تماشادن کفّ نظر ایتسون ده بر چوجغی آووتمقله مشغول اولسون؟

بو قومشومزك منّتداری‌یم. تابوتی احاطه ایتمش اولان غلبه‌لکه طوغری زیاده ایلریله‌مش اولسه ایدم بلکه دها فنا بر حاله کلیردم.

صکره بنی اوك آرقه جهتنه کوتوردیلر. اورادن بر پارچه دکیز کورینیوردی.

— عمر، هله باق، قایقلر نصل کچیور!

یوللو سوزلرله یورکمه صو سرپمکه چالشدیلر.

او کیجه‌یی بزم اوده نصل کچیردیکمزی تعریفه چالشمق فائده‌سزدر.

Ḥüseyn Raḥmī

37. Ein nettes Schwesternpaar

وسیله خانمك کریمه‌سی ربیعه، اون آلتیسنده قدر، اسمرجه، قوروجه، اوفاجق سیاه کوزلی برقیز. تحصیل و تربیه نامنه برقاچ سنه مکتب ابتدائیدن باشقه بر شی کورمامش . . . محله‌لری اولان قوم قپو سمتنده بیودلمش، یاری اوده یاری

سوقاقده آلیشدیرلمش . . . اطفال ذکوره مخصوص ، قایدیراق ، بردربر ، جویز ، طوپ اویونلرنده ملکه پیدا ایتمش. میزیقجیلقده بین الاطفال سوء شهرت قازانمش ، قیص قیص قیص تشویقیله کوپکلری آزیشدرمق ، اسکیجی یهودی‌یی طاشلامق ، یغورتجینك طابله‌سنه طاش آتمق ، کاغد حلواجیسنك جاملی محفظه‌سنی قیرمق ، أل چابقلغیله طابله‌دن کوفه‌دن کباب کستانه ، الما فندق آشیرمق ، ویرانه‌لرده باللی بابا ، ایصیرغانلر آره‌سنده اوچورتمه هوالاندرمق خصوصاتنده اوغلانلردن هیچ آشاغی قالماز. هانکی بر جهته حمله ایچون قوشمق ایجاب ایتسه طاقونیه‌لرینی ایکی قولتوغنك آلتنه صیقیشدیرر، چیپلاق آیاق همان سیرتیر ، سبکبار اولمق لازم کلیرسه آیاق قابلرینی محله بقالنك پیکه‌سی آلتنه براقیر ، پك عجله زمانلرده سوقاغه ، راست کله بر یره فیرلاتیویرر، صوکره بوله‌ماز ، اقشام خانه‌سنه یالین آیاق عودت ایدر، اولا بر فصل آناسندن ، بعده بر ایکنجی فصل ده باباسندن طایاق یر. صباح اولنجه طایاغك آجیسنی اونوتور، چوملکدن بر از اکمك ، دولابدن بر دلیم پینیر کسر، مطبخ نعلینلرینی آیاقلرینه کچیرنجه ینه سوقاغه فیرلار، جامع حولیسنده‌کی اویونك برنجی فصلنه یتیشیر . . .

والده‌سی باقار که أوده قیز یوق . . . یوق اولان یالکز اوندن ده عبارت دکل ، مطبخ نعلینلری ده نابدید اولمش . . . خاتونجغز بو امرده تجربه دیده‌در. ایشی همان آکلایه‌رق :

— آ دوستلر اون کونك ایچنده بر چیفت قوندوره ایکی چیفت طاقونیه . . . اك صوکنده مطبخك نعلینلری ده می کیتدی ؟

فریادیله باشنی اورتر ، صولوغی طوغری جامع ایچنده آلیر. بر ده باقار که کریمه‌سی چوجقلرله اویونه دالمش :

— آ قرده‌شم حسین ایکی دفعه «بوقسو» اولدی. بن بونی صایمام . . . دییه حایقرییور.

— سنی کیدی چنکانه قیزی سنی! هانی یا نعلینلر؟ . . .

فریادیله آناسی بر واویلادر قوپاریر . . .

نعلینلر می؟ قیزك آیاغنده اویله شی یوق. ینه بر طرفه فیرلاتمش. صاغه باقارلر صوله باقارلر، نعلینلری قویدکسه بول . . .

وسیله خانم ربیعه‌یی أوه کتیرر. بو یاراماز قیزی او کون مکتبه کوندره‌بیلمك ایچون آیاغنه بر شی بولوب کیدرمك لازم. وسیله آرتق دولابلری ، مردیوه‌ن آلتلرینی قارشدیرر. یا کندی اسکی قوندوره‌لرندن ، اسقارپینلرندن ، یاخود قوجه‌سنك اسکی ترلکلرندن بر شی بولور. بولنان شی قیزك آیاغنه پك بیوك ، پك شابسال کلیر اما نه چاره! نه اولورسه اولسون ، چوجق آیاغنه بر شی کیسون ده مکتبندن

قالمسون . . .

ربیعه قوجه آیاق قابلرینی سوروکلهیه سوروکلهیه مکتبه کیدر. آواز قرائتلریله مکتبی طولدیران رفیقهلری میاننه قاتیلیر.

قیز بیور، اولا باش اورتوسنه صوکره چارشافه کیرر. مکتبدن فیضیاب اوله بیلدیکی ملکهٔ قرائتی «بیکسیون بنین» حدودینی پك آشاماز. او درجهده که مکتبه درت بش سنهلك مداومتی کأن لم یکن حکمنده قالیر. ایکی سطرلق بر عباره اوقومق رسوخنی پیدا ایدهمز. مکتبك یادکار تحصیلی اولهرق قیزك خاطرنده یالکز بعض الهیلر قالمشدی.

اوت، ربیعهنك یادکار تحصیلی ایشته بونلردی. ارککك چوجقلرله زیاده اوینامسی، دوشوب قالقماسی قیزك طبیعت، اخلاق اطوارجه انلره بکزهمسنی انتاج ایتمشدی که برینه حدتلندیکی زمان محروم تربیه محله چوجقلرندن ایشیدلدیکی کبی شتوم غلیظه استعمال ایدردی.

وسیله خانمك یکنی مفتون بکه ویرمك ایستهدیکی ربیعه ایشته بویله بر قیزدی.

ربیعهنك کوچك قردهشی حسنه . . . یاش درت درت بچق. فقط بعضاً صرف ایتدیکی تعبیراتی بیوك انسانلر بیلمز. بو ده تربیهجه بیوك همشیرهسنك نسخهٔ ثانیهسی . . . دها مکتبه کیتمك یوق. او یاشده بو قدر میر کلام اولیش او عائلهیه مخصوص بر موهبه . . . والدهسی وسیله خانمه:

— ماشاءالله قیزکز نه قدر دیللی؟ . . . ربم نظردن اسیرکسون، دیسهکز:

— چابق سویلهسون دیه دها قونداقده ایکن بن اوکا قناریهنك آرتق صوینی ایچیردم. اونك ایچون ایشته بویله بلبل کبی اولدی.

جوابنی آلیرسکز. چوجغك، صویندن خوینه چکدیکی او هانکی قناریه ایسه طوغریسی آغزی بوزوق بر قوش ایمش.

وسیله خانمك چوجقلرینك ایلك مکتب تربیهلری سوقاق قاپیسنك اوکیدر. اوزون چارشیده صاتارلر هنوز یوریمامش چوجقلره مخصوص آلتلری دلیکلی، اوکلری سورکولی کوچك اسکملهلری واردر. ایشته وسیله خانم اونك ایچنه چوجقلرینی اوطورتور. اللرینه ده یا بر دیلم اکمك یاخود موسمه کوره الما، پورتقال نوعندن بر یمش طوتوشدیرر. سوقاق قاپیسنك تك قنادینی آچار:

— باق یاوروم شمدی بورادن داهداهلر کچهجك.

نوازشیله اسکملهیی اورایه یرلشدیرر. کندی کیدر او ایشیله مشغول اولور.

چوجغك آلتنده لازملیسی، آلنده ییهجکی، اوکنده مکمل بر سوقاق پانوراماسی. کلن کچن قیامت . . . یاوروجق آرتق هر بر احتیاجدن وارسته دیمك . . . چوجق ساعتلرله اوراده اوطورر، اکلهنیر. بعضاً کوپکلر الندن اکمکنی چورهکنی

قاپارلر. یوزینه ، آغزینه یاغلیجه ، سودلیجه بر شیلر بولاشمش ایسه اونلری ده یالارلر . . . قیز حایقریر :

— آننه . . . قوچو قوچو بنم اکمکی هاپ . . .

آننه‌سی جواب ویرر:

— کیدی یرامازلر کیدی. بن شمدی کلیرسه‌م او قوچو قوچولری هپ دوکر کبرتیرم.

فقط وسیله خانمك قوچو قوچولر علیهنده‌کی بو تهدیداتی چوجغی آووتمق ایچون قورو لافدن عبارتدر. ایشنی براقوب حسنه‌نك یاننه چیقماز. قیز حایقردقجه والده‌سی اونك بو فریادلرینه قارشی تسلی بخش اوله‌جق جوابلر ویرر. قیز ده اویله آوونور کیدر.

ارکك چوجقلرك قایدیراق ، بردربر ، اوزون اشك ، جوز ، حمام قیزدی اویونلری هپ حسنه‌نك اوکنده اوینانیر. بو اویونلر اثناسنده اطفالك بالتهور یکدیکرلرینه قارشی بولندقلری تجاوزات لسانیه‌یی ، تعبیرات غلیظه‌یی هپ ایشیدیر. یالکز ایشتمکله قالماز. بر فونوغراف کبی ضبط ایدر. اقشام سفره باشنده باباسنه اویله اطالهٔ لسانده بولنور که آدمجغز بعضاً زوجه‌سنه:

— شو یمورجاغی یانمدن قالدیر. شمدی بر یومروق اوروب چکه‌سنی طاغیده‌جغم . . . باقسه‌ك آ سوکویور. کیمدن اوکره‌نیور بو پیسلکلری . . .

زوجه‌سی — کیمدن اوکره‌نه‌جك آ قوجه‌جغم؟ یا سندن یا بندن . . . دها مکتبه کیتمدی که . . . او قدرجق چوجغك لاقیردیسنه قیزیلیر می؟ او سوکمکی نه بیله‌جك؟ . . .

— نصل نه بیله‌جك؟ سوکیور. هم ده بر طلومباجی کبی قویو قویو . . . ایشتمیور میسك ؟

— او قدرجق چوجق سویلدیکی سوزك معناسنی بیله بیلمز . . .

حسنه عارسز عارسز صریته‌رق :

— نیچین بیلمیه‌جکم؟ . . . پك اعلا بیلیرم . . . سنی کیدی آناسنی عورتنی . . . .

باباسی همان النی اوزاتوب حسنه‌نك دوداقلرینی طوته‌رق قوپاره‌جقمش کبی صاغه صوله صیقیجه بورار. قیز بوغوق بوغوق حایقرمغه باشلار.

وسیله خانم تلاشله :

— براق آیول . . . قیزك نفسی کسیله‌جك . . .

— کسیلسون! طویمیور میسك اولمش آنامه سوکیور. عورتمه یعنی سکا ، آناسنه قارشی آغزینی بوزییور.

— افندی سویلیور اما معناسنی بیلمه‌دن سویلیور. یتشمیه‌سیجه پیچ قوروسی . . .

حسنه ایکی النی کوزلرینه کوتوروب اوغوشدیره‌رق:

— نه‌یه پیچ قوروسی اوله‌یم؟ بنم بابام ایشته . . .

باباسی — کورییور میسك؟ سن بیلمز دییورسك اما پیچك نه دیمك اولدیغنی سندن بندن ای بیلیور . . .

وسیله خانم — (استغرابله) قیز، پیچ نه دیمك؟

حسنه — باباسی یبانجی اولورسه . . .

وسیله خانم — (پارمغنی آغزینه کوتوره‌رك) امان زمانه یمورجاقلری . . . قیز، نره‌دن اوکرنیورسك سن بونلری . . .

حسنه — کچن کون سوقاقده عمر صادقه پیچ دیدی ده او ده بنم بابام یبانجی دکل . . . بن بابامك اوغلویم دیدی.

آناسی، باباسی حسنه‌یی دها اینجه‌دن اینجه‌یه امتحانه قالقیشیرلر، اطفال سفیله ایچون بر مکتب ابتدائی اولان سوقاقده ایدندیکی معلومات واسعه فقط غیر مؤدبه‌یه حیرتده قالوب جداً پارماق ایصیررلردی.

III. DRAMA

Nāmıq Kemāl

38. Zwei junge Helden
(Aus dem 3. Akt des Schauspiels „Das Vaterland“)

(ایكنجی مجلس) صدق بك — بر قاچ ضابط

ضابطلر (ایچری كیره‌رك) : بك ، دشمن چادرلرینی ییقمغه باشلادی! كیجه طونه‌یه كوپریسنی قورمش ، هر طرفدن چكیلیور!

صدق بك : بن ده كوردم.

برنجی ضابط : امر ایتسه‌كز آ ، دیشاری چیقالم! بلكه بر قاچ طوپ ، بر ایكی بایراق براقدیررز.

صدق بك : یوز چورمش خصمك ارقه‌سنه دوشمك نه‌یه لازم؟

ایكنجی ضابط : سبحان الله! بورادن چكیلدی ایسه دولتله صلح ایتمدی یا. عسكرینی طونه‌نك بشقه طرفنه كوندره‌جك دكلمی؟ اورده‌كیلر ده بزم قرداشمز! دها بر قاچ كشی‌یی بو طوپراقلرده الیقویسه‌ق نه اولور؟

صدق بك : یوزینی كری چویرتمیه‌لم.

برنجی ضابط : چویررسه نه اولمق احتمالی وار؟ كلدیكی زمان نه یاپدی كه كیدركن نه یاپه‌جق؟ دشمن بزدن قاچیور. بز می دشمندن قورقالم؟ یوزندن ییلمدق ، ارقه‌سندن می ییله‌جغز؟ امر ایت ، چیقه‌لم! امر ایت ، طوپلر ایشله‌سن! او بر طابیه‌لر طوپه باشلادی ، هر طرفدن طیشاری عسكر دوكیلیور.

(اوچنجی مجلس) اوّلكیلر — عبدالله چاوش (قوشه‌رق كلیر)

صدق بك : عبدالله!

عبدالله چاوش : افندم!

ایكنجی ضابط : بك ، امر ایدك ، طوپ آتسونلر! یولجیلری سلاملاسونلر! عسكرمزله تشییعه چیقه‌لم. باری دوستمز عثمانلیلر رعایت بلمزمش دیمسونلر

صدق بك : پك اعلا پك اعلا ، سزك دیدیككز كبی اولسون. كیدك! یاپك! بن ده ارقه‌كزدن یتشیرم. (ضابطلر چیقار)

(دردنجی مجلس) صدق بك ــ عبدالله

صدق بك: عبدالله!

عبدالله چاوش: بیور!

صدق بك: چوجق نره‌ده؟

عبدالله چاوش: چوجق می؟ نره‌ده اوله‌جق؟ اسلام بكك یاننده.

صدق بك: ای اسلام نره‌ده؟

عبدالله چاوش: طیشاریده.

صدق بك: صاغ می؟

عبدالله چاوش: بن براقدیغم زمان صاغدی، ایکیسی ده صاغدی، اما شمدی بیلمم.

صدق بك: سویله بقایم، نه یاپدیکز؟ نه اولدی؟

عبدالله چاوش: اسلام بك میدر؟ نه در؟ او آدم دكل، اللهك غضبی. چوجوق عادتا كولكه. او بر یره كتدی می، بو یاننه یاپشیور. از قالدی هم كندیلرینی تلف ایده‌جكلردی هم بنی! ایشه كوندرمكه اما آدم اره‌مشسكز! لكن بن ایکیسندن ده خشنودم، الله ده خشنود اولسون. اسلان شیلر دلی قانلیلر!

صدق بك: ای نه یاپدیکز؟ انی سویله! نه یاپدیکز؟

عبدالله چاوش: بورادن چیقدق، اوچ کیجه بر کویده یاتدق. بر درلو اوردونك یاننه یناشه‌مدق. صكره بر كیزلی یول بولدق. سورینه سورینه تا شو تپه‌نك آلتنه كتدك. اوراده بر مغاره وار. بن آوجیلق زماننده بیلیرم. او مغاره‌ده صاقلندق. دشمن باشلادی كیجه یاریسی‌چادرلرینی یقمغه. اسلام بك بونی كوردی می، حدك وارسه ضبط ایت! او دیر «بن البته چیقاجغم». كولكه «بن ده البته چیقارم». بن «ایتمیك» دیدم، اولمدی. «لازم دكل» دیدم، اولمدی. «دشمن كیدییور» دیدم، اولمدی. «ای هایدی چیقالم! قیامت می قوپار؟» دیدم، چیقدق. سورینه سورینه كیزلنه كیزلنه جبخانه‌نك یاننه بر خیلی یاقلشدق. یقلشدق اما نه فائده؟ جبخانه‌نك اطرافنی قره قول ایچنده قره قول صارمش. دوشندك چالشدق، بر درلو استدیکمز یره صوقیله‌مدق. بن «هایدی سلامتله بورادن چیقالم» دیرکن اسلام بك جبخانه‌یه قارشو بر طبانجه اتمسون می؟ مكر قپونك اوكنه بر باروت صندیغی ایندیرمشلر. قورشون ده تا واردی انی بولدی!

صدق بك (سوزینی کسه‌رك): صكره؟

عبدالله چاوش: صكره نه اوله‌جق! بر كورلدیدر قوپدی تفنكه صاریلان صاریلانه . . . باشلادی اوزریمزه طولی كبی قورشون یاغمغه . . . اسلام بك

صانكه اولومه عاشق ايمش كبى قورشونلرى قوجاقلامغه چاليشيردى. كولكه‌سى ذاتى يانندن ايرلمز. صانكه اولومى كوزمله كوردم ديسه‌م ينانك! بركت ويرسون، اسلام بك اوچ يرندن ياره‌لندى ده ــ او مبارك ده هپ اوك طرفندن ياره‌لنير ــ بايلدى، يره يقلدى. بن اوموزلرندن طوتدم، چوجق ده اياقلرينه صارلدى، مغاره‌نك كنارنده‌كى چاليلغه كيردك، اونو ده برابر چكدك. قارغه‌شالقده ايزمزى بوله‌مديلر! يواش يواش مغاره‌مزه صوقلدق. او اراده ايكى قورشون ده بنم قسمتمه دوشدى. برى صاغ كوركمك اوستنده ايدى، چيقاردم. اوته‌كى ده بوطمده، هم اوك طرفده، حالا طورييور.

صدق بك: مغاره‌دن نصل قورتلديكز؟

عبدالله چاوش: اولطرفده‌كى دشمن عسكرى طونه‌يى كيجه كچمش. بن صباحلين مغارددن باشمى چيقاردم، اطرافمه باقدم، كيمسه يوق. يولداشلرله قالقدق، كيتديكمز صاپه يوله كيردك، چالى اره‌لرنده كيزلنه كيزلنه قلعه‌يه ياقلاشدق. صباح آچيلير آچلمز، باقدق كه عزب طابيه‌سندن عسكر چيقيور. اسلام بك بونلرى كوردى مى ينه يلديرم كبى صيچرادى، «اللهه عهدم اولسون كه بر جبخانه صنديغى دها ياقه‌دن قلعه‌يه كيرميه‌يم» ديه بر كره باغردى، دوشدى عسكرك اوكنه . . . اوته‌كى ذاتى كولكه ديدك آ . . . بن ده يانلرينى براقمق استدم. يا اسلام بك جهنمك اغزينه آتيليور . . . دشمنه چاتدق. بر النده طبانجه، بر النده قليچ . . . ياالله ديدى، بر جبخانه عربه‌سنه طوغرى فرلادى . . . بر قورشونده نه عربه قالدى نه باركير نه يانده عسكر . . . هر برينك هر پارچه‌سى كوكك بر كوشه‌سنه فرلادى. والله بك، عربه ايله اره‌سى بنمله سزك اره‌مز قدر يا واردى يا يوقدى.

صدق بك: ارسلان دلى‌قانلى!

عبدالله چاوش: انى ده بزى ده الله صاقلادى! «بك، الويرر، هايدى كيده‌لم! ميرالاى بك بزى بكلر» ديدم. غوغا باروت، او اتش، حدك وارسه برينى برندن آير! باقدم، اولميه‌جق . . . دشمنك ذاتى يوزى دونمش. «بر آدم اكسلمكله قيامت مى قوپار» ديدم، سزه خبر ويرمكه كلدم.

صدق بك: آفرين، الله هپكزدن راضى اولسون. وطنك اتمكى هپكزه حلال اولسون . .

عبدالله چاوش (طابيه‌دن طيشارى باقه‌رق): باق باق، بك! قاچيورلر به! دها يارم ساعت اولمدى، عجله‌كز نه!

صدق بك: دشمنك كتديكنه مى قزييورسن؟

عبدالله چاوش: باق، بن دشمنك ده اوقدر قورقاغنى سومم. صانكه بر ساعت

دها آتش قارشوسنده طوررلرسه قيامت مى قوپار؟ . . . بلك اسلام بلك كليور! الله الله! ينه الـنده قيلجى قيرلمش قلعه‌يه كليركن صانكه مزاره كيدر كبى كليور! (اسلام بكه باغره‌رق:) بورايه كلسه‌ك آ! ميرالاى بلك بكليور! صانكه قلعه‌يه كيررسه‌ك قيامت مى قوپار؟

صدق بلك: چوجوق ياننده يوقمى؟

عبدالله چاوش: كولكه ارقه‌سندن آيريلور مى هيچ؟ هله ايچرى كيره‌بيلدى! مبارك آتشك اغزينه كيدركن ده بر از بويله يواش يوروسه‌ك آ! نه اولور، قيامت مى قوپار؟

صدق بلك: جناب حقّه بيك كره شكر اولسون! شونلرك بيهوده يره تلفنه سبب اوليدم البته يا چلديرردم يا كنديمى اولدرمكه مجبور اولوردم . . . هله ينه اللّهك عنايتى يتشدى.

IV. EPISTOLOGRAPHIE UND PUBLIZISTIK

a) Briefe

Sultan Bāyezīd I.

39. Geheimerlaß über Murāds I. Tod auf dem Amselfeld

سلطان یلدرم خان باباسی غازی خداوندکار شهادتندن صکره جلوس همایونلری وقوعن سابقا یازیلان فتح‌نامه ایله بیله بو حکم شریفی یازوب مولانا بروسا قاضیسنه و انده اولان خاصّه خرج امیننه سرّاً اعلام ایلدوکی فرمان قضا جریان صورتیدر

اقضی قضاة المسلمین اولی ولاة الموحّدین معدن الفضل والیقین حجّة الحقّ علی الخلق اجمعین وارث علوم الانبیاء والمرسلین المختصّ بانواع مواهب الله الملك المعین مولانا بروسا قاضیسی زیدت فضایله و قدوة المعتمدین زبدة المؤتمنین قضاء مزبورده خاصّة خرج امینی سلیمان بیك دام عزّه توقیع رفیع همایون واصل اولیجاق معلوم اولا که بتقدیر الله تعلی قوس‌اووه‌ده واقع اولان فتح و ظفردن سعید الحیات و شهید الممات بابام سلطان مراد خان طاب ثراه و جعل الجنّة مثواه کوردکلری واقعهء شریفه اوزره شهادت رجا ایدرکن اتّفاق کمال صحّتله معرکهء قتالدن اوتاق کردون نطاقه داخل اولوب مغلوب ومنکوب اولان بانلرك بعضیلرینك باشلری کسیلوب سم سمند سعادتمندلرینه نکونسار براغلوب و بعضیلری دخی دستِ بسته و بازو شکسته دل طوتلوب فرح و نشاط اوزره ایدوك ناکاه میلوش قوبیلك دیمکله معروف بر کافر پلید بذیر که حیله ایله بن مسلمان اولدم دیو غزات رفیع الدّرجاتك برینه اشارت ایدوب جناب سلطنت مآبلرینه یوز سوروب وارمغی استدعا ایدر لعین مزبوری ترحّماً ایلتدوکلرنده پای بوس سعادت مأنوسلرینه مقارن اولدوغی اثناده بی تحاشی یکنده کزلدوکی خنجر زهر آلودی اول عنصر لطیفه حواله ایدوب زخم و کزند ایریشدرمکله شربت شهادتی نوش قلوب * اولئك مع الّذین انعم الله علیهم من النّبیین والصّدیقین والشّهداء والصّالحین * زمره‌سنه داخل اولوب مرغ روح پر فتوحی فضای جنّته طیران و کلشن عدنی آشیان ایدوب * رحمة الله علیه رحمةً واسعةً * در حال غلمان انجم احتشام اوکندن لعین مزبور قاچدوغی کبی عقبندن ایریشوب پاره پاره قلدقلرنده ذات سعادت آیاتم خبیر اولوب بالین شهادت آیینلرینه واریلوب بو هنکامه‌ده قرنداشم مرحوم یعقوب بك دخی انتقال ایدوب تابوت منوّره‌لرین آنده دفن اولنماغیچون معتمد علیه آدملر ایله ارسال ایلدوك کرکدر که وصول بولنجه بر فرده افشا ایلمیوب ظاهراً فتح و نصرته مشغول

اولوب اعدایه طویورمقدن بغایت حذر ایده‌سز شویله بله‌سز علامت شریفه اعتماد قلاسز تحریراً فی اواسط شعبان احدی وتسعین وسبعمائه بیورت قوس اووه.

Qara Muṣṭafā Paša

40. Bericht über die Aufnahme der Belagerung Wiens 1683

عزتلو و فضیلتلو و حقیقتلو افندی حضرتلرینك مجلس شریف فضائل الیف و محفل منیف معارف ردیفلری صوبنه تهیات صافیات محبّت قرین و تسلیمات وافیات مودّت رهین اتحافندن صکره ضمیر منیر مهر لمعانه انهای مخلصانه بودر که مکتوب محبّت اسلوبکز وصول بولوب درونده مندرج اولان ادوات مخالصت شعاری و امارات مصادقت کذاری مطالعه‌سندن فوق الغایه بالغ نصب حظوظ بی نهایه اولمشزدر همواره مسند نشین صبغهٔ عافیت اولاسز بنم فضائلمندم بو طرف احوالی سوال بیوریلور ایسه الحمد لله تعالی شوکتلو و قدرتلو افندیمز پادشاه روی زمین حضرتلرینك یمین همم علیهٔ جهانکشالریله کسر شوکت مشرکین و غارت و خسارت ممالك اعدای دین ایده‌رك اشبو ماه رجب الفردك اون طقوزنجی اربعا کونی بیچ صحراسنه نزول اولنوب و اول کیجه متریسلره کیریلوب عون و نائبه ملك متعال ایله محصور اولان ملاعینی کرکی کبی تضییق و اوراق سکون و آراملرین تمزیق ایده‌رك لیل و نهار ایلرو وارمغه صوب اجتهاد بیشمار و لطف حق ایله بر کون اوّل فتح و تسخیرینه بذل اقتدار اوزره ایز حقّ سبحانه و تعالی مأمول و مطلوبمز اولان بو فتح میمون و مرغوب حصولی ایله جمله امّت محمّدی شاد و مسرور و اعدای دوزخ معادی منهزم و مقهور ایلیه جناب فضیلتمآبلرندن دخی مأمولدر که بو طرفده اولان عسکر منصوری و بو مخلص محبّت شعوری صدق درونه مقرون دعای خیر ایله تذکّر ایدوب بوندن بویله دخی لازم الافاده اولان احوال و آثاری تحریر و اعلامه همّت بیوره‌سز باقی همیشه ایّام عزّت و فضیلت دائم باد.

b) Zeitungsnachrichten

41. Fundanzeige

یکی کوی جامع شریفی اوکنده شهر امینی جوارنده واقع دکانلردن بر دکانك کدك سندی بولنوب باب ضبطیه‌یه تسلیم اولنمش اولدیغندن صاحبی کیم ایسه کیدوب بعد الاثبات المسی ایچون اعلان کیفیته مبادرت اولندی.

42. Aus dem diplomatischen Korps

در سعادتده مقیم بلجیقا ایلچیسی بولنان (بارون بهر) جنابلری دولتی طرفندن مأذونا بو دفعه مملکتی جانبنه عزیمت ایده‌جکندن عودتنه قدر امور سفارت برنجی سرکاتبی بولنان موسیو (کرخوه) جنابلری واسطه‌سیله رؤیت اولنه‌جغی ایشیدلمشدر.

43. Türkische Medizinstudenten im Ausland

سایهٔ احسانوایهٔ جناب جهانداریده مکتب طبیهٔ عدلیه‌ده تحصیل فنون طبیه ایدن شاکردان استعداد نشانك درجهٔ تحصیل و لیاقتلری اوروپاجه دخی بالامتحان نمایان اولمق اوزره بوندن چند ماه مقدم با ارادهٔ حکمت افادهٔ حضرت شهنشاهی مکتب مذکور شاکردانندن لاجل امتحان ویانه‌یه کوندرلمش اولان بش نفر طبیب حذاقت سیرت کچن کانون اولك اون دردنجی کونی ویانه دار الفنوننده کشاد اولنان مجلس امتحانده اساتذهٔ فن طبابت و سائر ارباب هنر و معرفتدن اورایه مخصوص کلمش اولان بر چوق اصحاب دقت محضرلرنده ذکر اولنان مجلس امتحانه دعوت اولنوب علم طبك دقایق و مشکلات عدیده‌سنه متعلق زمرهٔ مهرهٔ فن طبابت طرفندن لاتین لسانی اوزره ایراد اولنان هر درلو اسئلهٔ مدققانه‌یه بلا فتور اعطای جواب صوابه وقوع مسارعتلرینه مجلسده حاضر و ارباب معارف و فنوندن ناظر بولنانلرك جمله‌سی کویای تحسین و افرین اولدقلرندن صکره رئیس اطبای دار الفنون بولنان ذات اطبای مومی الیهمك دوقتورلك رتبه‌سنه شایان اولدقلرینی رسما اعلان و ایفا ایتمش اولدیغی ویانه طرفندن استخبار اولنمشدر.

44. Hinweis auf das Verbot des Hasardspieles

لعب مکروه قومارك حرمت و ممنوعیت شرعیه‌سی تعریف و بیانندن مستغنی اولدیغی مثللو نظامات بلدیه‌یه دخی مخل بر شی اولدیغنه و ربمز تعالی و تقدس حضرتلری باعث نظام احوال ملت و سبب رفاه و آسایش تبعه و رعیت اولان پادشاه دیندار و شهنشاه مراحم کردار افندمز حضرتلرینی الی آخر الادوار سریر خلافتمصیر شهنشاهیلرنده کمال ابهت و اقبال ایله بر قرار و سایهٔ اسایشوایهٔ جناب تاجداریلرینی مفارق عالمیانده پایدار بیورسون عصر معدلت حصر جناب ملوکانه‌ده کافهٔ تبعهٔ سلطنت سنیه‌نك هر حالده استحصال اسباب رفاه و راحتلری نزد عالیده پك زیاده ملتزم و له الحمد والمنه سایهٔ لطفوایهٔ حضرت جهانبانیده نظامات ملکیه و بلدیه‌نك

كون بكون تأسس وتقرر ايتمكده اولديغى و بونك ذرتما اخلالنه سبب ويره‌بيله‌جك شيئلك وقوعى قطعا و قاطبة تجويز بيورلميه‌جغى مسلم اولوب انجق بو اثناده بعض خان و دكان و صاپه محللرده قومارباز و سائر كندوبى بيلمز مقوله‌لرينك قومار اوينادقلرى استماع وتحقيق قلنمش و بو كيفيت نامشروعه وجه محرر اوزره نظامات بلديه‌يه طوقنور بر مادۀ ممنوعه و مذمومه اولمسيله تأكيد ممنوعيتى لازم كلمش اولديغنه بناء فيما بعد اويله خان و دكان و سائر محللرده قومار اوينار ايكن اله كچنلر اولور ايسه حقلرنده تأديبات شديده اجرا اولنمسى خصوصنه امر و فرمان اصابتعنوان جناب شهريارى كرامت افزاى سنوح و صدور بيورلمش و موجبنجه كيفيت لازم كلان مأمورين حضراتنه بيلديرلمش اولمغين اشبو محله طبع ايله اعلان ماده‌يه ابتدار اولنمشدر.

c) Essays und Tagesschriftstellerei

Šināsī

45. Die Hundeplage in Stambul

حكمت عمليۀ اسلاميه‌نك تدبير منزل بحثنده يوللرك هوايى جلب ايدر صورتده اولمسى لزومى اثبات اولنمشدر؛ حتى فاتح و سليمانيه جامعلرينك اطرافنده‌كى سوقاقلرك وسعت و استقامتى بوندن نشأت ايتمش اولمق كركدر.

كيدرك هركس ابنيه‌جه معاملاتنده مختار براقلمغله، طريقلرجه بر مضايقه پيدا اولمشيدى. حال بو منوال اوزره ايكن ١٢٥٥ سنه‌سى وقوع بولان بك اوغلى حريقندن صكره سوقاقلرك توسيعى حقنده بر نظام اتخاذيله اورادن اجراآته باشلانيله‌رق هر طرفه تعميم اولنمش؛ و اليوم دستور العمل بولنمشدر.

بو جهتله سوقاقلر اوّلكى حالنه نسبتله كسب انتظام ايتمكده‌در؛ اقتضا ايدر كه تنظيفى مادّه‌سى دخى صورتياب دوام اولسون. بوكا الك زياده مانع ايسه كوپكلرك وجوديدر، كه آزالمسى ممنونيتله تمنى اولندقجه چوغالمسى كراهتله كورولمكده‌در.

اسلام اعتقادنده كلب جنسى، مردار اولديغندن، منازللك خارجنده براقلمشدر.

نصل سوقاقلرده انسانلك، يعنى رجال و نسوانك كوزى اوكنده پيدا اولور ايسه اويله‌جه تعيش و تناسل ايده‌رك، هلاك اولورلر؛ و بو صورتله محقراً خانه بر دوش قالدقلريچون بعض ملل عندنده معتبر و خانكى و معلم اولان سائر همجنسلرينك حاللرينه نسبتله، معاشرتجه كلبيوندن عد اولنورلر.

کلەلم بونلرك شمدیکی حالده اولان منفعت و مضرتلرینك موازنەسنه : فائدەلری اولسه اولسه سوقاقلره آتیلان بعض مزخرفاتی اورتەدن قالدیرمق ، وکیجه وقتی کزینانلرك کویا فاسدلرینه حاولایوب صالدیرمقدن عبارتدر.

مزخرفاتی سوقاقلره آتمق ذاتاً امور ضروریەدن اولمیوب ، بلکه براقلمش اولانلرینی قالدیرمق لازمەدن ایکن ، طوتەلمکه بو خصوصجه ظاهرده بر فائدەسی کورلمش اولسون ؛ یا بونلرك اولوسندن ، دیریسندن حاصل اولان ، اورتەدن قالدیردقلرینه مقابل و بلکه دها زیاده دکلمیدر؟ و دفع ایدلملك لازم کلمزمی؟ کلور ایسه بو خدمته طرفدارلرندن بشقه کیم لایق کوریلور؟

حاولایوب صالدیرمق بحثنه کلنجه : کیجەلین کزنلرك ایچنده بیکده بر آنجق فاسد اولەبیلەجکندن ، بر فاسد ایچون نیچه بیك اهل عرض انسان ، او مقوله حیوان غیر عاقلك شرّی محافظەسنده قالمق روا میدر؟

حال بو که فاسدلرك اکثری حق سکوت اولەرق ، بونلره بر اتمك پارچەسی آتمغله ، آغزلرینی قپادقلری مثبت و متواتردر.

حاصل کلام دائمی صورتله ضابطۀ بلدیّه وسعی مرتبه حکمنی اجرا ایتمکده ایکن ، کوپکلرك کیجه نکهبانلغنده بولنملرینه اهمیت ویرنلر وار ایسه وای آنلرك حالنه ، که اویقو وقتنده خارجاً امنیتنی محافظه ایچون کوپکلردن استمداده مجبور اولمق اعتقادنده بولنه! . . .

مضرتلری بحثنه کلنجه ؛ باشلیجەلرینی تعداد ایله اکتفا ایدەرز : عادتلریدر ، که محلەلرده کوندوزلری حیوانجه بر سببدن طولایی ایکی کوپك دوولویه چیقارلر ؛ و بعض کرّه مثلا بر کمیك پارچەسنی پایلاشەمامقدن چیقان منازعه بر ایکی فرقه بیننده سنور غوغاسنه نتیجه ویرەرك ، نهایت هانکیلری دیشنده قوّته مالك ایسه قهر خصم ایله صواش میدانی اولان سوقاقلرده طفرەکنان دنباله جنبان اولورلر. اثنای منازعەلرنده کلوب کچن خلقك کیمیسی یولندن قالوب ، وکیمیسی توسّط ایشنه طالوب ، وقت ضایع ایتدکلری هر بار مشهوددر.

بونلرك صالدیرمغه آلشمش آزغینلری واردر ، که شرلرندن اطفال یوللرندن صاپەرق ، اوزاق یرلردن طولاشمغه مجبور اولورلر. سوقاق اورتەلرنده یاتمغه مألوف اولدقلرندن ، قضاءً اوزرلرینه باصیلنجه ، ایصردقلری واردر. بناءً علیه کیدرکن بونلره طوقنمامغه ، انسانه چارپمقدن زیاده دقت اولنمق مجبوریتنده بولنیلور؛ زیرا انسانه اعتذار قبول ایتدیرمك احتمال ، بونلره ایسه محالدر.

آج قالانلری مداهنلر کبی ، تبصبص ایله بر شی قوپارەمینجه ، غاصبلر کبی ، بیاغی انسانك الندن ییەجك قاپدقلری واقعدر ، که بکجیلکدن زیاده خرسزلقده مهارتلرینه دلالت ایدر.

کیجه‌لری ایسه طرف طرف حاولایوب اولودقجه خانه‌لرده خسته‌لری دکل ، صاغلم اولانلری بیله کیفسز کبی مضطرب ایدرلر.

مضرتلرینك الك مخاطره‌لیسی قودورمقدر ؛ که هر نه قدر سائر بعض ممالکه نسبتله بوراده نادر الوقوع ایسه‌ده بر قودوز کوپکك یوزندن بر مرد کاملك کوز کوره بیلك محنتله تلف اولدیغی مسبوق الامثالدر.

حفظ صحت عمومیه ملاحظه‌سیله دبّاغ و امثالی اصنافدن بولنان بر طاقم انسان ، صنعتلرینی شهرك کنار ویاخود خارجنده اجرایه مجبور طوتلمش ایکن ، داخلنده کوپکلرك قالمسی نه‌دن تجویز اولنسون ؟

اوائلده ، یعنی نصوح پاشانك صدارتی ـــ که ۱۰۲۰ دن ۱۰۲۳ سنه‌سنه قدردر ـــ زماننده استانبولدن کوپکلرك قالدیرلمسنه قالقشلمش ایکن ، غیرت کشلرینك تشأمیله ایش حالی اوزره قالمشدر.

شمدی ایسه افکار عمومیه کوپکلرك وجودنده میمنت آرامیه‌جق قدر ترقی ایتمشدر.

الحاصل بزه کوره بدیهیدر ، که شهرمزك خارجاً لایق اولدیغی مرتبه بقای تنظیفی کوپکلرك ابعادینه وابسته‌در. بناءً علیه غیرتکشلرندن قالمش وار ایسه آنلره شویله بر سؤال ایراد ایدرز که : بونلرك میداندن قالدیرلمسیله بر بلدهٔ معظّمهٔ اسلامیه‌نك سوقاقلری کسب نظافت ایدنجه ، «النظافة من الایمان» احکامنه می مغایر اولور؟ یوقسه «الظاهر عنوان الباطن» معناسی شمدیمی ، یاخود اول وقتمی ظاهر اولور؟

Nāmıq Kemāl

46. Kritik an der türkischen Familie

بزده هرکسك عائله معاملاتندن آز چوق فکر حاصل ایتمك ایچون اورته حاللی بر افندینك خانه‌سنه کیریلسه ، جاری اولان احواله نظر عبرتله باقلسه ، نه کوریلور!

طبیعتیله پیش نظره الك اوّل عائله‌نك پدری تصادف ایدر ؛ آنك معاملاتنه لایقیله دقت اولنورسه کوریلور ، که وقتیله چوجق ایمش ، هر درلو حاجات و لذائذینی حاضرلیه‌جق بر دادی ویا بسلمه‌سی وار ایمش ؛ هر بلاسنی او چکرمش. براز سنی آلمش ، اولندیرمشلر ؛ دادی کیتمش ، یرینه باجی کلمش. افندینك مناسبتسز نه قدر مراقی ، نه قدر آرزوسی وار ایسه ولوکه هر بری بر قاچ کیجه اویقوسزلغی ، بر قاچ کون خسته‌لکی ، بیك درلو مشاق جسمانیی ، یوز بیك درلو

عذاب روحانی‌یی موجب اولسون ؛ خانم آنلرك جمله‌سنی یرینه کتیرمدکچه بوغازندن راحتجه بر لقمه کچمك احتمالی یوقدر.

افندی چوجقلغنده مثلا بر ده کدی بسله‌مش ؛ آنکله اکلنیرمش. تأهلدن صکره ، کدی کیتمش ؛ یرینه بر ایکی چوجق کلمش ، اوّللری کدیسنه یاپدیغی کبی ، شمدی ده تربیه نامیله کندینك نه قدر هوساتی وار ایسه چوجقلرینك فکر و وجداننه انطباع ایتدیرمکه چالیشیور!

خانم ایسه آلتی یدی یاشنده ایکن ، کندینی وصیسی بسلر ، کیدیررمش. اون بش ، اون آلتی یاشنه کیرنجه وصی بر طرف اولمش ؛ یرینه بر زوج کلمش. وقتی اولسون اولمسون — خانمك اکر بر کون سکز درلو اوت و خمیر ایله معده‌سنی افساد ایتمز و ایکی دوکنده بر قات اثواب کیدیروب ده اقران و امثالی آراسنده محجوب براقیر ؛ و زینت نامیله او ، باشنه بار اولمق ایچون بر قاچ اوقه طاش وقلای پارچه‌سی تدارك ایلمز ایسه زوجیت ویا انسانیت‌دن چیقمش حکمنی آلیر!

خانمك ده چوجقلغنده بر سوکیلی ببکی وارمش ؛ تأهلدن صکره ببك کتمش ، یرینه بر قیز کلمش ؛ اوده بیومش. ببك ، نصل خانم افندینك امر ایتدیکی یرده یاتمغه مجبور ایسه ، قیز ده اویله‌جه خانم افندینك آرزو ایتدیکی بکك قویننه کیرمکده مضطر اولمش ؛ نهایت تورّم ایتمش. بیچاره کاه ایتدیکنی ، وکاه جناب حقّك مجازاتنی دوشنه‌رك ایکی النی بوکرینه قویمش ؛ دوشکنك اطرفنی حزین حزین طولاشیر طورر.

یاخود قیز اوقدر ایچلی بولنماز ؛ قوجه‌سینك قهرینی بر چکر ، ایکی چکر ، نهایت ایش محکمه‌یه طیانیر. اکر آراده بر ده چوجق بولنور ایسه نکاح ، نفقه غوغالری ایکی خاندانك عمرینه سوره‌ر.

مخدوم بکلر ایسه بو دار محنته هر درلو حفظ حیات اسبابندن محروم اولدقلری حالده کلمشلر ؛ قپوسی آچیق ، یمکی حاضر بر مهمانخانهٔ احسانه قونمشلر. یرلر ، ایچرلر ، کزرلر ، اکلنیرلر. او اسباب معیشت و سعادتی حاصل ایدن پدره وکیل خرج ، و اداره و تربیتنه چالیشان والده‌یه کتخدا قادین نظریله بقارلر!

عاقبت بر کون اوك بیوکلری ترك حیات ایدر ؛ توارث ایدن بر قاچ پارچه مال و ملکی بر درلو پایلاشه‌مازلر. آنلر بر طرفدن یاقه یاقه‌یه محکمه محکمه طولاشیر ، عاقبت ایکی آدمك فناسیله بر قوجه خاندان پریشان اولور کیدر.

بویله بر عائله‌نك حالنه حکیمانه نکاه ایدنلر ایچون بیوکلری حالا چوجق ، وفقط ایریلشمش ؛ کوچکلر حالا جنین ، وفقط رحم مادردن ساقط اولمش کبی کورینور.

ای زوج بی خبر! مسکنکده بر رفیقه‌در پیدا اولمش ؛ نیچون عائله‌نك بارینی

بتون بتون کندی اوزریکه یوکلنیر ده یالکز کندی مشقتکی او بیچاره‌یه تحمیل ایدرسك؟

ای بی نوا پدر! سبب نه در، که کندك انسان ایکن دنیایه، یادکار عمرك و نتیجهٔ حیاتك اولان اولادیکك یالکز معلّم حیوان کبی، قاشیکك، کوزیکك اوینایشندن تصوّرات فکریه و ارادات قلبیه‌کی اوکرنمه‌سی اوغرینه بتون زمان تحصیلنی اضاعه ایدرسك!

ای ام الهوس صاحبة البیت! سکا خانه‌کده اهلکله اولادکله، صحتکله، راحتکله کچنمك نعمتی، کنجلککده حسن جمال، و یاشکی آلدقدن صکره، اولاد و عیال زینتی یتشمزمی، که ایکی لقمه یمك و یا درت آرشون بز پارچه‌سیچون دائما بر اضطراب و کشاکشی التزام ایدرسك ده کرك کندیکه وکرك یانکده اولانلره نعمتی زهر و راحتی حرام ایدرسك؟

ای بختسز والده! دردك نه، که دها وجودکدن آیرلدیغنه تأسف ایده‌جك قدر مبتلا اولدیغك جکر پاره‌کی کندی ایسته‌دیککك و آنك ایسته‌مدیکی بر اجنبینك یتاغنه ویرمك ایچون خوابکاه آرامنی پاموق شعله‌لردن قاره طوپراقلره تحویل ایتمکه سبب اولورسك؟ ویاخود پدرینك یاننده حالندن بحث ایتمکه حجاب ایدن بر مخدره‌یی محضرلره، وقایع کاتبلرینه کوکلنك اك عزیز اولان سرائرینی فاش ایلمکه مجبور ایدرسك!

ای انصافسز اولاد! سن وجودیکك مساعده‌سی، کنجلککك قوّتی وقتنده حجاب ایتمزمیسك، که بتون زمانکی کوکلکی اکلندیرمکه صرف ایدرسك ده خاندانکك بتون مشاق معیشتنی اختیار پدریکك آغرمش باشنه و بوکلمش بویننه براقیرسك؟

ای مروتسز برادر! دنیایه کلدیککك زمان والده‌کك رحمنی، سودینی کمال قناعتله تقسیمه راضی اولدیغك قرداشکله خانه‌نك طاشینی، دیوارینی، دکانك ملکنی، ایرادینی نه‌دن پایلاشه‌مدك، که بیچاره‌یی جانی کبی حکومتکاهلرده سوروکلیه‌رك، هم آنی، هم کندیکی، هم ده انسانیتی ترذیل ایدرسك؟

بشقه یرلرده زوجلر کوریورز، که زوجه‌سنی روحینك نصفی عد ایدر، کندینك هر درلو لذائذ و مشاقنه آنی تشریك ایدرسه، کندی ده آنك هر درلو لذائذ و مشاقنه اشتراك ایلر.

پدرلر کوریورز، که اولادینی کندی فکری دائره‌سنده حصر ایتمك دکل، کندی فکرینك ایریشه‌مدیکی معالی‌یه ایصال ایتمدکجه بر درلو راحت ایده‌مز. اوینك اك بیوك مصرفی اوغلینك تربیه‌سی اغورینه بذل ایلدیکی پاره‌در. کندینه فائق بر خلف کورمه‌دن وفات ایدرسه دنیادن کوزی آچیق کیدر. کندینك بر فکری، یتشمش اوغلینك بر فکرندن مستقیم چیقارسه، حجابندن قان ترلره باتار.

اولادینی غلبهٔ شیخوختله کوزلرینه عما کلدیکی زمان اللندن طوتوب ده یدمك ایچون بسلەمز. سنّ تحصیل ختامه ایریشوب ده ذهنی سکون و انحصاره مجبور اولدیغی زمان طریق ترقیده کندینه رهبر اولمق ایچون بیودر؛ استقبالك اقبالنی بیلیر؛ خلفینك هر صورتله کمالنه چالیشیر.

زوجەلر کوریورز، که زوجنی ازعاج ایدرسه، اولادینك بعض قصورلرینی عفو ایتدیرمك ایچون ایدر. البسەسنی، تزییناتنی، زوجی کندینك استغنا و قناعتندن حجاب ایدەرك، تدارك ایلر؛ کندیسی زوجینك محبت و مروتندن حجاب ایدەرك قبول ایدر. زوجنه حیات ثانیه، خانەسنه ملك الصیانه کورینور.

والدەلر کوریورز، که اولادی بر دقیقه کولمزسه کندی بر ساعت آغلار؛ اولادی بر ساعت آغلارسه کندی بر آی خستەلنیر؛ اولادی بر آی خستەلنیرسه کندی بر ییللق عمر غائب ایدر. کندی کوکلنی اولادینه اسیر ایدر؛ اولادینك کوکلنی، ارتباط ایدەجك یر آرامقده پادشاهلردن زیاده حر مطلق براقیر. اولادینی انسان ایتمك ایچون کندی بیك درلو مجاهدات ایله ملك خصلتنده بولنمغه چالیشیر. اولادینی جانندن آیرمز، که او بشقه بر شی استەسون، کندی بشقه بر شی استەسون.

اولاد کوریورز، که پدرینك، والدەسنك کومش رنکلی صاچلرندن بر تلنی خزینهٔ عالمه و بلکه جوهر جاننه دکشدیرمز. والدینینك کوکللرینه فنای عالمدن تسلی‌بخش اولور. فکرلرینه بیك درلو تجارب و مدرکات ایله رونق ویرر. وجودلرینه شباب قدر قدرت، و بر متّکای ذی حیات کبی معاونت عرض ایلر، عائلەنك نەقدر مشاق وارسه غیرت و افتخار ایله در عهده ایدر. اقرباسینك کورر کوزی، طوتار الی اولور.

برادرلر واردر، که نسلاً بعد نسلٍ، ملاصق طوغان توأملر کبی، کندیلرینك و اولاد و احفادینك دنیاده اشتراکه صالح هر نەلری وار ایسه مشترك در. یارم خانەیه تملّك ایچون دکل، بر قوجه ملکه تصرّف ایچون بیله بر برینه بر کرّه اکری باقمازلر.

سعادت، بختیارلق بو درلو عائلەلر ایچوندر، حیات بویله یشامغه دیرلر، انسانیت بو انسانلرك حالیدر.

İbrāhīm Ḥilmī

47. Aufruf zur Europäisierung

غربلیلاشه‌لم

خصوصات دینیه و اخلاقیه‌مزدن غیری شیلرده آوروپانك ترقیات و مدنیتنه داخل اولمق ایچون هیچ بر مانعه یوقدر. ذاتاً اوچ ثلث عصردن بری بز آوروپا مدنیتنی قبول ایتمشزدر. اصول ادارهٔ ملکیه‌مز، محاکمز، تشکیلات عسکریه و بحریه‌مز، صحیه و نافعه ایشلرمز هپ اوروپا تشکیلات و مؤسساتنك قوپیه‌سیدر. یالکز خطالرمز آوروپانك بتون مأثر مدنیه‌سنی قبول ایتدیکمز حالده بونلری پك فنا استعمال ایدیشمز، تطبیقنده شرقك رخاوت و عطالتنی، اصولسزلق و انتظامسزلغنی محافظه ایلییشمزدر.

آوروپا مدنیتنك خوارق علمیه، فنیه و صناعیه‌سنی اهمال ایتدیکمز حالده بالعکس سیئات اخلاقیه‌سنی قبولده کوستردیکمز سرعت و وسعت سزای حیرتدر.

بز یاشامق، موجودیت ملیه و سیاسیه‌مزی محافظه ایتمك ایستر ایسه‌ك کمال سرعتله و تام معناسیله غربلیلاشمغه چالیشمالی‌یز.

بزم اك مدهش خطامز هم غربلی اولمق، هم ده بوسبتون شرقلی یاشامق ایستدیکمزدر. شرقلی یاشامق دیمکدن مقصد شرقك فضائل ارثیه و اخلاقیه‌سنی محافظه ایتمك تعصبی دکل، شرقك میراث اعصار اولان رخاوتنی، عطالت و مسکنتنی، لاقیدئ حیات و انتظامسزلغنی محافظه‌ده اولان عناد جاهلانه‌مزدر.

مدنیت حاضره قرون اولی و وسطی‌نك اك مدهش و اك مستولی اردولرندن دها قوتلی و دها دهشتلیدر. ضعیف بولدیغی بر یره اویله سرعتلی بر صورتده استیلا ایدیورکه آز زمان ایچنده او یره حاکم اولویور، بتون منابع ثروتی ید اغتصابنه کچیرییور، میلیونلرجه خلقی حق استقلالدن محروم ایدرك پستیٔ اسارت و محکومیته ایندیرییور، قاننی، حیاتنی أمیور، بتون قوای طبیعیه‌سنی قیص قیوراق ایدییور.

ایشته عالم اسلام عصرلرجه بو مدنیته یبانجی قالمق ایستدیکی ایچون محکومیتدن محکومیته، اسارتدن اسارته دوچار اولمش، میلیونلرجه ثروت و سامانی غربلیلره قاپدیرمش، آنلرك ظلم و اعتساف آلتنده ایکلمه‌مکده بولنمشدر.

اکر بز عثمانلیلر غربلیلاشمغه باشلادیغمز زمان (که ژاپونیادن اوتوز، بولغارستاندن قرق سنه اولدر) کمال جدیتله چالیشمش اولسیدق بو کون آلتمش میلیونلق جسیم بر ایمپراطورلغه، مدهش بر دونانمایه، سطوتلی بر اردویه، یوکسك بر مدنیته صاحب اولمش بولنه‌جقدق.

هیهات كه تعصب جاهلانه ، عطالت مسكینانه ، رخاوت سرسریانه بتون بو پارلاق فرصتلردن بزی محروم براقمش ، ناقابل تلافی فلاكتلره ، مصیبتلره سوروكلیه‌رك بیكلرجه كیلومتره‌لك اراضی ، میلیونلرجه نفوس غائب ایتمه‌مزه سبب اولمشدر .

ژاپونیا جداً غربلیلاشدیغی ایچون كندینی درحال طوپلامش ، اجنبی استیلاسنه معروض بولنوركن بو فلاكتی وقوعندن اول منع ایتمش ، اداره‌ده ، صنایع و تجارتده ، حیات اقتصادیه و مدنیه‌ده خارقه‌لر كوسترمش ، اقصای شرقك بیوك بریتانیاسی عنوانی قازانمشدر .

یارم عصر اول زیر حاكمیتمزده یاشایان رومانیا ، بولغارستان ، یونانستان ، صربستان و قره طاغ حكومتلری مدنیت غربیه‌یی مملكتلرینه كمال جدیتله تطبیق ایتمش اولمالرندن اكتساب ثروت و موجودیت ایلمشلر ، رومانیا پك یوكسك بر مدنیت و ثروته صاحب اولمش ، دیكر درت كوچوك حكومت ده بالقان حربنده بزی آوروپا قطعه‌سندن سوروكلیوب آته‌جق قوت و اقتدار كسب ایلمشلردر .

دیكر طرفدن آوروپا مدنیتی صنایع و تجارتیله ، تشبثات مهمهٔ اقتصادیه‌سیله و حلول صلحپرورانه ایله وطنمزك بتون منابع ثروتنی الده ایتمكده ، جابجا مكتبلر آچمقده ، كلیسالر یاپمقده ، قولونیلر تشكیل ایتمكده‌در .

شومندوفرلرمزی ، تراموایلرمزی ، صولرمزی ، انهار و اورمانلرمزی ، لیمان ، یول و معدنلرمزی الخ كمال سرعتله اللرینه كچیرمكده اولدقلرندن بز بر آز دها اویانمقده كجیكه‌جك اولورسه‌ق كندی مملكتلرمزده بونلره اسیر و حمال اولوب قاله‌جغمزه هیچ شبهه یوقدر .

ایشته مدنیت غربیه‌نك بو صولتی ، بو استیلای مدهشی قارشوسنده بز حالا عناد ایدر ، مدنیت قدیمهٔ اسلامیه لقلقیاتیله وقت كچیررسه‌ك وای حالمزه ! اویانه‌لم ، بر آن اول غربلیلاشه‌لم . بزم ایچون باشقه چارهٔ سلامت یوقدر !

V. GELEHRTES SCHRIFTTUM

a) Rechtswesen

48. Aus dem Gesetzbuch Meḥmeds des Eroberers

الفصل الثانی فی التضارب و التشاتم و القتل

اکر اکی کیشی بری برینه یاپشسه یقاسن یرتسه قاضی دوکسون جرم یوق اکر بر برینك سقالن ویا ساچن یولسه قاضی قاتنده ثابت اولسه غنی اولسا جرم یکرم آقچه فقیر اولسا اون آقچه آلنه و باش یارلوب قان چقسه اتوز آقچه النه اکر کمك چقسه اوتاجیلو اولسا اول باش یاران بای اولب بیك آقچیه داخی زیادیه کوجی یترسه جرم یوز آقچه آلنه اکر اکیوزه کوجی یترسه اللی آقچه فقیر اولرسه اتوز آقچه جرم آلنه.

اکر آدم اولدرسه یرینه قصاص اتمسه‌لر قان جرم بای اولب بیك آقچیه داخی زیادیه کوجی یترسه درت یوز اکر آلت یوزه کوجی یترسه اکی یوز آقچه اندن آشغه حاللو اولرسه یوز آقچه و فقیر اولرسه اللی آقچه آلنه.

اکر بر کیشی اوقیله یخود بچاغیله اورسه یاشلو اولب دوشکه دوشرسه اول اوران بای اولب بیك آقچیه داخی زیادیه کوجی یترسه جرم اکیوز آقچه اکر اورته حاللو اولرسه یوز آقچه اکر فقیر اولرسه اللی آقچه جرم النه.

b) Erdkunde

Meḥmed-i ʿĀšıq

49. Die Meteora-Klöster

جبل قلابق قیا بو جبل روم ایلنده یکیشهر ایله ترخاله‌یه قریب بر صحرای وسیع میاننده‌در بو جبلی تفرّج ایدنلردن بعض حکایت ایدرکه بو جبل بر جبل مدوّردر و ارتفاعده یوز ذراع نجّاری‌دن زیاده‌در و اکثر حوالیسی صخرهٔ منخوته‌در احجار ایله مبنی دیوار ناهموار شبیه‌در و بو جبلك رأسی مسطّحدر که ایکی اوچ میدان واسع سویّ الطّول و العرض مقدارنده واسعدر و بو جبلك رأسنه صعوده طریق ومجال یوقدر و بو جبلك رأسنده قدیم الزّمانده قوم نصاری بر دیر کبیر بنا

ایدوب بر کوشه‌سنده کنیسه و معبد اتّخاذ ایتمشلردر و بو جبلك رأسنه طریق صعودلری سلّم ایله‌در که ایکی دانه حبل طویل و ضخیم و غلیظك آرالرنده هر باع مقداری یرنده بر چوپ قوی ربط و شدّ ایدوب پارچه‌لر کولکلرینك سلالمی کبی سلّم قوی و عظیمی رأس حائط جبلدن انتهاسنه‌دك آویخته ایدوب آنکله صعود و هبوط ایدرلر و مؤنات مأکول و مشروب و ملبوسدن ما یحتاج مقوله‌لرین اعلای جبله نقل ایچون رأس حائط جبلده برقاچ آدم اللریله اداره ایده‌جك بر ناعوره وضع ایدوب بو ناعوره‌نك چرخنه بر حبل عظیم و ضخیم و طویل شدّ ایدوب و بو حبلك بر اوجنه بر زنبیل کبیر ربط ایدوب بو زنبیل ایله نقل ایدرلر و صعود و هبوطده زنبیل حائط جبله طوقنمق ایله ایچنده تکسّر و تضرّری محتمل اولان اشیایی صیانت ایچون بو دیرك رواهبندن بو زنبیل ایچنده بر خادم معیّندر که بر چوپ قوی و طویل ایله زنبیلی حائط جبلدن ابعاد ایدوب زنبیل سلامت اوزره اینر چقر و بو جبله صعود اراده ایدن مسافرین متفرّجین‌دن سلّم مذکور ایله صعوده جرأت ایتمینلر بو زنبیل کبیرك ایچنه کیروب زنبیل ایله صعود و هبوط ایدر زنبیل ایله صعود ایدنلرك برندن مسموعمدر که زنبیلك ایچنده اول خدمتکار اولان راهبدن غیری ایکی آدم فراغ بال اوزره کنجایش بولور و بو دیرك رواهبی اول جبل و دیری تفرّجه واران صغیر و کبیر هرکیم اولسه شرایط ضیافت ایله اعزاز و اکرام ایدرلر.

Kātib Čelebi

50. Die Stadt Venedig

وندیك شهری وِنسیا تسمیه اولنور وینچیا دخی دیرلر تقریبا التمش خرده جزیره‌لری مشتمل بر شهر عظیمدر کورفز دکزینك نهایتنده کول کبی بوجاقده بنا اولنمشدر صولری هر التی ساعتده بر مد و جزر ایدر شرق و جنوب طرفنده دکزك طغیاننی رفع ایچون بعض اطه‌لری سد کبی واقع اولمشدر اوچ دورت یردن دریایه یولی واردر بو شهر کرچه دیوار و حصار ایله احاطه اولنمش دکلدر لکن دکز ایچنده موقعی حصین اولمغله ضرر احتمالی بعید غایت امین یردر خانه‌لری اراسی یوللر و جدوللر اولوب هر یولده پیاده و قایق کزوب خانه بخانه حرکت ایتمك ممکن‌در اول صولر اوزرنده طاشدن و اغاچدن دورتیوز اللی قدر کوپری بنا اولنمشدر مزبور یوللرك بیوکنه قانال دیرلر شهری ایکی بلوك ایدر اورته‌سنده عجایبدن بر کوپری بنا اولنمشدر سکز بیك قدر قایق شهر ایچنده متصل حرکتده اولوب کیمنك اوزرنده سایه‌بانی وار مکلفدر انلره غوندله دیرلر و شهرك چوره‌سی تقریبا سکز

میل احاطه ایدر باروقیالری یعنی محلاتی التمش دورتدر عموم و خصوص بنالری غایت مرتفع و مکلف و اسراف طریقیله مزین اولوب خصوصا دورت انجیل راویلرینك بری اولان صان مارقو کلیساسی عجیب و غریب بنادر ذی‌قیمت معدنی طاشلرله مصنع و مکلف یاپلوب ایچنك اکثر یری زر خالص طلا اولنمشدر وخزینه‌سنه وقف دیو اغر بهالو بی‌قیاس اشیا قونمشدر وندیك شهری و سائر قلعه‌لری وکمیلری انك وقفیدر دیو پابند احمقان ایدوب بو دام تزویر ایله نصارانك صغیر و کبیرینی کندولره مسخر قلمشلردر و شهرك اوچ مکلف بری‌برینه متصل بازاری واردر باش‌بازار میداننده مزبور کلیسا واقع اولمشدر و سدلر جانبنده ایکی عظیم عمود دیکیلوب برینك اوزرینه صان مارقو علمی و برینك اوزرینه صان تیودوروس هیکلی نصب اولنمشدر علم مزبور بر قناتلی ارسلاندر که مزبور مارقو بر حدید اللسان و شدید کمسنه اولمقله وصفنی مشعر صورتی سکه و شعار قلمشلر و اول ایکی عمودك اراسی سیاستکاه‌در و شهرك ایچنده ارسه‌ناله دیرلر بر مکلف جبه‌خانه واردر که چوره‌سی ایکی میل عظیم متین حصاردر انده دریا سفری مهماتی هرکون یاپلوب تجدید اولنور و طوپلر دوکیلور بوزیلان دوننمالردن و دریا قورصانلرندن الدقلری الات و اسبابی و بعض کمیلری و بیراقلری انده قویوب کلنه کیدنه کوستررلر.

c) Tierkunde

Meḥmed-i ʿĀšıq

51. Krake und Seeigel

اختاپوت بر حیواندر که کبیرینك حجمی بیضهٔ نعامه مقداریدر و مانند بیضه طوله مایلدر و اطراف بدننده بر برندن طویل و قصیر اون عدددن زیاده اذنابی واردر که جسدینی احاطه ایتمشلردر و جلدی سیاهدر و ظاهر جلدنده مقدار عدس حفره‌لر واردر بحر ایچره انسانه ملاصق اولسه اذنابنی ساق انسانه طولاشدروب تضییق ایدر کاه اولور که تغریق ایدر و بو حیوان بحر رومك اکثر مواضعنده خصوصًا سلانیك و سدره قپسی حوالیسنده کثیر الوجوددر.

آخیانوس صدف بر حیواندر جثّهٔ صدفی تفّاح وسط حجمنده‌در و شاهبلّوط یعنی کسدانه ظرفنه شبیهدر و ظاهری سراپا خار سیاهدر ال ایله یاپشلماسی عسیردر و ظرفی رقیقدر و بو حیوان بو ظرفك ایچنده بیضهٔ سمك کبی بر جسم متحرّکدر و دانهٔ

خشخاشدن خرده من اوّله الى آخره دانه‌در و ظرف ايچره ظرفه متّصل و متعلّق دكلدر حضرت خالق بيچون و چرا بو ظرف ايچره بو دانه‌لره روح بخشدر كه بحردن چقـدقده ظرفى كسر و فتح اولنسه بو جسـم دانه‌دار ساير ذى روح كبى متحرّكدر بلكه اون بش و يكرميسى بر برى اوزره وضع اولنسه قوّة متحرّكه‌لرى حسبى ايله بر برندن آيريلورلر امّا تحرّكى زمان كثير ممتدّ اولماز آبدن چقدقدن صكره نصف يوم مقدارى آنجق متحرّك اولور بعده مرد اولور و بو جسمك بعضنك لونى اصفر و بعضنك لونى صفرت ايله زرقتدن مركّبدر بغض خلق زعم ايدر كه اصفر صاف اولان اركك و مركّب اللون اولان ديشيسى اولا الله اعلم و بو حيوانى صيّادلر سكون دريا وقتنده صخور بحر آراسنده تتبّع ايدوب ايكى باشلى چنكـاللر ايله اخراج ايدرلر بو حيوان بحر رومدن سدره قپسى حواليسنده كثير الوجوددر.

d) Literaturgeschichte

Meḥmed Emīn

52. Der Weg zum Volksdichter

بن اسكى ادبياتدن ايكى يولده آيرلدم. بونلرك برنجى‌سى يازيش ، ايكنجى‌سى وزن‌در.

يازيشده اونلرله برله‌شه‌مدم ، چونكه عموم تركلره قارشى شمدى‌يه قدر كجيكن بر ايشى آنجق بو يولده يازارسه‌م كوره‌بيله‌جكم ؛ اونلرله وزنده آيرلدم ، چونكه بو يولده يازيلان شعرلرك پارمق حسابندن باشقه بر يولده سويله‌مكه ديلى دونميور.

بر پارچه آكلاته‌يم :

اسلوب ياخود يازيش نه‌در؟ طبيعتك و انسانلغك روحده ياخود بين و يوركده اوياندير ديغى بر طاقم دوشونجه‌لر و دويغولرى باشقه‌لرينه آكلاتمق صنعتيدر كه بو هر شاعرك ياراديليشنه و ايچنده بولونديـغى عالمك كنديسنه كوسـترديـكى شيـلرى طويوشنه كوره اولور ؛ او حالده بن نه يولده يازملى ايدم؟ كوزلرى ايللك آچيليشده بر بالقچى قولوبه‌سنك ايسلى چاتيلرينه ايليشن و ننه‌سنك سويله‌ديكى نيننى سسلرينى دالغه‌لرك اوغولتيلرى بوغان بر بالقچى اوغلنه ناصل يازى يازمق ياراشيرسه ايشته اويله! اهالينك دوشونجه‌لرينى كندى بيننده ، طويغولرينى كندى يوركنده بولان و او جاهل آنا بابا آره‌سنده الينه آلوب اوقومق ايچون يازيلمش بر كتاب بولامايان

و يوزينى اوقشامق ايچون اوزانمش بر ال و ضعيف روحنه قوّت ويرمك ايچون قارشيسنده بر قوّت بولوب كورەمەين بر عوام اولادينه ناصل يازى يازمقسه ايشته اويله! وطننك كنديسنه اوكرتديكى شيلرى اوكرنەمينلره اوكرتمك و النده كى چراغى اونى الده ايدەميوب قارا كلقده قالانلره كوسترمك كنديسنك بورجى اولان والحاصل كندى قاننى طاشيان وكندى ديليله قونوشان كندى دوشونجەسى وكندى طويغوسيله ياشايان بوتون همشهريلرينه قارشى بر ايش كورمك ايستەين بر تركه ناصل يازمق لازمكليرسه ايشته اويله! مادامكه آشاغيده بولونانلرى يوقارىيه طوغرى چيقارەجغز او حالده اونلرك بولوندقلرى يره اينمكلكمز لازمدر؛ عجبا شيمدىيه قدر يازلمش باصلمش اولان او كتبخانەلر طولولرى كتابلردن بو آدملر ايچون بر كتاب سچيلوب كوستريله بيليرمى ؟ — اصلا. آلتى عصردن برى يالكز شو طوپراق اوزرنده بوتون فكرلر بر آووچ خلق دوشونمش ، بوتون يوركلر بر آووچ خلق ايچون چارپنمش ، بوتون قلملر بر آووچ خلق ايچون يازمش ، بريده مليونلرجه ، ييغين ييغين زواللیلر هپ بونلردن اوزاق قالمشدر ، حالبوكه او مليونلرجه خلق ايچون كتابلر يازلمق صورتيله او خلق نورلانديريلەجق اولورسه نەلر اولماز. بو خلق نورلانديرمق چيفتچيلكى نورلانديرمقدر ، صنعتكارلغى نورلانديرمقدر ، تجارتى نورلانديرمقدر ، يوقسوللغى زنكينلكه چويرمك ، فنالرى ايى ياپمق و الحاصل هر ايى شيئى ميدانه چيقارمق ديمكدر.

انتباه دورى بنم آچديغم شعر يولى ايچون بكا پك ايى قلاغوزلق ايتدى. اكر او زمان «لوتر» انجيلى ملى ديل اولان المانجەيه ترجمه ايتمسەيدى خلقك دوشونمكه آليشقنلقلرى اولاجقميدى؟ بو خلقك بينلرينه بو آليشقنلق كلمسەيدى ينه او زمان ينه او ديلله و خلقك اكلاياجغى بر يولده بر طاقم ملّى كتابلر يازيلەبيلهـ جكميدى ؟ بونلر يازلمسەيدى اوروپا بوكونكى حاله كله بيله جكميدى ؟ تارلالر بللندى ، تخملر صاچلدى ، اوندن صكره ده اكينلر دوشيرلدى. لوتر خرستيانلقده نه ياپديسه ايشته بن ده مملكتمك ادبياتنده اونى ياپمق ايستيورم.

وزنه كلنجه: شبهه يوق كه شعر طبيعت وحياتك سسىدر. كركدر كه اونك وزنى ده كنديسنه بكزەملى ، كولن طبيعتى چيچكلرك فيصيلتيلريله وآغلايان حياتى دالغەلرك ايكلتيسيله يازملى ؛ اويله كلمەلر سسسز سسلى سوزلر بولمالى و اونلرى اويله بر يولده صيرەسنه ديزملى كه هيچ تركجه بيلمەين بر يابانجى آدمه بو يولده ياپلمش بر شعر اوقونديغى وقت اوت بو بر كيجەدر ، بو بر فورطنەدر ، ديەبيلملى. بن وزن ايچون اهالى آغزندن ايشيتديكم توركولردن باشقه هيچ بر شى بولماديغم كبى سوزلر ايچون ده ينه اهالينك قونوشمقده اولدقلرى لاقيرديلردن باشقه بر شى بولمادم. بونلرى آلارق يوقاريده وزن ايچون سويلەديكم يولده عمومى بر آهنك

ویرمك صورتیله شعرلرمی یاپمقدیم. بنم وزن ایچون خواجه‌م تمامیله طبیعتدر، طبیعتك سسی‌در، حیاتدر، حیاتك سسی‌در.

بنم نه بر كوزللك پریسنك آرقه‌سنده دولاشیر روحم واردر نه ده عوام عالمندن قلممی كیرو چكدیره‌جك كبرم واردر. المده دورت تللی بر كمانچه ایله زواللیلرك كیزلی دردلرینی سویلر قابا بر سسم واردر، بر یارالی یوركم واردر كه فنالقلر ایچون چیرپینیر، بر چفت آغلار كوزم واردر كه اوكسوزلكلر قپولرنده یاش دوكر، ایشته اوقدر.

Meḥmed Fu'ād

53. Der türkische Mystiker Yûnus Emre

انسان، ایچنده بولوندیغی و بر زبده‌سنی ارائه ایتدیكی بو عالم حادثاته مشابه اولارق، طبق اونك كبی، عینی زمانده وجوددن و عدمدن، حسن وقبحدن، خیر و شردن، یعنی عنصر وجودی ایله عنصر عدمی‌دن مركبدر. انسانده الوهی الاصل بو عنصر، وجود مطلقك بو لمعه‌سی، شعوری غیر شعوری، منبع اصلیسنه اولاشمغه چالیشیر. لاكن عنصر عدمی بوكا مانعدر. بناءً علیه انسانك وظیفه‌سی بو عدم عنصرینی ممكن اولدیغی قدر ازاله‌یه چالیشمق ووصال حقه ایرمكدر كه ایشته «فنا فی الله» مرتبه‌سی بودر. بو هر نه‌قدر موت جسمانیدن صوكرا اولابیلیرسه ده، بو فانی حیاتده ده بوسبوتون ممتنع دكلدر: «موتوا قبل ان تموتوا . . .» سرینه مظهر اولانلر ایشته بوكا موفق اولمشلردر. بونك چاره‌سی نفسه حاكم اولمقدر. زیرا بزه اوقدر حقیق كوروبن نفس، بالجمله امللرمزك، فلاكتلرمزك مسببی بولونمقله برابر محض خیالدر. اساساً بزده موجودیت حقیقیه‌دن نه وارسه هپ اللهكدر، بزم دكلدر. اونك غیریسی ده عدم‌در كه قبح و شر ایله مشتركدر. او حالده نفسه غلبه چالمق ایچون «عشق» لازمدر؛ عدمك قاراكلغنی كیده‌ره‌جك، بزی حسن مطلقه، منبع لاهوتیمزه كوتوره‌جك آنجاق اودر. «عشق مجازی» انجاق «عشق حقیق» یه ایصال ایده‌بیلدیكی تقدیرده مجازدر. بو یول فی الحقیقه چوق اوزون و تهلكه‌لیدر. لاكن او مقامه واصل اولان هیچلكدن، شردن، قبحدن قورتولور؛ هر شیده حسن مطلق كورور؛ كندی باطننه، كوكلنه نظر ایتدیكی زمان ده اوراده «وجود مطلق» ی كورور؛ چونكه كندیسنده‌كی عنصر عدمی محو اولمش، عنصر وجودی منبع اصلیسنه ایریشمشدر. ایشته «حق ایله حق اولمق» دیدكلری «فنا فی الله» یعنی وجود مطلقده فانی اولمق بودر. «منصور» لك «انا الحق» دیمه‌سی، «بایزید بسطامی» نك «لیس فی جبتی سوی الله» خطابی بوندن باشقا بر

شي دكلدر. بونك ايچون لازم اولان ، «وجد وحال Extase» در. بوندن صوكراكی مراتب صوفيه ــ يعنی فنادن صوكراكی بقا و صوك مقام اولان عبوديت و بدايته رجوع ــ حقنده اولجه معلومات ويرمشدك.

يالكز «يونس امره» ده دكل ، بلكه بوتون تورك و عجم متصوف ـ شاعرلرنده مشترك اولان بو عقائد اصليه‌يی قيصه‌جه آكلاتدقدن صوكرا ، «يونس» ك متصوفانه منظومه‌لرينی آكلامق پك قولايلاشير. «جلال الدين رومی» نك اثرلرندن متأثر اولديغی ديواننك بر چوق يرلرنده وضوح و قطعيتله كورولن بو بويوك تورك متصوفی ، طبق «مولانا» كبی ، بو ايضاح ايتديكمز «وجوديهٔ خياليه Panthéisme idéaliste» مسلكنه شدتله منسوبدر. بعض زمان «شريعت ادبندن قورقديغی ايچون داها فضله ايضاح حقيقت ايده‌ميه‌جكنی» سويله‌يه‌رك ، تماميله متشرعانه ، زاهدانه تلقينلرده بولونورسه ده ، اكثريا ، الهی بر جذبه ايله ، او حدودك خارجنه فيرلار؛ كنديسنه «عشق مذهبنك دين اولديغی ، شريعت اهلنك او منزله ايره‌ميه‌جكنی ، ملتنك هر ملتدن آيری و دين و ديانتنك اديان موجوده‌دن مستثنا اولديغی ، نمازسز وآبدستسز دوست محرابنه واردیغی» اعتراف ايلر. ظاهر اهلی دانشمندلرك ، فقيهلرك اعتراضلرينه قارشی «يونس» ك شو جوابی قطيع و بليغدر:

بكا نماز قيلماز ديه‌ن بن قيلورم نمازی — قيلور ايسه‌م قيلماز ايسه‌م اول حق بيلور نيازی
حقدن آرتق كيمسه بيلمز كافر مسلمان كيمدرر — بن قيلورم نمازی حق كچيرديسه نازی
اول ناز دركاهندن كچن معنی شرابندن ايچن — حجابسز جان كوزين آچان اول بيلور بنم سوزمی

كوروليور كه «يونس امره» نك ظاهر اهلی اولان «فقيه» لر ، «دانشمند» لرله يعنی «علمای رسوم» ايله ايشی يوقدر؛ چونكه اونلر صرف «عقل» واسطه‌سيله حق بيلمك ادعاسنده‌درلر ، حالبوكه بو تهلكه‌لی يولده يالكز عقل و حواسك وساطتی مثمر اولاماز؛ بوكا «وجد و حال» لازمدر؛ حالبوكه اونلر «قال» اهليدرلر:

حقيقت بر دكزدر شريعت آنك كيمسی — چوقلر كميدن چيقوب دكيزه طالماديلر
درت كتابی شرح ايدن حقيقتده عاصيدر — زيرا تفسير اوقويوب معناسنی بيلمه‌ديلر

«يونس امره» بو يوله «عشق» ايله كيرديكی ايچون ديواننك قسم اعظمی عشق فريادلريله دولودر. «افلاطون» ده ، «پلوته‌ن» ده ، صوكرا «مولانا» ده ناصل عشق الك معتنا موقعی اشغال ايده‌رسه ، يونسده ده اويله‌در. «عشق شرابنی ايچدم

ایچه‌لی نه اولدیغمی بیلمیورم ؛ سکا ایرمك ایچون کندی وارلغمدن کچدم (یعنی عدم عنصرینی نفسه غلبه ایده‌رك اورته‌دن قالدیردم) ، آرتق بکا کورون» دییه حایقیرییور ؛ و نهایت بو عشق مجلسنك ماهیتنی آکلایور :

بر ساقیدن ایچدم شراب عرشدن یوجه میخانه‌سی / اول ساقینك مستلری یوز جانلر آنك پیمانه‌سی
بونده دائم یانانلرك کلی وجودی نور اولور / اول اود بر اوده بکزه‌مز هیچ بلورمز رنانه‌سی
بو مجلسك مستلرینك انا الحق دملری اولور / یوز حلاج منصور کبی الك کمدرر دیوانه‌سی
اول مجلس کیم بزده اولور آنده جکر کباب اولور / اول شمعه کیم بزده یانار آی وکونش پروانه‌سی
اول مجلسك بکریلری ابراهیم ادهم کبیدر / بلخ شهرنجه یوز بیك اولا هر کوشه‌ده بر دانه‌سی
عشق شرابن ایچنلره کل بر نظر ایله‌یی کور / بونجه ییللدر نیجه دونر اول مجلسك پیاله‌سی
یونس بو جذبه سوزلرك جاهللره سویله‌مه‌کل / بیلمز میسك جاهللرك نیجه کچر زمانه‌سی

شبهه‌سز بو عشق یولی قولای بر یول دکلدر ؛ مقصوده واصل اولونجه‌یه قدر یولده بر چوق مهلکه‌لردن کچمك ، صیقینتیلره اوغرامق ضروریدر. لاکن بر دفعه او یولله حقه واصل اولدقدن صوکرا ، آرتق بوتون مشکلات ، قبح ، شر ، عدم اورته‌دن قالقار و سالك هر طرفده حق کورور ؛ و هر شیئی «وجود مطلق» ده مستهلك بولور :

معنا بحرینه طالدق وجود سیرینی قیلدق / ایکی جهان سرتسر جمله وجودده بولدق
کیجه ایله کوندوزی کوکده یدی ییلدوزی / لوحده یازیلان سوزی جمله وجودده بولدق
موسی چیقدیغی طوری کوکده بیت المعموری / اسرافیلده‌کی صوری جمله وجودده بولدق
تورات ایله انجیلی فرقان ایله زبوری / بونلردن هم بیانی جمله وجودده بولدق
یدی کوك یدی یری طاغلری دکزلری / اوچماق ایله طاموبی جمله وجودده بولدق
یونسك سوزلری حق جمله‌مز دیدك صدق / قنده ایستر ایسه‌ك باق جمله وجودده بولدق

e) Geschichte

Ṣolaq-zāde

54. ʿOsmāns Traum

عثمان خان مرحوم باباسی طریقنه سلوك ایدوب سردار رومیان و میدان غزاده دامن درمیان اولدی و علما و مشایخه مزید اعتقادی اولمغله اول زمانك اهل حالی صاحب مقام عالی شیخ اده‌بالی خدمتنه علی التّوالی مراجعت و استدعای دعا و همّت ایلمکدن خالی دکل ایدی اتّفاقا بر کیجه عادت مألوفه‌سی اوزره جناب وهّابه و درکاه ربّ الاربابه مناجات و عرض حاجات ایدرکن کندویه نوم غلبه ایدوب عالم رؤیاده کورر که شیخ اده‌بالینك قویننده بر آی طوغر کلور کندو قویننه کیرر وکوبکندن بر شجر منتها بتر و اول شجرك دالی و بوداغی بتون دنیایی احاطه ایدر و خلق عالم کمی بوستان صوارر وکمی زراعت ایدر کمی سیرانجی کمی تماشاجی عثمان غازی خوابدن بیدار اولدقده صبح نمازینی ادا ایدوب شیخ حضرتلرینك حضورلرینه وارر کوردیکی واقعه‌یی بربر تقریر ایدوب تعبیرینی التماس ایلیجك شیخ اده‌بالی برآز مراقبه‌یه واروب بعده باش قالدیروب عثمان غازی‌یه دیر که ای یکیت بشارت اولسون سکا و سنك نسلکه پادشاهلق ویرلدی اول آی که دوشکده کوردك قوینمدن چیقدی سنك قوینکه کیردی سن بنم قزمی آلوب بکا داماد اوله‌جقسین اندن اولاد و انسابك اولوب الی انقراض الدّوران یدی اقلیمه حکم ایده‌جکلردر دیوب درحال مسلمین حضورنده کریمه‌سی رابعه‌یی عثمان خان غازی‌یه عقد نکاح ایدوب اورخان غازی اندن وجوده کلمشدر.

Nešrī

55. Die Eroberung der Byzantinerburg Aetos

روایت ایدرلر که آیدوس تکورینك بر محبوبه قزی وار ایدی بغایت کوزللردن ایدی بر کیجه دوشنده کوردی که بر چقوره دوشمش چیقامز قارشودن بر خوب صورتلو یکیت کلیر چقوردن کندویی چیقارر دخی کندونك اوّلکی لباسنی صویوب بدننی یویوب حریر لباسلر کیدرر قز همان بالکلّیه اویانوب تعجّب ایدر امّا بو دوشنده کوردوکی یکیدك خیالی کوزندن هیچ کیتمز دائم بو فکرده اولور

کندو کندویه ایدر ظاهر بودر که بو بنم حالم تغییر اولنه‌جقدر و هم بو مقامدن کیده‌جکین دیوب دائم بو احوالی فکر ایدرکن بر کون حصار اوزرنه ترك کلوب محاصره ایدوب جنکه بشلدیلر اشغادن یوقاریدن بر نیجه کون جنك اولدی بر کون بو قز برج کنارنه کلیر تا که ترکلر نیجه جنك ایدرلر تماشا قیلا اتّفاق اشغا نظر ایدوب کوزی عبدالرّحمن غازی‌یه طوقنوب کورر دوشده کوردوکی یکیت بودر حال نیدوکن بیلوب درحال واروب روبجه بر مکتوب یازوب بر طاشه باغلیوب اشغا براغر اتّفاق عبدالرّحمنك اوکنه دوشر کوردی که بو طاشده باغلو بر مکتوب وار آلوب آقچه قوجه‌یه کتوردی اول مکتوبی بر روبجه بیلور کشی‌یه اوقتدیلر یازلمش کم حصار اوزرندن کوچوب کیدك فلان کیجه‌ده فلان یرده بر نیجه اعتماد ایتدوککز کشیلری کوندرك سزه قلعه‌یی آلیویره‌ین دیمش چونکه مضمون مکتوبه واقف اولدیلر اعتماد ایتدیلر همان آقچه قوجه ایتدی کیمدر بو ایشه اول کیجه مباشرت ایدن عبدالرّحمن غازی ایتدی بن باشمی بو یولده قومشم در قوکور آلپ ایتدی امدی کیتمکه بر حیله ایتمك کرك فی‌الحال حصاری اوده اوروب قالقدیلر اود دخی حصاره زیان ایتمدی آندن آیدوس کافرلری بو حاله شادمان اولوب ییمکه ایچمکه بشلدیلر چونکه موعد وقتی اولدی عبدالرّحمن دخی بر نیجه یرار غازیلرله نصف اللیل‌ده قز وعد ایتدوکی موضعه واردیلر قز بونلری کوزدردی بونلره منتظردی چونکه قز غازی عبدالرّحمنی کوردی تیزجك کمندی بدنه برکیدوب اشغا براقدی غازی عبدالرّحمن دخی الله تعالی‌یه توکل ایدوب فی‌الحال کمندك اوجنه یاپشوب عنکبوت وار طرفة‌العین ایچنده حصاره چیقوب نکارله بولشوب حصارك قپوسنه کلوب قپوجی‌یی اولدروب قپویی آچوب غازیلر ایچرو کیردیلر طغرو تکورك سراینه کلوب کیردیلر تکور سرخوش یاتورکن بوغازن آلدیلر آندن صباح اولیجق آقچه قوجه دخی غازیلرله یتشدی حصاری آلنمش کوردی قلعه‌یی محکم ایدوب مصالحنی بی‌قصور کوردیلر .

چونکه حصار فتح اولندی تکوری و اول قزی جمله اسبابیله غازی عبدالرّحمنه ویروب اورخانه کوندردیلر عبدالرّحمن غازی دخی یکیشهرده اورخانه کلوب بشارت خبرن ویروب غنائمی و تکوری قزیله تسلیم ایتدی اورخان دخی قزی عبدالرّحمن غازی‌یه ویروب غنائمدن دخی مبالغه نسنه ویردی اول ایکی عاشق بر برنه واصل اولوب مراده ایردیلر و بو زمانده دخی آنك نسلندن واردر قره رحمان دیرلر استانبول اوزرنده اول دخی چوق ارلکلر ایتمشلردر حتّی آنك زماننده استانبول کافر ایکن اوغلانجق آغلسه کافرلر قره رحمان کلدی دیو اوغلانجقلرین قورقودرلردی آغلمز اولوردی .

Anonyme Chronik

56. Bāyezīd der Wetterstrahl als Timurs Gefangener

چونکم یلدرم خانی طوتدیلر تمور خانه ایلتدیلر تمور خان داخ سلطان یلدرمه قرشو کلدی تمام تعظیمله آلوب اوتاغنه ایلتدیلر آتندن اندردیلر تمور خان کندو چادرنه قیدی اکسی بر خلیجه اوزرنه اوتردلر بو اولان سرکذشتی سویلدلر بر بریله صحبت اتدلر صحبت اراسنده تمور خان ایدر ای خان حق تعالی‌یه چوق شکرلر اولسون بر اغساق کترمه تا هندستان صنورندن سوازه دکن پادشاهلغی بن ضعیفه ویردی و سواسدن انکورس ولایتنه دکن سکا ویرمشدر اکر حق تعالی قتنده دنیانك قدری و قیمتی اولسا بز ایکی آغسق کترمدن غیری کمسیا ویریدیکه ساغ سلامت اولیدی امدی دایما حق تعالی‌یه چوق شکرلر اولسون ددی و هم دایما شکر اچنده اولمق کرکدر ددی امدی بلکل کم سن حق تعالنك شکرین بلمدك آنکچون سکا بو کوشمالی ایلدی اوله ددی ینا دونب ایتدی غم یمه ای قرداش آدمکم ساغ اولا ینا دولت بلنور دیوب تسلی ایدردی آندن تمور خان بیردکم نعمت کتره‌لر مکر خان یغرت ییاکاندی اول سببدن اوّل بر چناق یغرت کتوردلر یلدرم خان یغردی کورجك متحیّر اولوب بیراز فکره واردی طوردی بو کز تمور خان ایدر ای خان قرداش فکره واردکز بالله العظیم دیك ددی بیز داخی بللوم ددی بو کز یلدرم خان ایدر سلطان احمد بر کون بکا بر سوز ددی فکرومه اول کلدی داخ اکا تعجب ایدب دردم ددی اندن تمور خان ایدر نا ددی کرم ایله انی بیزه بلدر ددی اندن یلدرم خان ایدر اول وقتنکم سلطان احمد بکا کلدی داخ بر کون سؤال اتدم بالله بن تمور خانه بولشوب اغرشرمین ددم ایتدی بولشرسز داخ اغرشرسز ددی بن ایتدم قنغمز غالب اولور ایتدی انی حق بلور ددی اوت اکیکز بر ارایه کلب بر خلیجه اوزرنه اوتراسز اوّل اوکوکزه کلان طعام یغرت اولا ددی اول یغردی ییاسز دد هم ایله اولد اکا تعجب ادوب فکره واردم ددی اندن تمور خان ایدر والله چوق بلور کشیدی حق حاضردرکم اکر اول سنك یانکه کتمسا بن سکا کلمزدم ددی شیله روایت ایدرلرکم سلطان احمد رمل علمند شویله کاملدیکم هر نکم دیرسه بر درلو داخ اولمزدی کمال شول مرتبیا ایردکم اکر بر یکا آو ویخوذ صحرایه وارسه داخ انده یول اکی اولسه طورردی اندن طولبازین اورردی دولباز اوزرنده بر ایرغی واردی ایدردی داخ بو بر یولده خطر واردر دیو برینه کدردی داخ برینه کتمزدی.

مکر بر کون تمور خان سلطان یلدرمله صحبت ایدرد سلطان یلدرمك بر کافره عورتی واردی ولق اوغلی قزیدی تمور خان بیردیکم اول عورت صحبتا کتورلر اندن تمور خان بیوردیکم یلدرمه قدح سوره اندن یلدرم خان عورتی صحبت اراسنده کورجك

خيل ملول اولدى غضبا كلوب كرم اولوب تمور خانه كستاخانه سزلر سيلدى يلدرم خان قتى غضبلو پادشاهدى سهلجه نسندن كندوزين انجلسه هلاك ايدردى تمور خان داخ غضبه كلب بره جلّاه سقللو ابله كوفته خور بن مشرقده اولام سن مغربده اولاسن نكه كركدى كم درلو درلو مهمل خبرلر كندرب ايدسنكم قحبنك اريسن بكا كلمزسك و اكر بن داخ وارمزسم عورتم بوش اولسون ديديك داخى بنى بنده كتوريدك بشوكا بو بلالرى كتوريدك ددى ارالرنده خيلى سز اولدى شيله روايت ايدرلر كم چغتاى اراسنده عورت صحبته كلب كنه كند ارنه سغراق سرمك عيب دكولدى ديرلر بحسا يلدرم خانه خورلق قصد ايدوب عورتن كترمد وهم يلدرم خانك ايكى چتل قبا سقالى وارد انكيچون جلّاه سقاللو ددى هله كنه بر برين تسلى اتدلر مكر بر كون كنه تمور خانله يلدرم اوتورركن تمور خان ايدر هى خان بن سنك الوكه كرسم بنى و لشكرومى نيجا ايدردك ددى يلدرم خان ايدر اكر سن بنم الومه كرسك بر دمور قفس اتدورردم داخ سنى اچنه قيردم داخى جمله ايللرومى كزدروردم و هم لشكروكدن بركشى درى قمازدم قراردم ددى و هم اوّلدن ايله عهد اتمشدى اندن تمور خان ايدر بن كم ولايتمدن چقدم اللهله عهد ايلدم كم اكر فرصت بنم اولا اغرشدن صكره بر ادم الدرميم ددم امدى معلوم اولدكم خيرلو نيت ايدن خيره ارشر شر نيت ايدن شرّه يتشرمش تمور خان داخ يلدرم خانك كندو سزيله دمور قفس دزدردى يلدرمى اچنه قيدى الدى كتدى او بكلر اوغلنلرى كم يانده ايدى هر بريسى ايللو ايلنه كتدلر اندن ولايت عثمانى تاتار بخش ايدوب اولشدردى يلدرم خان اشتدى قتى ملول اولدى مكر تمور خان كوچ اوزرنده كاه كاه يلدرم خانك خاطرين صورب كوكلن اله الوردى سلام ورب رعايت ادردى بر كون يلدرم خان تمور خانه ايدر هى خان چون تقديرده وارديكم حق تعالى فرصتى سكا ويره امدى سندن بر دلك ديلرم اكر قبول ايدرسك دياين ددى اندن تمور خان ايتدى هر نه دلرسك دله اول تنكرى حاضردر قبول قلاين اندن يلدرم خان ايتدى ديلكوم بودركم بنم اوجاغمى سويندرميهسن تاتار لشكرين آلوب كيدهسن بكون بكايسه يارين سكادر ادم باشنه نه كلجك در الله بلور اوجاق سويندرمك ايو اولمز ددى تمور خان قبول اتدم ديوب حكم اتدى تاتار لشكرى جمع اولب بله كتدى اندن تمور خان بو يرلرده قشلدى اومرديكم يلدرم خانك اوغلنلرندن برى كله وياخود وزيرلرندن برى كله بر سبب اوله يلدرم خانى قيوويره هيچ بر كمسه مقيّد اولب اكمادلر كلمادلر بر كمسنه ارايه كروب مصالحه ايده بو سببله يرنده قويا كيده.

چون تمور خان كردكم يلدرم خانى كندو خلقندن كمسنه استمز اكوب مقيّد اولمدلر اول دخى الوب كتدى بر كون تمور خان يلدرم خانه ايدر اى خان اغلك

وارد سنك يركده پادشاه اولدى سنى هيچ اكمادلر اكر سنى قيوورسم كنه قبول ايدرلرمى ددى اندن يلدرم ايدر تك سن بنى قيووير بن انلروك حقندن كلورين ددى چون تمور خان بو جواب اشتدى ايدر هى بو يمان قحبه زن اكر قرتلسه مجال ورمزدى اردمزدن بزى بصرد ددى بنى بيزوم اليموزه وارمينجه صلى ورمك اولمز ددى كنه بر كون تمور خان يلدرم خانه ايدر هى خان غم يمه بن سنى سمرقنده الترم اندن سنى كنه مملكتوكه كندررم ددى چونكم يلدرم خان بو جوابى اشتدى غايت ملول اولدى و هم غيرت اتدى تمورك ايلنه وارماسنه هماندم كندو قيدن كوردى الله رحمتنه واصل اولدى بعضلر شويله روايت ايدرلر كيم تمور خان اوتلادى دخى صل وردى اوچ كوندن صكره وفات اتدى كلى طورركن ديرلر رحمت الله عليه رحمةً واسعةً.

İbrāhīm-i Pečuyī

57. Die Erfindung des Buchdrucks und des Schießpulvers

(در بيان باصمه كاغد و ابتداء ساختن باروت)

بو دخى اشبو مجموعهٔ مطبوعه‌مزه نظر شريفلرى تعلّق ايدن ارباب تدقيقك معلوم شريفلرى اوله كه عصرمزده متداوله اولان تركى تواريخك اكثرى منظورمز اولمغله بالآخره كفّار دخى كندو تاريخلرنده پادشاه مغفورك غزوات مبروره‌سين نيجه يازديلر ديو خاطره خطور ايدر اولدى مملكتمزده ايسه مجار دياقلرى يعنى اوقور يازرلرى بى نهايه اولمغله مرحومك بعض غزواتن اوقوتدق و نيجه‌سين تركى‌يه ترجمه ايتدك انجق كفره‌نك يازديغى مفصّلات و بزم كارمزه لازم اولميان زوايدات طرح اولنمشدر وكفرهٔ فجره من بعد تواريخلرنده مبالغه و غير واقغ يازمامق بحث ايدرلر اكرچه بو حقير بعض مبالغه‌لرينه دخى واقف اولدم يا قصده مقارن يا بيلمدكلرينه حمل ايتدم و بو بحثلرينه بونى دليل ايراد ايدرلر كه علومه رغبت اولسون ايچون مؤلّف كه بر كتاب تأليف ايدر بر قاچ فاضل نامنه جاهله امضا ايتديرر اندن باصمه‌جى‌يه ويرر و اعتقادى نه مقدارينك فروختنه ايسه اول مقدارين اجرت قليله ايله باصديرر باصمه‌جى دخى مأذون اولمغله صكره بلكه زياده رغبت بوله ديو طمع ايله اجرتنده ثقلت ايتمز و هر شهرك و هر ديارك رغبت ايده‌جكلرينه اعتقادى نيجه ايسه اول جانبه كيدن تجّاره اول قدرين فروخت ايدر اول سبب ايله كندو زحمتنك و علومه رغبتنك اجرت و عوضى بالغا مابلغ كندويه واصل اولور بونى تأليفه

و علومه رغبت ایچون قانون وضع ایتمشلر فرضا بر باصمه‌جی دخی برین باصسه سیاسته مستحقّ اولور و امضا ایدن جهلا ایچنده کذب و مبالغه و اعتقادلرینه مغایر بر نسنه کورسه امضا ایتمز و امضاسی اولمایجق بها ایتمز و رغبت بولمز دیرلر دلیللری برنده حقیق اولیدی.

(و من تحقیق خطّ باصمهٔ کفّار)

وکفّارك باصمه خطّ ایله کتابت ایجادلری غریب صنعتدر الحقّ اوزکه ایجاددر ولادت عیسی علیه السّلام سنه ١٤٤٠ تاریخنده مایانس نام شهرده ایوان کوتنبرك نامنده بر حکیم ایجاد ایتدوکنی یازمشلر اول زماندن بو تاریخه کلنجه ایکییوز ییل اولمشدر کفّارك جمیع کتبی باصمه خطّ ایله‌در اکرچه ابتدا بر کتاب باصدیرلمق مراد اولنسه یازلمق قدر حروفین یرلو یرینه وضع ایتمکده و دیزمکده صعوبت واردر صکره دیلرسه فرضا بیك کتابی قتی زمان قلیلده باصدیرمق اولور بیك جلدك بر جلد خطّی قدر زحمتی اولمز.

(ابتدای ایجاد باروت سیاه)

و باروتی دخی ینه نیمچه استادلرندن برتولوش نام بر حکیم سنه ١٣٧٠ تاریخنده ایجاد ایتدی دیو یازمشلر که بو سنهٔ مبارکه‌ده ایجاد اوله‌لی تمام ایکییوز یتمش ییل اولور و حکیم مزبور برات ایدی یعنی اهل اسلامده اشق طائفه‌سی مذموم اولدیغی کبی کفّارده دخی برات ایله بر مذموم طائفه در انلردن ایدی امّا فارغ دنیا و عقل سلیمه مالك قدماء حکمایه چوق صنایعده غالب بر آدم ایدی عصرینك قرالی بو مقابله‌ده کندویه رعایت ایده‌جك یرده سن بر نسنه ایجاد ایتدك که جمیع عالم خلقنك امن و راحتن برطرف ایتدك دیو جمله اعصاب و عروقین برر برر آییروب اول عذاب وحقارت ایله قتل ایتمش اوله یازمشلر.

Aḥmed Ğevdet

58. Das fünfzehnte Jahrhundert

اول عصرده دولت عثمانیه عسکری دول سائره عسکرینه نسبتله پك زیاده منتظم و رابطه‌لو اولدیغی حالده محمد خان ثانی اسلحهٔ ناریه استعمالنه اهتمام ایله بیوك طوپلر دوکدیره‌رك بر مرتبه دها امور عسکریه‌یه اعتنا ایتمکله هیئت عسکریه‌سی هر طرفه دهشت‌نما اولدیغی حالده سکز یوز اللی یدی سنه‌سنده استانبولی

محاصره و هجوم ایله فتح ایدوب دولت علیه شرق ایمپراطورلغنك پای تختنده استقرار ایده‌رك اوروپا قطعه‌سنده جاری اولان حکومتنی تأیید و تأمین ایدیجك فرنکستانك افکار پولتیقه‌سی بتون بتون تبدّل و تجدّد ایتمشدر. و استانبولده‌کی اصحاب معلومات فرنکستانه کیده‌رك نشر علوم ومعارفه اشتغال ایتملریله فرنکستانده اوّلکیدن زیاده معارف و صنایعك ترویجنه دوام اولنه‌رق انواع اختراعات ظهوره کلمش و اوروپا قطعه‌سی شمدیکی حال و هیئته اولوقت کیرمکه باشلامشدر. بناء علی ذلك استانبولك فتحی اوروپاجه وقوعات مهمّه‌دن معدوددر. اوروپاجه اون بشنجی عصر که میلادك بیك درتیوز سنه‌سندن بیك بشیوز سنه‌سنه قدر اولان زماندر بو عصرك تاریخی پك مهمّ عدّ اولنور زیرا بر وجه مشروح فرانسه‌ده موظّف عسکر احداثی و صنعت طباعتك ایجادی و استانبولك فتحی و هر یرده حسن ادارهٔ مملکت ایچون تدابر لازمه اتخاذی کبی احوال عمومیه‌نك تبدّل و تجدّدینه باعث اولان شیلر هپ اول عصرك وقوعاتندندر. و آمریقا قطعه‌سیله امید بورنی یولی دخی اول عصرده کشف اولنمشدر. شویله که وندکلولرك مصر طریقیله ایتدیکی هندستان تجارتنه اسپانیالولر و پورتکیزلولر حسد ایده‌رك برّ شرقی‌یه بحرا بر یول بولمق اوزره اسپانیا کیلری قولومب نام جنویزلو بر قپتانك قومانداسیله طوغری غربه توجّه ایده‌رك آمریقایه تصادف ایتدکلری کبی پورتکیزلولر دخی افریقا قییلریله کیده‌رك امید بورنی طریقنی کشف ایتمشلردر. آمریقانك کشفی اوروپایه تجارتجه و جهات سائره‌جه پك زیاده فائده بخش اولدیغی کبی امید بورنی یولیله دخی افریقا و عربستان و هندستان طرفلرنده نیجه مهمّ مملکتلره کیدیلور اولدی و آرتق هر درلو تشبّثات حقّنده اوروپالولرك هوس و غیرتلری ترقی بولدی.

الحاصل اون بشنجی عصر میلادی اوروپا ایچون بر عصر جدید اولدیغنه مبنی اوروپا مورّخلری دور آدمدن رومه دولتنك تاریخ انقراضی اولان درتیوز یتمش آلتی سنهٔ میلادیه‌سنه قدر کذران ایدن اعصارك تاریخنه تاریخ عتیق و اندن استانبولك فتحی تاریخی اولان بیك درتیوز اللی اوچ یاخود آمریقانك کشفی تاریخی اولان بیك درتیوز طقسان ایکی سنه‌سنه قدر مرور ایدن قرونك تاریخنه قرون وسطی تاریخی تسمیه ایتدکلری کبی استانبولك فتحندن یاخود آمریقانك کشفندن شمدیه قدر ممتدّ اولان زمانك تاریخنه دخی تاریخ جدید دیرلر.

و فی الواقع رومه دولتنك انقراضی مسائل مهمّه‌دن ایسه ده دین اسلامك زمان ظهوری که دین عیسوینك اوروپا ممالکنده تمامیٔ تأثیراتی دخی اولوقت حصوله کلمشدر، عالمك بتون بتون بشقه بر حال و هیئته کیرمسنی موجب اولمشدر. و بو حال و هیئت هر نقدر پك چوق تحوّلات قبول ایلمش ایسه ده علی العموم اساسی حالا باقی و آثاری جاریدر. بونك اهمیت عمومیه‌سنه بناء تاریخك ایکی قسمه

تقسیمیله دور آدمدن عصر سعادت محمّدی‌یه قدر تاریخ عتیق و اندن صکره‌سنه تاریخ جدید تسمیه‌سی بزجه انسب کورینور. فقط بو تاریخ جدیدك بر قسمی اولان اون بشنجی عصر میلادینك اهمّیت مخصوصه‌سی درکاردر که معارف و صنایعی درجهٔ کماله کتورن اوروپا اول عصرده بو مدنیت یولنه کیرمشدر.

Ṣolaq-zāde

59. Selîm der Grimme und seine Wesire

مرحوم مغفورك دورنده وزیر نامنده اولانلر آینه وارمدین قتل اولنمغین اعیان دولت بری برینه بدعا ایتسه‌لر بولایکه سلطان سلیمه وزیر اوله‌سن دیرلر ایدی حتّی شاعرك بریسی بو بیتی اول ایّامده سویلمشدر (بیت) رقیبك اولمه‌سنه چاره یوقدر * وزیر اوله مکر سلطان سلیمه (نثر) وکالت صدرینه کچنلر وصیت نامه‌لرین قیونلرنده کتوررلر ایدی و هر عرضه کیروب چیقدقجه یکیدن دنیایه کلمش کبی اولورلر ایدی پیری پاشا وزیر اعظملکنده بر کون پادشاه ممالك کشایه ایتمش که پادشاهم بیلورم عاقبت بر بهانه ایله بنی ده اولدوررسن چونکه اولدوره‌جکسن همان بر کون اوّل دنیا قیدندن خلاص ایتسك عجب معقول ایدی دیو خوفنی بیان ایلمش شهریار جهان بو سوزه وافر کولمش بنم دخی بو معنا چوقدن خاطرمده‌در سنی خاکله یکسان ایتمك مقتضای مرادمدر لکن یریکی طوتر آدم بولنمز و خدمت وزارتی کما ینبغی ادا ایدر کمسنه وار ایدوکی تحقیق اولمز یوخسه سنی ده مرادکه واصل ایدردم امر سهلدر دیمش الحقّ عاقل مدبّر وزیر و صاحب تدبیر کمسنه ایدی.

Saʿdeddīn

60. Der falsche Prinz Murād

سابقا مروی اولمشیدی که سلطان احمدك طومار عمری دست قضایله مطوی اولدوغی هنکامده سلطان مراد نام اوغلی عجم شاهنه التجا ایتمشیدی و بر کون مقتول بولنوب قاتلی کیم ایدوکی معلوم اولمامشیدی حتی کیمی شاه اشارتیله اولدی وکیمی روم فداییسی ایتدی دیوب سبب قتلی بیاضه چقمامشیدی فرهاد پاشا قره‌مانده توقف ایتدوکی اوانده خواصنك بیری تنهاسنده ایتمش که سلطان مرادك موتی خبری خلاف واقع ایمش شمدی عجمدن رومه کلوب اماسیه قربنده یاننه

خیلی آدم جمع و جمالی اول بی‌پروا پروانه‌لره شمع اولمش عنقریب فتنهٔ عظیمه حدوثی مقرردر پاشا دخی علی التعجیل باب واجب التبجیل صوبنه بو حادثه‌یی عرض ایلدی چون همت بیهمتا پادشاهی ساحهٔ فسیح المساحهٔ ملکی خاشاك فتنه‌دن پاك ایتمکه مقصور ایدی اول امر خطیر تفتیشنه معتمد و کاردان کیمسنه‌لر تعیین بیوروب اول میانده نفوس کثیره تیغ انتقام طعمه‌سی اولدی مرحوم والد حکایت ایلر ایدی که اول زمانده که بو حادثه مسموع شریفلری اولدی اتام حافظ محمد مرحومی عز حضورلرینه دعوت ایدوب سلطان مرادك عجمده حالی نه منوال اوزره اولوب حیات و مماتی خصوصندن استخبار بیوردیلر والدم دخی ایتدی که اوائل حالده شاه اسماعیل توقیر واعزازی مراسمن تکمیل ایدوب سوار اولدقچه آنلر ایله همعنان و مصاحبت‌کنان کشت و شکاره روان اولور ایدی بر مدت اول حالت انقطاع بولوب اثر انبساط مشاهده اولنمز اولدی بو مابینده برکون خبر قتلی انتشار بولوب قاتلی معلوم اولمدی پادشاه حضرتلری دخی تصدیق ایدوب بز دخی بویله بیلوب تحقیق ایتمشوز دیدیلر وکمال دقتله تفتیشلر ایدوب عاقبت سررشتهٔ خبر بر نعلبنده منتهی اولدی احضار ایدوب سرای عامره باغچه‌سی قاپوسندن حضور شریفلرینه کتوردیلر انکار نتیجه بخش اولمدوغین کوریجك ایتدیکه دکانمده عململه مشغول ایکن کوردم که بر قلندر صورت حزنله طوروب کاه اه ایدر و کاه حسرت و حیرتله نکاه ایدر درونی پر سوز و شعلهٔ آهی انجمن افروز اولمش برقاچ کون بو وجهله کلوب کتدی بر کون سبب احتراقندن استنطاق و بو آه آتشناکك موجبی ندر دیو سؤال ایدوب اظهار اشفاق ایتدم یوقسه عاشق مهجور و غمکسارکدن دور می اولدك دیدم هماندم دیدهٔ غمدیده‌سندن اشك خونین روان اولوب ایتدیکه بر یولنه جان ویردوکم و نهال اقبالندن میوهٔ مراد دیردوکم شهزادهٔ ازاده مرض بسترنه افتاده اولوب اول خسته اولالدن بن شکسته اولدم و اول افسرده اولالدن بن پژمرده اولدم اول سرو خوش خرام مرض پنچه‌سنه رام اولالدن بکا خواب و خور حرام اولمشدر بو دل اواره یاره‌سنه نه چاره ایده‌جکم بیلمیوب سنك جوان مردلکك و اهل درد ایله همدردلکك مسموعم اولمغین سکا کلدم چون سلطان احمد خان واده‌سنه خلوص انتسابك وار ایمش سندن رجا اولنور که فرزند ارجمندنی دار کربت و دیار غربتده رعایت ایدوب حال زارن کوره‌سین و آدمی‌لك رسمن یرینه کتوره‌سین که دیدوکم جوان ناتوان سلطان احمد خان سلاله‌سی سلطان مراددر که والد ماجدی احبابندن اعانت امیدی ایله عجم دیارندن ملك موروثنه کلدی و مرض پنچه‌سندن رنجه اولدوغی جکرم دلدی بندخی واروب اول جوان ناتوانی عیادت و کاهی کوکلی دیلدوکی غدایی احضار ایدوب اول قلندر ایله ایصال ایتدم فی الجمله افاقت بولیجق صابونجی ابراهیم که قصبه‌مزك اغنیاسندن

ایدی رعایت ایدوب لوازمن تدارك ایتدی صكره آیرق كورنمدیلر نه جانبه كتدكلری معلوم و بقیهٔ احواللری مجزوم دكلدر دیدی ذكر ایتدوكی صابونجی دخی احضار و كنه قصه‌دن استخبار بیورلدقده بر قاچ كیمسنه ایله استانبول طرفنه توجه ایتدوكین عرض ایتدی القصه دیدوكی علایمله رفقاسنك بعضن بولوب شاه دل آكاه حضورینه كتوردیلر تفتیش ماجرا بیورلدقده اسكدارده وفات ایتدوكین و دفن اولندوغی كوندن اون بش كون كچدوكین عرض ایتدیلر قیافتی و بدننك علایمی اول قلندردن سؤال بیورلدقده باشنده بر جوز صیغر چوقور وار ایدی دیدی فرمان پادشاهی موجبی اوزره آستانهٔ سعادت خدامی دریایی كچوب تعیین ایتدكلری قبری آچوب ایچنده مدفون اولانك باشنی باب سعادته كتوردیلر دیدكلری علایم موجود و سلطان مراد علایمی مفقود اولمغین قلب شریف پادشاهی مطمئن و متسلی و شبهه و تردد عوارضندن متخلی اولوب اول نجاتدن مأیوس اولان محبوسلری آزاد و خانهٔ ویرانهٔ دللرین آباد ایلدیلر مرحوم والدم ایدر بو واقعه‌لرده بن بنده‌لری حاضر و مجلس تفتیشلرینه ناظر ایدم قصر سعادته بیوردقده كستاخانه ایتدم كه سلطان مرادك عجمده مقتول اولدوغنه علم شریف سلطانی متعلق و بو افسانهٔ بی‌اصل ایدوكی متحقق ایكن بو دقتله تفتیش و خاطر شریفی بو مرتبه‌ده تشویش حكمتی معلوم اولمدی بیوردیلر كه اشرّا فتنه‌یه بهانه ایسترلر فساد سررشته‌سین قطع و مشاجره شجره‌سین بیخندن قلع بو كونه تقید اقتضا ایدر اواخر حالمز و هنكام قرب ارتحالمزدر بو دقتلری بیز ایتمسك بیزدن صكره كلن محافظهٔ سلطنتی امرینه مقید اولمغله رعایا و بزه مسكیندن و نائرهٔ مظالمی تسكیندن غافل اولمق لازم كلور بیز همان دولت عثمانیه پیرامنندن فتن خاشاكنی دور و تنظیم امر جمهوره صرف مقدور ایتمكیچون كلمشوز مأمور اولدوغمز خدمات حسب المقدور ظهور بولمشدر و كوس رحلت چالاجق وقت اولمشدر بیزم بقامز چوق كیمسنه‌نك فناسین اقتضا ایدر (لكل زمان دولة ورجال) فحواسی اوزره طومار حكومتمز مطوی و اطوار و اثارمز مروی اولاجق زمان كلمشدر

İbrāhīm-i Pečuyī

61. Kaffeetrinken und Tabakrauchen

(روم بهجت رسومده قهوه‌نك ابتدای ظهوری ذكرنده‌در)

سنه ٩٦٢ اثنین وستین و تسعمائة تاریخنه كلنجه پای‌تخت علیهٔ محمیهٔ قسطنطینیه‌ده و مطلقا عموما روم ایلنده قهوه و قهوه‌خانه یوغیدی سنهٔ مزبوره حدودنده

حلبدن حکم نامنده بر حریف و شامدن شمس نام بر ظریف کلوب تحت القلعه‌ده برر کبیر دکان آچوب قهوه‌فروشلغه باشلدیلر کیفه مبتلا بعض یاران صفا خصوصا اوقور یازار مقوله‌سندن نیجه ظرفا جمع اولور اولدی و یکرمیشر اوتوزر یرده مجلس طورر اولدی کیمی کتاب و حسنیات اوقور کیمی نوکفته غزللر کتوروب معارفدن بحث اولنور نیجه آقچه‌لر و پوللر صرف ایدوب یاران جمعیتنه سبب اولمق ایچون ترتیب ضیافت ایدن بر ایکی آقچه قهوه بها ویرمکله اندن آرتق جمعیت صفاسین ایدر اولدیلر شو مرتبه اولدیکه ملازمت ایدن معزولین و قضاة و مدرسین و بیکار و کسب اولان کوشه‌نشین مقوله‌سی بویله بر اکلنه‌جك و کوکل دیکلنه‌جك یر اولماز دیو طولوب اوتوره‌جق و طوره‌جق بر یر بولنماز اولدی و بالجمله اولقدر شهرت بولدیکه اصحاب مناصبدن غیری کبار بی اختیار کلور اولدیلر اماملر و مؤذنلر و زراق صوفیلر خلق قهوه‌خانه‌یه مبتلا اولدی مسجدلره کمسنه کلمز اولدی دیدیلر علما ایسه مساوی خانه‌در اکا وارمقدن میخانه‌یه وارمق اولادر دیوب خصوصا واعظلر منعی بابنده غایت کوشش ایدر اولدیلر و مفتیلر هر نسنه که فحم مرتبه‌سنه واره یعنی کمور اوله حرام صرفدر دیو فتوالر ویردیلر مرحوم و مغفورله سلطان مراد خان ثالث رحمة الله علیه عصر شریفلرنده عظیم تنبیهلر اولور اولدی اما اولعصردنصکره اولقدر رواج بولدیکه تنبیه اولنمقدن قالدی واعظلر و مفتیلر کمور حدینه کلمزمش ایچمسی جائز ایمش دیر اولدی علمادن و مشایخدن وزرادن وکباردن ایچمز آدم قالمدی حتی بر مرتبه‌یه واردیکه وزراء عظام عقار ایچون قهوه‌لر احداث ایتدیلر و یومیه برر ایکیشر التون کرا آلور اولدیلر

(اما دخان بدبوی و کنده‌جانك ظهوری)

فی سنه تسع و الف حدودنده انکلیز کفره‌سی کتوردیلر و بعض امراض رطبه شفا اولمق نامنه صاتدیلر اهل کیفدن بعض یاران کیفه مساعده‌سی واردر دیو مبتلا اولدیلر کیده‌رك اهل کیف اولمیانلر دخی استعمال ایدر اولدیلر حتی کبار علمادن و اصحاب دولتدن نیجه‌لری اول ابتلایه اوغرادیلر قهوه‌لرده اراذل و اوباشك کثرت استعمالندن قهوه‌لر کوك توتون اولوب ایچنده اولانلر بری برین کورمك مرتبه‌لرینه واردی اسواق و بازارده دخی لوله اللرندن دوشمز اولدی بری برینك یوزینه کوزینه پوف پوف دیو اسواق و محلاتی دخی قوقوتدیلر و حقنه نیجه یاوه اشعار نظم ایدوب بی مناسبت اوقوتدیلر بعض احباب ایله بر نیجه دفعه مناقشه واقع اولدی بونك رایحهٔ کریهه‌سی همان آدمك ریش و عمامه‌سین و ظهرنده‌کی جامه‌سین خصوصا ایچنده استعمال ایتدیکی خانه‌سین بدبوی ایتدیکندن غیری خالی و کیچه مقوله‌سین و فراش

خانه‌سين جابجا احراق ايتديكى و رماد و فحمى ايله سراپا تلويث اولنديغى و بعد النوم دماغه صعود ايدن رائحهٔ خبيثه‌سى و بوندن قناعت كلميوب متصل استعمال ايله كار و كسبدن و اللرى عملدن قالديغى و بونك امثالى نيجه مضرات فاحشه وار ايكن صفاسى و نفعى ندر ديدكجه بر اكلنجه‌در بوندن غيرى صفاسى ذوقه دائردر ديمكدن غيرى بر جواب ايرادينه قادر اولمامشلردر حالبوكه بوندن روحانى بر صفا احتمالى يوقدركه ذوقه دائر اوله بو جواب جواب اولماز محض مكابره‌در و جمله‌دن قطع نظر محميهٔ عليهٔ قسطنطينيه‌ده قاچ دفعه حريق عظيمه باعث اولمشدر نيجه يوز بيك آدم اول آتشه يانمش ياقلمشدر انجق ظاهرا فورسه كميلرده وارديانلر استعمال ايله بر مقدار دفع خواب ايتمكله فورسه نكهبانلغنه نفعى وار ايديكى انكار اولنماز و رطوبتى دفع ايدوب يبوست ايراث ايدر اما بوقدر انتفاع قليل ايچون مضرت كثيره ارتكابى عقلا و نقلا جائز كورلمز قرق بش تاريخنه كلنجه شيوع و شهرتى اول مرتبه‌ده ايديكه قابل تحرير و تعبير دكلدر حق سبحانه و تعالى حضرتلرى سعادتلو پادشاهمز اعز الله انصاره حضرتلرينك عمر و دولتلرين و عدل و انصافلرين زياده بر زياده ايليه كه عموما ممالك محروسه‌ده واقع اولان قهوه‌خانه‌لر رفع اولنوب يرلرينه مناسب دكاكين وضع ايتديرديلر و دخان كنده‌جان مطلقا ايچلمسون بيورديلر بو بابده نيجه فقرا و اغنيايه كمال مرحمت و شفقتلرندن بر احسان عظيم و انعام عميمه ايتديلر كه قيامته دكين شكرين ايتسه‌لر كما ينبغى عهده‌سندن كلميه‌لر.

Naʿīmā

62. Stambuls strengster Winter

وقايع سنه ثلثين و الف انجماد خليج قسطنطنيه غرايب وقايع اتّامندندر كه سنهٔ مزبوره شتاسنده ربيع الاوّل غرّه‌سندن اون آلتنجى كونه دكين عظيم قار ياغوب شدّت سرمادن سراسر دريا منجمد اولوب آنجق آقندى اورتاسنده بر نهر صغير مقدارى محل آچق قالمش ايدى ماه مزبورك اون يدنجى كونى كه خمسينك اون برى ايدى سراى بورنى ايله اسكدار آراسى جمله بوز اولوب غلطه‌دن استانبوله و خاص باغچه‌دن كرج قيوسنه پياده آدم كچدوكنى كورنلر روايت ايدرلر اول سببدن مراكب بحريه منقطع اولوب ذخاير كلممكله يتمش درهم نان بر آقچه‌يه و لحمك وقيه‌سى اون بش آقچه‌يه صاتيلوب بوز چوزيلوب كميلر كلنجه‌يه‌دك

ترقیده اولدی هجرتك یوز یکرمنجی سالنده بر دفعه دخی واقع اولدوغی کفره تاریخلرنده و تاریخ جنابیده مسطوردر حتّی اول زمان اسکداردن استانبوله عربه کچوب کفه‌دن تجّار کلدوکنی یازارلر هاشمی چلبی بو شدّت شتانك لفظاً و معناً تاریخنی بو وجهله دیدی ع یول اولدی اسکداره بیك اوتوزده آق دکز طوکدی .

Naʿīmā

63. Sultan İbrāhīms Ende

(فوت سلطان ابراهیم خان علیه الرحمة والغفران)

چون پادشاه ربع مسکون حبس خانه‌یه قونوب باب و شباکی یاپلدی کیجه و کوندز فریاد و زاریلق ایدوب کریه و انین صداسنی اشیدن اندرون خلق ماتم ایدوب سابقا عیش و عشرته مألوف اولنلر بو مصیبت جانکدازی کوردکده تحمل ایده‌میوب مابینلرنده دردلشوب بو نه دیمکدر بر پادشاه ذیشانی کوز کوره تختندن ایندیروب دیری مزاره قودیلر بر معصومی تخته کچوردیلر بونك نعمتنه مستغرق اولوب شمدی فریاد و فغانن اشتمکدن بزه اولمك یکدر همان اتفاق ایدوب طشره چیقاروب جلوس ایتدرمك تدارکنی کوره‌لم دیو کفتکویه باشلدقلرندن غیری طشره سپاه طائفه‌سی دخی خلع سلطانه اعتراضه متعلق کلمات سویلشدکلری وکلای دولتك معلومی اولدقده اعیان و ارکانك قلبنه خوف مستولی اولوب مادامکه پادشاه مخلوع حیاتده‌در نظام عالم میسر اولمیوب حکام بیم جاندن خلاص بولمق احتمالی یوقدر ضرر عامدن ضرر خاص ترجیح اولنه کلمشدر دیو اصحاب حل و عقد بر یره کلوب اغالر معرفتیله ازاله‌سی خصوصنی امضایه عازم اولدیلر و مناصب علمیه و سیفیه‌یی اهلنه ویرمیوب رشوتله نا اهله توجیه ایتمکله نظام عالمه خلل ویرن پادشاهك خلع و ازاله‌سی جائز اولورمی دیو استفتا و اولور دیو امضا ایتدکلرندنصکره قالقوب مفتی عبد الرحیم افندی و صدر اعظم صوفی محمد پاشا و قاضی عسکرلر و یکیچری اغاسی و مراد اغا و قره چاوش جمعیت ایله سرایه واروب (اذا اجتمع الخلیفتان فاقتلوا احدهما) مضمونی اوزره مفتی افندی مخصوص فتوی ویرمکله ماه رجبك یکرمی سکزنجی ثلثا کونی و اغستوسك سکزنجی کونی ایدیکه پادشاه مخلوعك ازاله‌سنه مباشرت ایتدیلر جمهور بو نیت ایله سرایه واردقلرنده جمیعا ایچ خلق طرف طرف قاچوب کمسنه ال اورمیوب معاذ الله دیو کریزان اولدیلر حبس خانه‌نك قپوسنی وزیر و مفتی خدمتکارلری ییقوب خدام سرایدن کمسنه یاقلشمدی سلطان ابراهیم ایسه فریاد و اضطرابه اغاز ایدوب بنم نان و نعمتم ییئلردن بکا

رحم ایدر کمسنه یوقیدر بنی کوز کوره بو ظالملر قتل ایده‌یورلر امان دیو صیحه ایتدکجه خدام سرای زاری زاری اغلیوب قچرلردی جلاد قره علی‌یی دخی وزیر کتورمشیدی اول دخی امتناع ایدوب بر طرفه قاچدی بو حالت فتنه حدوثی احتمالی مرتبه‌سنه واردقده وزیر اعظم بالذات النده عصا قره علی‌یی ارایه‌رق طشره چیقوب بره قنی شول ملعون دیو چاغروب قره علی دخی اغلیه‌رق وزیرك ایاغنه دوشوب دولتلو بنی قتل ایله خوفله رعشه‌دن الم ایاغم طوتمز دیو محموم کبی لرزه‌ناك اولوب یلواردقجه وزیر عصا ایله باشنه کوزینه ضرب وجیع ایله کریشوب کل بره ملعون دیو الحاح شدید ایتدکدنصکره ناچار اغلیه‌رق حمال علی نام شاکردی ایله ایچرو کیردیلر بهایی افندی نقل ایدر وزیر ایله مفتی یالکز ایکیسی جلادلری اوکنه قاتوب محبسدن ایچرو دخول ایتدکلرنده بز دهلیزدن ناظر ایدك سلطان ابراهیم بر کلکون اطلس عنتری کیمش قرمزی چقشیر مطلا اوچقورلری طشره چقمش باشنده بر کله‌پوش صول النده مصحف شریف مفتی‌یه خطاب ایدوب بقه عبد الرحیم یوسف پاشا بکا سنك ایچون بر فتان دینسزدر دپله دیمش ایدی سنی اولدرمدم مکر سن بنی اولدوره‌جك ایمش سن اشته کتاب الله بنی نه حکم ایله اولدررسز ظالملر دیو فریاد ایلدی بالاخره جلادلر کیروب کمند کلوفشار ایله کارین تمام ایتدیلر پادشاه شهیدك جنازه‌سی خاص اوطه حولیسنه چیقوب معلم و امام سلطانی شامی حسین افندی غسل و بعده نمازین قیلوب ایا صوفیه قپوسی یاننده سلطان مصطفی مرحومك مرقدی جنبنده دفن اولندی کوچك و بیوك اوطه‌نك خلیفه‌لری میت پادشاهی اوزره واروب مجمرلر ایله عنبر و عود یاقوب قرآن عظیم الشان تلاوت ایتدیلر.

Rāšid

64. Meḥmed IV. als Missionar

وقوع حالت غریبه ماه مزبورك یکرمی دردنجی کونی پادشاه دل آکاه حضرتلری دار السّلطنهٔ ادرنه جوارنده واقع پاشا کویی طرفنه بنش مراد بیوروب اول حوالیده کشت وکذار اثناسنده اغور همایونلرینه چیقان بر طاوشانه تازی صالوب عقبنجه ارخای عنان بیوردیلر ناکاه بر اینك وضع حمل ایلدیکی نظر همایونلرینه دوش اولوب ضبط زمام آرام بیوردقلرنده یاننده اولان صغرتماجه

بلا واسطه خطاب بیوروب مسلمانمیسین دیو سؤال و اهل ذمّت اولدیغنه اطّلاعدنصکره کل مسلمان اول سکا دیرلك ویره‌یم و حقّ تعالی جمله کناهکی عفو ایدر طوغری جنّته کیررسین دیو عرض اسلام و بر قاچ دفعه تکلیفده اهتمام بیوردیلر و مسفور ابا و امتناع کوستردکده بعض اندرون آغالری کندویه عرض اسلام ایدن بالذّات پادشاه انام اولدوغین اعلام ایتدکلرنده مهابت سلطنت هدایت هادی ایله مزبورك اسلامنه بادی اولوب رفع بنان شهادت و عواطف علیهٔ ملوکانه‌دن وافر سکّهٔ حسنه و اون بش آقچه بر قپوجیلق اسامه‌سیله کسب سرمایهٔ سعادت ایلدی.

Anonymes Tagebuch

65. Beginn der Belagerung Wiens 1683

یوم الاربعا فی ١٩ رجب سنه منه منزل بچ ساعت ٤

یوم مزبورده آغرلق جمله کیرو قالوب کون طوغدقدن صکره صاحب دولت حضرتلرینك توغ عالیلری ایلروجه بعده کندولری دولتله منزل سابقدن حرکت و منزل مزبوره طوغری تحریك رکاب عزیمت بیوردیلر معتاد اوزره یمین و یسارنده سپاه و سلحدار و اناطولی و روم‌ایلی بکلربکیلری و اوکنجه چارقه‌جی پاشالر آلای بغلایوب اهسته خرام ایله مقابلهٔ قلعهٔ بچده واقع بر صحراده سایبان قوریلوب ایکی ساعت مقداری اوطاغ یری معلوم اولنجه آنده عنانریز سمند آرام اولدیلر اول محلده ایکن واروشدن دورت نفر دیل کتوردیلر برینك بر دلی بوینی اوردی اوچنك دخی عسس باشی بوینی اوردی کتورنلره احسانلر اولدی بعده اوطاغ یری معلوم و معیّن اولدیغی خبری کلمکله سعادتلو صدر عالی حضرتلری سوار اولوب مرتّب آلای برله اوطاغ عالیلرینه تشریف نزول بیوردیلر بر ساعت مقداری آرام بیوردقدن صکره متریس اوله‌جق و طوپلر قوریله‌جق محلّه عزیمت بیوروب واروشده بر معقول یرده نزول و متریس خصوصی مشاوره و تخمین اولندقده بالذّات کندو قولنه معتاد اوزره درکاه عالی یکیچریلری آغاسی و کتخداسی و طوپلریله روم‌ایلی بکلربکیسی و صاغ قوله قره محمد پاشا کندو عسکریله و حلب بکلربکیسی بکر پاشا ایالتی عسکریله و طوپلریله اناطولی بکلربکیسی و زغرجی باشی اوده نفراتیله و صول قوله دفتردار احمد پاشا و سیواس بکلربکیسی ایالتی عسکریله وقرمان ایالتی و صکصونجی باشی یکرمی اوده نفراتیله متریس آلمق اوزره

تنبیه و تعیین بیوروب کندولرینك ساکن اوله‌جق تابیه‌لری هنوز حاضر اولمامغله وقت مغربه قریب اوطاغ عالیلرینه تشریف بیوردی و مذکورین متریس اوله‌جق یرلرنده قالوب تابیه‌لرین یاپوب صحپان یوللری آلمغه باشلدیلر و جابجا متریسده اولانلر کفّار ایله جنك و تفنك اندازلغه مباشرت ایلدیلر و واروشده متریسه قریب اولان سرایلری و خانه‌لری و باغچه‌لری هرکس حاللو حاللرینه کوره ضبط ایدوب تابیه ایتمکه باشلدیلر فی التحقیقه بر لطف حقّ اولمشدر که شکری ممکن دکل زیرا بو واروش اولمسه متریسه دخی الارغه‌دن کیریلوردی و هرکس تابیه‌سن بر قاچ کونه دکین یاپامزدی و جمله متریسه کلنلر آتلر ایله طوغری صحپان یولنه دکین کلورلر ایدی و الحاصل بو کونه واروش و باغچه‌لی و عالی کارکیر بنالی سرایلرده متریس و تابیه اولمش دکلدر و قلعه‌نك دائراً مادار واروشی بر شهر قدر واردر هر کوشه‌سی بر جای عبرتنما و هر مسکنی بر محلّ فرح افزا آنجق عسکر درون و بیرونی خراب و یباب ایدوب همان دیوارلری و بعضینك اوتوره‌جق یرلری قالمشیدی بویله ایکن کنه بوقدر عسکره سکنا اولدی و صدرِ عالی حضرتلری واروشده ایکن مقتضای سنّت سنیّه‌یه رعایةً قراله خطاباً اسلام یا خراج و الّا مابینده اولان نزاعك فصلی خصوصی شمشیره حواله اولنور بیلمش اولاسز دیو بر کاغد تحریر ایتدروب دلی باشی آغایه ایلچیلك طریقی اوزره ویروب آچیقدن کفّاره طوغری بر قاچ نفرلریله معاً ارسال بیوردیلر مرقوم دخی خندقه قریب بر محلّه واروب کورینن کافرلره اشارت ایدوب قرالکزه کاغدم واردر دیو سویلدکده لسان بیلور بر خرواط کلوب کاغدی آلوب و مرقومه الارغه طور دیوب ایچرو یه کتدی مکر قراللری ایسه عسکرِ اسلام بچه کلمزدن اون کون مقدّم بر مقدار آدمیسیله لنسه نام شهرینه فرار ایلمش ایچنده باش بوغ اولانلر دخی بو بابده بر جواب ویره‌جك سوز بوله‌مدقلرندن بزم ایکی کوندن برو خیلی آدممز اولدی الممز واردر بونك شمدی جوابی یوقدر دیو خبر کوندرمه‌لریله مزبور خرواط دخی کیت شمدی سنی اوررلر دیو خبر ایلدکده مزبور دلی باشی دخی دونوب صاحب دولت حضرتلرینه ما وقع حالی افاده ایلدکده ایمدی شمدن صکره طوپلر قونلوب حرب و قتاله مباشرت اولنسون دیو قوللره فرمان بیورمغله هر کوشه‌ده نائرهٔ جنك و جدال اشتعال بولدی دلی باشی باش دلی ایله معاً کیدرکن باش دلینك قورشون ایله آتنی اوروب شهید ایلدیلر و بو کیجه هر قوله اوچر قطعه قولمبرینه طوپلر قونلوب بر یردن آتیلمق اوزره ایدی و ابتدا صحپان یولی قازیلان یردن خندق قلعه باشنه وارنجه بر اوق آتیمی که دورتیوز آدیمدن کنایه‌در تخمیناً بوقدر انجق وار ایدی و صحپان یولی ابتدا اولنه‌جق محلده واروش غایت بولمشیدی اکرچه متریس ایچنده دخی بر ایکی بنا وار ایدی امّا غایت جزوی ایدی.

يوم الخميس فى ٢٠ رجب سنه منه

يوم مزبورده سحرى متريسده اولان طوپلر طرف دشمن دينه انداخته باشلدى و متريس يرلرى سنكين اولمغله صحان يوللرى ايشلديلمه‌ده كلّى عسرت چكلدى و صاحب دولت حضرتلرى سوار سمند جهانپيما اولوب اطراف قلعه‌يى سير و تماشا ايده‌رك باغلر ايچنده بر دپه اوزرنده سايبان قوردروب قلعه‌يه و قرشوسنده اولان آطه‌يه نظاره فكن عبرت ايكن آطه‌دن بر مقدار كفره ظاهر اولمغله اغوات و ديوانه‌كاندن بر قاچ آتلو كوندريلوب كافرلر دخى كلدكلرين كوردكلرى كبى خنزير كبى اورمانلق ايچنه فرار و غيبت ايلديلر پلانقه‌لردن فرار ايدن كفره طائفه‌سنك تخليص كريبان جان ايدنلرى مذكور آطه‌يه كچوب آندن دخى فرصت بولدقچه قلعه‌يه كيررلر ايمش صاحب دولت حضرتلرى دخى محلّ مزبورك محافظه‌سى اهمّ و قلعه‌يه معبر اولان كوپريلرى ضبط و احراق اولنمه‌سى جمله‌دن الزمدر ديو شام واليسى حسين پاشا ايله افلاق و بغدانى محلّ مزبوره تعيين بيوردى بعده صلوة ظهرى ادا بيوردقدن صكره سوار اولوب قلعه‌نك كوپرى طرفنده واقع واروشى ايچندن كشت و كذر و باركاه كردون اشتباهنده سعادت ايله قرار بيوردى و واروش مذكور دخى احراق اولنمش ايدى.

Silihdār Mehmed

66. Die Aufforderung der Festung Ofen 1684

نمچه چاسارينك دامادى و ايكنجى سردارى و يدى قراللك برى و ديباواره ولايتنك بر وجه اوجاقلق حاكمى بارفيريش مقشيميليان نام هرسك دخى كندو اولكه‌سنده جمع ايلدوكى اوتوز بيك جنود شياطين و دورتيوز نردبان ايله ايّام محاصره‌نك آلتمشنجى كونى بدون قلعه‌سى آلتنه كلوب طابوره كيردى و سردار كفّاره وافر ستملر ايلدى و ايچرويه ايلچى ايله نامه كوندردى قلعه قپوسنه واروب اذن طلب ايلدى محافظ قلعه وزير ابراهيم پاشايه خبر ويرديلر آلك ايچرو كلسون بيورمغين واروب كتورديلر اول محل طعام اوزرى ايدى بر عظيم ضيافت ترتيب ايدوب كثرت طعامدن ملعون حيرتده قالدى بز سزى ذخيره‌سز قياسنده ايدك بو ضيق محلده قرق اللى صحن نعمت تداركى نيجه ممكن دييجك پاشاى ذيشان دخى فلله الحمد هربار نعمتمز بويله مبذولدر بش سنه على التّوالى محصور اولورسق ده ذخيره‌مز وفا ايدوب اكسلمز بلكه دخى اوچ دورت قات زياده اولور زحمت

چکلمز بیوردی مکر بو کافر مرحوم صدر سابق فاضل احمد پاشا قوللرندن خدمتنده پرورده اولمش و رابه جنکی انهزامنده فرار ایدوب نمچه چاسارینك ایچ اوغلان زمره‌سنه قاتلمش فصیح تورکجه بیلور ترجمانسز سویلشدیلر و کندو ایله طابوردن بر مصرلی اسیر کتورمشیدی استرسکز آلك دیدی پاشا دخی احتیاجمز یوق ار ایسك طشره‌دن کوندر یوخسه بن سنك زعم فاسدیکی بیلورم آلیقویامده تورکلك جنکجی‌یه مضایقه‌سی وار ایمش جبراً خدمتکاریمی المدن آلدی دیو عسکریکز بیننده سویلیه‌سك یوق بو پاموغی قولاغکدن چقر دولت پادشاهیده کرك عسکریمز و کرك ذخیره‌مز وافردر و حالا قلعه‌ده موجود قلیجه کلور عسکریمز یوز بیکدن آرتقدر هنوز دخی برونلری قنامدی آنجق سن نیه کلدك سویله بیوردقده هرسك مقشیمیلیانك نامه‌سن چقروب ویردی اول محلده قلعه‌نك یوز مقدار اعیان عسکری جمع اولوب محضرلرنده نامهٔ کفّار ترجمه و قرائت اولندی سنکم محافظ قلعه ابراهیم پاشاسك افندیکه خدمت ایسه‌آنجق اولور و اختیار و اموردیده و بهادر و تدبیر و تدارکه قادر و ناملو و سن کبی بر قولی دخی دولته بو دکلو خدمت سبقت ایتمامشدر یوز کون اولیور بر آلای مجبور طائفه‌یی یتشور قیردیردك ایشته قلعه‌نك دورت دیوارندن اثر قالمدی و سزلر که قول آغالری و قلعه ضابطلری و مملکت پاشالری‌سز دین غیرتندن جان و باشکزی فدا ایدوب مردانه و دلیرانه جنکلر ایلیوب پادشاهکز قتنده یوزیکز آق اولوب خدمتنده قصوریکز قالمدی و دعای التفاتنه مظهر اولدیکز بعد الیوم بو قلعه‌دن سزه خیر یوق کورییورسز جان و باش و اهل و عیال و اموال و ارزاقکز کرك ایسه بزه قلعه‌یی تسلیم ایدوب دینمزك حکمی و مرحمتلو چاساریمزك لطف کرملری اوزره جرمکز عفو ایلیوب کرك عربه و کرك سفینه تدارك اولنمشدر امین وسالم دیلدوککز محلّه ایصال ایده‌لم و الّا صوك پشیمانلق فائده ایتمز ضرب دست ایله آلدیغمزده صغیر و کبیریکزی بالجمله قلیجدن کچوررم دیوب بوکه کوره نیجه ترّهات یازمش ابراهیم پاشا دخی ایلچی بلك بو قلعه‌یی سلطان سلیمان خان فتح ایلدکده پاشالره سپارش ایتمامش ایچنده‌کی قول طائفه‌سنه اصمرلمش ایشته قول آغالری ویررلر ایسه کندولر بیلور بیوردقده قول آغالری دخی پادشاه حضرتلری بو قلعه‌یه بزی تعیین بیوردقده قوللرم الله امانتی اولسون قلعه‌می بر خوش محافظه ایدك یوخسه دشمنه ویرك بیورمدی و هنوز بریمزك دخی منصبی تبدیل اولنمدی وعسکریمزه فتور کلمدی کیتدکجه شوقمز آرتوب امدادیمز کلیور ندن اقتضا ایدر قلعه ویرمك بز جمله‌مز قرلمغه محتاجز که سز قلعه‌یه مالك اوله‌سز یوز کونه قریبدر جنك ایدرز بر اولقدر دخی محصور اولورسق پروا و قصور و عجزیمز یوقدر کچن کون سیاوش پاشا امداد قودوغی اون بیك سردنکچدی عسکری بزلره سز کیرویه دوروب دیکلنوك یوز کونده بز جنك ایده‌لم دیدکلرین سویلدیلر ایلچی دخی

يا بن شمدی هرسه‌کیمه نه جواب ویره‌یم بر نتیجه سوز ویرك دیدکده ابراهیم پاشا دخی بو قلعه‌ده یوز بیك جنکجی عسکر و بش ییللق ذخیره و مهمّات جبه‌خانه موجوددر ذخیره‌مز قالمدوغی حینده غازیلریمز شهید اولنلری چیقروب یرز و جبه‌خانه‌مز توکندکده طشره‌دن کلمك ممکن اولماز ایسه ییقیلان قلعه طاشلریله جنك ایدرز جوابن ایدرلر فضل حق ایله بو عسکر صاغلغنده سزه قلعه یوق هرسکه سویله الندن کلنی کیرویه قومسون جوابیله قپودن طشره ایلدیلر.

Rāšid

67. Ein Riesenfisch im Goldenen Horn

انجماد خلیج کاغدخانه و ظهور سمك کبیر بحکمة الله تعالی بین الجمرات معتاده مخالف شدّت شتا ایله کاغدخانه خلیجی منجمد اولوب عرضی آلتی قاریش و طولی اکا کوره بر سمك اعظم الجسم محل مرقومده صیغه اوتروب هلاك اولمغین سینه‌سی چاك اولندقده هنوز هیئت اصلیه‌سی اوزره باقی طقوز دانه قلیج بالغی ظهور ایلدی و یالکز جکری بر پیاده قایغنه کنجیده اولمدیغی مشاهده اولنمغله هرکس قدرت الهیه‌یه حیران اولدیلر.

VI. DICHTUNG

Ğevrī

68. Omen eines Dezembergewitters

برق اولورسه بو آیده بارق   بویله‌در سرّ حکمت خالق
طوته‌لر بر شه جهانبانی   ایده‌لر ناکهان شهید انی
3 کندونك خاصّ وعام بنده‌لری   ایده‌لر مال و جاننه ضرری
قیله‌لر هپ خزینه‌سن تاراج   قلمیه بر آراده تختله تاج
دیر ابو الفضل وجه آخر ایله   یعنی قول لطیف خوشتر ایله
6 امرای زمانه‌دن بر امیر   اوله بر دشمنك النده اسیر
خفیةً اول امیری اول دشمن   قتل ایدوب ملکنی قیله مسکن
چیقوب اطرافه لشکر اعدا   چارپا قسمن ایده‌لر یغما
9 انجق اول یرده اوله بو فترت   غیری ملك اهلی چکمیه زحمت
اوله غلّات بیشمار اول ییل   استه‌سك سود مصره وار بو ییل
اوله امّا دیار ترکستان   خارجیلر النده پك ویران
12 یعنی بر نو ظهور دشمندن   اول دیاره دوشه شرور فتن
هم انك اوستنه کلوب شه شام   ایده ایّام عمر خصمی تمام

Bāqī

69. Lenzliedchen

ساقی زمان عیش می خوشگواردر   بر قچ پیاله نوش ایده‌لم نوبهاردر
بوی نسیم و رنك کل و رونق بهار   آثار فضل و رحمت پروردکاردر
3 غافل کچورمه فرصتی کم باغ عالمك   کل دوری کیبی دولتی ناپایداردر
ایّام زهد و موسم زرق و ریا دکل   هنکام عیش وعشرت و کشت و کذاردر
ضایع کچورمه عمری بو دم کنج غمده کم   منزل کنار باغ و لب جویباردر
6 دل زورقینی لجّهٔ غمدن هوایٔ عشق   البتّه بر کناره آتر روزکاردر
باقی نهال معرفتك میوهٔ تری   عارف قتنده بر غزل آبداردر

Nef'ī

70. Ode auf den Frühling

اسدی نسیم نو بهار * آچلدی گللر صبحدم
آچسون بزم ده گوکلمز * ساقی مدد صون جام جم
اردی ینه اردی بهشت * اولدی هوا عنبر سرشت
عالم بهشت اندر بهشت * هر گوشه بر باغ ارم
گل دوری عیش ایامیدر * ذوق و صفا هنگامیدر
عاشقلرك بیرامیدر * بو موسم فرخنده‌دم
دونسون ینه پیمانه‌لر * اولسون تهی خمخانه‌لر
رقص ایلسون مستانه‌لر * مطربلر ایتدکجه نغم
بو دمده کیم شام و سحر * میخانه باغه رشك ایدر
مست اولسه دلبر سوسه گر * معذوردر شیخ الحرم
یا نیلسون بیچاره‌لر * آلفته‌لر آواره‌لر
ساغر صونه مهپاره‌لر * نوش ایتممك اولور ستم
یار اوله جام جم اوله * بویله دم خرم اوله
عارف اودر بو دم اوله * عیش و طربله مغتنم
ذوق او رند ایلکر تمام * کیم طوته مست و شادکام
بر الده جام لاله فام * بر الده زلف خم بخم
لطف ایله ساقی نازی قو * می صون که قالمز بویله بو
طولسون صراحی و سبو * بوش طورمسون پیمانه هم
هر نو رسیده شاخ گل * آلدی الینه جام مل
لطف ایت آچل سن داخی گل * ای سروقد و غنچه فم
بو درد و بو صاف دیمه * دونسون پیاله غم یمه
قانون دور دائمه * اوی سن ده می صون دم بدم
میدر محك عاشقان * آشوب دل آرام جان
سرمایهٔ پیر مغان * پیرایهٔ بزم صنم
می عاقلی ارشاد ایدر * عاشقلری دلشاد ایدر
سیله ویرر برباد ایدر * دللرده قویمز گرد غم
می آتش سیاله‌در * مینا قدحله لاله‌در
یا غنچهٔ پر ژاله‌در * آچمش نسیم صبحدم
ساقی مدد می صون بزه * جام جم و کی صون بزه

30 رطل پیاپی صون بزه * گتسون گوکللردن الم
بز عاشق آزاده‌یز * اما اسیر باده‌یز
آلفته‌یز دلداده‌یز * بزدن دریغ ایتمه کرم
33 بر جام صون الله ایچون * بر کاسه ده اول ماه ایچون
تا مدح شاهنشاه ایچون * آلم اله لوح و قلم
اول آفتاب سلطنت * اول شهسوار مملکت
36 جم بزم و حاتم مکرمت * ممدوح اصناف امم
ابلق سوار روزگار * آشوب روم و زنگبار
لشکر شکار کامکار * بهرام افریدون علم
39 خاقان عثمانی نسب * کیم مندرج ذاتنده هب
اسلام فاروق عرب * اقبال پرویز عجم
سلطان مراد کامران * افسرده و کشورستان
42 هم پادشه هم قهرمان * صاحب قران جم حشم
شاهنشه فرخنده بخت * آرایش دیهیم و تخت
بختی قوی اقبالی سخت * اسکندر یوسف شیم
45 شاه جهان آرامیدر * ماه زمین پیرامیدر
بهرام بی پروامیدر * یا آفتاب پر کرم
شاهانه مشرب جم گبی * صاحب قران رستم گبی
48 هم عیسئ مریم گبی * اهل دل و فرخنده دم

Nedīm

71. Der schöne Kastagnettentänzer

سینه‌می دلدی بو کون بر آفت چارپاره‌لی
گل یکاقلی کلکلی کرّاکه‌لی مور خاره‌لی
3 چفته بکلی سیم گردنلی گنش رخساره‌لی
گل یکاقلی کلکلی کرّاکه‌لی مور خاره‌لی

بر جوان قاشی صاریق صارمش افندم باشنه
6 سرمه چکمش عطر شاهیلر سورنمش قاشنه
شمدی گیرمش داخی تخمینمده اون بش یاشنه
گل یکاقلی کلکلی کرّاکه‌لی مور خاره‌لی

شهنشینلر زینتی آغوشلر پیرایه‌سی
داخی بر ییلدر یانندن آیریلالی دایه‌سی
سودیکم کوکلم سروری عمریمك سرمایه‌سی
کل یکاقلی کلکلی کرّاکه‌لی مور خاره‌لی

شیوه‌سی نازی اداسی خنده‌سی پك بی بدل
کردنی پوسکرمه بکلی کوزلری غایت کوزل
صیرمه کاکل سیم کردن زلف تل تل اینجه بل
کل یکاقلی کلکلی کرّاکه‌لی مور خاره‌لی

اول پری رویك جفای چشم جلّادین دیمم
درد عشقیله ندیمك آه و فریادین دیمم
طرز و طورین سویلسم مانع دکل آدین دیمم
کل یکاقلی کلکلی کرّاکه‌لی مور خاره‌لی

Neylī

72. Bauinschrift des Stambulertores zu Belgrad

شهریار هفت کشور پادشاه بحر و برّ   داور دارا مدار خاقان اسکندر ظفر
یمن طغراسی نشان ویرن همادن جان کبی   اوله‌لی نام همایونی ایچنده جلوه‌کر
کم بلغرادی آلوب دشمن نیجه ایّام و سال   کافره اولدی اسیر اول حصن پاك و معتبر
حمد للّه دست اعدادن آنی ایتدی خلاص   همّت شاه جهان سلطان محمود الأثر
قلعه‌سن هم بعدزین تعمیر و تزیین ایلدی   اولدی رونقله متانتده دخی افزونتر
کرچه کیم سایر قپولرله قپو یولداشیدر   اولدی استنبول قپوسی جمله‌دن مرغوبتر
فتحنه تعمیرینه تاریخله مأمور اولوب   نیلی کمتر ده بو خدمتله اولدی بهره‌ور
مصرع اوّل اولوب تاریخ فتح قلعه‌نك   مصرع ثانی ویرر تاریخ تعمیرین خبر
فتح ایدوب بوقلعه‌یی یمن ایله سلطان الامم   قلدی معمور آنی اول سلطان محمود السّیر
١١٥٢   ١١٥٧

Emrāh

73. Schelmische Zwiesprache

صباحدن اوغرادم بن بر فدانه
دیدم مخمور میسك دیدی كه یوق یوق
آق اللری بوغم بوغم قینالی
دیدم بیرام میدر دیدی كه یوق یوق

دیدم انجی نه‌در دیدی دیشم در
دیدم قلم نه‌در دیدی قاشم در
دیدم اون بش نه‌در دیدی یاشم در
دیدم دها وارمی دیدی كه یوق یوق

دیدم اولوم واردر دیدی عینمده
دیدم ظلم واردر دیدی بوینمده
دیدم آق ممه‌لر دیدی قوینمده
دیدم ویر آغزیمه سویلدی یوق یوق

دیدم ارضروم نه‌ك در دیدی ایلمدر
دیدم كیرر میسك دیدی یولمدر
دیدم امراه نه‌ك در دیدی قولمدر
دیدم صاتار میسك سویلدی یوق یوق

Meḥmed Emīn

74. Sturm und Drang

بر دلی قانلی‌یه

اوت كنجسك ، سن ده اسكی جهانلری ییقارسك ؛
هر كون جوشقون بر دكیزدن بر قومساله چیقارسك ؛
حتی سنك او قارا كلق كیجه‌لرك پاریلدار ؛
سكا قیشلر زانباق صاچار، سنی هر شی آلقیشلار.

اوت کنجسك ، سن ده یکی دنیالرده یاشارسك ؛
هر کون نیجه دوغمایه‌جق چوجوقلری اوقشارسك ؛
بلکه سنك کوکلك ایچین هپ کوزللر چیرکندر ؛
سکا ملك قوجاق آچار ، سنی کوکه یوکسه‌لتیر .

لکن سن بر اوچورومه دوشمه‌یه‌یم دیر ایسه‌ك ؛
بر آز آلچال او یوکسه‌لمك ایسته‌دیککك کوکلردن ؛
او روحکی بولوتلرك سینه‌سنده او یوتما !
طبیعتی بویوك طانی ، فقط یره «دار» دیمه ؛
سوکیك ایچین بر یووا یاپ ، فقط ملك ایسته‌مه ؛
سن طوپراغك اولادیسك بونی اصلا اونوتما !

ERLÄUTERUNGEN

Vorbemerkungen

Innerhalb der Erläuterungen erscheinen:

in kursiver Schrift des größeren Grades die in Umschrift wiedergegebenen Wörter des jeweils erläuterten türkischen Textes,

in gerader, magerer Schrift des größeren Grades die deutsche Übersetzung des jeweils erläuterten türkischen Textes,

in kursiver Schrift des kleineren Grades die in der jeweils erläuterten Textstelle selbst nicht enthaltenen, sondern aus anderen Stellen des Textes des gleichen Lesestückes oder aus den Texten anderer Lesestücke oder aus der Grammatik zitierten fremdsprachlichen Wörter,

in gerader, magerer Schrift des kleineren Grades die in den Text der Übersetzung nicht aufzunehmenden sprachlichen und sachlichen Erläuterungen sowie die auf die entsprechenden Abschnitte und Paragraphen der Grammatik verweisenden Buchstaben und Zahlen,

in gerader, fetter Schrift des kleineren Grades die Textzeilenzähler und Lesestücknummern; die ersteren werden vor oder innerhalb des zu erläuternden (in Umschrift wiedergegebenen) Textabschnittes hochgestellt, während sie in ihrer Verwendung als Teile von Erläuterungen (zum Verweis auf andere Zeilen des gleichen Textes) auf der Grundlinie stehen und zur Vermeidung von Verwechslungen noch eigens mit Z. (= „Zeile") gekennzeichnet sind; soll auf ein anderes Lesestück und zugleich auf eine bestimmte Zeile in dessen Text verwiesen werden, stehen Lesestücknummer und Zeilenzähler, durch / getrennt, ohne weitere Bezeichnung nebeneinander, z. B. **24/7** = „Lesestück **24**, Zeile **7**".

Beachte ferner, daß innerhalb der Erläuterungen die Abkürzung „w." = „wie" bedeutet.

Ia

Der „türkische Eulenspiegel" *Ḫoğa Naṣreddīn* (< *Naṣr ed-Dīn*) dürfte wirklich gelebt haben, und zwar im 13. oder 14. Jahrhundert als Dorfgeistlicher bei *Aq-Šehir* (heute *Akşehir*). Auch den heutigen Türken als Verkörperung ihres Volkswitzes geltend, ist er der Held zahlreicher Schwänke, die erst spät aufgezeichnet worden sind. Der Sammlung von I. Kúnos (Naszreddin Hodzsa tréfái, Budapest 1899) sind die folgenden Lesestücke 1 bis 13 entnommen. Kennzeichnend für sie ist die volkstümliche Erzählform auf *-miš* (411,3), statt deren in moderner Sprache das Perfekt (409) stehen würde.

1 (Kúnos Nr. 11)

1 *Ḫoğaya „Ay yeñi olduqda, eskisini ne yaparlar?" dēmišler. Ḫoğa daḫi „Qırparlar, 2 yıldız yaparlar!" dēmiš.*

1 *ḫoğaya* (21; 321,3e)...*dēmišler* (190; 191; 411,3; 309; 472,1) (zu) dem Ḫ. sagen sie ... = man (148) fragt den Ḫ·: „..." / *ay yeñi olduqda* (267,2; 462,1 A) *eskisini* (78; 335) *ne* (312, Fragepronomina) *yaparlar* (424,1) wenn der Mond neu wird (= s. erneuert), seinen alten was machen sie = was machen sie (im Himmel) mit dem alten (M·), wenn Neumond ist? / *ḫoğa daḫi*.. 2..*dēmiš* der Ḫ· ⟨aber = andererseits = hinwiederum⟩ sagt (= antwortet): ... / *qırparlar* (424,1) 2 *yıldız* (Indef. als akk. Präd.snomen) *yaparlar* sie zerschnitzeln [ihn (347)] [und] machen [ihn (347) zu] Stern[en (koll. Sg., 320)] (= und machen St·e aus ihm).

2 (Kúnos Nr. 129)

1 *Ḫoğa bir gēğe babasınıñ ḫalāyığına gider; ḫalāyığa el atınğa ḫalāyıq uyqudan 2 uyanaraq „O kimdir?" dēr, ḫoğa daḫi „Öz ben, babamım!" dēmiš.*

1 *ḫoğa*: ist in diesem Schwank aus seiner Jugend noch als Studentchen, im Haushalt des Vaters lebend, gedacht / *bir gēğe* (321,5b) e.es Nachts / *babasınıñ* (55; 64; 66) *ḫalāyığına* (E 3; 54; 321,3a) *gider* (228; 424,3) geht (≈ schleicht) zur Sklavin (= Odaliske) seines Vaters (zwecks unerlaubter Zärtlichkeiten)/ *ḫalāyığa* (321,3a) *el* (321,1b) *atınğa* (278; 465) als [er] nach der Sklavin die Hand wirft (= ausstreckt) = als er H· an die S· legt = wie er die S· anfaßt, / *uyqudan* (321,6e) / 2 *uyanaraq* 283; 474 aufwachend = indem sie erwacht = e· (die S·...) und / *o* (352) *kimdir* (111; 174e) wer ist jener (= es) = w· i· da? / ... *dēr* (v. *dēmek*, 228) sagt (= fragt) „..." / *öz ben*, (92; laut 313,3 kurz für *öz benim*, 174a =, „ich bin ich selber") *babamım* (39; 174a) ich bin ⟨ich =⟩ [es] selbst, (nämlich:) mein Vater!

3 (Kúnos Nr. 2)

1 *Bir gün ḫoğa bir köyde „Ey adamlar! Bilmiš oluñuz ki bu köyüñ havāsı ile 2 bizim šehriñ havāsı birdir!" dēmiš. „Neden bildiñ?" dēyenlere „Bizim Aq-Šehirde ne-qadar yıldız 3 var ise, bu köyde de o-qadar yıldız var!" dēmiš.*

1 *bir gün* (321,5b) e.es Tages / *bilmiš* (453; verstanden habend = mit präsent. Bedeutg.: wissend) *oluñuz* (244; 247; 435) *ki* (505a) seid wissend (= wisset), daß / *bu* (98) *köyüñ* (321,2 Vollgen. c) *havāsı* (55) die Luft dieses Dorfes = die L· über diesem Dorfe / *ile* (305a 1) und / 2 *bizim* (92) *šehriñ* (E 2; 14; betontes Poss.-Verhältnis, 324) *havāsı* die Luft (über) unserer Stadt / *birdir*

(154; 174e) eins (= ein und dieselbe = gleich) ist / *neden* (114; 321,6e) *bildiñ* (184; 186; 409) woraus (= woran) hast du [es = das (347)] erkannt = woher weißt du das? / ...*dēyenlere* (251; 452; 455) den „..." Sagenden (= Fragenden) = denen, die fragen: „..." = als man (unbest. Subj. wie 148) fragt: „...", / *bizim Aq-Šehirde* (29; 321,5a; 324) in unserem Aq-Š· = bei uns (daheim) in Aq-Š· / ... *ne-qadar* (372, relativischer Gebrauch) *yıldız* (320) 3 *var* (175; 176) *ise* (213; 498; 317) .. *de* (73,1) *o-qadar* (361) *yıldız var* (176) wie viele Sterne... vorhanden sein mögen (= w. v· St· es... gibt), so viele St· gibt es auch .. = .. g· es genau so v· (= alle die) St·, wie (= die) es ...g·

4 (Kúnos Nr. 5)

1 *Bir gēğe ḫoğaya düšünde ḍoquz aqča vērmišler. Ḫoğa „Hele on aqča ēdiñ!"* 2 *deyü ġavġa ēderken uyanıb baqar ki elinde bir nesne yoq. Hemān gözlerini qapayıb* 3 *elini uzataraq „Götürüñ, bārī ḍoquz aqča olsun, vēriñ!" dēmiš.*

1 *ḫoğaya* (21) *düšünde* (54; 64; 321,5) *ḍoquz* (154; 387) *aqča* (321,1b) *vērmišler* geben sie (148; 309) dem Ḫ· in seinem Traum neun Aqča (= Silberlinge) = träumt der Ḫ., man gebe ihm (auf dem Markt für seine Ware) (nur) n· A· / *hele on* (154; 387) *aqča* (Indef. als akk. Präd.snomen, w.o. 1/2 *yıldız*) *ēdiñ* (180; 244; 435) macht [es (347) = die Kaufsumme] doch (zu) zehn A· = laßt es d· z· A· sein! / 2 ... *deyü* (286; h. *diye* 473) *ġavġa* (h. *kavga*) *ēderken* (179; 180; 288; 478,1) während (der Ḫ·) (noch) streitet (= feilscht) ⟨sagend =⟩: ... / *uyanıb* (h. *uyanıp*, 302; 486) *baqar* (228,3; 424,3) *ki* (505a) erwacht [er] und sieht, daß / *elinde* (29; 64; 321,5a) *bir nesne* (h. *şey*, 152) *yoq* (175; 176) in seiner Hand e.e Sache nicht vorhanden [ist] = er (überhaupt) nichts in der H· hat (405) / *gözlerini* (58,2; 64) *qapayıb* (h. *kapayıp*, 302; 486) schließt [er (309)] seine (= die) Augen (wieder) und / 3 *elini* (54; 64) *uzataraq* (283; 474) indem [er] seine (= die) Hand ausstreckt = streckt die H· aus und / *götürüñ* (244) tragt [es (347): die Ware] fort = nehmt es denn hin / *bārī ḍoquz aqča olsun* (240; 247), *vēriñ* soll(en) [es] wenigstens neun A· sein, gebt (her) = gebt meinetwegen w· (die) n· A· her!

5 (Kúnos Nr. 15)

1 *Ḫoğa bir gün ırmaq kenārında otururken on dāne kör adamlar gelir.* 2 *Kendilerini ırmaqdan gečirmek ičin ḫoğa ile birer pūla pazarlıq ēderler. Ḫoğa* 3 *bunları gečirirken birini ırmaq ṭoparlayıb götürür. Körler bağırmağa bašlayınğa* 4 *ḫoğa „Ničin bağırıb čığırıyorsuñuz? Bir pūl eksik vēriñ!" dēmiš.*

1 *ırmaq kenārında* (321,2 Kurzgen. d; 64; 321,5a) am Flußufer / *otururken* 228,1; 288; 478,2 / *on dāne* (h. *tane*, 388) *kör adamlar* (387) *gelir* (228,2) ⟨kommt, 314 M. =⟩ kommen zehn ⟨Stück⟩ blinde Männer (= Blinde) / 2 *kendilerini* (58; 64; 321; 4a; Akk. Pl. v. *kendisi* = *o* laut 380, also = *onları*) *ırmaqdan* (h. *ırmaktan*, 33; 35) *gečirmek ičin* (305a 1; 438,8a) um sie (auf einer Furt) durch den Fluß (321,6b) hinüberzubringen = damit (= daß) er sie durch (= über) den F· führe / *birer* (158) *pūla* (321,3b) *pazarlıq ēderler* (179; 180; 228; 424,3) handeln sie (344) um je e.e Kupfermünze aus = schließen sie um je e.e K· einen Handel ab / 3 *bunları* 352 / *gečirirken* 228,1; 288; 478,2 / *birini* (54; 64; 166) *ırmaq ṭoparlayıb götürür* (424,3) erfaßt der Fluß e.en davon (= von ihnen, 322;

381a 2) und trägt [ihn (347)] fort / *körler* (335) *bağırmağa* (438,5) *bašlayınğa* (h. *başlayınca*, 278; 465) als (= wie nun) die Blinden zu schreien beginnen / 4 *ničin* 120 / *bağırıb čığırıyorsuñuz* (224; 418) schreit und kreischt ihr (denn)? / *bir pūl* (321,1b) *eksik vēriñ* (244) gebt (= bezahlt) (eben einfach) (um) e.e Kupfermünze weniger!

6 (Kúnos Nr. 111)

1 *Bir gün ẖoğa evinde otururken qapıyı bir adam qaqar. „Kimdir o?" dēdikde „Bir* 2 *az ašağı gel! Bir diyeğeğim var!" dēr. Ḫoğa daẖi ašağı inerek „Ne istiyorsuñ?"* 3 *dēr. O adam „Züğürdüm, yardım isterim!" dēr. Ḫoğa daẖi „Yuqarı gel!" dēr. Ol adam* 4 *geldikde ẖoğa „Teñri versin!" dēr. Ol adam „Ničin ašağıda dēmediñ?" dēdikde* 5 *ẖoğa „Ya ben yuqarıda iken sen ničin dēmediñ?" dēmiš.*

1 *evinde* 64; 321,5a / *qapıyı* 25; 321,4a / *qaqar* 228,3 / *kimdir o* = *o k·* (s.o. 2/2) / ..*dēdikde* (462,1 A) als [er (344): der Ḫ·] sagt (= fragt): .., / 2 *bir diyeğeğim* (v. *dēmek*, 267,1; 459c) *var* e. Mein-Sagen-Werden [ist (401)] vorhanden = ich habe (402) e. zu Sagendes = i· h· (dir) etwas zu sagen / ..*dēr* (228; 424,3) sagt [er : der Fremde] : .. / *ašağı inerek* (283; 474) hinunter-⟨h·⟩kletternd / *ne* (111) *istiyorsuñ* (222; 224; 418) / 3 .. *dēr* fragt : .. / *o* (98; 352) *adam* jener (= oft mit geringerer Betonung wiedergebbar : der) Mann / *züğürdüm* 174a / *yardım* (321,1b) *isterim* (228; 424,2) ich wünsche (= bitte um) (e.) Almosen / *ol* ält. Form v. *o* (w. o.) / 4 *geldikde* (462,1 A) als (der Mann) [hinauf-]kommt (= gekommen ist) / *teñri* (h. *tanrı* = *Allah*) *versin* (240; 243 A; 431) Gott soll (= möge) [es (347): e. Almosen] [dir] geben (stereotype Wendung zur Abweisung v. Bettlern) / *ašağıda dēmediñ* (184; 186; 299; 301; 409) hast du [es] nicht (gleich) unten gesagt? / 5 *ya ben* (91; 92) *yuqarıda iken* (288; 478,2; kann, wie hier, auch selbständig bei Lok. stehen) *sen* (91; 92) *ničin dēmediñ* und während ich oben war, warum hast du [es] nicht gesagt = (317) u· warum h· du es n· g·, während (= als) i· (noch) o· war?

7 (Kúnos Nr. 132)

1 *Bir gün ẖoğa evine üč vaqīye et alaraq qarısına „Bunu pišir!" deyü söyler.* 2 *Qarısı daẖi piširerek yalñız kendisi yer. Aqšam olub ẖoğa „Getir šu eti,* 3 *yiyelim!" deyü qarısına söyleyinğe qarısı daẖi eti kediniñ yediğini söyler. Ḫoğa* 4 *qalqıb kediyi tartar, kedi üč vaqīye geldiğini ẖoğa görerek qarısına „A* 5 *yalanğı! Eğer bu kedi ise, et nerede, ve eğer et ise, kedi neredèdir?" dēmiš.*

1 *evine* (64; 321,3a) in sein Haus = nach Hause / *üč vaqīye et* 388; Mengenangabe = Erweiterung des Nomens, 329a; 321,1b / ..*alaraq* (283; 474) ..nehmend (= bringend) = indem ..bringt = b· ..und / *qarısına* 55; 64; 321,3e / *bunu* (98; 28) *pišir* (514d 6; 244) koche dieses (= das da)! / ..*deyü* (w.o 4/2) *söyler* (288) sagt (= befiehlt) : .. / 2 *piširerek* (283; 474) [es] kochend = (mit vom h. Gebrauch, 476, abweichender Bedeutg. der Vorzeitigkeit, also ähnlich wie *-ıp*, 486 :) kocht es und (dann) / *yalñız kendisi* (125) *yer* (Ao. v. *yemek*, 228) ißt [es] selber (und) allein / *aqšam olub* (303) [es] ist (= wird) Abend und = (hier mit vom h. Gebrauch abweichender Subj.sverschiedenheit zum übergeordneten Verbum *söyleyinğe*, 465, auf welches *a· o·* in der Übs. syntaktisch angleichend zu beziehen ist, wie wenn im T stünde *aqšam olunğa ve ẖoğa .. söyleyinğe* :) als es A· i· (= w· = geworden i·, 303) und (der Ḫ· ..sagt) / *getir* (435; 315) *šu* (98; 352; 353) *eti* (24;

321,4a) [3] *yiyelim* (v. *yemek*, 240; 431; *ye-* wird *yi-*, 281) bring dieses (= das) Fleisch (da), wir wollen [es] essen (= daß wir es essen)! / *söyleyinğe* 278; 465 / *qarısı daẖi .. söyler* seine Frau hinwiederum sagt .. = da sagt seine F· .. / *eti* (321,4a; Akk.-Obj. zu *yediğini*) *kediniñ* (15; 321,2 Vollgen. b) *yediğini* (267,2; 268; 458,3; behält Verbalrektion mit Akk.-Obj. bei, 456; die ganze Gruppe, in der der Subj.sbegriff *kediniñ* zwecks Betonung, 312, dem Präd.sbegriff *yediğini* näher steht als das vom letzteren direkt regierte Akk.-Obj. *eti*, ist selbst wieder Akk.-Obj. zu *söyler*:) (da sagt seine Frau) das Das-Fleisch-Gegessen-Haben der Katze = daß die K· das F· gefressen hat (= habe) / [4] *qalqıb* (486) steht auf (= macht sich auf = geht hin) und / *kedi* (Kurzgen., 321,2, in ält. Sprache sehr oft statt des laut 458,3 erforderlichen Vollgen.s, ähnl. w. 458,5 M.) *üč vaqīye* (387; Indef. zur Maßangabe wie 321,1d) *geldiğini* (267,2; 268; 458,3; Akk.-Obj. zu *görerek*) *ẖoğa* (Subj., zur Unterscheidg. vom ebenfalls im Indef., eigentl. Kurzgen., stehenden *kedi* hier zwischen Obj. und Präd. gerückt) *görerek* (vom Gebrauch laut 476 abweichend w. o. *piširerek* Z. 2) indem der Ḫ· das Katze-drei-Pfund-Wiegen sieht = der Ḫ· s·, daß die K· d· P· wiegt, und / *a* [5] *yalanğı* (511,3d; 318) ha (du) Lügner[in]! / *eğer* (490) *bu* (Subj., 352) *kedi ise* (213; 490) *et nerede* (121; 401) *ve eğer et ise kedi neFrededir* (313,4) wenn dies die Katze ist, wo [i· = bleibt] (dann) das Fleisch, und wenn [es] das F· i·, wo i· (= b·) (dann) die K· ?

8 (Kúnos Nr. 126)

[1] *Bir gün ẖoğa değirmene gider. Değirmende eliñ čuvallarından buğday čalaraq kendi* [2] *čuvalına ḍoldurmaqda iken bunu değirmenği görür, „Ne yapıyorsuñ?“ deyü yaqasından ṭutar.* [3] *Ḫoğa daẖi „Amān, değirmenği! Ben šašqınım, eksiğime baqma!“ dēdikde değirmenği* [4] *„Šašqınsıñ da ničin kendi čuvalıñdan bašqalarınıñ čuvalına buğday qoymazsıñ?“* [5] *dēdikde ẖoğa „Ben bir šašqınım: eğer dēdiğiñi yaparsam, iki šašqın olurum!“* [6] *dēmiš.*

[1] *değirmene* 321,3a / *gider* 228 / *değirmende* 321,5a / *eliñ* (koll. Sg) *čuvallarından* (58,2; 64; 321,6a) aus den Säcken der Anderen = aus anderer (Leute) S· / *buğday* 321,1b / *kendi* (adj., 380) [2] *čuvalına* (64; 321,3a) *ḍoldurmaqda* (438,6) *iken* (s. o. 6/5) während [er (309)] im Begriff (= gerade dabei) ist, [ihn : den Weizen] in seinen eigenen Sack zu füllen / *bunu* (98; 28; 321,4a) dieses (= das) / *değirmenği* 511,3a; 321,1a / *ne yapıyorsuñ* (222; 223; 224; 418) was tust du (da)? / .. *deyü* (286; 473) .. sagend = mit den Worten .. / *yaqasından* (321,6g) [ihn] an seinem (= am = beim) Kragen / [3] *šašqınım* 174a / *eksiğime* (38; 321,3f) *baqma* (299; 301 o. Imp.) achte nicht auf meinen Fehler = sieh mir m· F· nach! / [4] *šašqınsıñ* (174b) *da ničin* (120) .. närrisch bist du : und warum .. = wenn du (also) e. Narr bist, warum .. (dann) / *kendi* (w. o. Z. 1) *čuvalıñdan* (42; 61) aus deinem eigenen Sack / *bašqalarınıñ* (57; 64; 146) *čuvalına* (64; koll. Sg. 320) in den Sack (= die Säcke) der anderen (Leute) / *qoymazsıñ* 299; 424,2 / [5] *bir* (319) *šašqınım* bin (nur) e. (e.facher) Narr / *eğer* (490) *dēdiğiñi* (267,2; 61; 457) *yaparsam* (232; 492) *iki šašqın* (387) *olurum* (228,2; 229; 492) wenn ich (das), was du sagst (= gesagt hast), tue, (dann) werde (= bin) ich zwei Narren (= e. doppelter Narr)!

9 (Kúnos Nr. 113)

[1] *Bir gün ẖoğayı ʿavreti inğitmek ister. Ṣığaq čorbayı orta yere qoyub* [2] *bir qašıq čorbadan ičer, boğazı yanıb gözlerinden yaš gelir. Ḫoğa „A qarı,* [3] *ne*

olduñ? Yoqsa čorba ṣığaq mı?" dēdikde ʿavreti „Yoq efendi: babam čorbayı 4 *čoq severdi de göñlüme o geldi, anıñ ičin ağlardım!" dēr. Ḫoğa daḫi* 5 *gerček ṣanıb čorbadan bir qašıq ičinğe boğazı yanıb ağlamağa bašlar.* 6 *Qarısı „Ne olduñ?" dēdikde ḫoğa „Anañ babañ ölüb de seniñ ṣağ qaldığıña* 7 *ağlarım!" dēmiš.*

1 *ḫoğayı* 25; 321,4a / *ʿavreti* 54; 321,1a; 312 / *inğitmek* 438,2 M. / *ister* 228; 424,3 / *ṣığaq* 330; 329b / .. *orta yere* (321,3a) *qoyub* (486) [sie (309)] stellt .. auf den mittleren Platz (= in die Mitte) und = sie setzt .. vor und = sie tischt .. auf und / 2 *bir qašıq* (321,1b) *čorbadan ičer* (228,3) trinkt (= ißt) e.en Löffel(voll) von der Suppe / *boğazı yanıb* (Subj.sverschiedenheit w.o. 7/2) *gözlerinden* (58,2; 321,6a) *yaš gelir* (228,2) (da) brennt ihre (= ihr die) Kehle und aus ihren Augen kommt Feuchtigkeit (= und die A· gehen ihr über) / 3 *ne olduñ* (184) : V. *olmaq* / *yoqsa* (214; 498 u.; fragend :) etwa / .. *ṣığaq mı* (504,14; 401) [ist] .. heiß? / *yoq* (V.) *efendi* (übliche respektvolle Anrede für den Ehemann) nein, Herr (Gemahl) / .. 4 *čoq severdi* (230; 426) *de göñlüme* (38; E 2; 321,3f) *o* (98; 99; 352, subst.) *geldi* (184; 409) pflegte .. sehr zu lieben, und in mein Herz (= m·en Sinn) kam jener = aß .. immer (so) gerne, und er fiel mir (eben) ein / *anıñ* (95; h. *onun*, 350) *ičin* (305a 1 *için* A; 350) *ağlardım* (230; 426, zu 424,3) deswegen weinte ich (vorhin) / 5 *gerček* (Indef. w. o. 1/2) *ṣanıb* hält [es (347) : was seine Frau da sagt] [für] wahr und / .. *ičinğe* (278; 465) als er .. trinkt = ißt .., da / *ağlamağa* (438,5) *bašlar* (228) [er] beginnt zu weinen / 6 *dēdikde* 462,1 A / *anañ* (61) *babañ* (61) *ölüb* (Subj.sverschiedenheit w.o. 7/2) *de* (488 M.) *seniñ* (92; 324) *ṣağ qaldığıña* (267,2; 458,4; 321,3f) 7 *ağlarım* (vom Präd. her rückwärts analysierend :) ich weine auf (= über) dein Gesund-Geblieben-Sein nachdem aber (*de*) deine Mutter [und] dein Vater gestorben sind = i· w· darüber, daß d· M· u· d· V· g· s· (= haben sterben müssen) und (= aber) du gesund (= am Leben) geblieben bist.

10 (Kúnos Nr. 7)

1 *Bir gün bir qadın ḫoğaya bir kāğıd vērib „Ḫoğa efendi, Size yalvarırım ki* 2 *šu kāğıdımı oquyuñuz!" Meğer bu ṣırada ḫoğa daḫi oqumaq bilmez imiš. Utandığından* 3 *„Oqumaq bilmem" dēyemeyib qadından kāğıdı alaraq „Devletlü ʿİnāyetlü Efendim Ḥażretleri!"* 4 *sözleri ile, bir dōstuñ bir dōsta yazağağı bir kāğıd gibi, oqumağa bašlayınğa qadın* 5 *„A efendi, bu öyle bir sevgili kimseden gelmiš kāğıd olmayıb anğaq bizim eviñ ṭapu* 6 *kāğıdıdır!" dēdikde „Ah ğānım efendi, öyle söyleseñ-ā ki saña ṭapu kāğıdı gibi* 7 *oquyayım!" dēmiš.*

1 .. *vērib* ... (nach der direkten Rede ist in **Z. 2** das erforderliche Präd. *dēmiš* zu ergänzen :) gibt .. und [sagt :] ... / *size* (92; 93; 321,3f) *yalvarırım* (228,1; 424,4) *ki* (505) ich flehe zu Euch (= f· E· an = bitte E· inständig) ⟨daß =⟩ : / 2 *šu* (98; 99; 353) *kāğıdımı* (59) *oquyuñuz* (244) lest [mir] diesen meinen Brief [vor]! / *meğer bu ṣırada* (321,5b) *ḫoğa daḫi oqumaq* (statt Akk. laut 438,2 hier Indef. w. 321,1b) *bilmez imiš* (h. meist verbunden *bilmezmiş*, 301 Ao.Vggh.; 426 M.; Vggh. auf *-mış* laut 411,4 meist nach *meğer*) nun (aber) verstand zu dieser Zeit der Ḫ· [das] Lesen noch nicht = nun konnte a· damals der Ḫ· noch nicht lesen / *utandığından* (458; 321,6c 1) wegen seines Sich-Schämens = weil er s. schämt / 3 *oqumaq bilmem* (301 Ao.; 424,2) *dēyemeyib* (v. *dēmek*; 299,2; 487) kann [er] nicht sagen „Ich kann nicht lesen" und (= sondern) / *devletlü*

(511,2; auch *devletlu*, beides mit ält. Vokalisierung statt *-li*, zur Kennzeichnung der Veraltetheit dieser Formen) *ʿināyetlü* (oder *-lu*, ebenso) *efendim ḥażretleri* (329,4 u.) Ihre Ehrwürden meine Hochwohlgeborene Gnädige Herrin = Euer Ehren, H· G· Frau! (Seinerzeit übliche ehrerbietige Briefanrede zwischen Freundinnen, wie sie also der Ḥ· auch in diesem Falle vermutet) / .. 4 *sözleri* (321,2g; 326) *ile* (305a 1) mit den Worten .. / *bir dōstuñ* (321,2 Vollgen. d) *bir dōsta yazağağı* (267,1; 461 M.) *bir kāġıd gibi* (305a 1) wie e.(en) Brief, den e. Freund e.em F·e (= dem anderen) schreiben wird (= würde = mag) / *oqumağa* 438,5 / *bašlayınğa* 465 / 5 *bu* (352 subst.; Subj.) *öyle* (108) .. *gelmiš* (190; 250; 449; 453) *kāġıd olmayıb* (302; 303; 487) dies ist nicht so [e.] .. gekommener Brief, und = das i· kein solcher B· ⟨, der⟩ .. ⟨gekommen ist = kommt⟩, sondern / *bizim eviñ* 324; 321,2 Vollgen. c / *ṭapu* 6 *kāġıdıdir* 67; 69; 71; 174e / .. *dēdikde* (462,1 A) als (die Frau) .. sagt = (besser mit Umwandlg. der syntaktischen Unterordng. in Beiordng.:) sagt (die F·): ... Da / *ah ğānım* (V.) *efendi* ach (= aber) meine liebe Frau / *öyle söyleseñ-ā* (209; 214 A; h. *söylesene*, 501 u.) sage doch so = das mußt du eben sagen / *ki* (505b) *saña* (92) .. 7 *oquyayım* (240; 432) damit ich [es] dir .. (vor)lese / ... *dēmiš* (da) sagt [er]: ...

11 (Kúnos Nr. 97)

1 *köylü* 511,2b / *getirir* 228,1 / *köylüyü* 25 / 2 *ağırlayıb* 302; 486 / *čorba yedirir* (514d 4a; 228) läßt [ihn (346; 321,3g)] Suppe essen = gibt ihm S· zu e· = setzt i· S· vor / *bir hafta* (321,1d) *ṣoñra* (adv.,V.) e.e Woche nachher = nach e.er W· / *yine gelir* kommt [er : der Bauer] wieder / *ağırlar* 228; 347 / *bir qač* 162 / 3 *bir az adamlar* e. wenig (162) Leute = etliche (= e. paar) L· /*qonuq olmaq* (257; 260; 438,2) Gäste (314) sein = s. bewirten lassen / *siz* (92) *kimlersiñiz* (113; 174d) „wer ⟨alles⟩ seid ihr (denn)?“ / 4 *onlar* 92 / *biz* (92) *ṭavšan* (321,1b) *getiren* (251) *adamıñ* (321,2 Vollgen. c) *qomšuları-yız* (174c) „Wir sind des Hasen-bringenden Mannes Nachbarn = W· s· die N· des M·, der [den] H· gebracht hat (449; 452)!“ / *bunlara* (98) *da* (504,4) *ağırlıq* 5 *ēder* (179; 180; 228) macht auch diesen Bewirtung = bewirtet a· diese / *gelir* ⟨kommt (314 M.) =⟩ kommen / 6 *ṭavšanı* (321,4a) den Hasen (Akk. korrekter als Indef. o. Z.4) / .. *adamıñ qomšularınıñ qomšuları-yız* (vgl. 69) „Wir (344) sind die Nachbarn der N· des Mannes .. / *ḫoš geldiñiz* (184; 186) „⟨Ihr seid⟩ Willkommen!“ / 7 *deyib* (= *diyib*) v. *dēmek*, 302 / *bunlarıñ* (98) *öñlerine* (305b *ön*; 321,3b) *bir baqrač* (388) *ṣu* (321,1b) *getirir* bringt e.en Topf Wasser zu ihrer Vorderseite (= vor sie) = setzt ihnen e.en T· W· vor / *bu ne-dir* (111; 174e) *dēdiklerinde* (458) in (= bei) ihrem „Was ist das?“-Sagen = als (vgl. 462,1 A) sie fragen: „W· i· d·?“, / *bu* (97 subst.; Subj.) 8 *ṭavšanıñ ṣuyunuñ* (55, Ausnahme; 58 A; absichtliche, präzisierende Gen.-Häufg., vgl. 69) *ṣuyu-dur* „Dies (=das) ist das Wasser (= die Brühe) des W·s (= v. der B·) des (= v. dem) Hasen!“

12 (Kúnos Nr. 8)

1 *bir yešillik bāğčesine* (67; 321,3f) *girerek* (vorzeitig w.o. *piširerek* 7/2) tritt in einen Gemüsegarten und / *bulduğu* (461 o.) *ḥavuč* (koll. Sg., 320) *šalğam*, 2 *ṭurp gibi* (305a 1) *otları yolub qoynuna* (E 2) *čuvala ḍoldurduğu* (514d 4b; 461 M.) *ṣırada* (w. 462,1, jedoch mit beibehaltenem Lok.-Suff.) in dem Zeitpunkt, [in dem] er die Pflanzen, die er findet, wie Möhren, Rüben, Rettiche, aus-

reißt und in seinen Brustbausch, in den Sack füllt = wie er gerade die (= alle) P·, die er f· — wie M·, R· [und] R· —, a· und in seinen B· [und] in den S· stopft, / *bāġčeġi* 511,3a / 3 *burada* (102) *ne* (V.) *geziyorsuñ* (224) *deyü* (h. *diye*, 286; 472b 1) *ṣorunġa* (278; 465) sobald er fragt: „Was läufst du hier herum?" = (besser mit Umwandlg. der syntakt. Unterordng. in Beiordng.:) (kommt der Gärtner, nähert sich dem *Ḫ*·) und fragt: „W· hast du hier herumzulaufen?". Da / *ne diyeğeğini* (459,3; 460a) 4 *šašırıb* kann sein Was-Sagen-Werden nicht finden und = weiß nicht, was er sagen soll, und / *oġul hani-ya gečen* (251; 452 M.) *günler* (321,5b, ohne Lok.-Suff.) *esen* (251; 452 M.) *qaṣırġa yoq mu* (504,14; 401)? „[Mein] Sohn (: übliche Anrede des Älteren an den Jüngeren), da ist doch der Wirbelwind, der die vergangenen Tage (= neulich) geweht hat, ist er nicht = M· S·, da hat doch unlängst d(ies)er W· g·, nicht wahr? / *ište* 5 *beni* (92) *buraya* (102) *atdı idi* (184; 185; 187; 410; 413) Nun, [er (344) = der] hatte (413 u. = hat) mich hierher geworfen (= geweht)!" / *ṭutalım* (240; 432) *ki* (505a) *öyle olsun* (240; 241; 431) „wir wollen annehmen, daß [es] so sei(n soll): = gesetzt den Fall, das stimmt: / *ya bunları kim* (111) 6 *yoldu* (184) und wer hat (dann) diese (= das da: die Pflanzen) ausgerissen?" / *evet e*· „Ja, ja / *qaṣırġanıñ güčlü olub* (303) *beni oradan* (102; 321,6a) 7 *oraya* (102; 321,3a) *atdıġından* (458; 321,6c 1) wegen des Wirbelwindes Heftig-Seins und Mich-von-dort-dorthin-Werfens = da der Wirbelwind h· war und m· v. da dorthin (= hierhin und d·) schleuderte (= wehte), / *her* (378) *hangi* (117) *ota* (321,3f) *yapıšdım ise* (234; 498) *elimde qaldı* an welcher Pflanze immer ich mich festhielt, [sie] blieb in meiner Hand = b· mir jede P·, an die ich mich klammerte, in der H·!" / *qızaraq* 283 v. *qızmaq* / 8 *ya bunları čuvala, qoynuña kim ḍoldurdu* „Und wer hat (denn) diese (= das alles da) in den Sack [und] in deinen Brustbausch gefüllt?" / .. *dēmesi* (257; 446; dazu der Indef. *bāġčeġi*, Z.7, als Kurzgen.) *üzerine* (305b; in kurzgen. Verbindung mit *d*·) auf das Gärtner-zornig-...-Sagen (hinauf) = auf die (zornige) Frage (des G·s) .. / *ište burasını* (w. 107; 358) *ben de* (504,4) 9 *düšünüyorum* (224; 418) *ya* „Eben dieses überlege ja auch ich = e· darüber denke (= grüble) ich ja auch nach = d· zerbreche ich mir ja e· a· den Kopf!"

13 (Kúnos Nr. 10)

1 *oruğ ayı* (67) *geldikde* als der Fastenmonat kommt (= da ist) / *ayıñ qačı* (163; 400) *olduġunda* (269; 458,4) *yañılmamaq* (301 Inf.) *ičin* (438,8a) um sich im Des-Monats-Wieviel(ter)-Sein nicht zu irren = um immer genau zu wissen, der wievielte [Tag] d· M· es jeweils sei, / *bir čömleğe* (E 3; 20; 321, 3a) 2 *her gün* (321,5b) *birer* (158; 399) *ṭaš* (321,1b) *ataraq* (474) indem er jeden Tag ⟨je⟩ e.en Stein in e.en Topf wirft / *günleriñ ṣayısını* (64; 66) *bellermiš* (426) pflegt s. die Zahl der Tage zu merken / 3 *babasınıñ čömleğe ṭaš* (320 koll. Sg.) *atdıġını* (458) *görerek* ihres Vaters Stein[e]-in-den-Topf-Werfen sehend = sieht, daß ihr Vater St· in d· T· wirft, und (vgl. 7/2) / *bir avuğ ṭaš atmıš* (190; 191; 411,3) wirft (ihrerseits) e.e Handvoll Stein[e] [hinein] / .. 4 *yiğirmi* (h. *yirmi*) *bešinği* (156) *günü* (54; 58 A; 321,5b) am 25. Tage .. / *ḥerīfiñ biri* (381a 2 NB) e. gewisser Mann = e.er / *ḫoğadan* (321,6e) *bu gün ayıñ qačı* (400) *deyü* (w. 7/1) *ṣorar* (228,2 Ausn.) fragt den Ḫ·: „Der wievielte [Tag] des Monats [ist] heute?" / 5 *azıġıq* (h. auch *azacık* 511,7) *eğlen* (244) *qačı olduġunu* (458,3)

saña ḍos-ḍoğru (vgl. 87) *söyliyeyim* (240; 431) *diyerek eve* [6] *gelir,* „Warte ganz (= e. klein) wenig, sein Wievielter-Sein will ich dir ganz genau sagen!" sagend kommt er ins Haus = geht mit den Worten „Warte e.en kleinen Augenblick, ich will (= werde) dir haargenau sagen, der wievielte es ist!" ins H· zurück, / *čömlekdeki* (73,4 u.) *ṭašları* (3; 24) *birer b·* (158) *ṣayıb* (486) *yüz yiğirmi görünğe* (465) als er, die im Topf befindlichen Steine je eins je eins gezählt habend, 120 sieht = zählt d· St· im T· e.en nach dem andern, sieht [, daß es] 120 [sind], (und) / *ben eğer* (490) *bunlarıñ* [7] *hepsini* (64; 66; 143; 381a 5) *söylesem* (209; 489; 490) *baña* (92; 321,3f) *gülerler* (228,2 Ausn.; 424,8; 148) *ve sen deli olmuššuñ* (411,4) *dērler. Eyisi* (327) *bir az ašağı* [8] *olsun* (240; 241; 431) *söylerim diyerek* indem er sagt (= s· [s.]:) „Wenn ich ⟨von diesen alle =⟩ das Ganze sage, lachen sie ⟨über mich =⟩ m· aus und sagen ‚Du bist wohl verrückt geworden'. ⟨Das Gute (= 334, Beste) davon [ist :] =⟩ am besten (= lieber) ⟨soll es e. wenig tiefer sein [und das] sage ich =⟩ sage ich e. bißchen weniger!" und / *bu gün ayıñ qırq beši* (395) *olmuš* (191; 411,4) *dēr* sagt : „Heute muß der 45. ⟨des Monats geworden⟩ sein!" / *orada* (102) [9] *bulunanlar* (251; 253; 452) .. *ayıñ hepsi* (143; 381a 5) *otuz gündür, sen naṣıl* (120) ... [10] *dēyorsuñ* (h. *diyorsun*, 222; 224; 418) *? deyinğe* (oder *diyinğe*) Als ⟨die Dort-s.-Befindenden =⟩ die [Leute], die dort [zugegen] sind, ⟨sagen =⟩ fragen : „.., ⟨des Monats Gesamtheit ist 30 Tage =⟩ der ganze Monat (Ramażān) hat (doch nur) 30 T· — wie(so) sagst du (dann) ‚...' ?", / *a qardašlar* (511, 5 u.) *ašağı bile* (504,5) *söyledim* (184; 409). *Eğer* .. [11] *ṣayısına* (321,3a) *baqarsañız* (232; 492) *bu gün ayıñ yüz yiğirmi-sidir* „O Brüder (= Freunde), ich habe sogar (= ohnehin) ⟨tiefer =⟩ weniger gesagt! Wenn ihr auf die Zahl .. schaut (= euch an d·Z· .. haltet), (so) ist heute der 120. ⟨des Monats⟩!"

Ib

Die *maʿnī* genannten volkstümlichen T Vierzeiler ähneln den „Schnadahüpfeln" des süddeutschen Sprachraumes. Ihre meist nach dem Schema a/a/b/a reimenden vier Verse weisen im allgemeinen je 7 Silben auf, die nach dem Schema ́ . ̀ . ́ . ̀ betont werden, ohne Rücksicht auf metrische Quantitäten und oft unter Vergewaltigung des eigentlichen Worttones, wie z. B. **14/1** *ġárīb* statt *ġarīb*, **15/1,2** *ékšisiñ, úzunsuñ* st. *ekšísiñ, uzúnsuñ* und **16/2** *gélin álmaz* st. *gelín almáz*. Diese primitive T Metrik, die nur die Zahl (nicht aber Längen und Kürzen) der Silben berücksichtigt, heißt danach *parmaq ḥesābı* („Silbenzählung"). Gereimt wird in der T Volksdichtung oft sehr unrein: *yap-/at-/baq-* (18), *-men-/-mām-* (19), *piš-/ṭaš-/šaš-* (20), *iz/toz/söz* (21). Auf die eigentliche Reimsilbe (A *qāfiye*) kann ein (auch mehrsilbiger) Refrain (A *redīf*) folgen, wie *idim* nach *quš/-muš* (14), *gibi* nach *-ruq/-rıq/-vuq* (15) und (3-silbig) *-den/-dan gelir* (19). In **20** ist also *-iš-/-aš-* die *qāfiye*, und *-iririm/-ırırım* das *redīf*. — Die Lesestücke 14—21 und 22 stammen aus I. Kúnos, Oszmán-Török népköltési gyüjtemény, Bd. II (Budapest 1889).

14 (Kúnos Nr. 39)

[1] *idim* 185 / [2] *dalıña* 42; 61; 321,3a / *qonmuš idim* 201 / [3] *darıltdıñ* vgl. 514d 2; 184 / [4] *seniñ* (92; 321,2) *olmuš* dein (= dir gehörend) ⟨geworden⟩.

15 (Kúnos Nr. 142)

1 *ekšisiñ* 174b / *qoruq gibi* (305a 1) w. [e.e] sauere Weinbeere / 3 *ne* (vgl. 12/3) *gezersiñ* (228,3) *serserī* (337) was (= wozu) läufst du (so) kopflos herum, / 4 *yolunmuš* (514,2; 190; 453) *ṭavuq gibi* w. [e.] gerupftes Huhn?

16 (Kúnos Nr. 148)

1 *elma atdım geline* (315) [e.en] Apfel (: Symbol der Liebeswerbung) warf ich ⟨zu⟩ der jungen Frau [zu] / 2 *almaz* (299,1) *eline* nimmt [ihn] nicht in ihre (= die) Hand / 3 *yazıq* (307) *inğe beline* (321,3d) schade um ihre zarten Hüften = wehe ihrem schlanken Leib! / 4 *düšdü* (186) *sar-ḫoš eline* gefallen ist sie in Trunkenbold-Hand = e.em T· ist sie (als Eheweib) in die H· g·!

17 (Kúnos Nr. 210)

1 *yāre* (meist so, statt *yāra*, vokalisierter Dat. v. *yār*; F 2,4) *göñül bağladım* (513,1a) an den Liebling band ich [das (321,1b)] Herz = an den Liebsten habe ich mein H· gehängt / 3 *yārımıñ* (Vollgen., obj. w. 321,2 Kurzgen. c) *ʿašqından* (321,6c 1) vor Liebe zu meinem Liebsten (= Schatz) / 4 *ğiğerimi dağladım* habe ich mein Inneres (= Herz) gebrandmarkt.

18 (Kúnos Nr. 236)

1 *qayn-anayı ne* (hier aus prosodischen Erfordernissen mit der folgenden zu e.er Silbe zusammenzuziehen : *nyap-*) *yapmalı* (236; 427) was muß (= soll) man ⟨die = (vgl. 1/1)⟩ mit der Schwiegermutter machen? / 2 *merdivenden* (321,6b) *atmalı* ⟨über⟩ die Treppe muß (= soll) man [sie hinunter-]werfen! / 3 *paldır küldür giderken* (288; 478) während [sie] holterdipolter [dahin-]geht (= hinunterpoltert), / 4 *arqasından* (321,6e) *baqmalı* muß man v. ihrem Rücken aus (= vom Raum hinter ihr [305b] = hinter ihr drein) sehen = soll man ihr (schadenfroh) nachschauen!

19 (Kúnos Nr. 280)

1 *Yemenden* (321,6a) aus Jemen (Ursprungsland des Mokkas) / 2 *aq ṭopuq beyāż gerdān* weißer Knöchel [und] w· Hals (w. sie der Dichter, etwa v. e.em Balkon an der zum Frauenbad führenden Gasse aus, an den vorbeikommenden verschleierten Schönen gelegentlich erspähen mag) / 4 *gelir* ⟨kommt = (314 u.)⟩ kommen.

20 (Kúnos Nr. 285)

1 *piširirim* 228,1 / 2 *qorqarım ṭašırırım* (v. *ṭašırmaq*) ich fürchte, ich lasse [ihn] überlaufen (aus verliebter Geistesabwesenheit) / 3 *yār fikrime* (E 2) *düšerse* (232; 492) wenn der Schatz in meinen Sinn (= mir ein-)fällt = w· ich an m· Sch· denke, / 4 *ʿaqlımı* (E 2) *šašırırım* verfehle ich meinen Verstand = werde ich ganz wirr im Kopf.

21 (Kúnos Nr. 117)

1 *dama* (321,3f) *čıqma* (301 Imp.) *iz ¦olur* (228,2; 424,3) steige nicht aufs Dach, (sonst) entsteht [e.e] Spur! (Die ihren Liebhaber warnende Sprecherin

wohnt also in e.em Haus mit flachem Lehmdach.) / 2 *ǧānfes šālvār toz olur* (und) die (= deine) Pluderhosen aus (329,2) Wandeltaft werden staubig. / 3 *gündüz* (321,5b) *gelme* (301 Imp.) *gēǧe gel* komm nicht [bei] Tag, (sondern) k· [b·] Nacht! / 4 *düšmen duyar söz olur* (sonst) gewahrt [es] [e.] Feind (: in der T Liebesdichtung jeder Mensch außer den beiden Liebenden) (und dann) entsteht Gerede (= sind wir verraten).

22 (Kúnos Nr. 4 und 144)

1 *aǧzından* (E 2; 321,6g) *ṭutdum* (409), *dibine qadar* (305a 3 *kadar*) *tepdim*. [Was ist das :] Ich packte [ihn = es] bei seinem (= beim) Maul [und] trat [ihm] bis auf seinen (= den) Boden (hinein)? / 2 *yapan* (251; 449; 450; 452) *ṣatar*, der [es] Machende verkauft [es] = Wer's macht, v·'s, / *alan qullanmaz* (299) wer's kauft, braucht's (selber) nicht / *qullanan bilmez* wer's braucht, weiß [es = das] nicht. / *mezār ṭašı* 67; 321,2 Kurzgen. d.

Ic

Das T Volksmärchen (*maṣal*) in seiner volkstümlich-schlichten Sprache mit vorwiegend nebengeordneten Sätzen verwendet für die Schilderung der Handlung meist den Aorist (424,3), für die Darstellung der Vergangenheit und die Beschreibung der aus ihr nachwirkenden Zustände die Form auf *-miš* (411,1 und 3). Texte nach I. Kúnos, Oszmán-Török népköltési gyüjtemény, Bd. I, Budapest 1887.

23 (Kúnos Nr. 5)

1 *evvel zamānda* .. *varmıš* (404) in früherer (= alter) Zeit war .. ⟨vorhanden⟩ = es war einmal .. / *bunuñ* (98; zu *č*·) *dünyāya* (Dat.-Obj. zu *g*·) *hīč* (381a 1) *čoǧuǧu* (E 3; 58 A; 66) *gelmemiš* (301 *-mış-* Vggh.) ⟨dessen =⟩ v. dem kam nie [e.] Kind zur Welt = der hatte gar kein(e) K·(er) / *pādišāh* 2 *lālāsıyle* (305a 1 *ile* M.) *gezmeǧe* (438,5) *čıqıb* (486) geht (= gehen) der König mit seinem (= und sein) Wesir heraus zum Herumwandeln = machen s. d· K· und sein W· auf einen Spaziergang und / *bir češme bašına* zu⟨m Haupt⟩ e.er Quelle / 3 ⟨*bir de*: irrige Trennung, laut 32, für richtig =⟩ *birde baqarlar* auf einmal (= da) sehen sie / .. *dēr, pādišāh da* „..!“ sagt. Der König ⟨seinerseits⟩ / 4 *sen benim pādišāh olduǧumu* (458,3) *bildiñ derdimi de* (504,4) *bilirsiñ* (228,2) „Du wußtest, daß ich [e. = der] König bin — (da) weißt (= kennst) du (gewiß) auch meinen Kummer!“ / 5 *seniñ derdiñ* (324) *hīč čoǧuǧuñ yoqdur* (h. *yoktur*, 402), „Dein Kummer [ist :] Du hast (gar) kein Kind. (Aber) / *al* 315 / *yarısını kendiñ* (125; hierzu ist als Präd. e. — unter Vorwegnahme des Grundgedankens „essen“ des später folgenden *yēdiresiñ* anakoluthisch unterdrücktes — *yiyesiñ* „du sollst e·“ zu ergänzen) *yarısını* 6 *da qarıña* (v. *qarı*, 61; 321,3g) *yēdiresiñ* (514d 4a; 240) ⟨seine Hälfte =⟩ die [e.e] H· davon [sollst] du selbst [essen], die [andere] H· ⟨davon⟩ aber sollst du deinem Weibe zu e· geben; / *vaqti* (F 2; F 4) *geldikde seniñ bir čoǧuǧuñ olaǧaq* (h. *olacak*, 204; 205; 208), wenn (= sobald) seine Zeit kommt, wird von dir e. Kind sein (= werden) = sobald seine Z· da ist, wirst du e. K· haben (= bekommen). / *ammā yiǧirmi yašına* (395; 321,3h) 7 *qadar* (305a 3 *kadar*) *seniñ* (321,2), *yiǧirmiden* (subst., 154; 321,6d) *ṣoñra* (305a 5) *benim* (321,2) *olaǧaqdır*

(205, Befehlsnuance; 207; 414) Aber [es = das (: das Kind)] wird bis zum Alter v. 20 [Jahren] dein, nach 20 [Jahren jedoch] mein sein = Aber das gehört b· z·A· v. 20 J· dir, nach 20 J· mir!" / ... *deyib gider* (228) sagt „...!" und geht (dann) fort. / 8 *kendi* (125) zu ergänzen ist, ähnlich w. o. Z. 5, *yēr*: ißt er selber, / 9 *o ğēğe* (321,5b) in jener (= noch in der gleichen) Nacht / ... 10 *deyinğe* (465; unbestimmtes Subj.) (sobald) als [man] „..." sagt (= zählt) = sowie ... um sind, / *bir oğlan čoğuq* (318,2; 329,1; 321,1b) *doğurur* (514d 6) gebiert [sie] e. Knaben-Kind (= e.en Kn· = e.en Sohn) / 11 *büyümeğe bašlar* (228; 438,5) beginnt [er : der Sohn] zu wachsen / *beš altı* (393) *yašına* (395) *girer* er tritt in das Alter 5–6 ein = er wird 5 oder 6 Jahre alt / *ḫoğaya vērirler, oqur yazar* sie geben [ihn] dem (= zu e.em) Lehrer (in die Schule), [und er] liest [und] schreibt (= lernt Lesen und Schreiben). / 12 .. *yašına qadar girer*, Er wird etwa .. Jahre alt, / *bašlar* (zur Betong. vorgezogenes Präd., vgl. 315) *gezib yürümeğe*, beginnt (auch gleich) herumzulaufen und auszuziehen, / 13 *ava quša* (321,3f) nach Wild [und] Vogel = auf Jagd und V·fang / *gečdikden* (h. *geçtikten*) *ṣoñra* 458,5 / *artıq čoğuq yiğirmi yašına ḍoğru gelir* kommt das Kind nunmehr gegen das Alter 20 = wird d· K· bereits an die 20 Jahre alt / 14 *qalqar* (w. *bašlar* Z. 12) *oğlunu* (E 2) *evlendirmeğe* (438,5) schickt s. (auch gleich) an (= geht a· g· daran), seinen Sohn zu verheiraten / *qurulur* (514,1) wird veranstaltet / *güveği* (h. *güvey*) *girdiği* 15 *ğēğe* (321,5b; 461) die Sein-Bräutigam-Eintreten-Nacht = in der N·, da er [als] B· (ins Brautgemach) eintritt = in seiner Hochzeitsnacht / *oğlanı qapdığı gibi* (465 u.) *gider* sobald er den Jüngling ergreift (= ergriffen hat), geht er = packt d· J· und verschwindet sogleich (mit ihm) / *bir ḍağ bašına bıraqır* läßt [ihn] (nach e.em durch die Wunderkraft des Derwischs bewirkten Flug durch die Luft) auf e.en Berg⟨gipfel⟩ (hinab) = setzt ihn in einer wilden Gegend ab / *otur* 16 *burada dēr gider* sagt „Sitz (= Bleibe) hier!" [und] verschwindet. / 17 *qorqusundan* (321,6c 1) wegen (= in) seiner Angst / *üč dāne* (h. *tane*, 388 M.) *güğerğin* (h. *güvercin*) drei ⟨Stück⟩ Tauben / 18 *orada bulunan bir ṣu kenārına inerler ṣoyunurlar* zu e.em dort s. befindenden Wasser-Ufer herabsteigen, s. entkleiden = s. am U· e.es d· befindlichen W·s niederlassen und ihr (Federn-)Kleid abwerfen / *üčü de* (bedeutet nach Zahlwörtern mit Poss.-Suff. „alle ..", w. *her*, 391) *birer* (158) *qız olur* (314), *orada* 19 *yıqanırlar*, alle drei [zu] ⟨je e.em⟩ Mädchen werden ⟨, =⟩ und s. dort waschen (= baden). / 19 *gider*, geht [hin und] / *onlar yıqanırken* (478) *birisiniñ* (381a 2) *rubasını alır ṣaqlar* nimmt, während jene (= sie) baden, das Kleid (v.) e.er v. ihnen ⟨, =⟩ und versteckt [es] / 20 *ikisi* (die) zwei v. ihnen / *yine güğerğin olub učarlar* werden wieder [zu] Tauben und fliegen (davon) / *o bir* (h. *öbür*) das andere / 21 *rubası yoq* (175) ihr Kleid ⟨nicht vorhanden = n· da =⟩ weg [ist] / *öteyi arar beriyi a· baqar* sucht jene Seite ab, s· diese S· ab, schaut = s· und sch· hier und dort / 23 *rubalarını* ihre Kleider (Pl. statt bisher Sg.) / *vērmez* (299,1) gibt [sie] nicht (her) / 24 *qız da* Präd. dazu : *dēr*, Z. 26 / *seni* (Akk.-Obj. zu *aṣar*, Z. 25, jedoch v. diesem getrennt durch das konstruktionssprengende parallele Präd. *gelir*) *šimdi* 25 *gelir*, *ṣačlarıñdan* (321,6g) *šu ağağa aṣar* [er (= der)] kommt gleich und hängt dich an deinen Haaren an jenen Baum (= an jenem B· auf) / *elindeki* (73,4 u.) *qamčı ile* mit der in seiner Hand befindlichen Geißel = m· d· G· in s· H· / *öğrendiñ* 26 *mi* (504,14) *deyü ṣorar* [und] fragt ‚Hast du [es = wohl : mein Geheimnis] erforscht (= herausgefunden)?' /

sen de öğrenmedim dē du aber sage (darauf) ,⟨Ich habe [es] nicht h· =⟩ Nein'!" / **27** *qačar gider* flieht [und] geht [fort] = und enteilt sogleich / **28** *geliyor* 418 / *elinde bir qamčı* in seiner Hand e.e Geißel = mit e.er G· in der H· / *gelir oğlanıñ ṣačından* **29** *ağağa aṣar,* [er : der Derwisch] kommt [und] hängt an des Jünglings Haar [ihn = diesen] an den Baum (= am B· auf), / *qırbačla* = *qırbač ile,* 305a 1 *ile* / **30** *üč gün* (321,1d) drei Tage (lang) / *böyle* (108) solchermaßen / **31** *ki bunuñ öğreneğeği* (267,1; 459) *yoq, ṣalı-vērir* daß dieser (einfach) nichts herauszufinden hat (vgl. *diyeğeğim var,* 6/2), [und] läßt [ihn] frei / **32** *oralarda* 102; 103 / *dolašıb ḍururken* (w. h. *dolaṣa dururken,* vgl. 291,3) während er fortwährend (= immerzu) herumgeht (= umherirrt) / **33** .. *gelir* (laut 313,5 für *gelirse*) *de saña* (321,6e Anm.) *ṣorarsa* (232) *ki* wenn .. kommt und dich fragt : / *šu qızlarıñ* **34** *hangisini* (117: 118) *istersiñ* ,Welches dieser (= v. diesen) Mädchen willst du?' / *sen de beni göster,* dann (*de*) zeige du [auf] mich, [und] / *ṭanımazsañ* 301 Kond. d. Ao.; 490 / *čıqar* Imp. / **35** *dē ki bu quš her* (378) *kime giderse* (498) *anı* (95) *isterim* [und] sage: ,Zu wem (= welcher) ⟨immer⟩ dieser Vogel geht (= fliegt), sie (= die) will ich'!" / ... *deyib* (greift das schon Z. 32 gesetzte Präd. *dēr* wieder auf) ....!" gesagt habend = ...!" Und mit diesen Worten / **36** .. **37** *hangisini beğenirsiñ,* „An welchem .. findest du Gefallen = Welches .. gefällt dir?" / *ben* **38** *onu* (92) *isterim* die(se) will ich!" / *o* (zu *qızıñ*!) *oğlana* (321,3g) *öğreden* (251; *-d-* aus *-t-* w. 228 o.) *qızıñ üstüne* (305b) auf jenes den Jüngling lehrende Mädchen = a· j· M·, das dem J· den Rat ⟨gibt = (452 u.)⟩ gab, / **39** *bunu istemez,* will das nicht. / *meğer* (w. 10/2) *bu* **40** *qızıñ anası büyüğü olduğu* (269) *ičin* (458,5) *qızları da* (504,4) *büyü yapmağı* (438,2) *bilirlermiš* (231; 426 M.; 411,4) Nun verstanden [s.] (aber), da dieses Mädchens Mutter [e.e] Zauberin war, auch ihre Töchter [auf] das Zauber-Machen (= Zaubern) / **41** *hemān* da = sogleich / **42** *büyük bir* (329b) *bāğče* (Indef. als akk. Präd.snomen, w. 1/2) e.(en = zu e.em) großen Garten / *kendine* (126) *de* auch s. selbst / **43** [*kendini*] *bāğčebān* (h. *bahçıvan*) *yapar* [und] macht [s.selbst] [zum] Gärtner / *bāğčebān buradan* (102; 321,6e) ... *gečdi* **44** *mi dēr* [und] fragt: „Gärtner, ist hier ... vorbeigegangen (= vorbeigekommen)?" / *daha pırasalarım olmadı* (314 o.) *ufaqdır* „Meine Lauche sind noch nicht ⟨geworden =⟩ reif, sind (noch zu) klein." (Das in e.en Gärtner verwandelte Mädchen stellt s. also taub oder dumm.) / **45** *saña* (w. o. Z. 33) *pırasa ṣormıyorum* (301 Präs.) *bir qız ile b· oğlan diyorum* (222; 224) ich frage dich nicht [nach] Lauch, ich ⟨sage =⟩ meine e.en Jüngling mit e.em (= und e.) Mädchen!" / *ğānım daha ispanak* **46** *dikmedim, bir iki aydan ṣoñra* (305,5) *gel* „Meine Liebe, Spinat habe ich noch nicht (an)gepflanzt; komm nach einem [oder (393)] zwei Monaten!" / *ki bu* (subst., 352) *lāf añlamıyor,* daß dieser (: der Gärtner) e.e Rede nicht versteht = daß man mit dem n· (vernünftig) reden kann, [daher] / **47** *bir az* (162) *gitdikde* (462,1 A) als [sie] e. wenig (fort-)gegangen (= e.e Weile weg) ist / *yine* **48** *oğlan* (zus. mit *qız* abhängig v. *olur*), *kendine de* [*bir ṭoqat* (*v*)*urur*] *yine qız olur* [und er] wird wieder [zum] Jüngling, [und] auch s. selbst [versetzt sie e.e Ohrfeige] [und] wird wieder [zum] Mädchen / **49** *bunlar* 352 / *arqasına* (305b) *baqar ki* sieht hinter sich: = blickt zurück (= s. um) [und sieht], daß / **50** *bunlarıñ arqasına* (325) *düšer* und ⟨fällt in deren Rücken =⟩ setzt ihnen nach / **51** *kendisi* (125) *de* und sie selbst / **53** *o* (subst., 352) *da daha ekmekler pišmedi* (314 o.; 301 Perf.) *yeñi ṣaldım, yarım sāʿat* (396; 321,1d; beachte die Inkonsequenz gegenüber der Parallelstelle o. Z. 46 mit *aydan*, also dem Abl. statt, w. hier, Indef.) *ṣoñra gel de* 54 *vēreyim* (240) [*dēr*] dieser (: der „Bäcker") aber [sagt:] „Die Brote sind noch nicht gar ⟨geworden⟩, ich habe sie ⟨frisch =⟩ eben (erst) eingeschoben; komm (um) e.e Stunde ⟨nachher =⟩ später, und ich will [sie dir] geben!" (Die Partikel *de/da* zwischen Imperat. und Opt. kann mit „daß/damit" und auch „dann" wiedergegeben w.: komm .., daß ich s· d· gebe! = k· .., dann g· i· s· d·!) / .. *gečdi mi* 55 *diyorum* ‚Ist .. vorbeigekommen?' sage (= frage) ich = ich meine (= f·), ob .. v· i·!" / *benim* (324) *de qarnım ağ* (401) auch mein Bauch [ist] hungrig = ich habe auch Hunger / *bekle* Imp. v. *beklemek* / *pišsin* (243) *de* (w.o.) *yiyelim.* [es : das Brot] soll gar w., daß wir [es] essen = laß es (nur erst) g· sein, dann essen wir's! / 56 *gitdikden ṣoñra* 458,5 / *qalqar* steht auf = geht hin [und] / 57 *kendini* 126; 380 / 58 *o gördüğü* (461) 59 *bāğče ile* (305a 1 *ile* u.) *fırın oğlan ile qızdır* (174e) jener Garten und Backofen, die sie gesehen hat, der Jüngling und das Mädchen sind / 61 *yüzer* 228,3 / *baqar ki bir büyük göl* sieht: e. großer See = s· da e.en großen S· / *bir ašağı b·* 62 *yuqarı* e.s (= e.mal) hinunter e· hinauf = auf und ab / *hīč bir yanını bulamaz* (299,2 und 1) *ki* (505b und c) *o bir* (h. *öbür*) *yana gečsin* (243) kann nirgendeine (= gar keine) ⟨Seite =⟩ Stelle ⟨davon : des Sees⟩ finden, daß (= wo) [sie] zur anderen (= auf die andere) Seite hinübergehen (= übersetzen) soll (=mag = könnte) / *ḍurur* bleibt [sie] stehen [und] / 63 *gečemiyeğek* (299,2; 204; 205) [sie] nicht hinübergehen können wird / 64 *qız* [*yapar*] / *yoluna* auf ihren (325) Weg = a· ihre Reise / 65 *gide g·* (v. *gitmek*, 281; 467) fortwährend gehend = immer weiterwandernd / *oğlanıñ memleketine yaqın varırlar* gelangen sie dem Lande des Jünglings nahe = g· s· in die Nähe der Heimat des J· / *bir ḫāna* (321,3f) in ein Karawanserai / 66 *ruba araba* Kleid(er) [und] Wagen / *seni de* 67 *götürürüm* (fut., 424 u.) [und dann] bringe ich auch dich hin (in des Vaters Palast)." / *öñüne* (305b) *yine o dervīš čıqar* kommt vor ihn wieder jener Derwisch ⟨heraus⟩ = taucht v· ihm eben j· D· auf / 68 *güveği girdiği* (461 M.) *odaya bıraqır* setzt [ihn] in das Zimmer ab, in das er [als] Bräutigam eingetreten war, = s· ihn in seinem (seinerzeitigen) Hochzeitsgemach ab / ⟨*bir de* =⟩ *birde* w. o. Z. 3 / 69 *ki kendi* (125) *yataqda* (401), *gelin de yanında* (305b) *yatıyor* daß er selbst im Bett [ist] und die (= seine) Braut neben ihm liegt / *ʿağeb ben düš mü* (73,2; 504,14) 70 *gördüm* „Sah ich denn [e.en] Traum = habe ich etwa [nur] geträumt / *bu naṣıl išdir* was ⟨für e.e Sache⟩ ist dies = was soll das bedeuten?" / *o ḫānda bıraqdığı* (461 M.) *qız* jenes Mädchen, das er im Karawanserai gelassen hat, / 71 *bir iki* (393) *sāʿat* (321,1d) *bekler* (v. *beklemek*, 228) [sie] wartet e.(e oder) zwei Stunden (lang) / *hay gidi ḫayırsız hay*, .. 72 *bıraqdı da gitdi, šimdi gelmiyor dēr* sagt: „Ha, der schlechte, nichtsnutzige Kerl, ha! Hat .. gelassen und ist fortgegangen, [und] jetzt kommt er nicht [zurück]!", / *oradan* (v. *gelir* ähnlich getrennt w. Z. 24 *seni* v. *aṣar*) *bir güğerğin olur gelir* v. dort — sie wird e.e Taube — kommt sie = verwandelt s. (wieder) in e.e T· und k· v. d· [herbei] (Es ist auch möglich, *oradan* „v. dort" als „vom Fleck weg = auf der Stelle = sogleich" aufzufassen und also zu übersetzen: v· s. sogleich in e.e T· u· k· h·) / *oğlanıñ* 73 *yatdığı odanıñ penğeresinden* (321,6b) durch das Fenster des Zimmers, [in dem] der Jüngling liegt, = zum F· des Z·, in dem der J· l·, hinein / *beh* (h. *be*) „Ha [du] / *ēliñ qızını aldıñ da ḫānlarda* (der Pl. bedeutet oft, w. im Ortspronomen *buraları*, 363, keine echte Mehrzahl, sondern e.e Indefinitisierung und Verallgemeinerung des Sg.s: „in irgendwelchen Karawanserais = irgendwo in e.em K·") *bıraqdıñ* e.es Fremden Tochter (= e. Mädchen aus der Fremde) hast du genommen (= dir geholt) und (= dann aber) in irgendeinem Karawanserai [allein] gelassen (= sitzen lassen) / 74 *oğlanıñ ʿaqlı* (E 2) *bašına gelib* des Jünglings Verstand kommt in seinen Kopf [zurück], und = der Jüngling kommt wieder zu Sinnen (: er erinnert s.) und / 75 *añladı* (v. *añlamaq*; inkonsequent steht statt des bisherigen Ao.s v. hier an das Perf. als Erzählform) merkte / *o gördükleri* (267,2; 461 M.) *šeyʾ* (h. *ṣey*) *düš değil* (174 i; 313,3; 504,7) *gerčekdir* jene Sache, die sie (: er und die Derwischstochter) sahen, nicht (e.) Traum, [sondern] wahr ist = das, was sie erlebt haben, kein T·, s· W·heit ist / *qalqaraq* 474 / 77 *o bir* (h. *öbür*) *qızı anasınıñ evine gönderib* das andere Mädchen (: seine erste Braut) sandte [er] in das Haus (: den Palast) seiner Mutter (etwa als deren Hofdame), und / *bu* (zu *qızı*) *dervīšden aldığı* (461 M.) *qızı kendine* (126) *nikāḥ* 78 *qıydırıb* dieses Mädchen, das er v. dem Derwisch bekommen hatte, ließ er s. ⟨selbst⟩ antrauen, und / *qırq gün q· ğēğe* (321,1d) 40 Tage [und] 40 Nächte (lang) / *yeñiden* v. neuem.

24 (Kúnos Nr. 61)

1 *bir vaqtiñ birinde* (381a 2; 321,5b) in e.em [Punkt] e.er Zeit = zu irgend e.er Z· = ⟨irgend⟩ e.mal / *bir ḥerīfiñ bir oğlu varmıš* (403; 200; 411,3) hatte e. Mann e.en Sohn / *quš ṭutub* (486) *ṣatmaq* 2 *ile* (438,8a) *gečinirmiš* lebte ⟨mit =⟩ vom Vogel-Fangen-und-Feilhalten = l· davon, daß er Vögel fing und verkaufte / *günlerde bir gün* (321,5b) e.es Tages ⟨in [all] den Tagen⟩ / *ölür* (nicht *olur*) 228,2 / *babasınıñ ne ile* 3 *gečindiğini* (460a) *bilmezmiš* (301 Vggh.Ao.) wußte nicht, ⟨womit =⟩ wovon sein Vater gelebt hatte / .. *anasına ey ana benim* (324, volkstümlich ohne Bedeutg. besonderer Betong.) *babamıñ gečinmesi* (257; 261; 446; 447a) *neden* (114) *idi* (185) ? 4 *bārī söyle de* (w. o. 23/54) *yapabilirsem* (291; 232; 492) *biz* (92) *de* (504,4) *onuñla* (305a 1 u.) *gečiniriz* (228,1; fut., 424 u.) *dēdikde* als [er] .. seiner Mutter sagt (= seine M· fragt:) „O M·, wovon war meines Vaters Auslangen (= w· hat mein Vater gelebt)? Sage [es] einmal (= doch), dann leben, wenn ich [es auch] machen kann, auch wir ⟨damit =⟩ davon!", / *anası* (Kurzgen. w. 458,5 M.) .. 5 .. *quš ṭutub ṣataraq gečinirdi* (230; 426 o. zu 424,2) *dēmesiyle* (305a 1 *ile* M.; 257; 447; stellt enge, voraussetzend-begründende Verbindung zum folgenden Verbum her, wiedergebbar durch Nebensatz „weil/da .." oder Hauptsatz mit anknüpfendem „.. und [darauf(hin)/somit/also]) mit dem „.... pflegte auszukommen, indem er Vögel fing und verkaufte"-Sagen seiner Mutter = da seine M· sagt „.... p· a·, i· er V· f· u· v·", = sagt (= antwortet) seine M· „.... p· a·, i· er V· f· u· v·", und (daraufhin) / *oğlan qušları ne* (120) *ile* 6 *ṭutardı* (426 o.) *deyinğe* (278; 465) als der Bursche „Womit fing [er] (immer) die Vögel?" sagt = (mit entsprechendem Anschluß an das vorige Präd.:) und als daraufhin der B· fragt „W· f· er i· d· V·?" / *oğlum* .. *bir qapanı* (323) *vardır* (175; 176), *onuñla ṭutardı dēdikde* [und] ⟨als⟩ [sie : die Mutter] sagt (= antwortet) „Mein Sohn, .. ist e. Fangnetz v. ihm ⟨vorhanden⟩, mit dem fing [er sie].", / *oğlan* 7 .. *čıqıb* .., *qıra giderek* (vorzeitig w. *piširerek* 7/2) *bir ağağıñ üstüne* (305b) *qapanı qurar.* steigt der Bursch .. hinauf und .., geht ins Freie und stellt das Fangnetz auf (= in) ⟨e.en =⟩ e.em Baum auf. / Die lange Periode v. *bir gün* (Z. 3) bis zum

ersten Verbum finitum *alır* (Z. 7) mit ihren Gerundien und Verbalnomina (*dēdikde, dēmesiyle, deyinğe, dēdikde, čıqıb*) würde in wörtlicher D Übs. e.en unübersichtlichen Schachtelsatz ergeben. Man löse daher diese Verbalformen in umgekehrter Reihenfolge, also v. der letzten beginnend, in Verba finita auf und stelle dann für die endgültige Übs. die Verbindung der so gewonnenen Hauptsätze, in der Reihenfolge des Originaltextes dem Gedankenablauf folgend, durch „und, also, somit, da, darauf, daher" u. ä. her. / 8 *dērken* (288; 478) ⟨während [man es = dieses] sagt = (Redewendg.:)⟩ unterdessen / *efendim* (zur Spannungssteigerung eingeworfene Anrede des Erzählers an den Zuhörer:) — mein ⟨Herr =⟩ Lieber! — / 9 *beni ṣalı-vēr, saña para ēdeğek* (179; 180 u.; 454) *güzel qušlar yollarım* (228 o.; fut., 424 u.) „Laß mich frei, ich schicke dir schöne Vögel, die Geld einbringen werden, / 10 *sen de onları ṭutub ṣatdığıñ vaqit* (462,1) *čoq* (162) *para qazanırsıñ* (228,1; fut. w. o.) und wenn du sie fängst und verkaufst, verdienst du viel Geld!" / 11 *qarğanın yalvarmasına* (446) *ḍayanamayıb* (299,2; 302) kann dem Flehen der Krähe nicht widerstehen und / 12 *beklerken* 228 o.; 288 / *gelerek* 283 / 13 *qušu* (28 A) *görünğe* (278) *güzelliğine* (*v*)*urulub amān bu ne* (373) *güzel quš imiš* (192; ähnlich w. 411,4 und 5, als Ausdruck der Überraschung, mit Präs.-Bedeutung) *deyü* (h. *diye*, 473) *sevib* 14 *ḍururken* (w. h. *seve dururken*, vgl. 291,3) (und) sowie er den Vogel erblickt, wird er von seiner Schönheit bezaubert, und während er [ihn] immerzu (= gerade) mit den Worten „Ach, was für e. schöner V· das (doch) ist!" streichelt, / 15 *čoq* (vgl. 164) *paralar* (320) viel(e) Geld(stücke) / *qor* 228 o., v. *qomaq* / 16 *gördükde* 462,1 A / *bir čoq* 164 / 17 *sevinerek* (283; 474) s. freuend = voll Freude / *evine* in sein Haus = nach H·e / 18 *quša* (321,3d) dem Vogel = für den V· / *altın qafes* 329a 2 / *yapdırıb* 514d 4b / *ičine* (305b *iç*) in ihn = (da) hinein / 19 *efendim bu quš güzel* (401) „Mein Herr (= Gebieter), dieser Vogel [ist] schön, / 20 *buña* (98) *bir* (zu *köšk* !) *fīl dišinden* (67; 321,6c 3) *köšk yapdırmalı* (236; 427) d⟨ies⟩em muß man e. Häuschen aus Elfenbein machen lassen, / *bu* (352, subst.) *onuñ* (98) *ičinde* (305b *iç*) *yaqıšır* ⟨in jenem =⟩ darin sieht dieser hübsch aus = da paßt (= gehört) der hinein!" / 21 .. *nerede bulmalı* (427) wo ⟨muß =⟩ soll man .. finden (= auftreiben)?" / *qušu getiren* (455 o.) .. *de* 22 *bulur* (derjenige,) der den Vogel gebracht hat, findet auch ..!" / *dēmesiyle* w. o. Z. 5 / *čağırtaraq* 514d 2; 283 / *yapmaq ičin* 438,8a / 23 *getireğeksiñ* 414 u. / *oğlan* .. *nerede bulayım* (431) 24 *dērse* (232) *de* (498; 504,4 u.) wenn auch (= obwohl) der Bursche „.., wo soll ich .. finden?" sagt = der B· s· zwar „.., w· s· i· .. f·?", jedoch / *nerede bulursañ* (498) *bul* „Finde [es], wo (immer) du [es] f·est = f· e·, w· d· willst (= magst)! / *saña qırq gün* (321,1d) *izin*, [hiermit gebe ich] dir (= du hast) 40 Tage Urlaub: / *eğer bulamazsañ* (299,2 und 1; 232; 492) wenn du [es] nicht finden kannst, / 25 .. *boynuñu* (E 2; 43; 28 A) (*v*)*ururum* haue ich .. deinen (= dir den) Hals ab = lasse ich dich .. köpfen!" / 26 *düšünerek* nachdenkend = voll Sorgen / *ne ḍuruyorsuñ* „Was stehst du [so herum] = worauf wartest du = was hast du?" / 27 *o da güč bir* (329b o.) *šey mi* (504,14; 401) „[Ist] das auch [schon] ⟨e. schwieriges Ding =⟩ etwas Sch·? = Das ist doch gar nicht schwer! / *git* Imp. / .. *qırq araba* (Mengenangaben, w. schon o. Z. 24 *qırq gün izin*, stehen im Indef. laut 321,1d und sind, w. die Zählwörter 388, Erweiterungen des ihnen folgenden Nomens w. 329a) 28 *šarāb iste* verlange .. 40 Wagen (voll) Wein!" / *ben siziñ* (92; 324, ohne besondere Betonung) *istediğiñizi* (457) *getireğeğim* (205) ich werde (das), was Ihr verlangt (habt), bringen, / 29 *vēriñiz* 244 / *hemān emr* (E 2) *ēdib* (179) .. *qırq araba* 30 *šarābı* (321,4 a; im T wird nur das Nomen, im D jedoch nur die Erweiterung flektiert!) *vērirler* (148) befiehlt sogleich, und man gibt .. die 40 Wagen Wein / *fılān* (auch *falan/filan*, 381 c 2) 31 *yere* zu dem und d· Ort = dort u· dort hin / *dāne* h. *tane*, 388 / *şu yalağı* E 3; 67 / *ne-qadar* (372 u.; verallgemeinert — auch ohne *her* — laut 378) *fīl varsa* (214; 498) wieviel(e) Elefanten vorhanden sind (= sein mögen) = alle E·, die es (nur) gibt, / 32 *ičerler* 228,3 / *bu šarābları* (der Pl. — vgl. Anm. zu *ḫānlarda* 23/73 — bedeutet oft nur e.e Betonung der Totalität des Sg.-Begriffes, also „ganz, all") .. *ḍoldur* (514d 4b) fülle ⟨diese Weinmengen (320) =⟩ all d(ies)en Wein .. / *bir yana* (321,3 a) *gizlen* 33 *bekle* verstecke dich ⟨nach e.er Seite =⟩ (irgend)wo ⟨hin⟩ (= abseits) [und] warte! / *o fīller şu vaqti* (E 2; 67) *gelinğe hepsi* (381 a 5) *oynašıb* (514 c o.) *şıčrayaraq* (283) *gelib* jene Elefanten kommen, sobald die ⟨Wasserzeit =⟩ Zeit zum Trinken kommt (= gekommen ist = da ist), alle(samt) sich (miteinander) tummelnd und hüpfend, und / *yalaqlardaki* 73,4 M. / 34 *şusanaraq* dürstend = durstig = gierig / *sen de git* du aber geh [hin und] / 35 *sök* Imp. / .. *getir* [und] bringe [sie] ..!" / *arabaları čekerek* ⟨die Wagen ziehend =⟩ mit den W· ⟨reisend⟩ / 36 *varır* 228,2 / *qarġanıñ dēdiği gibi* (458,5 M.) wie [es ihm] die Krähe gesagt hat / *bir yere* an e.en Ort = (irgend)wo⟨hin⟩ = abseits / 37 *bir čoq* vgl. 164 / *gideğekleri* (267,1) *zamān* (462,1) als sie (fort)gehen ⟨werden =⟩ wollen / 38 *söker* 228,3 / 40 *qušuñ hīč* 41 *sesi čıqmaz* (299,1) ⟨des Vogels Stimme kommt nie heraus =⟩ der Vogel gibt gar keinen Laut v. s. / *pādišāh bu quš bu-qadar* (361) *güzel* (401), *ʿağeb ničin ötmiyor* (= *ötmüyor*, 301 Präs.; *-mi-/-mü-* aus *-me-* w. 223) *deyü merāq* 42 *ēderken* (179) während der König s. wundert ⟨mit den Worten =⟩: „Dieser Vogel [ist] so schön — warum nur singt er nicht?", / *vardır* 403; Nachdruck, 176 / *onu* diesen = den = ihn / *ki* .. 43 *ötsün* (240; 505 b) daß (= damit) .. singe(n soll) (= singt)!" / ... 44 *bulan* (455 o.) (derjenige), der ... gefunden hat, / 45 *senden* 92; 321,6 a und e u. / *bunu* (28; 98; 99; 352) diesen (: den Vogel) = ihn / *ṣāḥibi* 46 *kimdir* (111; 174 e; im volkst. T können direkte Fragesätze auch als indirekte F·, w. hier, verwendet werden, ansonsten laut 460 a: *ş·nin k· olduğunu*) *ne bileyim* (431 u.) ⟨was =⟩ wie soll ich wissen, wer sein Herr ist?" / *dērse de* w. o. **Z. 24** / *elbett bulağaqsıñ* (414 u., jedoch deutlich als betonter Befehl) „Du wirst (= mußt) [ihn] unbedingt finden, / *yoqsa* (214; 498 u.) *seni öldürürüm* (514 d 4 b) sonst töte ich dich! / 48 *ağlıyaraq* 283 / *bunu* diesen = ihn / *ne ağlıyorsuñ* (224) „Was (= warum) weinst du?" / 49 *onuñ ičin* (350) *ağlanılır* (514 a 4; 424,1 und — ähnlich — 7) *mı*, wird deswegen geweint? = (148 u.:) weint man (denn) deswegen? (rhetorische Frage, w. auch schon o. **Z. 27**, = emphatischer Ausdruck des Gegenteils des Frageinhaltes :) deswegen w· m· doch nicht! = desw· braucht m· doch n· zu weinen! / 50 *ičinde ṭayfaları* (54) *qırq dāne qız olağaq* (207; 414 u., Befehl : „muß") ⟨seine (: des Schiffes) =⟩ die Matrosen darin (= darauf) müssen (314 M.) 40 ⟨Stück⟩ Mädchen sein / 51 *bir de* (32 o.) ⟨auch =⟩ und e. / *yapdırsın* (243; 431) soll [er (: der König)] machen lassen / *onuñla* (305 a 1 u.) mit jenem (: dem Schiff) = mit ihm = damit / 53 *istediği gibi* (458,5 M.) w. er (: der Bursche) [es] verlangt, / 54 *ičine biner* steigt (in es) hinein = geht an Bord / 55 *šimdi ben ne* (373) *ṭarafa* (321,3 a) *gideyim deyib ḍururken* (w. o. **Z. 13—14** *sevib ḍ·*) während [er s.] ⟨immer (noch) =⟩ eben sagt (= fragt) „Nach welcher Seite (= Richtung) soll ich jetzt ⟨gehen =⟩ fahren?", / *gemiyi ṣağ* 56 *yana ṣalı-vēr*, „Laß das Schiff nach der rechten

Seite laufen = halte n· rechts! / *gide gide* (467) immerzu gehend (= fahrend) = im Laufe der Fahrt / *o ḍaġıñ yanına* (305b) zu jenem Berg = an diesen B· / [57] *qırqlardandır* (390; 321,6c 2) gehört zu den Vierzig (: Heiligen des Volksglaubens, die im Verborgenen leben, mit Allāh, den Engeln und einander in ständiger Verbindung stehen und Wunderkraft besitzen, hier freilich, in weitgehender Verwässerung und Verzerrung der alten Vorstellung, als Feen erscheinen, so daß *ṣāḥib* im folgenden sinngemäß mit „Herrin" zu übersetzen ist) / *onları* jene = sie (: die Herrin des Vogels mit ihren Begleiterinnen) / [58] *bin* Imperat. v. *binmek* / .. *onlarıñ olduġu* (269; 325) *yere* (461 M.) *čıq* geh (= fahre) .. hinaus zu der Stelle, [an der] sie sind, / *gemi* (Kurzgen.) *ne olduġunu* (460a) [59] *bilmezler* (299) wissen nicht, was [e.] Schiff ist, / *ʿağeb bu naṣıl šeyʾ-dir deyü qız saña yalvarır*, indem sie fragt „Was für e. Ding ist das denn?" bittet das Mädchen (: die Herrin des Vogels) dich inständig: / [60] *baqayım* (431) *naṣıl šeyʾ-dir* (indirekte Frage w. o. Z. 45—46) ich will (= möchte) sehen, was für e. Ding [es = das] ist!" / *yalıñız qızı al* nimm das Mädchen allein (ohne ihre Begleiterinnen) [und] / .. [61] *gezdirirken* während [du ihr] .. zeigst / *ište .. odur* (denn) ⟨siehe =⟩ eben diese ist ..!" / [62] *ḍoġru qarġanıñ dēdiġi yere* (461 M.) *gider* fährt gerade(nwegs) zu dem Ort, den (ihm) die Krähe gesagt hat, / [63] *birde oturub ḍururken* (w. o.) auf einmal, während [er] eben ⟨sitzt = verweilt =⟩ wartet, / *aqšam üstü* V. *üst* / *o qırqlarıñ baši haydı ..* [64] *gidelim deyü ṭoplanırlar*, finden sie (: die Feen), indem das Oberhaupt (= die Anführerin) sagt „Auf, wir wollen (= laßt uns) .. gehen!", s. zusammen, [und] / *a* „Oh, / [65] *šeyʾ* 401 / *gelmiš* (414,4) muß [es] wohl gekommen sein?" / [66] *onlarıñ yanına* (305b; 325) zu ihnen / *amān sen kimsiñ* (174b), *o deñizdeki* (subst.) *nedir* „Ach, wer bist du, [und] was ist ⟨jenes auf dem Meer Befindliche =⟩ das dort a· d· M· ?" / [67] *o* (subst., Subj.) *gemidir* „Das ist [e.] Schiff, / *qapṭanıyım* (174a) bin sein Kapitän = b· der K· ⟨davon =⟩ darauf!" / *beni gemiye* [68] *getir de* (w. o. Z. 23/53—54) *naṣıl šeyʾ-dir* (indirekte Frage w.o. Z. 45—46) *göreyim* bring mich zu dem Schiff, daß ich sehe, was für e. Ding [es] ist!" / *amān buyuruñ* (244; zum Eintreten, Platznehmen, Zugreifen usw. einladende Höflichkeitsphrase) *gidelim* „Ach (= aber) ⟨befehlet (nur) =⟩ bitte sehr, gehen (= fahren) wir (hin)!" / [69] *sevinerek* w.o. Z. 17 / *imiš* w.o. Z. 13 / [72] *gemi gitmede* (259 u.) *olsun* (241) das Schiff soll im Fahren (vgl. 438,6) sein = während also d· Sch· dahinfährt, / *vay aqšam olmuš vaqit gečmiš* (überraschte Feststellungen w.o. Z. 13, und 411,4) „O weh, [es] ist Abend geworden, ⟨die Zeit ist vergangen =⟩ es ist schon spät, / [73] *varayım gideyim* ich will (= muß) ⟨hingehen =⟩ mich aufmachen [und] ⟨i· w·⟩ (fort)gehen!" / [74] *siziñ* (92; 93; 305a 1 u.) *ičin* Euretwegen / [75] *nāfile hīč* (Verstärkg. der Negation) *aġlamayıñız* (301 Imp.) weinet doch nicht vergeblich!" / *ne ise* (378 M.) kurzum, / *bunlar gele g·* (467) *pādišāhıñ* [76] *šehrine gelirler* ständig rückkehrend kehren ⟨diese =⟩ sie in die Stadt des Königs zurück = sie kommen schließlich i· d· St· d· K· z· / *ṭoplar atılıb oġlanıñ geldiġini pādišāha ḫaber vērirler* (die) Geschütze werden (zum Salut) abgefeuert (= gelöst), und man meldet dem König, daß der Bursche gekommen ist / *pādišāh* [77] *sevinerek* indem der König s. freut = d· K· f· s., und / *birde* ⟨auf einmal =⟩ da (= dann) / *biñ ǧān ile ʿāšıq olur* wird verliebt (= v· s.) [in sie] mit 1000 Seelen (= aus tiefstem Herzen) / [78] *bašlar ötmeġe* 438,5; 315 / *ötmesi* (446) *ǧihānı ṭutub* sein Singen (= Gesang) erfaßt (= erfüllt) die (= alle) Welt, und / *her kes* 381a 3 /

80 *kendine* 126 / *nikāḥlar* 228 o.; V. *nikāḥ* / *yapdıqdan* **81** *ṣoñra* 458,5 / *ḫastalanır* (*-la-* 513,1b; *-n-* 514b 1) V. *ḫasta* / *her vaqit* allezeit (= immer wieder) : zur stärkeren Betonung mitten in die Gen.-Konstruktion (66) *qızıñ o ṣanğısı* (diese Leibschmerzen des Mädchens) eingeschaltet / **82** *ṭutarmıš* (231; 426 M.; *-miš* nach *meğer-se* = *meğer* w. o. 10/2) pflegten [sie] zu befallen / *onuñ olduğu yerde* (461 M.) an dem Ort, an dem sie war, = dort, wo sie (bisher) lebte, / *bir ʿilāğı olub* (Ersatz für fehlendes Gerundium v. *var*, w. auch im Fut., 208, und Potentialis-Irrealis, 214; Konstruktion w. 402) hatte sie e.e Arznei, und / *onuñla* (305a 1 u.) mit(tels) dieser (Arznei) / **83** *gečermiš* (231; 426 M.) pflegten zu vergehen = ließen s. beseitigen / **84** *bunu getirdiğiñ yere* (461 M.) zu dem Ort, [v. dem] du diese (= sie) gebracht hast, = dorthin, v. wo d· s· (her)g· h·, / *varmıš* 200; 403; 411 / *onu al gel* diese nimm [und] komm (zurück) = die hole (her)!" / **86** *onu almağa* (438,5 u.) *gidiyorum* ich gehe, um diese zu nehmen = die fahre ich holen!" / *qarğa* dazu Präd.: *deyinğe* Z. 89 / **87** *oraya čıqdığıñ vaqit* (462,1) wenn du dort⟨hin⟩ aussteigst (= an Land gehst), / *onuñ sarāyı-dır* [es = das] ist ihr (: der Prinzessin) Palast / *qapısına* **88** *vardıqda* (462,1 A) *qapı* (Kurzgen.) *öñünde* (305b) *iki dāne aslan ḍurur* (314 M.; 424,3) wenn [du] zu seinem (Poss.-Suff. 3. Ps. läßt sich im D oft besser mit „dort" wiedergeben: = dort zum) Tor gelangst (= kommst), stehen vor dem T· zwei ⟨Stück⟩ Löwen; / *al bu tüyü* (28 A) nimm diese Feder = da hast du e.e F·, / .. *biriniñ* (169) *ağzına* (E 2) **89** (*v*)*ur* schlag [sie = damit] .. ⟨auf das Maul des e.en von ihnen =⟩ dem e.en aufs M·, / **89** ⟨*birde* : irrige Verbindung laut 32, für richtig =⟩ *bir de birine* (169) (*v*)*urduğuñda* (458,4) [und] wenn du auch (= gleichfalls) ⟨e.s =⟩ e.mal ⟨auf⟩ den andern ⟨v. ihnen⟩ schlägst, (so) / *bir šeyʾ* 152 / **90** *baqar bir sarāy ammā pādišāhda öyle* (108; 110) *s· yoq* (176; 405) [und] schaut [:] e. Palast, aber beim König ist solch P· nicht vorhanden = u· sieht e.en P·, wie ihn aber n· [einmal] der K· hat / **91** *bir* (in Anlehnung an das reziproke Pronomen, 135, und die Suff.-abwurfregel 313, 1 und 2, Kürzung v. *biriniñ ve*) *biriniñ* (169) *ağızlarına* auf die Mäuler des e.[en und] andern = dem e.en u· d· a· aufs Maul / **92** *qızlar* .. *gördüklerinde* (458,4) als (= wie) die Mädchen (: die früheren Gefährtinnen der jetzigen Prinzessin) .. sehen, / *qızıñ ṣanğısı ṭutub oğlanıñ onuñ* **93** *ičin geldiğini* (458,3 erweitert durch vorangesetztes zweites Subj. mit Präd. im Gerundium 302, wofür sonst *q· ṣ·nıñ ṭutduğunu ve* stünde) *añlarlar* verstehen (= wissen) sie, daß des Mädchens (: der Prinzessin) Leibschmerzen [sie] befallen haben (= daß das Mädchen [wieder] seine L· hat) und der Bursche deswegen gekommen ist, [und] / .. *öldü mü* 186 A; 73,2; 504,14 / *yoq ḫastalandı* „Nein (= keineswegs), sie ist [bloß] krank ⟨geworden⟩! / **94** *vēresiñiz* (240; 431) [die] sollt ihr [mir] geben." / **96** *qonaraq* 475 / **97** *ṣanğıdan* 321,6c 1 / *ölü* (512,9d) *gibi* w. tot (= e.e T·e) / *yatarmıš* 426 u. / *hemān ʿilāğı ičirdikleri* (514d 6; 267,2) *gibi* (458,5 M.; 465 u.) sogleich wie (= sobald) man (148) [ihr] die Arznei einflößt (= eingeflößt hat), / **98** *gözünü* (58 u.) ihr[e] (= die) Auge[n] / **99** .. *beni buralara* (102; 103) *düšürdüñ* (514d 6; 184) .. hast du mich in diese Gegend verschlagen (= getrieben) / *ne ise* (vgl. 378 M.) was es auch ist = wie dem auch sei = indessen / *čekmedim* 301 Perf. / *bu oğlanğıq* (511,7) *bu āna-dek* (305a 3 *kadar*; meist, w. hier, mit dem betr. Dat. verbunden geschrieben) **100** *neqadar* (374) *ezīyet čekdi* wieviel Plage hat der arme Junge da ⟨bis zu diesem Augenblick =⟩ die ganze Zeit hindurch erduldet (= auszustehen gehabt)! / *hīč utanmaz mısıñ* (299,1 u.) Schämst du dich gar nicht?" / *amān* 101 *efendim ne oluyorsuñuz* (V. *olmaq*) „Aber meine Liebe, was habt Ihr (denn)?" / 102 *buña* (h. *buna*, 98; 321,3f) ⟨auf diese =⟩ über sie / *böyle* 108 / *šimdi o da baña* 103 *bu išleri yapdı* jetzt hat ⟨diese =⟩ sie ihrerseits mir ⟨diese Dinge =⟩ all das (an)getan / *ben bir fenālıq* (511,1) *görmedim* ich (344 o.) habe ⟨nicht e.en =⟩ keinen Schaden erfahren, / *onuñ yüzünden* (V. *yüz*; vgl. 305b) ihretwegen / 104 *haydı qaltaq qılıġıña gir de gel* „Wohlan, [du] schlechtes Weibsstück, ⟨tritt in deine Gestalt ein =⟩ nimm [wieder] d· [alte] G· an und komm her!" / 105 *gidib silkinerek* geht [hin] und schüttelt s. und / *güzelliği* (511,1) *hemān pādišāhıñ aldıġı qızdan* (81; 321,6h; 332) *da pek* (83) 106 *ašaġı qalmaz* ihre Schönheit bleibt auch nicht sehr [viel] tiefer als ⟨eben das Mädchen =⟩ [die Sch·] e· jenes M·, das der König genommen hat = sie steht an Sch· kaum e· jenem M· nach, das der K· geheiratet h· / 107 .. *kendiñe* (126) *evlād ēt* mach .. dir selbst [zum] Kind = nimm .. an Sohnes Statt an / 108 .. *ēderek* 475 / 109 *murādlarına ērirler* gelangen zu ihrem Wunsche = und werden glücklich (: stereotype Wendung im Happy end der T Märchen)

Id

25 Für die Alt-Stambuler Volkskomödie, das *orta oyunu* („Mitte-Spiel = Sp· in der M· [des Zuschauerkreises im Freien]"), ist neben der volkstümlichen Sprache reichliche Verwechslungskomik kennzeichnend. In der hier wiedergegebenen Szene aus dem *Büyüğü oyunu* („Zauberer-Spiel") nach I. Kúnos, Orta-Oyounou, Théâtre populaire turc (Budapest 1888), S. 2ff., wird im Dialog zwischen den Freunden und Nachbarn *Ḥamdī* (volkst. Kurzform v. *Ḥamdullāh*) und *Ṭosun* ein solches „Mißverständnis" um die volkst. Bezeichnung der Bosporus-Lokaldampfschiffe, *dilenği vapuru* = „Bettlerdampfer" (weil sie, wie Bettler alle Haustore beiderseits der Gasse, im Zickzackkurs sämtliche Landestellen an beiden Bosporusufern „abzuklappern" pflegen), breit ausgesponnen.

1 *Ṭosunğuġum* (511,7) mein ⟨kleiner =⟩ lieber Ṭosun (dieser hat s. soeben nach dem Grund v. *Ḥamdī*'s sauerer Miene erkundigt) / *bašıma gelen mā-ğerāyı* das auf (= über) mein Haupt gekommene (452 u.) Abenteuer = was mir passiert ist / .. *naql* (E 2; 179; 406) *ētsem* (209; 490) *de diñleseñ* wenn ich (jetzt) .. berichte und du zuhörst (= es dir anhörst) / 2 *o zamān* (321,5b o.) *añlarsıñ* ⟨(zu) jene(r) Zeit =⟩ dann verstehst du [sie] / 3 *gečmiš* (453) *olsun* (240; 241) vorüber⟨gegangen⟩ soll [es] sein (Wunschformel gegen Krankheit = „Gute Besserung!", und unangenehme Erlebnisse :) ≈ hoffentlich ist alles wieder gut / *bendeñiz* (92 o.; Kurzgen.) *de merāqlı* (511,2a) *olduġumu* (267,2; 269 u.; 458,3; 349) *bilirsiñiz* 4 *a* (V.) und daß [ich,] Euer Diener (= meine Wenigkeit) [,] neugierig bin, wißt Ihr doch / *naql ēdiñ* (180 u.; 244 M.) *de* (w. 23/53—54) erzählet (also), daß / *añlayayım* (240; h. *anlı-* w. 204 o.) / 5 *šu* (zu *m*·!) *bizim* (324, jedoch ohne Betonung) *yuqarıki* (w. 321,5b u.) *semtdeki* (73,4 u.) *muḫtārıñ eviniñ bir odasında kirā* 6 *ile oturduġumuz* (458,1) daß wir (= bescheiden für: ich, 93) mit (= auf) Miete in e.em Zimmer des Hauses dieses (dem *Ḥ*·, der ihn offenbar der absichtlichen Irreführung verdächtigt, seit dem hier erzählten Abenteuer unausstehlichen) Bezirksvorstehers in unserem Viertel oben wohnen, / *maʿlūmuñuzdur a* ist doch Euer (Wechsel der Anredeform zwischen 2. Ps. Sg. „du", Z. 1 und 2,

und nun Pl. „Ihr“, im T überaus häufig) Bekanntes = i· Euch ja bekannt / [7] *maʿlūm* 401 / [8] *her* (378) *naṣılsa* (213; 498) wie immer [es = dem] ist (= sei) = jedenfalls = nun also / *erkenğe* 511,6b 1 / *qalqmıšdım* 201 / *āb-deste* (Allegroform für urspr. *āb-ı deste,* w. 17 u.; 321,3a) zur (rituellen) Waschung (= Umschreibung für: Toilette) / [9] *ev ṣāḥibimiz* (71) *olağaq* (204; 207; 449; 454; drückt im Gegensatz zum Präs.-Part. *olan* und entsprechend der Anm. zu 454 o. e.e verächtlich-spöttische Infragestellung und Distanzierung aus) *muḫtār efendi* der Herr Bezirksvorsteher, der unser (= mein) Hausherr (also Respektsperson) sein soll, = der H· B·, m· (sogenannter) „Hausherr“, / [11] *ṣoñra* ⟨nachher =⟩ na und = und weiter? / [13] *ṭutma* 301 Imp. / [14] *evet* w.o. *ṣoñra* / [15] *ḥālimiz* (F 4) unsere (= meine) Lage = wie es mir geht, / *biz de az sefīllik čekmiyoruz* auch wir (= ich) leiden nicht wenig Not = ich bin a· n· auf Rosen gebettet (rhetorische Verneinung: betonte Aussage des Gegenteils) / [17] *amān öyle ise ḍur* „Ach bitte, wenn [es] so ist, [dann] warte / *giyineyim de* will mich ankleiden, daß / [18] *bir qošu* (512,9) [in] e.[em] Lauf (= Atemzug) = ohne anzuhalten / [19] *yetišdik* 184; 409 / [20] *kēse čıqarıb .. vēren* (452 u.; 455 o.) *olmadı* [e.] Beutel-Ziehender und .. Gebender entstand (= ergab s.) nicht = [aber es] fand s. keiner, der den B· zog (= gezogen) und (auch nur) .. (her)gab (= gegeben hätte) / [21] *benim .. gidišimiñ* (512,7) *sebebini* den Grund meines .. Gehens = warum ich .. gegangen bin, / [22] *ničin gitdiñiz baqalım* (V.; vgl. 432 M.) warum seid Ihr denn [dorthin] gegangen / [23] *añlatdıqdı* (187,1; 413 u.) hatten wir (= habe ich) [schon] erklärt / .. [24] *vērirler ẓann* (179) *ētdim de* ich meinte (= dachte), man (148) gibt (= gebe) .., und / *anıñ* 95 / *gitdimdi* 187,1 / .. *vēren yoq* keiner da ⟨ist =⟩ war, der .. hergegeben hätte / [25] *añlamıšsıñız* 411,4 / [26] *birisi* 166 (Gemeint ist der Billeteur, der s. damals mit e.em Gong [= Ḥ·s „*teneke*“] bemerkbar zu machen pflegte.) / [27] *nereye* (121) *čıqağaqsıñız* „Wo⟨hin⟩ werdet (= wollt) Ihr aussteigen?“ (oder: „.. hinaufsteigen?“, wie es der einfältige Ḥ· auffaßt: als Aufforderung, s. auf dem Dampfer einen Steh- oder Sitzplatz zu suchen) / *düšündüm d·* dachte [hin und] d· [her, und] / [28] *öyle değil* (504,7; 401) so [ist (= meine ich) es] nicht, [sondern] / *biz anıñla* (h. *onunla,* 305a 1 u.; 95) *muḥāvere ētmekde* (438,6) [29] *olalım* (241) wir sollen beim Disputieren mit jenem sein = während ich also mit dem [noch] disputiere (vgl. 24/72) / *Qanlığa iskelesine* (321,2g) zur Haltestelle Q· (Ort auf dem asiatischen Bosporusufer) / *orası* (102; 103) jener Ort = das / *imiš* 192; 411,1 / [30] .. *ğümlesi* 381a 5 / *biz* [nur noch] wir = ich / [31] *bašqa* 145 / *yoqdur* 175; 176 / *öyle ise* (w.o. Z. 17) dann / [32] .. *de vēreyim* daß (w. 23/53) ich [dir e.e Fahrkarte] gebe / *ne parası* (321,2d) das Geld von was = G· wofür / *buraya dilenği vapuru* [33] *diye* (vgl. 472,3) *dilenmeğe geldim* ich bin hierher ⟨„Bettlerdampfer“ sagend =⟩ als auf den B·, um zu betteln, gekommen, [also] / [36] .. *ṭoplayanlar* [diejenigen,] die .. einsammeln = die ..-Einsammler / [37] *parmaqlıqdan* 321,6b / *vapura ne ičin* (120) [38] *binmiš olduğumu* (271; 458,3) weswegen (= wozu) ich den Dampfer bestiegen hatte / .. *añlatdım* (= *a·sa* laut 313,5, da parallel zu *dēdimse de*; 504,4 u.) obwohl ich [ihnen] erklärte, .., [und] / *param da olmadığından* (Ersatz für fehlendes Verbalnomen v. *yoq,* w. 208 und 214; Abl. d. Begründg. 321,6c 1 = h. *-dan dolayı* 458,5) *bilet alamadım* (299,2) „und da ich kein Geld habe, konnte ich keine Fahrkarte kaufen!“ / [40] *Ḥamdīğiğim* vgl. *Ṭosunğuğum* o. Z. 1 / *čıqmanıñ* (442) *qolayı* ⟨das Leichte (= die l· Weise) des Herauskommens =⟩ l·er Ausweg [möge dir v. Allāh gewährt werden (= worden sein)]! / *naṣıl* wie = was / [41] *yapağağız*

(414) ⟨werden wir =⟩ sollte ich [schon] tun? / *döğmeğe* (oder *dövm·*) nicht *dökm·* / *bereket versin* : V. *b·* / 42 *iskeleniñ bašında* ⟨am Kopf der Anlegestelle =⟩ (gleich) beim Landungsplatz / .. *olan* (252; 452) *efendi* der Herr, der .. ist, / *bize* 43 *ētdikleri* (461) *ḥaqāreti* den Schimpf, [den] sie ⟨uns =⟩ mir [an]taten, / *görmüš*, .. *ağımıš* 411,4 / *ḫidmetkārıyle* (305a 1) ⟨mit seinem =⟩ durch seinen Diener.

IIa

Das *Ṭūṭī-nāme* („Papageienbuch") ist eine P Sammlung von Anekdoten und Märchen, deren T Übersetzung (Druck: *Kitāb-ı Ṭ·*, Stambul 1256 d. H.) in vornehmen Kreisen als Unterhaltungslektüre überaus beliebt war. Im Unterschied zur volkstümlichen Sprache der bisherigen Lesestücke ist sein Stil eleganter und verwendet P (515) und A (516) Wortbildungen und Fügungen (17; 79; 306; 336; 18; 516c), über deren Transkription die Einführung dieser Chrestomathie (Anm. **18, 22, 23**) handelt.

26 (*K·-ı Ṭ·*, S. 223)

1 *Meʾmūn-ı ḫalīfeye* (Dat. der nach P Art wie adj. Nominalerweiterungen, 79, gebildeten und im T als e. einziges Nomen behandelten Appositionsgruppe *M·-ı ḫalīfe*) zu M·, dem Kalifen, = zu dem [ʿabbāsidischen] K· M· (herrschte 813—33 n. Chr.) / *emīrü ʾl-müʾminīn* V.; 18 / 2 .. *ʿazīmet eyledim* (179) ich habe den Vorsatz gefaßt (zu) .. / *aqčam yoqdur* (402) *dēdi* (abundierend zu *dēdi ki* Z. 1) sagte: „.. ich habe kein Geld." / 3 *saña ḥağğ ētmek* (438) *farż değildir* (174i) ist Wallfahrten dir (= für dich) nicht Pflicht = bist du nicht zur Pilgerfahrt verpflichtet / 4 .. *deyinğe* (Doppelpräd. zu *ğevāb ētdi ki* Z. 2, stellt syntakt. Anschluß zum folg. her) als [er] .. sagte = .. . Darauf / *eyitdi* v. *eyitmek* / *yoqluqdan* (321,6c 1) *šikāyet ēdib* (syntakt. abhängig v. *deyü* Z. 5) indem [ich] wegen der (= über meine) Armut klagte und / *ḥağğ ētsem* 5 *gerek* (501 M.) *aqčam yoqdur deyü* (477) ⟨indem [ich]⟩ sagte ‚Ich müßte die P· machen, habe [jedoch] kein G·', / *senden* (92) *iḥsān ümīd ēderim* (424,5) [aber eigentlich] erhoffe ich von dir [e.] Geschenk / *sen ise* 504,3a / 6 *mesāʾil-i šerʿīye* (79; 336; 516c M.) religionsgesetzliche Fragen (321,1b) / 7 *aʿrābīniñ bu* (360) *ẓarāfetinden* (321,6c 1) über diesen Witz des Tagediebes / *ġāyet* 83 / *ʿaẓīm inʿām u* (306) *iḥsān eyledi* machte [ihm] große Gnade und Geschenk = gewährte ihm hohe Gunst und e. reiches Ge· /

27 (*K·-ı Ṭ·*, S. 152f.)

1 *ḥükemā-ı* (oder mit *y*-Einschub w. in 25: *ḥ·-yı*; 17) *Hindistānıñ* (Gen. der P Gen.-Gruppe) *ādemlerinden* von den ⟨Leuten der⟩ Weisen Indiens / *istimāʿ olunur* (179; 148) wird gehört = vernimmt man / *ḥekīm-i sāz-perdāz* (515 B Subst. + Präs.; 79) der saitenspiel-verfertigende Weise = d· W·, der das S· erfand, / *siyāḥeti* 2 *ḥālinde* im Zustand (= zur Zeit) seiner Wanderschaft = auf s· W· / *ağağlar* (Kurzgen., 67) *sāyesinde* im Bäume-Schatten = im S· ⟨von =⟩ der B·⟨n⟩ / *gezer iken* 288 / *ki* 383 / 3 *bu ḥālde iken* (288) während [er] ⟨in diesem Zustand =⟩ (gerade) dabei war = dabei nun / 4 *yırtıldı* Pass. (514a 1) v. *yırtmaq* / *iki dalıñ arasında* (305b) *qaldı* blieb zwischen zwei Ästen [hängen] / 5 *qurudu* v. *qurumaq* / *rüzgār doqunduqğa* (462,6) sooft als (= immer wenn) der Wind [ihn] berührte / *andan* 95 / 6 *iki ağağıñ arasına*

(305b) zwischen zwei Hölzer / *evvelkinden* (flektiert w. 126; 321,6h; 81) 7 *ziyāde ḫūb ṣadā* als der vorige (noch) besserer Ton = n· lieblicherer Klang als vorher / *ol aǧaǧa bir deri qaplaqıb* zog er jenem Holz e.e Haut über = überzog er das Holz (: Lautenkörper) mit e.er Haut (: Resonanzmembrane) / *bir qač* h. *birkaç* 162 / 8 *ʿaqlı ērišdiǧi mertebe* (Konstr. w. 462,1) *ṣūrete qoyub* brachte er [es (: Saitenspiel)], [in dem] Maße, das sein Verstand erreichte, in Gestalt = gab er ihm (verschiedene) G·, wie er sie zu ersinnen vermochte, und / 9 .. *peydā ētdiler* (Pl. maiest., 314 o., aus Ehrerbietung vor dem Weisen) ⟨Er = er⟩ entwickelte ..

28 (*K·-ı Ṭ·*, S. 190f.)

1 *maḫdūm-ı sāmī* 79; *-āmī* reimt im folg. / *Bāyezīd-i Bisṭāmī* (79) B· der Bisṭāmer = B· aus Bisṭām (in NO-Persien; berühmter islam. Mystiker des 9. Jh.) / *ḥażretleri* 329a u. / *ǧāmiʿ-i šerīfde* (79; im Lok.) in der heiligen Moschee / *ēderlerdi* 426 o. zu 424,3; Pl. maiest. 314 / 2 *ǧemīʿ* (so allgemein im T laut 17 u. statt korrekt *ǧ·-i*) *ṣaǧīr ü* (vokalharmonisch helle Form v. *u* 306) *kebīr* sämtliche Klein[en] und Groß[en] = alle (Leute), Hoch und Niedrig, / *kelām-ı* (79) *naṣīḥat-enǧāmından* (515 B Subst.+Subst.; Binnenreim *-ām*) wegen (= infolge) seiner ermahnungsreichen Rede = ob seiner Worte voll guten Rates / *ǧemāʿat veǧd* 3 *ü* (w.o.) *ḥāl üzere olurlardı* (426 o. zu 424,3; logischer Pl. zum Kollektivbegriff *ǧ·*) die Gemeinde wurde⟨n⟩ auf (= geriet in) Ekstase und Verzükkung / *tamām meǧlis-i* (17) *vaʿẓları germ-ā-germ* (w. 515 B u.) *iken* gerade ⟨während =⟩ als ⟨ihre (Pl. maiest.) =⟩ Seine Predigt-Versammlung hitzig war = g· im höchsten Schwung S·r P· / 4 .. *čıqa* (281) *gelib* (Bildg. w. 291,4, Bedeutg. jedoch „plötzlich kommen") *eyitdi* trat auf einmal .. und sagte (= rief): / *müršid-i seʿādet-eṣer* Führer der (= von) Glück-Wirkung = heilwirkender F· = F· zum Heile / *kelām-ı ṣüreyyā-niẓām* (Binnenreim!) *ile* mit Rede von Plejaden-Ordnung = mit Worten, (herrlich) glänzend wie das Siebengestirn, / *ḫalq-ı* 5 *ʿālemi* (17; Akk.) das Volk der Welt = alle Welt / *ṭarīq-i Ḥaqqa* (17; Dat.) ⟨zum =⟩ auf den Weg der Wahrheit (= Gottes) / *luṭfuñdan riǧā olunur* (179 M.) *ki* von Deiner Güte wird erhofft (= erbeten) (Pass. als Bescheidenheitsausdruck zur Umschreibg. der 1. Ps. Sg.), daß = wage ich an Deine G· die Bitte: / 6 *kerem eyle* habe die Güte [und] / *anı* 95/ .. *bulu-vēr* (293,1, Bedeutg. jedoch: Abmilderg. des Befehls, ähnl. w. 436, „doch, bitte") finde (= verschaffe) .. doch bitte (wieder)! / *dēdi* abundierend zu *eyitdi* Z. 4 / *ṣabr eyle* (179) 7 *bulunur* (514a 2) „Gedulde dich, [er] wird gefunden (= man findet ihn = den finden wir schon)!" / *meǧlisinde ḥāżır olanlara* zu den in seiner Versammlung anwesend Seienden = an die A·en (= Zuhörer) / 8 *hīč* je = etwa / *arañızda* 305b / .. *ʿāšıq olmamıš* (301 Part.; 453; subst. 450) *var ise* wenn .. [e.] Nicht-verliebt-gewordener vorhanden ist = wenn es .. e.en gibt, der noch nie geliebt hat, / 9 *deyinǧe* zu *dēdi ki* Z. 8 w.o. Z. 4 / *bu fenn-i ʿıšqda* in dieser ⟨Liebe-Kunst =⟩ K· der L· / *ben quluñ* ich, Dein Knecht, (Bescheidenheitsausdruck w. 92 M.) / 10 *ǧāhilim* 174 / *bu yaša geldim* bin ich in dieses Alter gekommen = b· i· so alt geworden [, jedoch] / *ʿāšıqlıq ne* 11 *olduǧunu* (460a) *daḫi bilmem* (299,1) weiß ⟨auch nicht =⟩ n· einmal, was Verliebtheit ist, / *bu ʿıšq dēdiǧiñizden* (457 Inhalt) von diesem Eurem Liebe-Sagen = von dem, wozu Ihr L· sagt, = von dem, was Ihr L·

nennt, / *baña taʿrīf* 12 *eyle* beschreibe [es] mir!“ / *ol .. yitiren tiryākīye* zu jenem Opiumesser, der .. verloren hatte, / 13 *ġayb ētdiğiñ ḫımār* 461 / *bu kelām-ı iršād-enğām* 14 *ile* vgl. o. Z. 4 / *hem .. ve hem* 504,10 / *ehl-i meğlise* 17; 321,3d / *tenbīh-i bā-ṣavāb* 79; 515 B Präp.+ Subst.

29 (*K·-ı Ṭ·*, S. 240)

1 *olmuš-ıdı* : h. *-muş idi* oder *-muştu,* 201 / *bi-emri ʾllāhi taʿālā* (516 1; V. *bi* und *t·*) mit Gottes Befehl – Erhaben ist Er! (vgl. 329a u.) = nach dem Willen Allāhs des Allerhabenen / *gün be-g·* V. *g·*; hybride Fügung e.es T Subst.s mit P Präp. *be-* / 2 *bir ḥabbeye muḥtāğ oldu* wurde er (sogar) e.es Körnchens entbehrend = w· er bettelarm / *ʿālem-i dünyāda* (79; 321,5a) in der irdischen Welt = auf Erden / 3 *żaʿīf ü* 306, w.o. 28/2 / *meğāli qalmadı* (V. *qalmaq*) seine Kraft blieb nicht übrig = er hatte keine K· mehr / 4 *bārī aǧ qalmadan* (258) *ise* (w. 438,7 jedoch Kurzinf.) *šunu* (98) *ṣaḥrāya ṣalayım* 5 *otlasın* „Statt zu hungern (= st· daß er hungert), will ich diesen (= ihn) lieber wenigstens auf's Feld (hinaus) laufen lassen, [und] er soll grasen (= damit er dort weide)! / *dermānı gele* (ält. Opt., 243 o.) soll (= mag) seine Kraft [zurück]kommen = wird er wieder kräftiger!" / *ḫımār .. olduġundan* (269; kausal w. 25/38) da der Esel .. war, / 6 *ǧān-āverler* (h. *canavarlar*) *bunu ṭašrada inğidib helāk ēderler deyü ḫavfından* wegen seiner Furcht, indem er sagte „Draußen (= im Freien) verletzen und töten ⟨diesen =⟩ ihn die Raubtiere“ = aus F·, dr· würden ihn die R· v· u· t·, / *ḫımāra* 321,3d / 7 *kendisiniñ* (= *onuñ*, 380) *bir arslan pōstu* (71) *var idi* (188; 403) *getirib* (konstruktionsprengend eingeschobener Hauptsatz:) — er hatte e.e Löwenhaut — (Wiederaufnahme der gesprengten Konstruktion:) [diese] holte er und = (mit Verwandlung des Einschubs in Relativsatz:) holte er e.e L·, die er (zufällig) hatte, und / *ḫımārıñ üzerine* (305b) auf (= über) den Esel / 8 *gören* (Schreibung!) 251 / *arslan* [ihn für e.en] Löwen (präd. Akk. 321,4) / 9 *yanından* (305b) ⟨von seiner Seite =⟩ vor ihm (davon) / *bunuñ üzerine* darauf = danach / 10 *ittifāqan* A Ḥāl-Akk. 340 / 11 *arslan* w.o. Z. 8 / *ğümlesi* (381a 5) ihre (: der Gärtner) Gesamtheit = sie alle / 12 *bāġıñ ičinde* 305b *iç* / *bulduġu šeʾi* (seltene Schreibung für *šeyʾi*) ⟨die Sache, die =⟩ alles, was er fand, / *bāġıñ ṭašra-* 13 *-sından* (321,6e) ⟨am Äußeren =⟩ außerhalb des Gartens vorbei = draußen am Garten v· / *arslan pōstlu* (Ausfall des Poss.-Suff. 511,2) *ḫımār* der löwenfellige Esel = d· E· mit dem Löwenfell / 14 *kendi* adj., 380 / .. *išitdiği gibi* (458,5 M.; 465 u.) sobald (= kaum daß) er .. vernahm, / *bī-ṣabr* (515 B Präp. + Subst.) *u* (306) *ārām* ohne Geduld und Ruhe = unverzüglich / *ṣavt-ı mekrūhıyle* 305a 1 *ile* / 15 *išitdiği* statt *-dikleri*, w. 325 / *ešekliğini bilib* erkannten sie sein Eselswesen und = merkten sie, daß er e. Esel war, u· / *ve bunuñ daḫi* 16 *bir ḥīle-kār* (515 A) *ādem* (Kurzgen.) *iši olduġunu fehm edib* ⟨und⟩ begriffen auch, daß dies das Werk e.es listigen Mannes war, ⟨und⟩ / 17 *döġdükden* (nicht *dök-*) *ṣoñra* 458,5.

30 (*K·-ı Ṭ·*, S. 149f.)

1 *diyār-ı Iṣfahānıñ* des Landes von I· (= Persien) / 2 *merd-i ṣāḥib-ḫired* (nach *ṣ·* fällt laut 17 u. das *-ı* fast immer aus) ⟨Verstand-Besitzer =⟩ mit V· (= Klugheit) begabter Mann / *sefer-i āḫirete* zur Jenseits-Reise = z· R· ins J· / *kendi* (Kurzgen., = *onuñ*) *yerine* an seine[r] Statt / 3 *taḫt-nišīn* (515 B Subst.+

Präs.) *olağaq* (454) Thron-sitzend sein sollend = der den T· hätte einnehmen sollen (= können) / .. *evlādı olmayıb* (Ersatz für *yoq olub*, vgl. 208 und 214; 402; 303) er hatte keinen .. Sohn, und [nur] / *süd emer* (v. *emmek*, 451) *küčük oğlu qaldı* sein Milch-saugender kleiner Sohn blieb = e.en kleinen S·, noch im Säuglingsalter, hinterließ er / 4 *bir yere ğemʿ* (E 2) *olub* versammelten sich ⟨an e.en (= e.em) Ort⟩ und / *ki* .. wie folgt: „.. / .. *gečirsek* (209; 499) sollten wir .. bringen (= setzen), [so] / 5 *ki* (505b) *aqvāl* (313, 1 und 2) *u* (306) *efʿālından salṭanata* (321,3k) *istiḥqāqı olduğu* (für *var o·*, vgl. 208 und 214; 402; 458,1) 6 *ẓāhir ola* (243 o.; 432) (auf) daß aus seinen Worten und Taten hervorgehe⟨n soll⟩, daß (= ob) er Anspruch auf die Herrschaft hat / *farażā mustaḥıqq-ı salṭanat* (406 A) *olunğaya qadar* (h. *-caya kadar* 466) bis es vielleicht der Herrschaft würdig wird / *bu ṭıflıñ* (zu *z·*!) *bu-qadar* (162) *sene* (Sg. w. 387) 7 *zaḥmetini čekmek* (438,1) soviele Jahre (lang [321,1d]) die Mühsal ⟨dieses Kindes =⟩ mit diesem Kinde (zu) ertragen / *hāriğden* von außen = aus dem Ausland / *birini* 166; 381a 2 / *pādišāh* (präd. Akk. 321,4) [als = zum] König / .. *naṣb* 8 *ēdersek* (492) *mā-dām-ki* (h. *mademki* 508,4) .... da nun ja, wenn wir .. einsetzen, ... / *nuṭfe-i* (79; 336) *ṭāhireden* (321,6c 3) *olmıyan* (301 Part.; 252; 452) *ādemiñ seyfinden ḫayır gelmez* vom Schwerte des Mannes, der nicht aus edlem Samen ist (= stammt), ⟨Heil nicht =⟩ kein H· kommt / *ve memleket ü reʿāyā* (321,1b) 9 *ḫod hīč muḥāfaza eylemez* (179) und er sogar Land und Untertanen überhaupt nicht schützt = u· er n· einmal L· u· U· irgendwie (= auch nur im geringsten) sch·, / *hemān maʿqūl olan* (251; 252) *yine ol ṭıflı teğribe ētmekdir* (al)so ist ⟨das⟩ das Beste ⟨Seiende⟩, eben jenes Kind [zu] prüfen (= auf die Probe zu stellen) / 11 *bunuñ üzerine* darauf(hin) = dahingehend / 12 *ki* 505a / *meğlis-i pür-sāz* Versammlung voll Musik = Konzert / *ēdeler* 243 o.; 431; 148 / 13 *bešikleriyle* (305a 1 *ile*) mit (= in) ihren Wiegen / *qoyalar* v. *qoymaq* / *čalındıqča* 462,6, Bedeutung: „solange (= während) ..“ / 14 *lāyıq-ı salṭanatdır* (406 A) [so] ist er der Herrschaft würdig / *eğer ētmez* (für *ḥareket ē·* : w. in 467 wird das Hauptwort nicht wiederholt) *ise* (h. *etmezse* 301 Kond.Ao.) wenn ⟨er sich⟩ nicht ⟨bewegt⟩, / *değildir* (174 i) [so] ist er [es (: der Herrschaft würdig)] nicht / *ṣoñra bašıñızıñ ġayrı tedārükünü görüñ* dann treffet eures Kopfes (= für euer Leben = f· e· Auskommen) andere Vorkehrung = d· müßt ihr e.en a·n Ausweg suchen!” / 15 *tertīb-i meğlis* 406 A / 16 *hemān* (zu *gibi* Z. 17) sogleich (wie) / *ṣadāya* .. *naġme* (313,1) *ü nevāya* sämtl. Dat.-Obj. zu *āġāz* / 17 *ki* 505c / 18 *ise* 504,3 / 19 *yatıb qaldılar* (vgl. 291,5) blieben liegen⟨d⟩ / *ğümle* so laut 17 u. statt *ğ·-i* / *ki* 505a / *ṣāḥib-seʿādet* vgl. o. Z. 2 / *lāyıq-ı* (406 A) 20 *taḫt-ı* (17) *salṭanat* des Thrones der Herrschaft würdig / *šāyeste-i* (406 A) *tāğ u devletdir* der Krone und der Macht wert ist (= sei) / *babası* (Kurzgen.) *maqāmına* an ⟨die⟩ Stelle seines Vaters / *pādišāh* (präd. Akk. zu *ēdindiler* Z. 21) [ihn als = i· zum] König / *sāye-i devletini* seinen Macht-Schatten (der, streng genommen, nur auf die Gen.-Gruppe als Ganzes bezügliche Poss.-Begriff kann im T auch auf den Gen. allein bezogen werden:) = den S· seiner M· / 21 *kendilere* (h. *-lerine* 129; 321,3d) (für) sich selber / *penāh* präd. Akk. / *ēdindiler* vgl. 514b 2.

31 (*K·-ı Ṭ·*, S. 286f.)

2 *ber-qāʿide* (515 B Präp. + Subst.) *yerinde* gemäß der Regel an ihrem Ort = an ihrer richtigen Stelle / 3 *göğsünüñ* (E 2) *ʿaynü ʾl-fiʿlinde* (18) genau in der

Mitte ihrer (: der Jungfrau) Brust / *ehl-i* (E 2) *nüǧūm* dazu log. Pl. *yoqladılar* / 6 .. *kim alırsa* (498) wer .. [zur Frau] nimmt, / 7 *mülkümde ḍurmasın* (301 Opt.; 243) soll (= darf) nicht in meinem Reiche bleiben / 8 *pes* zu *olmaġın* Z. 9 / *muqaddemā qızıñ ḥaqqında* (305b *hak*, jedoch hier mit Vollgen.!) *ehl-i nüǧūm istiḫrāǧ ētdikleri* (461; log. Pl.) *maʿnā* der Umstand, den vordem betreffs des Mädchens die Astrologen ans Licht gebracht hatten, / .. *ǧümle* (w. o. 30/19) *ḫalqıñ* 9 *maʿlūmu olmaġın* (438,9 A, Bedeutung temporal) ⟨weil =⟩ als (dann = *pes* Z. 8) .. ⟨aller Leute Bekanntes =⟩ allen L·n bekannt wurde, / 10 *ētmiš-idi* : h. *etmiş idi* oder *etmişti*, 201 / *ne belā olursa olsun* (498) welches Unheil (immer) sein (= es geben) mag / 12 *buña* diesem (: dem Blinden) / *fī 'l-ḥaqīqa* V. *fī* / 13 *naql ēdib gitdi* Subj.: [er (: der Blinde)] / *bir niǧe* V. *niče* / 14 *bu aʿmānıñ ṣoḥbetinden* ⟨von =⟩ vor dem Verkehr dieses (= mit diesem) Blinden / .. *üzere idi* = *ēderdi* in phraseol. Verben; V. *ü·* / 15 *birisiyle* 166; 305a 1 *ile* / .. *evine getirdib* (v. *getirtmek*, 180 A; 514d 3) ließ (sich) .. in ihr Haus bringen und / *aʿmānıñ kör yanından* 16 *gelib* (mit Subj.swechsel:) [sie (: die beiden Buhlen)] kamen von des Blinden blinder Seite her und = sie nützten des B· Blindheit (= Gebrechen) aus und / *ēderlerdi* 230 / 17 *eylerlerdi* 230 / 19 *seniñ* Gen. laut 305a 1 u. / 20 *balıq šorbası* 321,1b / .. *piširsem gerekdir* (vgl. 501) ich muß (= will = werde) .. kochen / *ište teñgere ile āteš üzerinde* da ist [sie] ⟨mit =⟩ in der Kasserole auf dem Feuer! / *gel altınıñ* 21 *ātešini yaq sönmesin* komm, fache das Feuer ⟨seiner Unterseite =⟩ darunter an, es soll nicht verlöschen (= damit es nicht ausgeht)!" / 22 *anlar* (95) *ise* (504,3a) jene aber / *aʿmānıñ bu* (360) *ḥāline* über diese Lage des Blinden = ü· den B· in dieser seiner L· / 23 *ʿaǧebā pišdi mi ola* (243; 241) „Hat [es] etwa gekocht, soll (= mag) sein? = Ist es wohl schon gar?" / 24 *teñgereniñ ičini* ⟨das Innere =⟩ den Inhalt des Kochtopfes = im Kochtopf / 25 .. *girdiǧi sāʿat* (w. *zaman* 462,1) ⟨zur Stunde, da =⟩ als .. drang / *bi-iẕn-i* 17 *ḫüdā* mit Gottes Erlaubnis = durch G· Gunst / 26 .. *pišen* (subst. 455) *mār* ⟨das .. Kochende =⟩ das, was (da) .. kocht, [e.e] Schlange [ist (401)] / 27 *döǧüb* nicht *döküb* / 28 *her ne var ise* (501) was immer vorhanden sein mochte = alles, was da war, / 29 .. *gördüǧü ičin* (458,5) weil er .. erfahren hatte / *bir daḫi* (V.) *ʿavret adını* (321,2g) *anmadı* dachte er nicht noch einmal an den Namen (= Begriff) ‚Frau' = wollte er nie wieder etwas von den F·en wissen.

32 (*K·ı Ṭ·*, S. 159ff.)

Der Text dieser Erzählung, in die eine weitere Erzählung eingeschaltet ist, ist mit allen sprachlichen und Druckfehlern des Originals wiedergegeben, um eine Vorstellung von den diesbezüglichen Möglichkeiten zu bieten, deren der Leser osmanischer volkstümlicher Texte gewärtig zu sein hat.

1 *ismine Pīr-i Memālik dērlerdi* (426 o.; 148) zu seinem Namen sagten sie ‚Greis (= Lehrer) der Reiche' (Phantasiename) = *P·-i M·* nannte man ihn / *Ḥaqq-ı taʿālā* (dieses A verbum finitum „Erhaben ist Er" wird im P—T w. e. Adj. behandelt, 329a u.) 2 *Ḥażretleri* Allāhs des Allerhabenen Majestät ≈ der Allerhabene Herrgott / *ki* .. *gören* (452 perf.; 455) *bir daḫi baqmaġa töbe* 3 *ēderdi* daß der [ihn (: den Sohn)] .. Gesehen-habende zum [ihn-]nochmals-Anschauen Reue zu zeigen pflegte = daß, wer ihn .. g· hatte, ihn (wegen seiner Häßlichkeit) nicht n· a· wollte / .. *Ḥażret-i Yūsuf ʿaleyhi 's-selāmda* (329a u.) *ḫatm*

olduġu gibi (458,5 o.) [so] wie .. in Seinen Ehrwürden Joseph — über Ihm [sei] das Heil! — zur (höchsten) Vollendung gelangt war, / [4] *anda* (95) in ihm (: dem Sohne des Wesirs) / *bed-ḫūy* 515 B Adj.+Subst. / [5] .. *anıñla* (95; 305a 1 *ile*) *ülfet ētmeğe irtikāb ētmezlerdi* (299; 301 Vggh.Ao.; 426 o.) .. sich nicht herbeiließen, mit ihm Freundschaft zu schließen / [6] .. *Pīr-i Memālik-i vezīriñ andan ġayrı evlādı olmadıġından* (Ersatz für fehlendes Verbalnomen v. *yoq*, vgl. 208; 403; 458 im Abl. der Begründung 321,6c 1 = „weil, da") da P·-i M·, der Wesir, außer ihm keinen Sohn hatte / (Klammern in A—T Drucken entsprechen unseren Anführungszeichen: A) (*küllü šey'in yuḥibbü veledehü ḥattā 'l-mār*) „Jedes Ding (= Geschöpf) liebt sein Kind, sogar die Schlange" (da aber *mār* P ist, steht es in diesem A Satz wohl nur irrig, etwa infolge e.er Verlesung v. A *ḥımār* = Esel) / .. [7] *mażmūnu* (326) *üzere* gemäß dem Sinne (= Sprichwort) .. / *qatı ḫūb* (Präd.snomen parallel mit *merġūb* zu :) *aña* .. *görünürdü* erschien [er (: der Sohn)] ihm (: dem Wesir) sehr schön .. / [8] *evlādını te'ehhül* (laut 408 für *t· ētmek*, was jedoch „heiraten" heißt, so daß zur Heilung dieser mangelhaften Ausdrucksweise der — freilich nicht w. 408 kürzbare — Kausativinf. *ētdirmek* [h. *ettirmek* 514d 4b] zu ergänzen ist; endungsloser Inf. w. 438,2 M. vor *istemek* auch vor :) *murād edib* wollte seinen Sohn [ver]heiraten, und / .. [9] .. *alı-verdi* (293,1) nahm (= gab) [ihm] ⟨schnell =⟩ gleich (= eben) .... / *vezīrzāde ne-qadar* (498) *čirkin ise* (498) *qız daḫi ol-qadar* [10] *ḥüsnā* .. *idi* wie ⟨sehr⟩ häßlich der Wesirssohn war, so ⟨sehr⟩ schön .. war das Mädchen = das M· aber war ebenso sch· .. wie der W· h· war / *ki her* (124) *qačan ol nāzenīn* .. *reftāra ve* .... [11] *gelse* (498) *niğe* (374 u.) *biñ ʿāšıqı āh u zāra düšürürdü* (514d 6) (so) daß, wann immer jene Schöne .. einherzuwandeln und .... begann, sie viele tausend Verehrer in Seufzen und Klagen (vor Liebessehnsucht) zu stürzen pflegte / [12] *ḫalq olunmuš idi* Vorvggh. (201) v. Pass. (*olunmaq* 179) v. *ḫ· ētmek* / *bir* ist betont! / [13] *bu qızıñ* zu *ğānına* Z. 14 / *zevğiyle* [14] *ṣoḥbetiniñ belāsı* das Unglück ihres Zusammenlebens mit ihrem Gatten / *kemāl-i ʿağzinden* wegen ihrer Ohnmacht-Vollkommenheit (vgl. die Anm. zu *sāye-i devletini* 30/20:) = w· der V· i· O· = in i· völligen Unfähigkeit (dieses Leben zu ertragen) / [15] .. *bir pençereleri var idi anıñ yanına gelib* (vgl. 29/7) — sie hatten e. .. Fenster — zu dem kam (= ging) sie und = sie g· zu e.em F·, das sie .. h·, und / [16] *aġlar idi* 230; 426 zu 424,3 / [17] *gele gele* (467) immer (näher) kommend = schließlich / [18] *ki* .. *yiğitdir* (Wahrnehmungsinhalte beschreibende Sätze w. 505 a können im T ihren ursprüngl. Hauptsatzcharakter im Sinne e.er direkten Rede beibehalten, indem [anders als im D] ihre Präd.e vom Tempus des jeweiligen „Verbums der Wahrnehmung" [hier Vggh. *gördü*] völlig unabhängig bleiben, also hier Ggw. *-dir* steht, im D jedoch, der Zeitstufe des übergeordneten Präd.s „sah" folgend, Vggh. „war") *ki* (382; 383) daß .. Jüngling ⟨ist =⟩ war, der / *güzellikde kendiye hem-tā* [19] *ve ḫūb-ṣūret ü* .. *olmaqda* (438,6) .... *-dır* ⟨in =⟩ an Schönheit ihr selbst ebenbürtig und ⟨im Wohlgestaltet-und-..-Sein =⟩ an (= mit seiner) Wohlgestalt und .... ⟨ist =⟩ war / [21] *kerem eyle* — [22] *bul* : direkte Rede / [25] *šu* Kurzgen. / [26] seine (: des Flusses) Brücke und s· Furt = ⟨davon = dazu =⟩ dort B· oder F· / *bulamayıb* 299,2 / *eyitdi* oder *ayıtdı*, nicht *ētdi* / *yüzmek ʿilmini* (438,4) die Kunst des Schwimmens = die K· zu schwimmen / *aʿlā* 337 / [27] *ğevāhirleriñi* zum A Pl. abundierendes T Pl.-Suff., auch sonst häufig / .. *čıqar* (Imp.) lege .. ab! [Diese] / [30] .. *elime girmiš iken* (478,2) während .. in meine Hand gekommen ist = nun, wo mir .. in die H· gefallen ist, / .. 31 *bašıma ēdib qanda* (123 A) *getirsem gerek* (501 M.) wo[hin] müßte ich, nachdem ich .. [zum] Unglück über mein Haupt gemacht habe, [sie] eigentlich bringen = soll ich mir da e· .. auf den Hals laden, und wohin soll ich sie e· b· ? / 32 *eğer öküz boynuzunda daḫi olursam* (498; 504,4) auch (= selbst) wenn ich im (= in e.em) Rinderhorn (= Kuhhorn) bin (= mich verstecken könnte) / *münāsibi* (vgl. *eyisi* 13/7) das ⟨Zweckmäßig(st)e davon =⟩ Beste [ist folgendes:] = am besten / *altınları* (320; vgl. *bu šarābları* 24/32) all das Gold / 33 *arayanlar* (455) die Suchenden ≈ die Häscher / 34 *qurtulur giderim* (= *qurtulurum g·* : 313,3) entwische [und] gehe davon (Formen v. *gitmek* unmittelbar nach Parallel- oder *-ıp*-Form anderer Verben drücken Endgültigkeit aus :) = bin (endgültig) entwischt (= gerettet) / *ǧibilliyeti* 35 *iqtižāsından* aus der notwendigen Folge seiner Schlechtigkeit (heraus) = in⟨folge⟩ s· Sch· / *čıplaq* Präd.snomen zu *bırağıb* (ließ .. nackt zurück und) / *beri* nicht *biri* / *bırağıb* v. *bıraqmaq*, 180 A / 36 *revāne oldu gitdi* vgl. **Z 34.** / *ġarīb ü ʿüryān* 37 *olduġu ḥālde* (462,3 in ält. Sprache meist noch mit Grundbedeutung „indem, während") ⟨indem sie⟩ allein und nackt ⟨war⟩ / *bir vāfir* (*bir* mit mengenbegrifflichen Adj.en w. *az, ḫaylı* usw. ergibt adverbiale Bestimmungen:) e. reichliches = sehr = lang / *girye* nicht *kerīh* / *anı gördü ki* sah sie ⟨dieses⟩, daß / *ağzına* 38 *bir kemik pāresi almıš* (453, adverbial oder präd.-adj. gebraucht ähnlich der *-ıp*-Form :) e. Knochenstück in sein Maul genommen habend = mit e.em K· im M· / .. *yemeğe* (438,5) *geldi* gekommen ⟨ ist (409o., hier als vollendetes Perf.; im D dafür laut o. **Z. 18** die Vvggh.:) =⟩ war, um [dieses] .. zu fressen / *ol* .. *yerken* während dieser .. fraß, / 39 .. *(v)urmaq qaṣdıyle* (438,4) ⟨mit =⟩ in der Absicht, .. zu treffen (= erlegen) / 40 *(v)uramadı* 299,2 / *elinden gidib* [er (: der Knochen)] ging ⟨aus seiner Hand =⟩ ihm verloren (= war weg), und [er (: der Fuchs)] / 41 *čün* (P Konjunktion abundierend zu gleichbedeutender T adv. Bestimmg. *-düğü gibi*) *qız* .. *gördüğü gibi* (465 u.) ⟨als⟩ sobald (= als) das Mädchen .. sah, / 42 *dilki ǧinsi ʿāqıl* (Präd.snomen) *gečinirken* (478,4) *zehiy ḥamāqat* 43 *ki* (432) .. *niʿmet-i mevhūmeye tebdīl ētmek qaydına* (438,4) *düšüb* .. 44 .. *elindeki* (73,4) *niʿmeti gidere* (243 A o.; 432) „O welche Dummheit — ⟨während =⟩ wo doch das Fuchs-Geschlecht (= die Füchse) [für = als] klug (= schlau) gilt (= gelten)! —, daß [er (: dieser Fuchs)] sich darauf verlegen soll (= verlegt), .. gegen die (bloß) eingebildete Speise einzutauschen, und .... die in seiner Hand befindliche Sp· fahren lassen soll (= läßt)! / 45 *ki atalardan qalma* (512,1 u.) *sözdür* daß [es e.] von den Ahnen ⟨übriggebliebenes =⟩ überliefertes [Sprich-]Wort ist: / *yarınki* (321,5b M.) *ṭavuqdan* (321,6h) *bu-günkü yumurṭa yegdir* ‚Das heutige Ei ist besser als das morgige Huhn' = ‚Lieber e. Ei heute a· e. H. morgen!'" / 46 .. *ʿayb olmasın* (240) .. soll (= möge) nicht ungehörig sein ≈ wenn's erlaubt ist zu ..: / *siziñ* .. *ḍurmañıza* (439; 446) *sebeb* 47 *nedir* was ist der Grund ⟨zu Eurem ..-Stehen =⟩ dafür, daß Ihr .. weilt?" / .. *aḥvāl-i pür-melāli* (Akk.) die .. betrüblichen Umstände / 48 *seniñle* (305a 1 M. und u.) *bizim* (92; 93; 324) *aḥvālimiz hemān seḥer-ḫīz* (515 B Subst. + Präs.) *olan šaḫıṣ* 49 *ḥikāyesine* (321,2e) *beñzer* unsere — deine und meine — Lage gleicht eben jener Geschichte der Person, die frühaufstehend war, ≈ da steht es mit uns Beiden genau so wie in der Geschichte vom Frühaufsteher! / 50 *gezerdi* 426 zu 424,2 / 51 *aḥibbāsından birisi* 381a 2 / .. *ētmezden* (445 u.) *muqaddem* (h. *evvel* oder *önce*) / 52 ⟨*ḫānenden* = (irrig statt des gleich ausgesprochenen :)⟩ *ḫāneñden* (43;

45; 61) aus deinem Hause / .. *qovdular mı* [*ki* (wohl durch Abschreibeversehen ausgelassen)] .... [53] *gezersin* „Haben sie (= hat man) .. vertrieben, [daß] du .... herumläufst?" / [54] *bir šey' ṭaʿn eyle ki o* (Wiederaufnahme des Relativpronomens, ähnlich w. 385) *keyfīyet* (Umschreibung für *šey'*) *kendiñde olmasın* schmähe e.e Sache, welche ⟨jene Sache⟩ in dir selbst nicht sein soll = schilt du nur solche Fehler, von denen du selber frei bist! / [55] *aṣlı yoq* (= *olmıyan*, 455 M.) *yere* zu e.em Ort, dessen Ursache (= Anlaß) es nicht gibt = grundlos (in der Gegend) / .. *gezmekde* (438,6) *benim ile berāber iken* (478,3) während du im ..-Herumgehen mit mir gleich bist = obwohl du es mir gleich tust darin, daß du .. herumläufst, / [56] .. *beñzer* (zu ergänzen ist das im Original hier fehlende, vielleicht nur versehentlich in die voranstehende Zeile — wo es laut 313,4 vorerst hätte wegbleiben können — versetzte :) [*iken*] [obwohl] .. gleicht / *ḫod-ı* [57] *ʿayn-ı qabāḥatdır* ist die reinste Schlechtigkeit ⟨selbst⟩ ≈ i· der Gipfel der Frechheit / *nite-kim buyurmušlardır* (412) wie sie (: die Weisen der Vorzeit) ja auch zu sagen geruht haben ≈ wie es ja auch im Sprichwort heißt: / (A :) (*Men yušġalü bi-ʿuyūbi 'n-nāsi fe-hüve ġāfilün ʿan ʿuyūbi* [58] *nefsih*) „Wer sich mit den Fehlern der (anderen) Leute beschäftigt, der merkt seine eigenen F· nicht." / .... *fehvāsınğa* (326; 76 o. und 3; 511,6 a 2) gemäß dem Wortsinn (= Sprichwort) „...." = (da die fehlerhafte Weiterführung der T Konstruktion nicht beibehalten werden kann :) „....". Demnach / *taʿyīb etmeği* (438,2) *qoy var* (Imp. v. *varmaq*) laß das Tadeln, geh (hin) [und] / [59] .... *diyerek dilki sözünü buraya getirdi* ....!" sagend brachte (= führte) der Fuchs seine Rede (bis) hierher = ...!" Mit diesen Worten beschloß d· F· s· Erzählung / [60] *zevğiñ gerek* (504,10) .. [61] .. *fenā her ne ise* (498) Was (= Wie) immer dein Gatte ist, sei es .... schlecht, / *qısmet-i rabbānī* (516c, statt korrekt *q·-i r·ye*) gottgegebenes Los = von Gott bestimmt(er Ehemann) / [62] .. *ḥarāma* (zu Verbotenem = zu e.em fremden Mann) *meyl ētdiğiñ ičin* 458,5 o. / [63] *bu qıyāfete* in dieses Aussehen = in diese Lage / *ētdiğiñ* (461 o.) *fiʿle* ⟨auf⟩ die Tat (= das), die (= was) du getan hast, / [64] Nach *tā'ib ü müstaġfır* muß das phraseol. Hilfsverbum, wohl im Opt. (240) 2. Ps. Sg. *olasın* (parallel zu *ēdesin* Z. 65), versehentlich ausgefallen sein / *qanāʿat* [*ēdesin* ist aus dem parallel stehenden *ʿazīmet ē·* Z. 65 auch hierher zu beziehen] / [65] .. *ētmeme̋ğe* 301 Inf.; 438,5 / [66] *öğredeyim* 180 A; 240; 431 / *anı* (95) *eyle* das ⟨mache =⟩ wende an! / *seni eski zevğiñ* [67] *ḥelāllıġa qabūl ētmeğe saʿī ēde* (243 A o.) dein alter (= ehemaliger) Gatte dich (nach der an s. ehevernichtenden Eskapade wieder) in rechtmäßige Ehe anzunehmen s. bemühen soll!" / [68] *čünkü bir išdir* (504,1) *oldu* da [es] — [es] ist e.e Sache! — geschehen ist = da (nun schon einmal) etwas g· (und nicht mehr ung· zu machen) ist / [69] .. *bulduqları gibi* 467 u. / *qādir olduġuñ* (461) *mertebe* [in dem] Grad, [zu dem] du imstande bist = so gut du (nur) kannst / [70] *dīvāne olmuš* (411,4) *deyü* (h. *diye* 472,2 u.) „[Sie] ist [wohl = offenbar] verrückt geworden" sagend = als wahnsinnig / *getireler* 243 A o. / [71] *ēdib* irrig statt *ētmeyib* / *ʿaqıl getireğek* (204; 454) .. Verstand bringen werdende (= sollende) .. = .., welche den V· [wieder] b· sollen (= können) / [72] *ʿaqlı gelir* (506) *vādīsinde* (326) *olub* sei auf dem Wege des „Ihr Verstand kommt (= kehrt zurück)" und = stelle dich, als ob du wieder zur Vernunft kämest, und / *yoḫ-sa* sonst tautologisch zu *ġayrı ṭarīq* [73] *ile* ⟨mit (= auf) anderem Wege =⟩ auf andere Weise = anders / [74] *mütenaṣṣıḥa* 516c.

IIb

33 *ʿOsmān b.* (: Abkürzung v. A *ibn* = „Sohn [des]") *Aḥmed,* um 1671 im damals T Temeschwar geboren, hat in einem Werk ohne Titel seine abenteuerliche Lebensgeschichte beschrieben und damit den ersten bisher bekannten autobiographischen Roman der osman. Literatur verfaßt. Aus der noch unedierten Handschrift (Or. 3213 im British Museum, London) ist hier der Abschnitt Bl. 56r—57v wiedergegeben : *ʿOsmān* erzählt ein Erlebnis aus seiner Kriegsgefangenschaft auf dem Schloß Kapfenberg in der österreichischen Steiermark, wo er der Gräfin als Pferdebursch diente, das Landleben jedoch langweilig fand und sich angelegentlich um „Versetzung" nach Wien bemühte.

1 *yaz eyyāmlarında* gehört in diesem anakoluthisch konstruierten Satz sinngemäß erst zu dem mit *ičinde* darin beginnenden Teil / *bir ṣaġīr āḫur* [*var idi*] *kemer oda gibi* [befand s.] e. kleiner Stall, wie e.e Gewölbe-Kammer (329,2), / **2** *ve* nach *-ıb* abundierend, stark betonend : und auch / *ʿale ʾs-seḥer* w. 516 l / **3** .. *qaftanğı qızı* (318) Präd. dazu ist *gelib* Z. 4, während *Marġoṭ .... qız idi* Z. 4 e. konstruktionsprengender Einschub (vgl. 29/7) ist : kam die Kammerjungfer ..— [sie] war e.e .... Jungfrau (namens) M· — und / *Marġoṭ ismiyle* (321,2g) *müsemmā* mit dem Namen M· benannt = n·s M· / *bir maḥbūbe* (516c) *qara* **4** *gözlü* (511,2) e.e reizende, schwarzäugige / *memeleri* .. *beñzer* (228 o.; 451; 455 M.) deren Brüste .. gleichen (= glichen) = mit B·n w. .. / *ġayet laṭīf ṣıfatlı* (511,2) sehr hübschgestaltig = mit (= v.) s· hübscher Figur / **5** *yataġımıza* in ⟨unser (vgl. 93) =⟩ mein Bett / *qollarıyle* 305a 1 *ile* / **6** *ne görsem* (209) was soll(te) ich sehen (vgl. 499) = w· sehe i· [da] = siehe da: / *hīč meʾmūl olunmıyan* (301 Part.) *bir* (329b) *qażīye* e.e gar nicht (= nie und nimmer) erhoffte (= e.e völlig unerwartete) Situation / .. **7** *düš müdür ḫayāl mıdır* (504,14 disjunkt.) *tefekkür ēderdim* (426) ich dachte (immerzu = lange) nach [:] ‚Ist .. [e.] Traum [oder] ist [es e.] Trugbild?‘. (Endlich) / *qadın qız* „Herrin Jungfrau = Jungfer = Fräulein! / *ne ʿağebdir* wie merkwürdig ist [es] = was soll das denn bedeuten? / **8** *böyle* (110) *yere* an [e.en] solchen Ort = (stark betont:) hierher / *bize* uns = mir (93 u., Bescheidenh.) / *raġbet yüzün* (65 A; h. *yüzünü*) *gösterib* habt das Wohlwollen-Gesicht (= freundliche Miene = Eure Gunst) gezeigt (= erwiesen) und / **9** *tešrīf eylediñiz* ⟨habt⟩ [mich mit Eurem Besuch] beehrt!?" / *belā* Unheil = schlimmes Ding / *dilediği* (461) *yere düšer* es fällt ⟨auf den Ort =⟩ dorthin, ⟨den =⟩ wo es will = es verliert sich, an wen es eben will / **10** *ʿāšıqım* 174a / *gizlerdim* (228 o.; 426) habe [es (: meine Liebe zu dir) immer] verborgen (= verheimlicht) / *siz* Wechsel der Anredeform w.o. 25/6 / .. *gitmek* **11** *qaṣdında* (V.; 438,4) *olduğuñuzdan* (Abl. d. Begründg. 321, 6c 1 = h. *-dan dolayı* 458,5) da Ihr .. fortgehen wollt / *ġayrı bir veğh-ile taḥammül ēdemeyib* (299,2) konnte [ich es] weiterhin auf [irgend] e.e Weise nicht ertragen und = k· ich es ⟨auf keine W· =⟩ einfach n· mehr aushalten u· / *derūnumdaki* 73,4 / .. *iẓhār* **12** *ētmeyinğe* (465) *mümkin olmadı* wenn ich nicht .. zeigte, wurde (= war) es nicht möglich = ich mußte einfach .. offenbaren / *derdimden* von (= an) meinem Leid = vor Kummer / **13** *bizi bıraġıb* (180 A; 487) *gitme* verlasse ⟨uns =⟩ mich nicht und geh n· [fort]! / *seniñ-im* 345; 174a / *benden ne dilerseñ* (498) *eyle* was du von mir wünschen magst, tu [es] = mach mit mir, was du nur willst! / **14** *teslīm-im* ich bin ausgeliefert = ich gebe mich hin!" / *hem* 504,10 / *dāne d·*

(329f) Stück [für] S· = Tropfen um T· = in dicken T· / 15 *bu ḥāle baqıb* diese Lage ansehend = angesichts d·r L· / *kendi kendim ile* (130) mit (= bei) mir (selbst) / 17 *amma .. bir veğh-ile ġalebe ēder ki* gewinnt jedoch irgendwie (= unvermeidlich) .. die Oberhand, nämlich (= denn) / .. *ele girmiš* 18 *iken* während (= wo doch schon einmal) .. in die Hand ⟨eingetreten =⟩ gefallen ist (= sich anbietet) / .. *niğe mümkindir* wie ist es (da) möglich, .. ? = kann man doch einfach nicht ..! / *biz daḫi .. olmaq* (260) *var* 19 *idi* (188)(T Inf. + *var* = „es liegt der Umstand vor (= es ist so), daß" + Verb. finit.:) auch war es so (= und dazu kam noch), daß ich .. war = war ich doch ..! / *ziyāde āteš vaqitleri* (F 2) *idi* die Zeiten höchsten Feuers war[en es] = das war (gerade) das feurigste Alter / .. *der āġūš ēdib* [ich] umarmte [sie also] .. und / *o yanını* 20 *bu y·* jene ihre Seite, diese i· S· = sie da und dort / *ğānım ḫavf ēder* meine Seele fürchtet sich (424,3) = in meinem Innern fürchtete ich / *ki* (zu *iki āteš .. ṭutušub yanar*, Z. 21) *eğer bir ġayrı iš olmaq lāzım* 21 *gelirse* daß — falls e.e andere Sache (= sonst noch etwas) ⟨zu⟩ geschehen ⟨notwendig sei –⟩ sollte — / *ol tāze* (401 o.) *biz daḫi genğ* (Einschub :) — [war doch] sie jung (= e. j·es Weib) und ich j· (= e. j·er Mann)! —, (daß da also) / *iki āteš birbirine* (136; 139) *ḍoqununğa* (278) die[se] zwei (= beiden) Feuer, sobald sie aufeinander treffen (= träfen), / 22 *bir laḥẓa* (Mengenangabe w.o. 24/27) *ẕevq ičin* wegen Genusses [für] e.en Augenblick = w· e.es A·es (an) Genuß / *kiši* man / *ki* (382) welches (Unglück) / 23 *evvelki* (321,5b) *esīrlik* (511,1a) *belāsından* (321,6h) *ziyāde* (80) *müškil olmaq iqtiżā ēder* schwerer sein muß als das vorherige (= vorher das) Unglück der Gefangenschaft / .. *deyü* ..!" sagend = ... Mit dieser Überlegung / 24 *ētmedik* Pl. d. Bescheidenh., 93 / *muntaẓır* erwartungsvoll = zu allem bereit / 25 *bir iki* (393) *defʿa daḫi* noch ein- [oder] zweimal / 26 *gelib .. bizi ... murādı olmaġla* (= h. *-makla beraber* : 438,8) obwohl sie kam und .. mich ⟨zu ... ihre Absicht war =⟩ ... wollte / 27 *olmayıb* : die Verneinung ist, da die Negativ-Form *ētmezdik* (301 Vggh.Ao.) folgt, laut 487 o. überflüssig, findet sich aber in ält. Sprache häufig.

34 Ein weiteres Abenteuer des „türkischen Simplicissimus" aus seiner Kriegsgefangenschaft, als er beim Grafen Schallenberg in Wien Lakaiendienste versah. (Handschrift Brit. Mus., Or. 3213, Bl. 58v—60r.)

1 *dēdiğimiz sarāydan* (461) von dem Palais, das ich gesagt (= von dem ich [früher] gesprochen) habe, / *tersāne soqaġında* (321,2g) in der Zeughausgasse (in Wien) / *Folqonḫaym* (mundartlich lautgerechte Schreibung für :) Falckenhayn (Graf Friedrich, damals Reichshofrat) / 2 *ḍoquz sāʿatde* = h. *saat dokuzda*, 394 / *iskemle gelsin* soll die Sänfte (in der ʿOsmān und e. zweiter Lakai ihren Herrn zu tragen hatten) [her]kommen!" / *deyü buyurub* 472b 1 / 3 *eve* nachhause / *refīqimiz olan Rač* (T Schreibg. für Ratz = der Raize) *dēdikleri* (457) [derjenige,] den sie „Ratz" nannten [und] der mein Kamerad war = m· K·, der „Ratz", / 4 *geldiñ* (315) *buraya ammā ḫavf ēderim ki pišmān olursun* du bist (nun also) hierher (in die schöne Wienerstadt) gekommen — aber ich fürchte, daß du [das bald] bereust = i· f·, es wird dir bald leidtun, daß du h· g· bist!" / 5 *aġamız gibi kimesneyi* (378 A) jemanden wie unser[n] Herr[n] / .. *qolay mıdır šimdi* 6 *görürsün* .. ist leicht? Jetzt siehst du['s] = gleich wirst du sehen, ob es l· i·, .. zu .. / .. *mekṣ olunduqdan* (Pass. v. *ētmek*, 179; Bescheidenheitsausdruck w.o. 28/5 *riğa olunur*) *ṣoñra* (458,5) nachdem .. geruht worden

war = n· wir .. gerastet hatten / 7 *boġazımıza* an unseren Hals = uns um den H· / *gečirib* zogen [sie (: die Traggurten) uns] über und = schlüpften in sie hinein und / 8 *yaʿnī* (508,3) *Ištum-ṭor* (vgl. o. Z. 1 *Folq·*; T *ıšt-* < D *st-*laut E 1 u.) *ǧānibinden* also von der Stubentor-Gegend = n· v· d· G· beim S· (der Festung Wien) / .. *varınğa* V. / *amānım* (volkst. statt *īmānım*) 9 *qaṭʿ oldu* (Pass. v. *ētmek*, 179) mein ⟨Pardon (statt korr. :)⟩ Glaube wurde abgeschnitten (= zerbrach) = (Redewendung :) ich war völlig kaputt / *ya .. ičine oturunğa aḥvāl niğe olur deyü* indem [ich mir] sagte „Wie wird denn die Lage, wenn .. sich in sie (: die Sänfte) setzt ?" = bei dem Gedanken daran, wie es erst sein würde, wenn sich da noch .. hineinsetzte, / .. *olub* (anakoluthisch, übersetze mit finiter Verbalform :) wurde [ich] .. / 10 .. *olmaq var* 11 *idi* (vgl. 33/18–19) war er doch .. = der war doch ..! / *gēğeniñ bir vaqtinde* zu einer Zeit der Nacht = ⟨irgendwann⟩ in der N· = zu nächtlicher Stunde / *nerdübān bašında* (V. *baš*) am Treppenanfang = [unten] an der Treppe / 12 .. *yürümek üzere olunğa* 423 u.; 465 / 13 *arqa kemiklerim* 71 / 14 *quvvetde* (321,5 c) *farqlıġa* (V. *farq*; 511,2 a; 511,6 b Minderg.) ⟨leicht (tautologisch nach *bir az*!)⟩ unterschiedlich in (= an) Kraft = ⟨ e. bißchen⟩ stärker / *olmaġla* = *olmaq ile*, 438,9 A u. / *ol* jener = er / *geriden* (vgl. 321,6 g) ⟨von⟩ hinten / *biz* w.o. 33/8 / 15 .. *gitmeden* (444, jedoch Bedeutg. w. 445) ehe wir .. gegangen waren = wir waren noch nicht .. g·, als (= da) / 16 *düše-yazdım* 291,2 / *görüb* sah [es] und / *čaġırmaġa bašladı .. deyü* volkst. Stellg. (315) statt .. *d· č· b·* / 17 *čıqayım* 240; 431 / *size biñer* (158) euch je tausend = jedem von e· t· / 18 *piyādeğe* 511,6 a 3 / 19 *iḥtirāz üzere* auf der Hut = voll banger Sorge / *iken* 288 (Subj.: wir) / 20 *hele* doch = ja sogar / *vērib* gab [es] und = fügte es, daß / 21 *ki* 505 b / *aya qadın* (nach Konstruktionsunterbrechg. durch den hier folg. Einschub mit *merqūmeye* Z. 22 wieder aufgenommen und erst so als Dat.-Obj. kenntlich) [der] Frau Tante / *ki* (147) *ġrafin Braynerin idi* (Einschub :) — welche die Gräfin Breunerin (: Maria v. Breuner) war — / 22 *merqūmeye* (516 c o.) ⟨der Obenerwähnten =⟩ dieser [also] / .... *deyü emr ēdib* tautologisch und anakoluthisch, da der durch *ki .. götürelim* (daß wir .. hinbringen soll[t]en) als Finalsatz (505 b) wiedergegebene Befehl nun im Nachhinein als direkte Rede (472 b 1) — die jedoch den Imp. *götürüñ(üz)* erfordern würde — behandelt wird; übersetze: .... So befahl er und / *iledib* v. *iletmek* (vgl. 180 A) / 23 *ne ičin idiġi* (269; 273; 457; 458) *hīč ḫaberimiz yoqdu* (188; 402) wofür (= wozu) [es = das] war (= sei), hatten wir gar keine Ahnung / *qadını bir yere mi* (504,14 M.) *götürürüz deyü* (= h. *diye* 472 b 1, dir. Rede auch zur Wiedergabe v. Gedanken) *fikr ēderken* (478,4) während [wir] überlegten ‚Bringen wir die Frau an e.en Ort ?' = w· w· dachten, ob wir die Dame [wohl] irgendwohin zu bringen hätten, / 24 *meger .. hibe ēdib* schenkte nun aber .. und = da hatte n· a· .. zum Präsent gemacht, und / *ne görsek* (vgl. 33/6) was sollten wir sehen = siehe da: / *ičeriden* von drinnen (: aus dem „Königsschloß" Z. 21 = Wiener Hofburg) / *ḫazīnedār* (515 B, Subst. + Präs.) / 25 *qızı* (Akk.) 318,2 u. / *dört zolṭa elinde* [mit] vier Silbergulden ⟨in ihrer Hand⟩ (zustandsbeschreibender präd.iver Zusatz v. Typus etwa des D „.. blieb der Jäger, *den Finger am Abzug*, lauschend stehen", wobei anstelle des D Akk.s [„den Finger"] im T jeweils der Indef. steht) / 26 .. *šükrānelik ʿarż eylemišlerdi* (314 Pl. maiest.; 201; Vvggh. unangebracht, 413 u., vielleicht nur versehentl. für *eylemišler*, was nach *meger* Z. 24 korrekt wäre w.o. 10/2 *bilmez imiš*) entbot .. [ihre] Danksagung = ließ sich .. bedanken / *ikišer* (158) je zwei = jeder [seine] z· / 27 *šükrānesine varıb* gingen zu seiner (: des Geschenkes, 327) Danksagung und = g· uns dafür bedanken u· / 28 .. *eylemišiz* 179; 191; 411,5.

35 Das zehnbändige *Seyāḥat-nāme* („Fahrtenbuch") des *Evliyā Čelebi* (V. č·), der erst nach 1684 gestorben sein dürfte, ist mit seinem vielseitigen Inhalt eine wichtige Quelle für osmanistische Forschungen. Die Schilderung seiner ausgedehnten Reisen verlebendigt der fabulierfreudige Autor oft mit unterhaltsamen Münchhausiaden wie der hier zum besten gegebenen. (*E· Č· Seyāḥatnāmesi*, Bd. VIII, İstanbul 1928, S. 639 ff.)

1 *leb-i deryāda* (17) am Meeresstrand (bei Preveza am Ambrakischen Golf) / .. *giderken* während wir .. [dahin] gingen (= zogen = ritten) / *öñümüz* (305b) *ṣıra* V. *ṣ·* / *gitmiš* zu *at* / *bir* 2 *pāre baṣılmıš* (514 a 1) ziemlich [tief ein]-gedrückt / *göründü* 514 b 2 / *daḫi* (= h. *daha*, 81) *büyük iz* [zu e.er] größere[n] Spur = größer / 3 *üč qarıš* (321,1 d) *enli iz* drei Spannen breit⟨e Spur⟩ / *ḥaqīr* (Bescheidenheitsausdruck w. *bendeniz*, 92 M.) .. *eyitdim* (349) ich Geringer sagte .. / 4 *dēdiğimde* (458,4; nach *eyitdim* teilw. tautologisch zur syntakt. Anknüpfg. des Folgenden; übersetze:) Als ich [das] sagte = (kurz :) Da(rauf) / *Ferhād ve Ḫüsrev* sind Evliyās Diener / 5 *baqıñ* 244 / 6 *niğe ādem izidir* wie ist [es e.e] Menschenspur = wieso soll das die Spur von e.em Menschen sein? / *izin* (= h. *izini*) 65 A / 7 *izi-de* : irrige Verbindg., laut 32 u., statt *izi de* / *atlıyle* (oder *atlıyla*) 305 a 1 *ile* M. / 8 .. *gider* (451) *bir* (329 b) *yayan var* ist (= war) e. (= die Spur v. e.em) Fußgänger, der .. geht (= ging) / 9 *ḥaqqıyčün* = *ḥaqqı ičin*, 305 a 1 *ičin* A; V. *ḥaqq* / *yeri* ihre Stelle (im Sand) = sie / 10 *āyā* .. *ki* „.. denn nur?" / 11 *ne čāre ēdelim* welche⟨s Mittel =⟩ Abhilfe wollen wir machen (= schaffen) = was konnten wir (dagegen) m·? / *gideyor* ält. Form (vgl. 225 A), h. *gidiyor* / .. 14 *ādem beli qalınlığı* (321,1 d, hier nicht adverbiell, sondern appositionell w. die Erweiterungen des Nomens, 329 a) *dalları* (58,3; 321,1 b) Menschen-Taillen-Dicke [seiende = darstellende] Äste von .. = ..-Ä· v. der D· e.es M·-Leibes / .. *kesib yere bıraqmıšlar* (411,4; 148) hatte man (= jemand) .. abgeschnitten (= abgehauen) und zu Boden geworfen / *dibelek ḥaqīre* (w. o. Z. 4) 15 *daḫi ziyāde dehšet ḥāṣıl olub telāš el vērdi* gründlich ergab s. auch [mir] Geringem höchster Schrecken und Angst stellte s. ein = da fuhr denn auch mir (= meiner Wenigkeit) e. gehöriger S· in die Glieder und ich bekam es mit der A· zu tun / *yolumuz oldur* unser Weg ist (= war) jener = das w· (eben) u· W· = hier mußten wir ebenfalls entlang / 17 *gidib* Subj.: wir / *Pireveze deryāsı kenārın* (65 A) *gečib* zogen das P·-Meer-Ufer (= am U· des Golfs v. P·) vorbei (= entlang) und / 18 *giderken* während wir gingen (= dahinzogen) / *hemān* da / *ḥaydud ḥarāmī* (solche begrifflich eng zusammengehörenden Nomina stehen sehr oft unverbunden nebeneinander [Juxtaposition], also ohne *ve*, 306) 19 *kefereleri* (321,2 Kurzgen. d) Wegelagerer- [und] Räuber-Giauren = ungläubige (: christliche, griechische) W· u· R· / .. *bizi gördüklerinde* (458,4) als .. uns sahen = erblickten uns .. und / *töbe* [wir gelo-ben] Buße = wir bereuen = wir werden es nie wieder tun! / 20 *ağlašaraq* 514 c; 283 / *bunlardan yine* 21 *alarqa* v. diesen wieder in e.iger Entfernung = vor ihnen ⟨w·⟩ zurückweichend / *ḥällerin* (58,1; 65 A) ihren Zustand = was mit ihnen los sei = was sie wollten / *bir alay* (Mengenangabe w. o. 24/27 *qırq araba*) *yolğu* (329 a 3) *kefereleriz* (174 c) „Wir sind e.e Schar (= e. paar) ⟨Reisende-Giauren =⟩ G· auf der Reise / *eyleñ* 249 A v. *eylemek* / 22 *siziñ* (324, jedoch ohne Betonung!) *ileride giden* .. *yoldašlarıñız* (511,5) Euere vorne gehen-

den Gefährten, .., = E· G·, die (weiter) vorne (= Euch voraus-)ziehen, (nämlich) .., / *bašları ağağlara* 23 *berāber olub* ihre Köpfe sind [mit] den Bäumen [auf] gleich[er Höhe] und = ragen m· i·n K·n bis zu d· B· (hinauf) u· / *ṣopa deyeneği* Knüttelstock (329a; mit Poss.-Suff. laut 403) / 24 *kese k·* 467 / ..26.. *birimiziñ* (169) *bašına niğe (v)urdu ise* (234; 498) wie .... auf den Kopf e.es v. uns schlug, (so) = .. s· e.en v. u· .. a· d· K· und / *ište* da [liegt] / 27 *öyle* (365) *lobuṭ (v)urmuš-kim* (= *ki*, 382 A) 505c / *ādem vüğūdudur* 28 *diyeğek* (454 M.) *yeri qalmadı* keine Stelle an ihm (vgl. 116) mehr ⟨da⟩ war zum Sagen (= ⟨wo =⟩ angesichts der man hätte sagen können) „[Es = Das] ist [e.] Menschenkörper" / *anğaq* so (sehr) = dermaßen (zu *tiftik t· ēdib*) / 29 *göriğek* 280 A / 30 *mürd olanları* (252; 449; 450; 58,1) ihr Tot-seiender = derjenige v. ihnen, der tot war, / 31 *ḫavf ēdib* Subj.: wir / .. *atdıqları* (461) *silāḫların* (65 A) ihre Waffen, die sie .. geworfen hatten, / *anlar* (95) jene (zwei Riesen) / 32 *ileride* voraus[-reitenden] / *bir daḫi* nochmals = wieder / *čıqmañ* 249 A u. (v. *čıqmamaq*) / *ve ḫarāmīliğe töbe* und dem Räuberhandwerk: Buße (= schwöret ab)!" / 33 *kim* 382 A; 505a / .. *ola-yazdım* 291,2 / .. 34 *silāḫların* ihre (: der Räuber) .. Waffen / *ḍoquz kefere kāfirler* (389 o.) die neun ⟨Giauren-Giauren (verächtl. Tautologie) =⟩ G·kerle / 35 *ḫaqīr* (92 M.; steht in gewissermaßen kurzgen.ischer Verbindg., also laut 349 für *benim,* mit *dermānım*) *daḫi* .. *aṣlā d· qalmayıb* auch meine, des Geringen, Kraft .. war keineswegs noch vorhanden, und = a· ich (Geringer) hatte gar keine K· (≈ Schneid) mehr, .., und (= aber) / *ileri* weiter- / *gitmeğe* 438,5 / *yine* trotzdem / *tevekkeltü ʿalā ḫāliqī* (A:) „Ich vertraue auf meinen Schöpfer!" / 36 *yine* wieder / *Pireveze* (anders geschrieben als Z. 17!) *deryāsı kenārınğa* (76,3) gemäß dem P·-Meer-Ufer = an der Küste des Golfes v. P· entlang / 37 *gelirdik* 230; 426 / *Yanyalı* (511,2b) *Arslan* (E. N.) *Paša* (329a 4) *oğlu* (321,2 Kurzgen. a; 329a 3) *Qaplan* (E.N.) *P·* 38 *čiftliği* (Kurzgen.) *yanında* (305b) beim Landgut des Q· P·, Sohnes des A· P· aus Yanya, / *qaršı* entgegen = aus der Gegenrichtung / 39 *ẕerre miqdārı* (Maßangabe w.o. Z. 14 *adem beli qalınlığı*) ⟨Atom-Quantum =⟩ soviel wie e. A· = geringst / *yoq idi* 188; 402 / *anı* (95) ⟨dieses⟩ (zu *ki*) / 40 *ētdim-ki* 349; 505a / *Ḥażret-i* (329a u.) *Qurʾān-ı ʿAẓīm* (79; 20) Seine Majestät der Hohe Koran = der Hehre Heilige K· / 41 *ēdib* hier in der Bedeutg. v. *ēderek* (476) / .. *rāst gelsek* (501 M.) *gerek* (V.) 42 *idik* (185; *gerek olmaq,* 430 M., konstruiert — w. hier — auch persönlich, mit entspr. Potentialis statt Inf.) wir mußten .. begegnen = es war uns (in unserem Schicksal) vorbestimmt, .. zu b· / *bir ʿaẓīm ʿarbedemiz gečib belki bir qačımız* (162; 164) *telef-i nefs* (406) *ēdelerdi* (243 o. + *di* = 242 = Irrealis, 502 u., ohne Nuance) wäre e. großer Kampf v. (= für) uns ⟨vergangen =⟩ vorgefallen (= wir hätten e.en schweren K· zu bestehen gehabt) [und] vielleicht hätten etliche v. uns das Leben verloren / 43 *bizleri* 93 o. / *muḫāfaẓağı* w. 511,3b / 44 *ḫarāmī bašı-yı* 72 / *anlardan* (95; 321,6c 2) [für] ⟨v. jenen =⟩ zu ihnen (: den Riesen-„Schutzengeln") gehörend / 45 *mālik olub* Subj.swechsel (zu wir)!

36 Der Literaturprofessor (daher *Muʿallim* = „Lehrer") *ʿÖmer Nāğī* (Stambul 1850—93) hatte hervorragenden Anteil an der Schaffung der neueren, vom Schwulst des bisherigen klassischen Schrifttums befreiten, T Prosa. Eine Probe seiner schönen, schlichten Sprache bietet dieser Abschnitt aus seiner Autobiographie „ʿÖmers Kindheit" (*ʿÖmeriñ čoğuqluğu,* Stambul 1307 d. H., S. 211 ff.).

1 .. *günü* ohne Lok.-Suff., laut 321,5b / *namāzdan ʿavdetinde* (321,5b) bei seiner Rückkehr vom Gebet (in der Moschee) / *kendisiyle* (125; 305a 1 *ile*) *vālide* 2 *ičin* für ihn selbst und die Mutter (= Mama) / *diñlenir* (228,1; 455 u.) *gibi* w. ausruhend = w. um auszuruhen / 3 *diğerini* 169 / .. *zebḥ ētmeksizin* (438,9b) ohne .. zu schlachten = ⟨o· daß =⟩ bevor er .. ⟨schlachtete =⟩ schlachten konnte / .. *ḥiss ētmekde* (438,6) *olduğunu* (269; 458,3) *beyān* (316) *ile* mit der Erklärung (= indem er erklärte), daß er .. fühle, / 5 *meğbūr oldu* 430 o. / .. *getirildi* (514a 1), *baqdırıldı* (514d u.) .. wurde[n (314 M.)] geholt und veranlaßt [ihn] zu untersuchen, [aber] / 6 *Edirne qapısı ḫāriğine* (305b *hariç*; viele Verben, w. hier „begraben", werden hinsichtlich ihrer Raumbeziehung im T als Bewegungs-, im D jedoch als Beharrungsbegriffe aufgefaßt und regieren daher als Ortsangabe im T e.e „Wohin"-Bestimmung, also den Dat. 321,3a, hingegen im D e.e „Wo-Bestimmung", also bei Präpositionalausdrücken den Dat. [und nicht den Akk.]:) an ⟨die =⟩ der Außenseite des Adrianopel-Tores = außerhalb d· A·-T· [v. Stambul] / 7 *keyifsizliği* (511,4 und 1) *esnāsında* (305b) während seiner Krankheit / 8 *bir qolumu* e.en meinen Arm = m· (= mir den) e.en A· / 11 *vālide*: 12 *čoğuq*. (319; 401) *ğevābını* (325) *vērdi* (die auch h. noch im T Buchdruck angewandte Methode, direkte Rede durch Doppelpunkt, Gedankenstrich und eingezogene eigene Zeile aus der Satzkonstruktion herauszuheben, geht auf F Einfluß zurück) die (Frau) Mutter gab die Antwort (= antwortete): „[Er ist eben noch e.] Kind!" / 14 *o* jenes = das (vgl. 6/3) / *ṣap-ṣarı* 87 / *olmuš idi* 201 / *beyāżında* 335 / 15 *görülüyordu* 514a 1; 421 / 16 *baši uğunda* dicht neben seinem Kopf / *aṣılı bulunan* aufgehängt ⟨s. befindend = seiend⟩ = hängend / 17 *qınıñ ašağı ṭarafından* (321,6g) [ihn] am unteren Ende der Scheide / 18 *güğlük čekerek* Mühe habend = [nur] mit M· / *müteḥayyırāne* 90; 515 A / *seyr ēdiyor idik* 421 / 19 *oynatdı* 514d 1 / 20 *isterdim* 230; 426; 502; 438,2 / 22 *o bayram* w. *günü* Z. 1 / *teṣādüfī olaraq* 476 / 23 *irtiḥālinden bir gün* (321,1d) *evvel* 305a 5) e.en Tag vor seinem Tode / *kimlerde* (113) *ne* (373) *miqdār* 24 *alağağı* (459c) *olduğunu* (für *var o·*, 460a; Akk.-Obj. zu *söyledikden* Z. 25) bei wem allem er welche Menge zu bekommen (= w· Außenstände) hatte / *bālāda* oben (in e.em früheren Kapitel) / *vēreğeği* (459c) 25 *bulunduğunu* (w.o. *olduğunu*) er zu bezahlen hatte = er schuldig war / 26 *ben vefāt ētdiğim gibi* (458,5; 465 u.) [so]wie (= sobald) ich gestorben bin (Der Koran gebietet schleunige Totenbestattung) / 27 *Šerīfe Zāhide* E.N. / *anlarıñ* (95) *yanına* (Dat. w.o. Z. 6) an ihre[r] Seite = neben ihnen / 28 *ağırğa* 86 / *götürenler* (455 o.) [diejenigen,] die [ihn (: meinen Leib im Sarg)] (hinaus)tragen, / *čekerler* fut., 424 u. / *arqadašlarımdan* 321,6c 2, attr. / *filān* 29 *ve f· ağaları* die Ağa X und Y = (da der Titel A· ja nach dem E.N. zu stehen hat, besser :) den X A· u· den Y A· / *sen de bulunursun* (174k A o.; F 4 A b) (Und) du bist auch ⟨gegenwärtig =⟩ da(bei) / *oğullarımla* 30 *hemšīreñi al* nimm meine Söhne und deine Schwester (: ʿÖmers Mutter) [und] / 31 *ev ile dükkānı* das Haus und den Kaufladen / *vērirsiñiz* 424,6 / *senden bašqa* (381c 1) 32 *kimseleri* (381a 1) *yoq* (402) sie haben niemand anderen als dich / 34 *yemek* (Subst., 437 u.) *yemek* (Inf., 438,8a) *ičin* um [das] Essen zu essen = zum E· / *öğle vaqti* w. *günü* Z. 1 / 35 *bizim* 324 / 37 *geleli* 275 / 38 *feryād u bükāya* 313,1 / 41 *üč qatlıdır* (511,2 M.) ist dreistöckig / *ikinği* 156 / 42 *orada bulunanlarla* mit den dort s. Befindenden = mit denen, die dort waren, / *peñğerelerden* 321,6b / 47 .. *beni baqdırmamalı idiler* (301 Notw.; 237; 428) sie hätten (= man hätte) mich nicht ..

zusehen lassen dürfen (= sollen) / 48 *buluna-bilir* (291,1) kann gefunden werden = gibt es (schon) / *ki* 147 / 49 .. *ētsin* (243 A o.) *de* .. ⟨soll =⟩ würde und [statt dessen] / 50 *minnetdārı-yım* 174 / .. *ētmiš olan* 254; 453 / 51 *ilerilemiš olsa idim* 215; 502 / *gelirdim* (502) Präs.-Irrealis häufig statt Vggh.s-Irr. / 53 .. *naṣıl* (312) *gečiyor* (314 o.) wie .. vorbei⟨gehen =⟩fahren!" / 54 *yüreğime ṣu serpmeğe* (438,5) auf mein Herz Wasser zu sprengen = mein brennendes H·eleid zu lindern / 55 *bizim* zu *gečirdiğimiz* / *evde* nicht etwa *oda* / .. *naṣıl gečirdiğimizi* (460a) *ta'rīfe* (= *ta'rīf ētmeğe*, 408; 438,5) *čalıšmaq* ⟨s. zu bemühen =⟩ zu versuchen zu schildern, wie wir .. verbrachten, / *fā'idesiz* 511,4.

37 *Ḥüseyn Raḥmī* (1864—1944) mit dem modernen Zunamen *Gürpınar*, der fruchtbarste Romanschriftsteller der neueren T Literatur, war ein Meister der realistisch-humoristischen Schilderung des Volkslebens seiner Vaterstadt Stambul, wie diese Familienszenen aus seinem „Flattergeist" (*Šıpsevdi*, Stambul 1327 d. H., S. 156ff.) beweisen.

1 *on altısında qadar* etwa in ihrem sechzehn[ten Lebensjahr] = so um die s· Jahre alt / *esmerğe quruğa* 86 / *ufağıq* (511,7) 2 *siyāh gözlü* (F 4 A b; 511,2) klein-schwarz-äugig = mit k·en, s·en Augen / .. *bir qız* 401 / .. *nāmına* im (= unter dem) Namen (= Titel) ,..' = an .. / .. *sene* (Mengenangabe w. 24/27 *qırq araba*) *mekteb-i ibtidā'īden bašqa* (381c 1) außer .. Jahren Grundschule / 3 *görmemiš* (Schreibg. v. *-me-* mit Elif seltener als mit He) 301 *-miṣ*-Vggh. / *maḥalleleri* (57; 58,1) *olan* .. .., das ihr (: der hier geschilderten Leute = Familie) Stadtviertel ist, / 5 *oyunlarında* steht in kurzgen. Verbindg. (321,2g) mit sämtlichen 4 vorstehenden Subst.en / *meleke* 321,1b / *beyne 'l-eṭfāl* derlei A Floskeln wirken in der Schilderung e.es Gassenbubenmilieus gewollt komisch / 6 ... *tešvīqiyle* 326 / *eskiği* (511,3a) *yahūdī-yi* (329a 3) den Hausierer-Juden = d· jüdischen H· / *ballı* 9 *baba*, (Juxtappositionen [vgl. 35/18] im Buchdruck oft durch Komma getrennt) *ışırğanlar* (313,1) *arasında* 305b / .... *havālandırmaq* (438,4) *ḫuṣūṣātında* (516e; in kurzgen. Verbindg. mit allen 7 vorstehenden Inf.en) in den Belangen des ....-Steigenlassens = in Dingen wie: .... steigen lassen / 10 *hangi bir ğihete* nach welch e.er Seite = wohin [auch immer (378; 498)] / *ḥamle ičin* zu e.em Überfall (auf die Gassenbuben e.es Nachbarviertels) / *ētse* 209; 501 / 11 *altına* 305b / 12 *ayaq qablarını* 71 / 13 .. *fırlatıvērir* (293,1) schleudert sie [sie (: ihre Fußbekleidg.)] ⟨schnell =⟩ einfach / *bulamaz* 299,2 und 1 / *aqšam* (suff.-loser Lok. 321,5b) abends / 14 *evvelā* 159 / *ṣabāḥ* 15 *olunğa* (278) sobald es Morgen wird = am nächsten M· / 16 .. *gečirinğe* [und] sobald sie .. zieht, [da] = z· .. und (auch schon) / 17 *birinği* 156 / 18 *yoq olan yalñız ondan* (98) *da 'ibāret* 19 *değil* (401) und das Nicht-vorhanden-seiende besteht nicht nur aus ihr = u· nicht nur sie ist nicht da, sondern (504,7) / *ḫatunğağız* 511,8 / *teğrübe-dīde* 515 B Subst. + Part. Vggh. / 21 *a dōstlar* „O Freunde = Ach du lieber Himmel!" / 22 *de mi* 504,4 und 14 / .. 23 *feryādıyle* 326 / *bašını örter* näml. mit dem Schleier, ohne den ja damals keine Muslimin außer Haus gehen durfte / 25 *Ḥüseyn* .. „*boqso*" (< volkst.- neugriech. ἀπ' ἔξω = „draußen", Fachausdruck in Stambuler Kinderspielen, vergleichbar etwa dem E „off-side") *oldu* der H· ist (durch Verstoß gegen die Spielregeln) .. ‚aus' ⟨geworden =⟩ gewesen / *ṣaymam* 299,1 / 27 *seni* (Akk. = schmähende Anrede : „O du ..") *gidi čingene qızı seni* „O (= Ach) du schlechtes Zigeunermädel (= Gassenmensch)

du!" / 28 *bir vāveylādır* (504,1) *qoparır* stimmt ein (wahres) Zetergeschrei an / 29 *naʿlīnler mi* (504,14) die Pantinen? / *öyle šey yoq* ist solch Ding nicht (vorhanden) = ist nichts dergleichen / 30 *qoyduñsa* (234,1; 493) *bul* V. *qoymaq* / 31 *gönderebilmek* 291 / 32 *ayağına* 321,3d / *giydirmek* nicht *gidermek* / 33 *yā .. yāḫod* 504,10 u. / 35 *ne olursa olsun* (498) was geschehen mag, soll g· = auf jeden Fall / 37 *qoğa* [zu] groß / *sürükliye s·* 467 / 39 *büyür* Ao. v. *büyümek* / 40 *ola-bildiği* 291,1; 461 / „*bī-kesīyūn benīn*" (A-P Floskel, vgl. o. Z. 5) *ḥudūdunu* (58 A) *pek ašamaz* (299,2 und 1) kann die Waisenkinder-Grenze nicht sehr übersteigen = reicht kaum über das Niveau v. W·n hinaus / *o dereğede ki* (= *okadar ki*, 505 c) 41 *mektebe* (321,3k) *dört beš senelik* (511,1e) *müdāvemeti* (316) *ke-'en lem yekün ḥükmünde* (321,2g) *qalır* in jenem (= dem) Grade, daß ihr vier [bis] fünfjähriger Besuch ⟨zu⟩ der Schule in der Geltung (von) „Als ob es nicht (gewesen) wäre" bleibt = so (sehr) daß ihr v·- b· f· Schulbesuch nur mehr mit „Spurlos vorbeigegangen" bewertet werden kann / *iki saṭırlıq* 511,1h / 42 *oqumaq rüsūḫunu* 438,4 / *mektebiñ yādigār-ı taḥṣīli olaraq* (476 M.) als Studienerinnerung der (= an die) Schule / 44 *evvet* nicht *ot* / .. *bunlardı* (185; 98; 314) .. war[en] diese = das war .. / 45 *oynaması* 257; 261; 439; 446; 447 / *düšüb qalqması* ihr ⟨„Fallen-und-Aufstehen" =⟩ ständiges Beisammensein / *qızıñ ṭabīʿat, aḫlāq-ı* (irrig für *aḫlāq u* laut 306 M.) *eṭvārğa* (als altes Kasus-Suff., 76, folgt *-ğa* der Abwurfregel 313,1, und daher stehen hier auch *ṭ·* und *a·* im Äquativ) *anlara* (95) *beñzemesini* (447b 1) *intāğ* 46 *ētmišdi ki* hatte zur Folge gehabt, daß das Mädchen ⟨gemäß (76,3) =⟩ in Temperament, Sitten [und] Benehmen ihnen (: den Buben) glich, so daß [sie] / *birine* 166 / *maḥrūm-ı terbiye* (406 A) bar der Erziehung = ungezogen / 47 *šütūm-ı ġalīẓe* 516c / 48 *yeğeni* (329,3) *Meftūn Beğe* (329,4) ihrem Neffen M· Bey (so in h. Schreibg. ; bei Erweiterg. e.es Nomens laut 329 wird im T nur das letzte Glied der Gruppe flektiert: *Beğe,* im D hingegen — mit Ausnahme der reinen Titel — jedes einzelne app.elle und attr.ische Glied: „ihrem Neffen") / *qızdı* 185 / 49 *Ḥasene* E.N. / *yaš* (Steckbriefstil:) Alter [:] / 50 *taʿbīrātı* 516e / *büyük insānlar bilmez* (314) kennen nicht [einmal] die ⟨großen Menschen =⟩ Erwachsenen / *bu da* und sie / *terbiyeğe* gemäß (= hinsichtlich) [ihrer] Erziehung = e·smäßig / 51 *daha .. gitmek yoq* (vgl. 33/18—19) noch ist es nicht so, daß sie .. geht = sie g· noch nicht [einmal] .. [, aber] / *bu-qadar mīr-i kelām oluš* (F 4 A b; 512,7a) das Dermaßen-guter-Redner-Sein = derart beredt zu sein / 52 *vālidesi Vesīle Ḫanıma:* (vgl. o. Z. 48) 53 .. *qızıñız* (50) .... *esirgesin* (240; 243 A u.), *dēseñiz* (209; 214 A; Nachsatz dazu : Z. 56 .. *alırsıñız*) wenn ihr (= man) zu Frau Vesīle, ihrer Mutter, sagt „... Ihre Tochter! Möge [sie] ... behüten!", ([so] bekommt ihr = b· man ..) / 54 *čabuq söylesin diye* (472b 2) „Damit sie bald sprechen soll (= spricht), / *oña* ihr / *ṣuyunu* 58 A; 55 u. / 56 *čoğuğuñ* (zu *ček·*), *ṣuyundan* (zu *q·*; 461 u.) *ḫuyuna* (ebenso) *čekdiği o hangi qanarya ise* (498) welcher Kanarienvogel ⟨jener =⟩ das [auch immer] sein mag, v. dessen (Trink-)Wasser das Kind nach seiner (: des Vogels) schlechten Eigenschaft hin geraten ist (= aus dessen T·-W· s. das K· diese üble E· zugezogen hat), / 57 *doğrusu* (327) ⟨sein Wahres [ist:]=⟩ wahrhaftig / *ağzı* (E 2) *bozuq* 455 M. / *imiš* 411,4 / 58 *soqaq qapısınıñ öñüdür* (305b) ist [der Platz] vor dem Gassentor = findet vor der Haustür statt / 59 *Uzun čaršıda ṣatarlar* (148; vorweggenommener Einschubsatz zu Z. 60 .. *küčük iskemleleri vardır* = ⟨sie haben = man hat =⟩ es gibt .. kleine Stühle) — auf dem Langen Markt hält man [sie] feil — / *yürümemiš* (301 Part. Vggh.; Schreibg. w. Z. 3 *görmemiš*) nicht gegangen seiend = (Bedeutg. der perf. Vggh.: das Betreffende bereits einmal getan, also zustandegebracht haben und es daher grundsätzlich können) n· laufen könnend / *maḫṣūṣ* attr. zu Z. 60 *iskemleleri* / *altları delikli* (455 M.), 60 *öñleri sürgülü* (455 M.; F 4 A b) *küčük iskemleleri* kleine Stühle, deren Unterseiten durchbohrt [und] deren Vorderseiten mit Riegel versehen [sind] = k· St·, unten mit e.em Loch und vorne m· e.em R·, / *onuñ ičine* da hinein / 61 *oṭurtur* 514d 3 / *göre* 305a 3 / .. 62 *nevʿinden bir yemiš* e.e Frucht v. der Gattung .. = e.e F· w. etwa .. / *ṭutušdurur* 514d 4c / 63 *buradan* (321,6b) hier vorbei / *gečeğek* 205; 314 / .. 64 *nüvāzišiyle* 326; 305a 1 *ile* / *yerlešdirir* 514d 4c / 65 *čoğuğuñ altında* (305b *alt*) *lāzımlısı* unter dem Kind [ist] sein Unentbehrliches = unter s. hat das K· sein „Necessaire" / *yiyeğeği* (454 M.) sein Lebensmittel = etwas zu essen / 66 *gelen gečen qıyāmet* das Kommende [und] Vorbeigehende [ist e.] Menschengewimmel = es wimmelt v. Vorübergehenden = und was da nicht alles vorbeikommt! / *yavruğaq* (vgl. 511,7) .. *vāreste* (401) *dēmek* (438,3; 401) das heißt: das Kindchen [ist] .. enthoben = also ist d· K· .. frei / 67 *eğlenir* Silbe *-le-* hier offen, daher *e* durch He eigens wiedergegeben / 68 *yağlığa, sütlüğe* (511,6b 1) *bir šeyler* (152, Pl.) irgendwelche e. bißchen fettige, e. b· milchige Sachen = etwas F·s oder M·s / *bulašmıš ise* 235 / 72 *döğer* (313,3) 73 *gebertirim* schlage [und] prügle ich zu Tode / 75 *bıraqıb* 487 / *ḥayqırdıqğa* (h. *haykırdıkça*) 462,6 / 76 *qaršı* 305a 3 *karşı* / *olağaq* (454) sein sollende / 76 *avunur* 77 *gider* nach e.em Verbum in gleicher (definitiver) oder *-ıp*-Form bedeutet *gitmek* (V.) Schnelligkeit oder, w. hier, Endgültigkeit des durch das erste Verbum ausgedrückten Geschehens, hier also: läßt s. eben (= wirklich = tatsächlich) beschwichtigen / 79 *oynanır* 514a 3 / .. *eṭfālıñ* .. 80 .. *bulunduqları* (461 M.; V.) *teğāvüzāt-ı* (516e) *lisānīyeyi* (516o), *taʿbīrāt-ı ġalīẓeyi hep* all die Verbalinjurien [und] die groben Ausdrücke, ⟨[in denen] die Kinder ...... s. befinden =⟩ welche d· K· ...... gebrauchen, / 81 *išitmekle qalmaz* V. *qalmaq*; vgl. 438,8a M. / 82 *zevğesine;* nach den hier folgenden direkten Reden sind, w. in e.em Bühnentextbuch, jeweils die Prädikate „sagt, antwortet" u.ä. einfach weggelassen (: lebhafter Dialog) / 83 .. *yanımdan* (305b) *qaldır.* „Nimm .. v. meiner Seite weg = „Schaff mir .. aus den Augen, [sonst] / 84 *baqsañ-a* 214 A; 245; 435; 501 / *söğüyor* nicht *sök-* / 85 *öğreneğek* (414) wird (= soll) [sie sie schon] lernen, / *daha* 86 *mektebe gitmedi* (Vggh. = Ggw. w. o. Z. 59 *yürümemiš*) *ki* Sie ⟨ging =⟩ geht doch noch nicht zur Schule! / *qızılır* (514a 1; 148; 424,7) *mı* (rhetor. Frage w. 24/49) kann man s. doch nicht ärgern! / *o söğmeği* (438) 87 *ne bileğek?* Was (= wie) wird (= soll) die⟨se⟩ s. auf's Fluchen verstehen? / 88 *naṣıl* „Wieso [sagst du:] = Was heißt hier: / *qoyu q·* 331a / 89 *išitmiyor musuñ* F 4 A b; 301 Präs.; 224 / 90 .. *bile* (504,5) *bilmez* (299,1; 301 A o.) weiß (= kennt) (ja) gar nicht ... / 91 *ʿārsız ʿā·* 331a / 92 *bilmiyeğeğim* (301 Fut.) werde (= soll) ich [es] nicht wissen / *seni* (w.o. Z. 27) *gidi anasını* 93 *ʿavretini* ,O du schlechter Kerl, dessen (461) Mutter [und] dessen Weib [ich schon ...'] (ebenso häufiger w. obszöner Fluch, den Ḥasene auf der Gasse aufgeschnappt hat und hier zum besten gibt) / 94 *qoparağaqmıš* (219) *gibi* 455 u. / 97 *nefesi* nicht *nefsi* / 98 *ölmüš* (453) gestorben = tot = selig / 100 *bilmeden* 444 / *yetišmiyesiğe* (V.) v. *yetišmemek* („nicht gedeihen") Fut.-Part. *-(y)esi* (512,24) mit Steigerg. *-ğe* (511,6b 1) / *y· pič* 102 *qurusu* ⟨das nicht gedeihen sollende Vertrocknete v. [e.em] Bastard =⟩ der dürre Bankert, der verwünschte! (Durch solche Schmähungen und Verwünschungen, die natürlich nicht ernst gemeint sind, trachten abergläubische T Mütter den „bösen Blick“ zu täuschen und v. ihren Kindern — eben als Neid und Mißgunst anderer Eltern erst gar nicht herausfordernden „mißratenen“ Geschöpfen — fernzuhalten.) / **103** *neye* (114) .. *olayım* (240; 241) ⟨wozu =⟩ warum soll ich .. sein / **104** *bilmez dēyorsuñ* (= *diyorsuñ*) sagst ‚[Sie] weiß [es] nicht‘, / *pičiñ ne demek* (438,3) *olduġunu* (269; 460a) was ‚Bankert‘ ⟨heißen soll =⟩ bedeutet / **105** *senden benden* (321,6h) als du [und] als ich / **107** *babası yabanğı olursa* (232) wenn sein Vater fremd (= e. F·er) wird (= ist) = w· man e.en F·en zum V· hat / **109** *bunları* (352) diese Dinge = das alles / **110** *ʿÖmer Ṣādıqa* der ʿÖ· zum Ṣādıq / *o da* der wiederum / **112** *Ḥaseneyi* (316) .. *imtiḥāna* (= *imtiḥān ētmeğe*, 408) *qalqıšırlar* (313) schickten s. an, die Ḥasene .. zu prüfen, / *eṭfāl-ı sefīle* (516c) gemeine (= schlimme) Kinder / **113** .. *ēdindiği maʿlūmāt-ı vāsiʿe* (516c) *faqat ġayr-ı* (515 A *ġayrı*) *müʾeddebeye* (516; 321,3a) ⟨auf =⟩ über die breiten, aber unanständigen Kenntnisse, die sie s. .. angeeignet hatte.

III

38 *Nāmıq (Meḥmed) Kemāl* (1840—88), der gefeierte Vorkämpfer der Jungtürken, gilt als der Begründer der neueren T Prosa. Sein berühmtestes Drama, „Vaterland“, verherrlicht die heldenmütige Verteidigung der Festung Silistra (im h. Bulgarien) gegen die Russen im Krimkrieg. In den hier wiedergegebenen Szenen berichtet der biedere Feldwebel *ʿAbdullāh* dem Festungskommandanten, Oberst *Ṣıdqī Beğ*, wie auf dem soeben abgeschlossenen Kundschaftergang der Hauptmann *İslām Beğ* und sein blutjunger Begleiter (das „Kind“, in Wahrheit die Tochter *Ṣıdqī*'s, die ihm, als Knabe verkleidet und selbst von ihm nicht erkannt, ins Feld gefolgt ist) durch einen tollkühnen Handstreich den Feind zur Aufhebung der Belagerung gezwungen haben. (*Vaṭan yāḫod Silistire*, Stambul 1307 d. H., S. 118—128.)

3 *Ṭunaya* ⟨auf =⟩ über die Donau / **5** *ētseñiz-e* 245; 248 / **8** *čekildi ise* 234,1; 493 / *devletle* mit dem (Osmanischen) Reich / **9** .. *göndereğek* (205; 414) *degil-mi* (V. *d·*) er wird .. senden, nicht wahr = er w· doch gewiß .. s· / *oradakiler* die dort Befindlichen = die Leute (: gagauz-türk. Bevölkerung der Dobrudscha) dort / **10** .. *alıqoysaq ne olur* (vgl. 501 u.) was wäre (= wie wäre es), wenn wir .. zurückhielten (und aufrieben) / **11** *yüzünü geri čevirtmiyelim* (514d 3) wollen wir ihn nicht veranlassen, daß er ⟨sein Gesicht zurück wendet =⟩ wieder umkehrt! / **12** *čevirirse ne olmaq iḥtimāli* (438,4) *var* wenn er [es (: sein Gesicht) zurück] wendet, die Möglichkeit des Was-Geschehens gibt es = Was kann schon geschehen (= Was ist schon dabei), wenn er es tut / *geldiği zamān* (462,1) als er [angerückt] kam, / *ki* **13** *giderken ne yapağaq* daß er, während er fortgeht, was machen wird = daß er auf dem Abmarsch etwas m· (= erreichen) soll(te) / *biz mi* (504,14) .. *qorqalım* Sollen wir uns .. fürchten / **14** .. *ēt* zur Anrede mit 2. Ps. Sg. vgl. 25/6 / *išlesin* 240 / *o bir* (= h. *öbür*, 170) die anderen (= übrigen) / **17** *evvelkiler* (321,5b M.) die Vorigen / **19** .. *ēdiñ* vgl. o. Z. 14 *ēt* / *yolğuları* (511,3a) die Reisenden = (im Sinne v.:) die (v. ihrem Kundschaftergang zurückkehrenden) Ankömmlinge / **20** *dōstumuz* .. *dēmesinler* (log. Pl. w. 28/2—3) sollen unser[e] Freund[e] (iron., = Feinde) nicht sagen: .. / **21** *yapıñ* tut (das, was ihr vorhabt) / **25** *buyur* befiehl = zu Befehl / **26** *čoğuq* das Kind = der Junge (vgl. o. die Vorbemerkungen) / **31** *ṣaǧdı* 185 / **33** *söyle baqayım* (w. *bakalım* 435) sag' mal = erzähle doch / **34** *İslām Beǧ midir? Ne-dir?* Ist er der İ· B· [oder] was ist er? = Dieser İ· B· — was ist der eigentlich? / *o* .., *Allāhıñ ġażabı* das [ist] .., [sondern (504,7)] der (fleischgewordene) Zorn Allāhs / **35** *ʿādetā gölge* [ist] geradezu (v. İ· B· so unzertrennlich w.) [sein] Schatten / *o bir yere gitdi mi* (504,14 M. u.) kaum geht jener wohin / *bu* dieser (: der „Junge") / *az qaldı* wenig ⟨blieb =⟩ fehlte, [und] = beinahe = um e. Haar / **36** .. *ēdeǧeklerdi* 217; 415 / *iše göndermeǧe* (438,5) *ammā adam aramıššıñız* (411,5) Ihr habt Euch aber e.en Mann ausgesucht, um [ihn] an die Arbeit zu schicken = (beifällig:) da h a b t I· E· wohl den rechten M· für diesen Auftrag ausg·! / **40** *sürüne s·* 467 / *šu tepeniñ altına* unter jenen Hügel = an den Fuß des H·s dort (den die Beiden also von ihrer Bastei aus sehen können) / **41** *avǧılıq zamānından* v. der Jagdzeit = v. früheren Jagden her / **42** *bašladı* .. *yıqmaǧa* 315 / *gördü mü* 504,14 M. u. / *ḥaddiñ* **43** *varsa* (214; 402) *żabṭ ēt* — halte [ihn] fest, wenn du die Kraft hast, = da war er (einfach) nicht mehr zu halten / *gölge* der Schatten (: der „Junge"): / **44** *ētmeyiñ* tut [es] nicht = n· (doch)! / *olmadı* V. *olmaq* / **47** *qara qol ičinde qara qol* Wachen innerhalb v. W· = ein doppelter Postenring / *düšündük čalıšdıq* (Juxtapposition, w. 35/18, auch bei Verben) wir dachten (nach) [und] mühten uns ab = w· überlegten hin und her, [aber] / **49** .. *atmasın mı* (neg. Imp. in Frageform = ärgerlich-überraschter Ausruf, vgl. 504,14 M.) soll er nicht .. abfeuern? = da feuert er doch wahrhaftig .. ab! / **50** *tā vardı* (v. *varmaq*) ⟨ging =⟩ flog geradewegs hin [und] / **52** *bir gürüldüdür* (504,1 o.) e. (wahrer = gewaltiger) Lärm = e. Höllenkrach / *tüfenge ṣarılan* **53** *ṣ·a* (T Part. Präs. im Indef. Sg. und Dat. Sg. in Juxtapposition = D „überall/allenthalben/in Unmengen" + 3. Ps. Pl. Indikativ Präs. od. Imperf.:) allenthalben greifen sie (= greift man) zum Gewehr = alles greift z· G· / **54** .. *imiš gibi* 455 u., / **55** *ṣanki* (e. Lieblingswort des Feldwebels!) .. *gördüm dēsem* (209) *inanıñ* wenn ich sage, ich habe gleichsam .. gesehen, [so] glaubt [es]! = Glaubt mir, mir war, als sähe ich .. / **56** *üč yerinden* (321,6g) *yaralandı da* wurde [denn] auch an drei ⟨seinen⟩ Stellen (= d·fach) verwundet / **58** *onu* Schreibg. nach der h. Aussprache (statt historisch *onı/anı* F 4 A b; 95) / **59** *arada* (nicht *irāde*) V. *ara* / .. *benim qısmetime düšdü* .. fielen mir zu = .. bekam ich ab / **60** *öteki* 170 / **61** *ḥālā ḍuruyor* (Schreibg. *ḍurıyor*: Auffassg. als kombin. Verbum *durı* + *yor* w. 293; vgl. auch 225 A) sie (= die) bleibt (= steckt da) noch (immer) / **63** *ol-ṭarafdaki* 73,4 / **64** *eṭrāfıma* um mich / *kimse* 381 a1 / *qalqdıq* 314 u. / *gitdiǧimiz* **65** *ṣapa yola* den Nebenweg, [auf dem] wir hingegangen waren, / *ṣabāḥ ačılır* **66** *ačılmaz* (inkonsequ. Schreibg. v. *-ıl-*!) 425 / **68** *yaqmadan* 444 / *girmiyeyim* 301 Opt. / *düšdü ʿaskeriñ öñüne* (315) [und] setzte s. an die Spitze der Truppe / **69** *öteki ẕātī gölge dēdik ā* der andere — ich habe [ihn] ja, w. gesagt, „Schatten" genannt = und der a·, w. gesagt, immer bei ihm w. sein Sch· / *yanlarını bıraqmamaq* (301 Inf.; 438,2) ihre Seite nicht verlassen = sie n· allein lassen / **71** *bir quršunda* bei e.er Kugel = gleich b·m ersten Schuß / *ne* 504,10 / **72** *her biriniñ* (167) *h· parčası göǧüñ* (E 3) *bir* **73** *köšesine fırladı* jedes Stück v. jedem v. ihnen flog in e.e [andere] Gegend des Himmels = alles wurde in tausend S·e zerrissen und in alle Winde verstreut / *ʿaraba ile arası benimle siziñ aramız qadar* (305 a 1 *kadar*) *yā vardı yā* **74** *yoqdu* (188; Negativ- nach Positivform des gleichen Verbums = Ausdruck der Ungewißheit) sein Zwischenraum mit dem Wagen war oder war nicht ⟨vorhanden = da⟩ w. unser — Euer mit mir — Z· = zwischen ihm und dem W. war etwa soviel Platz w. zw· Euch und mir / 76 .. *da* .. *de* w. *hem* .. *hem* .. 504,10 / 77 *ġavġa bārūt, o āteš* der Kampf [ist] das Pulver, er [ist] das Feuer = ihn zieht es zum K· w. das F· zum P· / 78 *birini birinden* (169) *ayır* trenne das e.e vom andern = halte die beiden auseinander / *olmıyağaq* (301 Fut.) es wird nicht gelingen / *düšmeniñ ẕātī yüzü dönmüš* des Feindes Gesicht hat s. ohnehin gewendet (= abgewandt) = der Feind war o· schon auf der Flucht / *bir adam* 79 *eksilmekle* (438,8) mit Ein-Mann-weniger-Werden = damit (= darüber), daß e. M· weniger ist, / 80 *hepiñizden* 381 a 5 / *vaṭanıñ etmeği hepiñize ḥelāl* 81 *olsun* das Brot des Vaterlandes soll euch allen rechtmäßiger Besitz sein = das Vaterland soll es e· a· reichlich lohnen! / 83 *daha* .. *olmadı* es ist noch keine .. ⟨geworden =⟩ vergangen / *ʿağeleñiz ne* ⟨was [ist] =⟩ wozu euere Eile / 84 *düšmeniñ gitdiğine* 458,4 / 85 *düšmeniñ de o-qadar qorqağını* (statt attr.ivisch vor dem Subst. kann e. T Adj. auch als Regens in Gen.-Verbindg., 66, mit dessen kollektivem Sg., 320 u., stehen und wird dadurch stärker betont; vgl. 389 u.) auch den (= e.en) so feigen Feind = a· beim F· solche Feigheit / *ṣanki* .. 86 ... *ḍururlarsa* wenn sie gewissermaßen (= etwa = sagen wir:) ..... ausharrten, / 87 *elinde qılığı qırılmıš* sein Säbel zerbrochen in seiner Hand = den (= mit dem) z·en S· in der H· (vgl. 34/25) / *mezāra gider gibi* (455) als ginge er dem Grabe (und nicht der schützenden Festung) zu (= entgegen) / 90 *yoq-mu* 175; 504,14 / 91 *gölge arqasından ayrılır mı hīč?* trennt (= löst) s. der Schatten je v. seinem Rükken? = (w. 24/49) sein ‚Schatten' weicht ihm doch nie v. den Fersen! / 92 *mübārek āteš ağzına giderken de bir az böyle yavaš yürüseñ-e* Guter Mann, geh doch auch, ⟨während =⟩ du in das ⟨Maul des Feuers =⟩ dichteste Feuer gehst (= läufst), ⟨e. bißchen =⟩ e.mal so langsam / .. 95 *sebeb olaydım* (242; 502; ohne die dort. Nuancen) wenn ich der Anlaß für .. geworden wäre / *čıldırırdım* 502 / .. *öldürmeğe meğbūr olurdum* (430 o.; 502) ich müßte .. umbringen.

IVa

39 Über die Schlacht auf dem Amselfelde (1389), in der Sultan *Murād I.* die Serben besiegte, dann aber von einem Attentäter erdolcht wurde, enthält die „Sammlung von Schriftsätzen der Sultane" des 1583 gestorbenen *nišānğı* (Staatssekretärs für den großherrlichen Namenszug) *Ferīdūn Aḥmed* zwei Erlässe: 1. Die „offizielle" Mitteilung vom Siege, scheinbar von Murād selbst, in Wahrheit aber nach dessen Ermordung von seinem Sohn *Yıldırım* („dem Blitz") *Bāyezīd Ḫān* (geb. 1360, st. 1403), dem neuen Sultan, abgefaßt; diese Fälschung bezweckte die Geheimhaltung des Todes des bisherigen Herrschers und damit die Sicherung Bāyezīds gegen etwaige Usurpatoren in der Heimat. 2. Als Beilage zu obigem „vorher ausgefertigten Siegesschreiben" *(sābıqā yazılan fetiḥnāme)* den hier wiedergegebenen Geheimerlaß des neuen Sultans. (*Meğmūʿa-ı Münše'āt-ı Selāṭīn,* 2. Aufl., Stambul 1274 d. H., Bd. II, S. 113ff.)

1–3 = erläuternde Überschrift; beginne mit 3 ... *fermān-ı qażā-ğereyān* (321,2 Kurzgen. d) *ṣūretidir* ⟨[Dies = Das Folgende] ist die⟩ Abschrift des schicksalsschweren Erlasses, ... (dazu Relativsatz, 461 :) 1 *Sulṭān Yıldırım Ḫān* (: Subj. im Kurzgen.!) .... *ğülūs-ı hümāyūnları* (Poss.-Suff. 3. Ps. Pl., 57, = Pl. maiest., vgl. 314 o.; 321,2 Kurzgen. b) 2 *vuqūʿun* (65 A; Akk.-Obj. zu *iʿlām eylediği*) .. *fetiḥnāme ile bile bu ḥükm-i šerīfi yazıb* ... 3 ... *sırren iʿlām eylediği* [mit welchem] S· Y· Ḫ· .... das Ereignis ⟨Ihrer =⟩ Seiner (oder, in Nachahmung des Pl. maiest. = v. Höchst-Dero) Großherrlichen Thronbesteigung, ⟨nachdem =⟩ indem [Er] zusammen mit dem .. Siegesschreiben diesen (vorliegenden) Erlauchten Erlaß schrieb, ... insgeheim mitteilte. — Beachte ferner: [1] *babası* (329,3) *Ġāzī Ḫüdāvendigār* (Kurzgen. statt Vollgen. häufig in ält. Spr.) *šehādetinden ṣoñra* nach dem (Blutzeugen-)Tod seines Vaters, des Ġ· Ḫ· (: Beinamen Murāds I.) / [2] *Mevlānā* (329) *Burusa qāżīsine* (od. *qadısına*) (321,2 Kurzgen. d) ⟨unserem Herrn =⟩ Seinen Ehrwürden (Flexion w. 37/48), dem Richter v. Bursa, / [3] *anda olan* dort(selbst) ⟨seiend =⟩ befindlich / [4–7] (.... *ʿizzühü*) : Anrede der Adressaten mit deren mehrgliedrigen, gereimten A Ehrentiteln und jeweils anschließendem A Segenswunsch (Übersetzg. der einzelnen A Konstruktionsgruppen im V. unter ihrem jeweiligen ersten Wort: *aqżā, evlā, maʿden, .. el-muḫtaṣṣ* = *m·*, .. *dāme*) / [6] *qażā-ı* [7] *mezbūrda* ... *Süleymān Beğ* S· B·, ... im (oben) genannten Gerichtsbezirk (: Bursa), / *tevqīʿ-i refīʿ-i hümāyūn* (P Verbindg. e.es Nomens, 79, hier mit zwei Adj.en) *vāṣıl olıġaq* (280) wenn (= sobald) das (: dieses vorliegende) erhabene großherrliche Diplom (bei euch) einlangt, / [8] *maʿlūm ola* (240 u.; 243 A o.; 431) *ki* soll kund sein (= zur Kenntnis genommen werden) ⟨, daß =⟩: (das Folgende als Hauptsatz) / .. *fetḥ ü* (306 u.) *ẓaferden* von dem .. Sieg und Triumph = aus (= nach) der .. siegreichen Schlacht / *saʿīdü 'l-ḥayāt* [9] *ve šehīdü 'l-memāt* (adj.e Attr.e zu) *babam* .. (mit Segenswunsch :) *tābe ṣerāhu* .. mein im Leben glücklicher und für den Islam gefallener Vater .. — Friede seiner Asche ..! — (Präd. dazu : [11] .. *dāḫil olub*) / *gördükleri* (Pl. maiest.; 461) *vāqıʿa-ı* [10] *šerīfe* (336) *üzere šehādet reğā ēderken* (478,3) während (= obwohl) er gemäß dem erhabenen Traum, den Er (= T Pl. maiest.) gesehen (= gehabt) hatte, Blutzeugenschaft (= Tod für den Islam im Kampf) erhoffte (= erhofft hatte), / *ittifāq* (adv.:) zufällig = durch Schicksalsfügung / *maʿrike-i qıtālden* vom ⟨Schlacht-⟩ Felde des Kampfes (weg = zurückkehrend) / *utaq-ı* .. 79 / [11] ..*-a dāḫil olub* trat in .. ein, und (neues Subj.: *bašları*) / .. *banlarıñ baʿżılarınıñ* (64; 164) *bašları kesilib* die Köpfe einiger der .. Bane wurden abgeschnitten und = einigen der .. B· w· die K· abgehauen und diese / *süm-i* (17) [12] *semend-i* (79) *seʿādetmendlerine* (Poss.-Suff. Pl. = Pl. maiest.) ⟨dem Hufe =⟩ vor die H· Seines (Pl. maiest.) erlauchten Renners / *baʿżıları daḫi* einige v. ihnen (: den Banen) hinwieder / [13] .. *ṭutulub feraḥ u* (306 u.) *nišāṭ üzere* (V.) *idik* (185; alte Ausspr. *idük* 186 A) wurden gefangen genommen (= gehalten), und wir waren voller Freude und Heiterkeit / *Miloš Qobilič* (serb. E.N.; serb. *č* im T regelmäßig mit A *k* wiedergegeben, wie umgekehrt *k* in T Lehnwörtern des Serb. zu *č* wird: *kebāb* > čevap, *köprü* > čuprija) *dēmekle* (438,8 a) *maʿrūf bir* (329 b) [14] *kāfir-i pelīd-i bezīr* (w. o. Z. 7) e. mit „M· Q·“-Sagen (= e. damit, daß man „M· Q·“ sagt, = e. unter dem Namen M· Q·) bekannter, schmutziger und unheilstiftender Ungläubiger (Präd.e dazu erst [17] *ḥavāle ēdib* .. und [18] *ērišdirmekle*) / [14] *ki* (382) .. *ben müsülmān oldum deyü* (h. *diye* 473) ... [15] *išāret ēdib* .... *istidʿā ēder* (Ao. oft in Relat.-sätzen, ähnl. w. 424,3; vgl. 32/18) welcher .. ... anzeigt[e] ⟨sagend =:⟩ „Ich bin Muslim geworden“ und .... ⟨erbittet =⟩ erbat, / [15] .. *yüz sürüb varmaġı* (438,2; unlogische Abfolge statt *varıb y· sürmeği*) *istidʿā ēder* das Sich-vor-...-Niederwerfen-und-Hingehen erbittet = darum bat, (mit richtiggestellter Abfolge :) hingehen und s. vor .. n· zu dürfen, / *laʿīn-i* [16] *mezbūru* .. *iletdiklerinde* (458,4; 148) als man den genannten

(= diesen) Verfluchten .. hinführte, / *pāy-būs-ı se'ādet-me'nūslarına muqārin olduğu esnāda* (vgl. 462,1) in dem Zeitraum (= Augenblick), da er Seines glückhaften Fußkusses teilhaftig wurde = während (= gerade als) ihm Höchstdero g· Fuß zu küssen gegönnt war, / 17 *yeñinde gizlediği ḫanğar-ı zehr-ālūdu* den giftbestrichenen Dolch, den er in seinem Ärmel verborgen hielt (= gehalten hatte), / .. *ḥavāle ēdib* .. 18 .. *ērišdirmekle* (438,8a) damit, daß (= dadurch, daß = indem) er .. niedersausen ließ und [ihm] .... zufügte, / .. *nūš qılıb* trank [Er (: Murād, also Subj.swechsel!)] .. und / (A : Koran, Sure v. den Frauen, Vers 70 :) *ulā'ike ma'e 'llaẕīne 'n'ama 'llāhu* 19 *'aleyhim mine 'n-nebīyīne ve 'ṣ-ṣıddīqīne ve 'š-šühedā'i ve 'ṣ-ṣāliḥīn* „Sie sind mit jenen, denen Allah Huld erweist: unter den Propheten und den Wahrhaften und den Blutzeugen und den Gerechten.“ (Die Sternchen oder Rosetten dienen, etwa w. unsere Anführungszeichen, zur Abhebung v. Koranzitaten, Verseinlagen u.ä. vom übrigen Text.) / .... *zümresine* (321,2 Kurzgen. g) in die Schar [derer, v. denen es heißt]: „....“ / *murġ-ı* 20 *rūḥ-ı pür-fütūḥu* (17; 79) sein sieghafter Seelenvogel = der Vogel seiner sieghaften Seele / .. *ṭayrān* (*ēdib* erst beim folg. phraseol. Verbum gesetzt, 313 u.) *ve* ... *āšiyān* (Indef. als akk.es Präd.snomen, w. o. 1/2) *ēdib* flog .. (empor) und machte (= nahm s.) ... [zum] Nest / (A :) *raḥmetu 'llāhi 'aleyhi* 21 *raḥmeten vāsi'aten* Allahs Erbarmen über ihn — ⟨weites =⟩ reiches E·! / *öñünden* (305b) .. *qačdıġı gibi* (458,5; 465 u.) sobald (= als) .. vor ⟨ihm (Poss.-Suff. Sg. statt Pl., 325) =⟩ ihnen (davon)floh, / 22 *'aqabından* (321,6g) v. seinem Rücken aus = aus dem Raume hinter ihm her = ihn v. hinten / *ẕāt-ı se'ādet-āyātım* meine Glücksvorzeichen-Person = m· mit den Vorzeichen des Glücks begabte P· / 23 .. *-āyīnlerine* Poss.-Suff. Pl. = Pl. maiest. („Dero“) / .. *varılıb* (514a 1, Pass. v. *varmaq*. Das unpersönliche Pass. als Bescheidenheitsform oft gebraucht zur Umschreibg. der 1. Ps.:) wurde .. hingegangen und = ging man .. hin u· = begab (= verfügte) ich mich .. u· / .. *intiqāl ēdib* .. starb und = (die *-ıp*-Form zweckmäßig in begründenden Nebensatz umwandelnd :) und da .. den Tod erlitten hatte, (so) / 24 *tābūt-ı münevverelerin* ihre (: des Vaters und d· Bruders) v. (heiligem) Licht überstrahlten Särge (Akk.-Obj. zu *irsāl eyledik*) / *anda defn olunmaġ-ičin* (alte Zusammenziehg. mit Stimmhaftmachg. $q > \dot{g}$; h. *-mak için* 438,8a; 179) um dort (: in Bursa) bestattet zu werden = (auf) daß sie d· beigesetzt w·, / *mu'temed(ün) 'aleyh* vgl. 516k / .. *eyledik* 186; 409 A / 25 *ki* mit Opt. 431 / *vuṣūl bulunğa* Subj.: [sie (: die Särge)] / ... *bir ferde ifšā eylemeyib* (487 u.) *fetḥ ü nuṣrete mešġūl* 26 *olub a'dāya ḍuyurmaqdan* (438,7) .. *ḥaẕer ēdesiz* (= *-süz* 243 A; 432) (daß) Ihr, ..., [es] ⟨nicht jemandem =⟩ niemandem eröffnet ⟨und =⟩, sondern Euch dem Siege und Triumphe widmet (: also nur v. diesem sprecht) und Euch .. (davor) in Acht nehmt, [es (: den Tod Murāds)] ⟨den Feinden =⟩ die Feinde merken zu lassen / *šöyle bilesiz* (431) so sollt ihr wissen = das habt ihr zur Kenntnis zu nehmen [und] / *'alāmet-i šerīfe* (Dat.) statt korrekt *'a·-i š·ye* 79 A / 27 *qılasız* (= *-suz* 243 A) v. *qılmaq*.

40 Diese Abschrift eines Briefes des Großwesirs *Qara Muṣṭafā Paša* (1683 hingerichtet) aus dem Feldlager vor Wien an den Prinzenlehrer (und späteren *šeyḫü 'l-Islām*) *Feyżullāh Efendi* am Sultanshof gibt einen Eindruck von dem damals in jenen Kreisen gepflegten epistolographischen Stil. Sie steht in einer von *ʿOsmān b. Aḥmed* (vgl. Lesestück 33) hergestellten Briefsammlung (Handschr. Nr. 128 der Wiener Orientalischen Akademie, Bl. 59 v.)

1–3 .. *efendi hażretleriniñ meğlis-i šerīf-i fażā'il-elīf* (P Verbindg., w.o. 39/7, hier Subst. + Adj. + adj.e Gruppe) *ve maḥfil-i münīf-i maʿārif-redīfleri* (Poss.-Suff. w.o. 39/1) *ṣavbına .... itḥāfından ṣoñra* nach der Darbringung v. .... ⟨in Richtung des =⟩ an den erhabenen, den Tugenden vertrauten Sitz und die erlauchte, den Wissenschaften gesellte Residenz Seiner Ehrwürden, des .. Efendi, / 2 *tehīyāt-ı* (A Subst. f Pl., 516e; P Verbindg., 79) *ṣāfīyāt-ı* (A Adj. f Pl., in Übereinstimmg. zum vorstehenden Subst., vgl. 516c) *muḥabbet-qarīn* reine (= lautere), freundschaftliche Komplimente = K· voll l·r Freundschaft / 3 *żamīr-i münīr-i mihr-lemaʿāna* (321,3a; in Anlehng. an P Phonetik auch *-āne* ausgesprochen, reimt auf das folgende) *inhā'-ı muḫliṣāne budur ki* (505a) ist die freundschaftliche Mitteilung an den leuchtenden, sonnengleich strahlenden Sinn (des Adressaten) diese ⟨, daß =⟩: / 4–5 .. *edevāt-ı muḫālaṣat--šiʿārı* (Kurzgen., Poss.-Suff. 3. Ps. Sg., ebenso in der hierzu parallelen folg. Gruppe) *ve .... muṭālaʿasından* (321,6c 1) wegen (= infolge) des Lesens seiner (: des Briefes) .. liebenswürdigen Ausdrücke und .... / 5 *bālıġ-ı* (406 A) *naṣb-ı* (17) *ḥuẓūẓ-ı bī-nihāye* (515 B Präp. + Subst.) 6 *olmušuzdur* (bekräftig. Perf.: „.. wirklich ..“, 412; Pl. der Bescheidenh., 93 u.) sind wir (wirklich) zur Erhebung unendlicher Freudengefühle gelangt = (etwa:) habe ich mich wirklich unendlich gefreut / .. *mesned-nišīn-i* (406 A) *ṣıbġa-ı* (17) *ʿāfiyet olasız* Ihr sollt .. kissen-sitzend (= s· auf dem K·) der (körperlichen) Verfassung der Gesundheit sein = möget Ihr .. thronen auf dem Pfühle ⟨des Zustands⟩ des Wohlbefindens! / *benim* (324) *fażā'ilmendim* Mein Vortrefflicher! (Neue Anrede, leitet zum Hauptteil über:) / *bu ṭaraf* (Kurzgen.) *aḥvāli* 7 *su'āl buyurulur* (V.; Pass. zur Umschreibg. auch der 2. Ps., vgl. o. 39/23) *ise* (232) wenn die Umstände dieser Seite (= des Absenders) zu erfragen geruht wird = wenn man (= Ihr) zu fragen g·, wie es hier (= bei uns) geht, [so wisset]: / .. *efendimiz* (Flexion w. 37/48) *pādišāh-ı rū-ı zemīn ḥażretleriniñ* (329a u.) .... Seiner Majestät unseres .. Herrn, des Großherrn der ⟨Oberfläche der =⟩ [gesamten] Erde / 8 .. *yemīn-i himem-i ʿalīye-i ğihān-küšālarıyle* (Poss.-Suff. w. o. 39/1) mit .. (Heeres-)Macht von (= voll) erhabenen, welterobernden Bestrebungen = mit der von e·, w· B· beseelten M· .. / *kesr-i* (406 A) .. (*ēderek* erst u. gesetzt, vgl. *ēdib* 39/20) *ve ġāret ü ḫasāret-i* (79; viergliedrig!) 9 .... *ēderek* .. zerschlagend und .... verheerend und verwüstend / *išbu māh-ı Reğebü 'l-ferdiñ on ḍoquzunğu erbaʿā' günü* (Poss.-Suff. sowohl zu *m·* ..*-iñ*, 395, als auch zu *e·*, Kurzgen.) [am] ⟨Tage⟩ Mittwoch, dem neunzehnten [T·] dieses Monats ⟨des⟩ Reğeb des Einzigen (= 14. Juli [1683]) / 11 *gereği* (327) *gibi* w. ⟨sein⟩ notwendig⟨es⟩ = nach Gebühr / 12 *ileri varmaġa* (438,5) *ṣavb-ı iğtihād-ı bī--šümār* (auch hierauf schon bezieht s. u. *üzere-iz*) *ve* sind wir auf der Richtung zahlloser Anstrengungen zum Vorwärts-Dringen und = richten wir zahllose A· darauf, vorzudringen, und / *luṭf-ı Ḥaqq ile bir gün evvel* (V.) 13 *fetḥ ü tesḫīrine* (321,3d) *bezl-i iqtidār üzere-iz* (h. *üzereyiz*, 174c) sind bei (V. *üzere*) der Aufwendung der Kraft für ihre (: der Festg.) Einnahme und Bezwingung mit Allahs Gunst sobald wie möglich = wenden wir (alle) Kraft auf, um sie m· A· G· ehestens zu erobern und zu bezwingen / .. *olan* 14 *bu fetḥ-i meymūn u merġūb* (Kurzgen.) *ḥuṣūlü* (F 4) *ile* mit der Verwirklichung dieses glückhaften und erwünschten Sieges, der .. ist, / .. *ğümle-i ümmet-i Muḥammedi* (Akk.) *šād u mesrūr* (auch hierauf schon bezieht s. [15] *eyliye*, 243 A) möge .. die ⟨Gesamtheit der =⟩ gesamte Gemeinde Muḥammeds froh und zufrieden machen (= erfreuen u· beglücken) / [15] *ğenāb-ı fażīlet-me'āblarından daḫi me'mūldür* (F 4) *ki* (505b) .. von Seinen Ehrwürden dem Mittelpunkt der Tugenden jedoch wird erhofft, daß .. = Euer Eminenz aber werden gebeten, daß .. / [16] *'asker-i manṣūru* (Akk.) *ve bu muḫliṣ-i muḥabbet-šu'ūru* (Akk.) Obj.e zu [17] *teẕekkür edib* / .. *aḥvāl ü āṡārı* (Akk.-Obj. zu:) *taḥrīr ü i'lāma* (so kurz statt *i'lām ētmeğe*, 408) [18] *himmet buyurasız* Ihr Euch um das Schreiben und Bekanntgeben der (im T jedoch Akk.!) .. Umstände und Begebenheiten zu bemühen geruhen möget = I· es E· gütigst angelegen sein lassen m·, die .. U· u· B· (mir) zu sch· u· mitzuteilen! / *eyyām-ı 'izzet ü fażīlet dā'im bād* mögen die Tage der (= Eurer) Macht und Vortrefflichkeit dauernd sein (= lange währen)!

IV b

Am 3. November 1831 begann in Stambul *Taqvīm-i Veqāyi'* („Almanach der Begebenheiten") zu erscheinen: die erste türkische Zeitung. Die hier wiedergegebenen Proben aus ihr zeigen, daß ihr Stil gelegentlich nicht minder geziert war als etwa der des um anderthalb Jahrhunderte älteren Großwesirsbriefes im vorstehenden Lesestück.

41 (Aus *T·-i V·* vom 20. Ṣafer 1264 d. H. = 27. Januar 1848)

1 ... *öñünde* Bezeichng. des Fundortes / ... *vāqi' dükkānlardan* (321,6c 2) *bir dükkānıñ* e.es Kaufladens v. den ... gelegenen Läden = e.es ... g· K· / 2 .. *senedi* 71 / ... *bulunub* .. *teslīm olunmuš olduğundan* (Verbalnomen, 269, v. *t· o·-dur*, dem „Perf. der Zeitungssprache", 412; 458,4; Abl. des Grundes) da ... gefunden und übergeben worden ist, / *ṣāḥibi kim ise* (498) 3 *gidib* .. *alması* (439; 446; 447b 2) *ičin* damit sein (: des Gewerbescheines) Inhaber, wer er (auch) ist, hingehe und [ihn] .. hole = damit, wer (eben) ⟨sein =⟩ der I· ist, [ihn] .. abhole / *i'lān-ı keyfīyete mübāderet olundu* wurde (= wird hiermit [Koinzidenzfall, 409 A, hier auch in der 3. Ps.]) die Kundmachung des Sachverhaltes vorgenommen.

42 (Aus *T·-i V·* vom gleichen Datum)

1 *bulunan* = *olan* (V. *bulunmaq*) / (*Baron Behr*) *ğenābları* (= w. .. *ḥażretleri*, 329a u.) Seine Exzellenz Baron Bähr (fremdsprachl. E.N.n u.ä. werden im T auch h. noch zur Verdeutlichg. oft zwischen Klammern gesetzt) / *devleti ṭarafından* 2 *me'ẕūnen* (A Akk. = Adv., vgl. 340) v. seiten seines Reiches (= Staates) beurlaubt (adv.) = auf Grund e.er Beurlaubung v. s· seiner Regierung / .. *'azīmet ēdeğeğinden* (459, Abl. d. Grundes) da .. abreisen wird, / *birinği* 3 *sırr kātibi* (67; 71, mit Bezug auch auf „Gesandtschaft") *bulunan* (w.o.) *Mösyö* (*Kerḫove*) *ğenābları vāsıṭasıyle* mittels Seiner Exzellenz, des ihr (: der Gesandtsch.) erster Geheim⟨nis⟩-Schreiber seienden Monsieur Keerkhove = von S· E· (≈„Hochwohlgeboren") M· K·, Erstem Sekretär, / (*ümūr-ı* ..) .... *rü'yet olunağağı* (459,1) *išidilmišdir* (180 A; 412) das .... Wahrgenommenwerden-werden der Geschäfte der .. ist gehört worden = es verlautet, daß die ..-Agenden .... werden versehen w· /

43 (Aus *T·-i V·* vom gleichen Datum)

1 *sāye-i iḥsān-vāye-i ǧenāb-ı ǧihān-dārīde* im gnädigen Schatten Seiner Großherrlichen Majestät / *tahsīl-i* .. 2 *ēden* (406 A) .. studierend / ..*-ıñ dereǧe-i taḥṣīl ü liyāqatleri* der Grad des Studiums und der Tüchtigkeit der .. / *Avrupaǧa* 511,6a 2 / .... 3 *nümāyān olmaq üzere* (438,8a) damit .... offenkundig (= festgestellt) werde / *bundan* (321,6d und h) *čend māh* (321,1d) *muqaddem* (= *evvel* 305,5) einige Monate früher als dies[er Zeitpunkt] = vor e·n M·n / 4 *mekteb-i mezkūr šāgirdānından* (321,6c 2)i von den (= unter den = aus der Mitte der) Studenten der genannten Schule / .. *olan beš nefer* (388; 387) *ṭabīb-i* 5 *ḥizāqat-sīret* .... (Präd.: 8 *daʿvet olunub*) fünf ⟨Mann⟩ mit Scharfsinn begabte Ärzte, welche (147) .. waren, (wurden .... geladen und) / 6 *esātize-i* ... *maʿrifetden* 321,6c 2 / 7 .. *eṣḥāb-ı diqqat maḥżarlarında* in der Gegenwart v. .. Besitzern v. Genauigkeit = vor .. ⟨aufmerksamen Leuten = etwa:⟩ strengen Begutachtern / 8 .. *-ne müteʿallıq* .. 9 .. *her dürlü es'ile-i mudaqqıqāneye* zu allen (= auf alle) möglichen, auf .. bezüglichen, ... tiefschürfenden Fragen / .. 10 *iʿṭā-ı ǧevāb-ı ṣevāba vuqūʿ-ı müsāraʿatlerine* zu ihrem Schnelligkeit-Vorliegen (= zum V· ihrer S·) für Erteilung richtiger Antwort .. = zu der ⟨stattfindenden = bewiesenen⟩ Promptheit, mit der sie .. antworteten, / *ḥāżır* parallel (und reimend) zu (Z. 11) *nāẓır* und gemeinsam mit diesem erweitert durch *bulunanlarıñ* (= *olanlarıñ*) / *erbāb-ı* .. *fünūndan* 321,6c 2 / 11 .. *-ıñ ǧümlesi gūyā-ı tahsīn ü āferīn* (406 A) *olduqlarından* (logischer Pl. zum Kollektivbegriff *ǧümle*) *ṣoñra* (458,5 u. A) nachdem die Gesamtheit der .. Lob-und-Bravo-sagend geworden war⟨en⟩ = n· sämtliche .. L· u· Beifall gespendet hatten / *re'īs-i eṭıbbā-ı dārü* 12 *'l-fünūn bulunan ẕāt eṭıbbā-ı mümā-ileyhimiñ* (516k) .. *šāyān olduqlarını resmen* (340) 13 *iʿlān u īfā ētmiš olduǧu* (269; 412; 458) daß ⟨die⟩ der Dekan der Ärzte (= Mediz. Fakultät) der Universität ⟨seiende Person⟩ offiziell verkündet hat, daß die obgenannten (T) Ärzte .. würdig sind, und [das Entsprechende : die Verleihung des Doktorgrades] ausgeführt hat, / *Viyana ṭarafından istiḫbār olunmušdur* ist v. Wien her erfahren worden = verlautet aus W· (= endgültiges Präd. der ganze 13 Zeilen langen, vielfach verschachtelten Periode, zu deren Übersetzg. man nach gewonnener Übersicht über die einzelnen Teilkonstruktionen am besten mit diesem abschließenden Präd. des T Textes beginnt und dann, auf die ersten Zeilen zurückgreifend und v. dort weiterschreitend, das Ganze sinngemäß in mehrere Hauptsätze mit Nebensätzen zerlegt.)

44 Das im Vorstehenden vorgeschlagene Übersetzungsverfahren empfiehlt sich auch für die hier wiedergegebene amtliche Bekanntmachung, die aus einer einzigen (allerdings 18 Zeilen umfassenden) Periode besteht. (Aus *T·-i V·* vom 21. Rebīʿu 'l-āḫır 1264 d. H. = 27. März 1848.)

1 *laʿb-ı* .. *qumārıñ* ... *müstaǧnī olduǧu* 2 *misilli* (= *o· gibi* 458,5) .... *bir šey olduǧuna* (parallel mit dem erst Z. 13 stehenden *gelmiš o·* abh. v. 14 *binā'en*) (Da) das .. Hasard-Spiel, (eben)so wie es ... (erst gar) nicht bedarf, (überdies) e.e .... Sache ist / *ve* (konstruktionsprengend als Hauptsatz eingeschalteter Segenswunsch :) *Rabbimiz* .. *Ḥażretleri* .. 4 .. *efendimiz Ḥażretlerini* .... 6 .. *buyursun* und — die Majestät unseres Herrn (: Allahs), .., möge die M· unseres Gebieters (= Seine M· den Sultan), ..., ... zu machen geruhen! —

(da) / .. 5 .. *ber-qarār ve* (parallel mit :) ... 6 ... *pāydār* (als Präd.-Nomina zu) *buyursun* möge .... fest und ...... beständig zu machen geruhen = m· .... immerdar thronen u· ...... allzeit schweben zu lassen g·! / 6 *ʿaṣr-ı* .... *-de* ... 8 *mültezem* (auch hierzu 9 *olduġu*!) *ve lehü* .. *'l-minne* ... 9 .. *te'essüs ü taqarrür ētmekde* (438,6) *olduġu ve* ... 10 ... *teğvīz buyurulmıyaġaġı* (459,1) *müsellem olub* (486; hat verschiedene Subj.e, vgl. 7/2 *aqšam olub*; ist parallel zu 13 *olduġuna*, also w. dieses abh. v. 14 *binā'en*) (Da) feststeht, daß ⟨in =⟩ unter der .. Regierung⟨szeit⟩ ..... wichtig ist und (eingeschaltete Interjektion :) — Ihm (: Allah) [sei] .. Lob! — ..... s. festigt und verendgültigt und ...... zu gestatten ⟨nicht⟩ geruht (= höchsten Ortes geduldet) werden wird, / *anğaq bu esnāda* .. 11 .. 12 *oynadıqları istimāʿ u taḥqīq qılınmıš* (auch hierzu 13 *olduġuna*) *ve bu* ... 13 ... *olmasıyle* (T Kurz-Inf., 447, + *ile* = D „indem" + Indikativ) *te'kīd-i memnūʿīyeti lāzım gelmiš olduġuna* 14 *binā'en* (= w. *nazaran* 458,5 o.: „da" = „zufolgedem daß") ⟨da⟩ jedoch in dieser (= jüngster) Zeit gehört und (tatsächlich) festgestellt worden ist, daß .... spielen, und (da), indem dieser ...... ist (= darstellt), ⟨ihre (: der Angelegenheit = *mādde*) Verbots-Einschärfung =⟩ die E· i·s V· notwendig geworden ist, / .. 13 ..*-ye ḍoqunur* (451) *bir mādde-i* .... e.e gegen ... verstoßende, ... Angelegenheit / 14 .. *qumār oynar iken* (288 v.Ao.; 478,1) *ele gečenler* (455) *olur* 15 *ise* (232) wenn .. Hasard-spielend-ertappt-werdende ⟨sind = werden = zustandekommen =⟩ s. finden = wenn Leute ⟨, während sie .. H· spielen, =⟩ beim H·spiel .. betroffen werden / *ḥaqqlarında* .. *iğrā olunması ḫuṣūṣuna emr ü* ... 16 ... *sünūḥ u ṣudūr buyurulmuš* (auch hierher 17 *olmaġın*) *ve mūğibinğe keyfīyet* .. 17 .. *bildirilmiš olmaġın* (438,9 A, hier zur Abwechslg. besser „nachdem") nachdem ⟨zu der (= für die) Angelegenheit des Verhängtwerdens =⟩ betreffs der Verhängung v. .. über sie (: solche Leute) Befehl und ...... gnädigst (= *buyur-*) herausgegeben und erlassen und demgemäß der Sachverhalt .... bekanntgegeben worden ist, / *išbu maḥalle* (Dat.) *ṭabʿ* (kurz statt *ṭ· ēdilmek*, 408) *ile iʿlān-ı māddeye* 18 *ibtidār olunmušdur* ist mit dem Abdruck (: des obigen Befehles) an diese[r (T „wohin" = D „wo", vgl. 36/6)] Stelle die Verlautbarung der Angelegenheit (= des Gegenstandes) unternommen worden (409 A, w. 41/3 Ende).

IVc

45 Wie die meisten T Literaten seiner Zeit war auch *İbrāhīm Šināsī* (1827—71) hauptberuflich Journalist. Dieser fruchtbare Übersetzer der klassischen F Literatur und Vater der T Bühnenkomödie gründete 1862 seine eigene Zeitung *Taṣvīr-i Efkār* („Abbildung der Meinungen"), wo er in dem hier wiedergegebenen Leitartikel (abgedruckt in *Ebüżżiyā Tevfīq, Nümūne-i Edebīyāt-ı ʿOsmānīye*, Stambul 1327 d. H., S. 242 ff.) das Dilemma zwischen dem islamischen Verbot, Tiere anders als zur Nahrungsbeschaffung oder zur Verteidigung v. Menschenleben zu töten, und unabweislichen hygienischen Notwendigkeiten behandelte.

1 *ḥikmet-i* ..*-niñ* ... *baḥsinde* (321,2 Kurzgen. g; 71) im Thema (= Kapitel) „..." der .. Weisheit / *yolların̈* .. *ğelb ēder* (451) *ṣūretde* 2 *olması* (447a) daß die Straßen in .. eindringen lassender Form sein sollen (= so sein sollen, daß sie .. e· lassen) / ⁏ (umgekehrtes Semikolon) = ; / 4 *ebniyeğe* (*-ġa/-ğe*, vgl. 511,6, bedeutet auch „betreffs, hinsichtlich") h· der Häuser / *bıraqılmaġla* = h.

-makla (438,8); Bedeutg „damit (= dadurch) daß = indem", / **5** *olmušıdı* = h. *-muş idi* od. *-muştu*, 201 / ***1255 senesi*** (395; ohne Lok.-Suff. 321,5b) im Jahre 1255 (d. H. = 17.3.1839—4.3.1840) / **6** .. *ḥaqqında bir niẓām ittiḫāẕıyle* mit der Annahme (= dem Ergehen) e.er Verordnung über .. / *oradan iğrā'āta* **7** *bašlanılaraq* indem mit der Ausführung v. dort begonnen wurde = i· die A· dort (: in Pera) begann / .. *taʿmīm olunmuš* (313,4) ꞉ *ve el-yevm* ... *bulunmušdur* ist sie .. verallgemeinert (= ausgedehnt) ⟨;⟩ und heute ⟨[als] ... gefunden worden =⟩ [zur] ... geworden / **9** *tanẓīfi māddesi* die Angelegenheit ihrer Sauberhaltung / *ise* 504,3 / **10** *ki* (383; h. *ki kendilerinin*, 385) *azalması* .. *temennī olunduqğa* (462,6) *čoğalması* ... **11** *görülmekdedir* (423) deren Sich-Vermehren ... gesehen wird in dem Maße, als ihr Weniger-Werden .. gewünscht wird = deren Vermehrung man (mit) um so mehr ... sieht, als man ihre Verminderung .. wünscht / **12** *olduğundan* Abl. d. Grundes / *menāziliñ ḫāriğinde bıraqılmıšdır* ist außerhalb der Wohnstätten gelassen worden = i· aus den Behausungen (der Menschen) verbannt / **13** *naṣıl* ... *peydā olur ise* (498) **14** *öyleğe* (*-ğe* zur Bekräftigg. = Steigerg., vgl. 511,6b 1) .. *helāk olurlar* w. sie .... entstehen (= gezeugt werden), genau (*-ğe*) so (= ebenso) .. sterben sie (auch) / **15** *qaldıqlarıyčin* = h. *-dıkları için*, 458,5 / *hem-ğinsleriniñ* ihrer Artgenossen (: anderer Vertreter des Tierreiches w. Katzen, Vögel u.a.) / *muʿāšeretğe* *-ğe* w.o. **Z. 4** *ebniyeğe* / **16** *kelbīyūndan* [als] ⟨zu den⟩ Parias ⟨gehörig⟩ / **18** *olsa o·* 504,12 / **19** .. *gezinenleriñ* (seltenere Schreibg. v. *-en-*) *gūyā fāsidlerine* ⟨auf⟩ die gleichsam Bösen (= die vermeintlich B· = die „Bösewichter") v. denen, die .. herumstreifen, / *ṣaldırmaqdan* (parallel hierzu **18** *qaldırmaq*, 313,1) 438,7 / **20** *olmayıb* 302; 303; 487 / **21** *iken* 478,4 („obwohl") / *ṭutalım-ki* 240; 431; 432; das schwachtonige *ki* wird, w. enklit. *da/de* 32, oft mit dem vorhergehenden Wort verbunden geschrieben; 505a / *bir fā'idesi* (Poss.-Suff. Sg. statt Pl., w. bei leblosen Dingen, 314) **22** *görülmüš olsun* e. Nutzen davon (: der Hunde) gesehen worden sein soll = man in ihnen e.en Vorteil finden mag / *ya bunlarıñ ölüsünden*, (Komma w. 37/9 *baba*) *dirisinden ḥāṣıl olan* aber das s. v. ihrem Toten [und] v. i· Lebendigen (an Unrat) Ergebende = aber was (= der Unrat, der) durch sie im Tod w. im Leben entsteht / **23** *qaldırdıqlarına* 457, subst. („dem, was sie ..") / *değil-midir* (؟ = ?) 174 e, h und i; im Gegensatz zum modernen Gebrauch (73,2) erscheint in A Schrift das enklitische Fragesuff. oft mit dem vorhergehenden Wort verbunden / *gelir* **24** *ise* (w. bei phraseol. Zeitwörtern, 467 M, wird auch hier nur der eigentlich verbale Teil, *gelmek*, der Wendung *lāzım g·* in der Wiederholg. aufgegriffen :) wenn [es notwendig] ist = wenn ja / *bu ḫidmete* (abh. v. *lāyıq*) *ṭarafdārlarından bašqa* (381c 1 M.) *kim* (312 o., Fragepron.) *lāyıq görülür* wer anderer als ihre (: der Hunde) Fürsprecher wird (als) dieser Aufgabe würdig angesehen = wer sonst kommt dann für diese A· in Betracht als i· F· / **25** *ḥavlayıb ṣaldırmaq* (438,4) *baḥṣine gelinğe* (465 M.) was das Kapitel „Bellen und Anspringen" betrifft / *biñde bir* (396) *anğaq* e. Tausendstel bloß = nur jeder Tausendste / **26** .. *olabileğeğinden* (291; Abl. d. Grundes = h. + *dolayı*, 459d) da .. sein können wird („Fut. d. Vermutg.") = da wohl .. sein kann / .. *niče* ... *insān* .. **27** .. *muḥāfaẓasında qalmaq revā mıdır* ist [es] (da) angängig, daß .. etliche ... Menschen s. gegen .... verteidigen müssen / **28** *ḥāl bu ki* (= h. *halbuki*) ⟨die Lage [ist] die, daß =⟩ indessen / **29** *atmağla* vgl. o. **Z. 4** *bıraqılmağla* / **31** *köpekleriñ* ..*-nda bulunmalarına* (447b 2) *ehemmīyet vērenler*

[Leute,] welche Wert darauf legen, daß die Hunde .. ausüben (sollen) / **32** *emnīyeti* (Akk.) *muḥāfaẓa ičin* 408 / *ki* ... *köpeklerden istimdāda* (408) *meğbūr* **33** *olmaq iʿtiqādında* (438,4) *buluna* (Sg. statt korr. Pl.!; 505a M.) daß sie überzeugt (= des Glaubens) sein sollen (= sollten), ... v. den Hunden Hilfe zu erbitten gezwungen zu sein = daß sie ... bei den H· H· suchen zu müssen glauben / **34** .. *taʿdād ile* 408 / .. *ēderiz* 424,4 / **35** *gündüzleri* Poss.-Suff. w. 327, mit Bedeutg. „alle, jeweils“ / **36** .. *pāylašamamaqdan* (299,2; 438,7) aus dem ..-nicht-teilen-Können = daraus, daß sie .. n· (unter s.) t· k·, / *bir* .. **37** *beyninde sınır ġavġasına* zu e.em Grenzstreit zwischen .. / *hangileri* (375) *dišinde* (statt korr. *dišlerinde*) *quvvete mālik ise* (498; wieder Sg. statt korr. Pl.) welche v. ihnen in ihrem Zahn Kraft besitzen = diejenigen v. ihnen, die die stärkeren Zähne haben, / **39** *esnā-ı münāzaʿalarında* in ihrer Streit-Zeit = zur Z· (= während) ihres S·es / *kimisi* 369 / **41** *bunlarıñ* .. *azġınları vardır, ki* (= h. *ki kendilerinin* 385) *šerrlerinden* (Abl. d. Grundes) v. (= unter) ihnen gibt es .. wilde (= Wüteriche), wegen deren Bösartigkeit / *yollarından* **42** *ṣaparaq, uzaq yerlerden* (321,6b) *ḍolašmaġa* v. ihrem Weg abweichend durch ferne Gegenden herumzugehen = v. ihrer Straße abzubiegen und weite Umwege zu machen / *soqaq ortalarında* (zum Pl. vgl. 24/32) in den (= allen) Straßenmitten = jeweils mitten auf der Straße / **43** *ısırdıqları* (458,1) *vardır* ⟨gibt es das =⟩ kommt es vor, daß sie (e.en) beißen / *giderken* (478,1) während man geht = beim Gehen / **44** *ḍoqunmamaġa* abh. v. *diqqat* .. / .. *čarpmaqdan* (321,6h) als .. anzurempeln / *diqqat olunmaq meğbūrīyetinde* (430) *bulunulur* wird s. in der Zwangslage des Acht-gegeben-Werdens befunden = muß man A· geben / **45** *insāna* (321,3g) *iʿtiẕār* (321,1b) *qabūl ētdirmek* (514d 4b) / *bunlara ise* (504,3) diese⟨n⟩ (: die Hunde) jedoch (im Gegensatz zu *insāna*) / **46** *aǧ qalanları* die Hungernden ⟨v. =⟩ unter ihnen = wenn sie hungrig sind und / **47** *bayaġı* adv. / .. *yiyeğek* (454 M.) *qapdıqları* (458,1) *vāqiʿdir* es ⟨ist vorfallend =⟩ kommt vor, daß sie .. Lebensmittel (= Speise) wegschnappen, / *ki* (= h. *ki bu* 386) was / *bekğilikden* (321,6h) als [im] Wachehalten / **49** *geğeleri* vgl. o. Z. 35 *gündüzleri* / *ṭaraf ṭ·* 329f / .. *ḥavlayıb uluduqğa* (462,6 u.) ⟨sooft =⟩ (immer) wenn sie .. bellen und heulen / .. *değil*, .. 504,7 M. / **51** *ki* (w. o. Z. 47) was (: *qudurmaq* das Tollwütigsein) = diese (: die Tollwut) / *her ne qadar* .. **52** .. *ise de* 498; 504,4 u. / **54** *debbāġ* (koll. Sg.) *ve emsāli eṣnāfdan* (321,6c 2) *bulunan* (= *olan*) zu den Gerbern und ihresgleichen (= ähnlichen) Handwerkern gehörende / **55** *ṣanʿatlerini* .. *iġrāya* 408 / **57** *Naṣūḥ Pašanıñ ṣadāreti — ki* .. **58** ..-*dır — zamānında* in der Zeit des Großwesirats N· Paschas — ⟨was =⟩ also .... ⟨ist⟩ — (1020—23 d. H. = 1611—14 n.Chr.) / **60** ... *aramıyaġaq qadar* (454) .. so(weit) .., daß sie nicht ... suchen wird (= würde) / **62** *lāyıq olduġu mertebe* (ohne Lok.-Suff. w. 321,5b) [in dem] Maß[e], dessen sie würdig ist, / **63** *ġayretkešlerinden qalmıš* (koll. Sg.) *var ise* wenn es v. ihren (: der Hunde) Fürsprechern (noch) Übriggebliebene gibt = w· sie (überhaupt) noch (irgendwelche) Befürworter haben / **64** *bunlarıñ meydāndan* (vgl. *ortalık* 310 u.) *qaldırılmasıyle* (447b 2) mit (= durch) deren (: der Hunde) ⟨vom Platze⟩ Beseitigt-Werden (= Beseitigung) / **65** (A:) ‚*En-nezāfetü mine 'l-īmān*‘ (T:) *aḥkāmına mı* (504,14) .. ؟ dem Gebote des ([angebl.] Ausspruches d, Propheten Muhammed :) „Die Reinheit (= Reinlichkeit) ist [e. Teil] vom Glauben“ .. ؟ / **66** (A:) ‚*Aẓ-ẓāhirü ʿunvānu 'l-bāṭın*‘ (T:) *maʿnāsı* der Sinn des (Spruches) „Das

Äußere [ist] das Kennzeichen des Inneren" / *šimdi-mi .. ol vaqit-mi* (Schreibg. w. o. **Z. 23**) 504,14 disjunktiv. — Übrigens wurde das hier behandelte Problem erst 1910 gelöst: Um das Odium der unmittelbaren Tötung zu vermeiden, fingen die Stambuler Behörden die Zehntausende v. herrenlosen Hunden zusammen und setzten sie auf e.em öden Eiland im Marmara-Meer aus.

46 Auch *Nāmıq Kemāl* (vgl.Lesestück **38**) nahm im *Taṣvīr-i Efkār* in Artikeln wie dem hier (nach *Ebüżżiyā Tevfīq; Nümūne-i Edebīyāt-ı ʿOs̱mānīye*, Stambul 1327 d. H., S. 363ff.) wiedergegebenen mit seinem von europäischer Kultur und Zivilisation genährten Reformstreben zu aktuellen politischen und sozialen Themen Stellung.

1 *bizde* bei uns (: in der Türkei) / **2** *girilse* 148 / **5** *ki .. imiš* (411,5) daß er .. gewesen ist / **6** ... *ḥāżırlıyağaq* (454) *bir .. beslemesi var imiš* (404) e.e .. Dienstmagd gehabt hat, die für ... sorgen ⟨wird = würde =⟩ mußte, / .. *o čekermiš* (231; 426) .. pflegte sie zu ertragen / **7** *evlendirmišler* (148) (da) hat man [ihn] verheiratet / *efendiniñ* **8** *münāsebetsiz ne qadar* (372) *merāqı .. var ise* (403; 498) wieviele ausgefallene Marotten, .. (= alle a·n M·, .., die) der Efendi [gehabt] haben mag, / *velevki* 432 u. / *bir qač ğeğe* (321,1d) etliche Nächte [lang] / **9** *mešāqq-ı ğismānīyi* (statt korr. *ğismānīyeyi* laut 516c) körperliche Mühsale (Akk.) / **10** *; ḫanım .. yerine getirmedikğe* (462,6 verneint = „solange nicht") — s· die Frau n· .. erfüllt (hat), / *boġazından rāḥatğa* (511,6b 1 Minderg.) *bir loqma gečmek* (438,4 M.; T Indef. + Voll-Inf. = D „daß"-Satz) *iḥtimāli yoqdur* besteht nicht die Möglichkeit, daß e. Bissen in einiger (*-ğa!*) Ruhe durch ihren Hals kommt = kann sie keinen (einzigen) Bissen (auch nur) halbwegs in Ruhe schlucken / **14** *kendiniñ ne qadar hevesātı var ise* (vgl. o. **Z. 8**) alle Launen, die er selber (nur) hat, (diese ganze Gruppe ist Akk.-Obj. zu **15** *inṭibāʿ ētdirmeğe*) / **16** *kendini* (= h. *kendisini* = *onu*, 380 M.) sie (Akk.) / *besler*, (313,4) *giydirirmiš* 426 / **17** *vaqti* **18** *olsun olmasın* — (*olmaq* = Ersatzform für *var* [vgl. o. **24/82**] nach 402 :) mag er (: der Gatte, der auch Subj. der anschließenden Periode ist) Zeit haben [oder] ⟨mag er⟩ nicht ⟨h·⟩ = ob er (nun) Z· hat oder (auch) n· — ⟨möglich wäre auch e.e andere Auffassung, mit *olmaq* als Kopula, 183 : mag [es] (nun) seine Z· (= die [rechte] Z· dafür [: für die im folg. beschriebenen „Beschäftigungen"]) sein oder nicht —⟩ / *ḫanımıñ* (als gemeinsamer Bezugsbegriff sämtlicher drei folg. Präd.e vorgezogen, vgl. 312 M., und sogar der Konj. *eğer* vorangestellt) regiert *miʿdesini* / *bir gün* (auch nur) e.en (= an e.em) Tag / **19** *ētmez* [*ise* 313,5] / *bir qat* (Zählwort, vgl. 388) e. (und dasselbe) ⟨Stück⟩ Kleid / *giydirib de* (verstärkend, vgl. 488 A) [ihr] zum Anziehen gibt (= sie a· läßt) und (damit) / *ems̱āli* ihresgleichen / **20** *bıraqır* [*ise* 313,5] ⟨:⟩ *ve* / *o* er (: der Gatte) / *bašına bār olmaq ičin* (438,8a) um für ihr (oder: sein) Haupt e.e Bürde zu sein = als B· f· i· (= s·) H· (iron. Doppelsinn: Kopfputz für sie = Kopfschmerzen für ihn) / **21** *zevğīyet veyā insānīyetden* (sehr seltene Getrennt-Schreibg. des Abl.-Suff.es) *čıqmıš ḥükmünü* (vgl. 506 u.) *alır* erhält er das Urteil: „Ausgetreten aus dem Ehemannsstande oder der Menschlichkeit" = wird er als der Gatten- oder (auch) Menschenwürde verlustig angesehen / **23** *o-da* = *o da*, 32 u. / *bebek naṣıl* .. **24** .. *meğbūr ise, .. öyleğe* (vgl. **45/13—14**) w. die Puppe .... gezwungen ist (= muß[te]), genau so .. / **25** *ētdiğini* (457), *ve* .. **26** .. *düšünerek* über [das,] was sie (wohl) getan hat (= haben mag: : um so e.en schlechten, sie der Verwahrlosg. und Krankheit anheimgebenden Ehemann verdient zu haben), und (über) .... nachdenkend /

iki elini böğrüne qoymuš ⟨:⟩ (zustandsbeschreibender präd.iver Zusatz, ähnl. w. *dört zolṭa elinde* 34/25, zu Z. 27 *ḍolašır ḍurur*) ihre beiden (= die) Hände auf ihre (= die) Weichen gelegt ⟨habend⟩, (Ausdruck des Schmerzes und der Hilflosigkeit) / *ḥazīn* **27** *ḥ*· 331; 337 / *ḍolašır ḍurur* Ao. + *ḍurmaq* = h. *-a/-e-* Gerund. + *durmak* 291,3 / **28** *bulunmaz* = *değildir* / *bir* .. *iki* e.[mal] .. zwei- [mal] / **29** *arada* .. *bulunur ise* wenn in der Mitte (vgl. *ortalık* 310 u.) s. .. befindet = wenn .. da (= vorhanden) ist / *nikāh, nafaqa* Komma w. 37/9 *baba,* / **31** *dār-ı miḥnete* zu *gelmišler* / .. *-ndan maḥrūm olduqları* **32** *ḥālde* (Bedeutg. außer „obwohl" 462, 3 auch „indem") in dem Zustande, daß sie der .. entbehrend sind = indem sie der (= aller) .. bar sind = (zustandsbeschreibend-adv. zu *gelmišler*) aller .. bar / *qapısı ačıq, yemeği ḥāżır* (455 M.) *bir* .. e. .., dessen Tür offen und dessen Essen fertig [ist] = e. .. mit o·er T· u· bereitstehendem E· / .. *pedere vekīl-i* **34** *ḫarğ, ve* ... *vālideye ketḫüdā qadın naẓarıyle baqarlar* den Papa, (der) .., betrachten sie ⟨mit dem Blicke e.es =⟩ als Säckelverwalter und die Mama, (die) ..., als oberste Dienstmagd / **35** *eviñ büyükleri* (58,1; Poss.-Suff. Sg. zu *eviñ* fällt weg w. bei 71) ihr (: der Söhne) Großer (= Ältester) des Hauses = ihr Familienoberhaupt (: Vater) / **36** *anlar* (= h. *onlar*; 95) sie (: die um das Erbe streitenden Söhne) / *maḥkeme m*· 329f / **37** *perīšān olur gider* vgl. 37/76—77) wird ⟨endültig =⟩ völlig zerrüttet / **38** .. *ḥekīmāne* (adv. 90) *nigāh ēdenler ičin* für .., w. es e.em Weisen geziemt, Betrachtende = ⟨für die =⟩ denen, die .. philosophisch betrachten, / *büyükleri* ihre (: der Familie) Großen (= Erwachsenen) / *čoğuq* .. parallel mit **39** *ğinīn* .. zu *gibi* / **41** *zevğ-i bī-ḫaber* 79; 515 B, Präp. + Subst. = Adj. / *meskeniñde bir refīqadır* (504,1) *peydā olmuš* in deinem Hause ist e.e (wirkliche) Gefährtin zustandegekommen = i· d· H· hast du (jetzt) e.e G· (und nicht etwa e.e Sklavin!) / *ničin* .. **42** .. *kendi üzeriñe yüklenir* (313,4) *de yalñız* .. *o bī-čāreye taḥmīl* **43** *ēdersiñ* (Kopula 2. Ps. Sg., 174b, wechselt in A Schrift zwischen *-sin* und *-siñ*) warum nimmst du (zwar e.erseits) .... auf dich selbst und bürdest indessen .. jener Armen auf = w· b· du, da du doch .... a· dich s· n·, (indessen) .. j· A· auf / **44** *ki* 505a M. / *kendiñ* 125 / *dünyāya* für die Welt (Dat.-Obj. zu *yādigār-ı* .. *olan*) / *yādigār-ı* **45** *ʿömrüñ* dein Lebens-Andenken = das A· an dein Leben / .. *olan evlādınıñ* (61) *yalñız muʿallem ḥayvān gibi* .. **46** .. *öğrenmesi* (447b 2) *uğruna* für das w.-e.-dressiertes-Tier-nur-....-Lernen deines Kindes, das .. ist, = dafür, daß dein Kind, das doch .. ist (= darstellt), w. e. d·T· bloß .... ablesen soll, / *bütün zamān-ı* **47** *taḥṣīlini* seine ganze Studienzeit = alle s· Lehrjahre (Akk.) / **48** *saña* zu **50** *yetišmez mi* / *ḫāneñde* (61) *ehliñle* .., *ṣıḥḥatiñle,* **49** ... *gečinmek niʿmeti* (438,4) das Glück, in deinem Hause mit deinem Gatten [und] .. ⟨mit deiner =⟩ in Gesundheit [und] ... dein Auskommen zu haben, / .. *ḥüsn-i* (irrig statt *ḥüsn ü*, 306 u.) *ğemāl, ve* ... **50** *evlād u ʿiyāl ziyneti* die Zierde der Anmut ⟨der (irrig) =⟩ und Schönheit .. und, ..., (jene) ⟨des Kindes =⟩ der Kinder und Familie / *ki* (505c) .. **51** .. *iltizām ēdersiñ de* ⟨so⟩ daß du .... heraufbeschwörst und / *kendiñe* (126) dir (= für dich) selbst / **53** *daha vüğūdüñden ayrıldığına teʾessüf ēdeğek qadar* (454 u.) **54** *mübtelā olduğuñ* (461) *ğiğer-pāreñi* dein Herzblättchen (Akk.), in das du noch (eben) so verliebt warst, daß du ⟨sein Sich-getrennt-Haben =⟩ seine Loslösung v. deinem Leibe bedauertest, / *kendi* (adj., 380 u.) *istediğiñ ve anıñ* (95) *istemediği bir eğnebīniñ* .. .. e.es Fremden, den du (selbst) wolltest und sie nicht wollte, / **56** *ḥālinden* v. ihrer Lage = über s. (selbst) /

59 *vüǧūdüñüñ müsāʿadesi*, .. *vaqtinde ḥiǧāb* 60 *ētmez misiñ, ki* ... *ṣarf ēdersiñ* schämst du dich nicht, daß du in ⟨der Zeit =⟩ den Jahren ⟨der Gunst deines Leibes =⟩ deiner körperlichen Rüstigkeit und .. ... verwendest / 63 .. *taqsīme* (408) *rāżī olduġuñ* (461 M., jedoch ohne Verdeutlichg. des Verhältnisses etwa durch *kendisiyle t·*) *qardašıñla* mit deinem Bruder, [mit dem] .. zu teilen du einverstanden warst, / *dükkānıñ* 64 *milkini*, .. das Besitzrecht und .. des Kaufladens / *neden* Stellg. unmittelbar vor Präd., 312 / *ǧānī gibi* w. e.[en] Verbrecher / 66 *bašqa yerlerde* anderswo (: in Europa) / *ki* 383 / 67 .. *tešrīk ēderse* (real. Kondition. 490) wenn (= so w.) er .. teilhaben läßt / 69 *kendi fikrī* (516f) *dāʾiresinde* in seiner (= ihrer) eigenen geistigen Sphäre (kann auch gedeutet werden als *k· fikri d·* in der S· seines ei· Geistes) / .. *ḥaṣr ētmek değil*, (504,8) nicht etwa .. beschränken (= festhalten), [sondern] / 70 *īṣāl* .. *ētmedikǧe* (vgl. o. Z. 10 *getirmedikǧe*) solange er [ihn (: den Sohn)] nicht .. gebracht hat / 71 *kendine* (126) 72 *fāʾıq bir* e.en ⟨s. =⟩ ihm (: dem Vater) selbst überlegenen / *görmeden* 444 / *gözü ačıq* (adv.) sein Auge offen (seiend: *olaraq*) = o·en (: noch nicht gesättigten) A·s = unbefriedigt / 73 ..-*nden* (332) *müstaqīm* richtiger als .. / *ḥiǧābından* (321,6c 1) (wegen =) vor ⟨seiner⟩ Scham / 74 *evlādını* .. *yedmek* 75 *ičin* („um zu" 438,8: bei Subj.swechsel „damit") *beslemez* er zieht seinen Sohn nicht auf, damit [dieser ihn] .. führe, / *ērišib de* .. *meǧbūr* 76 *olduġu zamān* = *ērišdiği ve* (486) .. *m· o· z·* / 78 .. *izʿāǧ ēderse*, .. 79 .. *ēder* (= *izʿāǧ ē·* : zur Wiederholg. e.es phraseol. Zeitwortes, 179, genügt Setzg. bloß des Hilfsverbums, 467 M.) wenn sie .. belästigt, ⟨[ihn] belästigt, =⟩ dies (nur) tut, ... / 79 *zevǧi kendiniñ* (= *onuñ*) ...-*nden* 80 *ḥiǧāb ēderek*, ..., indem (= wobei = in e.er Weise, daß) ihr Gatte s. wegen (= vor) ihrer ... schämt, / 81 *qabūl ēder* sie nimmt [sie (: Kleider und Schmuck als Geschenk ihres Gatten)] an / *ḥayāt-ı s̱āniye* [als] zweites Leben (= sein z· Ich) / 84 *bir yıllıq* (511,1d) *ʿömür* Leben[szeit] für e. Jahr = e. J· des L·s / 85 *irtibāṭ ēdeğek* (454 M.) *yer aramaqda* (438,6) ⟨beim [Aus]suchen =⟩ bei der Auswahl ⟨des Ortes =⟩ dessen, dem es s. verbinden wird (= will), / 87 *evlādını ǧānından ayırmaz* sie trennt ihr Kind nicht v. ihrer Seele = sie denkt und empfindet nicht etwa anders als i· K· / *ki* so daß / *istesin* (243 A u.) wollen mag (= würde = könnte) / 89 *gümüš rengli* vor *-li* fällt Poss.-Suff. in *g· rengi* „Silberfarbe" aus, 511,2 / 90 *ǧevher-i ǧānına* (321,3b) ⟨um =⟩ gegen ihre Lebenssubstanz (= ihr eigenes teueres Leben) / *fenā-ı ʿālemden* vor (= gegenüber) dem Übel (= den Ü·n) der Erdenwelt / 91 *fikirlerine* ihrem (: der Eltern) Geiste / 92 *šebāb qadar* (= h. *kadar* 305a 1) *qudret, ve bir müttekā-ı ẕī-ḥayāt gibi* (305a 1) *muʿāvenet ʿarż eyler* bietet er Kraft (so groß) w. (die Kraft der) Jugend und Hilfe (so geartet) w. e.e lebendige Stütze dar = (frei :) stellen sie die (volle) K· ihrer J· und die (einfühlende, zarte) H· e.er l·n S· (dienend) zur Verfügung / 93 *ʿāʾileniñ ne-qadar mešāqqı varsa* (498) wieviel Mühsal die Familie (auch) hat = alle M·e der F· (Akk.-Obj. zu *der ʿuhde ēder*) / 93 *görür* (451) sehen könnend = s·d = scharf / 94 *ṭutar* (451) halten könnend = stark / 95 *kendileriniñ* 96 *ve* .. *dünyāda ištirāke ṣāliḥ her neleri* (116) *var ise* (498) *müšterekdir* deren alles, was zu gemeinsamem Besitz Zulässige sie selbst und .. auf der Welt haben, [ihnen] gemeinsam ist = die miteinander alles teilen, was sie und .. an gemeinsam Besitzbarem auf Erden haben, / *yarım* 97 *ḫāneye* (Dat.-Rektion d. folg. A Inf.-Subst.s bleibt erhalten, 408 und 441) *temellük ičin değil*, (504,7) *bir qoǧa mülke taṣarruf ičin*

bile bir-birine (136) *bir kerre* 98 *eğri baqmazlar* nicht (etwa = bloß) wegen des Besitzes v. e.em halben Haus, (sondern) nicht einmal wegen des Verfügungsrechtes über e.e große Liegenschaft schauen sie einander (auch nur) e. (einziges) Mal scheel an / 99 *ḥayāt böyle yašamağa dērler* „Das Leben" sagt man zum So-Leben = so leben heißt [wirklich = menschenwürdig] leben.

47 Den Anschluß an die Zivilisation Europas befürworteten besonders vor dem ersten Weltkrieg zahlreiche T Intellektuelle, wie etwa der (literarisch nicht weiter hervorgetretene) Publizist *İbrāhīm Ḥilmī*, genannt *Tüğğār-zāde* („Kaufmannssohn"), in seinem Buch „Türkei, erwache!", aus dem dieses Kapitel stammt. (*Türkīye uyan*, Stambul 1330 d. H., S. 34ff.)

1 *ġarblılašalım* 431 / 4 *ētmišizdir* 412 / 5 *ṣıḥḥīye .. išlerimiz* 71 / 6 *ētdiğimiz ḥālde* 462,3 / *bunları .. istiʿmāl* 7 *ēdišimiz* (512,7a), ... *muḥāfaẓa* 8 *eyleyišimizdir* sind (die Tatsachen), daß wir sie .. benützen und d· w· ... beibehalten / 10 .. *qabūlde* 408 / 11 *ister isek* 232 / 12 *čalıšmalı-yız* 236 / 13 *šarqlı* 90; 337 / 14 .. *istediğimizdir* ist, daß wir .. wollen (458,1) / .. *dēmekden maqṣad* ... 15 *muḥāfaẓa ētmek taʿaṣṣubu* (438,4) *değil*, .. 16 .. *ʿinād-ı ğāhilānemizdir* ⟨die Absicht aus dem .. -Sagen =⟩ mit „.." gemeint ist nicht der (religiöse) Eifer, ... zu bewahren, [sondern] unsere dumme Hartnäckigkeit .... / 18 *żaʿīf bulduğu* .. (461) .., den sie (: die Zivilisation) schwach findet, / *öyle sürʿatli bir ṣūretde* (338) ⟨in e.er⟩ so schnell⟨en Weise⟩ / 20 *milyonlarğa* (511,6a 5) *ḫalqı* das Volk (Akk.) zu Millionen = M· v. Menschen / 21 *emiyor* v. *emmek* / *qıṣ-qıvraq* vgl. 87 / 23 *ʿaṣırlarğa* (511,6a 5) jahrhundertelang / *istediği ičin* 458,5 / *maḥkūmīyetden* 24 *maḥkūmīyete* v. Botmäßigkeit zu (= in) B· = v. e.er B· in die andere / 25 *bulunmušdur* 412; 423, mit Ao.-Bedeutg. / 26 *ki* (= h. *ki bu* 386) *Žaponyadan* (321,6h) *otuz*, 27 .. *sene* (321,1d) *evveldir* (305a 5) was dreißig Jahre früher als Japan und .. ist = nämlich (= und zwar) d· J· vor Japan und .. / 27 .. *čalıšmıš olsaydıq* (502) wenn wir .. uns bemüht (= angestrengt) hätten / *altmıš* 28 *milyonluq* 511,1h / 29 ..-*e ṣāḥib olmuš bulunağaqdıq* (502) würden wir .. besitzend geworden sein = würden wir über .. verfügen / 30 *taʿaṣṣub-ı ğāhilāne ğ.* steht adv. (90) im Gegensatz zur adj.en Auffassg. des D, weil das dadurch näher bestimmte A Subst. *t*· an s. Inf. ist (vgl. 516b 5) und daher als Verb (im D jedoch als Subst.) empfunden wird / 32 .. *ġāʾib ētmemize* (446) für unser ..-Verlieren = dafür (= dazu), daß wir .. verloren haben, / 34 *eğnebī istilāsına* der Invasion des Fremden (= Ausländers) = e.em Angriff von außen / 35 *bulunurken* 478,3 / *vuqūʿundan evvel* vor ihrem Stattfinden = (noch) ehe sie eintrat (= hereinbrach) / 37 .. *ʿünvānını* den Titel (= Ehrennamen) (e.es) .. / 39 .. *taṭbīq* 40 *ētmiš olmalarından* (446; 321,6c 1) ⟨wegen des Umstandes, daß =⟩ weil sie .. eingeführt haben / *iktisāb-ı .. ü mevğūdīyet* (406 A) *eylemišler* (313,4 : -*dir*) haben s. .. und Bestand (= Geltung) erworben / 42 ... *sürükleyib atağaq* (= h. *atacak kadar* 454) *quvvet ü* .. die Kraft und .., ... ⟨zu schleifen und (dann) zu werfen =⟩ hinauszuwerfen / 44 .. *ētmekde*, .. 45 .. *ē·dir* 313,4; 423 / 47 .. *ellerine gečirmekde olduqlarından* (423; 458,4; 321,6c 1) da sie (: die Europäer) dabei sind .. in ihre Hand (= Gewalt) zu bringen, / .. *uyanmaqda* 48 *geğikeğek olursaq* (496) wenn wir uns .. im Aufwachen verspäten sollten = wenn wir uns ..

zu lange Zeit lassen zu erwachen / *bunlara* (321,3d) für sie (: die Europäer) / .. *olub qalağağımıza* (459,4) ⟨dazu = daran = darüber,⟩ daß wir .. sein und bleiben werden, / 51 *gečirirsek* 492.

Va

48 Das vorwiegend aus dem Koran und den überlieferten Aussprüchen des Propheten Muḥammed geschöpfte islamische Recht (*šerīʿat*) bedurfte im Laufe der Zeit immer weiterer Ergänzungen durch eine weltliche Gesetzgebung der Staatsverwaltung. Die älteste bekannte T Kodifizierung dieser Art wurde auf Befehl Meḥmeds II. (1430—81) um 1477 durchgeführt. Ein Beispiel ihres — wohl bewußt — schlichten und volkstümlichen Stiles bietet der hier wiedergegebene Abschnitt aus der Textedition dieses „Gesetzbuches“ von F. v. Kraelitz-Greifenhorst (*Ḳānūnnāme Sultan Mehmeds des Eroberers*) in den „Mitteilungen zur Osmanischen Geschichte“, Bd. I (Wien 1921/22), S. 13. — Die Handschrift dieses Textes zeigt die ältere Stufe der Schreibweise von T Wörtern in A Schrift: 1. Die Selbstlaute werden nur selten durch *Elif, Vav, Ye* voll dargestellt („Plene“-Schreibg.), sondern meist bloß durch die entsprechenden A Vokalzeichen (über oder unter dem vokaltragenden Mitlaut) bezeichnet („Defektiv“-Schreibg.), die hier im Druck aus technischen Gründen nicht wiedergegeben werden konnten, jedoch in der Transkription — soweit irrige Lesungen entstehen könnten, also vor allem im Silbenauslaut — in Klammern [ ] beigefügt werden. In anderen, auf diese Weise nicht darstellbaren Fällen — wie die Schreibg. v. *iki* (Z. 1) mit bloßem *Elif* statt *Elif-Ye* — wird Defektiv-Schreibg. mit (—) angemerkt; auf Plene-Schreibg. wird, wo sie ungewöhnlich ist, mit (+) hingewiesen. — 2. *a* und *e* werden, besonders im Silbenauslaut, oft mit *Elif* statt des üblicheren *He* wiedergegeben. Inkonsequent finden sich beide Schreibweisen nebeneinander in *olsa* (Z. 2).

1 (Überschrift, A:) *el-faṣlu ʾs-s̱ānī fī ʾt-težārübi ve ʾt-tešātümi ve ʾl-qatl* ⟨der⟩ zweite[r] Abschnitt [:] Über ⟨das⟩ Schlagen [,] ⟨und d·⟩ Schimpfen und ⟨den⟩ Totschlag / 2 *iki* (—) *kiši biri birine* zwei Leute (= v. z· L·n) der eine an den andern / *yapıšsa* .. *yırtsa* 499 / *qāżī* (= h. *kadı*) *döğsün ğürm*[*i*] (= h. *-ü*, F 4 A b; 54) *yoq* (so) soll der Richter [ihn] prügeln [lassen]; ⟨seine Geldbuße gibt es nicht =⟩ G· ist dafür n· einzuheben / 3 *bir*[*i*] 169 o. / .. *s̱ābit olsa ġanī olsa ğürm*[*i*] 4 *yiğirm*[*i*] ... *alına* (243 A) [und] .. überwiesen ist, (so) soll, wenn er reich ist, [als] Buße dafür (= d· e.e B· v.) zwanzig ... genommen (= eingehoben) werden / *otuz* (—) / 5 *ol baš yaran bay ol*[*u*]*b biñ aqč*[*a*]*ya daḫi* 6 *ziyād*[*e*]*ye güğü* (V. *güč*) *yeterse* .. *alına* so soll, wenn ⟨jener Kopf-spaltende =⟩ der, der die blutende Wunde geschlagen hat, reich ist und tausend Silberlinge [oder] noch mehr besitzt, .. eingehoben werden / *ik*[*i*]*yüze* (—) / 7 *faqīr olursa* (—) Kondit. d. Ao. (492) hier = Potent. (499) *f· olsa* o. Z. 3 / 8 *eğer adam öldürse* (321,1b) wenn [er = jemand] e.en Menschen tötet / *yerine qıṣāṣ etmeseler* und sie (: die Verwandten des Getöteten) nicht ⟨an seine[r] Stelle =⟩ für ihn Blutrache (durch Tötg. des Mörders) nehmen, / *qan ğürm*[*i*] *bay ol*[*u*]*b* .. 9 .. *güğü yeterse* (... 10 ... *alına*) (so soll) ⟨[als] =⟩ e.e Blutgeldbuße (: Wergeld), wenn er reich ist und ... besitzt, v. (...... eingehoben werden) / *alt*[*ı*] / *andan* 10 *ašağa ḥallü* (= h. *-li*, F 4 A a) *olursa* (—) wenn er v. diesem aus niedriger bemittelt ist = w. er weniger (noch) b· i· ⟨als das⟩ / 11 *oq-ıla yaḫod* (—) *bıčağ-ıla* = *oq ile yāhod bıčaq ile* / *yašlu* (= h. *-lı*) *ol*[*u*]*b döšeğe düšerse* [und er (: der Verwundete)] (e.) älter(er Mensch) ist und (infolge der Wunde) bettlägerig wird / 12 *daḫi* (+)

Vb

49 Der um 1555 in Trabzon geborene *Meḥmed b. ʿÖmer b. Bāyezīd* mit dem Beinamen *ʿĀšıq* („der Mystiker") verfaßte um 1600 eine Kosmographie „Panoramen der Welten", in der der Erdkunde breitester Raum gewidmet ist. Die berühmten Meteora-Klöster in Griechenland schildert der Autor hier (*Menāẓıru 'l-ʿAvālim*, Handschrift Ḥālet Efendi Nr. 616 der Süleymānīye-Moschee-Bibliothek in İstanbul, Bd. I. Bl. 143rf.)

1 *ğebel-i Qalabaq-Qaya* der Berg „Mützen-Stein" (G Kalabakka in Nord-west-Thessalien) / *Yeñišehir* („Neustadt") *ile Tirḥala* (h. G :) Larissa und Trikkala / 2 .. *teferrüğ ēdenlerden* (perf. 452 M.) *baʿż[ı]* [e.] Teil (= einer oder einige) v. denen, die .. besucht haben, = etliche (Reisende), die .. b· h·, / 3 *irtifāʿda ..-den ziyādedir* in der (= an) Höhe mehr als .. ist = über .. hoch ist / 4 *ki* (505c) so daß = und zwar / 5 .. *miqdārında vāsiʿdir* im Ausmaß v. .. geräumig ist = so g· wie .. ist / 7 .. *ṭarīq-i* 8 *ṣuʿūdları süllem iledir* ihr (: der Leute) Weg (= ihre Art) des Aufstieges .. ist mit Strickleitern = .. steigt man mittels S· hinauf / *her bāʿ* 9 *miqdārı yerinde* an jeder klafter-weiten Stelle v. ihnen (: den Seilen) = an ihnen jeweils im Abstand v. e.er Klafter / 10 *intihāsına-dek* 305a 3 o. / *anıñla* mit ihm (= ihnen) = mittels dieser / 11 *müʾenāt-ı .. melbūsdan mā-yuḥtāğ maqūlelerin* (65 A) ihre v. Vorräten v. .. Kleidung benötigten Arten = ihren verschiedenen Bedarf v. V· an .. K· / 12 *bir qač ādem elleriyle idāre ēdeğek* (454, Erweiterg. mit nicht-poss.-suffigiertem Nomen w. 455 M.) *bir nāʿūre* e.e Winde, welche (= wie sie) e. paar Männer mit ihren Händen (= m· der Hand) betätigen [werden =] können, / 14 *zenbīl* (Aussprache: *zembīl*) .. 15 .. *ḍoqunmaq ile* (438,9 A u.) indem (= da) der Korb an .... stößt / *ičinde tekessür ve tażarruru muḥtemel olan* (455 Besonderh.) *ešyāyı ṣıyānet ičin* (408 u.) um die Gegenstände, deren Zerbrechen und Beschädigung darinnen wahrscheinlich ist, zu schützen = zum Schutz der G· dar·, die etwa brechen oder beschädigt werden könnten, / *bu* 16 *deyriñ revāhibinden .. bir ḫādım* .. e. dienstbarer ⟨v. den⟩ Mönch⟨en⟩ dieses Klosters / 17 *iner čıqar* absteigt [und (w. 38/47 *düšündük čalıšdıq*)] aufsteigt = hinauf und hinab schwebt / .. 18 *irāde ēden müsāfirīn-i müteferri-ğīnden ... ṣuʿūda ğürʾet ētmiyenler* die den Aufstieg ... nicht Wagenden v. den .. wünschenden lustwandelnden Besuchern = unter den Gästen und B·, die .. wollen, diejenigen, die den A· .. nicht wagen, / 21 *ol ğebel ve deyri* (313,1; 408) *teferrüğe* (408) *varan* (455; der ganze Relat.-Satz mit den folg. Appositionen *ṣaġīr ü kebīr* und *her kim olsa* [498] zusammen bildet das Akk.-Obj. zu :) 22 ... *iʿzāz u ikrām ēderler* ehren und bewirten [jeden], der zum Besuche dieses Berges und Klosters [hingeht =] hinkommt, ...

50 Der Stambuler Polyhistor *Muṣṭafā b. ʿAbdullāh* (1609—57), besser bekannt als *Kātib Čelebi* oder *Ḥāğğı Ḫalīfe*, widmete einen großen Teil seiner wissenschaftlichen Arbeit der Geographie. Für seine berühmte Erdbeschreibung *Kitāb-ı Ğihān-nümā* (= „Weltweiser" = „Weltspiegel") benützte er abendländische Atlanten. Geographische Exkurse wie der hier wiedergegebene finden sich auch in seiner kleineren Schrift „Präsent für die Hohen Herren: Die Kriegsfahrten auf den Meeren" (*Tuḥfetü 'l-kibār fī esfāri 'l-biḥār*, Stambul 1329 d. H., Bl. 4f.).

1 *Venesya* und *Vinečya* = (I) Venezia, Vinezia / 3 *ṣuları* ihre (: der Stadt) Gewässer = das Wasser .. dort / *her altı sāʿatde bir* ⟨in⟩ alle⟨n⟩ sechs Stunden ein[mal] / 4 .. *refʿ* (Druckfehler des Originals für *defʿ*) *ičin* 408 u. /

adaları w. o. Z. 3 *ṣuları* / [5] *yolu vardır* hat sie (: die Stadt) Weg[e] (= Ausfahrten) / [6] *olmağla* w. *olmaq ile* 438,9 A u. / *żarar iḥtimāli baʿīd* (455 M.) .. *yerdir* ist sie e. .. Ort, dessen Schadenswahrscheinlichkeit fern [ist = liegt] (= dem kaum jemals [v. außen] Schaden geschehen kann), / [7] *yollar* [Wasser-] Straßen / *ḫāne be-ḫāne* (515 B Subst. + Präp. + Subst.) [v.] Haus zu H· = v. e.em H· zum andern / [8] *ṭašdan* 321,6c 3 / [9] *mezbūr yollarıñ büyüğüne* (= *eñ b·*, 334) zu der größten jener [Wasser-]Straßen / *ēder* Subj.: er (: der Kanal) / *ʿağāyibden* (321,6c 2) *bir* .. e.e zu den Wunderdingen gehörende .. = e.e (ganz) merkwürdige (= seltsame, wunderbare) .. / [10] *kiminiñ* (170) [11] *üzerinde sāyebānı var* (402) *mükellefdir* manche⟨s⟩ v. ihnen ⟨hat =⟩ haben über sich e. Sonnendach [und] ⟨ist =⟩ sind reich geschmückt / . [12] . *iḥāṭa ēder* umfaßt (= beträgt) .. / *baroqyaları ..dür* ihre Parrochia's (I : Pfarrsprengel) sind .. = sie hat .. P· / [14] ..-*niñ biri olan Ṣan Marqo* (Kurzgen.) *kilisası* die Kirche des San Marco, ⟨der e.er =⟩ e.es der .. ⟨ist⟩, / [15] *muṣannaʿ ve mükellef* adv., 337 / [16] *vaqıf dēyü* (zur kurzen Angabe der Bestimmg. oder Widmg. = *v· olsun d·*, vgl. 472b 2) als fromme Stiftung / *Venedig šehri ve* .. [17] .. *anıñ vaqfıdır dēyü pā-bend-i aḥmaqān ēdüb* „Die Stadt Venedig und .... sind seine (: des Heiligen Markus) fromme Stiftung!" sagend (= mit der Behauptung, die S· V· u· .... seien v. ihm [selbst] gestiftet,) haben sie die Dummen eingefangen (= h· s· Bauernfang getrieben) und / [18] *kendülere* (= h. mit Poss.-Suff. *kendilerine*, 129) sich ⟨selbst⟩ / [20] *Ṣan Teyodoros* (also irrig mit G oder L Endg. *-os*/*-us*) (I :) San Teodoro / [21] *ki mezbūr* .. [22] .. *olmaqla* (w. o. Z. 6 *olmağla*) *vaṣfını müšʿir ṣūreti sikke ve šiʿār qılmıšlar* da sie, weil jener .... war, das (= dieses) seine Eigenschaft anzeigende Bild [zum] Münzzeichen und Wappen (ihres Staates) gemacht haben / *arsenale dērler bir* .. e. .. — (I :) „Arsenale" sagen sie dazu — = e. .., A· genannt, / [24] *čevresi iki mil* (*olan*, 455 M.) .. *ḥiṣār* [e.e] .. Festung, deren Umfang zwei Meilen [ist = beträgt], = e.e .. F· mit e.em U· v. z· M· / [26] *gelene gidene* dem Kommenden [und] dem Gehenden = (wer =) jedem, der [da] kommt und geht, = allen Besuchern.

Vc

51 *Meḥmed-i ʿĀšıq* (vgl. Lesestück 49) hat in seine Kosmographie auch eigene Beobachtungen über das Leben der Tiere aufgenommen. (*Menāẓıru 'l-ʿAvālim*, Handschrift Mixt. 314 der Österreichischen Nationalbibliothek, Blatt 374r.)

[1] *ki kebīriniñ ḥağmi* .. *miqdārıdır* v. dessen großem (= größerem) das Volumen das Ausmaß e.es .. ist = dessen größere Exemplare e.en Körper v. der Größe e.es .. haben / [2] *birbirinden* (136 u., jedoch auf mehr als zwei bezüglich w. 138) *ṭavīl ve qaṣīr* (332) e.er länger und (= oder) kürzer als der andere = l·e u· k·e = verschieden lange / [3] *ētmišlerdir* im D Präs. / *ẓāhir-i cildinde* an seiner Hautaußenseite = außen an s· Haut / [4] *tażyīq ēder* und [5] *tağrīq ēder* (Reim!) Obj.: [ihn (: den Menschen)] / [7] *tüffāḥ-ı* .. *ḥağmindedir* ist ⟨im =⟩ vom (= hat den) Umfang e.es .. Apfels / [8] *ẓāhiri* seine Oberfläche / *ḫār-ı siyāhdır* ⟨ist =⟩ besteht aus schwarze[n] Stachel[n] (koll. Sg. 320) / .. *yapıšılması* (514a1; 446, zeitunabhängig = hier Eventualis) sein .. Angegriffen-Werden = es (etwa) .. anzugreifen / [10] ..-*dan hurde* ... *dānedir* es ⟨ist ..... Korn =⟩ besteht aus lauter Körnern, kleiner als .. / [11] .. *rūḥ-baḫšdır* (in der

Aussprache wird zur Erleichterg. ein unbetontes *ı* eingeschoben : *-baḫšıdır*) ist .. lebenspendend = hat .. Leben verliehen / *ki* denn / 12 .. *kesr ü fetḥ olunsa* wenn .. zerbrochen und geöffnet wird = w· .. aufbricht / 14 *zemān-ı keṣīr* und 15 *nıṣf-ı .. miqdārı* 321,1d / 16 *ki aṣfar-ı* 17 *ṣāf olan erkeği ve .. ola* (Opt. 243 A, in seiner eigentl. Bedeutg.: Fut. = Möglichkeit = Vermutg., w. nach *farażā* 432 u.) daß das rein gelb seiende (= r· g·e) das Männchen davon (: dieser Tiergattg.) und .. sein (wird = mag =) dürfte / 18 *iki bašlı* zweispitzig = doppelzackig / 19 *baḥr-i Rūmdan* (321,6c 2) .. vom Mittelmeer [seiend] .. (= zum M· gehörend) = .. am M·

V d

52 Der 1944 verstorbene *Meḥmed Emīn (Yurdakul)* hatte sich vom Fischersohn zum hohen Staatsbeamten emporgearbeitet. Seine Bedeutung für die T Literatur liegt in seinem Wirken für die Ausrichtung der T Dichtung auf die breiten Volksmassen durch dichterische Behandlung volkstümlicher Themen in bewußt volkstümlicher Sprache. Diese seine nationalistisch-popularistischen Ideale schildert er in seinem hier wiedergegebenen Essay (nach F. Giese, „Neues von Mehmed Emīn Bej", in der Zeitschrift der Deutschen Morgenländischen Gesellschaft, Bd. 58 [1904], S. 117ff.).

1 *yazıš* 512,7b / 3 *yazıšda* im Stil = hinsichtlich des S·es / *onlarla* mit jenen (: den Vertretern der ält., klassizistischen Literatur) / 4 *iši* Akk.-Obj. zu *görebileğeğim* / 5 .. *šiʿirleriñ ... söylemeğe dili dönmüyor* die Zunge der .. Gedichte wendet (= fügt = schickt) s. nicht zum Sprechen ... = die .. G· klingen ... nicht (richtig) / *parmaq ḥesābı* vgl. die Vorbemerkungen zu **I b** / 6 .. *añlatayım* (431) ich will [es = dies] .. erläutern / 7 *beyin ve yürekde* in Hirn und Herz / .. 8 .. *bašqalarına* (146) *añlatmaq* (438,4) *ṣanʿatıdır ki bu* (386) [er] ist die Kunst, ..., (den) Anderen zu erzählen (= mitzuteilen), was / 9 *her šāʿiriñ yaradılıšına* (parall.: *ḍuyušuna*) *ve ičinde bulunduġu* (461 M.) *ʿālemiñ* (regiert *göst·*) *kendisine* (= *oña*) *gösterdiği* (461 o.) *šeyleri* (Akk.-Obj. zu :) 10 *ḍuyušuna* (512,7 mit Akk.-Rektion) *göre olur* entsprechend jedes Dichters Anlage und Auffassung der Dinge geschieht, welche die Welt, in der er s. befindet, ihm zeigt = jeweils abhängt vom Charakter des D· und v. der Art, wie er die Eindrücke seiner Umwelt aufnimmt, / *yazmalı idim* 237; 428 / *gözleri* .. 11 .. *ilišen* (455 o.) *ve .. ninni seslerini* 12 *dalġalarıñ uġultuları* (320) *boġan* (volkstüml. so in Anlehng. an die Erweiterungen mit nicht-poss.-suffigiertem Nomen, 455 M., statt logisch *uġultularınıñ boġduġu* laut 461 u.) *bir balıqčı oġluna naṣıl yazı* (inneres Obj., bleibt unübersetzt) *yazmaq yarıšırsa* (498) *ište* 13 *öyle* nun so, wie ⟨Schrift⟩ zu schreiben s. (eben) schickt für e.en Fischersohn, dessen Augen (= erste Blicke) .... hängen (= haften) blieben und dessen Wiegenlieder⟨-Klänge⟩, [die ihm] .., das Brausen der Wellen überdröhnte (= .., vom B· d· W· überdröhnt wurden) / 15 ... *vērmek ičin* 16 *qaršısında bir quvvet bulub* (486; 487) *göremiyen* (299,2; 251) *bir ʿavāmm evlādına naṣıl yazı yazmaqsa* .. (*yazmaqsa* = *yazmaq ise* 213, wobei *-sa* volkst.-salopp für *varsa*, 214, steht; ebenso volkst. bedeutet *var* bei Voll-Inf., besonders mit Dat.-Obj. im Sinne v. „für" [321,3 d], soviel w. „es gilt zu .., es heißt .." jeweils mit Inf., also hier:) .., wie ⟨Schrift⟩ zu schreiben es ⟨gelten mag =⟩ gilt für e. Kind des Volkes, (= e. K· kleiner Leute), das ⟨s. gegenüber =⟩ vor s. (= in seinem unmittelbaren Bereich) keine Kraft finden und erblicken kann, um ... zu

geben (= die ... verleihen würde) / 17 *kendisine* = *oña*, 380 M. / 18 *onu* sie (: die Fackel) / (.. *öğretmek ve* ...) *göstermek kendisiniñ* (= *onuñ*) *borğu olan* (455) *ve 'l-ḥāṣıl* 19 .. 20 .. *bir iš görmek istiyen bir türke* für e.en Türken, dessen Schuldigkeit (es) ist, (.. zu lehren und ...) zu zeigen. – kurzum, der .... e.e Aufgabe leisten (= erfüllen) will / 19 *kendi qanını* sein (nicht : ihr) eigenes Blut / 21 *lāzımgelirse* = *lāzım g·* / .. *čıqarağağız* (414) (da) wir .. ⟨herausziehen =⟩ heben werden (= wollen = sollen) / 22 .. *inmekliğimiz* (511,1 m; 438,9 a) *lāzımdır* (430) (so) müssen wir .. hinabsteigen / .. 23 *baṣılmıš olan o kütüb-ḫāneler ḍoluları* (321,2 k, erweitert als Maßangabe das folg. Nomen w. 329 a) *kitāblardan* aus jenen Bibliotheken voll (= füllenden) Büchern, die .. [und] gedruckt worden sind, / 24 *šu* (99) *ṭopraq üzerinde* auf diesem Boden da = hierzulande / *bütün* 25 *fikirler bir avuğ* (Maßangabe w. 35/21 *bir alay*) *ḫalqı* (Akk.) *düšünmüš* (haben) alle Gedanken (= Hirne) (bloß) an (= für) e.e Handvoll Leute (: den Sultanshof) gedacht / 26 *beride* auf dieser (: des Volkes) Seite (jedoch) / 27 *bunlardan* v. diesen (: den dem Hofe dienenden Hirnen, Herzen, Federn) .. *qalmıšdır, ḥāl-bu-ki* (sind) .. geblieben. Jedoch / .. *yazılmaq* 28 *ṣūretiyle* (438,10 u.) dadurch, daß .. geschrieben werden (= daß man .. schreibt), / .. *nūrlandırılağaq olursa* (496) *neler* (370; 374) *olmaz* wenn .. erleuchtet (= gebildet) ⟨werden⟩ wird – was ist [dann] nicht alles möglich! / 29 .. *nūrlandırmaqdır* (438,3) ist (= heißt) .. bilden / 31 *dēmekdir* 438,3 u. / 32 *intibāh devri* (321,2 Kurzgen. e,g) die (Epoche der) Renaissance / *benim ačdığım* (461) *šiʿir yolu ičin* für den Dichtungs-Weg, den ich eröffnet habe, = f· die v. mir eingeleitete Richtung (in) der Poesie / 33 „*Luter*“ (Anführungszeichen = w. die Klammern in 42/1 und 3) Luther / *millī dil olan almanğaya* in's Deutsche, das (ja nur) die Volkssprache war, / *ētmeseydi* (210) = h. *etmemiṣ olsaydı*, 502, vggh.lich / *ḫalqıñ düšünmeğe* 34 *alıšqınlıqları* (403; Poss.-Suff. im Pl. wegen des Pl.-Begriffes „Volk, Leute“) *olağaq-mıydı* (*olmaq* als Ersatz für *var*, 208; Vggh.s-Irrealis, 502; Stellg. der Fragepartikel, 218) hätte das Volk Gewöhnung an das Denken gehabt = h· s. (dann) das V· daran gewöhnt, (selbst) zu denken / 34, 35 *yine* eben = gerade / *ḫalqıñ añlıyağağı* (461) *bir yolda* in e.er Art, die das Volk verstehen wird (= kann), / .. 38 *ne yapdıysa* (234; 498) ... *onu* was .. getan hat, das ... / 39 *gelinğe* 504,2 / *šübhe yoq ki* 505 a / *gerekdir ki* .. 40 .. *beñzemeli* pleonast. Kombination der Notwend.-Form 427 und e.er ihrer Ersatzformen 430; statt letzterer stünde logisch der Opt. laut 432 und 505 / 41 ..*bulmalı ve* .. 42 .. *ṣırasına dizmeli* man (427 M.) muß .. finden und .... in ihre (= in die richtige) Ordnung setzen / 43 *evet bu* .., *diyebilmeli* [er] sagen können muß: „Ja, das ..“ / 45 *ahālīniñ qonušmaqda* (438,6) *olduqları* (269) .. .., die (= wie sie) die (gewöhnlichen) Leute sprechen, / 49 *güzellik perīsiniñ arqasında dolašır* (451) .. .., die hinter der Schönheitsfee einhergeht, = .., die auf den Spuren der Göttin der Schönheit wandelt, / 50 .. *geri čekdireğek* (514 d 4; 454) *kibrim vardır* habe ich (= eigne mir) Dünkel, der mich veranlassen wird (= würde), .. zurückzuziehen / *kemānče* typisches Instrument des Volkes im Gegensatz zum traditionellen *rübāb* (Viola = etwa „Leier“) des klassischen Lyrikers / .. *ile* ⟨mit =⟩ zu (den Klängen) e.er .. / 51 .. *söyler* (451) *qaba bir sesim var* mir eignet e.e rauhe Stimme, die .. (be)singt, / 52 *ağlar* 451 / *öksüzlükler qapılarında* an den Toren der Verwaistheiten (= Einsamkeit) / 53 *ište o-qadar* eben soviel (und nicht mehr) = das ist alles!

53 Der 1890 geborene *Köprülü-zāde Meḥmed Fu'ād* (h. *Mehmet Fuat Köprülü*), der führende Gelehrte der modernen Türkei, ist der Begründer der neuzeitlichen philologisch-historischen Turkologie in seiner Heimat. In dem hier wiedergegebenen Abschnitt seines Buches „Die ersten Mystiker in der türkischen Literatur" (*Türk Edebīyātında İlk Mutaṣavvıflar*, Stambul 1919, S. 346ff.) würdigt er das Werk des dem 13. Jahrhundert angehörenden *Yūnus Emre*, des größten und volkstümlichsten mystischen Dichters der Türken.

1 *ičinde bulunduğu* (461 M.) *ve bir zübdesini irā'e ētdiği* (461 u.) *bu ʿālem-i ḥādis̱āta müšābih* 2 *olaraq* (476 M.) gleich ⟨seiend⟩ der Welt der Veränderungen (= W· d· Accidentien = vergänglichen W·), in der er (: der Mensch) s. befindet und v. der er e.e Quintessenz darstellt (nach der islamischen Mystik, deren Terminologie auch im folgenden allenthalben erscheint) / 4 *šuʿūrī ġayr-ı š·* (516f; adv., 337) bewußt [und = oder] unb· / 6 *mümkin olduğu qadar* 458,5 M. / *izāleye* 408 / *čalıšmaq ve .. ērmekdir* 438,3 / *ki ište ..* 7 *.. mertebesi budur* (386) was eben die Stufe des .... ist / *bu her ne-qadar .. olabilirse de* (498; 504,4 u.) (w. sehr auch immer =) obgleich dies (erst) .. sein (= geschehen) kann / 8 *„Mūtū qable en temūtū ..."* *sırrına* (321,2 Kurzgen. g) *maẓhar* 9 *olanlar* diejenigen, die das Mysterium des (Mystikerwortes, A :) „Sterbet, ehe ihr sterbet!" an s. erfahren haben, / 10 *bulunmaqla* (= *olmaqla*) *berāber* 438,8a u. / 11 *bizde mevğūdīyet-i ḥaqīqīyeden ne varsa* (408) [alles,] was v. (= an) wirklicher Existenz (= vom Wahren Sein) in uns (vorhanden) ist, / *Allāhıñdır, bizim* 12 *değildir* 321,2 o.; 345 / 13 *.. gidereğek, ..* 14 *.. götüreğek* (455) *anğaq odur* sie (: die Gottesminne) allein ist [es], die .. beseitigen [und] .... hinführen wird (= kann) / 15 *.. īṣāl ēdebildiği taqdīrde* (462,2) falls (= wenn) [sie] .. führen kann / 16 *.. vāṣıl olan* (455 o.) ⟨[derjenige,] der =⟩ wer .. erreicht (hat) / 19 *„Ḥaqq ile ḥaqq olmaq" dēdikleri* (461 M.) 20 *„fenā fī 'llāh(i)"* das „Aufgehen in Gott", [zu dem] sie „Mit Gott [zu] G· Werden" sagen, = die „Entwerdung in G·", die man als „M· G· G·-W·" bezeichnet (hat), / *„Manṣūr"uñ* (Anführungszeichen hier zur Abgrenzg. des E.N.s vom T Kasus-Suff., w. die Klammern in 42/1) *„Ene 'l-ḥaqq"* 21 *dēmesi* (446; 447a) ⟨das Sagen =⟩ der Ausruf (A :) „Ich [bin] Gott!" des Manṣūr (= Ḥüseyn b. Manṣūr el-Ḥallāğ, „der Wollkrämpler", aus Persien stammender Mystiker, 922 in Baġdād v. den orthodoxen Behörden als Gotteslästerer hingerichtet; über *Bāyezīd-i Bisṭāmī* vgl. 28/1) / (A :) *„Leyse fī ğübbetī sevā 'llāh"* „In meinem Kaftan ist nicht[s] anderes als Allāh" (= „Ich, in m· K· hier, bin Gott selbst") / 22 *Extase* der Autor erläutert hier das A *veğd ü ḥāl* („Ergriffenheit und Verzückung") mit dem ihm prägnanter erscheinenden Fachausdruck der abendländ. Wissenschaft, und zwar aus dem F als der damals in der Türkei verbreitetsten europäischen Fremdsprache schöpfend / *bundan* 23 *ṣoñraki* (321,5b M.) nachherig = (darauf) folgend / 24 *vērmišdik* (Pl. d. Bescheidenh., vgl. 93 u.) im gleichen Fall (Verweis e.es Autors auf e.e frühere Stelle seines Buches) wird im D die einfache Vggh. gebraucht, vgl. 413 u. / 25 *yalñız „Yūnus Emre"-de değil, belki* (vgl. 504,7 M.) nicht nur bei Y· Emre, sondern / *... ʿağem mutaṣavvıf-šāʿirlerinde* (321,2h) bei ... persischen Mystiker-Dichtern (= mystischen D·) / 27 *„Ğelāleddīn-i Rūmī"niñ es̱erlerinden müte'es̱sir olduğu* 28 *... görülen* (durch e. Verbalnomen 458,1 als Subj. erweitertes Part., 455) *bu .. mutaṣavvıfı* (321,2h) dieser .. Mystiker, dessen v. Ğ·-i Rūmi's Werken Beeinflußtsein ... gesehen wird, = dieser .. M·, dessen Beeinflussung durch die Werke des Ğ· (< *Ğelāl ed-Dīn*) v. Rūm (allgemein *Mevlānā* [V.] genannt,

geboren 1207 in Balḫ, verfaßte sein berühmtes *Mesnevī-i Maʿnevī* = „Mystisches Lehrgedicht" auf P in Konya, starb dort 1273) s. ... zeigt, / **30** „.. *daha* **31** *fażla īżāḥ-ı ḥaqīqat ēdemiyeğeğini*" (406 A; 459,3) daß er „.., die Wahrheit nicht noch weiter erläutern (= darlegen = offenbaren) könne⟨n werde⟩" / **32** .. *bulunursa da* 504,4 u. / .. *ile* mit (= unter der Wirkung) .. / .. *o ḥudūduñ ḫāriğine* (305b *hariç*) *fırlar* fliegt (= setzt) er .. über jene (vom Religionsgesetz gezogenen) Schranken hinaus / **33** *kendisine* „.. (daß) ihm (= für ihn) „.. / **34** *milletiniñ her milletden ayrı .. olduġunu* daß seine ⟨Nation =⟩ Glaubensgemeinde unterschieden sei v. jeder G· = d· sein⟨e⟩ Glaube⟨nsg·⟩ anders sei als jede[r] [sonstige] G· / *namāzsız* **35** *ve āb-destsiz* (511,4) *dōst miḥrābına vardığını* daß er ohne (islam. Kult-)Gebet und ohne (islam. rituelle) Waschung zur Gebetsnische des Freundes (= Gottes) gehe (= seine Andacht vor Gott verrichte) / Das Gedicht **37—42** besteht aus jeweils 16silbigen Versen in *parmaq ḥesābı* (vgl. Vorbemerk. zu Lesestück **14**ff.) mit dem Reimschema a/a/x/a/y/a, wobei *sözümü* auf *-āzımı* reimt. / **37** *baña namāz qılmaz* (424,2) *deyen* wer (= [als Anrede :] O du, der du) zu (= v.) mir sagt (= sagst) „Er verrichtet das Gebet nicht" / *qıluram* alter Ao. 229 A = h. *kılırım* / *qılur isem qılmaz i·* (alternat. Konditionalis, vgl. 485,2) wenn (= ob) ich [es] (nun) verrichte [und = oder] ⟨w· i· [es]⟩ nicht ⟨v·⟩: / *ol ḥaqq* jener (= der) Herrgott / **39** *ḥaqqdan artıq kimse bilmez* außer dem Herrgott jemand weiß nicht = niemand (151) (sonst) als der H· w· [:] / *kāfir müsülmān kim-durur* (174k A) wer ⟨ist⟩ Giaure [oder = und wer] Muslim [ist] / *gečirdiyse* 234,1 / **41** *ol nāz dergāhından gečen* wer durch jenes Tor des Eigensinnes (: der s. mit keiner der bestehenden Religionen identifizierenden Mystik) durchgegangen (= [in den Vorhof zum Palast Gottes] eingetreten) ist, / *maʿnā šarābından ičen* wer vom Weine des (verborgenen) Sinnes ([: aller Dinge] = der Mystik) getrunken hat, / *ǧān gözün* (65 A) das Seelen-Auge = sein geistiges A· / **46** „*qāle*" *ehli* Leute des (A :) „Er (: Allāh) hat gesagt [: ...]" (: die also nur die im Koran geoffenbarten Vorschriften Gottes anerkennen) / **47** *šerīʿat anıñ gemisi* (und) das (islamische) Religionsgesetz [ist] dessen (: des Meeres) Schiff (= das S· darauf) (In dieser Form hat der Vers, während die übrigen je 14 Silben aufweisen, um e.e Silbe zuviel, so daß der Text hier wohl verderbt ist und ursprünglich etwa *šerīʿat gemisidir* gestanden haben mag, was bei unverändertem Sinn nicht nur die richtige Silbenanzahl, sondern auch noch e.en weiteren Reim, auf **Z. 48** *ʿāṣīdir*, ergäbe.) / *čoqlar* (164, jedoch allgemein, daher ohne Poss.-Suff.) viele (Leute) / .. *čıqıb* (= h. *çıkıp da* 488) *deñize ḍalmadılar* sind (wohl) .. ausgestiegen, (jedoch) nicht ins Meer getaucht (= ohne je i· M· eing· zu sein) / **48** *dört kitāb* die vier (Heiligen) Schriften (vgl. u. **Z. 79** / *oquyub* = h. *okuyup da* 488 / **50** ... *naṣıl* **51** *ʿišq .. išġāl ēderse* (498) wie ... die Liebe .. einnimmt, / *ičdim* **52** *ičeli* 275; 463; 464 u. / *ne olduġumu* (460a) was ich geworden bin = w· aus mir g· ist = w· (mit) m· geschehen ist / **53** *artıq* nun(mehr) = endlich / *dēye* = *diye* 472b 1 / **55** *ʿaršdan yüğe* (332) *mey-ḫānesi* ⟨seine (: des Mundschenks) =⟩ dessen Schenke erhabener [ist (401)] als der höchste Himmel / *ol sāqīniñ mestleri-yüz* (ält. Form = h. *-yiz* 174c) wir sind die Berauschten dieses Mundschenks = [vom Weine (= v. der Schönheit)] d· M· s· w· trunken / *ǧānlar anıñ peymānesi* die Seelen [sind (401)] sein[e] Pokal[e] / **57** .. *yananlarıñ küllī vüğūdü* der ganze Leib derer, die .. brennen (= s. verzehren) / *bir oda* e.em [anderen] Feuer / **59** *bu meğlisiñ mestleriniñ* (A :) *Ene 'l-ḥaqq* (T :) *demleri olur* es entsteht (= ergibt s.) der „Ich [bin]

Gott“-Augenblick der Trunkenen dieses Gelages = bei diesem Gelage erleben die T· den A· des „I· b· G·“ (= des Einswerdens mit G·) / *yüz Ḥallāğ-ı Manṣūr gibi eñ kemdurur* (174k) *dīvānesi* (in strenger syntakt. Ordng. = *eñ kem dī· y· Ḥ·-ı M· g·durur*) sein geringster Verzückter ist (= unter s·en Verzückten ist [auch noch] der Geringste) wie hundert „Siegreiche Wollkrämpler“ (: Wortspiel mit E.N. und Beinamen des M· el-Ḥ·, vgl. o. Z. 20) / **61** *ol meğlis kim* (= h. *ki* 147) *bizde olur anda* .. dieses Gelage, das in uns (= in unserem Innersten) ⟨wird =⟩ s. ereignet (= stattfindet), — bei dem .. / *ol šamʿa .. ay ve güneš pervānesi* dieses Wachslicht, .., — Mond und Sonne [sind] sein[e] Falter (: umkreisen es inbrünstig wie der Nachtfalter die Kerzenflamme) / **63** *İbrāhīm Edhem* : Prinz v. Balḫ, entsagte der Welt aus Liebe zu Gott und wurde berühmter Mystiker, starb um 777 / *Belḫ šehrinğe* (76 o. und 1; 511,6a 3) *yüz biñ ola* (243 A) *her köšede bir dānesi* (so reich) wie die (= der Fürst der) Stadt Balḫ mögen (wohl) hunderttausend (große Herrscher bei diesem mystischen Gelage anwesend) sein — in jeder Ecke (= allüberall) [ist] ⟨e. Stück davon =⟩ e.er v. ihnen! / **65** .. *ičenlere gel bir naẓar eyleyi-gör* (-*ı*-Gerundium + *görmek* [w. 293 kombiniert] = Intensivform bes. für Imp.: „.. doch!“) komm, blick doch e.mal hin auf die, die .. trinken: / *bunğa yıldır* (504,1 Zeitbestimmg.) *niğe döner* .. wie (da) ⟨—soviele Jahre ist es her! — =⟩ seit s·n (= unzähligen) J·en .. die Runde macht! / **67** *Yūnus* : nach poetischer Tradition redet der Dichter im letzten Doppelvers s. selbst an / *bu ğezbe sözleriñ* (dem Indef. gleicher ält. Akk. des Poss.-Suff. 2. Ps. Sg. = h. *-ini* 61; das auf *ğ·* bezügl. Poss.-Suff. 3. Ps. entfällt laut 71) *ğāhillere söylemegil* (249 A) sprich diese deine Worte ⟨v.⟩ (göttlicher) Anziehung (= Entrücktheit) nicht zu den Unwissenden! / **69** *olunğaya qadar* 466 / **74** *vüğūd seyrini qıldıq* die Anschauung des (absoluten) Seins haben wir verrichtet = w· h· Gott geschaut / *iki ğihān* (akk.er Indef., vgl. 321,1b) *serteser* (Allegroform des P *ser-tā-ser* = [v. e.em] Kopf (= Ende) bis [zum andern] Ende; vgl. 515 B Subst. + Präp. + Subst.) beide Welten (: Diesseits und Jenseits) ganz und gar: / *ğümle* (akk.er Indef.) alles (das) / **77** *Mūsā čıqdıġı* (461 M, kurzgen. w. 462,2ff.) *Ṭūru* den (Berg) Sinai, auf den (einst) Moses stieg, / *İsrāfīldeki* (73,4) .. die bei İsrāfīl befindliche (= verwahrte) .. = İ·s (= Raphaels) ..: / **79** *bunlardan* (321,6h) *hem beyānı* (Akk.; *beyān* hier adj. „klar, deutlich, offenbar“ und komparativisch, 332) und (dazu) (noch) Klareres als diese (vier heiligen Schriften) = u· n· klarere Offenbarung (: die Lehre der Mystik): / **81** .. *ḥaqq* (401) .. [sind] Wahrheit (= wahr) / *ğümlemiz dēdik ṣıdıq* wir (Mystiker) alle sag⟨t⟩en (409 A) [die] Wahrheit / *qanda ister iseñ* (232; 498) *baq* blicke (hin), wo du (nur) magst:

Ve

54 Der unter seinem Beinamen *Ṣolaq-zāde* („Sohn des [Garde-]Bogenschützen“) besser bekannte *Meḥmed-i Hemdemī* (gest. 1657) schrieb in leichtverständlichem und zugleich gefälligem Stil eine sehr populär gewordene osmanische Geschichte. Die hier (*Ṣolaq-zāde Taʾrīḫi*, Stambul 1297 d. H., S. 8) erzählte Sage ist kennzeichnend für die weitgehende Verquickung der frühosmanischen Geschichtsüberlieferung mit volkstümlichem Legendengut.

1 *merḥūm babası* (Kurzgen.) *ṭarīqine sülūk ēdib* schlug den Weg seines verewigten Vaters ein und = trat in die Fußstapfen s· v· V· (*Erṭoġrul*) u· / *serdār-ı Rūmīyān ve meydān-ı ġazāda* **2** *dāmen der meyān oldu* wurde der

Befehlshaber der Kleinasiatischen (Türken) und ⟨[wurde] geschürzt =⟩ gürtete s. [zum Kampf] auf dem Schlachtfeld des Glaubenskrieges / *..ı olmağla* (*ol-* ersetzt fehlende Formen v. *var*, w. o. 24/82; kausal, 438,9 A u.) da er .. hatte / *..-nıñ ehl-i ḥāli* und 3 *ṣāhib-i* (sonst wird jedoch in P Gen.-Verbindg. mit *ṣ·* das *-i* gewöhnlich in der Aussprache unterdrückt) *maqām-ı ʿālī* sind gereimte Appositionen (329) zu *Šeyḫ Edebali* (später Schwiegervater des *ʿOs̱mān*, starb 1324; Kurzgen.) / .. *ḫidmetine ... mürāğaʿat* (abh. v. *eyl·*) *ve istidʿā-ı ....* 4 *eylemekden* (406 A; 438,7) *ḫālī* (weiterer Reim auf *Edebali!*) *değil idi* hörte er nicht auf (= unterließ er es n·), ... zum Dienste des .. s. zu wenden (= dem .. seine Aufwartung zu machen) und [ihn] um .... zu bitten. / 6 .. *ḍoğar gelir kendi qoynuna* 7 *girer* .. aufsteigt, kommt (= herbeischwebt) [und] in seine (: des *ʿOs̱mān*) eigene Brust eintritt (= s. senkt) / 8 *ḫalq-ı ʿālem kimi* .. *ve kimi* die Menschen der (ganzen) Welt (— die einen =) teils .. und teils / *seyrāñğı* und *temāšāğı* 401 / 11 *eyleyiğek* 280 A / *ki* .. = „.. / 12 *seniñ nesliñe* 324 / *vērildi* ist (v. Allāh) verliehen (= beschieden) ⟨worden⟩ / *ki* (382) welchen = den (ält. Gebrauch, ohne die h. Wiederaufnahme durch Pronomen, 385) / 13 *düšüñde* in deinem Traume = im T· / *sen* .. [das bedeutet:] du .. / 14 *andan evlād u ensābıñ olub* v. ihr (: meiner Tochter) wirst du Kinder und Verwandte (= weitere Nachkommen) haben (402; *ol-* für *var*, w. o. 24/82), und [sie = diese] / 15 .. *deyib* ..!“ Sprach's und / *kerīmesi* (329a 3) *Rābıʿayı* seine Tochter Rābıʿa (Akk.) / 16 *Orḫān* : geb. 1288, wurde 1324 zweiter osmanischer Herrscher, starb 1360.

55 Die wohl noch vor 1324 erfolgte Einnahme der Burg Aydos (G : Aëtos) war ein Markstein auf dem Wege der aus Bithynien gegen Konstantinopel vordringenden Türken. Wie in den kunstloseren frühosmanischen Geschichtsbüchern erscheint der Bericht darüber auch in der Universalgeschichte *Kitāb-ı Ğihān-nümā* („Weltweiser“) des gelehrten *Mevlānā Meḥmed-i* (oder *Meḥemmed b.*) *Nešrī* (starb zwischen 1510 und 1520) sagenhaft ausgeschmückt. (Ausgabe v. F. R. Unat u. M. A. Köymen, Bd. I, Ankara 1949, S. 138 ff.)

1 .. *güzellerden* (321,6c 2 präd.) ⟨[e.e] v. den⟩ .. schön⟨en⟩ / 2 *qaršudan* .. 3 .. *gelir* ⟨v. der anderen Seite =⟩ da kommt .... [daher und] / 4 .. *giydirir* legt [ihr] .. an / 5 *bu* .. *yiğidiñ ḫayāli gözünden hīč* (h. *hiç* 485, 1 u.) *gitmez* das Bild dieses Jünglings, [den sie] .., geht (= schwindet = weicht) keineswegs (= nimmer) aus ihrem (inneren) Auge (= Sinn) / *bu fikirde olur* (= *-dir*) ist sie in diesem Gedanken = denkt sie daran (= an ihn) / 6 *kendi k·ye* (h. *k·k·ne* 380 M.) *ey(i)der* sie sagt zu (= bei) s. ⟨selbst⟩: / *ẓāhir budur ki* offenkundig ist dies (= es ist o·), daß / 7 .. *gideğeğin* (ält. Kopula 1. Ps. Sg. *-in* 174k A = h. *-im* 174a; 205) *deyib* ich .. fortgehen werde (= muß).“ [So] sprach sie und / *türk* der Türke (koll. 320) = die T·n / 9 *bürğ kenārına* zum Basteirand = an die Zinnen / *tā ki* .. *temāšā qıla* (431) damit sie s. ansehe, .., = um zu schauen, .., / 10 *gözü ..-ye ḍoqunub görür ...* 11 *budur* ihr Blick trifft (= fällt) auf .. und sie sieht (= siehe da): dies ist ...! / *ḥāl* (Kurzgen.) *neydiğin* (= *ne idiğini* : 269; 65 A; 460) *bilib* sie erkennt, was die Lage ist, und = sie begreift, was das bedeutet (näml.: daß ihr Traum s. jetzt erfüllt), u· / *varıb* geht hin und / 12 *gördü* [er (: ʿAbdurraḥmān)] sah / 13 *Aqča Qoğa* (E.N.): frühosman. Heerführer, Eroberer Bithyniens, starb 1326 / *bilir* 451 o. / 14 *oqutdular* 514d 1 und Besonderh. / *yazılmıš* (411,4 und 5) *kim* (V.) [es = da] war (=

stand) also geschrieben ⟨worden⟩: / *ḥiṣār üzerinden* (305b *üzer*) *göčüb gidiñ* (248 A) „Ziehet v. der Burg ⟨hinweg⟩ ab und gehet fort! / *filān* (od. *falān*) 381c 2 / **15** *alıvēreyin* 1. Ps. Sg. laut 174k A; h. *-eyim* 240 / .. *dēmiš* (411,4 und 5) ..!" [So] sagte (= schrieb) [sie (: die Griechenmaid)] also (da) / **16** *eyitdi kimdir* .. **17** .. *mübāšeret ēden* (455 o.) sprach (= fragte): „Wer ist [es], der .... in Angriff nimmt?" / .. *bu yolda qomušum-*18*-dur* (412 o.; hier als Koinzidenzfall w. 409 A) „Ich setze (hiermit) .. ⟨auf diesem Wege =⟩ dafür ein!" ≈ „Ich bin dazu bereit!" / *Qoñur Alp* E.N. / *gitmeğe* w. 438,5 u. / *ḥīle ētmek* List anwenden = Vorwand schaffen / *gerek* 401; 430 M. / **19** *bu ḥāle* über diese Lage = ü· d·n Umstand / **20** *oldu* wurde = gekommen war / **21** *qız* (Kurzgen.) *vaʿd ētdiği mevżiʿe* zu der Stelle, die die Maid versprochen (= in ihrem Versprechen bezeichnet) hatte, / **26** *boğazın* 65 A / **27** *olığaq* 280 A / *ḥiṣārı alınmıš gördü* er (= und) sah (= fand) die Burg (bereits) eingenommen / **30** *Yeñi-šehir* („Neustadt") südl. v. İznik / **32** *mübālağa nesne* sehr viel⟨e Sache[n]⟩ / **33** *anıñ neslinden vardır Qara Raḥmān* **34** *dērler* gibt es [e.en] aus seinem Geschlecht (= lebt e. Nachkomme v. ihm) — Q· R· nennt man [ihn] / *İstanbul üzerinde* ⟨auf =⟩ vor (= in den Kämpfen gegen) İ· / *ētmišlerdir* Pl. maiest. (314 o.) für den berühmten Helden / **35** .. *kāfir iken* (478,2) ⟨während =⟩ als .. (noch) ungläubig (= christlich = griechisch) war / *oğlanğıq* (koll. 320) *ağlasa* (499) (immer) wenn [e. = die] Büblein weinte[n] / *Qara Raḥmān geldi* „Q· R· ist gekommen (= da)" = (etwa:) „Warte nur, gleich kommt der schwarze R·!" / **36** *ağlamaz olurdu* (451 M.; 426) [und] sie (: die Büblein [koll. Sg.]) pflegten nicht mehr zu weinen = da hörten sie immer gleich auf zu w·

56 Anekdotenhaft wie in den beiden voranstehenden Lesestücken zeigt sich die frühe osmanische Geschichtsschreibung auch in den hier wiedergegebenen Abschnitten aus den um 1500 aufgezeichneten anonymen „Annalen des Hauses ʿO̱smān" (F. Giese, Die altosmanischen Chroniken *Tevārīḫ-i Āl-i ʿO̱smān*, Teil I, Breslau 1922, S. 40—46, gekürzt). Sie und Lesestück **48** sind in dieser Chrestomathie die ältesten Texte. Der rohe Stil gibt die Sprechweise des öffentlichen Geschichtenerzählers wieder, archaische Wörter und Sprachformen sind noch erhalten, und die „Orthographie" unterscheidet sich vielfach von der des hochosmanischen Schrifttums durch Plene- und Defektiv-Schreibung (vgl. Vorbem. zu **48**). Ausnahmsweise bietet unsere Transkription diesmal, um ein Beispiel vom älteren osmanischen Vokalsystem zu geben, die Lautformen, die der vermutlichen Aussprache um 1500 entsprechen würden.

1 *čünkim Yıldırım Ḫanı ṭutdılar* als sie (: Timurs Mongolen nach seinem Sieg über Bāyezīd I. bei Ankara am 28.7.1402) den Y· Ḫan (vgl. **39**/1) gefangen nahmen (= genommen hatten) / *daḫ[i]* (+—) / **3** *ikisi* (—; vgl. 391) beide (zugleich) / *oturd[ı]lar* (—) h. *-dular*, F 4 A b / *bu olan ser-güẕešti söyled[i]ler* (und) besprachen dieses geschehene Ereignis (: Niederlage und Gefangennahme Bāyezīds) / **4** *ētd[i]ler* (—) / **5** *bir ağsaq kötürüme* .. *ben* (329) *żaʿīfe* e.em lahmen Krüppel, (nämlich) mir Armem, .. / **7** *olsa* (*Elif* statt *He*) Irrealis v. *var* 214 / ..*-den ġayri* (w. *baška* 381c 1) *kims[e]ye* (—, *Elif*!) *vēreydi-ki* (: *v·* 242 und 502, + *ki* 147) *saġ* [*u*] *selāmet* **8** *olaydı* (502) hätte [Er sie (: die Herrschaft)] jemand anderem als .. gegeben, [nämlich e.em,] der heil und gesund gewesen wäre! (Auch Bāyezīd war bresthaft : gichtbrüchig.) / *d[ē]di* (—) / **9** *bilgil* 249 A / *taʿāl[ā]nuñ* objektiver Vollgen., w. 321,2 Kurzgen. c / *anuñ-*[*i*]*čün* deswegen /

10 .. *eyledi ola* (Perf. + *olmaq* im Opt. 243 A = h. Potentialis d. Vggh. + *gerek* 501 M.) hat Er ⟨— mag sein — =⟩ wohl .. erteilt / *yine* (*Elif*!) *dönüb* (—) *eyitdi* .. [dann] lenkte er wieder ein und sagte: „.. / *ādem-kim* (*k*·, wie *ki* o. Z. 7 enklitisch verbunden geschrieben, ist Konjunktion „da") *saġ ola* (432) 11 *yine devlet b*[*u*]*lınur* (424,1) da (= so = solange) der Mensch (= man [vgl. 148]) [nur] gesund (= am Leben) ⟨sein mag (= soll) =⟩ ist, wird gefunden (= findet s.) [auch] das Glück wieder!" / .. *buy*[*u*]*rd*[*ı*]*-kim niʿmet get*[*ü*]*reler* (432 M.) befahl .., daß man Speise (= zu essen) bringe⟨n soll⟩, / 12 .. *yiyegendi* (*Elif*!; 185) war gerne .. essend = w· e. großer Liebhaber v. .. / *evvel* = *evvelā* / 13 *göriğek* 280 A / *bir-az* (+) = *bir az* / *vardı ḍurdı* (V. *durmaq*) h. *vara-durdu* 291,3 / 14 *fikre varduñuz* .. *d*[*ē*]*yüñ d*[*ē*]*di biz* (+) *daḫi* (+) *bil*[*e*]*lüm* (— +; 243 A u.) Ihr seid in Gedanken versunken (über irgend etwas) — sagt [es] .. ⟨!" sagte er, „⟩ ich will [es] auch wissen"! / 15 *Sulṭān Aḥmed*(*-i Ğelāyirī*) : Herr v. Baġdād, floh vor Timur in den Schutz Bāyezīds (damit T·s Kriegszug gegen B· auslösend), setzte s. vor der Schlacht bei Ankara rechtzeitig nach Syrien ab, starb 1410 / *fikrüme* (+) *ol geldi daḫ*[*i*] *aña* jenes (Wort = dieser Ausspruch) kam in meinen Sinn (= das ist mir eben eingefallen), und darüber / 16 *ēd*[*ü*]*b d*[*u*]*rdum* (—; *d* statt sonst *ṭ*!) h. *ede-durdum* 291,3 / *ne* (*Elif*!) / *kerem eyle* sei [so] gütig [und] / 17 *daḫ*[*i*] (hier :) da / 18 .. *uġrašur-mıyın* (174k A; 73,2; 174h; fut. Ao. w. 424 u.) *d*[*ē*]*düm* werde ich .. [mit ihm] kämpfen?" ⟨sagte (= fragte) ich⟩ / *bulıšursız* .. *uġrašursız* *-sız* = *-suz* 229 A / 19 *qanġımuz* h. *hangimiz* 118 / *gel*[*ü*]*b* (—) / 20 .. *oturasız* (= *-asuz* 243 A; Opt. fast gleichbedeutend mit Fut.) ihr sollt (= werdet) euch .. setzen / *ola* fut. Opt. / 21 *yiyesiz* = *-esüz* 243 A; fut. Opt. / *d*[*ē*]*d*[*i*] (— —!) / *hem eyle* (= *öyle*) *old*[*ı*] und so ist [es] geschehen (= gekommen) / 22 *čoq bilür* (h. *bilir* 451) *kiš*[*i*]*ydi* (185) er (: *Aḥmed-i Ğ*·) war [e.] viel-wissender (= weiser) Mann / *Ḥaqq ḥāżırdur kim* (Der Herr-)Gott ist (all-)gegenwärtig (und mein Zeuge): *eger ol* .. *gitmese* (301; Potentialis 499, in ält. Spr. = Irrealis d. Vggh., h. *gitmemiš olsaydı* 502) .. 23 *gelmezdüm* (301 Vggh. Ao., in ält. Spr. = Irrealis d. Vggh., h. *gelmiyecektim*) wenn der nicht .. gegangen (= geflohen) wäre, wäre ich n·.. gekommen!" / *šeyle* (= *šöyle*) ⟨so⟩ / .. *kāmildi-kim* .. vollkommen war, daß / *her* (124) 24 *n*[*e*]*-kim* (Verallgemeinerg. v. *ne*, pleonastisch nach *her*) *dērse* (498) *bir dürlü daḫ*[*i*] *olmazdı* (301; 426 zu 424,2) was immer er sagte, irgendwie anders zu werden nicht pflegte (= auch stets genau so eintraf) / *kemāl*[*i*] (—!) / *šol merteb*[*e*]*ye* (—, *Elif*!) *ērd*[*i*]*-kim* erreichte jenen Grad, daß / *yanā* (*Elif* w. in *saña*) / *av*[*a*] auf die Jagd / *vey*[*ā*]*-ḫoẕ* ält. P *ẕ* = h. *d* / 25 *ṭururdı andan* er immer anhielt (,) und dann / 26 *ēderdi daḫ*[*i*] („und") .. *deyü birine giderdi* 27 *daḫ*[*i*] *b*· [ihn (: den Paukenzauber)] pflegte er zu betätigen, und [dann], indem er (je nach dem Klang seiner Orakelpauke) sagte „..", ging er immer ⟨auf⟩ den e.en davon (: v. den beiden Wegen), ⟨auf⟩ den anderen ⟨e.en davon⟩ (jedoch) / 29 *Vılq oġlı qızıydı* sie war die Tochter (: Maria Olivera) des Vuk-Sohnes (: Lazar Grebljanović v. Serbien) / *buy*[*u*]*rdı-kim* / *ʿavret*[*i*] *ṣoḥbete* (*Elif*) *getür*[*e*]*ler* 431; 432 / 30 .. *süre* (243 o.) sie .. kredenze⟨n soll⟩ / *göriğek* 280 / 31 *gel*[*ü*]*b* (—) / *s*[*ö*]*zler s*[*ö*]*yledi* (—) / 32 *sehilğe* (511,6b 1) *nesn*[*e*]*den* (321,6c 1) *kendözin inğidse helāk ēderdi* wegen [e.er] ganz geringfügigen Sache pflegte er, falls ihn ⟨selbst⟩ [e.er = wer] ärgerte, [diesen] umzubringen / 33 *ben* .. *olam* (243 A o.; hier mit Vggh.sbedeutg. w. *olaydım* = Irrealis d. Vggh. 502 u.) 34 *sen* ... *olasun* (ebenso) ich will .. sein, du sollst ... sein = ich wäre ..

(Herrscher) gewesen, und du ... — / *neñe* (*ne* + Poss.-Suff. 2. Ps. Sg. 116, im Dat.) *gerekdi-kim* .. *g[ö]nder[ü]b eyid[e]sün-kim* (243 A) *qaḥb[e]nüñ* 35 *erisin* (174b) ... *diyeydüñ* (*-düñ* [186 A o.; 242] bestimmt in e.er dem Prinzip v. 313 ähnlichen Wirkg. auch die bereits vorangegangenen Opt.e *olam, olasun, eyidesün* als vggh.-lich-irreal, hier etwa mit „mußte ..“ wiedergebbare Vggh.sform „des Bedauerns“, vgl. 502 u.) *daḫi* 36 *beni bunda getüreydüñ bašuña* (—, +, *Elif*) *bu belāları g·* zu was v. dir war es (= wozu nur war es für dich) nötig, daß du .. schicken und sagen (= schreiben) mußtest ⟨, daß =⟩: „Du bist der Mann ⟨der =⟩ e.er Hure, (wenn) ...!“ ⟨, [daß] du [also so] sagen (= schreiben) mußtest⟩ und mich (dadurch) hierher ⟨bringen mußtest⟩ [und] diese Unbilden (= all dies Unheil [vgl. 24/32 *šarāblarι*]) auf (= über) dein Haupt bringen mußtest?!“ / *ḫaylι s[ö]z oldι* entstand viel Wort (= Wechselrede) = gab (= setzte) es argen Zank / 37 *ʿavret* .. *gel[ü]b gene kend[ü] erine sağraq* 38 *s[ü]rmek* (e. Indef. w. hier *ʿa·* kann als Subj. e.en laut 438,1 selbst Subj.s funktion ausübenden Inf. w. hier *gelüb* .. *sürmek* erweitern; Übs.: „daß/wenn“ + Indikativ u.ä.) daß (= wenn) die (= e.e) Frau .. kommt und eben ihrem eigenen Manne den (321,1b u.) Becher kredenzt, / .. *dērler* (pleonast.) .., sagt man (= heißt es) / *y[o]ḫsa* .. *qaṣd ēdüb ʿavretin get[ü]rmed[i]* er (: Timur) hatte es also nicht auf .. abgesehen und (deswegen) seine Frau geholt (= bringen lassen) = also n· (etwa), um .. anzutun, h· er s· F· kommen l· / 39 *vard[ι]* 402; 404 / 40 *bir birin* h. *birbirini* 379 / 41 *senüñ elüñe* (+) *g[i]rsem* (499 Potentialis) sollte ich in deine Hand (= Gewalt) geraten, / *leškerümi* (+) 41 A; 28 A / .. *niğe ēderdüñ* (426 u.; 502 präs.) wie würdest du .. ⟨tun =⟩ behandeln (= du mit .. verfahren)? / 42 *ičine* (dort)hinein / *q[o]y[a]rdum* 502 präs. / 43 *ğümle ēllerümi gezdürürdüm* (h. *gezdirirdim*; *-dir-* 514d 4b) ich würde [dich] in allen meinen Ländern (als Schaustück) herumführen / .. *diri q[o]mazdum q[ι]rardum* würde ich [auch] nicht .. lebendig (= am Leben) lassen, [sondern] i· w· [alle] umbringen / 44 *kim* da = als / *Allāhla* mit (= bei) Allāh / 45 *kim* .. ⟨, daß =⟩: „.. / *benüm* (321,2 o.) *ola* (fut.-konditionaler Opt.) mein sein soll(te = wird) / .. *bir ādem öldürmeyem* (243 A o.; 431) *d[ē]düm* will ich .. nicht e.en (= keinen einzigen) Mann umbringen!“ (pleonast.:), habe ich gesagt / 46 .. *ēden* (455 o.) wer .. faßt, / .. *erišür* (= *e·miš* laut 313,4) ... *yetišürmiš* (426 u., Präs.-Bedeutg.) (wie man sagt), immer .. erreicht, ... erlangt / 47 ..*-uñ kendü s[ö]ziyle* mit (= nach) ..'s eigenem Worte / .. *ičine q[o]ydι aldι gitdi* setzte .. hinein ⟨, nahm [ihn und] ging =⟩ u· führte i· mit s. fort / 48 *beğler oğl[a]nlarι kim* (147) *yanιnda idi* (Sg. w. 314 u.) Fürstensöhne, die bei ihm (: an Bāyezīds Hof als Trabanten) waren, (: die Prinzen der v. B· unterworfenen anderen T Fürstentümer Kleinasiens) / *her birisi ēllü* (511,2 und u. Idiomatismen) *ēline gitdiler* gingen fort, jeder ⟨v. ihnen⟩ in sein Land / *vilāyet-i ʿOs̱mānι* ʿOs̱mān's Land (Akk.) = das Osmanenreich / 49 *tatar[a]* dem (= den = an die) Tataren / *ülešdürdi* Subj.: Timur / 51 *v[ē]r[ü]b* (— —) / *taqdīrde* 52 *vardι-kim* .. *vēre* [es] im Schicksal vorhanden (= vorbestimmt) war, daß .. geben soll (= würde), / 53 *diyeyin* (*-in* 174k A) will ich [es (: die Bitte)] sagen.“ / *her ne dilerseñ* (498) *dile* „Wünsche (dir), was immer du ⟨wünschen⟩ magst! / *ol* .. ⟨jener = der⟩ .. / *ḥāżιrdur* w. o. Z 22 / *qabūl* 54 *qιlayιn* : ich will (= werde) [es (: deine Bitte)] annehmen (= gewähren)!“ / *dileğüm* (+) 41 A / *söyündürmeyesün* 243 A; 432 / 55 *b[u]-gün bañaysa* (= *baña ise* 213) *yarιn sañadιr* ⟨Wenn [es]⟩ heute mir ⟨ist = gilt⟩, morgen ⟨i· = g· [es]⟩ dir! / .. *ne geleğek-*

dür 56 *Allāh bilür* was .. kommen wird, weiß (nur) A· / *eyü olmaz* wird nicht gut = bringt keinen Segen!" / *qabūl etdüm* (409 A) *deyüb ḥükm etdi* sagte „Ich gewähre [es]!" und erteilte (entsprechenden) Befehl, [und (daraufhin)] / 57 *bu yerlerde* : im osman. Gebiet / *umardı-kim* .. 58 .. *gele* er erwartete immer, daß .... kommen soll (= wird = würde) / *bir sebeb ola* 59 .. *q[o]yuvēre* [und (somit)] e. Anlaß entstehe (= s. ergebe) [und (= , daß)] er .. freilasse / *hīč bir kimse* (151) *muqayyed ol[u]b* (487) *aññmadılar gelmediler bir kimesne* (149 u.) *araya* 60 *girüb muṣālaḥa ēde* (aber) gar niemand kümmerte s. [und] sie gedachten [seiner] nicht [und] kamen n·, [daß] e.er vermittle und [er (: Timur)] Frieden schließe, / *bu sebeble yerinde qoya gide* [ihn (: Bāyezīd)] mit diesem Grund (= auf G· dessen) an seinem Platz (: in seiner Herrschaft) [be]lasse [und selber] abziehe / 61 *g[ö]rd[i]-kim* (— —) / 62 *oġluñ* (—) 63 *vard[ı]* 402; 404 / 64 *tek* bloß = nur (erst e.mal) / *anlaruñ* (+) 15 A; 95 / *gelürin* 229 A; fut., vgl. 424 u. / 65 *ğevāb[ı]* (—) / 66 *v[ē]rmezdi* 301 Vggh. Ao. = Irrealis 502 / *b[a]ṣ[a]rd[ı]* 502 / *b[u]nı bizüm* (+) *elimüze* (+) *varmayınğa* (465, jedoch negat. = „solange nicht") *ṣalı-vermek* den freizulassen, solange wir nicht in unser (eigenes) Land gelangt sind, / 68 *g[ö]nderürüm* / 69 *ġayret etdi* .. *varmasına* (446; 447b) ereiferte (= ärgerte) er s. ⟨über sein .. Gehen =⟩ darüber, daß er .. gehen sollte (= mußte) / 70 *baʿż[ı]lar* = h. *bazıları* 164 u. / 71 *otladı daḫi ṣal[ı]-verdi* [ihn] vergiftete (= ihm [langsam wirkendes] Gift einflößte) und (dann erst) freiließ [und er (: Bāy·)] / *geli-ḍururken* (V. *ḍurmaq*; Bildg. w. 293 und 291,3; 288 mit Ao.) *dērler* (, und zwar) während er noch beim Herkommen (= auf der Heimreise) war, sagen sie.

57 Der 1574 in Fünfkirchen (ungar. Pécs, kroat. Pečuj) geborene und daher „der Fünfkirchner" genannte *İbrāhīm-i Pečuyī* benützte für seine „Geschichte (des Osmanischen Reiches)", die er 1640 abschloß, auch abendländische (vor allem ungarische) Quellen. Die hier wiedergegebenen Abschnitte (*Taʾrīḫ-i Pečuyī*, Band I, Stambul 1281, S. 106ff.) stammen aus dem die Regierung Süleymān's des Prächtigen behandelnden Teil des Werkes.

1 *der beyān-ı* .. In der Darlegung des .. = (als Überschrift :) Von .. / *baṣma* (512,1) *kāġıd* bedrucktes Papier = Buchdruck / 2 *bu* .. (3 .. *ki*) 505a u. / .. *naẓar-ı šerīfleri taʿalluq ēden* ... (455 M.) ..., deren erhabener Blick s. auf .. heftet = ..., die .. zu lesen geruhen / 3 *mütedāvile* im Präd.snomen zu *olan* an s. unnötige Übereinstimmg. (vgl. 516c M.) mit dem Geschlecht des A gebrochenen Pl.s *tevārīḫ* / 4 *küffār daḫi* .. *niğe* 5 *yazdılar deyü* (h. *diye* 472b 1, Gedanke = dir. Rede) *ḫāṭıra ḫuṭūr ēder oldu* (451 M.) kam [mir] dann (auch noch) [die Frage] in den Sinn „Wie haben nun die Giauren .. beschrieben?" (= , w· denn die G· .. b· hätten.) / *memleketimizde* in unserer ([Pl. d. Bescheid.] = meiner) Heimat (: Ungarn) / *ise* 504, 3d / *maġar* .. *oqur* 6 *yazarları* (321,2h; 451; 450) die ungarischen .. Lesen-[und]-Schreiben-Könnenden (= Schriftkundigen) / *niğesin* (65 A; vgl. 164) einige davon / 8 .. *yazmamaq* (Obj.s-Inf. in ält. Spr. oft im Indef., vgl. 438,2 M.) *baḥs̱ ēderler* behaupten, nicht .. zu schreiben / 9 *bu ḥaqīr* .. *oldum* 349 / *qaṣda muqārin* (*ētdim* 313 u.) ich habe [sie (: die Übertreibgen)] des Vorsatzes teilhaftig gemacht (= als beabsichtigt erkannt) / *bilmediklerine* (457) der Tatsache, daß sie (: die christl. Historiker) [es] nicht wußten, = ihrer Unkenntnis (der Wahrheit) / 10 *bunu delīl* (Indef. = akk. Präd.snomen) *īrād ēderler ki* (505a u.) führen sie [als] Beweis ⟨dieses⟩ an,

daß / *ʿulūma raġbet olsun ičin* (früher häufige, h. als vulgär geltende Verquickg. des Opt.s v. 472,2 mit *i·* v. 438,8a) damit den Wissenschaften Achtung sei = um der A· vor den W· willen / 11 *bir qač fāżıl nāmına* (V. *nām*; Dat. d. Wertes 321,3b) *ǧāhile* (321,3g) *imżā ētdirir* (514d 4d) [es (: das Buchmanuskript)] v. etlichen (nach islamischer Auffassg.:) Unwissenden unter dem Hochgebildeten-Titel (= v. e· [ihrer] als Gelehrte geltenden U· = v. e· i· Pseudo-Gelehrten) unterschreiben (: „imprimieren") läßt / 12 *ve iʿtiqādı ne miqdārınıñ fürūḫtuna ise* (498) *ol miqdārın* und zum Verkauf wie vieler davon seine Überzeugung ist (= besteht), so viele davon = u· so viele (Exemplare), wie er absetzen zu können glaubt, / 13 *ṣoñra belki ziyāde raġbet bula* (fut. Opt.) *deyü* (vgl. o. Z. 5) indem er (s.) sagt „Nachher wird es (: das Buch) vielleicht (noch) mehr Anklang finden" = in der Erwägung, es könne dann etwa doch größere Nachfrage f·, / 14 *üǧretinde* in seinem Lohn = hinsichtlich seiner L·forderung / *ve her šehriñ ve .. raġbet ēdeǧeklerine* (459) *iʿtiqādı niǧe* 15 *ise* (498) *ol ǧānibe giden tüǧǧāra ol qadarın* ... und wie seine Überzeugung zum (= vom) Nachfrage-Haben-Werden jeder Stadt und .. ist, so viel (davon) ... den nach jener Gegend reisenden Händlern = u· ... den in die verschiedenen Städte u· .. r· H· so viele [Exemplare], wie er glaubt, daß dort jeweils Absatz finden; / 16 *ve ʿulūma* (321,3k) *raġbetiniñ* und seiner Achtung für die Wissenschaften / *bunu teʾlīfe* 17 .. *raġbet ičin qānūn* (w. o. *delīl* Z. 10) *važʿ ētmišler* (411,1) dieses (Verfahren) hat man um der Achtung vor dem Abfassen (= Bücherschreiben) .. willen [als] Gesetz aufgestellt (= eingeführt) / *farażā bir baṣmaġı daḫi birin baṣsa* (499) falls etwa e. anderer Buchdrucker [auch nur] e.es (= e. Exemplar) davon (: v. dem bei e.em lizentiierten Verleger erschienenen Werk) (nach)drucken sollte, / 18 *gühelā* hier sg.isch / *ičinde* darinnen (: in dem zu imprimierenden Manuskript) / 19 *imżāsı olmayıǧaq* (280; *olmamaq* für *yoq* w. 208; 402) wenn es (: das Manuskript) keine Unterschrift (: kein Imprimatur) hat (= aufweist) / .. *dērler* .., sagt man / *delīlleri yerinde ḥaqīqī olaydı* (433) wären ihre Beweise [nur] am rechten Platze richtig! = (etwa :) Wenn sie (: die Christen) doch all ihre Argumente auf wahres Wissen (: die Erkenntnis, daß der İslam der wahre Glaube ist,) verwendeten! / 21 Persizierende Mischg. v. A Präp. und P Gen.konstruktion, sogar mit T Bestandteil (vgl. 79 A u.) : *Ve min taḥqīq-i ḫaṭṭ-ı basma-ı küffār* ⟨Und v. der⟩ Untersuchung des Buchdrucks der Giauren / 23 *taʾrīḫinde* doppelter Poss.bezug : zu *sene-i 1440* (h. *1440 senesi* 395 M.) und *vilādet-i ʿĪsā ʿaleyhi ʾs-selām* (329a u.; 321,2 Kurzgen. d : [nach] der Geburt Christi — über ihm [sei] das Heil!) / *Mayans* Mainz / *İyvan* (v. slav. Ivan =) Johann / 24 *ḥekīm* Kurzgen. / *bu taʾrīḫe gelinǧe* (V.) bis zu dieser Zeit = bis heute / *ikiyüz yıl* 25 *olmušdur* (präzisierender Einschub :) — zweihundert Jahre ist [es] ⟨geworden =⟩ her — = = also seit z· J·n — (vgl. *on yıldır* 504,1 M.) / *eger-či ibtidā bir kitāb baṣdırılmaq* (Kausat. 514d 4b im Pass. 514a 1 = „man" 148 : e. Buch drucken gelassen zu werden = daß man e. B· d· läßt) 26 *murād olunsa yazılmaq qadar* (438,8 a o.; [soviel] w. das Geschrieben-werden = w. wenn es g· wird) *ḥurūfun* (Akk. laut 437 : seine [: des Buches] Lettern = die L·) *yerli yerine* (511,2 Idiomatismen) *važʿ ētmekde ve dizmekde* (438,6 M.: im Setzen = wenn man setzt) *ṣuʿūbet vardır* falls man e. B· d· zu lassen wünscht, gibt es zwar vorerst, wenn man die L· jede an ihren Platz setzt und ordnet, soviel Schwierigkeit, wie wenn es geschrieben wird (= ist das ebenso schwierig wie das Schreiben mit der

Hand), [aber] / 27 *dilerse* wenn ⟨er =⟩ man will / *qatı zamān-ı qalīlde* in ganz kurzer Zeit = sehr schnell / .. *başdırmaq olur* (V.) .. drucken zu lassen ist möglich = kann man .. d· l· / *biñ ǧildiñ bir* 28 *ǧild ḫaṭṭı qadar zaḥmeti olmaz* die Mühe v. tausend Bänden wird nicht [so groß] w. die [M· der] Handschrift e.es Bandes = t· (gedruckte) Exemplare erfordern (dann) weniger Arbeit als e. (einziges) Exemplar (mit der Hand) zu schreiben / 29 *ibtidā-ı īǧād* .. ⟨Beginn der Erfindung =⟩ die E· des .. / 30 *nemče* (321,2h) *üstādlarından* (321,6c) *Bertoluš* (wohl nur Schreibfehler für *Bertolduš* = D—L Bertholdus in U Ausspr.) *nām bir ḥekīm* e. Gelehrter namens B·, e. deutscher Magister, / 31 *ki bu* .. *-de īǧād olalı* (275; 463; *ol-* als Pass. v. *ēt-* 179 M.) .. 32 .. *olur* [so] daß [es] .... ist (= sind), seit [es (: das Pulver)] in jenem .. erfunden worden ist, / 33 *barat* (koll., 320 u.) die „Brüder" (= Mönche) / *öyle* solch / *anlardan* (321,6c 2) *idi* zu diesen (also) gehörte er (: der Erfinder) / 34 .. *mālik* ... *ġālib bir ādem* e. .. besitzender, ... überlegener Mann / 35 .. *riʿāyet ēdeğek yerde* (462,5 u., jedoch Subj.sgleichheit) statt daß er .. Ehre erwies / .. *ki* 36 ... *ber ṭaraf ētdiñ* „.., daß (= mit der) du ... vernichtet hast" / *birer b·* (399 u.) je e.s je e.s = einzeln = e.e nach der andern / 37 .. *qatl ētmiš ola yazmıšlar* (411,1) mag (= soll) er [ihn] .. umgebracht haben, haben sie (: die christl. Historiker) geschrieben (= , schreiben sie)

58 Der vielseitige und fruchtbare Gelehrte, Staatsmann und Hofhistoriograph *Aḥmed Ǧevdet Paša* (1822—95) verband beste osmanisch-islamische Kulturtradition mit einer breiten Bildung abendländischer Prägung. Sein 12bändiges Geschichtswerk „Die Begebenheiten des Erhabenen [Osmanischen] Reiches" umfaßt die Jahre 1774—1826. (*Veqāyiʿ-i Devlet-i ʿAlīye*, Band VI, Stambul 1294, S. 96f.)

1 *nisbetle* 305a 3 / *olduġu ḥālde* 462,3 / 2 *Meḥmed Ḫān-ı s̱ānī* Sultan M· II (der Eroberer Konstantinopels, starb 1481) / .. *ihtimām* (408) *ile* mit (= unter) Förderung des .. / 3 .. *ētmekle* vgl. 39/18 *ērišdirmekle* / 4 .. *dehšet-nümā olduġu ḥālde* (Bedeutg. w. 46/32) indem (= während) .. Schrecken erregend war (= S· verbreitete) / 6 *Avrupa qıṭʿasında* (321,2g) auf dem Kontinent Europa = a· d· europäischen K· / .. *ēdiğek* 280 A / 8 .. *ištiġāl ētmeleriyle* (447b 2; vgl. 24/5 *dēmesiyle*) da(mit daß = dadurch daß) .. (für ..) wirkten / 9 .. *devām olunaraq* (179 M.; 148) s. .. gewidmet werdend = indem man s. .. (mit ..) befaßte / 11 *Avrupaġa* (511,6a 4) v. seiten Europas = in Europa / *vuqūʿāt-ı mühimmeden* (321,6c 2) *maʿdūddur* ist (= wird) zu den wichtigsten Ereignissen gezählt = gilt als e. hochbedeutsames Ereignis / *on bešinği* 12 *ʿaṣır ki* (383; 384) *mīlādıñ* .. *senesine* (dopp. Poss.-bezug w. in *taʾrīḫinde* 57/23) *qadar olan zamāndır bu* 13 *ʿaṣrıñ taʾrīḫi* das fünfzehnte Jahrhundert, das die (vom ..) bis zum Jahre .. (nach) der Geburt [Christi] seiende Zeit ist, (Wiederaufnahme der durch den Relativsatz unterbrochenen Konstruktion durch Rückverweis auf *ʿaṣır*, welches nun erst mit dem Gen. seine endgültige syntakt. Funktion zugewiesen erhält :) — dieses J·s Geschichte (also) = die G· des f·n J·s, also der Z· (vom ..) bis zum Jahre .. n· Ch· Geburt, / *ber* nicht etwa *bir* / 14 ... *ve her yerde ḥüsn-i idāre-i memleket* 15 *ičin tedābir-i lāzıme ittiḫāẕı gibi* .. *bāʿis̱ olan šeyler* zur .. führende Dinge (= Ereignisse) wie ... und das Ergreifen v. erforderlichen (= geeigneten) Maßnahmen für gute Regierung des Landes (= zur besseren Landesverwaltung) ⟨an jedem Ort =⟩ allerorten / 16 *ve Ameriqa qıṭʿasıyle* (305a 1 *ile* u. = und) *Ümīd Burnu* (321,2g)

yolu (321,2 Kurzgen. d) *daḫi* ⟨und auch der Kontinent⟩ Amerika und der (See-)Weg ⟨des ⇒⟩ um das Kap der [Guten] Hoffnung / [17] *Venediglileriñ .. ētdiği* (314; 461) *Hindistān tiğāretine* auf den Indien-Handel (= H· mit I·), den die Venezianer .. machten (= betrieben), / [18] *bulmaq üzere* 438,8a / [20] *Afriqa qıyılarıyle* mit den Küsten Afrikas = die K· A· entlang / [21] *tiğāretğe ve ğihāt-ı* [22] *sā'ireğe* (511,6; vgl. 45/4 *ebniyeğe*) hinsichtlich des Handels und ⟨h·⟩ anderer Belange / [23] *gidilir* (228) *oldu* (451 M.) wurde neuerdings gegangen = fuhr man nunmehr / [25] .. *bir ʿaṣr-ı ğedīd olduğuna* (458,5) *mebnī* auf Grund dessen, daß .. e. neues Jahrhundert war (= e. n· Zeitalter einleitete), / [33] *ki* (385; Wiederaufnahme des Bezugsbegriffes *zamān* durch :) .. *olvaqit* (ohne Lok.-Suff. 321,5b) in (= zu) welcher Zeit .. = als .. / [34] *ʿālemiñ .. girmesini* (447b 1) *mūğib olmušdur* hat bewirkt, daß die Welt .. annahm / [35] .. *her neqadar pek čoq taḥavvülāt qabūl eylemiš ise de* (498; 504,4 u.) wie ⟨sehr⟩ sehr viele Wandlungen auch immer .. angenommen hat = obgleich .. überaus v· W· erfahren hat / [37] *ʿaṣr-ı seʿādet-i Muḥammedīye* zum Jahrhundert des muhammedanischen Heiles (= z· Auftreten Muhammeds) / *andan ṣoñrasına* (327; 506) .. [38] .. *tesmiyesi* (321,2g) die Bezeichnung „....“ für ⟨sein Danach ⇒⟩ [die Zeit] nachher / *bizğe* (511,6a 1) nach unserer (= meiner) Ansicht / *enseb* hier Komparativ / [39] *ki* weil = da (= Doppelpunkt mit folg. Hauptsatz)

59 Über den Autor und sein Werk vgl. die Vorbemerkungen o. zu Lesestück 54. (*Ṣolaq-zāde Ta'rīḫi*, S. 426f.)

1 *merḥūm-ı mağfūruñ devrinde* in der (Regierungs-)Zeit des seligen Verewigten (: Sultan Selims I) / *vezīr nāmında olanlar* (455) die im Wesir-Titel Seienden = die sogenannten „Wesire“ (die ja unter dem despotischen Sultan keine diesem Rang entsprechende Macht ausüben konnten) / .. *ayına* (327; zur Bedeutg. „jeweils“ vgl. 45/35 *gündüzleri*) *varmadın* (ält. Abl. 36 A, beim Kurzinf. 444) *qatl olunmağın* (438,9 A) da .. umgebracht wurden, ohne zu ⟨seinem ⇒⟩ jeweils einem (ganzen) Monat zu gelangen, = da .. j· noch vor Ablauf e.es M·s hingerichtet zu werden pflegten / [2] *bolay-ki* (+ Opt. = h. *keşki* + Opt. d. Vggh. 433) ..*-e vezīr olasın* (432) „Daß du doch dem (= beim) .. Wesir würdest!“ / *dērler idi* 426 / [3] *šāʿiriñ birisi* 381a 2 M. / (*beyit*) bezeichnet Unterbrechg. des in **Z. 4** mit (*neṣir*) wieder fortgesetzten Prosatextes durch den folg. Doppelvers, dessen durch das Sternchen getrennte Hälften das silbenmessende Versmaß *hezeğ* (◡ — — — ◡ — — — ◡ — ⏓) zeigen (Näheres darüber u. in den Erläuterungen zu **VI**) / *raqībiñ ölmesine* (447b) dazu (: zur Erfüllg. des Wunsches), daß der Nebenbuhler (schnell = baldigst) sterben soll, / [4] *vezīr ola meğer ..* außer (= es sei denn), er werde .. Wesir / *vaṣīyet-*[5]*-nāmelerin* 65 A / *her .. čıqdıqğa* (462,6 u.) bei jedem .. Herauskommen = sooft (= immer wenn) sie .. und (dann lebend wieder) herauskamen / .. [6] *gelmiš gibi* (453 u.) *olurlar idi* pflegten sie w. .. gekommen zu werden = fühlten s. w. .. g· / *Pīrī* [*Meḥmed*] *Paša:* Großwesir v. 1517 bis M. 1523 / [7] *čünki* [8] *öldüreğeksin* da Du [mich] (ja doch e.mal) töten wirst, (so) / .. *ḫalāṣ ētseñ ʿağeb maʿqūl idi* (Perf. = Irrealis : h. Vggh. Ao. 502) wäre es vielleicht angebracht (= das Beste), wenn Du [mich] .. erlöst!“ / [9] *benim daḫi* (zur Betong. vorausgezogen und durch Subj. und Adv. getrennt vom Bezugswort :) .. [10] .. *ḫāṭırımdadır* „Auch in meinem Sinn ist .... = „Auch mir geht .... im Kopf herum: /

.. *ṭutar* (451) 11 *ādem* [e.] Mann, der .. einnehmen kann (= könnte), / .. *kimesne* (Kurzgen.) *var idiği* (269; 273; 458,1) *taḥqīq olmaz* (179 M.) das Vorhandensein e.er .. Person wird nicht als sicher angenommen = es ist n· ausgemacht, ob es jemanden gibt, (der .. könnte,) / *yoḫsa* (h. *yoksa* 498 u.) 12 *seni de murādıña vāṣıl ēderdim* (502) sonst würde ich auch dich zu deinem Wunsch gelangen lassen = s· w· i· d· deinen W· schon erfüllen – (denn das) / *el-ḥaqq* .. 13 .. *kimesne idi* (Feststellg. des Autors :) — Wahrlich, er (: *Pīrī Paša*) war [e.] .... Mann!

60 Des *Ḫoǧa* („Prinzenlehrers") *Saʿdeddīn Meḥmed Efendi* (1536—99) „Krone der Historien" stellt einen Höhepunkt formvollendeter panegyrischer Hofhistoriographie dar und galt im Orient wie in Europa bis ins 19. Jahrhundert als das Standardwerk über osmanische Geschichte. A und P Vokabeln und Wendungen, Koran- und Dichterzitate und rhetorischer Schmuck wie Parallelismen und Binnenreime (Z. 1 *mervī* — *maṭvī*; 7 *ǧemʿ* — *šemʿ*; 8 *ʿale ʾt-taʿǧīl* — *tebǧīl*, u. a.), anaphorische Teilreime (z. B. *pervā* in *bī-pervā pervāneler* Z. 7) und auch bloßer Konsonantenreim (etwa *HMT* in *himmet-i bī-hemtā*, Z. 9) sowie poetische Metaphern (z. B. „Falter — Wachslicht" = Liebender — Geliebter, Z. 8) kennzeichnen diesen — immerhin noch „gemäßigten" — Prunkstil. — Die hier (*Tāǧü ʾt-Tevārīḫ*, Band II, Stambul 1280 d. H., S. 386ff.) als kurz vor dem Tode Sultan Selīms I. (1520) vorgefallen dargestellten Ereignisse werden v. anderen Quellen in das Jahr 1521 (und noch später) gesetzt.

1 *olmuš-ıdı* h. *olmuş idi* = o·tu 201; 413 u.; 179 M. / *Sulṭān Aḥmediñ ṭomar-ı ʿömrü dest-i qażāyile* (= *qażā ile*) *maṭvī* 2 *olduġu hengāmda* zu der Zeit, da Prinz Aḥmeds (fiel 1513 im Kampf gegen seinen Bruder Selīm) Lebens-Schriftrolle ⟨mit =⟩ v. der Hand des Schicksals zusammengerollt wurde, / *Sulṭān Murād* Prinz M· / *ʿAǧem šāhına* zum Schah v. Persien (: İsmāʿīl I., 1487—1524) / 3 *qātili* (Kurzgen.) *kim idiği* (458,1) wer sein Mörder war (= sei), / *kimi* 369 u. / *šāh* Kurzgen. / *öldü* ist er gestorben (= umgebracht worden)." oder auch: *oldu* ist es [: der Mord] geschehen." / 4 *Rūm* (321,2f) *fedāyīsi ētdi* „[Ein] Freiwilliger (= Attentäter) aus R· (: dem Osmanenreich) hat [es] (im Auftrage Selīms) getan." / *Ferhād Paša* : dritter Wesir, war damals zum Kampf gegen den aufrührerischen Statthalter v. Syrien durch die Provinz Qaraman gezogen / 5 *āvānda* w. o. Z. 2 *hengāmda* / 6 *šimdi* .. *gelib* jetzt ist [er (: Prinz Murād)] gekommen und / *yanına* (T „wohin" = D „wo", vgl. 36/6) 7 .. *ǧemʿ* (auch hierher schon *olmuš*) haben s. bei ihm .. versammelt = h· s. um ihn .. geschart / *ǧemāli ol bī-pervā pervānelere šemʿ olmuš* seine Schönheit ist jenen furchtlosen Faltern (: diesen seinen fanatischen Verehrern) [zum] Wachslicht (: Zentrum magischer Anziehg.) geworden / 8 *bāb-ı vāǧibü ʾt-tebǧīl* ehrfurchtgebietende Pforte (: Hof des Großherrn) / 9 *himmet-i bī-hemtā*[-*ı*] *pādišāhī* das großherrliche Streben ohnegleichen = des Großherrn unvergleichliches S· / *sāḥe-i* ..-*i mülkü* (Akk.) das .. Gefilde des Reiches / 10 *ol emr-i ḫaṭīr* (Kurzgen.) *teftīšine* zur Untersuchung dieser wichtigen Angelegenheit / 11 *merḥūm vālid* der verewigte (Herr) Vater (des Autors, hieß *Ḥasan Ǧān*, war Selīms Leibpage) / 12 *ki* .. *mesmūʿ-ı šerifleri* (Poss.-Suff. Pl. maiest.) *oldu* ⟨[in] welcher =⟩ als .. Dero (: des Großherrn) erhabenes Gehörtes wurde = da .. Seiner Majestät zu Gehör kam / *atam* (329 o. und a 3; Flexion w. 37/48) *Ḥāfıẓ Meḥmed-i* 13 *merḥūmu* .. *daʿvet ēdib* berief [Er (: der Sultan)] meinen (: des hier in direkter Rede erzählenden Ḥasan Ǧān) Vater, weiland Ḥ· M· (der bis 1514 am

Hofe Schah İsmāʿīl's in Tebrīz gelebt hatte und ebendann samt seinem Sohne Ḥasan Ǧān, dem Vater des Autors, vom siegreichen Selīm an dessen eigenen Hof geholt worden war), .. und / *Sulṭān Murādıñ ʿAǧemde ḥāli ne minvāl üzere* **14** *olub* (anakoluthisch statt korrekt — wenn parallel zu .. *memātı* als Kurzgen. zu *ḥ·* aufgefaßt — *olduġu ve* oder — wenn parallel zu *ḥ·* als Abl.-Obj. aufgefaßt — *olduġundan ve,* das freilich laut 313,1 seinerseits wieder zu *olduġu ve* verkürzt werden kann; *olub* müßte ja durch e.e folgende Verbalform aufgelöst werden, während hier nur Subst.e folgen) *ḥayāt u memātı ḫuṣūṣundan* (321,2e,g; 321,6c 1 : „wegen" = „nach") *istiḫbār buyurdular* (179 M.; Pl. maiest. 314) geruhte s. nach der Angelegenheit dessen, w. die Lage des Prinzen M· in Persien gewesen sei, und seines Lebens und Todes (= ob er lebe oder tot sei,) zu erkundigen = (laut der anderen Auffassungsmöglichkeit :) g· s. danach, w. d· L· d· P· M· in P· g· s·, u· nach der A· s· L· u· T· zu e· / *vālidim* mein (: Ḥasan Ǧān's) Vater (: Ḥāfıẓ Meḥmed) / **15** *tevqīr ü iʿzāzı* (54; Kurzgen.) *merāsimin* (65 A) die Zeremonien (Akk.) seiner (: Murād's; also Poss.-Suff. im Sinne des obj. Gen.s 321,2 Kurzgen. b) Achtung und Ehrerbietung = die Bezeigungen v. A· u· E· für ihn / *süvār olduqča* (462,6) sooft (= immer wenn) [er (: İsmāʿīl)] ausritt / *anlar* (Pl. maiest.) *ile* mit Ihm (: Murād) / **16** .. *inqıṭāʿ* **17** *bulub* (die folg. Verneing. ist, entgegen 487f., nicht involviert) wurde (= war) .. unterbrochen (= zu Ende), und / *eṡer-i inbisāṭ* [keine] Spur vom guten (= trauten) Verhältnis (zwischen den beiden) / .. *olunmaz oldu* 451 M. / **18** .. *maʿlūm olmadı* : Ende der dir. Rede Ḥāfıẓ Meḥmed's / .. *böyle bilib* **19** *taḥqīq ētmišiz* (ält. *-üz* = h. *-iz*; 191; 411,5) .. haben [es] so gewußt (= erfahren) und geglaubt." / **20** *iḥżār ēdib* Obj.: [ihn (: den Schmied)] / *sarāy-ı* .. *qapusundan* 69; 321,6e M. / **21** .... *olmadıġın* (273 A; 65 A; 301 Verbalnom.; 458,3) *göriǧek* (280 A) als [er (: der Schmied)] sah, daß .. nicht .. war, / *eyitdi-ki* .. sagte er: „.. / **22** *ḍurub gāh āh ēder* (Wahrnehmungsinhaltssätze mit *ki* sind tempusunabhängig, vgl. o. 32/18, und haben als Ggw. oft den Ao. 424,3, als Vggh. oft *-mıš* 411,4 und 5) *ve gāh* [da]steht (= dastand) und bald seufzt (= s·e) und b· (wieder) / **23** .. *olmuš* (vgl. vorstehende Anm.) ist (= war) .. ⟨geworden⟩ / **24** *istinṭāq* auch hierher schon *ētdim* aus **Z. 25** (313 u.) / **25** *iẓhār-ı išfāq ētdim* 406 A / *yoqsa ʿāšıq-ı mehǧūr ve* .. **26** .. *mu* (504,14) *olduñ* „Bist du etwa [e.] verlassener Liebender und .. ⟨geworden⟩?" / **27** *bir* (zu *šeh-zāde*) *yoluna ǧān vērdiğim* (461 u.) *ve nihāl-i iqbālinden meyve-i murād dērdiğim šeh-zāde-i āzāde* „Ein stolzer Prinz, ⟨auf dessen Weg =⟩ für den ich [das = mein] Leben gegeben (= geweiht) und v. dessen Glücks-Bäumchen ich [die] Frucht (= Früchte) des (= meines) Wunsches gepflückt habe, / **28** *ol* (subst.) jener = er / *olalıdan* h. *o· beri* 277 / **30** *bu dil-i āvāre* (Kurzgen.) *yarasına ne čāre ēdeğeğim* (Poss.-Suff. 1. Ps. Sg.: ält. Akk. = Indef.; 459,3; 460a) **31** *bilmeyib* ich wußte nicht, welches [Heil-]Mittel ich der Wunde dieses (= meines) verstörten Herzens machen werde, und = ich weiß n·, w. ich die W· m· v· H· heilen soll, u· / .. *mesmūʿum olmaġın* (438,9 A) da .. mein Gehörtes ist = da ich v. .. vernommen habe, / **32** *čün* .. *ḫān-vādesine ḫulūṣ-ı intisābıñ* (42; 402) *var imiš* (192; 404; 411,2) da du angeblich zur Familie des .. Aufrichtigkeit der Anhänglichkeit (= innige Ergebenheit) hast (= hegst), / *senden* (321,6e u.) *riǧā* **33** *olunur ki* (505 b) wird v. dir erbeten, daß = bittet man (= bitte ich [vgl. 39/23 *varlıb*]) dich, daß / **34** *göresin* (240; 505b) sehen (= wahrnehmen) sollst (= mögest) / *ādemī-lik resmin* die (Akk.) Vorschrift der Menschlichkeit / *ki dēdiğim ǧivān-ı* .. da der .. Jüngling, den ich ⟨genannt habe =⟩ meine, / .. 35 .. *sülālesi Sulṭān Murāddır ki* (383) der Sohn des .., (nämlich) Prinz M· ist, welcher / *vālid-i māǧidi* (Kurzgen.) *aḥbābından iʿānet* (321,2 Kurzgen. c) *ümīdi ile* mit (= in) der Hoffnung auf Hilfe v. den Freunden seines erlauchten (Herrn) Vaters / 36 *ve .. renǧe olduġu* (Gen.-Verbindg. 458,2 mit *ki*, o. Z. 35, in ält. Sprache ohne das h. laut 385 notwendige *kendisinin*) *ǧiğerim* (ält. Akk., w. o. Z. 30 *ēdeğeğim*) *deldi* und dessen .. Gequält-Werden mein Herz durchbohrt hat = und um den es mir das H· zernagt, daß er .. g· wird!" / *ben-daḫi varıb* ich (: der Schmied, der nach Wiedergabe der mit *deldi* schließenden direkten Rede des Derwischs hiermit in der Schilderg. seines eigenen Verhaltens fortfährt) aber ging hin und / 37 *göñlü dilediği ġıdāyı* die (Akk.) Speise, die (= nach der) sein Herz begehrte, / 38 *bulıǧaq* 280 A / 39 *levāzımın* seinen (: des wiedergenesenen Prinzen Reise-) Bedarf / 40 *maʿlūmum* [*değildir* (313,4)] / .. *iḥżār* 41 *ve gene qıṣṣadan istiḫbār buyurulduqda* (514a; 462,1 A) als .. herbeigebracht zu werden und gleichfalls wegen der Angelegenheit befragt zu werden geruht wurde = als man (: der Sultan) geruhte, (auch den) .. zu holen (= h· zu lassen) und g· nach der A· zu befragen, / *ētdiğin* 273 A; 65 A; 458,3 / 42 *dēdiği ʿalāyimle* mit den (= auf Grund der) Merkmale, die er (: der Seifensieder) nannte, / *rüfeqāsınıñ baʿżın* (65 A) [e.en] Teil (= einige) seiner (: des Prinzen) Gefährten / 43 *teftīš-i mā-ǧerā* (516g) *buyuruldugda* (406A) als Prüfung des Vorfalls zu machen geruht wurde = als man den Fall zu untersuchen geruhte / .. 44 *olunduġu günden* (321,6a) v. (= seit) dem Tag, an dem er .. worden war, / 45 *bir ǧeviz ṣıġar* (451) *čuqur* [e.e] Vertiefung, [in die] e.e Nuß hineinpaßt, (Ao.-Part. in seiner gelegentl. Verwendg. als Präd. v. Relativsätzen, die korrekter nach 461 konstruiert werden, also hier h. *içine bir ceviz sığacağı bir çukur*, oder noch präziser nach 454 u. *i· b· c· sığacak kadar b· ç·*) = e.e Delle v. Nußgröße / 46 *taʿyīn ētdikleri* 46 *qabri ačıb* öffneten das Grab, das sie (: die Gefährten des „Prinzen") bestimmt (= bezeichnet) hatten, und / 49 *ol .. maḥbūsları* jene .. Eingekerkerten (: die Gefährten des „Prinzen", die Selīm wegen ihrer Verbindg. mit e.em potentiellen Thronrivalen inhaftiert hatte) / 50 *eylediler* Pl. maiest. / *ey(i)der* (bildhafte Schilderg. 424,3 für 409) spricht (= erzählte): / *ben bendeleri* (Poss.-Suff. Pl. maiest.) ich, Dero (: Sultan Selīm's) Diener, / 51 *meǧlis-i teftīšlerine nāẓır* auf Dero Untersuchungs-Sitzung blickend = ⟨Zuschauer =⟩Zuhörer (= anwesend) bei Dero (: der vom Sultan einberufenen abschließenden Rats-)Versammlung zur Prüfung (des Falles) / ..-*e buyurduqda* als er (: der Sultan) s. (danach) in .. verfügt hatte (und der Erzähler, sein Leibpage, mit ihm allein war) / .. 52 .. *olduġuna ʿilm-i šerīf-i sulṭānī müteʿallıq ve bu* (Kurzgen.) .. *idiği müteḥaqqıq* 53 *iken* (478,4) während das Erlauchte Großherrliche Wissen erfassend ist (= [es doch] erfaßt hat), daß .... [worden] ist, und [es] offenkundig ist, daß dies (: das Gerüchtvom Wiederauftauchen des „Prinzen") [e.] .. ist, = (mit Unterordng. unter *teftīš* und *tešvīš*) obwohl Euer Majestät doch wohl bekannt ist, daß .... worden ist, und (obwohl) es auf der Hand liegt, daß das da nur e. .. ist, / .. *teftīš* (Kurzgen.) *ve ḫāṭır-ı šerīfi* (Akk., laut 316 M. regiert v.:) ... *tešvīš* (Kurzgen.) *ḥikmeti maʿlūm olmadı* die Weisheit (= die Bedeutung = der Zweck = der Nutzen) der (= e.er) Untersuchung .. und der (= e.er) Beunruhigung des (316 M.) Erlauchten Gemütes ... ist (meiner Wenigkeit) nicht bewußt geworden = ich vermag mir n· zu erklären, wozu Euer Majestät .. Erhebungen haben anstellen lassen und Deroselbst ... beunruhigt haben, (obschon doch ..) / [54] *buyurdular ki* Er geruhte (= Majestät g·n) zu sagen (= antworten): / *fesād ser-rištesin* (Akk. laut 316 M.) *qaṭ'* das Abschneiden des (316 M.) Faden⟨ende⟩s des Aufruhrs (= der Umtriebe) = (inf.isch :) den Faden des A· abzuschneiden / [55] *bīḫinden* (321,6e und g) v. seiner Wurzel her = samt der W· / .. *bu gūne taqayyüd* (321,1b) *iqtižā ēder* solchen Eifer erfordert [es,] .. / *evāḫır-ı ḥālimiz[-dir* 313,4] [es] ⟨ist =⟩ sind die letzten Tage meines (gegenwärtigen) Zustandes (: m·s Lebens) = meine Jahre sind gezählt / *bu diqqatleri* (F 4; zum Pl. vgl. 24/32 *bu šarābları*) [56] *biz ētmesek* (301 Pot.; 209; 499) wenn Wir nicht all diese Aufmerksamkeit (= Sorgfalt) machten (= aufwendeten = walten ließen) / *bizden ṣoñra gelen* (450 subst.) *muḥāfaẓa-ı salṭanatı emrine muqayyed olmağla* (= *olmaq ile* „sein und") *re'āyā ve beze*-[57]*miskīnden ve nā'ire-i meẓālimi* (Akk., laut 408 regiert v.:) *teskīnden ġāfil olmaq lāzım gelir* (Indef. + Voll-Inf. vor Form v. *lāzım gelmek* w. vollgen.ische Verbindg. des Kurzgen.s in 430 u.) (so) muß (einst) der nach Uns Kommende (= Unser Nachfolger) der Sache (= Aufgabe) des Schutzes seiner Herrschaft beflissen sein (= s. gänzlich widmen) und (= *ile*) (damit andererseits) die Untertanen und armen Leute und die Beschwichtigung (= das Löschen) des Feuers der Ungerechtigkeiten (unredlicher Beamter) vernachlässigen / *biz* ..[58].. *dūr* (auch hierher schon *ētmek-ičin*) *ve* ..-*a ṣarf-ı maqdūr ētmek-ičin* (438,8a M.) *gelmišiz* (174c; 411,5) Wir sind gekommen (= da), um .... zu entfernen und für (= auf) .. alle Kräfte aufzuwenden. / [59] *me'mūr olduġumuz ḫidemāt* (461 M.) die Dienste (= Aufgaben), mit (= zu) denen Wir beauftragt (= berufen) sind (= waren), / .. *čalağaq* (454 M.) *vaqt* [60] *olmuš-dur* die Zeit, da .. ertönen wird (= soll), ist geworden (= gekommen) = es ist an der Zeit, daß .. ertöne / *bizim baqāmız* unser (: der osman. Dynastie) Fortbestehen (= Fortbestand) / (A :) (*li-külli zamānin devletün ve riğālün*) .. .. „Für jede Zeit [gibt es] e.e Herrschaft und Männer" = „Jede Ära hat ihre eigene H· und i· e·n großen M· (= Führer)" / [61] .. *ṭomar-ı ḥükūmetimiz maṭvī ve eṭvār u āṯārımız mervī olağaq* (454 M.) *zamān gelmišdir* die Zeit ist (= die Tage sind) gekommen, da .. die Schriftrolle meiner Herrschaft (= Regierungszeit) zusammengerollt und meine Sitten und Taten überliefert (= der Geschichtsüberlieferg. überlassen) werden sollen.

61 Über den Autor und sein Werk vgl. Lesestück 57. (*Ta'rīḫ-i Pečuyī*, Band I, Stambul 1281, S. 363ff.)

1 (*Rūm-ı behğet-rüsūmda qahveniñ ibtidā-ı ẓuhūru ẕikrindedir*) ⟨[Dieses Kapitel] ist in (= dient) der Erwähnung des ersten Erscheinens =⟩ Vom Auftauchen des Kaffees in Rūm mit (seinen) schönen Sitten (= im tugendreichen Osmanenland) / 2 *sene* (oder *senetü*, beides A konstruiert, oder P *sene-i*) *962* (also in Worten :) .. *ta'rīḫine gelinğe* (V.) bis zum ⟨Datum des Jahres =⟩ Jahre 926 .. (d. H. = 26.11.1554 — 15.11.1555 n.Chr.) / *pā(y)-ı taḫt-ı* (arabisierend w. Städtename als f aufgefaßt) *'alīye-i maḥmīye-i* 3 *Qosṭanṭīnīyede* in der erhabenen, v. Gott beschützten Residenzstadt ⟨v. (P Gen.-Verbindg. w. T 321,2g)⟩ Konstantinopel / *Rūm ēlinde* (hier :) im Lande R· = im osmanischen Reich / *yoğ-ıdı* 188 A / 4 *Ḥakem* E.N. / *Šems* Abkürzg. d. E.N.s *Š·-eddīn* / 5 *birer* (158; 399) jeder e.en / 6 *oqur yazar* (451) *maqūlesinden* .. .. v. der Spezies Lesen-und-Schreiben-könnende = .. v. den Literaten und dergleichen / *ğem' olur oldu* (451 M.; 314 u.) fingen an s. zu versammeln =

kamen nunmehr (dort) zusammen / *yiğirmišer* (h. *yirmişer* 158) *otuzar* 7 *yerde meğlis ḍurur oldu* an je zwanzig [oder (393)] je dreißig Orten stand jetzt [e.e] Versammlung = jetzt tagten jeweils z· bis d· Stammrunden / *kitāb* 321,1b; koll. 320 / 8 *maʿārifden* v. den (weltlichen, v. der Orthodoxie abgelehnten) Wissenschaften / .. *ēdib yārān ğemʿīyetine* 9 *sebeb olmaq ičin tertīb-i żiyāfet ēden* (452 perf.) ... *vērmekle andan* 10 *artıq ğemʿīyet ṣafāsın ēder oldular* indem (= da) [jeder], wer [bisher] .. ausgegeben und, um e.e Gesellschaft v. (guten) Freunden zustandezubringen, e. Gastmahl veranstaltet hatte (= h· veranstalten müssen), [jetzt nur mehr] ... bezahlte (= zu bezahlen brauchte), schwelgte⟨n sie =⟩ man von da (= nun) an in Gesellschaft[en] / *šu mertebe oldu-ki* es ⟨wurde =⟩ kam ⟨jener Grad =⟩ so weit, daß / 11 *böyle bir eğleneğek* (454 M.) *ve göñül* 12 *diñleneğek yer olmaz* („ist nicht möglich") „Es kann keinen [anderen] ⟨solchen⟩ Ort geben, wo man s. [so] unterhalten und ⟨das Herz⟩ s. [so] erholen (= zerstreuen) kann!" / .. *deyü* (entweder, laut 473, mit dir. Rede :) indem sie sagten: „.." (oder „weil" laut 472,2 M., hier mit indir. Rede:) weil (es keinen .. geben könne, wo man .. könne) / *oturağaq ve ḍurağaq bir yer* (454 M.) *bulunmaz oldu* (451 o. und M.) [deswegen] gar kein Platz zum Sitzen und Stehen mehr gefunden werden konnte (= zu finden war) / 13 *buldu-ki* Subj.: es (: das Kaffeehauswesen) / 14 *ḫalq* .. 15 *oldu* dir. Rede / *ise* 504,3a / *mesāvī-ḫānedir aña varmaqdan* (438,7; 321,6h) *mey-ḫāneye varmaq* (438,1) *evlādır* „[Es (: das Kaffeehaus)] ist [e.e] Lasterhöhle; als (= statt) in es (= dorthin) zu gehen, ist [es] besser, in die Weinschenke zu g·!" / 16 *menʿi bābında* im Betreff (= bezüglich) seines (: des Kaffeehauses) Verbotes / *her nesne* 17 *ki faḥım mertebesine vara yaʿnī kömür ola* „Jedes Ding, welches (= Alles, was) zur Stufe der Kohle (oder, in Nachahmg. der gelehrten Ausdrucksweise mit der A Vokabel *f·* : = zur Karbonisation) gelangen mag (fut.-potentieller Opt., w. 432 u.), das heißt [zu] Kohle werden mag, / .. *deyü* (472b 1) mit dem Wortlaut: „.." / .. 18 .. *Sulṭān Murād Ḫān-ı s̱āliṣ raḥmetu ʾllāhi ʿaleyhi* (Erweiterg.sgruppe w. 329a u., hier im Kurzgen.) .. des .. S·s M· III. (regierte 1574—95) — Allahs Erbarmen über ihn! — / *ʿaẓīm tenbīhler olur* 19 *oldu* (451 M.) geschahen (= ergingen) ⟨neuerdings =⟩ dann starke (= strenge) Verbote / *ol-ʿaṣırdan-ṣoñra* / *buldu-ki* Subj.: er (: der Kaffee) / 20 .. *kömür ḥaddine gelmezmiš* (426 u., präs.; 411,2; 507) *ičmesi* (446; akt. statt korrekt pass., vgl. Modusindifferenz 454 M.) *ğāʾiz imiš* (411,3 präs.) *dēr oldu* .. sagte[n (314 u.)] nunmehr (indir. Rede 507 :), [er (: der Kaffee)] erreiche nicht die Stufe der Kohle, sein Trinken (= ihn zu t·) sei zulässig / 21 ..-*dan* (321,6c 2) *ičmez* (451) *ādem qalmadı* v. den .. blieb kein nicht-trinkender Mann übrig = unter den .. gab es k·en mehr, der [ihn] n· trank / *bir mertebeye vardı-ki* [es] gelangte zu e.em [solchen] Grad, daß = es kam so weit, d· / 22 *yevmīye* .. *kirā* ⟨als Tagesgeld =⟩ pro Tag .. (a·) Miete / 24 *fī sene* (oder *seneti* = anno, beides in A Konstruktion, tautologisch zum Lok. *ḥ·*) *tisʿe ve elf ḥudūdunda* um ⟨im⟩ Jahr (= gegen anno) 1009 (d. H. = 13.7.1600 — 1.7.1601 n.Chr.) / *getirdiler* Obj.: [ihn (: den Tabak)] / .. 25 *olmaq nāmına* unter dem Titel des ..-Seins = als (angebliches) .. / *keyfe müsāʿadesi vardır deyü* (472b 2 M.) weil er zum Genuß (= Wohlbefinden) Gunst habe = w· er dem W· (: Erzeugg. e.es angenehmen Rauschzustandes) zuträglich sei / 27 ..-*iñ kis̱ret-i* 28 *istiʿmālinden* (321,6c 1) wegen des Übermaßes des [Tabaks-]Gebrauches des .. = vom unmäßigen Rauchen des .. / .. *görmemek mertebelerine* 29 *vardı* [es] gelangte zu den Graden (Pl., ähnl. w. **24/32**, zur Intensivierg. des Sg.-Begriffes oder auch des ganzen Satzinhaltes = „durchaus, gänzlich, sogar“) des .. Nicht-Sehens = es kam sogar (= geradezu) so weit, daß .. gar nicht mehr sahen (= sehen konnten) / *lüle ellerinden düšmez oldu* fiel die Pfeife nicht mehr aus ihren Händen = ließen sie die P· n· m· a· der Hand / **30** *ḥaqqına* über (= auf) ihn (: den Tabak) / **31** *baʿż-ı aḥbāb ile* mit etlichen Freunden = zwischen mir und e· F· / *bunuñ* **32** *rāyıḥa-ı kerīhesi* (Kurzgen. = Subj. zu **Z. 33** *ētdiğinden*) *hemān ādemiñ ... ḫuṣūṣan ičinde* **33** *istiʿmāl ētdiği ḫānesin bed-būy ētdiğinden* (458,5) *ġayrī* (Beginn der dir. Rede :) „Außer (= abgesehen davon = nicht nur) daß dessen (: des Tabaks) widerlicher Geruch nur (üble Folgen zeitigt, nämlich) ... des Menschen (= Rauchers) [und] besonders sein Haus, in welchem (461 M. u.) er [ihn (: den Tabak)] gebraucht (= raucht), stinkend macht (= verstänkert = verpestet), / **34** *iḥrāq ētdiği* und *telvīs olunduġu* (458,1) und **35** *rāyıḥa-ı ḫabīṯesi* sind parallele Subj.e (Präd. *var iken* **Z. 37**) / *bundan qanāʿat gelmeyib muttaṣıl istiʿmāl* **36** *ile* mit dem (= durch den) ständigen Gebrauch, nachdem davon Genügsamkeit (= Genüge) nicht kommt (= s. einstellt), = ⟨dadurch daß =⟩ da man davon nicht (= nie) genug bekommt und (also) ununterbrochen (weiter)raucht, / ..*-den ve elleri ʿamelden qaldıġı* (458,1) (die Tatsache,) daß man v. .. abläßt und ⟨ihre (148 M.) =⟩ die Hände v. der Arbeit (ablassen) = daß m· .. vernachlässigt u· keine Hand mehr zur A· rührt / ... **37** *var iken* (478,4) *ṣafāsı ve nefʿi nedir dēdikğe* (462,6) sooft als (= immer wenn) [ich] sagte (= fragte) „Was ist sein (: des Tabaks) Genuß und Nutzen (= welchen G· u· N· bietet er), während (= wo doch) vorhanden ist (= feststeht), ... ?“ / Die lange Periode **31** *bunuñ* bis **37** *nedir* ist w. folgt konstruiert: „Welchen G· .. bietet er (denn überhaupt), wo doch feststeht: (1.) nicht nur, daß sein widerlicher Geruch .. verpestet, sondern auch (2.) daß man .. in Brand steckt und (3.) .. besudelt wird (= s. b·), und (4.) sein übler Geruch, der .., und (5.) daß man, weil man .. weiterraucht, .. rührt, und (6.) dergleichen (noch) viele abscheuliche Nachteile ?“ / **39** *ki .. ola* welcher (Genuß) .. sein mag (= wäre) / *ğevāb olmaz* ist keine Antwort, [sondern] / **40** ... *qač* (163; Ausruf w. 374) *defʿa ḥarīq-i ʿaẓīme bāʿiṯ olmušdur* wie ⟨viele Male =⟩ oft hat er (: der Tabak) ... (e.e) große Feuersbrunst verursacht! / **41** *vardiyanlar* **42** .. *ētmekle* w. *olmaġla* 438,9 A u. / .. *nefʿi var idiği* daß er .. (e.en) Nutzen hat (= bietet) / **43** *ruṭūbet* und *yübūset* : Begriffe der Humoralmedizin / *bu qadar intifāʿ-ı qalīl* **44** *ičin* wegen soviel geringfügiger Nutzung = um dieses bißchen Nutzens willen / *qırq beš* [Tausend-]Fünfundvierzig (d. H. = 17.6.1635 — 4.6.1636 n.Chr.) / **45** *idi-ki* / **47** *ki* (dafür), daß / **48** .. *vażʿ ētdirdiler* (514d 4b; 314) Er (: Murād IV.) .. hat aufstellen (= errichten) lassen / *ve* .. **49** *ičilmesin* (243 A u.) *buyurdular* und befohlen hat, .. soll nicht geraucht werden / **50** *enʿām-ı ʿamīme* allgemeine Wohltaten (wohl nur versehentlich für *inʿām-ı ʿamīm* = „(e.) a·s Gnadengeschenk“, was zu *iḥsān-ı ʿaẓīm* mit der Parallelität sämtlicher Vokale und auch des Kasus e.en wirklich vollkommenen Reim nach den Regeln der A—P—T Poetik böte) / *ki .. šükrün ētseler* (499) *ke-mā yenbaġī* (vgl. 5161) *ʿuhdesinden gelemiyeler* (243 A o.; Ausdruck der Befürchtg. 432 u.) daß sie (: die „vielen Armen und Reichen = viele Menschen, ob arm oder reich“ v. **Z. 49**), wenn sie .. ⟨seine =⟩ dafür (322) die Danksagung machten (= ihre Dankgebete darbrächten), (dennoch) nicht s. ihrer Schuld nach Gebühr entledigen können dürften.

62 Der aus Aleppo stammende *Muṣṭafā Naʿīmā* (1652—1715) zeichnet sich unter den osmanischen Historikern vor dem 19. Jahrhundert durch kritisches Urteil und pragmatische Geschichtsbetrachtung aus. Sein dem Großwesir (1697—1702) *Köprülü Ḥüseyn Paša* gewidmetes Werk *Ravżatu 'l-Ḥüseyn fī ḫulāṣati aḫbāri 'l-ḫāfiqeyn* („Ḥüseyn's Garten : Abriß der Nachrichten beider Weltgegenden [: des Orients und Okzidents]"), gewöhnlich kurz „Geschichte Naʿīmā's" genannt, behandelt die osmanische Geschichte von 1591 bis 1659. (*Ta'rīḫ-i Naʿīmā*, Band I, Stambul 1147, Blatt 333.)

1 Die Überstreichg. dient, w. im Abendland die Unterstreichg., zur Hervorhebg· (hier der Kapitelüberschrift) / *ḫalīǧ-i Qosṭanṭīnīye* Meeresarm v. Konstantinopel : Goldenes Horn und Bosporus / *ġarāyib-i veqāyiʿ-i eyyāmdandır* [es] gehört zu den Merkwürdigkeiten der Ereignisse der Tage = e.e denkwürdige Begebenheit der (= jener) Zeit ist es / 2 1. *Rebīʿü 'l-evvel* 1030 d. H. = 24.1.1621 n.Chr. / 4 .. *günü* 321,5b Anm. / *ki* 383 / *ḫamsīniñ on* 5 *biri* 395 M. / ... *ile* .. *arası* (305b) der ⟨Zwischen-⟩Raum (= die Strecke = das Wasser) ⟨v. =⟩ zwischen ... und .. / 6 *görenler* [Leute,] die [es selbst] gesehen haben, / 7 *bir aqčaya* 321,3 b / 8 *gelinǧeye-dek* h. *gelinceye kadar* 305a 3; 466 / 9 Das 120. Jahr d. H. = 29.12.737 — 18.12.738 n.Chr. / .. *vāqiʿ olduğu* daß [es (: das Zufrieren des Bosporus)] .. s. ereignet hat / *ta'rīḫ-i Ǧenābī* „Geschichte des Ǧ·" (= *Muṣṭafā b. Ḥasan*, starb 1591) / .. 11 .. *Kefeden tüǧǧār geldiğini* daß .... Kaufleute aus Kaffa (= Feodosia auf der Krim) [auf diese Weise über den zugefrorenen Bosporus nach Stambul] kamen / *Hāšimī Čelebi* ist weiter nicht bekannt / 12 Der Datumvers (*ta'rīḫ*) *Yol oldu Üsküdara biñ otuzda Aq Deñiz ḍondu* „Ein (Fuß-)Weg nach Üsküdar ist entstanden in (dem Jahre) Tausendunddreißig: Das Weiße Meer (= Mittelmeer: [Bosporusmündg. ins] Marmarameer) fror zu" gibt die Jahreszahl sowohl in Worten (*lafẓen*), durch direkte Nenng. (*b· o·*), w. auch indirekt = dem Sinne nach (*maʿnen*), durch die Summe der Zahlenwerte (vgl. o. S. XIV) seiner Buchstaben : 10+6+30+1+6+30+4+10+1+60+20+4+1+200+5+2+10+20+1+6+400+6+7+4+5+1+100+4+20+7+9+6+20+4+10 = 1030. Das Versmaß ist *hezeǧ* (vgl. 59/3), nämlich viermal ∪———, wobei die an s. lange Silbe *yol* gekürzt wird durch den poetischen Kunstgriff der Abgabe des Endkonsonanten an die folg. Silbe: lies *yo-lol-du* statt *yol-ol-du*. (Vgl. die metrisch-prosodischen Erläuterungen u. S. 165 M.)

63 Nach Augenzeugenberichten schildert *Naʿīmā* das Ende des geisteskranken Sultans *İbrāhīm* (geboren 1615), der nach achtjähriger Schreckensherrschaft am 8.8.1648 von einer Clique von Militärs und Religionswürdenträgern abgesetzt und mit zwei Sklavinnen in einer abgelegenen Kammer des Sarāy's, in die durch ein Oberlicht Nahrung gereicht werden konnte, lebend eingemauert worden war. (*Ta'rīḫ-i Naʿīmā*, Band IV, Stambul 1283 d. H., S. 330 f.)

3 *ēdib* Subj.: [er (: İbrāhīm)] / 5 *derdlešib* vgl. 513,1a und 514c / *bu ne dēmekdir* 438,3 u. / *göz göre* (218) indem (= obwohl) das Auge [es] sieht = vor aller A·n / 6 *bir maʿṣūmu* e. (kleines) Kind (: den noch nicht siebenjährigen *Meḥmed* [IV.]) / *bunuñ* dessen (: İ·s) / .. *olub* (hier betont vorzeitig :) nachdem wir .. worden sind / 7 .. *išitmekden* (321,6h) *bize ölmek yegdir* [es] ist [für] uns besser zu sterben als .. zu hören (= mitanzuh·) / *čıqarıb* Obj.: [ihn (: İ·)] / 8 .. *bašladıqlarından* (458,5) *ġayrı* abgesehen dav., daß sie .. anfingen, = sie fingen .. an, und außerdem / *ṭašra sipāh* 9 *ṭā'ifesi* die (Garde-)

Reitertruppe ⟨des Äußeren = der Provinz =⟩ draußen (: außerhalb des Palastes und Stambuls) / *söylešdikleri* 514c; 457; 458,1; Poss.-Suff.: log. Pl. nach *ṭāʾife*, vgl. 43/11 / 11 .. *bulmaq iḥtimāli* 438,4; Indef. *ḥükkām* + Voll-Inf. *g·* w.o. 46/10 / 12 *terğīḥ oluna-gelmišdir* (291,4 mit zusätzl. Bedeutg. „schon immer tun = seit eh und je tun") ist sch· i· vorgezogen worden!" / 13 *aġalar maʿrifetiyle izālesi ḫuṣūṣunu imżāya* (408) *ʿāzim oldular* gingen daran, die Angelegenheit seiner (: İ·s) Beseitigung vermittels der Aġas (= Palasttruppen) zu unterzeichnen (= beschließen) / *menāṣıb-ı* .. 14 .. 15 .. *olur mu* : Wortlaut der Anfrage an den *Müftī* / *istiftā ve* .. 313 u. / *olur deyü* mit ⟨den Worten⟩ „⟨Es ist [erlaubt] =⟩ Ja!" / *ētdiklerinden-ṣoñra* 458 u. A / 16 *ʿAbdurraḥīm* war *Müftī* und *Šeyḫü 'l-İslām* April 1647 — Juli 1649; *Ṣūfī* (in volkstüml. Ausspr. *Ṣofu*) *Meḥmed* war Großwesir August 1648 — Mai 1649. / 17 (*Qara*) *Murād Aġa* : vorher stellvertretender Janitscharengeneral, später (Mai 1649 — August 1650 und Mai — August 1655) Großwesir; *Qara čavuš* („der schwarze Tschausch") [*Muṣṭafā Aġa*] : später (Mai 1649) Janitscharengeneral, 1651 hingerichtet. / (A :) *iẕe 'ǧtemaʿa* 18 *'l-ḫalīfetāni fa-'qtulū aḥadehümā* „Wenn ⟨die⟩ zwei Kalifen (= Thronanwärter) zusammenkommen (= gleichzeitig vorhanden sind), so tötet e.en v. beiden!" / 19 28. *Reğeb* (= [im T Finanzjahr mit syrischen Monatsnamen :] 8. *Aġustos*) [1058 d. H.] = 18.8.1648 n.Chr. / .. *idi-ki* .. war [es], daß (In der Übs. ist die Periode v. Z. 17 *varıb* bis Z. 20 *ētdiler* besser umzuordnen : .. begaben s. ins Sarāy und unternahmen, da .. erteilt hatte, die Beseitigg. .. — und zwar (war dies) am ..) / 20 *vardıqlarında* 458,4 / 21 *kimesne* 149 u.; 151 / 23 *benim nān u niʿmetim* (h. *-imi*) *yiyenlerden* (251 u.; 452 u.) „⟨Von =⟩ Unter denen, die mein Brot und m·e Wohltat gegessen (= genossen) haben, / 24 *raḥm ēder* 451 / *ēdeyorlar* (vgl. 225 A) h. *ediyorlar* 223; 224 / 26 *bir ṭarafa* auf e.e Seite = abseits = weg / *bu ḥālet fitne ḥudūsu iḥtimāli* 27 *mertebesine vardıqda* als dieser Zustand den Grad der Möglichkeit des Entstehens v. Unheil erreichte = a· die Lage s. bis zur M· e.er Empörung (gegen den Großwesir) zuspitzte / *elinde ʿaṣā* (vgl. 34/25) [den = mit dem] Stab (: Zeichen seiner Strafgewalt) in seiner (= der) Hand / 29 *ḫavıfla raʿšeden* (321,6c 1) *elim ayaġım ṭutmaz* wegen (= vor) Angst und (305a *ile*) Zittern (oder auch : w· des Z·s mit A· = weil ich vor A· zittere) versagt meine (= mir) Hand [und] ⟨mein⟩ Fuß!" / 30 *yalvardıqǧa* (462,6) *vezīr* .. *girišib* (aber) je mehr (= inständiger) er flehte, desto mehr (= heftiger) schlug der Wesir .. [auf ihn] ein, und / 31 .. *ile* 32 *iċeri girdiler* (314 u.) ging er (: der Henker) mit .. hinein / *Behāʾī Efendi naql ēder* B· (Meḥmed) E· (damals Oberstlandrichter, später *Müftī*) berichtet: / *yalıñız ikisi* (vgl. 391 u.) nur ⟨ihre =⟩ diese zwei (= beiden) = bloß zu zweit / .. 33 *öñüne qatıb* trieben .. vor s. her und / *maḥbesden* (ält. „Abl. des Zieles" vor zielrichtungsbegrifflichen Adv.en und — natürlich dativischen — Subst.en) *iċeri* in das Verlies (hinein) / 34 *aṭlas anterī* 329a 2 / .. *giymiš* ... *ṭašra* 35 *čıqmıš* (Zustandsschilderg.:) .. angezogen habend, ... herausgekommen [seiend] = mit .. (angetan), ... heraushängend, / 36 *baq-a* Imp. 2. Ps. Sg. + *a* (= h. *-sana*, 245 u.) / *Yūsuf Paša baña seniñ iċin bir* ..*-dir depele dēmiš idi* Y· P· (: 1646 hingerichteter ehem. Günstling İ·s) hatte mir deinetwegen (= in Bezug auf dich) gesagt „[Er] ist e. .. — erschlage [ihn]!", (und dennoch) / 37 *meger* (mit Präd. in der *-mış*-Form, die dann auch, w. 426 u., präs. Bedeutg. haben kann, dient zur Anführg. und gewissermaßen „Enthüllung" v. bisher unbekannten, unvermuteten, übersehenen Tatsachen und

Schlußfolgerungen w. 411,4; vgl. auch 10/2) *sen beni öldüreğek imiššin* (219; 416, jedoch präs. und „wollen" bedeutend statt „sollen") nun (aber) willst du mich umbringen! / 38 *öldürürsüz* 229 A / 39 .. *čıqıb* kam .. heraus und = wurde .. h·geschafft u· / 39 *ġasil* (laut 313,2 für *ġaslin*) *ve* .. *namāzın qılıb* verrichtete seine (= an ihm die) Leichenwaschung und .. sein (= für ihn das) Totengebet, und (= worauf) [er (: İ·s Leichnam)] / 41 *Sulṭān Muṣṭafā* (I.) : İ·s Oheim, herrschte 1617—18 und 1622—23, starb 1639. / 42 *meyt-i pādišāhī üzere varıb* begaben s. zur großherrlichen Leiche und / *ʿanber ü ʿūd* waren Obj.e e.er geradezu pathologischen Leidenschaft İ·s gewesen. / *qurʿān-ı ʿaẓīmü* 43 *'š-šān* Indef. = Akk. 321,1 b u.

64 Die „Geschichte Rāšid's", des 1735 gestorbenen Hofhistoriographen *Meḥmed Rāšid,* bietet eine schätzbare Darstellung der osmanischen Reichsgeschichte von 1661 bis 1722. Sultan Meḥmed IV. erhielt ob seiner Jagdleidenschaft den Beinamen *avğı* = „der Jäger". (*Ta'rīḫ-i Rāšid,* 2. Aufl., Band I, Stambul [1153 d. H.], S. 94f.)

1 *māh-ı mezbūruñ* des (oben) genannten Monats (: *Šaʿbān* 1075 d. H.; dessen 24. = 13.3.1665 n.Chr.) / 3 *uġur-ı* (79 A u.) *hümāyūnlarına čıqan* in Dero großherrlichen Weg ⟨heraus⟩kommend = vor Seiner Majestät auftauchend / 5 *yanında* bei ihr (: der Kuh) / 6 *müsülmān-mısın* 174h / *su'āl* (für *s·den* laut 313,1) *ve* .. *iṭṭilāʿdan-ṣoñra* = *s· ve* .. *i· ētdikden ṣoñra*, vgl. 408 / 7 *gel müsülmān ol* „Komm, werde Muslim! / 8 *ʿarż-ı islām* [*buyurdular*] 313 u. / 9 *kendiye ʿarż-ı islām ēden* (Kurzgen.) .. 10 .. *olduġun* daß [derjenige], der ihm (: dem Hirten) (da) den İslam antrug, ... sei, / *mehābet-i salṭanat* ist Subj. des Präd.s (Z. 11) *bādī olub* / 11 *refʿ-i* .. (406 A) [*eyledi*] 313 u. / *vāfir sikke-i ḥasene* (336) [*ile*] 313 / 12 .. *aqča bir qapığılıq esāmesiyle* mit der Soldanweisung e.es Türhüteramtes [mit (329)] (monatlich) .. Aqča

65 Der unmittelbarste T Bericht über den Feldzug des *Qara Muṣṭafā Paša* gegen Wien 1683 (vgl. Lesestück 40) ist das „Die Ereignisse von (= um) Wien" betitelte Tagebuch des ansonsten unbekannten damaligen Zeremonienmeisters der Hohen Pforte, der die Begebenheiten — hier während der beiden ersten Tage der Belagerung — als Augenzeuge aufgezeichnet hat. (*Veqāyiʿ-i Beč,* Handschrift Or.6647 des British Museum, Blatt 129v — 131r, gekürzt.)

1 *19 Reğeb sene(ti) minhü* 19. R· (des) Jahr(es) detto (: 1094 d. H. = 14. VII. 1683) / *menzil-i Beč* Lager ⟨v. =⟩ vor Wien / *sāʿat 4* : Anzahl der Marschstunden dieses Tages, vom vorigen Lagerplatz (Schwechat) bis Wien / 2 *kendileri* (Pl. maiest.) Er (: der Großwesir) selbst = Deros· / *ḥareket* zu *buyurdular* (Z. 4) w. 313 u. / 4 *taḥrīk-i rikāb-ı ʿazīmet buyurdular* (406 A) geruhten den Steigbügel des Aufbruches zu rühren = g· (reitend) aufzubrechen / 5 .. *beğler-beğileri* laut 72, statt *beğler-beğleri* / 6 nach *ile* ist das Präd., etwa *yürüdüler* = zogen sie dahin, zu ergänzen / 7 *uṭaġ yeri maʿlūm olunğa* (h. *oluncaya kadar*) bis der (= e. geeigneter) Platz ⟨des =⟩ für das Prunkzelt (des Großwesirs) bekannt (= ausfindig gemacht) wurde / *ʿinān-rīz-i semend-i ārām oldular* (406 A) ließ Er die Zügel des Renners der Ruhe schießen = hielt er Rast / 8 *getirdiler* 148 / *biriniñ* (166) zu *boynunu* / 9 *iḥsānlar oldu* wurden Geschenke [gewährt] / 10 .. *maʿlūm u muʿayyen olduġu* (458,2; Kurzgen.) *ḫaberi* (321,2g) die Meldung, daß .. ausfindig gemacht und bestimmt sei, /

11 *tešrīf-i nüzūl buyurdular* geruhte⟨n⟩ Er die Beehrung (= Ehre) des Absteigens zu erweisen / 12 *meteris olağaq* (454 M.) .. *maḥalle* zu der Gegend (= dem Gelände), wo die Schützengräben sein (= angelegt werden) .. werden (= sollten), / 13 *nüzūl* zu *olunduqda* w. 313 u. / *bi-'z-ẕāt* 14 *kendi qoluna* (321,3a; T „wohin" = D „wo", vgl. 36/6) in ⟨seinen =⟩ seinem persönlich (= höchst-) eigenen Abschnitt (: im Zentrum) / 16 *eyāleti* (Kurzgen.) *ʿaskeriyle* mit den Truppen seiner Provinz / 17 [*yiğirmi* (gewiß nur versehentl. ausgefallen, vgl. Z. 18)] *oda neferātıyle* mit den Mannschaften v. [zwanzig] Kompanien / .. 18 .. *meteris almaq üzere* (vgl. 438,8a M. „um zu"; = „damit/daß" + „sollen") 19 *tenbīh ü taʿyīn buyurub* geruhte [Er (: der Großwesir)] zu befehlen und zu bestimmen, daß .... Schützengräben nehmen (= beziehen) sollen, und / *sākin olağaq* .. 454 M. / 22 *ğeng* = *ğenge* laut 313,1 / 23 *ḥālli ḥāllerine göre* vgl. 511,2 u. Idiomatismen / .. *tābya* (Indef. = akk. Präd.snomen) 24 *ētmeğe bašladılar* begannen, .. [zu] Bollwerk[en] zu machen (= s. als Schanzen zu nehmen) / *bir luṭf-ı Ḥaqq olmušdur ki* (h. *ki onun* 385) *šükrü* e.e Gunst Gottes ist [es] ⟨geworden⟩, deren Danksagung (= für welche [Ihm gebührend] zu danken) / 25 .. *olmasa* (vgl. *gitmese* 56/22; läßt s. jedoch auch laut 313,4 als Kürzg. v. *o· idi* und damit regelgerechter Irrealis-Vordersatz auffassen, 502) ... *girilir idi* (502 präs.) sollte .. nicht sein (= wäre .. n· [da]), würde (= müßte) man ... hineingehen (= einsteigen) / 26 *yapamazdı* 299,2; 502 / *gelirler* 27 *idi* 426 o. / *bu gūne* (nicht *güne*) / *varoš*[*da*] 313,1 / ...-*da* .. 28 *ve tābya olmuš değildir* nicht (= noch nie) sind .. und Schanze[n] in ... geworden (= gewesen = angelegt worden) / *qalʿeniñ* .. *varošu bir šehir qadar vardır* (403) die Festung hat .. e.e Vorstadt, (die selbst so groß ist) w. e.e (richtige) Stadt / 29 ..-*ı feraḥ-efzā* [*idi*] 313,4 / *derūn u bīrūnunu* ihr (: der Häuser) Inneres und Äußeres (Akk.) = sie (Akk.) außen u· innen / 30 *oturağaq* .. 454 M. / *böyle iken* (478,4) obwohl [es] so war = trotzdem / 31 *ʿaskere* 321,3d / 32 *islām yā* „(Wir fordern v. euch: entweder Bekehrg. zum) Islam, oder / 33 *bilmiš olasız* (243 A; vgl. *b· oluñuz* 3/1) [es = das] sollt ihr wissen = nehmt das zur Kenntnis!" / *deli* 34 *baši ağaya* (329) dem Herrn Obersten der Gardereiter (des Großwesirs) / *ēlčilik ṭarīqi üzere* auf dem Wege (= nach den Regeln) der Gesandtschaft = als Parlamentär / *ačıqdan* 321,6b / 36 *lisān bilir* (451 M.) sprachkundig (= türkischsprechend) / 37 *meger* .. vgl. 63/37 / 38 *ise* 504,3a / ... *gelmezden* (445 u.) .. (321,1d) *muqaddem* (w. 32/51) .. bevor ... kam, / 39 .. *eylemiš* 411,4 / *ičinde* drinnen (: in der Festg. Wien) / *bir ğevāb vēreğek* 40 *söz* (454 M.) e. Wort zum Antwortgeben = etwas (dazu) zu sagen / *bulamadıqlarından* 299,2; 458,4 kausal w. *olduğundan* 41/1 / *bizim* (324) .. *ādemimiz öldü* unsere .. Leute sind gestorben = uns s· .. L· g· / *elemimiz vardır* (402) wir haben (große) Sorge(n) / *bunuñ* .. 41 *ğevābı yoqdur* dessen Antwort gibt es .. nicht = darauf (: auf das T Aufforderungsschreiben) g· es .. keine A·!" / *göndermeleriyle* 447, kausal w. *dēmesiyle* 24/5 / *git šimdi seni (v)ururlar* „Geh (fort), [sonst] erschießen sie dich gleich!" / 44 *qollara* den (drei Belagerungs-)Abschnitten (oder: *qullara* den Knechten = den Kriegern) / .... *fermān buyurmağla* (438,9 A u.) da [er (: der Großwesir)] .. zu befehlen geruhte „..!", = (bei Umwandlg. in Hauptsatz und parataktischer Verbindg. mit dem Folg.:) g· er .. zu b· „..!", und (daraufhin = somit = so .. denn) / 45 *baš-deliniñ* zu *atını* / 46 *eylediler* Subj.: sie (: die Wiener) / .. *atılmaq* 47 *üzere idi* (vgl. 438,8a M.; Inf. + *üzere* + *olmaq* = „im Begriffe/daran/bereit/vorgesehen sein zu ..")

waren bereit, .. abgefeuert zu werden = sollten .. a· w· / *ibtidā ṣıčan yolu qazılan* (statt Verbalnomen *qazıldıġı* w. *boġan* 52/12) *yerden* v. der Gegend, wo zuerst Laufgräben gegraben worden waren = v. dort, wo die L· begannen, / *ḫandaq-ı qalʿe bašına varınğa* (h. *varıncaya kadar* 466 u.) bis zum Ende (= [äußeren] Rand) des Festungsgrabens / *bir oq atımı* 48 *ki* ..-*dir taḫmīnen bu-qadar anğaq var idi* e. Pfeilschuß, was .. ist — ungefähr soviel (Strecke) bloß war vorhanden = war es nicht weiter als etwa e.en P·, also .. / .. *ibtidā olunağaq* (454 M.) *maḥallde* dort, wo .. ⟨begonnen werden =⟩ beginnen können (= sollen) / 53 .. *išledilmede* im ..-Bearbeitetwerden = beim Vorantreiben der .. / 54 *süvār-ı* .. *olub* 406 A / .. 56 *aḍaya neẓāre-fiken-i ʿibret iken* während er nach der .. Insel ⟨Ausblick-werfend der Betrachtung =⟩ betrachtende (= aufmerksam) Ausschau haltend war (= hielt) / 57 .. *gördükleri gibi* 465 u. / 58 .. *kefere* 59 *ṭāʾifesiniñ taḫlīṣ-i girībān-ı ğān* (406 A u.) *ēdenleri* diejenigen des .. Giaurenvolkes, die den Kragen des Lebens gerettet hatten, = jene .. Giauren (auf dem freien Lande), die (vor den anrückenden Türken) ihr Leben (eben noch) hatten retten können, / *andan* v. dort aus / 60 *girerler imiš* 231; 426 u. / 61 *ehemm*[*dir*] 313,4 / *köprüleri* (Kurzgen.) *żabṭ u* .. *olunması* (447a) daß ⟨seine Brücken =⟩ die B· dort (vgl. *ṣuları* 50/3) eingenommen und .. werden (sollen) / 62 *Iflaq ve Boġdan* die (Hilfstruppen aus der) Walachei und Moldau / 64 .. *ičinden* (321,6b) durch das Innere der .. = mitten durch die .. / *gešt ü güẕer* [*buyurdu*] 313 u.

66 Der 1724 gestorbene *Fındıqlılı Meḥmed Aġa* (= M· A· aus [dem Stambuler Vorort] Fındıqlı), ehemaliger *siliḥdār* (Waffenträger) Sultan Aḥmeds III., schrieb in vorwiegend volkstümlichem Stil eine von 1654—1721 reichende, allgemein als „Geschichte des Waffenträgers" bekannte osmanische Reichsgeschichte. Der hier wiedergegebene Abschnitt (*Siliḥdār Taʾrīḫi*, İstanbul 1928, Band II, S. 165f.) schildert eine Episode in der im Jahre 1684 (14.7.—30.10.) von den Kaiserlichen erfolglos belagerten, vom Wesir *Šeyṭān* („Teufel", später jedoch *Melek* = „Engel") *İbrāhīm Paša* geschickt verteidigten Festung Ofen (Buda). Die gegenständliche Gesandtschaft dürfte kurz vor dem 4.10. erfolgt sein.

1 *damadı* — *serdārı* — *biri* — (2) *ḥākimi* .. 329 / *Dibavara* (I : di Baviera) ⟨v.⟩ Bayern / 2 *barfiriš*[*t*] (: bayr.-mundartl. „Boarfürscht") *Maqšimilyan* (also magyarisierende Aussprache, vgl. 57/30) der Bayernfürst Maximilian (II. Emanuel, 1662—1726) / 4 *serdār-ı* 5 *küffār* : Herzog Karl v. Lothringen, dessen Belagerungsheer noch keinen entscheidenden Erfolg erzielt hatte. / *varıb* Subj.: [er (: der Parlamentär)] / 6 *alıñ* (244) *ičeri* „Nehmt (= holt) [ihn] herein: / 7 *buyurmaġın* 438,9 A / *ol maḥall* .. *idi* jener Zeitpunkt war .. = es w· gerade .. / 8 .. *ēdib* Subj.: [man] / *melʿūn* der Schurke (: der christl. Parlamentär) / 9 *mümkin*[*dir*] 401 / *dēyiğek* 280 A / 10 .. *olursaq da* 492; 504,4 u. / *vefā ēdib* involviert Verneing. des Zweit-Verbums nicht, 488 A / 12 *čekilmez* Pass. zur Umschreibg. der 1. Ps. (Pl.), vgl. *varılıb* 39/23 und *olunur* 60/33 / *meger* vgl. 63/37 und 65/37 / *Fāżıl* („der Tugendreiche") *Aḥmed Paša* : Großwesir 1661—76 / .. *qullarından* [war e.⟨er⟩] ⟨v. den⟩ Diener⟨n⟩ des ../ *ḫidmetinde* in seinem (= dessen) Dienst / 14 *bilir* 424,3 / 16 *gönder* schicke [ihn herein]! / *alı-qoyam-da* (243 A o.) .. 17 .. *deyü* .. 18 *söyleyesiñ* (243 A o.) ich soll [ihn] zurückbehalten, ⟨und =⟩ damit du .. sagen sollst (= kannst): .... / *gerek* .. *ve gerek* 504,10 / 22 *sen-kim* ..-*sıñ* (Beginn des Aufforderungsschrei-

bens mit der Anrede:) „Du, der du .. bist! / 23 *efendiñe ḫidmet ise anğaq* (in ält. äquativischer Grundbedeutg. „wie dieses = so") *olur* ⟨wenn (vgl. 504,3; = was)⟩ Dienst für deinen Herrn ⟨ist, wird =⟩ ist so (viel und nicht mehr) = (etwa:) du hast im Dienste für deinen Herrn das Höchstmögliche geleistet! / (Die folg. Periode ist höchst salopp konstruiert :) *iḫtiyār ve* ... 24 *ve nāmlı ve sen gibi* (w. 305a 1 u.; korrekt jedoch *seniñ g·*) *bir qulu daḫi devlete bu deñlü ḫidmet* (das bloße phraseol. Hauptwort [vgl. 408] salopp als Inf. statt *ḫ· ētmek*, was zusammen mit dem Indef. *qulu* „sein Knecht" den „Indef. + Voll-Inf." w.o. 46/10, 63/11 bildet) *sibqat ētmemišdir* (etwa:) (daß) noch ein (anderer so) betagter und ... berühmter und ⟨wie du =⟩ dir gleicher Diener (= Kriegsmann) von ihm (: deines Herrn) dem Reiche so großen Dienst [erwies,] ist (noch) nicht vorgekommen = (etwa:) noch keiner unter seinen Dienern, der so betagt und ... berühmt war wie du, hat jemals dem R· so große D·e erwiesen / *yüz gün* 25 *oluyor* (=h. *-dür* 504,1 M.) hundert Tage werden [es] (= ist es jetzt her), [daß] = seit nunmehr h· T·n / *bir alay* (Mengenangabe w. 35/21) *meğbūr ṭā'ifeyi yetišir* („es genügt" : als Einschubsatz aufzufassen w. die Kopula 504,1 M.) *qırdırdıñ* hast du e.en Haufen (zum Kriegsdienst) gepreßtes Volk ⟨— es genügt — =⟩ zur Genüge (v. unseren Belagerungstruppen) hinmetzeln lassen / 26 *sizler* (93) *ki ...-sız* (174k A) : neue Anrede, w. Z. 22 / 29 .. *görüyorsuz* (174k A) .., ihr seht [es] = i· s· (ja), daß .. / *ğān* .. *ve emvāl ü erzāqınız gerek* 30 *ise* wenn ⟨euer =⟩ euch Leben .. und Güter und Lebensmittel (= Hab und Gut) notwendig sind = w· ihr L· .. u· H· u· G· haben (= behalten = retten) wollt / .. *teslīm ēdib dīnimiziñ ḥükmü ve* .. *časarımızıñ luṭf*⟨*-i* (Verwechslg., 306 u.) =⟩ [*ü*] *keremleri* 31 *üzere ğürmüñüz* (ält. Akk. = h. *-ünüzü* 62) *ʿafv eyleyib* .... *tedārük olunmušdur* nachdem [ihr] .. übergeben habt, verzeihen [wir] gemäß dem Gebote unseres Glaubens und (gemäß) der Güte und Großmut unseres ... Kaisers [euch] euere Schuld (: den gegen uns geleisteten Widerstand), und .... ⟨ist =⟩ sind bereitgestellt worden. (Die mit *ğān* Z. 29 beginnende Periode läßt s. etwa übersetzen : Wenn ihr .. retten wollt, so übergebt .., und wir verzeihen euch ..! Sowohl Wagen .. stehen schon bereit, ([auf denen] wir [euch]) .. / 32 *ēdelim* 431 / .. 33 *aldığımızda* (458,4) sobald (= wenn) wir [sie (: die Festg.)] .. einnehmen / *ṣağīr ü kebīriñizi* (zur Bedeutg. des Poss.-Suff.s vgl. 115 und 118) Groß und Klein v. euch = e·, G· u· K·, / 34 *ēlči beğ* „Herr Gesandter! (iron.-höfl. Anrede) / *Süleymān* der Prächtige, regierte 1520—66, eroberte Ofen 1526 / 35 *pašalara sipāriš ētmemiš* (411,5) hat er [sie] nicht den Paschas (= keinem Pascha) anvertraut, [sondern] (Ofen wurde erst 1541 Reichsprovinz) / *ište* .. hier sind ..! / 36 *vērirler ise kendiler bilir* (314 u.) wenn sie [sie (: die Festg.)] übergeben, wissen (= verantworten) sie [das] selber!" / 37 *qullarım Allāh emāneti olsun* (zitierte Ansprache des Sultans:) ⟨Meine Knechte! [Sie] soll e. Gottes-Verwahrnis sein = (etwa:)⟩ Meine Soldaten! Vor Allah vertraue ich sie euch zu treuen Händen an / 38 .. *yoḫsa düšmene vēriñ buyurmadı* .. [geruhte er zu sagen;] etwa zu sagen ⟨Übergebt [sie] dem Feinde!⟩ geruhte er nicht = befahl er ⟨..!⟩, aber nicht etwa ⟨Ü· s· d. F·!⟩ / 39 *neden* (114 u.) *iqtiżā ēder* 40 *qalʿe* (321,1b u.) *vērmek* (430 u.) 315 / *ki siz qalʿeye mālik olasız* (243 A) daß ihr die Festung gewinnen sollt = ehe ihr d· F· g· könnt / *yüz güne qarībdir* (504,1 M.) es ist nahe an hundert Tage her = seit fast h· T·n / 41 .. *yoqdur* 402 / 42 .. *Siyāvuš Paša imdād qoduğu* ... *ʿaskeri bizlere* .. 43 .. *yüz gün-de* (32) *biz ğeng ēdelim dēdiklerin* (65 A; 458,3) *söylediler* (Die bis *bizlere* Z. 41 konsequent gebliebene dir. Rede springt am Ende, statt logisch mit *dēdiler* = „.. haben sie gesagt“ zu schließen, mit dem Verbalnomen *dēdiklerin* = „daß sie .. gesagt hätten“ in indir. Rede um; diese auch bei anderen T Autoren sehr häufige anakoluth. Konstruktion läßt s. in der Übs. nicht beibehalten, für die man wohl am besten in der dir. Rede bleibt:) die ...-Truppen, welche .. (am 25. 9. der v. der osm. Hauptarmee zum Entsatz Ofens abkommandierte) S· P· [als] Verstärkung gebracht hat, haben uns gesagt: «....! Wir wollen auch hundert Tage (lang) kämpfen (= die nächsten h· T· k· jetzt einmal wir)!»“, sagten (= erzählten) sie (: die Janitscharenoffiziere) / 44 *herseğime* meinem (= dem Herrn) Kurfürsten / 45 *beš yıllıq* 511,1d / *mühimmāt*⟨-*ı* =⟩ [*u*] Verwechslg., 306 u. / 46 *ẕaḫīremiz qalmadığı ḥīnde* (= h. *takdirde* 462,2) wenn unsere Verpflegung nicht übrigbleibt = wenn wir keine V· mehr haben / *ġāzīlerimiz* ist Subj. zu .. *ğevābın* (321,2g) *ēderler* Z. 48: [so] antworten unsere wackeren Krieger: «[Dann]../ .. *čıqarıb yeriz* «[Dann] holen wir (eben) .. (aus der Kampfzone) heraus und essen [sie]!» / *ğebe-ḫānemiz* 47 *tükendikde ṭašradan gelmek* (mit *ğ*· im „Indef. + Inf.“ w. 56/37–38) *mümkin olmaz ise* falls es nicht möglich ist, daß unsere Munition, wenn sie zu Ende geht (= ist), v. draußen kommt = wenn uns die M· ausgeht und v. d· keine (neue) hereinkommen kann / 48 *size qalʿe yoq* gibt es für euch die Festung nicht = könnt ihr d· F· n· haben / .. 49 .. *ğevābıyle* (321,2g) *qapıdan* (321,6b) *ṭašra eylediler* (Pl. maiest.) Subj. hierzu ist *İbrāhīm Paša daḫi* (Z. 44f.): ⟨und =⟩ da geruhte İ· P·, [ihn (: den Parlamentär)] mit der Antwort „....“ zur Tür hinauszuweisen.

67 Über den Autor und sein Werk vgl. Lesestück 64. Die hier beschriebenen Begebenheiten ereigneten sich im strengen Winter 1697/98. (*Taʾrīḫ-i Rāšid*, 1. Aufl., Band I, Stambul 1153 d. H., Blatt 237r.)

1 *ḫalīğ-i Kāġıd-ḫāne* Meeresbucht v. K· (: Nordende des Goldenen Horns) / 2 *ʿarżı* .. *ve* 3 *ṭūlu aña göre* (*olan* 455 M.) *bir semek-i* ... e. ...-Fisch, dessen Breite .. und dessen Länge dem entsprechend war = e. ...-F· v. .. B· u· e·er L· / 4 .. *üzere bāqī* ⟨auf =⟩ in .. bestehend(e) / 5 *yalıñız ğiğeri* (Kurzgen.) (schon) seine (: des Riesenfisches) Leber allein / .. *olmadığı* 458,2 o., jedoch mit Kurzgen. / 6 *oldular* Pl. wegen des Vielzahlbegriffes *her kes*.

VI

Erläuterungen zur Prosodie und Metrik der osmanisch-türkischen Kunstdichtung

Im Gegensatz zum primitiven, bloß die Silbenzahl berücksichtigenden Bau volkstümlicher T Verse (*parmaq ḥesābı*, vgl. die Vorbemerkungen zu I b) folgt die kunstmäßige osmanische Dichtung ihrer Lehrmeisterin, der P Poetik, auch in der ausschließlichen Verwendung der v. dieser weiterentwickelten A quantitierenden Metrik (*ʿarūż*), deren Versrhythmen s. aus der geregelten Abfolge v. kurzen und langen Silben aufbauen.

Zur Analyse e.es Verses sind zunächst dessen sämtliche Silben in fortlaufender Verbindung auch der einzelnen Wörter zusammenhängend zu lesen, wobei also — wenigstens in der Regel, v. der die „Pause“ (s. u.) Ausnahmen bildet — der Endkonsonant e.er

Silbe zur nächsten hinüberzuziehen ist, falls diese mit e.em Vokal beginnt (vokalisch anlautet). Der Doppelvers in 59/3—4 *raqībiñ ölmesine čāre yoqdur / vezīr ola meğer Sulṭān Selīme* ist demnach so zu lesen: *ra-qī-bi-ñöl-me-si-ne-čā-re-yoq-dur / ve-zī-ro-la--me-ğer-sul-ṭān-se-lī-me.* Damit ist neben der Silbenzahl die für die Metrik grundlegende erste Unterscheidung zwischen offenen (auf Vokal auslautenden, w. *rā-qī-bi* und *me-si--ne-čā-re*) und geschlossenen (auf Konsonanten auslautenden, w. *ñöl* und *yoq-dur* und *ğer-sul-ṭān*) Silben festgestellt. Die zweite Grundlage der metrischen Silbenmessung ist die Vokalqualität: In A/P Silben sind die (gewöhnlich) durch *Elif, Ye, Vav* dargestellten und in unserer Transkription mit Längenstrich gekennzeichneten Vokale *ā, ī, ō, ū* lang, die übrigen (in der A Schrift nur in besonders sorgfältigen Handschriften und Drucken durch Lesehilfszeichen über den vokaltragenden Konsonanten, in unserer Chrestomathie jedoch nur im Transkriptionsteil dargestellten) Vokale ohne Längenstrich *a, e, ı, i, o, ö, u, ü* kurz; alle T Vokale (die an s. halblang sind, natürlich auch das in unserer Transkription mit *ē* dargestellte geschlossene *e*) werden in der Metrik je nach Bedarf als lang oder als kurz gewertet: sie sind zwitterwertig (L : anceps).

Zwei Konsonanten am Silbenschluß duldet die P/T Metrik nicht : Falls der zweite Konsonant nicht zur folgenden Silbe hinübergezogen werden kann (weil diese selbst konsonantisch anlautet oder weil bereits der Versschluß erreicht ist), so wird v. A Doppelkonsonanten der zweite Konsonant überhaupt unterdrückt (also „am Orte" *maḥallde* > *mahal⟨l⟩de*) und ansonsten mittels e.es Sproßvokales *ı* oder *i* e.e zweite (immer kurze) Silbe entwickelt, die bloß als Aussprachehilfe dient und in der A Schrift nicht bezeichnet erscheint; dieser Vorgang der Entwicklung e.er Zusatzsilbe wird auch dort angewandt, wo e.e langvokalige Silbe durch e.en Konsonanten (außer *n*) geschlossen werden müßte: A *zülf*, P *taḫt*, A *ḥāl*, P *sīm* werden also im Vers unter den angegebenen Bedingungen > *zül-f[i]*, *taḫ-t[ı]*, *ḥā-l[i]*, *sī-m[i]*. Übrigens haben viele P Wörter diesen prosodischen Sproßvokal als festen Bestandteil ihrer T Ausspracheform und daher auch ihrer modern-T Schreibung : P *pādšāh, yādgār* > *pādišāh, yādigār* usw.

Silben, die in der Zaesur (d. h. unmittelbar vor dem mit / bezeichneten regelmäßigen Einschnitt e.es Versmaßes) stehen oder durch starke Betonung innerhalb des Verses hervorgehoben werden (z.B. als Binnenreimträger) und daher durch Stimmabsatz e.e kurze Unterbrechung des Flusses des Versmaßes bewirken, gelten als „in Pause stehend" und können (müssen aber nicht) Ausnahmen von den oben gegebenen Regeln bilden : Sie müssen nicht ihren Endkonsonanten an die vokalisch anlautende Folgesilbe abgeben — z.B. *-ten* in *ḫıfyeten* 86/7 (Zaesur) und *Ğem, -rem* und *dem* 70/13—14 (Stimmabsatz durch Betong. als Reimträger) — und können andererseits mit reduzierter Quantität gewertet werden, indem an s. lange Silben als kurz gelten dürfen und die nach der Silbenschlußregel an s. notwendige Entwicklung e.er Zusatzsilbe mit Sproßvokal unterbleiben kann — letzterer Fall z.B. *-mām* in *temām* 70/15, *čār-* in *čār-pāreli* 71/1 und *-lāh* in *ḥamdü li'llāh* 72/4 (jeweils Zaesur) sowie *-dār* in *medār* 72/1 (Stimmabs., etwa e.em Ausrufungszeichen entsprechend). — Als Zaesur und damit „Pause" gilt selbstverständlich auch das Versende.

Unter Berücksichtigung einiger weiterer Fälle, in denen e.e Silbe als zwitterwertig gilt, ergeben sich für die P/T Metrik folgende Silbenquantitäten:

1. Lange Silben (—)

α) Einfach geschlossene kurzvokalige A/P Silben;
β) Einfach geschlossene T Silben;
γ) Durch *n* geschlossene langvokalige A/P Silben;

δ) Offene langvokalige A/P Silben;

ε) Als lang gerechnete (an s. zwitterwertige) offene T Silben;

ζ) Durch Vereinfachung e.es schließenden A Doppelkonsonanten reduzierte kurzvokalische A Silben;

η) Durch stummes *He* geschlossene, -a/-e/-i gesprochene kurzvokalige A/P/T Silben (anceps);

ϑ) P İżāfet-*i*/-*ı* und P *u*/*ü* („und") (beide anceps);

ι) An s. überlange, jedoch durch ihre Stellung in Pause als reduziert geltende einfach geschlossene langvokalige oder zweifach geschlossene kurzvokalige A/P Silben;

2. Kurze Silben (◡)

κ) Offene kurzvokalige A/P Silben;

λ) Als kurz gerechnete (an s. zwitterwertige) offene T Silben;

μ) Durch stummes *He* geschlossene, *-a*/*-e*/*-i* gesprochene kurzvokalige A/P/T Silben (anceps);

ν) P İżāfet-*i*/-*ı* und P *u*/*ü* („und") (beide anceps);

ξ) Auf *-ā*/*-ī*/*-ū* auslautende A/P Silben am Wortende (anceps);

o) Zur Auflösung e.es zweifachen Konsonantenschlusses durch Sproßvokal *-i*/*-ı* entwickelte Zusatzsilben.

Den in der osman. Dichtung verwendeten *ʿarūż*-Versmaßen, die also e.e bestimmte Folge v. kurzen und langen Silben erfordern, ist gemeinsam, daß jeweils zwei gleich gebaute Verse (*mıṣraʿ*), deren jeder das betreffende Versmaß durchläuft, zu e.em Doppelvers (*beyt*) gekoppelt werden, und daß in jedem *mıṣraʿ* der letzte Silbenwert anceps ist, also am Versende e.e kurze oder e.e lange Silbe stehen darf.

Das *mıṣraʿ* 62/12 zeigt die Grundform des Versmaßes *hezeğ* : viermal ◡———, wobei, wie erwähnt, das Versende anceps ist : ◡. Hinüberziehung e.es Endkonsonanten zur folgenden, vokalisch anlautenden Silbe zeigen wir durch den Verbindungsbogen ‿ an:

yol‿oldu Üsküdara biñ‿otuzda Aq Deñiz ḍoñdu

◡ — — — / ◡ — — — / ◡ — — — / ◡ — — ◡̄

λ β ε β / λ ε ε ε / λ β ε β / λ β β ε̄

Das *beyt* 59/3—4 enthält in jedem *mıṣraʿ* e.e überaus häufige Variante des *hezeğ*, nämlich ◡——— / ◡——— / ◡—◡̲, also *raqībiñ‿ölmesine čāre yoqdur // vezīr‿ola meğer Sulṭān Selīme* = κ δ ε β / λ ε ε δ̄ / μ β β // κ δ ε ε / κ α α γ / κ δ ε.

Nähere Angaben über die in dieser Chrestomathie vorkommenden Versmaße sind jeweils in den Vorbemerkungen zu den entsprechenden Lesestücken enthalten.

Hinsichtlich des Reimes gilt für T Silben das in den Erläuterungen zu **I b** Gesagte, während in A/P Silben lange Vokale einander streng entsprechen müssen (also *-ā-* nur auf *-ā-*, *-ī-* nur auf *-ī-*, *-ū-* nur auf *-ū-* reimen kann), bei kurzen Vokalen jedoch *-a-* auf *-e-* und *-i-* auf *-ı-* reimen können. Erstreckt s. der Reim über mehr als eine A/P Silbe, müssen die Konsonanten der *redīf*-Silben nur in ihrer Zahl und Stellung zu den Vokalen einander entsprechen, nicht jedoch miteinander identisch sein. Auf A/P Vokale reimende T Vokale gelten natürlich als den ersteren in der Quantität gleich. Es reimen also z.B. 68/1 (——) *bāriq* : *ḫāliq*; 68/3 (◡◡—) *-deleri* : *żararı*; 68/5 (◡◡—) *-ḫar ile* : *-ter ile*; 68/8 (—) *-dā* (A) : *-ma* (T).

Die Wortstellung ist im Vers natürlich weitaus freier als in der Prosa.

68 Die *Melḥame* (‚Leitfaden') des 1654 gestorbenen Stambulers *İbrāhīm Čelebi* mit dem Dichternamen *Ǧevrī* ist ein Lehrgedicht (*mesnevī*) über die Vorbedeutung meteorologischer Phänomene je nach ihrem Auftreten in einem der zwölf Monate des Sonnenjahres. (Handschrift 353 der ehemaligen Orientalischen Akademie in Wien, Blatt 24r.)

Versmaß *ḫafīf* : — ∪ — / — ∪ — / ∪ — — ∪̲ . Die Länge der ersten Silbe darf durch e.e Kürze (so in *mıṣra'* **6a**), die Länge der vorletzten Silbe durch zwei Kürzen (in **3a/b, 4b, 5a/b, 6a/b, 12b, 13a/b**) ersetzt werden, so daß diese Möglichkeiten das Schema ∪̲ ∪ — / — ∪ — / ∪ — ∪̲∪̲ ∪̲ ergeben. Wie immer im *mesnevī* reimen die beiden *mıṣra'* in jedem *beyt* : a/a, b/b, c/c usw. Die ersten drei *beyt* skandieren wie folgt: **1** *barq‿olursa bu ay[ı]da bāriq* : α λ β ε λ ε ο ε δ α ; *böyledir sırr-ı ḥikmet-i ḫālıq* : β λ β α ν α ϰ ϑ δ α; **2** *ṭutalar bir šeh-i ǧihān-bānı* : ε λ β β ϰ ϑ ϰ γ δ ε; *ēdeler nā-gehān šehīd‿anı* : ε λ β δ ϰ γ ϰ δ ε ε; **3** *kendiniñ ḫāṣ⟨ṣ⟩‿u 'ām⟨m⟩[ı] bendeleri* : β λ β δ ν δ ο α μ λ ε; *ēdeler māl‿u ǧānına żararı* : ε λ β δ ν δ λ ε ϰ ϰ ε.

1 *olursa .. bāriq* freie Wortstellg., in Prosa : .. *b· o·* / *böyledir* .. (dann) ist .. so = (so) lautet .. folgendermaßen: / **2** *ṭutalar* .. (und alle weiteren Opt.e fut. :) man wird .. gefangen nehmen / **3** *ēdeler* .. *żararı* (321,4a poetisch statt sonst 321,1b) man wird .. ⟨den⟩ Schaden zufügen / **4** *bir arada* an e.em Ort = beisammen = erhalten / *taḫt-ile* häufige ält. Schreibg. v. *ile*, h. *tahtla* oder getrennt *taht ile* / **5** *Ebü 'l-Fażl[i]* (ϰ α [< ξ] α ο) aus Tiflis übersetzte das kabbalistische hebräische Buch Daniel ins P / *ya'nī qavl-ı laṭīf-i ḫošter* (79, mehrgliedrig w. **39/7**) *ile* α ξ α ϑ ϰ δ ν α ϰ λ ε / *ḫıfyeten* α ϰ α (*-ten* in Pause) / **8** *čār[ı]-pā* δ ο δ / *ēdeler* (ε λ β) Pl. wegen des Koll.-Begriffes *lešker-i a'dā* (α ϰ ϑ α δ) / **9** *ġayrī mülk‿ehli* (α ξ α α λ) anderes Reichs-Volk = das V· e.es anderen R· / **10** *ola ġallāt-ı bī-šümār* (ε λ α δ ν δ ϰ δ) entstehen (= gedeihen) werden zahllose Feldfrüchte = es wird Getreide in Fülle geben / *isteseñ sūd[ı] Mıṣra var* wenn du Gewinn willst (= auf Profit sinnst), (so) gehe nach Ägypten (wo du durch Spekulation mit Getreidepreisen die Konjunktur der zu erwartenden Rekordernte nützen kannst) / **12** *nev-żuhūr[ı]* α ϰ δ ο / *šürūr-ı fiten* ϰ δ ν ϰ α / **13** *anıñ üstüne* über jenes (: das Land Türkistan).

69 Der Stambuler *Maḥmūd 'Abdülbāqī* mit dem Dichternamen *Bāqī* (1526—1600), Rechtsgelehrter und Hofpoet der Sultane Süleymān I., Selīm II., Murād III. und Meḥmed III., gilt als der größte T Lyriker und Meister des klassischen osman. Stiles, mit echter Gefühlstiefe und überzeugender Ausdrucksstärke. (R. Dvořak, Bākī's Dīwān, Leiden 1911, S. 78f.)

Versmaß *müżāri'* : — — ∪ / — ∪ — ∪ / ∪ — — ∪ / — ∪ ∪̲ . Lyrische Gedichtform *ġazel* (etwa : Liedchen), aus 4 bis 15 (hier aus 7) *beyt* bestehend, in deren erstem (genannt *maṭla'* = Aufgang) beide *mıṣra'* den dann jeweils im zweiten *mıṣra'* aller folgenden *beyt* wiederholten Reim (hier : *-ār[ı]dır*) angeben : a/a, b/a, c/a, d/a usw.

1 *sāqī zamān-ı 'ayš-ı mey-i ḫoš-güvār[ı]dır* (δ δ ϰ δ ν α ν ϰ ϑ α ϰ δ ο β) Mundschenk, die Zeit des Genusses des süßen Weines ist [da]! / **2** *būy-ı nesīm‿ü reng-i gül‿ü revnaq-ı bahār* δ ϑ ϰ δ ν α ν ϰ ϑ α ϰ ϑ ϰ ι / **3** *kim bāġ-ı 'ālemiñ gül devri gibi devleti* da [solche] ⟨Reichtum =⟩ Pracht des Weltengartens w. die Rosenzeit / *nā-pāy[ı]dār[ı]dır* δ δ ο δ ο β / **4** *zarq‿u* α ϑ / **5** *bu dem küng-i ġam⟨m⟩da kim* (λ α α ν ζ λ β) im Sorgenwinkel zu dieser Zeit, da / *menzil ..‿u leb-i ǧūy[ı]bār[ı]dır* (α α .. ν ϰ ϑ δ ο δ ο β) der [einzig rechte] Aufenthaltsort .. und des Baches Rain ist / **6** *'ıšq ι* / *bir kenāra* an e. (sicheres, tröstendes) Gestade / .. *rūzigār[ı]dır* .., ist [er (: der Hauch der Liebe) doch] e. (mächtiger) Wind! / 7 *Bāqī* (Selbstanrede des Autors, traditionell im letzten *beyt* jedes lyrischen Gedichtes) *nihāl͜-i maʿrifetiñ* (Poss.-Suff. 2. Ps. Sg.; Kurzgen.) *meyve-i teri* B·, die frische Frucht ⟨deines Kunstbäumchens =⟩ vom Bäumchen deiner Kunst / *bir ġazel͜-i āb[ı]dār[ı]dır* β κ κ ϑ δ ο δ ο β.

70 *ʿÖmer* (genannt *Nefʿī*) aus Erzerum war der glänzendste Panegyriker der klassichen osman. Dichtung, seinem Vorbild *Bāqī* an sprachlicher Brillanz, Phantasie und Klangfülle noch überlegen. Seine giftig-unflätige Satirendichtung, von der er trotz strengem Verbote seines Gönners Sultan Murād IV. nicht ließ, brachte ihm das Verderben: 1635 erwirkten die einflußreichen Opfer seines zügellosen Lästermundes die Hinrichtung *Nefʿī*'s. — Hier ist die erste Hälfte seiner berühmten, zum Preis Murād's IV. — angeblich aus dem Stegreif — gedichteten *Qaṣīde-i Bahārīye* („Frühlingsode") wiedergegeben. (E.J.W. Gibb, A History of Ottoman Poetry, Vol. VI, London 1909, S. 193 ff.)

Versmaß *reǧez*: — — ◡ — / — — ◡ —. Lyrisch-panegyrische Gedichtform *qaṣīde* („Zweckgedicht" = Preislied), aus 30 bis 99 (hier wegen ihrer Länge jeweils auf zwei Zeilen zu je e.em *mıṣraʿ* aufgeteilten) *beyt* bestehend; deren *mıṣraʿ* sind wieder unterteilt, so daß hier jedes *beyt* aus vier Halb-*mıṣraʿ* besteht, die neben dem Hauptreim (a) *-em/-am* untereinander wie folgt reimen: x/a/y/a // b/b/b/a // c/c/c/a // d/d/d/a // usw. — Teile der *qaṣīde*: Z. 1—32 Einleitg. (A *nesīb* = „Anknüpfer"), behandelt den Anlaß der Dichtg. (hier Frühlingsbeginn und Weinfreuden); 33—34 Überleitg. (P *gürīzgāh* = „Ausschlupf"); 35 ff. Hauptteil (A *medḥīye* = „Verherrlichg." des Adressaten, hier bereits teilweise weggelassen, w. auch die restlichen Teile:) Eigenlob (A *faḫrīye*) des Dichters und Segenswunsch (A *duʿā*) für den Adressaten. — Im Reim *-āmıdır* (Z. 5—6) ist *-ā-* die *qāfīye* (vgl. die Vorbem. zu **Ib**) und *-mıdır* zweisilbiges *redīf* (ähnl. auch in 7—8, 11—12, 13—14 u.a.); dreisilbiges *redīf* in 29—30 *-ey ṣun bize*.

1 *ṣubḥ[ı]-dem* α ο α / 2 *ǧām͜-ı* Ǧem 321,1 b u. / 3 *erdi* = *ērdi* v. *ērmek* / 4 *ʿālem bihišt͜ ender b·* 401 / 8 *muṭribler͜ (α α λ)͜ ētdikǧe* (462,6) *naġem* ⟨sooft =⟩ während die Spielleute musizieren / 9 *bu demde kim šām͜ u* (ϑ) *seḥer* in dieser Zeit, da [am] Abend und Morgen / 10 ist der Hüter der Kaʿba entschuldigt (*maʿẕūr[ı]dur*) (= verzeiht man sogar dem H· d· K·), falls er trunken werden [und] e.en Schönen lieben (= e. Liebchen herzen) sollte / 11 *yā neylesin* (= *ne eylesin*; 314 u.) .. und was sollen (da erst) .. machen? / 12 *sāġar ṣuna* .. (314 u.; Opt. hier = Konditionalis-Potentialis:) ⟨sollen =⟩ wenn .. [den] Becher kredenzen, (dann) / 13 (ebenso:) .. *ola* wenn .. [vorhanden = zur Stelle] ist, / *Ǧem α* (Pause) / *dem͜ i ḫurrem* (Pause) κ ϑ α α / 14 *ʿārif* (Pause) *odur bu dem* (Pause) *ola* .. *muġtenem* = *ʿā· o· [ki] b· d·* .. *m· ola* (432 u.) (dann) ist (wahrlich) weise (jener, der =), wer zu dieser Zeit .. genießt / 15 *ẕevqi* .. *eyler temām* den Genuß macht vollständig .. = die höchste Lust genießt .. / *šad[ı]kām* δ ο ι / 16 *zülf͜-i ḫam be ḫam* [e.e] vielfach geringelte Haarlocke (des Liebchens) / 17 *eyle* (Imp.), nicht *ile* / *mey ṣun ki qalmaz böyle bu* kredenze Wein, da dieses (: die herrliche Jahreszeit) nicht (lange) so bleibt! / 19 *aldı eline ǧām͜-ı mül* hat Weinbecher in seine Hand genommen = hält e.en W· in der H· (poet. Vergleich: trägt e.e weinrote Knospe) / 20 *gül* (Imp.) lächle! / *serv[i]-qadd͜ u* α ο α ϑ / 21 sage nicht „Das ist Bodensatz" und „Das ist klar(er Wein)" (: sei nicht so heikel, gib nur her)! / *ġam⟨m⟩ yeme* ζ λ ε / 22 *qānūn-ı devr͜-i dā'ime uy sen de*

dem Gesetze des ständigen Kreislaufes (: der Planeten, hier doppelsinnig mit Bezug auf das abwechselnde Füllen und Leeren der Becher) gehorche auch du: / 23 *meydir* .. = *mey* ..-*dır* / 24 das Kapital (= der Schatz) des Vorstehers der Magier (: der Zoroasterpriester, die im alten Persien e.e Art Schankmonopol ausübten; poet. „Wein" = Geheimlehre der Mystiker), die Zierde des Gelages des (= beim) Allerschönsten (: jungen Mundschenken, über dessen irdische Schönheit der Mystiker den Weg zur inneren Schau der Herrlichkeit Gottes zu finden hofft) / 28 *yā* oder / *ačmıš nesīm-ı ṣubḥ[ı]-dem* das Lüftchen der Morgenzeit hat [sie] geöffnet = erblüht im Morgenzephyrhauch / 29 *ǧām-ı Ǧem‿ü Key* (δϑκϑα) [den] Becher Ǧ·s und K·s (: e.es weiteren legendären alt-P Königs) / 30 *rıṭl-ı pey‿ā-pey* αϑκδα / 33 *bir ǧām[ı]* βδο / *ol māh‿ičin* jenem Mond(-gesichtigen : dem schönen Liebchen) zuliebe / 34 .. *ičin* zwecks .. = zum .. / *alam* (243 A o.) *ele* .. ich .. zur Hand nehme / 36 *memdūḥ-ı eṣnāf-ı ümem* der Gelobte der [sämtlichen] Arten der Völker = gepriesen bei allen V·n / 37 der Apfelschimmel-Reiter der Zeit = R· auf dem schwarz-weiß gescheckten (: Nacht und Tag symbolisierenden) Renner d· Z· / der Schrecken v. Rūm (: des „Weißen Erdteils") und Sansibar (: des „Schwarzen E·") = der Sch· der ganzen bewohnten Welt / 38 *kām[ı]-kār* δοι / *Behrām-ı Efrīdūn-ʿalem* (αδναδγκα) [e. zweiter] B· v. (= begabt mit) E·s Insignien / 39 *kim münderiǧ ẕātında heb* (= h. laut 385 und 401 : *ki onun zatında hep münderiçtir*) in dessen Person allesamt (= zusammen) enthalten [ist (= sind)] / 40 der Islam (= die Frömmigkeit) ⟨des „Scheidenden" (V.) =⟩ ʿOmars des Arabers (= ʿO· v. Arabien) [und] die Macht (= Glorie) Perviz' des Persers (= v. Persien) / 41 (endgültige Nenng. des Empfängers des Huldigungspoems :) *Sulṭān Murād-ı kām[ı]-rān* αγκδϑδογ / *efser-dih* nicht *efsürde* / 43 *taḫt* ι / 44 *baḫtı qavī* [*olan,*] *iqbāli saḫt* [o·] 455 M. / 45 (rhetorische Frage :) Ist er der weltzierende Großherr [oder] / 48 *hem ʿĪsā-ı Meryem gibi* (αδξϑααλε) zugleich w. Mariens (Sohn) Jesus:

71 Einer der letzten Klassiker osmanischer Dichtung ist der (wahrscheinlich 1681) in Stambul geborene *Aḥmed b. Muṣṭafā*, genannt *Nedīm*, Vertrauter (= *N*·) und Schützling *Damad İbrāhīm Paša*'s, des allmächtigen Großwesirs Sultan Aḥmeds III. Beim Aufstande (1730), der den Wesir den Kopf und den Sultan den Thron kostete, starb an e.em Nervenzusammenbruch auch *Nedīm*, der die Herrlichkeit jener sinnenfrohen „Tulpenzeit" (*lāle devri*) des T Rokokos in meisterlicher, fast volkstümlicher Stambuler Sprache besungen hatte. (E.J.W. Gibb, w. o. Lesest. 70, S. 247f. = Abdülbaki Gölpınarlı, Nedim Divanı, İstanbul 1951, *Şarkı* XXVIII, S. 381.)

Versmaß *remel* : — ∪ — — / — ∪ — — / — ∪ — — / — ∪ ∪̲. Lyrische Gedichtform *šarqī* („orientalisch" = h. *şarkı* „Lied") mit Strophen (*bend*) zu je 4 *mıṣraʿ*, reimend a/a/a/a // b/b/b/a // c/c/c/a // (usw.), wobei das 2. und 4. *mıṣraʿ* der 1. Strophe und das 4. *mıṣraʿ* jeder folgenden als Refrainvers (*naqarāt*) überhaupt identisch sind.

1 meinen Busen hat durchbohrt = mir hat das Herz geraubt / *bir‿āfet-i* (79 A u.) *čār-pāreli* (εδκϑιδμε) e. schöner Knabe mit (511,2a) Kastagnetten = e. s· K·tänzer / 2 *mor ḫāreli* (511,2a) mit violetter Moireeseide(nrobe) / 3 *sīm[i]-* δο / *güneš ruḫsāreli* sonnengesichtig = mit strahlend schönem Antlitz / 5 *bir ǧivān qašı ṣarıq ṣarmıš* (411,5) *efendim bašına* um seinen Kopf hatte er — mein Lieber! — e.en Turban v. (329a 2) ⟨„Jünglingsbraue" =⟩

Fischgräten⟨muster⟩stoff gewunden / 7 ⟨in =⟩ nach meiner Schätzung war er jetzt noch (= erst) in das Alter (395 u.) v. fünfzehn eingetreten = n· m· S· ist er eben erst f· Jahre alt geworden / 9 Zierde der Erker! (Schöne Knaben, v. eigenen Wärterinnen [*dāye* Z. 10] kaum minder sorgfältig bewacht als die Mädchen und Frauen des Harems, mochte e. Stambuler Flaneur zufällig durch die Holzgitter e.es Erkerfensters erspähen.) / *āġūš*[*ı*]*lar peyrāyesi* Schmuck (= Kleinod) der (elterlichen) Umarmungen! / 10 *ayrılalı* 275 / 11 *sevdiğim* (457) *gönlüm* (Kurzgen.) *sürūru ʿömrümüñ ser-māyesi* ⟨den ich liebe =⟩ mein Liebling, meines Herzens Wonne, meines Lebens Summe (= Um und Auf)! / 13 .. *pek bī-bedel* .. [ist (401) = sind] ⟨sehr =⟩ ganz ohnegleichen / 15 *ṣırma kākül sīm*[*i*]*-gerden zülf*[*i*] *tel tel* (329f) *inğe bel* goldblonde Locke(n), silbern(weiß)er Hals, (Schläfen-)Locke(n) ⟨Faden um F· = lauter Fäden =⟩ zart und fein, schlanker Leib! / 17 *ol perī-rūyuñ ğefā-ı česm-i ğellādın dēmem* ⟨die =⟩ v. der Henker-Augen-Grausamkeit (= G· des H·-Auges) jenes Feengesichtigen (der dem Dichter noch keinen freundlichen Blick geschenkt hat, sondern stets züchtig-kalt, ja finster [„wie der Scharfrichter"] dreinsieht) sage ich nicht[s] / 18 *derd-i ʿašqıyle* (α ν α β ε) .. mit (= vor) seinem (: des Lieblings; objektiv w. 321,2 Kurzgen. b) Liebeskummer .. = .. im Leid der Liebe zu ihm / 19 *ṭarz u ṭavrın söylesem mānıʿ değil* (401) *adın dēmem* wenn ich ⟨sein =⟩ v. s·em Aussehen und Gebaren ⟨sage =⟩ spreche, hindert (= schadet das) nicht[s] – (jedoch) seinen Namen sage (= verrate) ich nicht!

72 Das hübsche Gedicht auf dem von Feldmarschall Laudon nach der Eroberung Belgrads (1789) von dort als Trophäe mitgeführten und in seinem Schloßpark bei Wien aufgestellten Inschriftstein stammt, wie die Selbstnennung „*Neylī*" in Z. 7 erweist, von dem unter diesem Namen als Dichter wie als hervorragender Gelehrter und Heeresrichter berühmten *Mevlānā Aḥmed Efendi* (starb 1748). Er hatte es anläßlich der Wiederherstellung des Stambulertores unter Sultan Maḥmud I. (regierte 1730–54) verfaßt. (Nach dem Original im Laudon-Park v. Hadersdorf bei Wien.)

Versmaß *remel* (w. Lesest. 71), Gedichtform *ġazel* (vgl. Lesest. 69). Die beiden letzten *mıṣraʿ* bilden je ein Chronogramm (*ta'rīḫ*, vgl. 62/12).

1 *šehriyār-ı heft*[*i*] (α ο) *kišver* Beherrscher der Sieben Zonen (: der antiken „S· Klimata" = d· gesamten bewohnten Erde) / *baḥr ü ber*⟨*r*⟩ α ν ζ (oder *berr* ι) / *medār* κ ι (vgl. „Pause"-Regel in Vorbem. zu VI) / 2 *yümn-i ṭuġrası nišān* (κ γ) *vēren hümādan ğān* (γ) *gibi* [er,] dessen (455 Besonderheiten) Namenszug-Glücksorakel (= glückhafter N·) ⟨w. [e.e] Seele [e.] Zeichen =⟩ gleichsam beseelte Kunde vom Glücksvogel gibt (: das *ṭuġra* wird als geradezu lebendes Abbild des Phoenix aufgefaßt, die Seele ist in der volkst. Vorstellg. e. Vogel) / *olalı* (275) .. *ğilve-ger* = .. ğ·-g· o· / *ičinde* darinnen (: im Namenszug) / 3 *kim Beliġradı* (λ β ε ε) *alıb düšmen* nachdem der Feind Belgrad (im Jahre 1717) erobert hatte und / *sāl* ι / *kāfire* dem (= den) Giauren / *ḥiṣn-i pāk* .. reine (= weiße) .. Burg (wohl Anspielg. auf den Namen Belgrad = „Weißenburg") / 4 *ḥamdü li-'llāh* α κ α ι / *sulṭān-ı maḥmūdu 'l-eṣer* Wortspiel mit dem Namen *Maḥmūd* / 5 *oldu revnaqla* (α α ε) *metānetde daḫi efzūn*[*ı*]*ter* und sie wurde größer (= s· gewann) ⟨in =⟩ an Schönheit und (*-la* = *ile*) Stärke / 6 obgleich es (: das Stambulertor) mit den übrigen Toren [Hof-]Dienstgenosse ist = (Wortspiel :) obwohl es der gleichen Pforte (: dem Sultanshof) dient w. die ü·

P·n (: Tore in Belgrad) / *merġūb[ı]ter* α δ ο α / 7 mit dem (zu dichtenden) Chrogramm (*ta'rīḫ[i]le* α δ ο ε) ⟨zu =⟩ auf ihre (: der Festg. Belgrad) Eroberung [und] auf ihren Wiederaufbau beauftragt ⟨worden seiend⟩, / *Neylī-i kemter* α ξ ϑ α α / 8 *mıṣraʿ-ı evvel* (α ι) *olub ta'rīḫ-i fetḥ-i qalʿeniñ* (321,2 o.) der erste (Chronogramm-)Vers (: **9a**) gehört dem Datum (= ist der des D·s) der (T Wieder-)Eroberung der Feste / 9 *yümn ile* mit glücklichen Auspizien / *sulṭānu 'l-ümem* (α δ α κ α): Die Silbe *-nu'l-* ist geschlossen, weil hier — streng nach der A Metrik — das (im T weder geschriebene noch ausgesprochene) Anfangs-*Hemze* des folgenden Wortes [']*ümem* als vollwertiger Konsonant gerechnet wird. / Die Summe der Zahlenwerte (vgl. 62/12) aller Buchstaben dieses Verses (**9a**) ergibt die auch in der Inschrift in Ziffern daruntergesetzte Jahreszahl 1152 (d. H.) = 10.4.1739—28.3. 1740; die Festg. war den Türken v. den Kaiserlichen am 4.9.1739 übergeben worden. / In die Addition der Zahlenwerte der Buchstaben des zweiten Verses (**9b**) ist auch das *ı* (Zahlenwert 10) der İżāfet *sulṭān-ı maḥmūdu 's-siyer* (Anspielung w. o. **Z. 4**) einzu beziehen; sie ergibt als das Jahr der Restauration 1157 (d. H.) = 15.2.1744 bis 2.2.1745.

73 *Emrāh* aus Erzerum (wohl 1854 gestorben), einer der namhaftesten „fahrenden Sänger" (*saz šāʿirleri* „Lautendichter" oder *ʿāšıqlar* „Gottesminner") Anatoliens, huldigt mit dem hier wiedergegebenen *güzelleŝme* („Loblied") einem hübschen Mädchen in einer originellen Abwandlung des poetischen Kunstmittels des Zwiegesprächs : Mit Suggestivfragen legt er seiner Schönen ihr Eigenlob in den Mund und läßt also schalkhafter Weise die traditionellen dichterischen Vergleiche einmal mit vertauschten Rollen vortragen. (*Köprülüzade Mehmet Fuat, XIX asır sazşairlerinden Erzerumlu Emrah,* İstanbul 1929, S. 20.)

Versmaß *parmaq ḥesābı* (vgl. die Vorbem. zu **Ib**) : Elfsilbler mit Zaesur zwischen 6. und 7. Silbe. Gedichtform *qošma* (etwa : „heiteres Liedchen") mit Strophen zu je 4 Versen mit dem Reimschema x/a/y/a // b/b/b/a // c/c/c/a // d/d/d/a. Über Eigenarten des T volkstümlichen Reimes gilt das zu **Ib** Gesagte.

2 *dēdim* ich (sagte =) fragte [sie]: / Das Mädchen hält, nach orientalischer Art verführerisch-abweisend, die Augenlider halb geschlossen : daher die neckende Frage des Dichters, ob sie übernächtig sei. / *dēdi ki* sie antwortete: / 3 *boġum b·* (329f) Knöchel für K· = allenthalben / *qınalı* [*idi*] 401 / 4 *bayrām mıdır* „Ist (heute e.) Festtag (, daß du dich so schön gemacht hast)?" / 5 *inği nedir* „Was ist [w.] Perle[n]?" / *dišim-dir* „Meine Zähne (320 u.) ⟨sind [es = so]⟩!" / 6 *qalem* [w.] Federstrich[e] (traditioneller poet. Vergleich für feingezeichnete Augenbrauen) / 7 fünfzehn Jahre : das Idealalter orientalischer Schönheiten (vgl. 71/7) / 8 *daha var mı* „Gibt es noch [etwas (an dir, das ich preisen darf)]?" / 9 Um die schnippische Schöne seinen Wünschen (**Z. 11** und **12**) gefügig zu machen, verlegt sich der Schwerenöter nun offenbar auf Einschüchterungsversuche, bezieht aber auf seine halb fragende und natürlich nur gespielte Drohung „Tod gibt's —" die prompte Abfuhr „— in meinem Auge!" im Sinne der T Redewendung „etwas ⟨in seinem =⟩ im Auge tragen (*gözünde ṭašımaq*) = mit et· rechnen, auf et· gefaßt sein, e·er Sache g· entgegensehen". / 10 „— auf meinem Nacken!" = (ebenfalls Redewendg.:) „Ich füge mich darein = Das nehme ich auf mich"/ 12 *vēr aġzıma* „Biete [sie] meinem Munde dar (≈ Laß mich sie küssen)!" / 13 *Erż⟨e⟩rūm* hier aus metrischen Gründen zweisilbig zu sprechen) *neñ-dir* „Was

v. dir (116) ist E· = W· i· E· für dich?" / 14 *girer misiñ* „Gehst du hinein (: nach E·)?" / 15 *qulum-dur* „[Er = der] ist mein Sklave (: ergebener Verehrer)!" / 16 *ṣatar mısıñ* „Verkaufst du [ihn je]?"

74 Dieses verständnisvoll-mahnende Gedicht von *Meḥmed Emīn* (vgl. Lesest. 52) an einen jungen Feuergeist ist in Form (Sonett, mit zusätzlichem Binnenreim *zanbaq ṣačar* : *quğaq ačar* in Z. 4 und 8), Geist und Stilmitteln bereits völlig von abendländischen Einflüssen beherrscht. (F. Giese, Neue Gedichte von Mehmed Emin Bej, in den Mitteilungen des Seminars für Orientalische Sprachen, Jahrgang XIII, Abteilg. II, Berlin 1910, S. 8ff.)

Das als Interpunktionszeichen verwendete umgekehrte Semikolon entspricht in seiner Funktion eher e.em Komma.

1 *evet genğsiñ* Ja, jung bist du, / 3 *seniñ o qarañlıq gēğeleriñ* .. jene deine dunklen Nächte .. = für dich .. jede (vgl. *bu šarāblarɪ* 24/32) finstere Nacht / 4 *qıšlar* jeder Winter / 7 *hep güzeller* alle Schönen / 8 *melek* [e.] Engel / 9 Wenn du jedoch sagst (*dēr iseñ*) „Ich will nicht in e.en Abgrund stürzen (*düšmeyeyim*)" (vgl. 472,2) = wenn du j· n· in e.en A· st· willst / 10 *o yükselmek istediğiñ* (461 M.) *göklerden* aus jenen Himmeln, [zu denen] du emporschweben willst, / 12 *yere „dar" dēme* nenne die Erde nicht „eng" = meine nicht, die E· sei [zu] eng (= klein)!

VOKABULAR

Vorbemerkungen

Die hochgestellten kleinen Ziffern vertreten die entsprechenden Kasus eines beliebigen, jedoch in beiden Sprachen bedeutungsgleichen Wortes wie etwa *kimse* (jemand) oder *bir šey* (etwas), und zwar bedeuten (im obigen Sinne)

^{1}: (T) Indef. = (D) Nominativ,
^{2}: (T) Gen. (auch Indef. als Kurzgen.) = (D) Gen.,
^{3}: (T) Dat. = (D) Dat.,
^{4}: (T) Akk. (auch Indef. als Akk.) = (D) Akk.,
^{5}: (T) Lok. = (D) entspr. Präp. vor entspr. Kasus,
^{6}: (T) Ablativ = (D) entspr. Präp. vor entspr. Kasus.

So lassen sich diese Zeichen etwa in den Angaben zum Stichwort *arqa* „^{4} *~ya almaq* ^{4} (huckepack) auf den Rücken nehmen; ^{2} *~sına düšmek* ^{3} nachsetzen, ^{4} verfolgen; ^{2} *~sında* in ^{2} Rücken, hinter ^{3}; ^{2} *~sından baqmaq* ^{3} nachschauen" durch die entsprechenden Kasus z. B. der Wörter *qız* (= Mädchen), *düšmān* (= Feind), *kimse* (= jemand) und *bu* (= dieser) folgendermaßen ersetzen: „*qızı arqaya almaq* das Mädchen (huckepack) auf den Rücken nehmen; *düšmānıñ arqasına düšmek* dem Feinde nachsetzen, den Feind verfolgen; *kimseniñ arqasında* in jemandes Rücken, hinter jemandem; *bunuñ arqasından baqmaq* diesem nachschauen". Stehen zwei dieser Kasussymbole nacheinander, so ist die Reihenfolge der an ihren Stellen im türkischen Kontext eingesetzten Wörter auch für die in der deutschen Übersetzung einzusetzenden deutschen Entsprechungen beizubehalten, z. B. in „^{3} ^{4} *öğretmek*" etwa „*čoğuqlara (yeñi) ḥarfi öğretmek* die Kinder den (neuen) Buchstaben lehren" oder in „^{6} ^{4} *riğā ētmek* ^{4} um ^{4} bitten" etwa „*qardešimden qılığını riğā ētmek* meinen Bruder um seinen Säbel bitten".

Türkische Wörter werden als solche nicht eigens gekennzeichnet, wohl aber türkische Bestandteile in als Stichwörter angeführten gemischtsprachlichen Zusammensetzungen, z. B. bei *pešīmānlıq* PT (= pers. Grundwort *pešīmān* + türk. Suffix *-lıq*). Mit Bindestrich verbunden, sollen solche Angaben den (vermutlichen) Umweg eines Lehnwortes anzeigen und also z. B. mit G-I bei *politiqa* darauf hinweisen, daß es sich um ein griechisches Wort handelt, das von den Türken jedoch nicht unmittelbar aus dem Griechischen, sondern aus dem Italienischen und also in seiner italianisierten Form übernommen worden ist. Freilich wird auf die Etymologie von Wörtern, die aus dem Arabischen übernommen worden sind, nicht eingegangen, sondern etwa *ğins* (das auf G *γένος* zurückgeht) einfach mit A als „arabisches Wort" bezeichnet. Ebenso vereinfachend wird bei ähnlichen Entlehnungen aus anderen Sprachen verfahren, also z. B. *časar* mit U als ungarisch (nämlich *császár*) angeführt, obwohl es natürlich letzten Endes auf das lateinische *caesar* zurückgeht.

Kommt in den Texten ein Wort nur in anderer als der allgemein üblichen Schreibweise vor, wird diese auch im Vokabular beibehalten, also z. B. *altı* („sechs"), weil es im Text ohne das sonst übliche *Medde* (vgl. Einführung, Anm. 1b) über dem *Elif* erscheint, auch im Vokabular ohne *Medde* wiedergegeben.

Beachte ferner, daß innerhalb des Vokabulars die Abkürzung „w." = „werden" bedeutet.

ا

آ *ā* o! ha! hallo! (sieh) doch!; ~ *sulṭānım* o mein Herr!; *geldik* ~ wir sind doch (= ja) gekommen!

آب *āb* P Wasser

اباء *ibā'* A Verweigerung; ~ *göstermek* s. weigern, ablehnen

آباد *ābād* P wohlbebaut; ~ *ētmek* wiederherstellen

ابتداء *ibtidā'* A Anfang, Beginn; erste(r, s); anfangs, zuerst, vorerst; ~ *ētmek* anfangen, beginnen; ~ -ı *ẓuhūr* erstes Auftreten, Einführung; ~-*sāḫten* Ersterstellung, Erfindung

ابتدار *ibtidār* A Unternehmen; [3] ~ *olundu* [1] ist unternommen (= in Angriff genommen) worden

ابتدائی *ibtidā'ī* A Anfangs..., primär; *mekteb-i* ~ Grundschule

ابتلاء *ibtilā'* A Leidenschaft, Sucht

آبدار *āb-dār* P schmuck, glänzend, brillant, frisch

ابدست *āb-dest* P rituelle Waschung (von Gesicht, Unterarmen u. Füßen) vor dem Gebet; ~ *almaq* die W. vollziehen; ~ -*siz* ohne W.

ابرام *ibrām* A dringende Bitte; ~ *ētmek* drängen

ابراهيم *İbrāhīm* A (E. N.)

ابعاد *ib'ād* A Entfernung, Beseitigung; ~ *ētmek* entfernen, abhalten

ابلق *ablaq* A Apfelschimmel; ~-*süvār* AP auf dem A· reitend

ابله *ebleh* A dumm, albern

ابنيه *ebniye* A (Pl. v. بناء *binā'*) Häuser, Bauten

ابهت *übhet* A Pracht, Glück

آت *at* Pferd; ~ *ile* (hoch) zu Roß

ات *et* Fleisch

آتا *ata* Vater; ~*lar* Vorfahren, Ahnen

اتحاف *itḥāf* A Darbringung

اتّخاذ *ittiḫāẕ* A Annahme, Ergreifen, Wahl; [4] ~ *etmek* s. [4] (zurecht) machen, herrichten

اتدورمك *ētdürmek* machen lassen

آتر *atar*: Ao.v. آتمق

آتش *āteš* P Feuer, Flamme, brennende Leidenschaft

آتشناك *āteš-nāk* P heiß, brennend

اتفاق *ittifāq* A Zufall; durch Z., zufällig; ~ *ētmek* s. verabreden, s. verschwören

اتّفاقا *ittifāqan* zufällig, unversehens, unverhofft, von ungefähr

آتلمق *atılmag* = آتيلمق

آتلو, آتلى *atlu, atlı* beritten, Reiter

آتمق *atmaq* (zu)werfen, schleudern, schießen, abfeuern, treiben, verschlagen; [3] *el* ~ an [4] Hand legen, [4] anfassen

اتمك *etmek* Brot

اتوز *otuz* = اوتوز

آتيلمق *atılmaq* s. werfen, s. stürzen; geworfen w., abgefeuert w.

آتيم *atım* Schuß

آثار *āsār* A (Pl. v. اثر *eser*) Werke, Taten, Begebenheiten; Spuren, Auswirkungen

اثبات *isbāt* A Beweis, B·führung; ~ *ētmek* befestigen, bestätigen, beweisen

اثر *eser* A Spur, Werk, Wirkung; *merḥamet* ~*i* Spur von Mitleid; [6] ~ *qalmadı* von [3] ist nichts mehr übrig

اثقال *esqāl* A (Pl. v. ثقل) Lasten, Gewichte, Gepäck

اثناء *esnā'* A Mitte, Zwischenraum, Zeitraum, Zeitspanne; *ol* ~*da* inzwischen, währenddessen, indessen; [1] ~ *sında* während [2]; *geldiğim* ~*da* (gerade) als (= während) ich kam; ~ -ı *va'ẓda* während der Predigt

اثنين *isneyn* A zwei

اثواب *esvāb* A Kleid, K·er

آج *ağ* hungrig; ~ *qalmaq* (ver-)hungern

اجتهاد *iğtihād* A Anstrengung, Bemühung

اجراء *iğrā'* A Ausführung, Ausübung; [4] ~ *ētmek* [4] ausüben, [4] (Strafe) verhängen

اجراات *iğrā'āt* A (Pl. v. اجراء) Ausführung(sarbeiten)

اجرت *üğret* A Lohn, Entgelt; ~ *-i qalīle ile* gegen geringes Entgelt

اجل *eğel* A Ende, Todesstunde

آجلق *ağlıq* Hunger, H·snot

اجمعين *eğma'īn* A sämtlich(e)

اجنبي *eğnebī* A fremd, auswärtig; F·e(r), Unbekannte(r)

آجى *ağı* Schmerz, Sch·en; *yürek* ~*sı* Herzensschmerz

آجيمق [3]*ağımaq* mit [3] Mitleid empfinden

اچق *ačıq* offen, frei; ~*dan* (frei u.) offen; über freies Gelände hin; *gözü* ~ unbefriedigt

آچلمق *ačılmaq* geöffnet w., s. öffnen, erblühen, s. aufheitern, freundlich sein, hell w., (Morgen:) anbrechen; (Auge:) sehend w.

آچمق *ačmaq* (er-)öffnen, aufmachen; zugänglich machen; s. aufheitern; (Dekkel:) aufheben, lüften; (Augen:) aufschlagen; (Graben:) ausheben; (Weg:) bahnen

اچنده *ičinde* = ايچنده; *šükr* ~ in (= voll = voller) Dankbarkeit

آچيق *ačıq* = اچق (s. d.)

آچيلمق *ačılmaq* = آچلمق (s. d.)

آچيليش *ačılıš* das Sich-Öffnen

احاطه *iḥāṭa* A Einschließung; ~ *ētmek* umgeben, (um)fassen, einschließen

احبّا *aḥibbā* A (Pl. v. حبيب) Freunde, gute Bekannte

احباب *aḥbāb* A (Pl. v. حبيب) Freunde, Genossen

احتراز *iḥtirāz* A Vorsicht; ~ *ētmek* = ~ *üzere olmaq* auf der Hut sein, s. in acht nehmen

احتراق *iḥtirāq* A Brand, verzehrender Kummer

احتشام *iḥtišām* A Pracht(entfaltung)

احتمال *iḥtimāl* A Möglichkeit, Wahrscheinlichkeit; ~*-dir* (*ki*) es ist möglich, daß; *baba gelmek* ~*i yoq(-dur)* es besteht keine M· (= ist unwahrscheinlich, ist unmöglich), daß der Vater kommt

احتياج *iḥtiyāğ* A Bedürfnis; [3] ~*ım yoq* ich habe keinen Bedarf nach [3], ich brauche [4] nicht

احجار *eḥğar* A (Pl. v. حجر) Steine

احداث *iḥdās* A Erfindung, Einführung; ~ *ētmek* einrichten, errichten

احدى *iḥdā* Af (das Jahr) eins

احراق *iḥrāq* A Brandlegung; ~ *ētmek* anzünden, in Brand stecken

احسان *iḥsān* A Wohltat, Gunstbezeigung, Geschenk; ~ *ētmek* Gutes erweisen, schenken, ein Geschenk machen; ~ *-vâye* AP gnädig

احضار *iḥżār* A Bereitstellung; ~ *ētmek* herbeibringen, beschaffen

احفاد *aḥfād* A (Pl. v. حفيد) Nachkommen

احكام *aḥkām* A (Pl. v. حكم) Regeln, Gebote

احمد *Aḥmed* A (E.N.)

احمق *aḥmaq* A dumm, albern; ~*ân* (P. Pl.) die D·en

احمقلق *aḥmaqlıq* AT Dummheit, Albernheit

احوال *aḥvāl* A (Pl. v. حال) Zustände, Verhältnisse, Umstände, Lage, Verhalten, Benehmen; ~*-i 'umūmīye* allgemeine Z., L. der Allgemeinheit, Formen des Gemeinwesens

اختاپوت *aḥtapot* G Polyp, Krake

اختر *aḫter* P Stern, Gestirn; Konstellation, Schicksal; *seʿādet-*~ (unter e.em) Glücksstern (geboren)

اختراعات *iḫtirāʿāt* A (Pl. f.) Erfindungen, Entdeckungen

اختصاص *iḫtiṣāṣ* A Hingabe, besonderer Hang (zu etwas)

اختلاط *iḫtilāṭ* A Vermengung; [1] *ile* ~ *ētmek* mit [3] Umgang haben, s. mit [3] zusammentun, s. mit [3] einlassen

اختيار *iḫtiyār* A Willensfreiheit; alt, bejahrt(er Mann), Greis; *kibār-ı bī-*~ vornehme Herren ohne Willenskraft

آخر *āḫar* A andere(r, s); *veğh-i* ~ *ile* auf andere Weise

آخر *āḫır* A letzte(r, s); Ende; ~*u 'l-edvār* das Ende der Zeiten

اخراج *iḫrāğ* A Herausholen; ~ *ētmek* herausziehen

آخرت *āḫiret* A Ende, künftiges Leben, Jenseits

آخرکار *āḫır-ı kār* A P zuletzt, schließlich, endlich

اخلاق *aḫlāq* A (Pl. v. خلق) (Gemüts-)Eigenschaften, Moral, Sitten

اخلاقی *aḫlāqī* A (f:~*ye*) moralisch, ethisch

اخلال *iḫlāl* A Störung, Beeinträchtigung

آخور *āḫur, āḫor* P (T: *aḫır*) Stall

آخيانوس *āḫyanos* G Seeigel

آد *ad* Name, (guter) Ruf

اداء *edāʾ* A (Körper-)Haltung; ~ *ētmek* verrichten, ausüben

اداره *idāre* A f Lenkung, Leitung, Verwaltung; ~*i mülkīye* administrative V·; [4] ~ *ētmek* [4] versorgen, für [4] sorgen, [4] betätigen, [4] bedienen, (mit seinem Geld) auskommen

ادب *edeb* A Regel, Gesetz, Vorschrift

ادبيّات *edebīyāt* A f Literatur

ادرنه *Edrine, Edirne* Adrianopel

ادعا *iddiʿā* A Anspruch, Anmaßung; *gülmek* ~*sında olmaq* s. anmaßen zu lachen

آدم *ādem* A (T: *adam*) Adam (E.N.); Mensch, m·liches Wesen, Mann, Person

آدمچغز *adamğağız* AT Männchen, guter (lieber) Mann

آدمی *ādemī* A Mensch, Mann

آدميلك *ādemīlik* AT Menschlichkeit

ادوات *edevāt* A f (Pl. v. ادات *edāt*) Ausdrücke, Bezeichnungen

ادەبالی *Edebali* T (E.N.)

ادهم *Edhem* A („der Schwarze", E.N.)

اديان *edyān* A f (Pl. v. دين) Religionen

آدم *adım* Schritt

اذن *izin* (E) A Erlaubnis, Urlaub, freies Geleit

اذناب *eznāb* A f (Pl. v. ذنب *ẕeneb*) Schwänze

اذيت *eẕīyet* A f Qual, Mühsal, Plage, Leiden

ار *er* Mann, Gatte; ~ *iseñ* wenn du ein (ganzer) Kerl bist

آرا *ārā* P zierend, schmückend

آرا *ara* Mitte, Zwischenraum, Stelle; *bir* ~ *ya gelmek* zusammenkommen; ~*ya girmek* vermitteln; *o* ~*da* inzwischen, indessen, dabei, bei dieser Gelegenheit; *ṣoḥbet* ~*sında* während (= im Verlauf) des Gespräches (= der Unterhaltung), in der Gesellschaft; ~*ñızda* unter euch, in eurer Mitte; *iki dalıñ* ~*sında* (= ~*larında*) zwischen zwei Ästen; *ḫalq* ~*sında* beim Volk

آرابه *araba* Wagen, W·ladung

ارادات *irādāt* A f (Pl. v. اراده) Wünsche, Absichten

اراده *irāde* A f Wunsch, (großherrlicher) Erlaß; ~ *ētmek* wünschen, verlangen

اراذل *erāẕil* A f (Pl. v. ارذل) gemeine Leute, Pöbel

آرار *arar*: Ao. v. آرامق

اراضى *arāżī* A f (Pl. v. ارض) Boden, Gebiet

ارالق *aralıq* Zwischenraum, Lücke; Türspalt

آرام *ārām* P Ruhe, Wohlbefinden; ~ *ētmek* (aus-)ruhen, Rast halten

آرامق [4] *aramaq* [4] suchen, s. [4] aussuchen, nach [3] forschen, [4] durchf., [4] absuchen

آرايش *ārāyiš* P Zierde

ارائه *irā'e* A f Darstellung; ~ *ētmek* darstellen

ارباب *erbāb* A f (Pl. v. ربّ) Herren, Besitzer; ~-*ı tedqīq* H· der Untersuchung = die Forscher

اربعاء *erbaʿā'* A (= *yevmü 'l-~* = ~ *günü*) Mittwoch

ارتباط *irtibāṭ* A Verbindung; [3] ~ *ētmek* s. [3] verbinden

ارتحال *irtiḥāl* A Auszug (aus dieser Welt), Tod; ~ *ētmek* sterben, verscheiden

ارتفاع *irtifāʿ* A Höhe

آرتق *artıq* übrig; nunmehr, bereits, schon; [6] ~ andere(r, s) als [1]; über [4] (hinaus), mehr als [1]; *andan* ~ von da (= nun) an

ارتكاب *irtikāb* A das In-Kauf-Nehmen, Erniedrigung; [3] ~ *ētmek* s. zu [3] erniedrigen (= herbeilassen)

آرتمق *artmaq* wachsen, zunehmen, s. mehren

ارثى *ırsī* A (f: ~*ye*) erblich, ererbt

ارجمند *erğümend* P erlaucht, edel

ارخاء *irḫā'* A Lockerung; ~ *ētmek* locker lassen; ~-*ı ʿinān ētmek* (dem Pferde) die Zügel schießen lassen

ارد *ard* Rücken, Rückseite; ~ *qapu* Hintertüre; [1] ~*ında* hinter [3]; ~*ımızdan* hinter uns drein; [1] ~*ınğa* hinter [3] drein; *gitmek ~ınğa olmaq* dahinter her sein zu gehen, Anstalten zum Gehen machen

اردو *ordu* = اوردو

اردى بهشت *ürdī bihišt* P Lenzmonat (April-Mai)

ارزاق *erzāq* A (Pl. v. رزق) Lebensmittel, Lebensunterhalt, Vermögen

آرزو *ārzū* P Begierde, Verlangen, Wunsch; ~ *ētmek* verlangen, wünschen

ارسال *irsāl* A Sendung; ~ *ētmek* (hin-)führen, (hin-)bringen, (ab-, ent-)senden

ارسلان *arslan* Löwe (auch E.N.), l·nmutig

ارشاد *iršād* A Führung, Leitung; [4] ~ *ētmek* [3] den richtigen Weg (= W· zum Heile) zeigen; ~-*enğām* AP richtungweisend

ارشمك *erišmek* = ايرشمك

آرشون *aršun, aršın* Elle (Längenmaß)

ارض *erż* A Erde, Land

ارضروم *Erżerūm* (Stadt in Ostanatolien)

آرقداش *arqadaš* Gefährte, Kamerad, Freund

ارقه *arqa* Rücken, Rückseite; [4] ~*ya almaq* [4] (huckepack) auf den Rücken nehmen; [2] ~*sına düšmek* [3] nachsetzen, [4] verfolgen; [2] ~*sında* in [2] Rücken, hinter [3]; [2] ~*sından baqmaq* [3] nachschauen

اركان *erkān* A f (Pl. v. ركن) Säulen, Pfeiler, Minister, höchste Würdenträger

اركك *erkek* männlich; Mann, Männchen (Tier)

اركن *erken* früh, beizeiten; ~*ğe* ziemlich f·, in aller F·e; ~*den* schon f·

ارلك *erlik* mutige Tat, Heldentat

ارم *İrem* A (E.N., herrliche Gartenanlage im Jemen); *bāġ-ı* ~ der Garten *İ*·, das irdische Paradies

ارمك *ermek* = ايرمك

آره *ara* = آرا; ~*lıq* = آرالق

آرەمق *aramaq* = آرامق

آز *az* wenig, gering; ~ *čoq* mehr oder weniger; *bir* ~ e. wenig, e. bißchen, etwas; ~ *qaldı* es fehlte wenig

آزاد *āzād* P frei; ~ *ētmek* f·lassen

ازاده *āzāde* P frei(-sinnig), ungebunden, stolz

ازاله *izāle* A Vertilgung, Ausrottung, Beseitigung, Elision

آزالمق *azalmaq* weniger werden, s. vermindern

آزجق *azığıq* ein weniges, klein wenig, kleines bißchen

ازعاج *izʿāğ* A Störung; ⁴~ *ētmek* ⁴ belästigen, ³ keine Ruhe geben

آزغين *azğın* wütend, wild

ازلال *izlāl* A Verleitung; ~ *ētmek* (zu einem Fehltritt) verleiten, verführen

ازلى *ezelī* A (ur-)ewig, von Ewigkeit her bestehend

آزيشدرمق *azıšdırmaq* gegeneinander wild machen, hetzen

اساتذه *esātize* A f (Pl. v. استاذ) Meister, Professoren

اسارت *esāret* A f Gefangenschaft, Knechtschaft

اساس *esās* A f (Pl. v. اسّ) Grundlage(n)

اساساً *esāsen* A grundsätzlich, überhaupt

اسامه *esāme* A f Soldanweisung

آسايش *āsāyiš* P Ruhe; ~-*vāye* P Ruhe verleihend

اسباب *esbāb* A f (Pl. v. سبب) Mittel, Sachen (die man besitzt), Habe, Gerät(e)

اسپانيا *İspanya* L Spanien; ~*lu* Spanier

اسپناك *ispanak* L-G Spinat

استاد (استاذ) *üstād* (*üstāẕ*) P-A Meister, Doktor, Magister

آستانه *āsitāne* P Schwelle, Pforte, (Sultans-)Hof; ~-*i seʿādet* P· der Glückseligkeit (= Sultanshof)

استانبول *İstanbul* G Konstantinopel, Stambul (im engeren Sinne die Altstadt westlich des Goldenen Horns)

استحصال *istiḥṣāl* A Erlangung, Erwerbung

استحقاق *istiḥqāq* A Anrecht, Verdienst

استخبار *istiḫbār* A Erkundigung; ~ *ētmek* s. erkundigen, befragen; erfahren

استخراج *istiḫrāğ* A Entnahme; ~ *ētmek* herausziehen, h·bringen, ans Licht bringen

استدعا *istidʿā* A Forderung, Bitte, Gesuch; ⁴ ~ *ētmek* ⁴ erbitten, um ⁴ bitten, ⁴ beanspruchen

استر *ister:* Ao. v. استمك *istemek*

استعداد *istiʿdād* A Begabung, Talent; ~-*nišān* AP B· zeigend, talentiert

استعمال *istiʿmāl* A Gebrauch, Verwendung; ~ *ētmek* gebrauchen, benutzen; (Tabak:) rauchen

استغراب *istiğrāb* A Verwunderung, Erstaunen

استغناء *istiğnāʾ* A Bedürfnislosigkeit

استفتاء *istiftāʾ* A Einholung von Rat; ~ *ētmek* (über eine Rechtsfrage) beraten

استقامت *istiqāmet* A f Geradheit

استقبال *istiqbāl* A Zukunft

استقرار *istiqrār* A Beständigkeit; ~ *ētmek* s. festsetzen

استقلال *istiqlāl* A Selbständigkeit, Unabhängigkeit

استماع *istimāʿ* A Hören; ~ *ētmek* horchen, hören, vernehmen

استمداد *istimdād* A Bitte um Hilfe; ⁶ ~ *ētmek* ⁴ um Hilfe bitten

استمك ⁴ *istemek* ⁴ verlangen, ⁴ wünschen, ⁴ wollen, nach ³ suchen

استنبول *İstanbul* = استانبول

استنطاق *istinṭāq* A Befragung; ⁶ ~ *ētmek* nach ⁴ fragen (= s. erkundigen)

استه *iste*: Imp. v. استمك

استهزاء *istihzāʾ* A Verspottung; ⁴ ~*ya almaq* ⁴ verspotten, ⁴ verlachen

استيلاء *istīlāʾ* A Invasion; ³ ~ *ētmek* in ⁴ einbrechen (einfallen, eindringen)

اسراف *isrāf* A Verschwendung

اسرافيل *İsrāfīl* A (der Erzengel, der am Jüngsten Tag die Posaune bläst)

اسقارپين *isqarpin* I Halbschuh

اسكدار *Üsküdār* (E.N., Ortschaft gegenüber Stambul am asiatischen Ufer des Bosporus)

اسكله *iskele* I Schiffshaltestelle, Landungsplatz

اسكمله *iskemle* A Stuhl, Sänfte

اسكندر *İskender* G-A Alexander (der Große); ~-*ẓafer* sieghaft wie A·

اسكى *eski* alt; früher, ehemalig

اسكيجى *eskiği* Trödler, Hausierer

اسلام *islām* A Islam (die Religion Muhammeds); (auch E.N.: ~ *Beğ*); *dîn-i* ~ Religion des I·s, der I·

اسلاميه *islāmīye* A (f. v. اسلامى) islamisch, des Islams

اسلان *aslan* Löwe; tapferer Mensch; ~ *šey*! toll(kühner) Kerl!

اسلحه *esliḥe* A (Pl. v. سلاح) Waffen; ~-*i nārīye* Feuerw·

اسلوب *üslūb* A Stil; *muḥabbet*-~ in freundschaftlichem Ton gehalten, freundlich, lieb (von Briefen)

اسم *isim* (E) A Name, Eigenn·

اسمرجه *esmerğe* AT etwas dunkelhäutig, von ziemlich brauner Hautfarbe

اسمك *esmek* wehen

اسماعيل *İsmāʿīl* A (E.N.); *Šāh* ~ (Herrscher von Persien, starb 1524)

اسواق *esvāq* A (Pl. v. سوق *sūq*) (Markt-) plätze, Gassen

آسوده *āsūde* P ruhig; ~-*ḥāl* r·, behaglich

اسير *esīr* A Kriegsgefangener, Sklave; ~ *ētmek* zum S· machen

اسيرگمك *esirgemek* behüten, bewahren, beschützen

اسيرلك *esīrlik* AT Gefangenschaft, Knechtschaft, Sklaverei

اسئله *es'ile* A f (Pl. v. سؤال) Fragen

اشارت *išāret* A f Wink; [3] ~ *ētmek* [3] (ein) Zeichen machen; [3] winken; [3] bedeuten; [4] anzeigen, auf [4] hinweisen; [2] ~*iyle* auf [2] Befehl

اشاغا *ašağa* = اشاغى

اشاغى *ašağı* das Unten; untere(r, s); niedriger, tiefer; herunter, hinunter; ~*da* unten; [6] ~ *qalmaq* hinter [3] zurückstehen (müssen), [3] nachstehen

اشبو *išbu* (eben-)diese(r, s); vorliegende(r)

اشتباه *ištibāh* A (in P Verbindungen:) beinahe gleichend; *gerdûn*-~ PA fast so hoch wie das Himmelsgewölbe

اشتراك *ištirāk* A gemeinschaftlicher Besitz u. Genuß; [3] ~ *ētmek* an [3] teilnehmen, an [3] teilhaben

اشتعال *ištiʿāl* A Glut; ~ *bulmaq* s. entzünden, auflodern

اشتغال *ištiğāl* A Beschäftigung; [3] ~ *ētmek* s. [3] widmen, für [4] wirken

اشتمك *išitmek* hören, vernehmen

اشته *ište* hier! da! siehe! da hast du . . .! nun also!; ~ *bu* eben der (die, das) da

اشرّاء *eširrā* A f (Pl. v. شرير *šerīr*) Bösewichter, üble Elemente

اشعار *ešʿār* A f (Pl. v. شعر) Gedichte

اشغا *ašağa* = اشاغى

اشغال *išğāl* A Besetzung; ~ *ētmek* einnehmen

اشغه *ašağa* = اشاغى

اشفاق *išfāq* A Mitleid

اشق *ıšıq* A-T wandernder Derwisch, Bettelmönch

اشك *ešk* P Träne; ~-*i ḫūnīn* bittere T·(n)

اشك *ešek* Esel; *uzun* ~ langer E· (= Bockspringen über einen aus mehreren Kindern gebildeten „Bock“)

آشكاره *āšikāre* P offenbar; ~ *ētmek* zeigen

اشكلك *ešeklik* Wesen des Esels

آشمق *ašmaq* übersteigen, überschreiten

آشنالق *āšinālıq* PT Begrüßung; ~ *ētmek* freundlich begrüßen

آشوب *āšūb* P Verwirrung, Erregung, Schreck(en)

اشياء *ešyā'* A f (Pl. v. شئ) Gegenstände, Güter, Waren

آشيان *āšiyān* P Nest; [4] ~ *ētmek* s. [4] zum N· nehmen, in [3] sein N· aufschlagen

اشيدمك *išidmek* = اشتمك *išitmek*

آشيرمق *ašırmaq* stehlen, klauen, stiebitzen

اصابت *iṣābet* A f Treffen; ~-*ʿünvān* AP zutreffend, angemessen

اصحاب *eṣḥāb* A f (Pl. v. صاحب) Herren, Besitzer; ~-*ı devlet* Wesire; → مناصب; → معلومات

اصفر *aṣfar* A gelb

اصفهان *Iṣfahān* (Stadt in Persien)

اصل *aṣıl* (E) A Ursprung, Grund, G·lage, Ursache; [2] ~*ı yoq* [1] ist unbegründet; ~*ı yoq yere* grundlos, ohne Sinn; → بى

اصلا *aṣla* A (mit Neg. oder als neg. Antwort:) durchaus (nicht), nie u. nimmer, (nicht) im geringsten, keineswegs, gar (nicht)

اصلى *aṣlī* A (f: ~*ye*) ursprünglich, eigentlich, Grund . . .

اصمرلمق *ıṣmarlamaq* anvertrauen, anempfehlen

آصمق [4] [3] *aṣmaq* [4] an [4] hängen, [4] an [3] aufh·

اصناف *eṣnāf* A f (Pl. v. صنف) Arten, Klassen, Handwerker

اصول *uṣūl* A f (Pl. v. اصل) Grundsätze, Methode; ~*suzluq* AT Mangel an M·

اصيجاق *ısığaq* (lau-)warm; *ḥarāret üzere* ~ noch ganz warm

آصيلى *aṣılı* aufgehängt

اضاعه *iżāʿe* A f Vergeudung; ~ *ētmek* vergeuden

اضافه *iżāfe* A f Beifügung; ~ *ētmek* hinzufügen

اضحاء *ażḥā'* A f (Pl.) Opfer; *ʿīd-i* ~ Opferfest (vom 10.—14. Tag des Wallfahrtsmonats)

اضطراب *iżṭırāb* A Aufregung, Erregung

اطاله *iṭāle* A Ausstrecken; ~-*i lisān* AP Beschimpfung, ungehörige Rede

اطباء *eṭıbbā'* A f (Pl. v. طبيب) Ärzte

اطراف *eṭrāf* A f (Pl. v. طرف) Seiten, Umgebung, Umkreis; ~ *u eknāf* AP S· u. Gegenden = die ganze Umgebung; ~-*ı bedende* an den S· des Körpers, ringsum am Körper; ~*a* in die Umg·, nach allen S·; ~*a baqmaq* s. umsehen; [2] ~*ını dolašmaq* um [4] herumwandeln; [2] ~*ını ṣarmaq* [4] von allen S· einschließen; [2] ~*ında* rings um [4]

اطفال *eṭfāl* A f (Pl. v. طفل) Kinder

اطلاع *iṭṭılāʿ* A Kenntnisnahme; [3] ~ *ētmek* [4] erfahren

اطلس *aṭlas* A Atlas (glatter Seidens ff)

اطوار *eṭvār* A f (Pl. v. طور) Sitten, Handlungen, Taten, Gehaben, Benehmen

اطه *aḍa* Insel

اظهار *iẓhār* A Darlegung; ~ *ētmek* zeigen, darlegen, offenbaren, erklären, bezeigen

اعانت *iʿānet* A f Hilfe

اعتذار *iʿtiẕār* A Entschuldigung

اعتراض *iʿtirāż* A Einwendung, Einspruc , Protest; [3] ~ P· gegen [4]

اعتراف *iʿtirāf* A Geständnis; ~ *ētmek* (ein-)gestehen, bekennen

اعتساف *iʿtisāf* A Bedrückung, Tyrannei

اعتقاد [3] *iʿtiqād* A Glaube (an [4]), Überzeugung, Zuversicht; *bilmek* ~*ında bulunmaq* zu wissen glauben, überzeugt sein zu wissen

اعتماد *iʿtimād* A Vertrauen; [3] ~ *ētmek* [3] Glauben (= V·) schenken (= beweisen), [3] vertrauen, s. auf [4] verlassen

اعتناء *iʿtināʾ* A Sorgfalt; [3] ~ *ētmek* auf [4] S· verwenden

اعداء *aʿdāʾ* A f (Pl. v. عدوّ) Feinde; ~-*ı dīn* Glaubensf·

اعرابی *aʿrābī* A Vagabund, Tagedieb

اعزّ *eʿazza* A Er(: Gott) mache erlaucht!; ~ *'llāhu enṣārehü* Gott mache seine Siege glorreich!

اعزاز *iʿzāz* A Ehrerbietung; ~ *ētmek* ehren

اعصاب *aʿṣāb* A f (Pl. v. عصبه) Nerven

اعصار *aʿṣār* A f (Pl. v. عصر) Jahrhunderte

اعطاء *iʿṭāʾ* A Geben, Abg·, Erteilung

اعظم *aʿẓam* A sehr groß, größt; ~*u 'l-ğism* mit sehr großem Körper

اعلا *aʿlā* A sehr hoch, höchst, sehr gut, besser, der (= die, das) Beste, Höhe, Gipfel; *pek* ~ (sehr) gut (= schön)!

اعلام *iʿlām* A Kundmachung; ~ *ētmek* mitteilen, bekanntgeben

اعلان *iʿlān* A Kundmachung, Anzeige; ~ *ētmek* verkünden

اعلم *aʿlem* A weiser, der (= die, das) weiseste; الله اعلم A *allāh(u)* ~ Gott weiß es (: ich aber weiß es nicht)

اعما *aʿmā* A = اعمی

اعمی *aʿmā* A blind, der (= die) Blinde

اعیان *aʿyān* A (Pl. v. عین) die Vornehmen, Notabeln, führende Männer

اغا *aġa* Herr, Führer, Offizier; *Aḥmed* ~ Herr A·

اغاج *aġağ* Baum, Holz

آغاز *āġāz* P Beginn; [3] ~ *ētmek* [4] anfangen, [4] beginnen; [4] anstimmen

اغتصاب *ıġtıṣāb* A Raub; → ید

آغر *aġır* schwer, gewichtig; teuer, kostbar

اغرش *uġraš* Kampf, Schlacht

اغرشمق *uġrašmaq* kämpfen, s. schlagen

آغرلق *aġırlıq* Troß (milit.); Bewirtung; [3] ~ *ētmek* [4] (gastlich) bewirten

آغرلمق *aġırlamaq* gastlich bewirten

آغرمش *aġarmıš* ergraut, weiß geworden

آغز *aġız* (E) Öffnung, Loch, Mündung, Mund, Maul, Schnauze

آغساق *aġsaq* lahm, hinkend

آغستوس *aġustos* L (der Monat) August

آغسق *aġsaq* = آغساق

آغلاشمق *aġlašmaq* (miteinander) weinen

آغلامق *aġlamaq* weinen, klagen, beweinen

آغلمق *aġlamaq* = آغلامق

آغلنلمق *aġlanılmaq* geweint w·; *aġlanılır* es wird g·, man weint

آغلیه *aġlaya* (§ 281) weinend

اغنیاء *aġniyāʾ* A f (Pl. v. غنیّ) die Reichen

اغوات *aġavāt* (A Pl. v. T اغا) Offiziere

اغور *uġur* (E) Glück, Weg; [2] ~*una* für [4], um [2] willen; [2] ~*una čıqmaq* [3] begegnen, vor [3] auftauchen

آغوش *āġūš* P Busen, Umarmung

اغیار *āġyār* A f (Pl. v. غیر) die Anderen, die Fremden; (auch Sg.:) Nebenbuhler

آغیر *aġır* = آغر

آغیرجه *aġırġa* ziemlich schwer

آغیز *aġız* = آغز

افاده *ifāde* A f Aussage; ~ *ētmek* berichten, melden

آفاق *āfāq* A f (Pl. v. افق) Gegenden, Länder; die (ganze) Welt

افاقت *ifāqat* A f Genesung; ~ *bulmaq* (wieder) genesen

آفت *āfet* A f Unglück; hübscher Knabe

آفتاب *āfitāb* P Sonne

افتاده *üftāde* P gefallen; [3] ~ *olmaq* auf [4] hingestreckt w.

افتخار *iftiḫār* A Stolz

افروز *efrūz* P entzündend

افريدون *Efrīdūn* P = *Fereydūn*, berühmter P König u. Nationalheld; ~-*aʿlem* mit den Zeichen des E· begabt

آفريقا *Afriqa* L Afrika

آفرين *āferīn* P Beifall; ~! bravo!; *gūyā-ı*~ B· äußernd

افزاى *efzāy* P mehrend

افزونتر *efzūnter* P größer, gemehrt

افساد *ifsād* A Verderbung; ~ *ētmek* [4] verderben

افسانه *efsāne* P Märchen, Erzählung

افسرده *efser-dih* P Kronen verleihend

افسرده *efsürde* P geronnen, gefroren, starr, welk; ~ *olmaq* w· werden, (hin)welken

افشاء *ifšā'* A Offenbarung; ~ *ētmek* (Geheimnis) eröffnen

افعال *efʿāl* A f (Pl. v. فعل) Taten, Handlungen, Werke

افق *ufuq* (E) A (Himmels-)Gegend, Horizont

افكار *efkār* A f (Pl. v. فكر) Gedanken, Denkweise; ~-*ı ʿumūmīye* öffentliche Meinung

افلاطون *Eflātūn* G-A Platon

افلاق *Iflaq* die Walachei

افندى *efendi* G der (die) (vornehme) Herr (Frau); (Titel f. Gelehrte); ~*m*! Mein (gnädiger) Herr!, Meine Herrin!, Gnädige Frau!, Meine Dame!, Mein Lieber!

آق *aq* weiß; ~ *deñiz* das Mittelländische Meer

اقبال *iqbāl* A Glück, g·liches Los, Macht

اقتدار *iqtidār* A Kraft, Vermögen (etwas zu tun), Fähigkeit, Macht

اقتصادى *iqtiṣādī* A (f ~*ye*) wirtschaftlich

اقتضاء *iqtiżā'* A Notwendigkeit, Erfordernis, notwendige Folge; [1] ~*sıñğa* dem E· [2] gemäß; ~ *ētmek* notw· sein, müssen; [4] ~ *ētmek* [4] erfordern

آقتمق *aqıtmaq* fließen (strömen) lassen

آقچه *aqča* Weißling, der Weiße (W·haarige, W·bärtige); Silbermünze, Geld

آقر *aqar* Ao. v. آقق

اقران *aqrān* A f (Pl. v. قرين) die Gleichen, Altersgenossen; (auch Sg.) Zeitgenosse; [2] ~ *ve emṡāli* die [3] gleichgestellten Personen (seines-, ihresgleichen)

اقربا *aqrabā* A f (Pl. v. قريب) (nächste) Verwandte

آقشام *aqšam* Abend; abends

اقصا *aqṣā* A sehr fern; ~-*ı šarq* der F·e Osten

اقضى *aqżā* A gerechtest; ~ *qużāti 'l-müslimīn* G·er der Richter der Muslims

اقليم *ıqlīm* A Weltgegend, Zone, Land; *yedi* ~ die sieben Z·n = die Erde

آقمق *aqmaq* fließen, strömen

آقندى *aqındı* Strömung

اقوال *aqvāl* A f (Pl. v. قول *qavıl*) Worte, Rede(n), Aussprüche

اك *eñ* sehr, höchst (§ 83); ~ *ṣoñra* = ~ *ṣoñunda* schließlich, endlich, zu allerletzt, ganz zum Schluß

آكا *aña, oña* (Dativ v. او *o*)

آكاه *āgāh* P aufmerksam

اكتساب *iktisāb* A Erwerb; ~ *ētmek* erwerben, gewinnen

اكتفاء *iktifā'* A Begnügung; [1] *ile* ~ *ētmek* s. mit [3] begnügen, es bei [3] bewenden lassen

اكثر *ekṡer* A der größere Teil, die Mehrzahl, die meisten; *kitāblarıñ* ~*i* die meisten Bücher; ~-*i ḫalq* = (im T gewöhnlich:) ~ *ḫalq* die meisten Leute

اكثريا *ekṡerīyā* A meistens

اكر *eger, eğer* P wenn, falls

اكرام *ikrām* A Ehrenerweisung; ~ *ētmek* ehren, gastlich aufnehmen, bewirten

اكرچه *eger-či, eğerči* P obgleich, wenn auch; zwar

آکرمق *añırmaq* brüllen (Esel), Iaa-schreien

اکری *eğri* krumm, schief; [3] ~ *baqmaq* [4] scheel ansehen

اکسك *eksik* Fehler, Mangel; weniger

اکسلمك *eksilmek* weniger w., w· sein, s. vermindern

اکسی *ikisi* → ایکی *iki*

اکسیك *eksik* = اکسك

اکشی *ekši* sauer; verdrießlich

اکل *ekil* (E) A Essen; ~ *ētmek* (ver-)essen

آکلاتمق *añlatmaq* erzählen, erklären

آکلامق *añlamaq* verstehen, merken, erraten

اکلنجه *eğlenğe* Unterhaltung, Vergnügen, Zeitvertreib

اکلندرمك [4] *eğlendirmek* [4] unterhalten; *göñlünü* ~ e. lustiges Leben führen

اکلنمك *eğlenmek* bleiben, verweilen, warten, die Zeit hinbringen, s. die Zeit vertreiben, s. zerstreuen, s. unterhalten

آکمق [4] *añmaq* s. an [4] erinnern, an [4] denken, [2] gedenken

اکمك *ekmek* Brot

اکناف *eknāf* A f (Pl. v. کنف *kenef*) Seiten, Gegenden; → اطراف

اکی *iki* = ایکی; ~ *olmaq* s. teilen, s. gabeln

اکیکز *ikiñiz* ihr beiden; → ایکی

اکین *ekin* Aussaat; Feldfrüchte

اکیوز *iki-yüz* zweihundert

ال *el* Hand; Gewalt; [3] ~ *atmaq* [4] anfassen; [3] ~ *(v)urmaq* an [4] H· anlegen; [3] ~ *vermek* s. zu [3] gesellen, s. bei [3] einstellen, [4] ergreifen; ~*e gečmek* ertappt w.; ~*e gečirmek* in die G· bekommen, s. aneignen; ~*e girmek* in [(2)] G· kommen, [(3)] in die H· fallen; ~*de ētmek* erlangen, gewinnen, s. verschaffen; ~*imde* in meiner G·, in meinem Besitz; ~*inde kitāb* mit dem Buch in der H·; [2] ~*inden almaq* [3] wegnehmen; [2] ~*inden gitmek* [3] verlorengehen, [3] abhanden kommen

آل *al* nimm! (Imp. v. آلمق)

ال *ēl* der Fremde, jemand anderer

الّا *illā* A wenn nicht; *ve* ~ sonst; im übrigen, jedoch

آلات *ālāt* A f (Pl. v. آلت) Waffen

الارغه *alarġa* I ferne, in einiger Entfernung; ~ *ḍurmaq* f· bleiben, s. f·halten; ~*dan* aus großer E·, von weither

الارقه *alarqa* = الارغه

الأمان *el-amān* A Gnade!

الای *alay* Aufmarsch, Parade; Schar, Gruppe, Haufen (Menschen); *bir* ~ [1] eine Gruppe von [3]; *bir* ~ *kefereler* einige Giauren; ~ *bağlamaq* (parademäßige) Marschordnung bilden

البتّ *elbett* = البتّه *elbette* A sicher, gewiß, bestimmt, unbedingt, auf jeden Fall; folglich; natürlich

البسه *elbise* A f (Pl. v. لباس) Kleider

آلپ *alp* Held

الت *alt* das Untere, u·r Teil; *tepeniñ* ~*ı* Fuß des Hügels; *qalʿe* ~*ına* vor die Festung; *peñğereniñ* ~*ına gelmek* unter das Fenster kommen (= treten); [1,2] ~*ında* unter [3]

آلت *altı* = التی (sechs)

التجاء *iltiğā'* A Zuflucht; [3] ~ *ētmek* bei [3] Z· suchen, s. zu [3] flüchten

التزام *iltizām* A Zustimmung; [4] ~ *ētmek* [4] für nötig halten, [4] heraufbeschwören

التفات *iltifāt* A Gunstbezeigung, Freundlichkeit; *duʿā-ı* ~ wohlwollender (= gnädiger) Segen

التماس *iltimās* A Bitte; [4] ~ *ētmek* [4] erbitten, um [4] bitten

التمش *altmıš* sechzig

التمشنجی *altmıšınğı* sechzigste(r, s)

التملك *iletmek* führen, geleiten, bringen

التنجی *altıngı* sechste(r, s)

التنده *altında* → الت *alt*

آلتون *altun, altın* Gold, G·stück, G·münze; golden

آلتی *altı* sechs

الچالمق *alčalmaq* s. herablassen

الچی *ēlči* Gesandter

الحاح *ilḥāḥ* A Nötigung; ~-ı *šedīd ētmek* heftig drängen, mit Gewalt nötigen

الحاصل *el-ḥāṣıl* A kurz (u. gut), k·um, mit e.em Wort; also, somit, schließlich

الحق *el-ḥaqq* A wahrlich! wirklich!

الحمد لله *el-ḥamdü li-'llāh(i)* A Gott sei Dank! Gottlob!

الخ (Abkürz. f. *ilā āḫirih*) A usw.

آلداتمق *aldatmaq* hintergehen, täuschen, betrügen

الزام *ilzām* A Überführung; ~ *ētmek* überführen, widerlegen, „abblitzen lassen"

الزم *elzem* A sehr notwendig, vordringlich

السلام *es-selām* A → سلام *selām*

الشدرمك *üleširmek* verteilen

آلشمش [3] *alıšmıš* an [4] gewöhnt

الف *elf* A tausend

الفت *ülfet* A Freundschaft, f·liches Verhältnis, Bekanntschaft; ~ *ētmek* in f·lichem Verhältnis stehen, F· schließen

آلفته *ālüfte* P leichtlebig, leichtsinnig

آلقیشلمق [4] *alqıšlamaq* [4] mit Beifall begrüßen, [3] zujubeln

القصّه *el-qıṣṣa* A kurz (u. gut), kurzum, mit einem Wort, schließlich

الله *Allāh* A Gott, Allah

اللی *elli* fünfzig

الم *elem* A Kummer, Trauer, Sorge

الما *elma* Apfel

آلمانجه *al(a)manğa* deutsch(e Sprache), das Deutsche

المختصّ *el-muḫtaṣṣ* → مختصّ

آلمق *almaq* nehmen, an s. n·, zum Weibe n·, wegn·, in Besitz n·, aufn·, empfangen, kaufen, fassen, holen

آلنمق *alınmaq* (ein-)genommen w.

آلود *ālūd* P beschmutzt, besudelt

آلور *alur, alır:* Ao. v. آلمق

الوهی *alūhī* göttlich; ~*yü 'l-aṣl* von g·em Ursprung, gottgegeben

الورمك *el-vērmek* genügen, (hin-)reichen; الویرر *el-vērir* es reicht, es genügt

آلهجق *alağaq* außenstehende Schuld, Außenstand, Guthaben

الهی *ilāhī*! A o mein Gott!

الهی *ilāhī* A (f ~*ye*) göttlich, Gottes-; frommes Lied, Hymnus

الی *ilā* A (bis) zu [3]; ~ *āḫiri 'l-edvār* bis ans Ende der Zeiten; → من *min*; → انقراض

آلیر *alır* Ao. v. آلمق

آلیشدیرلمق *alıšdırılmaq* erzogen w., seine Erziehung erhalten

آلیشقنلق [3] *alıšqanlıq* Gewöhnung an [4], Gewohnheit, Gewöhntsein

الیف *elīf* A befreundet, vertraut; *fażā'il-*~ den Tugenden vertraut, tugendreich

آلیقویمق *alı-qoymaq* (zurück-)behalten

الیوم *el-yevm* A heute

آلیویرمك *alı-vērmek* zu nehmen (Gelegenheit) geben, in die Hand spielen, übergeben; schnell (= gleich, mit Leichtigkeit) nehmen

ام *ümm* A Mutter; ~*ü 'l-heves* A „Mutter der Lust", genußfreudig (Frau)

امّا *ammā* A aber, doch, jedoch

آماده *āmāde* P fertig, bereit

امارات *emārāt* A f (Pl. v. اماره) Zeichen, Anz·, Kennz·, Beweise

اماسیه *Amasya* (Stadt in Nordanatolien)

امام *imām* A Vorbeter; ~-ı *sulṭānī* Hofgeistlicher

امان *amān* A Gnade, Erbarmen; ~! Gnade!, ach!, ach bitte!, oh!; ~ *dēmek* um G· bitten; *bī-*~ PA unbarmherzig, grausam

امانت *emānet* A f anvertrautes Gut; *Allāh* ~*i* heiliges Verwahrnis

امّت *ümmet* A f Volk, Gemeinde (der Gläubigen); ~*-i Muḥammed* Gemeinde (= das Volk) M·s, alle Muslims

امتحان *imtiḥān* A Prüfung; ~ *ētmek* prüfen, examinieren

امتناع *imtināʿ* A Weigerung; ~ *ētmek* (= ~ *göstermek*) s. weigern, ablehnen

امثال *emṡāl* A f (Pl. v. مثل) Beispiele; die Gleichgestellten; *debbāǧ ve* ~*i* Gerber u. ihresgleichen; *bunuñ* ~*i* dergleichen, seinesg·, seine Artgenossen

امداد *imdād* A Hilfe, Sukkurs; [4] ~ *qoymaq* [4] als Verstärkung bringen

امدی *imdi* nun (aber), also, dann; wohlan!

امر *emir* (E) A Befehl; ~ *ētmek* B· geben, befehlen

امر *emir* (E) A Sache, Angelegenheit; ~*-i ḫaṭīr* wichtige A·; ~*-i sehil* e.e Kleinigkeit

امرا *ümerā'* A f (Pl. v. امير) Herren, Fürsten; ~*-ı zamāne* die Herrscher der Zeit, zeitgenössische F·

امراض *emrāż* A f (Pl. v. مرض) Krankheiten

امراه *Emrāh* (E.N.)

امره *emre* Bruder (e-s Mönchsordens)

آمريقا *Ameriqa* Amerika

امضا *imżā'* A Durchführung, Unterschrift; ~ *ētmek* unterschreiben, unterzeichnen, durchführen; [3] ~ *ētdirmek* von [3] signieren lassen

امل *emel* A Wunsch, Verlangen

امم *ümem* A f (Pl. v. امّت) Völker

املك *emmek* saugen; [2] *qanını* ~ [3] das Blut aussaugen

امن *emn* A Sicherheit, Ruhe

امنيت *emnīyet* A f Sicherheit, Ruhe

اموال *emvāl* A f (Pl. v. مال) Waren, Güter; ~ *ü erzāq* Hab u. Gut

امور *ümūr* A f (Pl. v. امر) Angelegenheiten, Dinge, Geschäfte, Belange

اموردیده *ümūr-dīde* AP sachkundig, erfahren

اميد *ümīd* P Hoffnung, Erwartung; ~ *ētmek* hoffen, erwarten; [2] ~*iyle* in der H· auf [4]; ~ *Burnu* Kap der Guten H·

امير *emīr* A Haupt, Herrscher, Fürst; امير المؤمنين ~*ü 'l-mü'minīn* Oberhaupt der Gläubigen, Kalif

امين *emīn* A Inspektor; sicher; ~ *ü sālim* sicher (= heil) u. wohlbehalten; *ḫāṣ-ṣe(t) ḫarǧ* ~*i* Intendant der (großherrlichen) Privatschatulle

آن *ān* A Stunde, Augenblick; *bu* ~*a dek* bis jetzt; *bir* ~ *evvel* unverzüglich, auf der Stelle

انا *ana* Mutter; ~ *baba* M· u. Vater, Eltern

انا *ene* A ich

اناطولی *Anaṭolı, Anaḍolu* G Anatolien

انام *enām* A Menschengeschlecht; *pādišāh-ı* ~ Herrscher über alle Menschen

انبساط *inbisāṭ* A frohe Stimmung, inniges Verhältnis

انبيا *enbiyā'* A f (Pl. v. نبي) Propheten

انتاج *intāǧ* A Hervorbringung; ~ *ētmek* verursachen, zur Folge haben

انتباه *intibāh* A Erwachen, Renaissance

انتساب *intisāb* A Anhänglichkeit; *ḫulūṣ-ı* ~ treue Ergebenheit

انتشار *intišār* A Verbreitung; ~ *bulmaq* s. verbreiten

انتظام *intiẓām* A Ordnung, Regelmäßigkeit; ~*sızlıq* AT Unordentlichkeit, Mangel an O·

انتفاع *intifāʿ* A Nutzung, Nutzen

انتقال *intiqāl* A Abscheiden, Tod; ~ *ētmek* (ins Jenseits) hinübergehen, den Tod finden

انتقام *intiqām* A Rache

انتهاء *intihā'* A Ende; Fuß (e.es Berges)

انجام *enǧām* P Ende, Ausgang; (in Zusammensetzungen:) . . . reich, . . . voll, mit . . . begabt; *ẓafer-*~ siegreich

انجتمك [4] *inǧitmek* [4] kränken, [4] ärgern, [4] beleidigen, [4] quälen, [4] plagen, [4] angreifen, [4] verletzen, [3] ein Leid antun, [3] etwas zuleide tun

انجدمك *inǧidmek* = انجتمك

آنجق *anǧaq* allein; nur, bloß; indessen, jedoch; so(viel)

انجم *enǧüm* A f (Pl. v. نجم) Sterne; ~*-iḥtišām* prachtvoll (= strahlend schön) wie die St·

انجماد *inǧimād* A Gefrieren, Zufrieren

انجمن *enǧümen* P Gesamtheit; ~*-efrūz* P alle Welt in Brand steckend

انجنمك *inǧinmek* gequält (= geplagt, gekränkt) w.

انجى *inǧi* Perle

انجيدمك *inǧidmek* = انجتمك

انجيل *inǧīl* G-A Evangelium, Bibel

انحصار *inḥiṣār* A Beschränkung

انداخت *endāḫt* P Wurf, Schuß, (milit.:) Feuer

اندام *endām* P Körper, Natur, Wuchs

اندر *ender* P in [3]; darin

اندرمك *indirmek* = ايندرمك

اندرون *enderūn* P Privatgemächer; ~ *aġaları* Kammerherren; ~ *ḫalqı* engeres Palastpersonal

اندن, آندن *ondan, andan* davon; danach, darauf

انده, آنده *onda, anda* dort, da; bei diesem

انساب *ensāb* A f (Pl. v. نسب) Verwandte, Angehörige

انسان *insān* A Mensch, m·liches Wesen

انسانلق *insānlıq* AT menschliche Natur, Menschlichkeit, Humanität, Bildung

انسانيت *insānīyet* A Menschlichkeit, Humanität, Menschenwürde

انسب *enseb* A sehr zweckmäßig; z·er, passender

انصاف *inṣāf* A Gerechtigkeit, Billigkeit, Mäßigung; ~*a gelmek* Milde walten lassen

انصافسز *inṣāfsız* AT unbillig, rücksichtslos

انطباع *inṭibā'* A Abdruck; ~ *ētdirmek* einprägen, einpflanzen

انعام *en'ām* A f (Pl. v. نعم) Wohltaten

انعام *in'ām* A Gnadenerweisung, Gunstbezeigung, Gnadengeschenk, Belohnung; [3] ~ *ētmek* [3] Gnade erweisen, [3] ein Geschenk machen, [4] belohnen

انقراض *inqırāż* A Sturz, Fall, Zusammenbruch, Ende; *ilā* ~*i 'd-devrān* A bis ans Ende der Zeiten

انقطاع *inqıṭā'* A Unterbrechung; ~ *bulmaq* unterbrochen w.

انك, آنك *anıñ* (Genitiv) → § 95

انكار *inkār* A Leugnen; ~ *ētmek* verneinen, (ab-)leugnen

آنكله *anıñ-la* mit ihm (= ihr); damit

انكليز *ingiliz* I englisch; Engländer

انكورس *Üngurus, Engürüs* L Ungarn

انكيچون *anıñ-ičün* deswegen

آنلر *anlar* (Pl.) sie, jene, diese; → § 95

انلى *enli* breit

آنمق *anmaq* = آكمق

انه *anne* Mutter

انواع *envā'* A f (Pl. v. نوع) (verschiedene) Arten; ~*-ı iḫtirā'āt* verschiedene Erfindungen, allerlei Entdeckungen

انهاء *inhā'* A Mitteilung, Ankündigung

انهار *enhār* A f (Pl. v. نهر) Flüsse, Ströme

انهزام *inhizām* A Niederlage

آنی *anı* (Akk.) ihn, sie es, jene(n, s); → § 95

انین *enīn* A Seufzen, Stöhnen

آو *av* Jagd, Wild

أو *ev* Haus; ~ *ṣāḥibi* Hausherr; ~*(in)e gelmek* ins H· zurückkehren, heimkommen

او *o* jene(r, s); diese(r, s); er, sie, es; ~ *bir* (*öbür*) der (= die, das) andere

اواخر *evāḫır* A f (Pl. v. آخر) die letzten (zehn) Tage des Monats

آواره *āvāre* P umherschweifend, heimatlos; verstört, unglücklich verliebt; Landstreicher; ~ *olmaq* v· sein, h· w.

آواز *āvāz* P (volle, laute) Stimme

اواسط *evāsıṭ* A f (Pl. v. اوسط) die mittleren (zehn) Tage des Monats

آوان *āvān* A f (Pl. v. آن) Augenblicke, Zeiten

اوائل *evā'il* A f (Pl. v. اوّل) frühere Zeiten; ~*de* früher, seinerzeit; ~*-i ḥālde* zuerst, anfangs

اوباش *evbāš* A f (Pl. v. وبش) Gesindel

اوپمك *öpmek* küssen

أوت *ot* Gras, Kraut, Pflanze, Gewürz

اوّت *evvet* ja, wohl; freilich; ~ ? ja, und?

اوتاجيلو *otağılu* (ärztliche) Pflege erfordernd

اوتاق ، اوتاغ *utaġ, otaq* großes Zelt, Prunkz·, Fürstenz·, Z·burg

اوتانمق *utanmaq* s. schämen, verlegen sein

اوترمق *oturmaq* = اوتورمق

اوتلامق *otlamaq* grasen, weiden; vergiften

اوتمك *ötmek* singen (v. Vogel)

اوتورمق *oturmaq* s. setzen, s. niederlassen, (da-)sitzen; (da-)bleiben, wohnen

اوتوری [6] *ötürü* wegen [2], betreffend [4], hinsichtlich [2]

اوتوز *otuz* dreißig; اوتوزر ~*ar* je d·

اوته *öte* jene Seite, das Jenseitige, drüben, gegenüber; ~*ye beriye* hinüber u. herüber, hierhin u. dorthin; ~*den* von der anderen Seite (her)

اوته‌کی *öteki* der (= die, das) andere

اوج *uğ* Ende, Spitze; Ursache; *baš* ~*unda* dicht daneben, gleich bei der Hand, hart zur Seite

اوج *evğ* A höchster Punkt; ~*-i semāya* zum Zenit, himmelhoch

اوجاق ، اوجاغ *oğaġ, oğaq* Herd, Familie

اوجاقلق *oğaqlıq* Hausdomäne

آوجيلق *avğılıq* Jägerei, Jagd

اوچ *üč* drei

اوچار *učar*: Ao.v. اوچمق

اوچر *üčer* je drei

اوچقور *učqur* Hosenband (um die Hüften)

اوچماق *učmaq* Paradies, Himmel

اوچمق *učmaq* fliegeu, davonf·

اوچنجی *üčünğü* dritte(r, s)

اوچورتمه *učurtma* Papierdrachen

اوچوروم *učurum* Abgrund

اوح *avaḥ* o weh!

اوخشامق *oḫšamaq* liebkosen, streicheln, tätscheln

اود *od* Feuer; [4] ~*a* (*v*)*urmaq* [4] in Brand stecken, an [4] F· legen

اوده *oda* Zimmer, Kammer; (Janitscharen-)Kompanie

اورا *ora* (jener Ort): ~*da* an jener (= dieser) Stelle, in jenen Gegenden, dort; ~*dan* von dort; ~*sı* (der Platz) hier, jene Stelle (e-s größeren Raumes)

اوراق *evrāq* Af (Pl. v. ورق *varaq*) Blätter, Akten, Urkunden

اورتا *orta* = اورته

اورتمك *örtmek* bedecken, verschleiern

اورتو *örtü* Decke, Schleier; *baš* ~*sü* Sch·

اورته *orta* Mitte; ~ *yēr* der Raum zwischen zwei oder mehreren Personen (oft unübersetzbar); ~*dan qalqmaq* verschwinden, beseitigt werden; ~*dan qaldırmaq* beseitigen, vernichten; ~ *ḥālli* mittelmäßig begütert, Mittelstands-

اورخان *Orḫan* („Herr des Heeres“) (E.N.)

اوردك *ördek* Ente

اوردو *ordu* Heer, H·lager

اورده *orda* dort (= اوراده → اورا)

اورر (*v*)*urur*: Ao.v. اورمق

اورلمق (*v*)*urulmaq* geschlagen (= getroffen) w.; ³ ~ von ³ bezaubert (= gebannt) w.

اورمان *orman* Wald; ~*lıq* W·, W·ung

اورمق ⁴(*v*)*urmaq* ⁴ (ab-, er-)schlagen, ⁴ treffen, ⁴ verwunden, an ⁴ klopfen (= pochen), auf ⁴ schießen, ⁴ erschießen, ⁴ (Schläge) versetzen; *bilmeze* ~ s. unwissend stellen; *kendini dīvāneliğe* ~ s. wahnsinnig stellen; *oda* ~ in Brand stecken

اوروپا *Avrupa* G Europa; ~*ğa* in E; ~*lı* Europäer

اوروج *oruğ* Fasten; ~ *ayı* der (muslimische) F·monat (*Ramażān*)

اوز *öz* selber, selbst; ~ *ben* ich s·

اوزاتمق *uzatmaq* lang machen, verlängern, ausstrecken, ausdehnen; → دل

اوزاق *uzaq* fern, entfernt, entlegen; ⁶ ~ *qalmaq* von ³ fern (= getrennt) sein

اوزانمق *uzanmaq* s. ausstrecken, s. hinstr·

اوزر *üzer* Oberseite; ² ~*ine* auf ⁴, über ⁴, gegen ⁴; *bunuñ* ~*ine* daraufhin, dahin, in diesem Sinne; ² ~*ine yürümek* auf ⁴ losgehen, gegen ⁴ (zu Felde) ziehen

اوزره ¹ *üzere* auf ³, gemäß ³; *ayaq* ~ auf den Füßen (stehend); *selāmet* ~ in Sicherheit, heil u. sicher; *bir ḥāl* ~ *olmaq* s. in e-m Zustand befinden, von e-m Z· erfüllt sein; *nefret* ~ *olmaq* = *n· ētmek*; *bir biri* ~ auf-, übereinander; *bulmaq* ~ um zu finden; *gitmek* ~*yim* ich beabsichtige (= schicke mich an, bin im Begriffe, treffe Anstalten) fortzugehen, ich bin im Fortgehen

اوزكه *özge* eigenartig, hervorragend

اوزون *uzun* lang, hochgewachsen

اوست *üst* Oberseite, Oberteil, Oberfläche; *aqšam* ~*ü* gegen (= kurz vor) Abend; ² ~*üne* auf ⁴; ² ~*ünde* auf ³, über ³, oberhalb ²

اوصطره *usṭura* P Rasiermesser

اوضاع *evżāʿ* A f (Pl. v. وضع) Manieren, Aufführung, Benehmen

اوطاغ *uṭağ*, *oṭağ* = اوتاغ

اوطورتمق *oṭurtmaq* setzen

اوطورمق *oṭurmaq* = اوتورمق

اوطه *oḍa* = اوده; *büyük*, *küčük* ~ Große, Kleine Kammer (= Abteilungen der Leibpagen des Sultans)

اوغر *uğur* (E) Glück; ¹ ~*una* um ² willen, für ⁴, zum Zwecke ²

اوغرامق ³ *uğramaq* auf ⁴ treffen, ³ begegnen, in ⁴ geraten, ³ verfallen

اوغل *oğul* (E) Sohn, Kind; (als Anrede gegenüber Jüngeren:) Mein S·!

اوغلان *oğlan* Sohn, Knabe, Jüngling, Bursche; *ič* ~ Leibpage

اوغلانجق *oğlanğıq* Knäblein, (kleiner) Bub, Bursche, armer Junge (= Bursche)

اوغوشدیرمق *oğušdurmaq* reiben

اوغول *oğul* = اوغل

اوغولتی *uğultu* Brausen, Dröhnen, Getöse

اوفاجق *ufağıq* (ganz) klein

اوفاق *ufaq* klein

اوق *oq* Pfeil; ~ *atımı* P·schuß

اوقتمق *oqutmaq* = اوقوتمق

اوقدر *o-qadar* so (sehr), so viel, so groß

اوقشامق *oqšamaq* = اوخشامق *oḫšamaq*

اوقوتمق *oqutmaq* (s. vor-)lesen lassen

اوقومق *oqumaq* (laut) lesen, vorl·; اوقور يازار *oqur yazar* lesen u. schreiben könnend, schriftkundig

اوقونمق *oqunmaq* (vor-)gelesen w.

اوقه *oqqa* (türkisches) Pfund (1,282 kg)

اوك *öñ* Vorderseite; ~ *ṭaraf* V·; [2] *~üne* vor [4]; [2] *~ünde* vor [3]; [4] *~üne qatmaq* [4] vor s. hertreiben (= hergehen lassen)

اوكا *oña*: Dativ v. او *o*

اوكرتمك [3] [4] *öğretmek* [4] [4] lehren

اوكردر *öğredir*: Ao. v. اوكرتمك

اوكرنمك ، اوكرەنمك *öğrenmek* lernen, erkennen, verstehen, erforschen

اوكسوزلك *öksüzlük* Verwaistsein

اوكله *öğle* Mittag; ~ *vaqti* M·szeit, zu M·, am M·, m·s; *~den evvel* Vorm·, v·s; *~den ṣoñra* Nachm·, nachm·s

اوكنجه *öñünğe* vor ihm (her)

اوكنده *öñünde*, اوكنه *öñüne* → اوك

اوكوز *öküz* Ochse, Stier

اول *ol* jene(r, s), diese(r, s); er, sie es,

اوّل *evvel* A erste(r, s), früher; Anfang; [6]~ vor [3]; *zamān-ı* ~ die frühere (= alte) Zeit; *eñ* ~ zu allererst; [6] *bir sāʿat* ~ e.e Stunde vor [3]; *bir gün* ~ unverzüglich, möglichst bald; *~den* (schon) vorher (= früher); *~leri* (jeweils) vorher (= früher)

اوّلا *evvelā* A zuerst, erstens

اولا (= اولى) [6] *evlā* A besser als [1]

اولا *ola*: Optativ v. اولمق *olmaq*

اولاجق *olağaq* sein werdend, wer sein kann

اولاد *evlād* A f (Pl. v. ولد) Kinder, Nachkommen; (im T auch Sg.:) Kind, Sohn; [4] *kendine* ~ *ētmek* [4] an Kindes (= Sohnes) Statt annehmen

اولاشمق [3] *ulašmaq* zu [3] gelangen, zu [3] finden, s. mit [3] verbinden

اوّلجه *evvelğe* AT früher, zuvor, (im Buch:) weiter oben

اولدرمك *öldürmek* töten, erschlagen, umbringen

اوّلدن *evvelden* → اوّل

اولدورمك *öldürmek* = اولدرمك

اوّلسى *evvelsi* AT vorgestrig; ~ *ṣabāḥ* vorgestern früh (= vormittags)

اولشدرمك *ülešdirmek* verteilen, aufteilen

اولقدر *ol-qadar* so (sehr, viel, groß), dermaßen; *bir* ~ *daḫi* noch einmal so lang

اوّلكندن *evvelkinden* (§ 73,4) → اوّلكى

اولكه *ülke* Land

اوّلكى *evvelki* AT früher, vorherig; *~den* (= *~nden*) *ziyāde* mehr als vorher

اولم *ölüm* = اولوم

اولمق *olmaq* sein, bestehen; werden, entstehen, geschehen, s. ereignen, vorfallen; möglich sein, gelingen; s. befinden, weilen, wohnen; (vgl. § 179); *olur* (es) ist möglich, geht an; *ne oluyorsuñuz?* Was habt Ihr?, Was ficht Euch an?; *ne olduñ?* Was bist Du (= was ist aus Dir) geworden?, Was hast Du?, Was ist los mit Dir?; *olmadı* es ging (= gelang) nicht, es nützte nichts, er (= sie, es) ist noch nicht reif; *olsa olsa* (§ 514, 12) höchstens, im besten Falle

اوللك *ölmek* sterben, umkommen

اولندرمك *evlendirmek* verheiraten

اولنمق *olunmaq* (gemacht) werden (als Passiv v. *ētmek* in phraseologischen Verben: *fetḥ* ~ erobert w.)

اولنمك *evlenmek* (s. ver-)heiraten

اولو *ölü* tot; Leichnam

اولو *ulu* groß, berühmt

اولور *olur*: Ao. v. اولمق

اولوقت *ol-vaqit* damals

اولوم *ölüm* Tod, Sterben

اولومق *ulumaq* heulen, bellen, kläffen

اوله *ola*: Optativ v. اولمق

اولەرق [1] *olaraq* [1] seiend, als [1] (§ 476)

اولى *evlā* A trefflichst; ~ *vülāti ʾl-muvaḥḥidīn* T·er der Sachwalter der Rechtgläubigen

اولى *ūlā* Af die erste; *qurūn-ı* ~ Altertum, Antike

اولیش *oluš* das Sein (§ 512,7)

اومر *umar*: Ao. v. اومق

امق *ummaq* hoffen, erwarten

اوموز *omuz* Schulter

اون *on* zehn; ~ *iki* zwölf

اوندن *ondan* : Abl. v. او o; ~ *ṣoñra* nach jenem, danach, nachher

اونك *onuñ*: Gen. v. او *o*

اونلر *onlar*: Pl. v. او *o*

اونوتمق *unutmaq* vergessen

اونی *onı, onu*: Akk. v. او *o*

آووتمق *avutmaq* beruhigen, beschwichtigen, trösten

آووج ، آووچ *avuǧ, avuč* hohle Hand, e.e H·voll

آوونمق *avunmaq* s. beschwichtigen lassen

اویاندرمق *uyandırmaq* erwecken, erregen

اویانمق *uyanmaq* (er-, auf-)wachen

آویخته *āvīḫte* P hängend; ~ *ētmek* aufhängen, spannen

اویقو *uyqu* Schlaf; ~*suzluq* S·losigkeit

اویله *öyle* so, solch(e); ~ *ise* wenn dem so ist, in diesem Falle, dann; ~*ǧe* ebenso

اویمق *uymaq* gehorchen, folgen

اویناتمق *oynatmaq* spielen lassen, (Waffen:) schwingen

اویناشمق *oynašmaq* miteinander spielen (= scherzen), s. necken, s. tummeln

اوینامق *oynamaq* spielen, tanzen

اوینانمق *oynanmaq* gespielt w.

اوینایش *oynayıš* Spiel(en), Bewegung, Wink

اویوتمق *uyutmaq* einschläfern, schlafen lassen

اویون *oyun* Spiel

آه *āh* P Seufzer; ~! Ach!; ~ *ētmek* seufzen; ~ *u zār* Seufzen u. Klagen

اهالی *ahālī* Af (Pl. v. اهل) Leute, Hausgenossen, Volk

اهتمام *ihtimām* A Sorge, Obs·, Förderung; ³ ~ *ētmek* ⁴ fördern; ⁴ *teklīfde* ~ *ētmek* s. die Mühe nehmen ⁴ vorzuschlagen

آهسته *āheste* P langsam; → خرام

اهل *ehil* (E) A Herr, Besitzer, Gatte, Hausgenosse; Bevölkerung, Volk; ~*i* die dafür befähigten Leute; *nā*-~ unfähige Leute; *šerīʿat* ~*i* Anhänger des Religionsgesetzes; ~-*i derd* die Kummerbeladenen; ~-*i dil* herzensgut, voll Herzensgüte; ~-*i ḥāl* der (= die) Mystiker; ~-*i İslām* Volk des Islam, Muslims; ~-*i šefqat* Mann der Milde, mild; ~-*i meǧlis* Leute (in) der Versammlung, die Versammelten; ~-*i nüǧūm* Astrologen, Sterndeuter

اهمّ *ehemm* A sehr notwendig, (höchst) wichtig

اهمال *ihmāl* A Nachlässigkeit; ⁴ ~ *ētmek* s. wenig um ⁴ kümmern, ⁴ geringschätzen, ⁴ vernachlässigen, ⁴ übersehen

اهمیت *ehemmīyet* Af Bedeutung, Wichtigkeit; ³ ~ *vērmek* ³ B· beimessen, auf ⁴ Wert legen

آهنك *āheng* P Melodie, Harmonie, Musik

آی *ay* Mond; Monat

ای *ey*! also!, denn!, oh!, ei!, he!, höre!; ~ . . .? na und . . .? ~ *ana*! o Mutter!

آیا *āyā* P . . . denn?

آیا *aya* Tante

ایا صوفیه *Aya Ṣofya* G Hagia-Sophia (Moschee in Stambul)

آیات *āyāt* Af (Pl. v. آیت) Symbole, Vorzeichen

ایاق ، ایاغ *ayaġ, ayaq* Fuß, Bein, ~ ~ F· vor F·, im Schritt; ~ *üzere qalqmaq* aufstehen, s. erheben; ² ~*ına düšmek* s. ³ zu Füßen werfen

ایالت ***eyālet*** **A f Statthalterschaft, Provinz**

ایّام ***eyyām*** **A f (Pl. v. یوم) Tage, Zeit**

ایت ***ēt***: Imperativ v. *ētmek*

ایتدورمك ، ایتدیرمك ، ایتدرمك ***ētdirmek*** machen lassen (§ 514d 4a, v. *ētmek*)

ایتمق ***ayıtmaq*** sagen, sprechen, fragen

ایتمك ***ey(i)tmek*** sagen, sprechen, fragen

ایتمك ***ētmek*** machen, tun ausführen; (zur Bildung phraseologischer Verben, § 179); ^{4} ^{1} ~ ^{4} zu ^{3} machen; *ētme(yiñ)* nicht (doch)!

ایجاب ***īǧāb*** A Erfordernis; ~ *ētmek* notwendig sein, nottun

ایجاد ***īǧād*** A Erfindung; ~ *ētmek* erfinden

ایچ ***ič*** Inneres, Inhalt; ~ *ẖalqı* Palastpersonal, Pagen; ~ *ṭaraf* Innenseite; ^{2} ~*ine* in ^{4} (hinein); ^{2} ~*inde* in ^{3}, innerhalb ^{2}, binnen ^{2}, unter ^{3}

ایچرمك ***ičirmek*** zu trinken geben, einflößen

ایچرو ***ičerü, ičeri*** hinein, herein; ~ *girmek* h·gehen, eintreten; ~*ye* hinein

ایچره ^{1} ***ičere*** in ^{3}, in ^{4}; *baḥr* ~ im Meere; *ormanlar* ~ in das Dickicht

ایچری ***ičeri*** = ایچرو

ایچلمك ***ičilmek*** getrunken (= geraucht) w.

ایچلی ***ičli*** empfindlich, zart besaitet

ایچمك ***ičmek*** trinken, einschlürfen, (Tabak) rauchen

ایچنده ***ičinde*** → ایچ; ~*ki* darinnen befindlich

ایچون ^{1} ***ičün, ičin*** wegen ^{2}, für ^{4}, um ^{4}, um ^{2} willen; *Allāh* ~ um A·s willen, A· zuliebe; *siziñ* ~ für euch, euretwegen, um euretwillen; *onuñ* ~ deswegen, daher; ^{1} ~ *olmaq* für ^{4} (bestimmt) sein

ایچیرمك ***ičirmek*** = ایچرمك

ایچین ***ičin*** = ایچون

ایدر ***ey(i)der***: Ao. v. ایتمك *ey(i)tmek*

ایدر ***ēder***: Ao. v. ایتمك *ētmek*

ایدلمك ***ēdilmek*** gemacht werden (Passiv v. ایتمك *ētmek*, vgl. § 179)

ایدنمك ^{4} ***ēdinmek*** ^{4} für s. machen (= nehmen), s. ^{4} verschaffen, s. ^{4} aneignen, ^{4} annehmen, ^{4} erwerben, s. ^{4} beilegen

ایدوکی ***idüği, idiği*** sein Sein (§ 269)

ایدی ***idi*** er (sie, es) war (§ 185)

ایدیش ***ēdiš*** das Machen (§ 512,7, v. *ētmek*)

ایراث ***īrāṯ*** A Verursachung; ~ *ētmek* verursachen

ایراد ***īrād*** A Beibringung, Anführung (e.s Beweises); Einkommen; ~ *ētmek* anführen, vorbringen, (Frage) stellen

ایرتسی ***ērtesi*** nächste(r, s) folgende(r, s); ~ (*gün*) der f· Tag, am n·n Tag

ایرشمك ^{3} ***ērišmek*** bei ^{3} anlangen (= ankommen), ^{4} erreichen, zu ^{3} gelangen

ایرغ ***ırıġ*** = ایرق *ırıq*

ایرق ***ırıq*** Zauber, Talisman

آیرق ***ayrıq*** anders; (mit Negation:) (nicht) mehr

آیرلق ^{6} ***ayrılmaq*** s. von ^{3} trennen (= entfernen, [ab-]sondern, abwenden), ^{4} verlassen; ^{2} *yanından ayrılmamaq* ^{3} nicht von der Seite weichen

ایرماق ***ırmaq*** Fluß

آیرمق ***ayırmaq*** trennen, scheiden, auseinanderhalten, absondern, (her-)ausschneiden; ^{4} ^{6} ~ ^{4} von ^{4} unterscheiden, zwischen ^{3} u. ^{3} e.n Unterschied machen

ایرمك ^{3} ***ērmek*** zu ^{3} herbeikommen (= gelangen, heranreichen), ^{4} erreichen, ^{4} erlangen; *murādına* ~ zu seinem Wunsche (= ans Ziel seiner Wünsche) g·

آیری ***ayrı*** getrennt, unterschieden, anders

ایریشدرمك ***ērišdirmek*** (Wunde) zufügen, beibringen

ایریشمك ***ērišmek*** = ایرشمك

آیریلمق ***ayrılmaq*** = آیرلق

اريلشمش *irilešmiš* (in) vergrößert(er Ausgabe)

از *iz* Spur, Fußstapfe

ايس *is* Ruß, Rauchschwärze

ايستر *ister*: Ao. v. ايستمك

ايستمك ، ايستهمك *istemek* = استمك

ايسلى *isli* rußig, verräuchert, rauchgeschwärzt

ايسه *ise* wenn er (sie, es) ist (§ 213); jedoch, aber, hingegen (§ 504, 3); *ölmekden* ~ statt zu sterben (§ 438, 7); *ne* ~: → نه

ايش *iš* Werk, Tat, Arbeit, Ding, Sache, Geschäft, Angelegenheit, Aufgabe; [1] *ile* ~*im yoq* ich habe mit [3] nichts zu schaffen, ich will mit [3] nichts zu tun haben

ايشتمك *išitmek* hören, vernehmen

ايشته *ište* (so-)eben, gerade; siehe! hier ist (ja) . . .!; nun (also), . . .

ايشلديلمك *išledilmek* bearbeitet w., betrieben (= vorangetrieben) w.

ايشلمك ، ايشلهمك *išlemek* arbeiten, tätig sein; feuern = spielen (Geschütz)

ايشيتمك *išitmek* = ايشتمك

ايشيدلمك ، ايشيديلمك *išidilmek* gehört w., zu hören sein, verlauten

ايشيدر *išidir*: Ao. v. ايشتمك

ايصال *īṣāl* A Hinsendung; ~ *ētmek* hinführen, (hin-)schicken, (hin-)bringen

ايصرمق *ısırmaq* beißen; *parmaq* ~ s. auf den Finger beißen, verblüfft sein

ايصيرغان *ısırġan* Brennessel

ايصيرمق *ısırmaq* = ايصرمق

ايضاح *īżāḥ* A Erklärung; ~ *ētmek* erklären, erläutern

ايفاء *īfā'* A Ausführung; ~ *ētmek* ausführen

ايكلتى *iñilti* Ächzen, Stöhnen, Geseufze, Gewimmer

ايكلهمك *iñlemek* seufzen, ächzen, stöhnen, wimmern

ايكن *iken*: § 288; 478

ايكنجى *ikinği* zweite(r, s)

ايكى *iki* zwei; ~*si* (alle) beide

ايكيشر *ikišer* je zwei

ايكييوز *ikiyüz* zweihundert

ايل *ēl* Leute, Volk, Land; Fremder

ايلتمك *iletmek* (hin-, fort-)bringen, (hin-)führen, befördern

ايلچى *ēlči* Gesandter

ايلچيلك *ēlčilik* Gesandtschaft, Amt e.s Unterhändlers (= Parlamentärs, Abgesandten)

ايلدر *iledir*: Ao. v. ايلتمك

ايلرو *ilerü, ileri* (nach) vorne, vor(an), vorwärts, weiter; ~*ğe* ein wenig voraus; ~*de* vorne, voraus; ~ *varmaq* vordringen

ايلرى *ileri* = ايلرو

ايلريلمك *ilerilemek* vorwärts gehen, vorg·, weiterg·

ايلك *ilk* erste(r, s)

ايلمك *eylemek* tun, machen, bewirken; (zur Bildung v. phraseologischen Verben wie ايتمك *ētmek* verwendet: *terk* ~ = *terk ētmek*)

ايله *eyle*: Imperativ v. ايلمك

ايله *eyle, öyle* = اويله

ايله [1] *ile* mit [3], samt [3], vermittels [2], infolge [2], unter der Wirkung [2]; und [1]; *qarġa* ~ *ṭūṭī* Rabe und Papagei

ايليشمك [3] *ilišmek* s. an [4] heften, an [3] hängenbleiben

ايلييش *eyleyiš* das Machen (§ 512, 7)

ايم *-im* ich bin (§ 174a); *seniñ*-~ ich bin dein

ايمپراطور *imperaṭor* L (römischer) Kaiser; ~*luq* (K·-)Reich; *šarq* ~*luġu* Ost(römisches = Byzantinisches) R·

ايمدى jetzt, nun (denn), wohlan

ايناڭمق *inanmaq* glauben

اینجیتمك *inğitmek* = انجتمك

اینجه *inğe* zart, fein, schlank; ∼ *bel* z·e Taille, sch·er Leib; ∼*den* ∼*ye* eingehend, genau

ایندرمك ، ایندیرمك *indirmek* niederstellen, abst·, absetzen, hinab(-sinken) lassen, herabholen, absteigen lassen, (vom Pferde) herabheben, (Boot) zu Wasser lassen

اینك *inek* Kuh

اینمك *inmek* absteigen, hinunterklettern; *atdan* ∼ absitzen

ایو *eyü, iyi* gut, schön; ∼*si* am besten (ist es); lieber

ایواه *eyvāh!* ach!, oh!, wehe!

ایوجه *eyüğe, iyiğe* (§ 511, 6b) recht gut, tüchtig

آیول *ayol!* Mensch(enskind)!, Mein Lieber!

آیة الكرسی *āyetü 'l-kürsī* A der Thronvers (aus der 2. Koransure: „Himmel u. Erden umfaßt Dein Thron")

ای *eyi, iyi* = ایو

آیین *āyīn* P Ritus, Regel; *bālīn-i šehādet-*∼ durch das Märtyrertum geweihtes Todeslager

ب

ب *be* ¹ P bei ³, mit ³, an ³

ب *bi-* A bei ³, mit ³, an ³, in ³; → بامر

با *bā* ¹ P mit ³, auf Grund ²; ∼*-ṣevāb* richtig, treffend

باب *bāb* A Türe, Tor, Pforte (= Sultanshof); Kategorie, Betreff; *bu* ∼*da* in dieser Sache, diesbezüglich; ¹ ∼*ında* betreffs ²

بابا *baba* Vater; ∼*ğığım* mein lieber (guter) Vater; ³ ∼*lıq ētmek* an (= bei) ³ Vaterstelle vertreten

باتمق ³ *batmaq* in ⁴ sinken, in ³ vers·

باجی *bağı* (ältere) Schwester; (familiär:) Eheweib, Gattin

باد *bād!* P soll sein! sei(en)!

باده *bāde* P Wein

بادی ³ *bādī* A ⁴ schaffend; ³ ∼ *olmaq* ⁴ bewirken, ⁴ zustande bringen

بأذن *bi-izn* A mit Erlaubnis (= Verlaub)

بار *bār* P Bürde, Last, Sorge; Mal; *her* ∼ jedesmal, allemal, immer

بارق *bāriq* A blitzend; ∼ *olmaq* (hernieder) zucken; s. entladen, niederbrechen

بارگاه *bārgāh* P Hof, Palast, Staatszelt

بارگیر *bārgīr* P Pferd, Lastpf·, Gaul

باروت *bārūt* (Schieß-)Pulver; ∼*-ı siyāh* Schwarzp·, Schießp·

باری *bārī* P einmal, wenigstens, doch

بازار *bāzār* P Markt, M·platz, Basar

بازرگان *bāzırgān* P Kaufmann, Handelsmann

بازو *bāzū* P Arm, Kraft; ∼*-šikeste* P mit gebrochenen A·en (= Kräften)

باش *baš* Kopf, Haupt, oberes Ende, Spitze, Oberhaupt, Hauptmann, Anführer, Vorsteher; Leben (→ قویمق;); ∼*-bazar* Hauptmarkt; ∼ *būġ* Befehlshaber, Anführer; ² ∼*ına gelmek* über ² Haupt kommen, ³ zustoßen, ³ widerfahren; *ḍaġ* ∼*ı* → طاغ; ¹ ∼*ına* zu ³; *češme* ∼*ına* zum Brunnen, an den B·; ¹ ∼*ında* bei ³, an ³; *češme* ∼*ında* am Brunnen; *ṣofra* ∼*ında* bei Tisch, beim Essen; ∼*ıñızıñ tedārikini görüñ* trefft Vorsorge für euren Kopf (= euer Leben) = seht zu, wie ihr euch aus der Schlinge zieht!

باشقه *bašqa* andere(r, s); ⁶ ∼ außer ³, anders als ¹; *senden* ∼ außer dir; ∼ *yerlerde* andernorts; ∼*ları* (die) andere(n Leute);

باشلامق ³ *bašlamaq* ⁴ beginnen, ⁴ anfangen; *gülmeğe* ∼ zu lachen anfangen

باشلانيلمق [3] *bašlanılmaq* mit [3] begonnen w.

باشلمق *bašlamaq* = باشلامق

باشليجه *bašlıǧa* hauptsächlich, wichtigst

باصديرلمق *basdırılmaq* drucken gelassen w., zum Druck gegeben w.

باصديرمق *basdırmaq* drucken lassen

باصلمق *basılmaq* getreten w., gedruckt w., (ein-)gedrückt w.

باصمق *basmaq* drücken, drucken; überfallen

باصمه *basma* gedruckt, bedruckt; Druck; ~*ǧı* (Buch-)Drucker

باصيلمق *basılmaq* = باصلمق

باطن *bāṭın* A das (den Augen verborgene) Innere, Herz

باع *bāʿ* A Klafter

باعث [3] *bāʿis* A zu [3] führend, [4] herbeiführend, [4] bewirkend, [4] verursachend; Urheber [2]; ~*-i niẓām* U· der Ordnung

باغ *bāġ* P Garten, Weing·, Weinberg

باغبان *bāġbān* P Gärtner, Gartenwächter, Winzer

باغجى *bāġǧı* PT = باغبان

باغچه *bāġče* P Garten; ~*-bān* P = ~*ǧi* PT Gärtner; ~*li* PT v. Gärten umgeben

باغرسق *baġırsaq* Darm, Gedärme, Eingeweide

باغرمق *baġırmaq* rufen, schreien, brüllen; → چاغرمق

باغلمق *baġlamaq* (an-)binden, knüpfen, fesseln; → آلاى u. كوكل

باغلو *baġlu, baġlı* gebunden, ang·

باقايم *baqayım* (Opt. v. باقق) ich will (mal) sehen; doch; *gel* ~*!* komm doch!

باقدرمق *baqdırmaq* anschauen (= untersuchen) lassen

باقراچ *baqrač* (kleiner) Kessel, Topf (mit Stiel), Kanne

باقق [3] *baqmaq* auf [4] blicken, [4] ansehen, [4] betrachten, nach [3] sehen, auf [4] achten (= acht geben), [4] untersuchen, [4] prüfen; *baqar ki* (da) sieht er (= sie), daß; *baqdım ki* siehe da; ich sah, daß; باقلم → باقهلم

باقنمق *baqınmaq* s. umschauen, s. umsehen

باقهلم *baqalım* (Opt. v. باقق) wir wollen sehen, doch; *gel* ~ ! Komm doch! *Ničin* ~*?* Warum denn?

باقى *bāqī* A bleibend, (weiter-)bestehend, übrig; (auch E.N.); im übrigen

بال *bāl* A Herz, Seele

بال *bal* Honig; ~ *mumu* Wachs, W·kerze

بالا *bālā* P hoch; oben; ~*da ẕikr olunan* der (die, das) Obenerwähnte (= Obengenannte)

بالآخره *bi-'l-āḫara* A später, darauf, nachher, in der Folge, schließlich

بالامتحان *bi-'l-imtiḥān* A auf Grund e.r Prüfung

بالتهوّر *bi-'t-tehevvür* A im Ungestüm, im (blinden) Eifer

بالجمله *bi-'l-ǧümle* A insgesamt; alle(samt)

بالذات *bi-'ẕ-ẕāt* A in eigener Person, persönlich, selbst; ~[1] [1] (höchst) p·; niemand anderer als [1]

بالعكس *bi-'l-ʿak(i)s* A im Gegenteil, auf der anderen Seite

بالغ [3] *bālıġ* A [4] erreichend; ~*-ı naṣb-ı ḥuẓūẓ olmaq* zur Erhebung von Freudengefühlen gelangen, s. freuen

بالغا ما بلغ *bāliġā mā balaġa* A in (über-)reichem Maße

بالق *balıq* Fisch

بالقان *Balqan* Balkan; ~ *ḥarbi* B·krieg

بالقچى *balıqčı* Fischer

بالكليه *bi-'l-küllīye* A zur Gänze, völlig, ganz u. gar

بالله *bi-'llāh(i)!* A bei Allah! bei Gott!; ~*i 'l-ʿaẓīm!* bei A· dem Großen!

بالی بابا *ballı baba* Taubnessel

بالیق *balıq* = بالق

بالین *bālīn* P Kissen, Lager

بامر الله *bi-emri 'llāh(i)* A mit Gottes Befehl, nach Allahs Willen

بان *ban* S Banus (slaw. Fürst)

بانو *bānū* P Dame, (gnädige) Frau, Fürstin; ~-ı *ǧihān* Welt-F·, hochedle D·

بای *bay* wohlhabend, reich

بایراق *bayrāq* P Fahne

بایرام *bayrām* P → بیرام

بایلمق *bayılmaq* in Ohnmacht fallen

ببك *bebek* Puppe, Pupille

بتر *beter* P schlecht, schlimm

بتر *biter*: Ao. v. بتمك

بترمك *bitirmek* zu Ende führen, endigen, erledigen, ein Ende machen

بتقدیر الله *bi-taqdīri 'llāh(i)* A durch Allahs Fügung, nach A·s Ratschluß

بتمك *bitmek* wachsen, hervorsprießen

بتون *bütün* ganz, gänzlich, insgesamt; sämtliche, alle; ~ ~ ganz u. gar, in seiner Gesamtheit, von Grund aus

بچ ، بج *Beğ, Beč* U Wien

بچاق *bıčaq* Messer

بچق *bučuq* (und) einhalb; *dört* ~ viereinhalb

بحث *baḥis̱* (E) A Betreff, Thema, Behauptung; [6] ~ *ētmek* von [3] (= über [4]) sprechen, behaupten; [1] ~*inde* hinsichtlich [2], in puncto [1]

بحر *baḥir* (E) A Meer

بحراً *baḥren* A zur See, über das Meer

بحری *baḥrī* (f: ~*ye*) A zum Meer gehörig, Meeres-, marin; ~*ye* Marine

بحكمة الله *bi-ḥikmeti 'llāh(i)* A durch die Weisheit (= nach dem unerforschlichen Ratschluß) Allahs

بخار *buḫār* A Dampf, Dunst, Ausdünstung

بخت *baḫt* P Glück, günstiger Stern

بختسز *baḫtsız* PT unglücklich, unselig

بختیارلق *baḫtiyārlıq* PT Glück

بخش *baḫš* P schenkend; ~ *ētmek* (ver-, her-)schenken

بخشش *baḫšiš* P Geschenk, Trinkgeld

بد *bed* P schlecht, böse, schlimm, häßlich, übel; ~-*būy* ü·riechend, stinkend; ~-*ḫūy* ü·e Eigenschaft; schlecht, boshaft, bösartig, lasterhaft, verdrießlich; ~-*du'ā'* Verwünschung, Fluch; [3] ~-*du'ā' ētmek* [3] fluchen, [4] verf·, [3] Böses anwünschen, [4] verwünschen; ~-*kerdār* übelwirkend, böse, boshaft; ~-*nām* übel berüchtigt, verrufen; ~-*nām olmak* zuschanden w.; ~-*nāmlıq* Verruf

بدایت *bidāyet* A f Anfang, Beginn

بدل *bedel* A Ersatz, Äquivalent; *bī*-~ ohnegleichen

بدن *beden* A Leib, Körper, (Mauer-)Zinne

بدون *Budun* U die ungarische Hauptstadt Ofen (*Buda*)

بدیهی *bedīhī* A klar

بذل *bez̠il* (E) A Aufwendung; ~ *ētmek* freigebig aufwenden

بذیر *bez̠īr* A unheilstiftend

بر *ber* [1] P auf [3], in [3], an [3], bei [3], nach [3], gemäß [3]; ~-*ṭaraf ētmek* beseitigen, aus dem Wege schaffen, vernichten, verderben; ~-*ṭaraf olmaq* abtreten, verschwinden; ~-*qarār* beständig, fest

بر *bir* eins, ein(e, er); einmal; *o* ~ (= *öbür*) der (= die, das) andere; ~*de* da . . . auf einmal; ~ *daḫi* noch einmal, (negativ:) (nicht) mehr, (nie) wieder; ~*den* zugleich, auf einmal; ~*den* ~*e* auf einmal, plötzlich, unvermittelt; ~*i(si)* einer, jemand; *ḥerīfiñ* ~*i(si)* ein Mann, ein Kerl; ~*(i)* ~*i* einander; ~*i* ~*ine* einer dem andern, einander; ~ ~*i-ile* miteinander

بر *berr* A Land, Festl·, Kontinent; ~-*i šarqī* östlicher K·, Ostl·, Orient

برابر *berāber* P gleich, auf g·em Fuße, zusammen, miteinander, mitsammen

برات *barat* U Bruder, Frater, Mönch

برادر *birāder* P Bruder, (guter, lieber) Freund

براز *bir-az* ein wenig

براغر *bıraġır*: Ao. v. براقمق *bıraqmaq*

براقدیرمق *bıraqdırmaq* abjagen, erbeuten

براقلمق *bıraqılmaq* gelassen w., verlassen w.

براقمق *bıraqmaq* lassen, verl·, zurückl·, liegen l·, fallen l·, (weg-)legen, absetzen, werfen

برباد *ber-bād* P zerstört, verwüstet, vernichtet; ~ *ētmek* dem Winde preisgeben, verderben, vernichten

بر بر *bir bir* je eins, im einzelnen, in allen Einzelheiten; → بر *bir*

برج *bürğ* A (Festungs-)Turm, Bastei

بردربر *bir-dir-bir* Bockspringen (Spiel)

بردن u. برده *birden* u. *birde* → بر *bir*

برر *birer* je ein(e, er, es); ~ ~ einzeln, einer (= einen) nach dem andern

برطرف *ber-ṭaraf* PA → بر *ber*

برق *barq* A Blitz, B·strahl, Donner(schlag)

برقرار *ber-qarār* PA → بر *ber*

برکت *bereket* A f Segen; ~ *vērsin!* mag es Segen bringen! Gott lohne es! G· sei Dank! glücklicherweise

برکتمك *berkitmek* festmachen, befestigen

برکیدرب *berkidib*: v. برکتمك

برلشمك *birlešmek* s. (ver-)einigen, übereinstimmen

برلکده *birlikde* in Gemeinsamkeit, zusammen, gemeinschaftlich

برله [1] *birle* mit [3]

برلشه‌مدم *birlešemedim*: v. برلشمك

برنجی *birinği* erste(r, s)

برو *berü, beri* diese Seite, diesseitig; [6] ~ seit [3]; ~*de* auf dieser Seite

بروسا *B(u)rusa* (heute *Bursa*) (die anatolische Stadt) B·

برون *burun* (E) Nase

بره *b(i)re!* ha! ha du . . .!

بری *beri* = برو *berü*

بری *biri* → بر *bir*

بریتانیا *Britanya* L Britannien; *Büyük* ~ Großb·

بز *bez* A Leinwand

بز *biz* wir; (Bescheidenheitsausdruck:) ich

بزم *bezm* P Gelage

بزم *bizim*: Gen. v. *biz*

بزه مسکین *beze-miskīn* → مسکین

بستر *bester* P Bett, Lager

بسته *beste* P gebunden, gefesselt

بسلر *besler*: Ao. v. بسلمك

بسلمك *beslemek* ernähren, (auf-)erziehen, erhalten; *kedi* ~ s. e.e Katze halten

بسلمه *besleme* Dienstmagd

بسله‌مك *beslemek* = بسلمك

بسم *bi-'sm* = باسم (الله) *bi-'smi ('llāhi)!* A im Namen Allahs!; ach du meine Güte!

بش *beš* fünf

بشارت *bešāret* A f gute Nachricht, frohes Ereignis; ~ *olsun!* freue dich der guten Kunde!; Heil dir!

بشقه *bašqa* = باشقه

بشك *bešik* Wiege

بشلمق ، بشلامق *bašlamaq* = باشلامق

بشنجی *bešinği* fünfte(r, s)

بشیوز *beš-yüz* fünfhundert

بصمق *baṣmaq* = باصمق

بعد *ba'd*, ~*e* A nach [3]; بعد ازین ~ *ez-īn* AP n·her, dan·, hierauf; also, demn·; بعد الاثبات ~*e 'l-iṣbāt* n· der Beweisführung; بعد النّوم ~*e 'n-nevm* n· dem Schlafe; بعد الیوم ~*e 'l-yevm* n· diesem Tage, von heute (= nun) an, in Zukunft, künftighin

بعدزين *baʿd-ez-īn* = بعد از ين → بعد

بعده *baʿdehü* A nachher, danach, hierauf, demnach, also

بعض *baʿż* A Teil, einige, (irgend)welche, gewisse; ~ı einige davon; ^{2} ~ı = ^{6} ~(ı) einige von ^{3}; ~-ı *ḫalq* manche (= gewisse) Leute; ~-ı *zamān* manchmal, gelegentlich, zuweilen

بعضاً *baʿżen, baʿżan* A manchmal, gelegentlich, zuweilen

بعضى *baʿżī, baʿżı* A einige, manche; → بعض

بعيد *baʿīd* A fern, entlegen

بغايت *bi-ǧāyet* A sehr, überaus; ~ *güzel* ü· schön, allerschönst

بغداد *Baǧdād* A (die Stadt) Bagdad

بغدان *Boǧdan* Moldau (Teil Rumäniens)

بغداى *buǧday* Getreide, Weizen

بغلامق *baǧlamaq* = باغلمق

بقاء *baqā'* A Fortbestand, Fortbestehen, Verharren

بقار *baqar*: Ao. v. بقمق

بقال *baqqāl* A Krämer

بقايم *baqayım* = باقايم

بقر *baqar* = بقار

بقمق *baqmaq* = باقق

بقه *baq-a*! sieh mal! höre doch!

بقيه *baqīye* A f das Übrige, Rest; ~-*i aḥvāl* die ü·n (= weiteren, sonstigen) Umstände

بك *beǧ* Herr (Offizierstitel); ^{1} ~ Herr ^{1}; ~ *oǧlu* Pera (Europäer-Vorstadt Stambuls)

بك *beñ* Schönheitsmal, Mutterm·

بكا *bükā* A Weinen

بكا *baña*: Dativ v. *ben*

بكجيلك *bekǧilik* Wachehalten

بكر *Bekir* (E.N.)

بكرى *bekrī* A Zechgenosse

بكزر *beñzer* ähnlich, gleich(end); (Ao. v. بكزمك *beñzemek*)

بكزمك = بكزه‌مك *beñzemek* gleichen, ähnlich sein

بكلر *bekler*: Ao. v. بكلمك *beklemek*

بكلربكى *beǧler-beǧi* („Fürst der F·en"); Oberstatthalter; *Anaḍolı* ~*si* General-st· von Anatolien

بكلمك ^{4} *beklemek* auf ^{4} warten, ^{4} erwarten, auf ^{4} acht geben

بكنمك ^{4} *beǧenmek* an ^{3} Gefallen finden (= haben)

بل *bel* Leibesmitte, Taille, Hüften

بلاء *belā'* A Unglück, Unheil, Elend, Schaden; ^{2} *bašına* ~ *getirmek* U· über ^{2} Haupt bringen; ^{2} ~*sını čekmek* ^{2} Unannehmlichkeiten ertragen, unter ^{3} zu leiden haben; *dām-ı* ~ (Netz des) E·(s)

بلا *bi-lā* A ohne ^{4}; ~ *fütūr* A mutig, aufrecht; ~ *vāsıṭa* A unvermittelt, direkt

بلبل *bülbül* P Nachtigall

بلجيقا *Belǧiqa* I Belgien

بلخ *Belḫ* Balch (Stadt im heutigen Afghanistan)

بلدرمه *bildirmek* mitteilen, kundgeben

بلده *belde* A f Stadt; ~-*i muʿaẓẓame* Groß-st·, Hauptst·, Metropole

بلديه *beledīye* A f städtisch, Stadt-; *niẓāmāt-ı* ~ st·e (öffentliche) Ordnung

بلر *bilir*: Ao. v. بلمك *bilmek*

بلغراد *Beliǧrad, Belǧırad* S Belgrad

بلكه *belki* A-P vielleicht, etwa, vielmehr, eher; sondern (auch)

بللمك *bellemek* (um)graben, schaufeln

بللمك ^{4} *bellemek* (s.) ^{4} merken, s. ^{4} einprägen, ^{4} erfahren,

بللنمك *bellenmek* (um-)gegraben werden

بلمز *bilmez* unwissend, nicht wissend, unerfahren, unkundig; *oqumaq* ~ des Lesens unkundig

بلمك ^{4} *bilmek* ^{4} wissen, von ^{3} w·; um ^{4} w·, ^{4} kennen, (s. auf) ^{4} verstehen; ^{4} erkennen; (§ 291, 1:) können, im Stande sein; *ola-*~ sein können; *gele-*~ kommen können; *ne bileyim?* → نه

بلور *bilür, bilir*: Ao. v. بلمك *bilmek*

بلورمك *belürmek, belirmek* zur Erscheinung kommen, s. kundgeben, zu hören sein

بلوك *bölük* = بولك

بله *bile* zusammen, gemeinsam

بلير *bilir*: Ao. v. بلمك *bilmek*

بليغ *belīġ* A beredt, emphatisch

بن *ben* ich

بناء *binā'* A Bau, das B·en, B·werk, Gebäude; ~ *ētmek* (er-)bauen, errichten

بناءً [3] *binā'en* A auf Grund [2], zufolge [3], gemäß [3]; بناء على ذلك ~ *'alā ẕālik(i)* = بناء عليه ~ *'aleyh(i)* demzufolge, demgemäß, folglich

بنان *benān* A die Finger; ~*-ı šehādet* die F· des Bekenntnisses (die man beim Aussprechen des islamischen Glaubensbekenntnisses hebt)

بند *bend* P Band, Binde, Fessel; ~*-i belā'* F· des Unglücks; → قيد *qayıd*

بندرمك [3] *bindirmek* [4] besteigen lassen; *ateše* ~ über das (Herd-)Feuer setzen (= stellen, hängen)

بنده *bende*: Ablativ v. بن

بنده *bunda* = بونده

بنده *bende* P Sklave, Knecht, Diener; ~*ñiz* Euer Sklave (= Diener); meine Wenigkeit

بنش *biniš* Reiten, Ausritt, Ausflug zu Pferde

بنك *binek* Reittier; ~ *at* Reitpferd

بنم *benim* (Genitiv v. بن) mein, von mir

بنمك [3] *binmek* auf (= in) [4] steigen, [4] best·, aufst·, einst·; *gemiye* ~ das Schiff best·, s. einschiffen

بنى *beni* (Akkusativ. v. بن) mich

بنين *benīn* A Pl. Kinder; → بيكسيون

بو *bu* diese(r, s); der (= die, das) folgende

بوتون *bütün* = بتون

بوجاق *buǧaq* Bucht

بوداق ، بوداغ *budaġ, budaq* Ast, Zweig

بورا *bura* (dieser Ort): ~*ya* hierher; ~*da* hier; ~*dan* von da, von hier; ~*sı* dieser Platz hier, dieser Punkt (einer Geschichte usw.), das; dieses; ~*lar* diese Gegend hier

بورج *borǧ* Schuld(igkeit)

بورمق *burmaq* verdrehen

بوروں ، بورن *burun* (E) Nase, Landspitze, Kap

بوز *buz* Eis; ~ *olmaq* zufrieren

بوزمق *bozmaq* verderben; *agzını* ~ schmutzige Reden führen, schimpfen, fluchen

بوزوق *bozuq* verderbt, schlecht, böse; *aġzı* ~ mit ungewaschenem Maul (= Schnabel)

بوزيلمق *bozulmaq* geschlagen werden, besiegt werden

بوس *būs* P Kuß; ~ *ētmek* küssen

بوسبوتون ، بوسبتون *büsbütün* ganz u. gar, gänzlich, durchaus

بوستان *būstān, bostan* P Garten

بوسه *būse* P Kuß; ~ *almaq* e.en K· empfangen (u. erwidern)

بوش *boš* leer, hohl; müßig, unnütz, vergeblich; geschieden (Frau); ~ *ḍurmaq* l· herumstehen, m· bleiben; ~ *yere* v·, umsonst; *'avretim* ~ *olsun!* mein Weib sei (von mir für immer) g·! (etwa: bei der Ehre meines Weibes!)

بوشالتمق *bošaltmaq* (aus-)leeren

بوط *buṭ* (Ober-)Schenkel

بوغاز *boġaz* Kehle, Hals, Schlund, Rachen; [2] ~*ını almaq* [4] beim H· packen, [4] erwischen, [4] festnehmen

بوغم *boġum* Knoten, Knöchel

بوغمق *boġmaq* ersticken, dämpfen, überdröhnen

بوغوق *boġuq* erstickt, dumpf; ~ ~ mit ganz d·er Stimme

بوقدر *bu-qadar* → قدر *qadar*

بوكا *buña* (Dativ v. بو) diesem, dieser; ihm, ihr; dafür, dazu usw.

بوكر *böğür* (E) Weiche(n), Lende(n)

بوكلمش *bükülmüš* gebeugt

بوكون *bu-gün* heute

بوكونكى *bu-günki, bu-günkü* heutig

بوكه *buña* = بوكا

بولاشمق *bulašmaq* s. (besudelnd) schmieren, kleben bleiben

بولايكه *bolay-ki* (ach) daß doch . . . !

بولدرمق *buldurmaq* auftreiben (= herbeischaffen) lassen

بولشمق ³ *bulušmaq* mit ³ zusammenkommen (= zusammentreffen), s. finden

بولغارستان TP *Bulġaristān* Bulgarien

بولك *bölük* Teil; *iki* ~ *ētmek* in zwei Hälften teilen

بولمق *bulmaq* finden, treffen; ausfindig machen; auftreiben, herbeischaffen

بولنمق *bulunmaq* gefunden werden, s. (be-) finden, vorhanden sein, gegenwärtig sein, sein (= *olmaq*); (mit Lokativ e.es Substantivs als phraseologisches Hilfsverbum:) ⁵ ~ ⁴ ausführen; *teğāvüzātda* ~ Beschimpfungen ausstoßen; *teklīfde* ~ Vorschlag machen

بولوت *bulut* Wolke

بولور *bulur*: Ao. v. بولمق

بولونمق *bulunmaq* = بولنمق

بوليورمك *bulu-vērmek* (§ 293,1) verschaffen

بونجه *bunğa* so viel(e)

بونده *bunda* hier, da; hierher

بوى *būy* P Geruch, Duft

بويله *böyle* so, solchergestalt, solchermaßen, auf diese Weise, solch; ~ *yēr* ein solcher Ort; ~ *iken* während (= obwohl) es so war, unter solchen Umständen; *bundan* ~ fernerhin, künftig

بوين *boyun* (E) Hals, Nacken; ² ~*unu* (*v*)*urmaq* ³ den H· abhauen, ⁴ köpfen; ~*una almaq* auf s. nehmen, übern·

بوينوز *boynuz* Horn; *öküz* ~*u* Rinderh·

بويو *büyü* Magie, Zauber; ~ *yapmaq* zaubern; ~*ğü* Zauberer, Zauberin

بويوك *büyük* = بيوك

بويون *boyun* = بوين

به *beh, be* P gut! he, ha!; *qačıyorlar* ~ wie sie davonlaufen!; die rennen aber!

بها *behā* (*bahā*) P Preis, Wert; ~ *ētmek* W· haben, w·voll sein; *aġır* ~*lu* (~*lı*) w·voll, kostbar, teuer

بهادر *bahadır* tapfer, streitbar

بهار *bahār* P Frühling, Lenz

بهانه *bahāne* P Anlaß, Grund, Vorwand

بهجت *behğet* A f Schönheit; ~-*rüsūm* mit schönen Sitten, tugendreich

بهرام *Behrām* P (E.N. e.es mächtigen Sassanidenkönigs)

بهره ور *behrever* P teilhaftig, seinen Anteil erlangend

بهشت *bihišt* P Paradies; ~ *ender* ~ P· im P·, nichts als P·, ein einziges P·

بهى *behey* oh!; he!; ~ *aḥmaq* o du Dummkopf!

بى ¹ *bī* P ohne ⁴; ~-*aṣıl* gegenstandslos, unwahr; ~-*āmān* o· Erbarmen, unbarmherzig; ~-*bedel* ohnegleichen; ~-*raḥım* = ~-*āmān*; ~-*sebeb* o· Grund, grundlos; ~-*quṣūr* o· Fehl, vollkommen; ~-*maʿnā* sinnlos, zwecklos; ~-*nihāye* unendlich, unzählig(e), sehr viel(e); → اختيار ، نوا ، صبر ، خبر ، پروا

بياض *beyāż* A weiß; die (= das) W·e; ~*a čıqmaq* klar (= geklärt) werden

بياغى *bayağı* schlecht, gemein; einfach, ohne weiteres

بيان *beyān* A Erklärung, Darlegung; ~ *ētmek* erklären, deutlich machen, offenbaren

بيت *beyit* (E) A Haus, (Doppel-)Vers; ~*ü 'l-maʿmūr* wohlgebautes H· (das himmlische Urbild des Heiligtums in Mekka)

بيچ *Bēč* = بچ

بيجان *bī-ǧān* P leblos; ~ *oldum* mir schwanden die Sinne (vor Angst), ich verging v· A·

بيچاره *bī-čāre* P arm, elend; der (= die) A·e

بيچون *bī-čūn* P ohne Wie, unbegreiflich; *ḫāliq-ı* ~ *ū čirā* der Schöpfer o· W· u. Warum, der unbegreifliche u. unerforschliche Sch·

بيحيالق *bī-ḥayālıq* PAT Schamlosigkeit, Ruchlosigkeit

بيخ *bīḫ* P Wurzel

بيدار *bīdār* P wach, munter; ~ *olmaq* erwachen, aufwachen

بير *bir* = بر *bir*

بيراق *bayrāq* P Fahne, Flagge

بيرام *bayrām* P Fest, F·tag, Feiertag

بيرون *bīrūn* P das Äußere

بيره *bire!* he! heda!

بيز *biz* = بز *biz*

بيشمار *bī-šümār* P zahllos, sonder Zahl

بيضه *beyża* A f Ei

بيك *bēğ* Herr, Fürst; [1] ~ Herr [1]

بيك *biñ* tausend; ~*lerğe* [11] zu Tausenden, Tausende von [3]; ~*de bir* e. T·stel

بيكار *bī-kār* P ohne Arbeit; ~ *ū kesb* arbeits- und erwerbslos

بيكسيون *bī-kesīyūn* PA Pl. Alleinstehende, Waisen; ~ *benīn* W·kinder

بيلات *bilet* F Billett, Fahrkarte; ~*ği* B·eur, F·nverkäufer

بيلديرلمك *bildirilmek* mitgeteilt (= bekanntgegeben) werden

بيلمك *bilmek* = بلمك

بيلور *bilür, bilir*: Ao. v. بلمك; *čoq* ~*lük* Vielwissendheit, Weisheit

بيله *bile* gleichzeitig, zusammen; gleicherweise, ebenfalls, auch; sogar; (mit Negat.: nicht) einmal; [1] ~ mit [3]

بيلير *bilir*: Ao. v. بلمك

بيم *bīm* P Furcht; ~*-i ǧān* F· ums Leben, L·sgefahr

بين *beyin* (E) A Gehirn

بين *beyin* (E) A Zwischenraum, Mitte; [1] [(2)] ~*inde* zwischen [3], unter [3]

بين *beyn(e)* A zwischen [3], in der Mitte [2]; ~*e 'l-eṭfāl* unter (den) Kindern, in Kinderkreisen; ~*e 'l-ğemerāt* zw· den Wärmeeinbrüchen (des Vorfrühlings), im Spätwinter

بيندرمك [4] [3] *bindirmek* [4] in [4] einsteigen lassen

بينمك *binmek* = بنمك

بيوتمك *büyütmek* aufziehen, heranz·

بيودر *büyüdür*: Ao. v. بيوتمك

بيودلمك *büyüdülmek* aufgezogen werden, aufwachsen

بيورت *be-yurt-ı* [1] PT im (großherrlichen) Feldlager zu [3]

بيورمق *buyurmaq* befehlen, gebieten, (zu) sagen (geruhen); [3] ~ s. nach [3] (= in [4]) verfügen; (als Höflichkeitsausdruck in phraseologischen Verben anstelle von *ētmek*:) zu machen geruhen; *ḥareket* ~ aufzubrechen geruhen; *buyuruñ* bitte sehr! zu Diensten!

بيوريلمق *buyurulmaq* befohlen werden; (statt *ēdilmek* wie voriges:) zu machen geruht werden; *ḥareket buyuruldu* es wurde geruht aufzubrechen, man geruhte a·

بيوك *büyük* groß, erwachsen; älter

بیومك *büyümek* groß werden, (heran-) wachsen

بیهمتا *bī-hemtā* P → همتا

بیهوده *bīhūde, beyhūde* P nichtig, zwecklos; ~ *yere* n·; z·; umsonst

بیهوش *bī-hūš* P bewußtlos, ohne Leben, teilnahmslos

پ

پابند *pā-bend* P Fußfessel, Umstrickung; ~*-i* [1] *ētmek* [4] umgarnen, [4] einfangen

پاتر كوتور *patır kütür* holterdipolter

پادشاه *pādišāh* P Kaiser, Monarch, Landesherr, Großherr

پادشاهلق *pādišāhlıq* PT Herrscherwürde, Kaiserw·, Kaisertum, Herrschaft

پادشاهی *pādišāhī* P sultanisch, großherrlich

پادشه *pādišeh* = پادشاه *pādišāh*

پارجه ، پارچه *pārğe, pārča* P Stück, Teil; *bir* ~ e. bißchen, e. wenig, e-e Weile; *bir* ~ *ekmek* e. (Stück) Brot; ~ *ētmek* in St·e teilen

پارچه *parča* I Barke, Galeere

پارلاق *parlaq* glänzend

پارماقلق *parmaqlıq* Gitter, Geländer

پارمق *parmaq* Finger; ~*ını ağzına götürmek* den F· zum Mund führen, verblüfft sein; → حساب

پاره *pāre, para* P Stück, P· (e.e kleine Münze), Geld; *bir* ~ e. wenig, etwas, ziemlich; ~ *ētmek* G· einbringen; ~ ~ *qılmaq* in Stücke hauen

پاریلدامق *parıldamaq* leuchten, funkeln, strahlen, glänzen

پازار *pāzār* = بازار *bāzār* P

پازارلق *pāzārlıq* (PT) Handel; ~ *ētmek* handeln, feilschen; aush·, e.en Handel abschließen

پاشا *paša* Pascha (Titel für Großwesire, Minister, Generale u. höhere Staatsbeamte); ~ *köyü* (E.N. e.es Dorfes nördl. v. Adrianopel)

پاك *pāk* P rein; [6] ~ *ētmek* von [3] reinigen (= säubern)

پاكیزه *pākīze* P rein, keusch, gut, vortrefflich, schön

پالان *pālān* P Sattel; ~ (*v*)*urmaq* den S· auflegen

پالدر كولدر *paldır küldür* holterdipolter

پاموق *pamuq* Baumwolle, aus B·; ~*u qulaqdan čıqarmaq* s. die Flausen aus dem Kopf schlagen

پانوراما *panorama* G Panorama

پای بوس *pāy-būs* P Fußkuß

پای تخت *pā-i taht, pāyıtaht* P Hauptstadt

پایدار *pāydār* P dauernd, beständig; [4] ~ *buyurmaq* [4] b· zu machen geruhen

پایلاشمق *paylašmaq* (unter s.) teilen

پدر *peder* P Vater, Herr V·

پذیر *pezīr* P annehmend, habend

پر *pür-*[1] P voll von [3] (= mit [3]); ~*-žāle* mit Tau gefüllt; ~*-sāz* v· Musik, mit M· (erfüllt), m·alisch; ~*-sūz* v· (verzehrender) Glut, brennend, leidverzehrt; ~*-silāḥ* in voller Bewaffnung, bis an die Zähne bewaffnet; ~*-fütūḥ* sieghaft; ~*-kerem* v·er Freigebigkeit; ~*-melāl* betrüblich, widrig

پراسه *pırasa* G Lauch, Porree

پرداز *perdāz* P vollendend, bewerkstelligend, verfertigend

پروا *pervā* P Furcht; *bī-*~ furchtlos, mutig, dreist

پروانه *pervāne* P Falter, Schmetterling

پروردگار *perverdegār* P (All-)Ernährer

پرورده *perverde* P aufgezogen; ~ *olmaq* ausgebildet w., aufwachsen

پرویز *Pervīz* P (E. N.) = *Ḫüsrev-i P·* (berühmter Perserkönig)

پری *perī* P Fee; *~-rū* P feengesichtig, schön wie e. Engel

پریشان *perīšān* P zerstreut, zerrüttet, gestört, betrübt, unglücklich; *~ olmaq* zerrüttet w.; *aḥvāl-i ~* u·e Lage

پژمرده *pežmürde* P verdorrt

پس *pes* P dann, da; nun, also; und nun

پستی *pestī* P Niedrigkeit, Schmach

پشمان *pišmān* = پشیمان *pešīmān*

پشیمان *pešīmān* P reuig; [3] *~ olmaq* [4] bereuen, [4] bedauern

پشیمانلق *pešīmānlıq* PT Reue; *ṣoñ ~* spätere (= nachträgliche) R·, R· im nachhinein

پك *pek* sehr, (all)zu; *~ büyük* s. groß, zu g·

پکی *peki* (: Allegroform v. *pek iyi*) (sehr) gut! schön!

پلانقه *palanqa* S Palisade, P·nfort, befestigtes Dorf

پلوتهن *Ploten* L-F (E.N.) Plotinus

پلید *pelīd* P schmutzig, unrein

پناه *penāh* P Zuflucht, Z·sort, Schutz

پنجره *penğere* P Fenster

پنچه *penče* P Kralle, Klaue

پورتقال *portaqal* I Apfelsine, Orange

پورتکیزلو *portekizlü* (*-li*) IT Portugiese

پوست *pōst* P Haut, Fell

پوسکرمه *püskürme* verstreut, ausgestreut; *~ beñli* mit Schönheitsmalen übersät

پوف *püf!* paff!; *~ ~ demek* paffen, p·d rauchen

پول *pūl* P (kleine) Kupfermünze

پولتیقه *politiqa* G-I Politik; *efkār-ı p·* politisches Denken

پیاپی *pey-ā-pey* P hintereinander; *rıṭl-ı ~* die Becher in rascher Folge

پیاده *piyāde* P Fußgänger; zu Fuß; *~ (qayığı)* zweiruderiger Nachen; *~ğe* als F·, zu Fuß

پیاله *piyāle* P Becher, Kelch, Pokal, Schale

پیچ *pič* Bastard, Bankert; *~ qurusu* elender B·!

پیدا *peydā* P offenkundig; *~ ētmek* hervorbringen, entwickeln, erzeugen, erwerben; *~ olmaq* entstehen, s. ergeben

پیر *pīr* P Greis, Religionslehrer, geistlicher Führer; *~-i muğān* der Vorsteher der Magier

پیرا *peyrā* P schmückend

پیرامن *peyrāmen* P Umkreis, Raum

پیرایه *peyrāye* P Zierde, Schmuck

پیره‌وزه *Pireveze* (Stadt) Preveza am Golf v. Arta in Griechenland

پیسلك *pislik* Unrat, schmutziges (= unflätiges) Wort

پیش *pīš* P Vorderseite; *~-i naẓara tesādüf ētmek* vor die Augen kommen, dem Blick begegnen

پیشمك *pišmek* gar werden, kochen

پیشرمك ، پیشورمك [4] *pišürmek, piširmek* [4] kochen, [4] braten, [4] zubereiten

پیکه *peyke* P Wandbank (in T Läden u. Kaffeehäusern)

پیمانه *peymāne* P Becher, Pokal

پینیر *peynīr* P Käse

ت

تا *tā* P genau, gerade(wegs), direkt; *~ (kim)* (mit Optat.) auf daß, damit; *~ Hindistāndan* von Indien angefangen

تابوت *tābūt* A f Sarg

تابیه *tābya* A f Bollwerk, Befestigungsw·, Bastei, Schanze

تاتار *tatar* Tatar, T·en

تأثیر *te'sīr* A Wirkung; ~*āt* A f (Pl.) Einw·en, Einfluß
تاج *tāğ* P-A Krone
تاجداری *tāğdārī* A P kronenträgerisch, monarchisch; *ğenāb-ı* ~*leri* Seine Großherrliche Majestät
تأديبات *te'dībāt* A f (Pl. v. تأديب) Strafen
تاراج *tārāğ* P Plünderung; ~ *ētmek* plündern
تارتمق *tartmaq* (ab-)wägen
تارلا *tarla* Acker, Feld, Saatf·
تأريخ *ta'rīḫ* A Zeit, Z·punkt, Datum, Geschichte, Geschichtswerk, Chronogramm; ~-*i ğedīd* neue Geschichte, Neuzeit; ~-*i ʿatīq* alte Geschichte, Altertum, Antike; *sene-i* ... ~*inde* im Jahre ...
تازه *tāze* P frisch, jung; j·e Frau
تازی *tāzī, tazı* P Jagdhund, Windspiel
تأسّس *te'essüs* A Festigung; ~ *ētmek* s. festigen
تأسّف *te'essüf* A Bedauern; ³ ~ *ētmek* ⁴ bedauern
تأكيد *te'kīd* A Verstärkung, Bestätigung, Wiederholung, Einschärfung
تأليف *te'līf* A Abfassung (e-es Buches); ~ *ētmek* verfassen
تامّ *tāmm* A voll(ständig); ~ *maʿnāsıyle* im v·sten Sinne (des Wortes)
تأمين *te'mīn* A Sicherung; ~ *ētmek* sichern
تأهّل *te'ehhül* A Verheiratung; ~ *ētmek* heiraten, s. verheiraten
تائب *tā'ib* A reuig; ~ *olmaq* in s. gehen
تأييد *te'yīd* A Bekräftigung; ~ *ētmek* befestigen, bekräftigen
تبدّل *tebeddül* A Veränderung; ~ *ētmek* s. (ver-)ändern
تبديل *tebdīl* A Wechsel; ³ ~ *ētmek* gegen ⁴ umwechseln (= eintauschen), in ⁴ verändern; → صورت

تبصبص *tebaṣbuṣ* A Schwänzeln, niedrige Kriecherei
تبعه *tebaʿa* A f (Pl. v. تابع *tābiʿ*) Untertanen
تپمك *tepmek* mit den Füßen stoßen, treten
تپه *tepe* Hügel
تتبّع *tetebbuʿ* A Forschen; ~ *ētmek* ausforschen, aufspüren
تجّار *tüğğār* A (Pl. v. تاجر *tāğir*; im T Sg.:) Kaufmann, Händler
تجارب *teğārib* A f (Pl. v. تجربه) Erfahrungen
تجارت *tiğāret* A f Handel, Kaufmannsstand
تجاوز *teğāvüz* A Beleidigung; ~*āt-ı lisānīye* Verbalinjurien
تجدّد *teğeddüd* A Erneuerung; ~ *ētmek* s. erneuern
تجديد *teğdīd* A Erneuerung; ~ *ētmek* erneuern, ausbessern
تجربه *teğribe, teğrübe* A f Versuch, Prüfung, Erfahrung; ~ *ētmek* versuchen, prüfen, auf die Probe stellen; ~-*dīde* A-P bewährt, erfahren
تجسّس *teğessüs* A Prüfung; ~ *ētmek* absuchen, unters·, durchforschen
تجنّن *teğennün* A Wahnsinn; ~ *ētmek* w·ig sein, s. als w·ig gebärden
تجنون = (falsche Schreibung für:) تجنّن
تجويز *teğvīz* A Erlaubnis; ~ *olunmaq* gestattet sein (= werden)
تحاشی *teḥāšī* A Zurückhaltung, Scheu
تحت *taḥt* A unter ³; تحت القلعه ~ *e 'l-qalʿe* A „unter der Burg" (e-e Gegend in Stambul)
تحرّك *teḥarrük* A Bewegung
تحرير *taḥrīr* A Schreiben; ~ *ētmek* schreiben; ~ *ētdirmek* sch· lassen; *qābil-i* ~ beschreibbar
تحريراً *taḥrīren* A schriftlich; geschrieben, datiert, „gegeben"

تحريك *taḥrīk* A In-Bewegung-Setzen, Rühren

تحسين *taḥsīn* A Lob, Beifall

تحصيل *taḥṣīl* A Studium; ~ *ētmek* erlangen, erwerben, studieren

تحقيق *taḥqīq* A Ergründung, Erforschung, Untersuchung; ~ *ētmek* als wahr erkennen, tatsächlich feststellen, für wahr halten, glauben; ~ *olmaq* als sicher angenommen werden; ~ *bilmek* sicher wissen, gewiß sein

تحمّل *taḥammül* A Geduld; ~ *ētmek* ertragen, erdulden, an s. halten, s. beherrschen

تحميل *taḥmīl* A Belastung; ~ *ētmek* aufbürden

تحوّل *taḥavvül* A (Pl. ~*ât*) Veränderung, Wechsel, Wandlung, Verw·

تحويل *taḥvīl* A Abänderung; [3] ~ *ētmek* in [4] verwandeln

تخت *taḫt* P Thron; ~*a gečirmek* auf den T· holen (= bringen); ~*-nišīn* P auf dem T· sitzend, thronend, König

تخليص *taḫlīṣ* A Rettung; ~ *ētmek* retten

تخم *toḫum* P Samen, S·korn

تخمين *taḫmīn* A Mutmaßung, Schätzung; ~*imde* meiner Sch· nach; ~ *olunmaq* (ungefähr) bestimmt (= festgelegt) w.

تخميناً *taḫmīnen* A ungefähr, annähernd

تدابر (statt korrekt تدابير) *tedābīr* A f (Pl. v. تدبير) Maßnahmen, Vorkehrungen

تدارك *tedārük, tedārik* A Vorkehrung, Maßregel, Zurüstung, Herbeischaffung; ~ *ētmek* beschaffen, besorgen, auftreiben, beistellen, bereitst·; [2] ~*ini görmek* für [4] Vorkehrungen treffen, für [4] Maßnahmen ergreifen

تدبير *tedbīr* A Anordnung, Planung, Überlegung, Umsicht, Regierung, Maßregel; *ṣāḥib-*~ → صاحب

تدريج *tedrīǧ* A Abstufung; ~ *ile* nach u. n·, allmählich

تدقيق *tedqīq* A Untersuchung

تذكّر *tezekkür* A Erwähnung; [4] ~ *ētmek* [4] erwähnen, [2] gedenken

تر *ter* P Schweiß; *qan* ~*ler* blutige Sch·-tropfen

ترامواى *tramvay* E Straßenbahn

تربيت *terbiyet* A f Erziehung, (Schul-) Bildung; *idāre ü* ~ Lenkung u. E·

تربيه *terbiye* A f = تربيت

ترتيب *tertīb* A Festsetzung, Ordnung, Ano·, Plan, Entwurf; ~ *ētmek* anordnen, veranstalten; ~*-i meǧlis ētmek* Versammlung veranstalten

ترجمان *terǧümān* A-P Dolmetscher; ~*sız* ohne D·

ترجمه *terǧüme* A Übersetzung; ~ *ētmek* übersetzen

ترجيح *terǧīḥ* A Bevorzugung; [6 (= 3) 4] ~ *ētmek* [3 4] vorziehen, vor [3 3] den Vorzug geben

ترحماً *teraḥḥümen* A aus Barmherzigkeit, aus Erbarmen

تردّد *tereddüd* A Ungewißheit

ترذيل *terẕīl* A Erniedrigung; ~ *ētmek* erniedrigen, entehren

ترسانه *tersāne* P-T Arsenal

ترقى *teraqqī* A (Pl. ترقيات ~*yāt*) Zuwachs, Zunahme, Fortschritt; ~ *ētmek* F·e machen, fortschreiten; ~ *bulmaq* (= ~*de olmaq*) zunehmen, steigen, teurer w.

ترك *terk* A Aufgeben; [4] ~ *ētmek* [4] verlassen, [4] aufgeben, von [3] lassen; ~*-i ḥayāt ētmek* aus dem Leben scheiden

ترك *türk* Türke, türkisch

تركجه *türkǧe* türkisch(e Sprache), das T·e

تركستان *Türkistān* TP Turkestan

تركى *türkī* A türkisch, das T·e, t·e Sprache

ترلك *terlik* Hausschuh, Pantoffel

ترونج *turunğ* A Orange, Pomeranze, Zitrone

ترويج *tervīğ* A Begünstigung, Förderung

ترّهات *türrehāt* A f (Pl. v. ترّهة) Gefasel, Geschwätz, Unsinn

ترياكى *tiryākī* P Opiumesser

تزوير *tezvīr* A Täuschung, Betrug; *dām-ı* ~ Fallstrick des Betruges, betrügerische List

تزيين *tezyīn* A Verzierung; ~ *ētmek* verschönern

تزيينات *tezyīnāt* A f (Pl. v. تزيين) Schmuckgegenstände

تسخير *tesḫīr* A Bezwingung, Unterwerfung

تسع *tisʿe* A neun

تسعمائة *tisʿemīʾat* A neunhundert

تسعين *tisʿīn* A neunzig

تسكين *teskīn* A Beschwichtigung; ~ *ētmek* stillen, löschen

تسلّى *tesellī* A Trost; ~*-baḫš* t·spendend, tröstlich; ⁶ ~ *ētmek* = ~*-baḫš olmaq* über (= für) ⁴ T· bieten (= trösten)

تسليم *teslīm* A Hingabe; ~ *ētmek* ausliefern, überl·, abl·, übergeben; ~ *olmaq* s. ergeben, s. hingeben

تسليمات *teslīmāt* A f (Pl. v. تسليم) Begrüßungen, Grüße

تسميه *tesmiye* A f Benennung; ³ ¹ ~ *ētmek* ⁴ ⁴ nennen, ⁴ als ⁴ bezeichnen

تشاؤم *teše'üm* A Hinweis auf ein böses Omen

تشبث *tešebbüs̱* A (Pl. ~*āt*) Unternehmung

تشريف *tešrīf* A Beehrung; ³ ~ *ētmek* ⁴ (mit Besuch) beehren, zu ³ gehen (= kommen), s. zu ³ begeben; *nereye* ~*?* wohin des Wegs?

تشريك *tešrīk* A Beteiligung; ⁴ ³ ~ *ētmek* ⁴ an ³ teilhaben lassen

تشكيل *teškīl* A Gestaltung; ~ *ētmek* bilden, schaffen

تشكيلات *teškīlāt* A f (Pl. d. O.) Organisation(en)

تشنيع *tešnīʿ* A Tadel; ~ *ētmek* tadeln, schmähen

تشويش *tešvīš* A Beunruhigung

تشويق *tešvīq* A Anfeuerung

تشييع *tešyīʿ* A Einbegleitung, Einholung

تصادف *teṣādüf* A Zufall; ³ ~ *ētmek* auf ⁴ treffen (= stoßen), nach ³ gelangen, ³ begegnen

تصادفى *teṣādüfī* A zufällig

تصديق *taṣdīq* A Bestätigung; ~ *ētmek* zustimmen, bestätigen

تصرّف *taṣarruf* A Verfügung, V·srecht; ³ ~ *ētmek* über ⁴ verfügen

تصوّرات *taṣavvurāt* A f (Pl.) Vorstellungen, Ideen

تضرّر *tażarrur* A Beschädigung, Schadenerleiden

تضييق *tażyīq* A Druck; ~ *ētmek* (zusammen-)drücken, pressen, bedrücken, bedrängen

تطبيق *taṭbīq* A (praktische) Anwendung; ⁴ ³ ~ *ētmek* ⁴ auf ⁴ anwenden, ⁴ in ⁴ einführen

تعالى *taʿālā* A allerhaben ist Er; *ḥaqq-ı* ~ = *Allāhu* ~ Gott, der a· ist (§ 329,4 u.)

تعبير *taʿbīr* A Erklärung, Auslegung, Deutung, Ausdruck; ~*āt* (Pl.) (sprachliche) Ausdrücke, Vokabeln

تعجّب *taʿağğüb* A Erstaunen; ³ ~ *ētmek* über ⁴ staunen (= s. wundern, verwundert sein, verwirrt sein)

تعداد *taʿdād* A Aufzählung; ~ *ētmek* aufzählen

تعريف *taʿrīf* A Erläuterung, Erklärung, Hinweis; ~ *ētmek* zur Kenntnis bringen, erklären, beschreiben, schildern

تعصب *taʿaṣṣub* A Eifer, Fanatismus

تعظيم *taʿẓīm* A Ehrerbietung, Hochachtung

تعقيب *ta'qīb* A Nachfolgen; [4] ~ *ētmek* [3] folgen, [4] verf·

تعلق *ta'alluq* A Beziehung; [3] ~ *ētmek* s. mit [3] beschäftigen, s. auf [4] heften

تعليم *ta'līm* A Anweisung

تعمير *ta'mīr* A Aufbau; ~ *ētmek* wieder aufbauen, instandsetzen

تعميم *ta'mīm* A Verbreitung; ~ *ētmek* verallgemeinern, allgemein anwenden

تعيش *ta'ayyüš* A Lebensunterhalt; ~ *ētmek* leben, sein L· hinbringen

تعييب *ta'yīb* A Tadel; ~ *ētmek* tadeln

تعيين *ta'yīn* A Festsetzung; (3) ~ *ētmek* (für [4]) festsetzen (= bestimmen), (zu [3]) abkommandieren

تغريق *taġrīq* A Ertränken; ~ *ētmek* zum Ertrinken bringen

تغيير *taġyīr* A Veränderung; ~ *olunmaq* verändert werden, s. (ver-)ändern

تفاح *tüffāḥ* A Apfel

تفتك *tiftik* feine Wolle; ~ ~ *ētmek* zerfasern, zu lauter Fasern zermalmen

تفتيش *teftīš* A Untersuchung, Prüfung; ~*ler ētmek* Nachforschungen anstellen

تفرّج *teferrüǧ* A Spaziergang, Lustreise; [4] ~ *ētmek* [4] auf einem Ausflug besuchen

تفسير *tefsīr* A Erklärung (des Korans); ~ *oqumaq* Koraninterpretation studieren (= vortragen, dozieren)

تفكّر *tefekkür* A Denken; ~ *ētmek* nachdenken, überlegen

تفنك *tüfeng* P-T Schießgewehr, Flinte, Büchse; ~-*endāzlıq* Schützenfeuer

تقدّس *teqaddese* A allheilig ist Er

تقدير *taqdīr* A Bestimmung, Vorausb·, Schicksal; Fall (§ 462, 2)

تقرّر *taqarrür* A Festigung; ~ *ētmek* endgültige Gestalt annehmen

تقريباً *taqrīben* A ungefähr, etwa

تقرير *taqrīr* A Bericht; ~ *ētmek* erzählen, berichten

تقسيم *taqsīm* A Teilung, Eint·; [4] ~ *ētmek* [4] teilen

تقيّد *taqayyüd* A Fleiß, Eifer, Aufmerksamkeit, Obacht, Sorgfalt

تك *tek* der (= die, das) Eine (von Zweien); allein, nur (einmal); ~ *hemān* wenn nur

تكرى *teñri, tañrı* Gott

تكسّر *tekessür* A Zerbrechen, Zusammenbruch

تكلّم *tekellüm* A Sprechen, Rede; ~*ler ētmek* (große) Worte machen, Reden führen

تكليف *teklīf* A Vorschlag, Anerbieten

تكمه *tekme* Fußtritt

تكميل *tekmīl* A Vollendung; ~ *ētmek* durchführen, ausf·

تكور *tek(v)ūr, tekür* (Armenisch:) (christlicher) Fürst

تل *tel* Faden, Draht, Saite; ~ ~ zart u. fein (Haar)

تلاش *telāš* A Unruhe, Angst, Aufregung, Neugierde; ~ *ile* unruhig, aufgeregt, voll U· (= A·), ängstlich

تلافى *telāfī* A Wiedergutmachung

تلاوت *tilāvet* A f Rezitation; ~ *ētmek* absingen, rezitieren

تلف *telef* A Verderben, Untergang, Tod; ~ *ētmek* zugrunde richten; ~ *olmaq* z· gehen, umkommen; ~-*i nefs ētmek* das Leben verlieren

تلقين *telqīn* A Unterweisung, Belehrung; ~*lerde bulunmaq* Lehren erteilen

تللى *telli* mit Saiten bespannt; *dört* ~ viersaitig

تلويث *telvīs̱* A Beschmutzung; ~ *ētmek* besudeln

تماشا *temāšā* P Anblick, Schauspiel; ⁴ ~*ētmek* s. ⁴ ansehen; ~*ğı* AT Betrachter, Zuschauer

تمام *temām, tamām* A vollständig, ganz, genau, gerade; ~-*ı taʿẓīm* volle Ehrerbietung, alle Ehren; ~ *ētmek* vollständig machen, beenden, beschließen

تمامی *temāmī* AP Gesamtheit; ~-*i teʾs̱īrāt* volle Wirkung, voller Einfluß, Gesamtauswirkung

تماميله *temāmiyle* AT ganz u. gar, durchaus, vollkommen

تمزيق *temzīq* A Zerreißung; ~ *ētmek* zerreißen

تملك *temellük* A Besitz; ³ ~ *ētmek* ⁴ besitzen

تمنى *temennī* A Wunsch; ⁴ ~ *ētmek* (s.) ⁴ wünschen

تمور *Temür, Timūr* (-*i Leng* „der Lahme") der Mongolenherrscher Timur

تناسل *tenāsül* A Zeugung; ~ *ētmek* s. fortpflanzen

تنبيه *tenbīh* A Mahnung, Warnung, Verbot; ~*ētmek* befehlen, warnen, verbieten

تنجره *tenğere* Kochtopf, Kasserole

تنزل *tenezzül* A Herabsteigen; ~ *ētmek* h·, s. herablassen

تنظيف *tanẓīf* A Reinigung, Sauberkeit

تنظيم *tanẓīm* A Ordnung

تنكه *teneke* Blech

تنها *tenhā* P allein, geheim; ~*sında* unter vier Augen

توارث *tevārüs̱* A Beerbung; ~ *ētmek* erben, (als Erbmasse) hinterlassen w.

تواريخ *tevārīḫ* A f (Pl. v. تأريخ) Annalen, Historien, Geschichtswerke

توالى *tevālī* A ununterbrochene Folge; *ʿale ʾt-*~ in einem fort, immer wieder

توأم *tevʾem* A Zwilling

توان *tüvān* P stark

توبه *tevbe, töbe* A Reue, Buße, Gelöbnis der Besserung; ⁽³⁾ ~ *ētmek* R· zeigen, Besserung geloben, ⁽⁴⁾ bestimmt nicht wieder tun wollen

توتون *tütün* Rauch, R·tabak

توجّه *teveğğüh* A Hinwendung; ³ ~ *ētmek* s. nach ³ wenden, nach ³ steuern (= fahren)

توجيه *tevğīh* A Übertragung; ~ *ētmek* zuwenden, verleihen

تورات *tevrāt* A Pentateuch, Thora

تورك *türk* Türke; türkisch

توركچه *türkče* türkisch, das T·e, t·e Sprache

توركو *türkü* (Volks-)Lied

تورّم *teverrüm* A Schwellung; ~ *ētmek* schwindsüchtig werden

توز *toz* Staub; ~ *olmaq* staubig werden

توسّط *tavassuṭ* A Vermittlung, Schlichtung

توسيع *tevsīʿ* A Verbreiterung

توغ *tuġ* Roßschweif (Feldzeichen)

توفنك *tüfeng* = تفنك

توقف *tavaqquf* A Anhalten; ~ *ētmek* s. aufhalten, verweilen

توقير *tevqīr* A Achtung

توقيع *tevqīʿ* A (großherrlicher) Befehl, Diplom

توكل *tevekkül* A Gottvertrauen; ~ *ētmek* s. (in den Willen Gottes) ergeben, s. (Gott) befehlen

توكنمك *tükenmek* zu Ende gehen, ausgehen

توى *tüy* (Flaum-)Feder

تهديد *tehdīd* A (Pl. ~*āt*) Drohung

تهلكه‌لى *tehlikeli* AT gefährlich

تهى *tehī* P leer

تهيّات *tehīyāt* A f (Pl. v. تهيّه) Bezeugungen, Komplimente

تيز *tīz, tēz* P schnell; sputet euch!

تيزجك *tīziğek, tēziğek* PT schnell, flugs

تيغ *tīġ* P Schwert, Klinge

ث

ثابت *ṡābit* A festgestellt, erwiesen

ثالث *ṡāliṡ* A dritte(r, s)

ثانی *ṡānī* (f ∼*ye*) A zweite(r, s)

ثرا *ṡerā* A Staub; ثراه ∼*hü* sein St·, sein Grab

ثروت *ṡervet* A f Reichtum

ثریّا *ṡüreyyā* A Siebengestirn, Plejaden

ثقلت *ṡıqlet* A f Schwere; ∼ *ētmek* Schwierigkeit machen, lästig fallen

ثلث *ṡülüṡ* (E) A Drittel; *üč* ∼ drei u. ein Drittel

ثلثا *ṡelāṡā* A Dienstag

ثلثین *ṡelāṡīn* A dreißig

ج

جا *ğā* P Ort, Stelle; ∼ *be-*∼ hier u. dort, allenthalben; dann u. wann, zuweilen

جابجا *ğā be-ğā* P → جا

جاری *ğārī* A gültig, wirksam; ∼ *olmaq* ergehen, erfließen, erteilt werden, gelten, wirksam sein, herrschen

جاریه *ğārīye* A f Mädchen, Sklavin

جام *ğām* P-T Becher, Glas, G·scheibe; ∼*lı* mit G·scheiben versehen

جامع *ğāmiʿ* A sammelnd; Moschee; ∼*-i šerīf* heilige M·

جامه *ğāme p* Kleid, Gewand

جان *ğān* P Seele, Leben; ∼*ım!* mein Lieber! meine Liebe!; [2] ∼*ına kār ētmek* [3] in der S· zuwider sein; ∼ *vērmek* sein L· hingeben; [3] ∼*ım ṣıqıldı* ich ärger(t)e mich über [4]; ∼ *ve baš* Leib u. Leben; ∼ *bašıma ṣıčradı* ich geriet außer mir vor Furcht

جاناور *ğān-āver* P (wildes) Tier, Raubt·, reißendes Ungeheuer, Bär, Wolf

جانگداز *ğān-güdāz* P seeleschmelzend, herzerweichend

جانب *ğānib* A Seite, Richtung, Gegend; *ne* ∼*e?* wohin?; [1] ∼*ine* nach [3], zu [3], in [4]

جانفس *ğānfes* Wandeltaft (schillernder Stoff)

جانی *ğānī* A Verbrecher

جاهل *ğāhil* A nicht wissend, unw·, unerfahren, unverständig, einfältig, ungebildet, dumm, unsinnig

جاهلانه *ğāhilāne* AP = جاهل

جای *ğāy* P = جا

جائز *ğāʾiz* A erlaubt, zulässig, angängig

جبخانه *ğeb-ḫāne* P Munition, M·slager

جبراً *ğebren* A mit Gewalt

جبل *ğebel* A Berg

جبلّیّت *ğibillīyet* A angeborene Eigenschaft, Schlechtigkeit

جبه‌خانه *ğebe-ḫāne* P Zeughaus, Munition

جثّه *ğüṡṡe* A Körper

جدّاً *ğidden* A ernstlich, nachhaltig, wirklich

جدال *ğidāl* A Streit Kampf, Krieg

جدول *ğedvel* A Kanal

جدّیّت *ğiddīyet* A Ernst; *kemāl-i* ∼ voller (= aller) E·

جدید *ğedīd* A neu

جذبه *ğezbe* A Anziehung, A·skraft

جرأت *ğürʾet* A Mut; (3) ∼ *ētmek* s. mutig zeigen, (4) wagen

جرم *ğürm* A Verbrechen, Vergehen, Schuld; Geldbuße

جریان *ğereyān* A das Fließen; *fermān-ı qażā-*∼ Befehl von schicksalhafter Geltung, schicksalsschwerer Erlaß

جزر *ğezir* (E) A Ebbe; → مدّ

جزوی *ğüzvī* A klein, gering, unbedeutend

جزیره *ğezīre* A Insel

جسد *ğesed* A Körper, Leib

جسم *ğisim* (E) A Körper, Objekt, Substanz

جسمانى *ğismānī* A körperlich, materiell

جسيم *ğesīm* A sehr groß, gewaltig, riesig

جعل *ğaʿale* A er mache!; ~ *'l-ğennete meṡvāhü* Er (: Allah) m· das Paradies zu seinem Aufenthaltsort!

جفاء *ğefā'* A Grausamkeit, Qual

جكر *ğiğer* P Lunge, Leber, Herz, Eingeweide; [2] *~ini delmek* [2] H· durchbohren, [3] das H· zernagen; *~-pāre* H·-blättchen, Liebling

جلاد *ğellād* A Henker

جلاّه *ğüllāh* A Weber; ~ *saqallu* fransenbärtig

جلب *ğelb* A herziehen; ~ *ētmek* herbeiziehen, herbeiführen, (Luft) eindringen lassen

جلد *ğild* A Haut, Band (Buch)

جلوه گر *ğilve-ger* AP strahlend, glänzend

جلوس *ğülūs* A Thronbesteigung; [4] ~ *ētdirmek* [4] auf den Thron setzen

جم *Ğem* P (sagenhafter Perserkönig, Erfinder des Weinbaues); *~-ḥašem* PA mit der Pracht eines *Ğ*·; *~-bezm* P gastfrei wie *Ğ*·; *ğām-ı* ~ Becher des *Ğ*·, Weinpokal

جماعت *ğemāʿat* A f Gesellschaft, Gemeinschaft, Gemeinde der Gläubigen

جمال *ğemāl* A Schönheit

جمع *ğemiʿ* (E) A Sammlung; ~ *ētmek* (ver-)sammeln, zusammenziehen; ~ *olmaq* s. versammeln, zusammenkommen

جمعيّت *ğemʿīyet* A f Versammlung, Gesellschaft; ~ *ile* mit zahlreicher Begleitung

جمله *ğümle* A ganz, das G·e, Gesamtheit, alle, sämtliche, zur Gänze; *~den elzem* vor allem (anderen) notwendig, (aller-)vordringlichst; ~(*-i*) *günāh* alle Sünden; *evleriñ ~si* sämtliche Häuser

جملتا *ğümleten* A zur Gänze, im Ganzen

جمهور *ğümhūr* A Staat, Gemeinwesen; alle zusammen

جميع *gemīʿ* A alle(s), sämtliche; ganz

جميعا *ğemīʿen* A in seiner Gesamtheit

جميله *ğemīle* A f schön, hübsch, (auch E.N.)

جناب *ğenāb* A Majestät, Eminenz; *~-ı Allāh* Gott, Majestät G·es; *~-ı Ḥaqq* der Herrgott, der liebe Gott; [1] *~ları* Seine Exzellenz [1]

جنازه *ğenāze* A f Leichnam

جنب *ğenb* A Seite; [1] *~inde* neben [3]

جنبان *ğünbān* P bewegend

جنّت *ğennet* A f Paradies; *~e girmek* ins P· eingehen

جنس *ğins* A Geschlecht, Art, Gattung, Klasse, Rasse

جنك *ğeng* P Kampf, Schlacht; ~(*ler*) *ētmek* kämpfen, fechten; ~ *oldu* es wurde gekämpft, es kam zum K·

جنكجى *ğengği* PT Kämpfer, Soldat

جنوب *ğenūb* A Süden

جنود *ğünūd* A f (Pl. v. جند *ğünd*) Soldaten

جنويزلو *ğenevizlü*, *ğenevizli* IT Genuese

جنّة *ğennet* = جنّت

جنين *ğenīn* A Embryo

جواب *ğevāb* A Rede, Antwort, Bescheid; ~ *ētmek* (= *vērmek*) a·en, B· geben; *~-ı ṣevāb* richtige (= treffende) A·

جوار *ğivār* A Nachbarschaft, Umgebung

جوان *ğivān* P jung; j·er Mann, Jüngling, Bursche; *~-merdlik* Edelmut; ~ *qašı* („Jünglingsbraue":) Turbanstoff mit Fischgrätenmuster

جواهر *ğevāhir* A f (Pl. v. جوهر) Edelsteine, Juwelen

جور *ğevir* (E) A Ungerechtigkeit, Gewalttätigkeit, Grausamkeit, Bedrückung

جوز *ğeviz* A Nuß, Waln·; ~ *oyunu* Nußspiel (ein Murmelspiel mit Nüssen)

جوشقون *ğošqun* wallend, überflutend, wildbewegt, heiß

جوهر *ğevher* A (aus P) Edelstein, Juwel; Substanz

جويبار *ğūybār* P Bach, Fluß

جويز *ğeviz* = جوز

جهات *ğihāt* A f (Pl. v. جهت) Seiten, Belange

جهاز *ğihāz* A Brautaussteuer, Mitgift

جهان *ğihān* P Welt; *~ı ṭutmaq* die (ganze) W· erfassen, alles erfüllen; *~-ārā* w·-zierend, Zierde der W·; *~-bān* w·-beherrschend; *ḥażret-i ~-bānī* Seine w·beherrschende Majestät; *~-dārī* monarchisch, großherrlich; *~-peymā* die W· durcheilend; *~-küšā* w·erobernd

جهت *ğihet* A f Seite, Hinsicht, Beziehung, Art u. Weise; *bu ~le* auf diese W·

جهلاء *ğühelā* A f (Pl. v. جاهل) die Unwissenden, die Dummen (im T auch Sg.)

جهنّم *ğehennem* A Hölle; *~ ağzı* Maul der H· = dichtester Feuerhagel

چ

چابق *čabuq* bald, schnell, flink; *el ~luğıyle* mit Behendigkeit

چابوجق *čabuğaq* sehr schnell, schleunigst, flugs

چابوقجغنه *čabuqğağına* ganz schnell, hurtig

چاتر چاتر *čatır* ~ mit lautem Krachen (= Knirschen)

چاتمق ^{3} *čatmaq* mit ^{3} zusammenstoßen, auf ^{4} aufprallen, mit ^{3} handgemein werden

چاتی *čatı* Dach, D·stuhl, Sparrwerk

چادر *čadır* P-T Zelt

چارپا *čār-pā* P Vierfüßler; *~ qısmı* die Gattung der V·, das Vieh

چارپاره *cār-pāre* P Kastagnetten

چارپمق ^{3} *čarpmaq* an ^{4} anstoßen, ^{4} anrempeln

چارپنمق *čarpınmaq* klopfen, schlagen

چارشاف *čaršaf* (eigl. P) Schleier (= überwurfartige Verhüllung der Musliminnen); *~a girmek* den Sch· anlegen

چارشی ، چارشو *čaršu, čaršı* P (viereckiger) Platz, Marktp·, Straße mit Läden; *uzun ~* Langer Markt (in Istanbul)

چارقجی *čarqağı* Scharmützler; zur Vorhut gehörig

چاره *čāre* P Mittel, Abhilfe; *~-i selāmet* M· zur Rettung; ^{3} *~ ētmek* ^{4} heilen; *ne ~?* was kann man tun? was hilft's? leider; *ne ~ ēdelim?* was sollen (= können) wir (dagegen) tun?; *~ olmadı* es nützte nichts

چاسار *časar* U Kaiser

چاغرتمق *čağırtmaq* (herbei-)rufen lassen

چاغرشمق *čağrıšmaq* zusammen schreien, einander zubrüllen

چاغیرمق ، چاغرمق *čağırmaq* schreien, rufen, herbeir·, einladen, brüllen, brällen; *bağırıb ~* sch· und zetern

چاك *čāk* P Zerreißen; *~ olunmaq* zerrissen w., aufgeschnitten w., bersten, platzen

چالشمق ^{3} *čalıšmaq* s. um ^{4} bemühen, nach ^{3} streben; *qačmağa ~* s. b· zu fliehen

چالمق *čalmaq* schlagen, streichen, spielen; stehlen; → غلبه

چالنمق *čalınmaq* geschlagen (= gespielt) w.

چالی *čalı* Gestrüpp; *~lıq* G·, Dickicht

چالیشمق *čalıšmaq* = چالشمق

چاوش *čavuš* Feldwebel; *qara ~* (E.N.)

چپلاق *čıplaq* nackt, bloß

چتل *čatal* gabelförmig, gespalten; *iki ~* zweifach, zweizackig

چتلامق *čatlamaq* bersten, zerspringen, platzen, knacken

چرا *čırā* P warum? *bi-čūn u* ~ ohne Wie u. Warum, unbegreiflich u. unergründlich

چراغ *čırāġ* P Leuchte, Fackel

چرخ *čarḫ* P Rad, Seiltrommel

چركين *čirkin* P-T häßlich; ~*lik* H·keit

چزمه *čizme* Stiefel

چشم *češim* (E) P Auge

چشمه *češme* P Quelle, Brunnen

چغتاى *čaġatay* die Mongolen (Timurs)

چفت *čift* P Paar

چفتجيلك *čiftğilik* PT Ackerbau, Landwirtschaft, Bauernstand

چفتلك *čiftlik* PT Landgut, Meierhof

چفته *čifte* P doppelt, zweifach

چقار *čıqar* = چقر

چقارمق *čıqarmaq* = چقرمق

چقر *čıqar:* Ao. v. چقمق *čıqmaq*, oder Imperativ v. چقرمق *čıqarmaq*

چقرمق *čıqarmaq* herausbringen (-treiben, -werfen, -holen, -ziehen), hervorziehen, ausziehen, ablegen, hinaus(gehen) lassen, hinausschicken (-strecken), (auf-) steigen lassen, ausgraben

چقشير *čaqšır* (weite) Hosen

چقمق *čıqmaq* heraus- (= hinaus-)gehen (= -kommen, -fließen), aussteigen, austreten, zum Vorschein kommen, s. ergeben, entstehen, s. losmachen, (milit.) Ausfall machen; ³ ~ zu ³ hinaufgehen, auf ⁴ steigen, ⁴ besteigen; ¹ ~ s. als ¹ herausstellen (erweisen)

چقور *čuqur* Loch, Grube, Schlucht, Vertiefung

چقه كلمك *čıqa-gelmek* plötzlich hervorkommen (= zum Vorschein kommen, auftauchen)

چكدرمك ، چكديرمك *čekdirmek* ziehen (= schleppen, tragen) lassen

چكر *čeker:* Ao. v. چكمك

چكلمك *čekilmek* s. zurückziehen, gelitten w., erlitten w.

چكمك *čekmek* ziehen, überz·, ertragen, erdulden, leiden, ausstehen; *araba* ~ mit (= auf) Wagen fahren

چكه *čeñe* Kinn, loses Mundwerk

چكيلمك *čekilmek* = چكلمك

چلبى *čelebi* gebildeter (feiner) Herr; (dem E.N. nachgestellt als Titel für Männer der Wissenschaft)

چلديرمق *čıldırmaq* den Verstand verlieren, wahnsinnig werden

چمن *čimen* P Wiese, Garten

چنار *čınār* P Platane, Sykamore

چناق *čanaq* Schüssel

چند *čend* P einige

چنگال *čengāl* P Gabel, Widerhaken

چنگانه *čingāne* P Zigeuner

چنگلستان *čengelistān* P Wald, Dickicht; ~ *orman* W· u. D·, dichter W·

چوال *čuval* P Sack

چوب ، چوپ *čūb, čöp* P Holz(stück), Stab, Stock, Stange

چوجق ، چوجوق ، چوچوق *čoğuq, čočuq* Kind, Bub; ~*luq* K·heit, Jugend

چوربا ، چوربه *čorba* Suppe, Brühe

چورك *čörek* Butterwecken

چورمك *čevirmek* drehen; ³ ~ in ⁴ (= zu ³) verwandeln; *yüz* ~ das Gesicht abwenden, die Flucht ergreifen

چوره *čevre* Umfang

چورهك *čörek* = چورك

چوزيلمك *čözülmek* s. auflösen, schmelzen

چوغالمق *čoġalmaq* s. vermehren

چوق *čoq* sehr; viel, zahlreich, groß, lang; *bir* ~ viele; ~*dan* seit langem; ~ *zamān* lange Zeit; oft

چوقور *čuqur* = چقور

چوملك *čömlek* Topf

چون *čūn, čün* P wie, so wie, als, sobald als, da, nachdem; (m. Opt.) wenn

چونکم *čūn-kim, čün-kim* PT weil, da; nachdem, als; denn; (m. Opt.) wenn

چونکه *čūn-ki, čün-ki* P = چونکم

چویرتمك *čevirtmek* zum Wenden veranlassen

چویرمك *čevirmek* = چورمك

چیپلاق *čıplaq* nackt, bloß; ~ *ayaq* barfuß

چیچك *čiček* Blume, Blüte

چیرپینمق *čırpınmaq* zappeln, zucken

چیرکین *čirkin* = چرکین

چیغیرمق *čıġırmaq* kreischen

چیفت *čift* = چفت

چیفتچیلك *čiftčilik* = چفتچیلك

چیقرمق ، چیقارمق *čıqarmaq* = چقرمق

چیقمق *čıqmaq* = چقمق

ح

حاتم *Ḥātem* A (E.N. eines durch Freigebigkeit berühmten altarabischen Helden); ~*-mekremet* freigebig wie H·

حاجات *ḥāǧāt* A f (Pl. v. حاجت) Bedürfnisse, Nöte

حادثات *ḥādiṡāt* Af (Pl. v. حادثه) Ereignisse, Veränderungen, vergängliche Dinge

حادثه *ḥādiṡe* A f Vorkommnis, Nachricht

حاصل *ḥāṣıl* A s. ergebend; Resultat; ~ *olmaq* s. ergeben, zuteil werden; ~ *ētmek* erlangen, erwerben, zustande bringen; ~*-ı kelām* kurz u. gut, mit einem Wort

حاضر *ḥāżır* (f ~*e*) A zugegen, gegenwärtig, anwesend, bereit, fertig; $^{3 (5)}$ ~ *olmaq* ^{3} beiwohnen; ~ *gelmišken* da ich (= du, er, usw.) nun schon einmal gekommen bin (= bist, ist, usw.); *Allāh* ~*dır* Allah ist gegenwärtig (= mein Zeuge)

حاضرلامق ^{4} *ḥāżırlamaq* AT ^{4} (vor-)bereiten, für ^{4} sorgen

حافظ *ḥāfıẓ* A Bewahrer (Ehrentitel derer, die den Koran auswendig kennen)

حاکم *ḥākim* A überlegen; Fürst; ^{3} ~ *olmaq* ^{4} beherrschen

حاکمیت *ḥākimīyet* A f Herrschaft

حال *ḥāl* A Zustand, Lage, Befinden, Gewohnheit; Stand, Rang; Verzückung; gegenwärtige Zeit; *ehl-i* ~ Mystiker; *bu ne* ~? was ist da los? was soll das heißen?; *o* (= *bu*) ~*de* in diesem Falle, demnach, dann, somit, also; *her* ~*de* jedenfalls, in jeder Hinsicht; *der* ~ auf der Stelle, sogleich; indessen; ~*i üzere qalmaq* unausgeführt (= liegen) bleiben; ~*imi* (*aḥvālimi*) *añladıñ* du hast meine Lage verstanden, d· h· gemerkt wie es um mich steht, d· h· g· was mit mir los ist; ^{2} ~*ini su'āl ētmek* ^{4} fragen was er hat, ^{4} f· was mit ihm los sei; ^{1} ~*inde* im Zustand ^{2}, während ^{2}; *siyāḥeti* ~*inde* während (= auf) seiner Reise; ~ *bu ki* = حالبوکه

حالاً *ḥālen, ḥālā* A derzeit, gegenwärtig, noch (immer)

حالبوکه *ḥāl-bu-ki* ATP indessen, jedoch; vielmehr

حالت *ḥālet* Af Zustand; Sache, Ding, D·e

حاللو *ḥāllü, ḥālli* AT begütert, bemittelt; ~ *ḥāllerine göre* ihrem jeweiligen Rang gemäß

حاولامق *ḥavlamaq* (an-)bellen

حاووج *ḥavuč* Möhre, gelbe Rübe

حایدود *ḥaydud* S Räuber, Wegelagerer

حایقیرمق ، حایقرمق *ḥayqırmaq* (aus-)rufen, schreien

حائط *ḥā'iṭ* A Wand

حبس خانه *ḥab(i)s-ḫāne* AP Gefängnis

حبل *ḥabl* (E) A Strick, Seil, Tau

حبّه *ḥabbe* A f Korn, Beere, Teilchen, (winzige) Kleinigkeit

حبيب *ḥabīb* A Freund, guter Bekannter

حتى *ḥattā* A sogar, selbst, ja (sogar)

حجّ *ḥağğ* A Wallfahrt (nach Mekka); ~ *ētmek* wallfahrten

حجاب *ḥiğāb* A Schleier, Scham; [3] ~ *ētmek* s. vor [3] schämen; *gülmeğe* ~ *ētmek* s. zu lachen schämen (= scheuen); ~*sız* AT ohne (die klare Sicht hindernden) Schleier

حجّة *ḥüğğet* A f Beweis; ~*ü 'l-ḥaqqi ʿale 'l-ḫalqi eğmaʿīn* B· des Rechtes für die gesamte Schöpfung (= Menschheit)

حجم *ḥağim* (E) A Volumen, Umfang

حجى *ḥiğā* A Geist, Einsicht; Rätsel

حدّ *ḥadd* A Stufe, Kraft, K·bereich, Sphäre, Möglichkeitssphäre; ~*iñ varsa* wenn du die K· hast, wenn du kannst

حدّتلنمك [3] *ḥiddetlenmek* AT über [4] zornig werden

حدوث *ḥudūs̱* A Entstehen, Eintritt

حدود *ḥudūd* A f (Pl. v. حدّ) Grenze, Schranke, Beginn; [1] ~*unda* um [4]

حديد *ḥadīd* A scharf, heftig; ~*ü 'l-lisān* scharfzüngig, von h·er Rede

حذاقت *ḥiẕāqat* A f Scharfsinn, Geschick; ~*-sīret* mit Sch· begabt

حذر *ḥaẕer* A Vorsicht; [6] ~ *ētmek* s. vor [3] in Acht nehmen, [4] vermeiden

حرّ *ḥürr* A frei; ~*-i mutḷaq* völlig frei

حرارت *ḥarāret* A f Wärme

حرام *ḥarām* A unrein, ungesetzlich, verboten; ~ *ētmek* untersagen, nicht gewähren, nicht gönnen; [3] [1] ~*dır* [1] enthält s. [2]; ~*-ı ṣırf*, absolut unrein, durchaus verboten

حرامى *ḥarāmī* A Räuber; ~ *baš* R·hauptmann; ~*lik* R·handwerk

حرب *ḥarb* A f Krieg, Kampf, Schlacht

حركت *ḥareket* A f Bewegung, Handlung; ~ *ētmek* (s.) bewegen, s. regen, handeln, tätig sein; aufbrechen, (ab-)fahren; ~*e getirmek* in B· versetzen

حرم *ḥarem* A Harem, Frauenzimmer; Heiligtum (in Mekka)

حرمت *ḥürmet* A f Unerlaubtsein, Gesetzwidrigkeit, Ehre; [2] ~*ine* [3] zu Ehren

حروف *ḥurūf* A f (Pl. v. حرف *ḥarf*) Buchstaben, Lettern

حرير *ḥarīr* A Seide; aus S·, s·n

حريف *ḥerīf* A Mann, Kerl

حريق *ḥarīq* A Feuersbrunst

حزن *ḥüzün* (E) A Traurigkeit

حزين *ḥazīn* A traurig; ~ ~ tieft·, in tiefer Trauer

حس *ḥiss* A Gefühl; ~ *ētmek* fühlen, empfinden, wahrnehmen

حساب *ḥisāb, ḥesāb* A Rechnung; *parmaq* ~*ı* Fingerzählung, nur die Anzahl der Silben (nicht ihre Länge) berücksichtigendes Versmaß der volkstümlichen T Dichtung

حسب *ḥaseb* A Verdienst, Gemäßheit; [1] ~*i ile* auf Grund von [3], vermöge [2], dank [3]

حسب *ḥasbe* A gemäß; ~ *'l-maqdūr* nach besten Kräften

حسد *ḥased* A Neid; [3] ~ *ētmek* auf [4] n·isch sein

حسرت *ḥasret* A f Schmerz; ~ *ile* sch·lich

حسن *ḥüsün* (E) A Schönheit, Anmut, gute Eigenschaft; ~*-i idāre* gute Regierung; ~ *ü ğemāl* blühende Sch·; ~*-i mutḷaq* das absolut Schöne = Gott

حسنا *ḥüsnā* A f sehr schön

حسندار *ḥüsün-dār* AP schön, anmutig

حسنه *ḥasene* A f schön; (auch E.N. f.)

حسنيّات *ḥüsnīyāt* A f die schön(geistig)en Dinge

حسين *Ḥüseyn* A (E.N.)

حشم *ḥašem* A Pracht, Prunk

حصار *ḥiṣār* A Ringmauer, Festung, Burg; ~ *üzerine gelmek* über (= vor) die B· kommen (= rücken), die B· überfallen

حصر *ḥaṣr* A Festhalten, Bewahrung; ~ *ētmek* beschränken, festhalten

حصن *ḥiṣin* (E) A Festung

حصول *ḥuṣūl* A Verwirklichung, Eintreten; ~*e gelmek* s. verwirklichen, eintreten

حصين *ḥaṣīn* A fest, gut geschützt

حضرات *ḥażerāt* A f (Pl. v. حضرت) die Exzellenzen; *meʾmūrīn* ~*ı* die Herren Beamten

حضرت *ḥażret* A f Majestät, Exzellenz; ~*-i ḫāliq* M· des Schöpfers, der Allmächtige Schöpfer; *ḥaqq-ı teʿālā* ~*leri* die M· Gottes des Allerhabenen; *pādišāh* ~*leri* Seine M· der P·; *vezīr* ~*leri* Seine E· der Wesir; *šeyḫ* ~*leri* Seine Ehr(würd)en der Scheich

حضور *ḥużūr* A Gegenwart; ^{2} ~*una varmaq* s. zu ^{3} (= in ^{2} G·) begeben; ~*-ı šerīflere* zur erhabenen G·, vor Seine Majestät; ^{2} ~*unda* in ^{2} G· (= Beisein), vor ^{3}

حظ *ḥaẓẓ* A Vergnügen; ^{6} ~ *ētmek* an ^{3} Gefallen finden, s. über ^{4} (= an ^{3}) freuen

حظوظ *ḥuẓūẓ* A f (Pl. v. حظ) Freuden, freudige Empfindungen

حفره *ḥufre* A f Loch, Grube, Vertiefung

حفظ *ḥıfẓ* A Schutz, Bewachung; ~ *ētmek* beschützen, bewahren, hüten; ~*-ı ḥayāt* B· (= Erhaltung) des Lebens, L·-unterhalt

حفظاً *ḥıfẓen* A auswendig, (frei) aus dem Gedächtnis

حق *ḥaqq* A Gewißheit, Wahrheit, Recht Gebühr; Gott; → تعالى; ^{1} ~*ında* über ^{4}, hinsichtlich ^{2}, betreffs ^{2}; ^{2} ~*ına* über ^{4}, auf ^{4}; ^{1} ~*ı-yčün*! bei ^{3}!; ^{2} ~*ından gelmek* ^{4} züchtigen, ^{4} strafen

حقارت *ḥaqāret* A f schlechte Behandlung, Beleidigung, Schimpf; ^{3} ~ *ētmek* ^{4} erniedrigen, ^{4} beleidigen, ^{3} Sch· antun

حقير *ḥaqīr* A gering, verachtet; (*bu*) ~ dieser G·e, ich (G·er)

حقيقت *ḥaqīqat* A f Wahrheit, Wirklichkeit; ~ *üzere* wahr, wirklich, echt; ~*lü* aufrichtig, treu(er Freund)

حقيقة الحال *ḥaqīqatu ʾl-ḥāl* A in der Tat, wahrhaftig, wahrlich

حقيقى *ḥaqīqī* A (f ~*ye*) wahr, echt, wirklich, richtig; *ʿıšq-ı* ~ die wahre Liebe, Gottesminne

حك *ḥakk* A Kratzen; ~ *ētmek* ausradieren, austilgen

حكام *ḥükkām* A (Pl. v. حاكم) die Machthaber, Befehlsh·, Statthalter

حكايت *ḥikāyet* A f Erzählung, Geschichte; ~ *ētmek* erzählen

حكايه *hikāye* A f = حكايت

حكم *Ḥakem* A (E.N.)

حكم *ḥüküm* (E) A Urteil, Satzung, Gesetz, Befehl, Geltung; ~*-i šerīf* erlauchter Erlaß (des Großherrn); ~*ünü iǧrāʾ ētmek* seine Gewalt ausüben; ^{3} ~ *ētmek* ^{3} befehlen (= B· erteilen), über ^{4} herrschen; ^{1} ~*ünde* als ^{1} geltend

حكما *ḥükemā* A f (Pl. v. حكيم) die Weisen, Gelehrten

حكمت *ḥikmet* A f Weisheit, Gottes unerforschlicher Ratschluß, Wissenschaft; ~*-ifāde* Weisheit kündend; ~*-i ḫudā* (durch) Gottes Weisheit, nach Gottes R·; *bu ne* ~*dir?* was soll das bedeuten? was steckt hier dahinter?

حكومت *ḥükūmet* A f Herrschaft, Reich, Staat, Regierung; ~*-gāh* AP Behörde

حكيم *ḥekīm* A weise, gelehrt; der W·, der G·e

حكيمانه *ḥekīmāne* AP wie einem Weisen geziemt

حل *ḥall* A Auflösung; *eṣḥāb-ı* ~ *ŭ ʿaqd* die Herren des Lösens u. Knüpfens, die maßgebenden Männer, Machthaber

حلّاج *ḥallağ* A Wollkrämpler

حلال *ḥelāl* A rechtmäßiges Eigentum, r·er Besitz, r·er Gatte, r·e Gattin; ~*lıq* AT r·e Ehe, Legitimität

حلب *Ḥaleb* A Aleppo (Stadt in Syrien)

حلقه *ḥalqa* A f Ring, Ristriemen (an der Holzpantine)

حلواجی *ḥalvāğı* AT Zuckerbäcker; *kāğıd* ~*sı* Verkäufer von „Papier-Halwa" (einer Art Zuckerfäden)

حلول *ḥulūl* A Durchdringung, Vordringen

حمّا *ḥummā* A (hitziges) Fieber, F·krankheit, Typhus

حمار *ḥımār* A Esel

حماقت *ḥamāqat* A f Dummheit, Torheit

حمّال *ḥammāl* A Lastträger; ~ *ʿAlī* ʿAlī der L·

حمّام *ḥammām* A („türkisches") Bad, B·ehaus; ~ *qızdı* „Das B· ist heiß" (: ein Kinderspiel)

حمد لله *ḥamdü li-'llāh!* A Gott sei Lob! Allah sei Dank!

حمل *ḥamıl* (E) A Tragen; ~ *ētmek* zuschreiben, zur Last legen, zugute halten; → وضع

حمله *ḥamle* A f Angriff, Überfall

حمّی *ḥummā* A = حمّا

حواسّ *ḥevāss* A f (Pl. v. حسّ) die (fünf) Sinne

حواله *ḥavāle* A f Übertragung; ~ *ētmek* anvertrauen, übertragen, (Waffe:) niedersausen lassen

حوالی *ḥavālī* A Umgebung, Umfang, Seiten, Gegend

حولی *ḥavlı, ḥavlu* G Hof

حيات *ḥayāt* A f Leben; ~*da* (noch) am L·

حيران *ḥayrān* A erstaunt; [3] ~ *olmaq* über [4] staunen, [4] bewundern

حيرت *ḥayret* A f Staunen, Betroffenheit, Verwirrung, Ratlosigkeit; [6] [(3)] ~*de qalmaq* über [4] betroffen sein

حيله *ḥīle* A f List; ~ *ētmek* L· anwenden; ~ *ile* (hinter)listig(er Weise)

حيله كار *ḥile-kār* AP schlau, listig; Betrüger

حين *ḥīn* A Zeit, Augenblick; *geldiği* ~*de* im A· da er kommt, sowie er k·

حيوان *ḥayvān* A Tier, Vieh

حيوانات *ḥayvānāt* A f (Pl. v. حيوان) Tiere

حيوانجه *ḥayvānğa* AT tierisch, dem Wesen des Tieres entsprechend

خ

خاتون *ḫatun* (vornehme) Frau, Dame; ~*ğağız* gute (arme) F·

خادم *ḫādım* A Diener, Bedienter; dienstbar

خار *ḫār* P Dorn, Stachel

خارج *ḫāriğ* A außerhalb (befindlich); ~*den* v. außen; aus der Fremde; *šehriñ* ~*inde* außerhalb (= vor) der Stadt; *šehriñ* ~*ine* aus der Stadt (hinaus)

خارجاً *ḫāriğen* A (dr)außen, außer Haus; nach außen hin

خارجی *ḫāriğī* A Schismatiker, Empörer

خارقه *ḫāriqa* A f Wunder; ~*lar göstermek* W· wirken

خاره *ḫāre* P (Kleid aus) Moireeseide

خاشاك *ḫāšāk* P Schmutz, Unrat

خاصّ *ḫāṣṣ* A (f: ~*e*) eigen, e·tümlich, (für) persönlich(en Gebrauch), auf eine Person beschränkt, auserwählt; ~ *oḍa* Privatkammer (des Sultans); ~ *u ʿāmm* Hoch u. Niedrig; ~ *bāğče* der Privatgarten (des Sultans auf dem *Saray burnu*, s. d.); ~*e* Privatschatz (des Sultans)

خاطر *ḫāṭır* A Gedächtnis, Sinn, Gemüt; ² ~*ını ṣormaq* s. nach ² Befinden erkundigen

خاقان *ḫāqān* Monarch, Großherr

خاك *ḫāk* P Erde, Staub; ~ *ētmek* zu St· machen, verwüsten

خالص *ḫāliṣ* A rein, ungemischt; *zer-i* ~ pures Gold

خالق *ḫāliq* A der Schöpfer, Gott

خالى *ḫālı* P (großer) Teppich

خالى ⁶ *ḫālī* A frei von ³; ⁶ ~ *olmaq* mit ³ aufhören, ⁴ unterlassen

خان *ḫan* Fürst

خان *ḫān* P Herbergshaus, Karawanserai

خاندان *ḫāndān* P Familienoberhaupt; Haus u. Familie

خانگى *ḫānegī* P zum Hause gehörig

خانم *ḫanım* Frau; *Vesīle* ~ F· *V*·; ~ *efendi* gnädige F·

خان واده *ḫān-vāde* P Familie

خانه *ḫāne* P Haus; ~ *ber dūš* (der sein) H· auf dem Rücken (trägt), Nomade; ohne Dach über dem Kopf

خائنه *ḫāʾine* A f treulos, verräterisch, falsch

خبر *ḫaber* A Meldung, Nachricht, Kunde, Bescheid; ~ *ētmek* (= *vērmek*) melden, berichten, N· geben, B· sagen; ~*im yoq*(*dur*) ich habe keine Kunde (= Kenntnis, Ahnung), ich weiß nicht; *bī*-~ unwissend, unklug, dumm

خبيث *ḫabīs̱* (f: ~*e*) A übel, schlecht

خبير *ḫabīr* A kundig; ~ *olmaq* benachrichtigt werden, Meldung erhalten

ختام *ḫıtām* A Ende; ~*a ēri̇šmek* zu E· gehen

ختم *ḫatim* (E) A Vollendung, Abschluß; ~ *olmaq* zur (höchsten) V· gelangen

خدا *ḫudā*, *ḫüdā* P Herr, Gott, H·gott

خدام *ḫuddām* A f (Pl. v. خادم) Knechte, Dienstmannen

خداوندگار *ḫudāvendigār* P Herrscher, Fürst (Beiname *Murāds I.*)

خدمات *ḫidemāṭ* A f (Pl. v. خدمت) Dienste, Aufgaben

خدمت *ḫidmet* A f Dienst, D·leistung, Amt, Arbeit, Aufgabe

خدمتكار *ḫidmetkār* AP Diener, Dienstbote

خراب *ḫarāb* A wüst; ~ *ētmek* verwüsten, zerstören

خراج *ḫarāğ* A Tribut (der nichtmuslimischen Untertanen)

خراسان *Ḫorāsān* P Chorasan

خرام *ḫirām* P Schreiten, Gang; *āheste* ~ *ile* im Schritt(tempo); → خوش

خرج *ḫarğ* A Aufwand, Ausgabe(n), Kasse

خرد *ḫired* P Verstand, Einsicht, Geist

خرد *ḫurd* P klein, k·es Stück, Bruchstück; ~ *olmaq* zertrümmert (= zermalmt) werden; ~-*ı ḫašḫāš ētmek* klein wie Mohnkörner machen, zu tausend Stükken zermalmen

خرده *ḫurde* P klein

خرستيان *ḫıristiyān* G Christ; ~*lıq* GT Ch·entum, Ch·enheit

خرسزلق *ḫırsızlıq* (eigl. AT) Stehlen

خرّم *ḫurrem* P heiter, fröhlich, angenehm

خرواط *ḫırvaṭ* S Kroate

خروج *ḫurūğ* A Auszug; ³ ~ *ētmek* gegen ⁴ (in den Krieg) ziehen, gegen ⁴ gezogen kommen

خزينه *ḫazīne* A f Schatz, Sch·kammer; *~-i ʿālem* der Sch· (= alle Schätze) der Welt; *~dār* AP Sch·meister

خسارت *ḫasāret* A f Verwüstung; *~ ētmek* verwüsten

خسته *ḫaste, ḫasta* P krank; *~lik* PT K·-heit; *üč gün ~liği* drei Tage K·heit (= K·enlager); *~lenmek* (= *~lanmaq*) k· werden (= sein)

خسرو *Ḫüsrev* P (E.N.)

خشخاش *ḫašḫāš* A Mohn; *dāne-i ~* M·korn, M·körner

خشنود (korrekt: خوشنود) [6] *ḫošnūd* P mit [3] zufrieden

خصلت *ḫaṣlet* A f Eigenschaft; *melek ~inde bulunmaq* die E·en eines Engels aufweisen

خصم *ḫaṣım* (E) A Gegner, Widersacher, Feind

خصوص *ḫuṣūṣ* A Besonderheit, Spezialität, Angelegenheit, Geschäft, privat; [1] *~unda* hinsichtlich [2], betreffs [2]

خصوصاً *ḫuṣūṣan* A besonders, vor allem

خصوصات *ḫuṣūṣāt* A f (Pl. v. خصوص) Angelegenheiten, Belange

خطّ *ḫaṭṭ* A Schrift, Handschreiben; *baṣma ~ = ~-ı baṣma* gedruckte Sch·, Drucksch·, Buchdruck

خطاء *ḫaṭā'* A Fehler, Versehen, Irrtum

خطاب *ḫiṭāb* A Ansprache, Ausspruch; [3] *~ ētmek* [4] anreden, s. an [4] wenden

خطاباً [3] *ḫiṭāben* A [4] ansprechend, zu [3] (= an [4]) gewandt, s. zu [3] wendend, an [4]

خطر *ḫaṭar* A Gefahr

خطور *ḫuṭūr* A Einfallen (von Gedanken); *~ ētmek* einfallen; *ḫāṭıra ~ ētmek* in den Sinn kommen

خطير *ḫaṭīr* A wichtig

خفيةً *ḫıfyeten* A heimlich, insgeheim

خفيف *ḫafīf* A leicht; *yükde ~* l· an Gewicht

خلاص *ḫalāṣ* A Rettung, Befreiung; [6] *~ ētmek* aus [3] (= vor [3], von [3]) retten (= befreien, erlösen); *~ olmaq* (= *bulmaq*) gerettet (= befreit) werden; s. retten

خلاف *ḫılāf* A Nichtübereinstimmung, Widerspruch, Gegensatz; *~-ı vāqiʿ* unwahr, falsch; [2] *~ınğa* im (= als) G· zu [3]

خلافت *ḫılāfet* A f Kalifat; *~-maṣīr* (Ort), wo das K· wohnt, Zentrum des K·s

خلايق *ḫalāyıq* A Sklavin, Odaliske

خلع *ḫalʿ* A Lösen, Absetzung, Entfernung

خلف *ḫalef* A Nachkomme, (wohlgeratener) Sohn

خلق *ḫalq* A Schöpfung, Geschöpfe (Gottes), Menschen, (gewöhnliche) Leute, (breites) Volk; *~ ētmek* (er-)schaffen

خلل *ḫalel* A Beeinträchtigung; [3] *~ vērmek* [3] Schaden (= Abbruch) tun, [4] stören

خلوتخانه *ḫalvet-ḫāne* AP Privatgemach, einsames G·, Betzimmer

خلوص *ḫulūṣ* A Aufrichtigkeit, Treue

خليج *ḫalīğ* A Meeresarm

خليجه *ḫalīğe* P Teppich

خليچ *ḫalič* = خليج

خليفه *ḫalīfe* A f Stellvertreter, Nachfolger, Kalif, Pagenlehrer (im Serail)

خم *ḫam* P Locke, Kringel; *~ be-~* vielfach geringelt, reich gelockt

خمخانه *ḫum-ḫāne* P Taverne, Schenke

خمسين *ḫamsīn* A fünfzig, die f· Tage vor der Frühlings-Tag- und -Nacht-Gleiche

خمير *ḫamīr* A Teig

خميس *ḫamīs* A = *yevmü 'l-~* Donnerstag

خنجر *ḫanğar* T-P Dolch

خندق *ḫandaq* P-A Graben, Festungsg·

خنده *ḫande* P Lächeln

خنزير *ḫınzır* A Schwein; *~ gibi* wie Sch·e

خواب *ḫāb* P Schlaf

خوابگاه *ḫāb-gāh* P Schlafstelle; ~-ı *ārām* friedliche Schlafstätte

خواجه *ḫāğe, ḫoğa* P Meister, Schulm·, Lehrer, Geistlicher, Herr, Handelsh·; ~*ya vērmek* zu einem L· (in die Schule) geben

خوارق *ḫavāriq* A f (Pl. v. خارق) Wunder(werke)

خواصّ *ḫavāṣṣ* A f (Pl. v. خاصّ) die Kammerdiener

خواننده *ḫānende* P Sänger

خوب *ḫūb* P gut, schön, hübsch; ~-*ṣūret* PA Wohlgestalt = ~-*ṣūretli* PAT von sch·er Gestalt, w·et

خود *ḫod* P selbst; doch, nun, aber; (nachgestellt:) sogar, (mit Negation: nicht) einmal

خور *ḫor* P Speise

خورد *ḫurd* = خرد *ḫurd* P

خورلق *ḫorluq* PT Schmähung, Verachtung, Schmach, Schimpf

خوش *ḫoš* P schön, gut, angenehm; *bir* ~ (nur ja) gut; ~ *geldiñiz* (seid) willkommen!; ~-*endām* sch·wüchsig; ~-*ḫirām* von sch·em Gang, lieblich wandelnd; ~-*güvār* wohlschmeckend, süß; ~*ter* schöner, besser

خوف *ḫavıf* (E) A Furcht, Schrecken, Befürchtung; [6] ~ *ētmek* [4] fürchten, s. vor [3] f·

خونين *ḫūnīn* P blutig, (Träne:) bitter

خوى *ḫuy* P Gewohnheit, schlechte Eigenschaft

خيال *ḫayāl* A Phantasiegebilde, Einbildung, Trugbild, Bild, Erinnerung; ~ *meyāl* undeutlich (zu sehen), schemenhaft, verschwommen

خيالى *ḫayālī* A (f: ~*ye*) phantastisch

خير *ḫayır* A nein!

خير *ḫayır* (E) A das Gute, das Heil; [6] ~ *yoq* [1] bringt keinen Nutzen, [1] nützt nichts; ~*lu*, ~*lı* AT gut; ~*sız* AT nichtsnutzig(er Kerl)

خيل *ḫayl* A Menge; ~-ı *ādem* e.e (ganze) M· Leute, viele L·

خيلى *ḫaylī, ḫaylı* A sehr, viel(e), ziemlich, z· viel(e); ~ *ādem* eine (ganze) Menge Leute, viele L·; *bir* ~ ein z·es Stück, z·, „ordentlich", „tüchtig"

د

داخ *daḫi* = دخى

داخل *dāḫil* A eintretend; [3] ~ *olmaq* in [4] eintreten (= eingehen), s. an [4] anschließen; [2] ~*inde* im Innern [2], innerhalb [2]

داخى *daḫi* = دخى

دادى *dadı* Kindermädchen

دار *dar* eng

دار *dār* A Haus, Wohnsitz; ~*ü 'l-fünūn* Universität; ~*ü 's-salṭana* Heim der Herrschaft, Residenz; ~-ı *miḥnet* Stätte des Trübsals, „das Jammertal" (der irdischen Welt)

دارا *Dārā* P Dareios; ~-*medār* PA mächtig wie D·

داريلتمق *darıltmaq* kränken, verärgern, böse machen

داغ *dağ* Berg

داغلامق *dağlamaq* brandmarken

دال *dal* Ast, Zweig; ~ (*ve*) *budaq* A· und Z·, Geäst, Krone (des Baumes)

دالغه *dalġa* Welle, Woge

دالمق [3] *dalmaq* s. in [4] versenken (= vertiefen)

دام *dam* Dach

دام *dām* P Schlinge, Netz, Falle

دام *dāme* A er (= sie, es) währe lange!; ~ *ʿizzühü* l· w· sein Ruhm!

داماد *dāmād* P Schwiegersohn

دامن *dāmen* P (Kleid-)Saum; ~ *der meyān* geschürzt, (zum Kampf) bereit

دانشمند *dānišmend* P Gelehrter

دانه *dāne* P Korn, Beere; Stück, (als Zählwort oft unübersetzbar); *on* ~ *kör ādem(ler)* zehn ⟨St·⟩ blinde Männer; ~ ~ St· für St·, einzeln; ~*dār* körnig, voller Körner

داور *dāver* P Richter, Fürst, Herrscher

داولنباز *davlunbaz* I Radkasten (des Raddampfers)

داها *daha* (§ 81); noch; ~ *eyi* besser, n· b·

دائر[3] *dāʾir* A auf[4] bezüglich

دائرًا مادار *dāʾiren mā-dār* A ringsherum, im ganzen Umfang

دائره *dāʾire* A f Kreis, Sphäre; *fikrī* ~ geistige S·, g·r Horizont

دائم *dāʾim* A dauernd, beständig; immer (-zu), stets

دائما *dāʾimā* A immer(zu), stets, ständig, allezeit

دائمى *dāʾimī* A = دائم; ~ *ṣūretle* stets

دايه *dāye* P Kinderwärterin, Amme

دايى *dayı* Oheim

داهداه *dah-dah* (Kindersprache:) das Hotta-Hotta(-Pferd)

دبّاغ *debbāġ* A Gerber

دپلمك *depelemek* totschlagen, ersch·

دپه *depe* Hügel

دخان *duḫān* A Rauchtabak

دختر *duḫter* P Tochter, Mädchen, junge Frau; ~-*i pākīze-aḫter* M· reinen (= hellen) Sternes, hochedle Maid

دخول *düḫūl* A Eintritt; ~ *ētmek* eintreten

دخى *daḫi* und, auch, aber, selbst, sogar; noch, ferner, anders, andere, andererseits, wiederum, (mit Negation:) noch nicht, nicht einmal; *bir* ~ noch einmal, ein weiterer (= anderer); *ikisi* ~ alle beide; ~ *büyük* (noch) größer

در *der* P Pforte; ~-*i seʿādet* P· der Glückseligkeit (= Stambul)

در *der* P in [3], auf [3], in Betreff [2]; ~ *ḥāl* PA sofort, sogleich, unverzüglich, auf einmal; ~*ʿuhde* → عهده

درآغوش *der āġūš* P in den Armen; ~ *ētmek* umarmen, in die Arme schließen

درت *dört* vier

درتيوز *dört-yüz* vierhundert

درجات *dereğāt* A f (Pl. v. درجه) Stufen, Grade

درجه *dereğe* A f Stufe, Grad

درحال *der hāl* → در *der*

درد *derd* P Schmerz, Kummer, Leid, Unglück; ~*iñ ne(-dir)*? Was ficht dich an?

درد *dürd* P trüb, unrein, Bodensatz

دردلشمك *derdlešmek* PT (einander sein Leid) klagen

دردمند *derdmend* P unglücklich, arm

دردنجى *dördünğü* vierte(r, s)

درست *dürüst* P recht, richtig

دركار *der kār* P klar, offenbar

درگاه *dergāh* P Tor, Hof, Palast, Thron (Gottes); ~-*ı ʿālī* Hohe Pforte

درلو *dürlü* geartet; *bir* ~ (auf irgend)eine Art, irgendwie, (mit Negation:) keineswegs, unmöglich, nie u. nimmer; *bu* ~ derartig, solch; *biñ* ~ tausenderlei; *her* ~ jede A· von, alle möglichen; ~ ~ verschieden(artig), mannigfach, mancherlei, allerlei, alle möglichen

درمان *dermān* P Kraft

درون *derūn* P Inneres, Herz; inwendig; ~-*ı dilden* aus (= von) ganzem Herzen

درويش *dervīš* P der Arme, Bettler, (muslimischer) Asket, Ordensbruder

درهم *dirhem* G-A Drachme (Gewicht von etwa 3 Gramm)

دری *deri* Haut, Balg

دری *diri* lebendig; ~ *qomaq* am Leben lassen

دریا *deryā* P Meer; ~ *seferi* Seekrieg

دریغ *dirīġ* P Verweigerung; ⁶ ~ *ētmek* ³ verweigern

دزدرمك *düzdürmek* herrichten (= anfertigen) lassen

دست *dest* P Hand, Gewalt; ~*-beste* mit gebundenen Händen

دستور *destūr* P Regel, Vorschrift; ~*ü 'l-ʿamel* Norm des Handelns

دشمن ، دشمان *düšmān, düšmen* G-P Feind, Gegner; ~*-i dīn* Glaubensfeind

دعاء *duʿāʾ* A Gebet, Segen; ~*-ı ḫayır* guter Wunsch, S.

دعوت *daʿvet* A f Einladung; ~ *ētmek* berufen, (vor)laden

دفتردار *defterdār* GP Buchhalter, Finanzminister

دفع *defʿ* A Abstoßung; ~ *ētmek* forttreiben, fortschicken, abhalten, abweisen, beseitigen; ~*-i ḫāb ētmek* s. den Schlaf vertreiben

دفعه *defʿa* A f Mal; *bir* ~ einm·; *bu* ~ diesm·, nunmehr, jetzt

دفن *defn* A Bestattung; ~ *ētmek* bestatten, begraben, beisetzen

دقائق *daqāʾiq* A f (Pl. v. دقيق) Feinheiten

دقّت *diqqat* A f Sorgfalt, Genauigkeit, Aufmerksamkeit; ³ ~ *ētmek* auf ⁴ aufmerken (= achten, S· verwenden); ~*-le* aufmerksam, mit A·keit, genau, sorgfältig

دقيقه *daqīqa* A f Minute, Augenblick

دك ³*-dek* bis zu ³, bis nach ³; *bu āna* ~ b· zu dieser Stunde; *gemiler geliñğeye* ~ bis die Schiffe eintrafen; *on güne* ~ in (= binnen) zehn Tagen

دكاكين *dekākīn* A f (Pl. v. دكّان) Kaufläden

دكّان *dükkān* A Kaufladen

دكرمن *değirmen* Mühle; ~*ği* Müller

دكز *deñiz* Meer

دكشدیرمك ³ *değišdirmek* für (= gegen) ⁴ eintauschen

دكل *değül, değil* (ist) nicht (§ 174, 2 u. 504, 7); ... ~, ... *bile* nicht nur ..., sondern auch ... (§ 504, 8); ~ *mi* n· wahr?

دكلو *deñlü* geartet, bemessen, messend; *bu* ~ derartig, so groß

دكن *değin* = دك *dek*

دكنك *değ(e)nek* Prügel, Stock, St·hieb

دكول *değül, değil* = دكل

دكيز *deñiz* = دكز

دكين *değin* = دك *dek*

دل *dil* Zunge, Kriegsgefangener; ~ *ṭutulmaq* lebend gefangen genommen w.; ³ ~ *uzatmaq* ⁴ lästern, ⁴ beschimpfen, ⁴ verspotten

دل *dil* P Herz, Sinn; *ehl-i* ~ (Mensch) voll Herzensgüte; ~*-āgāh* von (= mit) wachem S·, umsichtig

دلالت *delālet* A f Führung; ³ ~ *ētmek* zu ³ führen, auf ⁴ hinweisen, ⁴ (be)weisen

دلبر *dil-ber* P der (= die) Schöne

دلپذیر *dil-pezīr* P (dem Herzen) angenehm

دلداده *dil-dāde* P (das Herz verschenkt habend =) verliebt, treu ergeben

دلشاد *dil-šād* P frohen Herzens; ~ *ētmek* von Herzen froh machen

دلفریب *dil-firīb* P herzberückend, entzückend, reizend

دلك *dilek* Wunsch, Bitte; ⁶ ~ *dilemek* ⁴ um einen Gefallen bitten

دلكى *dilki* Fuchs

دلمك *delmek* durchbohren

دلی *deli* närrisch, wahnsinnig, toll, verrückt; (berittener) Leibgardist (eines Paschas); ~ *baši* Oberst der Deli; *baš-*~ Ober-Deli (Hauptmann); ~*-qanlı* Jüngling

دليرانه *delīrāne* P tapfer, heldenhaft

دلیکلی *delikli* durchbohrt, durchlöchert

دليل *delīl* A Beweis

دليم *dilim* Schnitte (Brot)

دم *dem* P Augenblick, Zeit; *bu* ~ zu dieser Z·, in diesem A·; ~ *be-*~ immer weiter, i· zu

دماغ *dimāġ* A-P Nase, Gehirn

دمور *demür, demir* Eisen; eisern

دنباله *dünbāle* P Schwanz; ~*-ğünbān olmaq* mit dem Sch· wedeln

دنيا *dünyā* A niedrig, irdisch; (i·e) Welt, (i·es) Leben; *ʿālem-i* ~ i·e Welt; ~*ya gelmek* zur W· kommen, geboren w.

دوام *devām* A Fortschreiten; ³ ~ *ētmek* s. ³ widmen, s. mit ³ befassen

دوچار ³ *dü-čār* P ³ ausgesetzt; ³ ~*olmaq* in ⁴ geraten (= stürzen)

دوداق *dudaq* Lippe

دور *devir* (E) A Kreislauf, Zeit, Z·abschnitt, Regierungsz·, Ära; ~*-i Ādemden* seit Adams Tagen; *gül* ~*i* Rosenz·

دور *dūr* P fern, getrennt; ~ *ētmek* f· halten, entfernen

دوران *dev(e)rān* A Zeitumlauf, Epoche; *inqırāżu 'd-*~ Ablauf (= Ende) der Zeiten

دورت *dört* vier

دورتيوز *dört-yüz* vierhundert

دورلو *dürlü* = درلو

دوزخ *dūzaḫ* P Hölle

دوزمه *düzme* erfunden, gemacht, unecht, falsch

دوزيلمك *düzülmek* geordnet werden; *yola* ~ s. auf den Weg machen, abfahren, abreisen

دوست *dōst* P Freund, Geliebter, (mystisch:) Gott

دوش *düš* Traum; ~ *görmek* träumen

دوش *düš* Begegnung; ³ ~ *olmaq* ³ begegnen

دوش *dūš* P Rücken

دوشر *düšer*: Ao. v. دوشمك

دوشرمك ⁴ *düšürmek* ⁴ fallen machen, ⁴ stürzen (lassen), ⁴ (wohin) verschlagen

دوشك *döšek* Bett, Matratze; ~*e düšmek* bettlägerig (= krank) w.

دوشمك ³ *düšmek* (auf ⁴) fallen (verf·), umf·, hinf·, stürzen, ⁴ treffen, an ⁴ (= in ⁴) geraten, s. zu ³ begeben; *düšüb qalqmaq* → قالقمق

دوشنمك ⁴ *düšünmek* an ⁴ denken, ⁴ bed·, über ⁴ nachd·, ⁴ überd·, ⁴ überlegen

دوشونجه *düšünğe* Gedanke

دوشونمك *düšünmek* = دوشنمك

دوشيرمك *devširmek* (ein)sammeln; *ekin(ler)* ~ Ernte einbringen, ernten

دوغرو *doġru* = طوغرو

دوغمق *doġmaq* zur Welt kommen, geboren w., aufgehen, aufsteigen

دوغورمق *doġurmaq* zur Welt bringen, gebären

دوقتورلك *doqtörlük* FT Doktorat

دوكدرمك *dökdürmek* gießen lassen

دوكر *döğer, döver*: Ao. v. دوكمك *döğmek*

دوكلمك *dökülmek* geschüttet (= gegossen) w., s. ergießen, strömen, fallen

دوكمك *dökmek* gießen, verg·, ausg·

دوكمك *döğmek, dövmek* schlagen, dreschen, (ver)prügeln

دوكون *düğün* (Hochzeits-)Fest; ~ *qurmaq* ein F· veranstalten

دوكيلمك *dökülmek* = دوكلمك

دول *düvel* A f (Pl. v. دولت) Staaten, Reiche

دولاب *dolāb* P Wandschrank

دولاشمق *dolašmaq* umhergehen, (umher)-wandeln (= طولاشمق)

دولباز *davul-bāz* Pauke; ~ (*v*)*urmaq* die P· schlagen (= rühren)

دولت *devlet* A f Glück, Reich, R·tum, Macht, Herrschaft; *ṣāḥib*-~ der glückliche, mächtige (Großwesir); ~-*i* ʿ*Osmānīye* das Osmanische R·; ~-*i* ʿ*alīye* das Erhabene (= Osmanische) R·; ~-*le* in (seiner) Macht, glückhaft, glorreich; ~*lü* sehr beglückt, hocherlaucht, hochwohlgeboren

دولکر *dülger* Zimmermann, Tischler

دولو *dolu* voll

دونانما *donanma* Illumination, öffentliche Lustbarkeit; Flotte

دونمك *dönmek* umkehren, zurückk·, s. drehen, kreisen, die Runde machen, einlenken; *geri* ~ umkehren; *dili dönmüyor* er kann nicht (richtig, fließend) sprechen

دونما *donanma* Flotte

دوللو *duvello* I Duell, Zweikampf; ~*ya čıqmaq* zum Z· antreten

دويار *duyar*: Ao. v. دويمق

دويغو *duyǧu* Gefühl, Empfindung

دويمق *duymaq* fühlen, gewahren, merken, hören

ده *de, da* auch, und, noch, aber; § 514,4

دها *daha* = داها und دخى

دهشت *dehšet* A f Bestürzung, Schrecken; ~*li* AT großartig, überwältigend; ~-*nümā* AP Sch· erregend, furchteinflößend

دهليز *dehlīz* A Vorraum

دى *dē*: Imperativ v. ديمك *dēmek*

ديار *diyār* A Land

دياق *diyaq* G-U Diakon, Gelehrter, Schriftkundiger

ديانت *diyānet* A f Religiosität

ديب *dib* Grund, Boden, Fuß, Wurzel; *aǧaǧıñ* ~*inde* am F·e des Baumes, unter dem Baum

ديبلك ، ديبه‌لك *dibelek* sehr, gründlich, gehörig, „ordentlich“

ديده *dīde* P gesehen; Auge

دير *dēr*: Ao. v. ديمك *dēmek*

دير *deyir* (E) A (christl.) Kloster, Tempel

ديرسك *dirsek* Ellbogen

ديركن *dērken* inzwischen, unterdessen

ديرلك *dirlik* Lebensversorgung, Pension

ديرمك *dērmek* pflücken

ديرى *diri* lebend, l·ig, bei l·igem Leib

ديزمك *dizmek* (aneinander) reihen, (an)-ordnen, (Lettern:) setzen

ديش *diš* Zahn

ديشارى *dišarı* hinaus; ~ *čıqmaq* h·gehen, einen Ausfall unternehmen

ديشى *diši* Weibchen

ديگر *dīger, diğer* P andere(r, s); der (= die, das) zweite; ~*i* der Andere

ديكلمك *diñlemek* zuhören

ديكلنمك *diñlenmek* (s.) ausruhen

ديكمك *dikmek* pflanzen

ديكيلمك *dikilmek* aufgepflanzt (= aufgerichtet) w.

ديل *dil* Zunge, Sprache, Kriegsgefangener; → دونمك

ديلر *diler*: Ao. v. ديلمك *dilemek*

ديلك *dilek* = دلك

ديللى *dilli* munter plappernd, mit gutem Mundwerk ausgestattet

ديلم *dilim* = دليم

ديلمك *dilemek* wünschen, erbitten, begehren, verlangen

ديلنجى *dilenǧi* Bettler

ديلنمك *dilenmek* betteln

ديمك *dēmek* sagen, nennen, heißen, fragen; ³ ¹ ~ ⁴ als ⁴ bezeichnen, ⁴ ⁴ nennen,

[4] für [4] ansehen; ~ (als Einschaltsatz:) sozusagen, also; [1] *ne* ~(*dir*) was bedeutet (= heißt) [1]?; ~(*dir*) (es) bedeutet (= heißt); ~ *olmaq* bedeuten; *ta'rīḫ* ~ ein Chronogramm verfassen; *deyü, diye* → ديو

دين *dīn* P-A Religion (vor allem: des Islams); ~*-i Islām* R· des I·s, der I·

ديندار *dīndār* AP fromm

دينسز *dīnsiz* AT ungläubig, Bösewicht

دينى *dīnī* A (f: ~*ye*) religiös, Glaubens ...

ديو *dēyü* = h. *diye* → § 472

ديوار *dīvār, dıvar* P Wand, Mauer

ديوان *dīvān* P Gedichtsammlung

ديوانه *dīvāne* P Narr, Verzückter; (= دلى *deli*); ~*gān* (P Pl.) die Deli (→ دلى); ~*lik* PT Narrheit, Wahnsinn

ديور *deyor, diyor*: Praes. v. دیمك

ديه *diye* → § 472

ديه‌رك *diyerek* (v. ديمك) sagend

ديه‌نك *deyenek* = دكنك

ديهيم *deyhīm* P Krone

ذ

ذات *ẕāt* A f Person

ذاتاً *ẕāten* A an (u. für) sich, eigentlich; ohnehin

ذاتى *ẕātī* A ohnehin, sowieso, ja, wie schon gesagt

ذبح *ẕebḥ* A Schlachten; ~ *ētmek* schlachten

ذخائر *ẕeḫā'ir* A f (Pl. v. ذخيره) Lebensmittel

ذخيره *ẕaḫīre* A f Proviant, Verpflegung; ~*siz* aller Lebensmittel bar

ذراع *ẕirā'* A Elle; ~*-ı neğğārī* Zimmermannse· (= 70 cm)

ذرّتما *ẕerret(ün)-mā* A (nicht) im geringsten

ذرّه *ẕerre* A f Stäubchen, Atom; ~ *miqdārı* von der Größe e.es A·s, kleinst, geringst

ذكر *ẕikr* A Erwähnung; [1] ~*indedir* (als Kapitelüberschrift: handelt) über [4], von [3]; ~ *ētmek* erwähnen

ذكور *ẕükūr* A (Pl. v. ذكر *ẕeker*) die Männlichen; *etfāl-ı* ~ die Buben

ذمّت *ẕımmet* A f Tributpflicht; *ehl-i* ~ T·-iger, nicht-muslimischer Untertan (des Osm. Reiches)

ذوق *ẕevq* A Geschmack, Ergötzen, Vergnügen, Lust, Genuß; [3] ~ *ētmek* s. mit [3] erlustigen, s. an [3] ergötzen; ~*e dā'ir* vom (persönlichen) Geschmack abhängig; ~ *u ṣafā* L· u. Wonne; ~ *u ṣafā ētmek* s. vergnügen u. ergötzen, sich's wohl sein lassen

ذهن *ẕihin* (E) A Geist, Verstand

ذى *ẕī* (Genit. v. ذو *ẕū*) A Besitzer; ~*-qıymet* wertvoll, kostbar; ~*-ḥayāt* lebend(ig); ~*-rūḥ* mit Seele begabt, Lebewesen; ~*-šān* ruhmreich

ر

رابطه *rābıṭa* A f Ordnung; ~*lu*, ~*lı* systematisch geordnet, diszipliniert

رابعه *Rābi'a* A f („die Vierte") E.N.

رابه *Raba* U Raab (Fluß in Österreich u. Ungarn); ~ *ğengi* Schlacht (bei St. Gotthard) an der R· (1664)

راحت *rāḥat* A f Ruhe, Frieden, Behagen; ~ *ētmek* ruhen; ~*ğa* AT in (aller) R·, behaglich

راز *rāz* P Geheimnis; ~*-ı derūn* Herzensg·

رأس *re's* A Kopf, Gipfel

راست *rāst* P recht, gerade, rechts; [3] ~ *gelmek* zurecht kommen, vonstatten gehen, (auf) ^{4} treffen, ^{3} begegnen, zu ^{3} (= in ^{4}) geraten, s. ^{3} fügen; ~ *gele* aufs Geratewohl, der (=die, das) erste beste

راضى ^{6} *rāżī* A mit ^{3} zufrieden; ^{6} ~ *olmaq* ^{3} gewogen sein, an ^{3} sein Wohlgefallen haben; ^{3} ~ *olmaq* mit ^{3} einverstanden sein, zu ^{3} bereit sein

رام *rām* P zahm; ^{3} ~ *olmaq* ^{3} erliegen

راوى *rāvī* A Überlieferer; *inǧīl* ~*si* Evangelist

راهب *rāhib* A (christlicher) Mönch

رأى *re'y* A Meinung, Ansicht, Stimme, Votum, Rat

رايحه *rāyıḫa* A f Geruch; ~*-ı kerīhe* widerlicher G·, Gestank

ربّ *rabb, rebb* A Herr, Besitzer; ~*im* mein H· (= Gott); ~*ü 'l-erbāb* H· der H·en, Gott

ربانى *rabbānī* A göttlich, von Gott gegeben

ربط *rabṭ* A Verbindung; ~ *ētmek* anbinden, festb·

ربع *rubʿ* A Viertel; ~*-ı meskūn* das bewohnte V·, die Ökumene, die ganze Welt

ربّم *rabbim, rebbim* → ربّ

ربيع *rebīʿ* A Frühling, Lenz; ~*ü 'l-evvel*: 3. Monat des islamischen Jahres

ربيعه *Rebīʿa* A f („die Vierte") E.N.

رتبه *rütbe* A f Rang, Grad

رجا *reǧā, riǧā* A Bitte; ~ *ētmek* erwarten, erhoffen, erbitten; ^{6} ^{4} ~ *ētmek* ^{4} um ^{4} b·

رجال *riǧāl* A f (Pl. v. رجل *reǧül*) Männer

رجب *Reǧeb* A: 7. Monat des islamischen Jahres; ~*ü 'l-ferd* ~ R· der Einzige (Beiname dieses M·s)

رجوع *rüǧūʿ* A Zurückkehren

رحلت *riḥlet* A f Abreise, Aufbruch; ~ *ētmek* abreisen, aufbrechen; *kūs-ı* ~ *čalıyor* die Trommel des A·s ertönt, die Stunde des Abschieds (von der Welt) schlägt

رحم *raḥım* (E) A Gebärmutter; ~*-ı māder* Mutterleib

رحم *raḥım* (E) A Erbarmen, Mitleid; ^{3} ~ *ētmek* s. ^{2} erbarmen; *bī-*~ erbarmungslos, grausam

رحم *raḥima* A (Gott) erbarme s.!; ~ *'llāhu ʿaleyhi raḥmeten vāsiʿeten* Allah lasse ihm tiefes Erbarmen zuteil werden!

رحمت *raḥmet* A f Erbarmen, Gnade; *Allāh(ıñ)* ~*ine vāṣıl olmaq* zu A·s E· gelangen, in A·s Barmherzigkeit eingehen, sterben; ~*u 'llāhi ʿaleyhi* Allahs E· über ihn (= sie)!

رخاوت *reḫāvet* A f Nachlässigkeit

رخساره *ruḫsāre* P Gesicht, Antlitz

رديف *redīf* A (zu)gesellt; *maʿārif-*~ den Wissenschaften g·

رستم *Rüstem* P: E.N. (größter Held der persischen Sage)

رسم *resim* (E) A Vorschrift, Gesetz, Gebühr

رسماً *resmen* A offiziell

رسوايلق *rüsvāyīlıq* PT Schande, Schmach, Schimpf

رسوخ *rüsūḫ* A Sicherheit

رسوم *rüsūm* A f (Pl. v. رسم) Sitten u. Gebräuche, Schriften; *ʿulemā-ı* ~ Schriftgelehrte

رشك *rešk* P Eifersucht; ^{3} ~ *ētmek* auf ^{4} eifersüchtig sein

رشوت *rišvet, rüšvet* A f Bestechung; ~ *ile* gegen B·sgeld

رطب *ruṭub* (E) A Feuchtigkeit, Nässe; *emrāż-ı* ~ lymphatische Krankheiten

رطل *rıṭl* A Maß (Wein), Becher W·

رطوبت *ruṭūbet* A f Feuchtigkeit, Nässe

رعايا *reʿāyā* A (Pl. v. رعيّت) Herden, Untertanen

رعايت *riʿāyet* A f Höflichkeit, Aufmerksamkeit; [3] [(4)] ~ *ētmek* [4] rücksichtsvoll behandeln, [4] achten, [3] Ehre erweisen

رعايةً [3] *riʿāyeten* A mit Rücksicht auf [4]

رعشه *raʿše* A f Zittern

رعنا *raʿnā* P zart, hübsch, schön, wunderbar, vortrefflich, vollkommen

رعيّت *raʿīyet* A f Untertanen, Volk

رغبت [(3)] *raġbet* A f Zuneigung, Wohlwollen, Achtung, Eifer (für [4]); Beachtung [(2)]; [3] ~ *ētmek* [4] wünschen, nach [3] Nachfrage (= Bedarf) haben, [4] hochschätzen; ~ *bulmaq* Anklang finden, auf N· stoßen

رفاه *refāh* A Wohlfahrt

رفتار *reftār* P (koketter, wiegender) Gang; ~*a gelmek* einherzuwandeln beginnen

رفع *refiʿ* (E) A Heben, Erh·, Abwehr; [4] ~ *ētmek* [3] wehren, [4] (durch Verbot) aufheben, [4] abschaffen, [4] (hoch)heben

رفقاء *rüfeqāʾ* A (Pl. v. رفيق) Gefährten, Begleiter

رفيع *refīʿ* A hoch, erhaben; ~*u ʾl-dereğāt* hohen Ranges

رفيق *refīq* A Gefährte, Kamerad, Begleiter

رفيقه *refīqa* A f Gefährtin, Kameradin

رقص *raqṣ* A Tanz; ~ *eylemek* tanzen, s. im Kreise (= Reigen) drehen

رقيب *raqīb* A Nebenbuhler, Rivale

رقيق *raqīq* A dünn, fein, zart

ركاب *rikāb* A Steigbügel

رماد *remād* A Asche

رمل *remel* A Wahrsagen aus dem Sand

رنانه *renāne* P Knistern, Prasseln

رنجه *renğe* P gequält

رند *rind* P Freigeist, Genießer

رنك *reng* P Farbe, Glanz; ~*li* farbig

رو *rū* P Gesicht, Antlitz; ~*(y)-ı zemīn* Erdoberfläche

روا *revā* P angängig, recht (u. billig)

رواج *revāğ* A Zuspruch, Anklang

روان *revān* P gehend; ~ *olmaq* fließen, ausziehen, s. begeben

روانه *revāne* P gehend, unterwegs; ~ *olmaq* gehen, (ab)reisen; *yola* ~ *olmaq* s. auf den Weg machen

رواهب *revāhib* A (Pl. v. راهب) (christliche) Mönche

روايت *rivāyet* A f Erzählung; ~ *ētmek* erzählen

روبا *roba, ruba* I Kleid

روح *rūḥ* A Geist, Seele; ~*-baḫš* AP seeleschenkend, lebenverleihend

روحانى *rūḥānī* A seelisch, psychisch

روزگار *rūzigār, rūzgār* P Zeit, Wind

روم *Rūm* L-G Rom, Ostr·, (ost)römisch; Griechenland; Osmanisches Reich; ~*-ēli* Rumelien, (europäische) Türkei; *baḥr-i* ~ Mittelländisches Meer

رومانيا *Romanya* Rumänien

رومجه *rūmğa* L-GT (in) griechisch(er Sprache), auf G·

رومه *Roma* L Rom; ~ *devleti* das Weströmische Reich

روميان *Rūmīyān* L-GAP die Byzantiner, die Türken im kleinasiatischen Bereich von Byzanz

رونق *revnaq* P Glanz, Schönheit

رؤيا *rüʾyā* A Traum; [4] *ʿālem-i* ~*da görmek* [4] im T· sehen, von [3] träumen

رؤيت *rüʾyet* A f Sehen; ~ *ētmek* wahrnehmen, versehen

رهبر *rehber* P Führer, Wegweiser

رهين *rehīn* A verpfändet, Unterpfand; *meveddet*-~ der Freundschaft (= Liebe) v·, f·lich, l·voll

رياء *riyāʾ* A Heuchelei, Scheinheiligkeit

ريش *rīš* P Bart

رئيس *re'īs* A Vorsitzender, Präsident; *~-i etıbbā* Dekan der Medizinischen Fakultät

ز

زاده *zāde* P Kind, Sohn; *vezir-~* AP Wesirss·

زار *zār* P Klage; *ḥāl-i ~* Zustand der K·, beklagenswerter Z·

زارى *zārī* P Seufzen, Klage; *~lıq* PT Klagen, Jammern; *~lıq ētmek* klagen, jammern; *~ ~ aġlamaq* laut weinen

زانباق *zānbāq* P Lilie

زاهدانه *zāhidāne* AP nach Art e.es Frommen, wie e. Fanatiker

زاهده *Zāhide* A f („die Fromme"): E.N.

زبده *zübde* A f Quintessenz, der (= die, das) Beste; *~tü 'l-mü'temenīn* Bester der Zuverlässigen

زبور *zebūr* A Psalter

زبون *zebūn* P schwach, hinfällig, kränklich, elend

زحمت *zaḥmet* A f Mühsal, Beschwerde, Mühewaltung; [2] *~i* die Mühe mit [3]; *~ čekmek* Mühsal (= B·, Not) (er)leiden, s. viel Mühe geben, s. plagen, s. quälen

زخم *zaḫım* (E) A Stich, Verletzung

زر *zer* P Gold

زراعت *zirā'at* A f Ackerbau; *~ ētmek* A· treiben, Felder bestellen

زراق *zerrāq* P-A heuchlerisch, falsch

زرق *zarq* P Heuchelei, Verstellung

زرقت *zurqat* A f das Hellblau (-grün, -grau)

زعم *zu'm* A Meinung, Einbildung; *~ ēt-mek* (ver)meinen; *~-ı fāsid* böse Hintergedanken

زغرجى *zaġarğı* Rüdenwärter (Traditionsname der 64. Janitscharenkompagnie); *~ baši* Oberst der R·

زلف *zülüf* (E) A Haupthaar, Locke

زمام *zimām* A Zügel; *żabṭ-ı ~-ı ārām ēt-mek* den Z· der Ruhe anziehen = anhalten zur Rast

زمان *zemān, zamān* A Zeit, Z·raum, Weile; *ol-~* damals, dann; *ol-~ kim* zu jener Z· da, wenn

زمانه *zemāne* A (gegenwärtige) Zeit; *~ čoġuqları* Kinder von heute

زمره *zümre* A f Schar, Klasse, Kollegium

زمين *zemīn* P Erde, Erdboden; *~-peyrā* die E· schmückend, Schmuck der E·

زنبيل *zenbīl* P (geflochtener) Korb, Tragk·

زنگبار *zengibār* P Sansibar (das Land der Neger)

زنگين *zengīn* P reich; *~lik* PT Reichtum

زواللى *zevālli, zavāllı* AT arm, elend; der A·e, a·er Kerl

زوايدات *zevāyidāt* A f überflüssige Dinge (= Punkte), Nebensächlichkeiten

زوج *zevğ* A Gatte, Ehemann

زوجه *zevğe* A f Gattin, Eheweib

زوجيّت *zevğīyet* A f Stand des Gatten, Ehest·

زورق *zevraq* P-A Kahn; *dil ~ı* Herzensschifflein (= das als K· auf dem Meere des Grames treibende Herz)

زوكورد *züğürd* arm, elend

زولطه *zolṭa, zoloṭa* L-Poln. Silbergulden

زهد *zühd* A Enthaltsamkeit, Frömmelei

زهر *zehir* (E) P Gift; *~-ālūd* mit G· bestrichen; [4] *~ etmek* [4] zu G· machen, [4] vergiften

زهى *zehiy* P o!, ach!; *~ ḥamāqat* ach, welche Dummheit!

زياده (6) *ziyāde* A mehr (als [1]); sehr, (all)zu (sehr), in höherem Grade, in reichem

Maße, weiter, ganz, äußerst, höchst; *en* (= *pek*) ~ am meisten, im höchsten Maße; ~ *ētmek* mehren; ~ *olmaq* mehr w.; ~ *ber* ~ *ētmek* immerzu mehren

زيان *ziyān* P Schaden; ~ *ētmek* Sch· bringen, schaden

زيدت *zīdet* A sie möge(n) s. mehren!; ~ *feżāyilühü* mögen seine Vorzüge s. (noch weiter) mehren!

زير *zīr* P das Untere; ~-*i* [1]-*de* unter [3]

زيرا *zīrā* P weil, alldiew·, denn

زينت *ziynet* A Zierde, Schmuck, Putz

زيور *zīver* P Schmuck, Zierde

ژ

ژاپونيا *Žaponya* I-F Japan

ژاله *žāle* P der Tau

س

سابق *sābıq* A vergangen, vorig, ehemalig, früher, vorerwähnt

سابقا *sābıqā* A früher, zuvor; weiter oben

ساچ *sač* (Haupt-)Haar

ساحه *sāḥe*, *sāḥa* A f (weiter) Raum, Feld; ~-*i fesīḥü 'l-mesāḥe* weites Gefilde

ساختن *sāḫten* P machen, herstellen; Herstellung

ساز *sāz* P Musik, M·instrument; Saitenspiel

سازنده *sāzende* P Musiker, Musikant

ساعت *sā'at* A f Moment, Stunde, Uhr; ~ *üč* drei U·; ~*lerle* st·nlang

ساغ *saġ* gesund; → سلامت

ساغر *sāġar* A Trinkschale, Becher, Kelch

ساق *sāq* A Bein, (Unter-)Schenkel

ساقط *sāqıt* A fallend, sinkend; [6] ~ *olmaq* aus [3] (heraus-)fallen, [3] entfallen, [3] entgleiten

ساقى *sāqī* A Schenkknabe, Mundschenk

ساكن *sākin* A wohnend, wohnhaft; ~ *olmaq* wohnen, s. aufhalten

سال *sāl* P Jahr

سالك *sālik* A Wanderer auf dem Wege Gottes, Mystiker

سالم *sālim* A heil, wohlbehalten

سامان *sāmān* P Zeug, Hab u. Gut

سامى *sāmī* A hoch, erhaben, erlaucht; *maḫdūm-ı* ~ erhabener Herr

سايبان *sāybān* P Schattendach, offenes Zelt

ساير، سائر *sā'ir* (f: ~*e*) A übrig; sonstig; der (=die, das) Ü·e; andere(r,s)

سايه *sāye* P Schatten; ~*bān* = سايبان

سبب *sebeb* A Grund, Ursache, Anlaß, Veranlassung; *ol* ~*den* aus diesem G·e, deshalb; [3] ~ *olmaq* für [4] U· werden, [4] verursachen, zu [3] führen, [4] zustandebringen; *bī*-~ ohne G·, ohne U·

سبحان *sübḥān* A Lobpreisung Gottes; ~*a 'llāh*(*i*) Allah sei Lob!; Gott!; ach du lieber G·!; *ḥaqq*(-*ı*) ~*ehü* Gott — gepriesen sei Er! (§ 329,4 unten)

سبعمائه *seb'umi'e* A siebenhundert

سبقت *sibqat* A f Vortritt; ~ *ētmek* (früher) vorkommen

سبكبار *sebük-bār* P unbeschwert, ohne Ballast, flink

سبو *sebū*, *sebü* P Krug

سپارش *sipāriš* P Auftrag; ~ *ētmek* anbefehlen, anvertrauen

سپاه *sipāh* P Reiter; (Traditionsname der 1. großherrlichen Kavallerieschwadron)

ستان *sitān* P erobernd

ستر *setir* (E) A Verhüllung; ~ *ētmek* bedecken, verhüllen, verschleiern, verheimlichen

ستم *sitem* P Unrecht, Schmähung, Schimpf, Schande; [3] ~ *ētmek* [4] schmähen, [4] schelten

ستّين *sittīn* A sechzig

سچلمك *sečilmek* ausgesucht w., ausgewählt w.

سچمك *sečmek* aussuchen, auswählen

سچيلمك *sečilmek* = سچلمك

سحر *seḥer* A Morgendämmerung, Morgengrauen; ~-*ḫīz* AP früh aufstehend

سحرى *seḥerī* A frühmorgens

سخت *saḫt* P fest, unerschütterlich

سدّ *sedd* A Damm, Schranke, Molo

سدره قپسى *Sid(i)reqapsi* G Siderokastron (Stadt in Griechenland)

سر *ser* P Kopf, Haupt; ~ *čekmiš* das H· gereckt habend, (empor-)ragend

سرّ *sırr* A Geheimnis, Mysterium

سرّاً *sırren* A (ins)geheim

سراپا *serāpā* P von Kopf bis Fuß, überall, allenthalben

سراسر *serāser* P von einem Ende zum anderen, ganz u. gar

سراى *serāy, sarāy* P Palast, Palais, Schloß; ~-*ı ʿāmire* großherrlicher P·; ~ *burnu* Serailspitze, die den Sultanspalast tragende Landspitze von Stambul am Südende des Bosporus

سرائر *serāʾir* A f (Pl. v. سريره *serīre*) Geheimnisse

سرپمك *serpmek* spritzen, sprengen, streuen

سرتسر *serteser* P = سراسر

سرخوش *ser-ḫoš, sar-ḫoš* P berauscht, (be)-trunken; Trunkenbold; ~ *olmaq* b· sein (= w.)

سردار *serdār* P Befehlshaber, (Ober-)Feldherr

سردنكچدى *serden-gečdi* PT Freiwilliger

سررشته *ser-rište* P Fadenende, Ursprung, Ausgangspunkt, Anlaß

سرسرى *serserī* P müßig; kopflos, ohne Ziel

سرسريانه *serseriyāne* = سرسرى

سرشت *serišt* P Mischung, Charakter

سرعت *sürʿat* A f Eile, Schnelligkeit; *kemāl-i* ~-*le* in aller E·; ~*li* rasch, schnell

سرگذشت *ser-güzešt* P Vorfall, Ereignis, Abenteuer

سرما *sermā* P Kälte

سرمايه *ser-māye* P Summe, Grundstock, Kapital, Vermögen

سرمك *sürmek* = سورمك

سرمه *sürme* Augenschminke; ~ *čekmek* A· auflegen

سرو *serv* P Zypresse, schlanker Jüngling; ~-*qadd* PA der Z·nwüchsige, Schlankgewachsene

سرور *sürūr* A Freude, Wonne

سروى *servī* P = سرو

سرير *serīr* A Thron

سز *siz* ihr, Ihr, Sie

سز *-siz, -sız, -süz, -suz* ohne (§ 511,4)

سز *-siz, -sız, -süz, -suz*: § 174,2 k A

سزا *sezā* P würdig; ~-*ı ḥayret* staunenswert

سزڭ *siziñ*: Genitiv v. سز

سس *ses* Laut, Schall, Klang, Stimme; ² ~*i čıqmaz* ¹ gibt keinen Laut von s., ¹ schweigt, ¹ bleibt stumm

سسسز *sessiz* stumm, still, leise

سسلى *sesli* tönend, laut

سطر *saṭır* (E) A Zeile; *iki* ~*lıq* zwei Z·n umfassend

سطرنج *saṭranǧ* P-A Schach(spiel); ~ *oynamaq* Sch· spielen, im Zick-Zack gehen

سطوتلى *saṭvetli* AT schlagkräftig, stark, mächtig

سعادت *seʿādet, saʿādet* A f Glück, Beg·theit, G·seligkeit, Heil, Macht; *bāb-ı* ~ Pforte des G·s (= Sultanshof); ~ *ile* g·lich, g·haft, heil u. wohlbehalten; ~*lü* g·lich, erhaben, erlaucht, hochmögend, hochansehnlich; ~-*mend* = ~*lü*;

~-*me'nūs* g·haft; ~-*āyāt* mit den Vorzeichen des G·s begabt; *qaṣr-ı* ~ Schloß des G·s (= innerster Sultanspalast)

سعی *sa'ī* A Mühe; ³ ~ *ētmek* auf ³ M· verwenden, s. um ⁴ (= für ⁴) bemühen (= anstrengen), s. ⁴ vornehmen

سعيد *sa'īd* A glücklich; ~*ü 'l-ḥayāt* im Leben g·

سغراق *sağaraq* Trinkkrug; ~ *sürmek* (Getränke) kredenzen

سفارت *sefāret* A f Gesandtschaft

سفر *sefer* A Reise, Feldzug, Krieg

سفره *sofra* A (Speise-)Tafel, (Lederdecke als Untersatz für Eßschüsseln u. Teller)

سفيل *sefīl* (f: ~*e*) A niedrig, gemein; ~*lik* AT Elend, Not

سفينه *sefīne* A f Schiff

سقال ، سقل *saqal* Bart; ~*lu*, ~*lı* bärtig

سكا *saña*: Dativ v. سن *sen*

سكز *sekiz* acht; ~*inği* achte(r, s)

سكنا *süknā* A Wohnstätte, Wohnraum, Aufenthaltsort

سكوت *sükūt* A Schweigen; *ḥaqq-ı* ~ Schweigegeld

سكون *sükūn* A Ruhe, Stille, Untätigkeit

سكّه *sikke* A f Münze, Münzzeichen

سلاح *silāḥ* A Waffe

سلالم *selālim* A f (Pl. v. سلّم) Seile, Stricke, Taue, Strickleitern

سلاله *sülāle* A f Sproß, Sohn

سلام *selām* A Heil, Friede, Gruß; *es-*~ *'aleyküm!* H· (sei) über Euch!; *'aleyhi 's-*~! über ihm (sei) das H·!; ~ *ētmek* (= *vērmek*) grüßen (lassen)

سلامت *selāmet* A f Sicherheit; ~-*le* heil u. sicher (= unversehrt); *sağ* (*ve*) ~ heil u. gesund; ~ *üzere* = ~-*le*

سلاملامق *selāmlamaq* AT (be)grüßen

سلانيك *Selanik* Saloniki

سلحدار *siliḥdār* (für *silāḥdār*) AP Waffenwart, Schwertträger; (Traditionsname der 2. Schwadron der großherrlichen Kavallerie)

سلطان *sulṭān* A S·, Herr, H·scher, Großh·; Prinz(essin); ~ *ḫanım* Frau (= gnädige) P·essin; ~*ım* (mein) Herr!; ~*u 'l-ümem* A H· der (= aller) Völker

سلطانى *sulṭānī* A sultanisch, großherrlich

سلطنت *salṭanat* A f Sultanat, Herrschaft, sultanische Herrlichkeit; ~-*meāb* Sultan, Großherr

سلّم *süllem* A Leiter, Strickl·

سلوك *sülūk* A das Folgen; ³ ~ *ētmek* ⁴ (Weg) einschlagen

سليم *selīm* A heil, sanft, gütig, mild, ohne Fehler, unbeschädigt

سليمان *Süleymān* A (E.N.:) S· (der Prächtige); ~*īye* A f Moschee Sultan S·s des Prächtigen in Stambul

سم *süm* P Huf

سماء *semā'* A Himmel

سمت *semt* A Gegend, (Stadt-)Viertel, Quartier

سمرقند *Semerqand* Samarkand (Timurs Residenz)

سمرمك *semirmek* fett w.

سمك *semek* A Fisch; *beyża-ı* ~ F·rogen, Laich

سمند *semend* P (edles) Pferd, Renner

سن *sen* du

سنّ *sinn* A Jahre, Alter; ~*ini almaq* älter werden, heranwachsen

سنّت *sünnet* A f Tradition, (die als Richtschnur geltenden Aussprüche u. Verhaltensweisen Muhammeds); ~-*i senīye* die erlauchte T·

سند *sened* A Urkunde

سنك *seniñ* (Genitiv v. سن *sen*) dein, dir gehörig

سنكين *sengīn* P hart, steinig, voller Steine

سنوح *sünūḥ* A Erlaß; ~ *buyurulmaq* gnädigst herausgegeben (= erlassen) w.

سنور *sınur, sınır* Grenze

سنه *sene* A f Jahr; *sene-i* [1] = [1] ~*si* das J· [1]; [1] ~*sinde* im J· [1], anno [1]

سنى *seni* (Akkus. v. سن *sen*) dich; (scheltend:) ach du! (→كيدى)

سنى *senī* (f: ~*ye*) A erhaben, erlaucht

سو *sū* A das Böse; ~-ı *šöhret* schlechter (= übler) Ruf; ~-ı *ẓann* Mißtrauen, Argwohn; ~-ı *ẓann ētmek* A· schöpfen

سوار *süvār* P beritten; ~ *olmaq* zu Pferde steigen, aufsitzen, (aus)reiten

سواز ، سواس *Sivaz, Sivas* G Sivas (Stadt in Ostanatolien)

سؤال *su'āl* A Frage; [4] ~ *ētmek* [4] fragen, [4] erf·, nach [3] f·, eine F· stellen

سود *süd* Milch; ~ *emer* M· saugend, im Säuglingsalter

سود *sūd* P Gewinn

سودليجه *südlüğe* ein bißchen milchig

سور *sever*: Ao. v. سومك

سورچمك *sürčmek* (aus)gleiten, straucheln, stolpern

سوركو *sürgü* Riegel; ~*lü* mit R· versehen

سورمك *sürmek* ziehen, s. hinz·, (an)dauern; [3] *qadeḥ* ~ [3] den Becher reichen, [3] kredenzen, [3] aufwarten; → *yüz*

سورنمك *sürünmek* s. schleppen, s. (elend) umhersch·, s. herumdrücken, (s.)schleichen; [3] [4] ~ s. [4] mit [3] salben

سوروكلمك [4] *sürüklemek* [4] (herum)schleppen, [4] nachsch·, [4] (hinein)ziehen, mit [3] dahinschlurfen; *sürükleyib atmaq* (hinaus-, ver-)treiben

سوره‌ر *sürer*: Ao. v. سورمك

سورينمك *sürünmek* = سورنمك

سوز *söz* Wort, Rede, Bescheid, Gerede

سوقاق *soqaq* Gasse, Straße

سوكمك *sökmek* ausreißen

سوكمك *söğmek, sövmek* schimpfen, fluchen

سوكى *sevgi* Liebe; ~*li* geliebt, verliebt, Liebling, der (= die) Geliebte

سومك *sevmek* lieben, gernhaben, liebkosen, streicheln; *sevdiğim* meine Geliebte, mein G·r

سونمك *sönmek* ausgehen, verlöschen

سوى *sevī* A gleich; ~*yu ʿṭ-ṭūli veʾl-ʿarż* A an Länge und Breite g·, g· lang und breit

سويلشمك *söylešmek* miteinander reden (= sprechen)

سويلمك *söylemek* sagen, sprechen, reden, singen, dichten, besprechen; *söz* ~ etwas sagen, sprechen (können)

سويندرمك *söyündürmek* auslöschen; [2] *oğaǧını* ~ [2] Herd a·, [2] Familie ausrotten

سوينمك *sevinmek* s. freuen; *sevinerek* gerne, mit Freuden

سهل *sehil* (E) A gering, wenig, leicht; *emr-i* ~ l·e Sache, Kleinigkeit; ~*ğe* AT ganz gering

سياحت *siyāḥet, seyāḥat* A f Reise, Wanderschaft

سياست *siyāset* A f Strafgerechtigkeit, öffentliche Bestrafung; ~-*gāh* AP Richtplatz

سياسى *siyāsī* A (f: ~*ye*) politisch

سيّال *seyyāl* A (f: ~*e*) fließend, strömend; *āteš-i* ~*e* flüssiges Feuer

سياه *siyāh* P schwarz

سير *seyir* (E) A Anschauung, Betrachtung; ~ *ētmek* betrachten, anschauen, zusch·, hinsehen

سير *siyer* A f (Pl. v. سيرت) Lebenswandel

سيرانجى *seyrānǧı* AT Spaziergänger, Lustwandler

سيرت *sīret* A f Eigenschaft

سيرتمك *seyirtmek* losrennen, dahinstürmen

سيف *seyf* A Schwert, Säbel; ~*ī* (f: ~*ye*) auf das Sch· bezüglich, militärisch

سيل *seyl* A Sturzbach, Gießb·; ~*e vērmek* dem St· ausliefern, vom reißenden Wasser davontragen lassen

سيلكنمك *silkinmek* s. schütteln

سيم *sīm* P Silber; ~-*gerden* (blendend) weißer Hals

سينه *sīne* P Brust, Busen, Bauch, Herz

سيواس *Sivas* = سواز

سيئات *seyi'āt* A f (Pl. v. سيئة *seyi'et*) die Fehler

ش

شابسال *šabsal, šapsal* schlampig, liederlich

شاخ *šāḫ* P Zweig

شاد *šād* P froh, fröhlich, heiter, zufrieden; ~ *ētmek* f· machen, erfreuen; ~-*kām* = *šād*; ~*mān* froh, f·lockend

شاشقين *šašqın* verwirrt, närrisch, Wirrkopf, Narr

شاشيرمق [4] *šašırmaq* [4] verfehlen, [4] nicht finden können; *ʿaqlını* ~ wirr im Kopfe werden, nicht mehr vernünftig denken können, aus dem Häuschen geraten

شاعر *šāʿir* A Dichter, Poet

شافى *šāfī* A heilend, heilsam, befriedigend

شاكرد *šāgird* P Lehrling, Gehilfe; ~*ān* P (Pl.) die Schüler, Studenten

شالوار *šālvār* P (Pluder-)Hose

شام *Šām* A Syrien, Damaskus

شام *šām* P Abend, Westen; ~ *u seher* abends u. morgens; *Rūm-ı* ~ das Rhomäerland im W· = Kleinasien

شامى *šāmī* A aus Damaskus (stammend)

شاه *šāh* P Schah, König, Kaiser, Großherr

شاهانه *šāhāne* P königlich, großherrlich; ~-*mešreb* von k·em Charakter (= Sinn)

شاهبلّوط *šāh-bellūṭ* PA („Königseichel" =) Kastanie

شاهنشاه *šāhinšāh* P König der K·e, Großherr, Sultan

شاهنشه *šāhinšeh* = شاهنشاه

شاهى *šāhī* P königlich

شايان [3] *šāyān* P [2] würdig

شايسته *šāyeste* P würdig, wert, geeignet, s. ziemend

شباب *šebāb* A Jugend

شباك *šibāk* A f (Pl. v. شبكه *šebeke*) die Gitter, die G·fenster

شبهه *šübhe* A f Zweifel, Argwohn; [3] ~ *yog* es besteht kein Z· an [3]; ~*siz* AT z·los, sicher

شبيه *šebīh* A ähnlich, gleichend

شتا *šitā* A Winter

شتم *šetim* (E) A Beschimpfung; ~ *ētmek* ausschimpfen, schelten, schmähen

شتوم *šütūm* A f (Pl. v. شتم) Beschimpfungen

شجر *šeğer* A Baum

شجره *šeğere* A f Baum, Staude

شخص *šaḫıṣ* (E) A Person

شدّ *šedd* A Festigkeit; ~ *ētmek* befestigen, festmachen

شدّت *šiddet* A f Heftigkeit, Strenge; ~-*i šitā* Wintersst·; ~*le* stark, aufs engste

شديد *šedīd* (f: ~*e*) A stark, streng, tapfer

شرّ *šerr* A bös, das B·e, B·artigkeit, übel, das Ü·, Unglück, Plage

شراب *šerāb, šarāb* A Wein

شرايط *šerāyıṭ* A f (Pl. v. شريطه) Bedingungen, Regeln

شرب *šürb* A Trank; ~ *ētmek* trinken, vert·

شربت *šerbet* A f Trank; ~-*i šehādeti nūš ētmek* den T· des Märtyrertums trinken = den Tod für den Islam erleiden

شرح *šerḥ* A Erläuterung; ~ *ētmek* erklären, kommentieren

شرع *šeriʿ* (E) A (religiöses) Gesetz

شرعی *šerʿī* (f: ~*ye*) A religiös-gesetzlich

شرق *šarq* A Osten, Orient; ~*lı* orientalisch

شرقی *šarqī* A östlich, orientalisch

شرور *šürūr* A (Pl. v. شرّ) Unbilden; ~-*ı fiten* die U· der Kriegsläufte

شروع *šürūʿ* A Beginn; [3] ~ *ētmek* [4] (= mit [3]) anfangen (= beginnen)

شريطه *šerīṭa* A f Bedingung, Regel

شريعت *šerīʿat* A f (islamisches) Gesetz (= Recht)

شريف *šerīf* (f: ~*e*) A hoch, erhaben, edel, geehrt, heilig, (ehren)wert

شعار *šiʿār* A Zeichen, Feldz·, Wappen; *muḫālaṣat*-~ durch Aufrichtigkeit ausgezeichnet, freundlich, liebenswürdig

شعبان *Šaʿbān*: 8. Monat des islamischen Jahres

شعر *šiʿir* (E) A Dichtung, Poesie, Gedicht

شعله *šuʿle* A f Glut

شعور *šuʿūr* A Wissen, Sinn; *muḥabbet*-~ voll liebevoller Gesinnung

شعوری *šuʿūrī* A bewußt; *ġayrı* ~ unbewußt

شغف *šaġaf* A Leidenschaft; *ševq u* ~ Lust u. Freude

شفاء *šifāʾ* A Heilmittel

شفقت *šefqat* A f Güte, Milde, Huld; *ehl-i* ~ mild, gütig

شكار *šikār* P Jagd

شكايت *šikāyet* A f Beschwerde, Klage; [6] ~ *ētmek* über [4] (s. be)klagen

شكر *šükür* (E) A Dank, D·sagung, Lobpreisung Gottes; ~! = ~ *olsun!* Gott sei D·!; *čoq* ~*ler!* Gott sei Lob u. D·!; [2] ~*ünü bilmemek* [3] keinen D· wissen

شكرانه *šükrāne* A-P = ~*lik* A-PT Dank, D·barkeit; D·sagung

شكسته *šikeste* P gebrochen, vernichtet

شلته *šilte* Kissen

شلغم *šalġam* (rote oder weiße) Rübe

شمدن *šimden* von nun; ~ *ṣoñra* v· n· an, ab jetzt, in Hinkunft

شمدی *šimdi* jetzt, nun, (so)gleich; ~*ye qadar* bis jetzt, bislang; ~*ki* gegenwärtig; ~*ki ḥālde* zur Zeit, im Augenblick

شمس *šems* A f Sonne

شمشير *šemšīr* P Schwert

شمع *šemʿ* A = شمعه *šemʿa*, *šamʿa* A f (Wachs-) Licht, Leuchte, Kerze

شو *šu* (→ § 98) jene(r, s), diese(r, s), er, sie, es, diese(r, s) da; ~ *faqīrlik*! diese (verwünschte) Armut!

شوربا *šorba* P Suppe

شوق *ševq* A Lust, innerer Schwung, Begeisterung, Freude, Entzücken; → شغف

شوكت *ševket* A f Macht, Kriegsm·; ~*lü* mächtig, majestätisch, erlaucht

شول *šol* jene(r, s), diese(r, s)

شوميندوفر *šömendöfer* F Eisenbahn

شويله *šöyle* so, folgendermaßen, dergestalt derart; ~-*ki* so daß, infolgedessen, und zwar, nämlich

شه *šeh* P = شاه

شهادت *šehādet* A f Bekenntnis, Blutzeugenschaft, der Tod für den Islam

شهر *šehir* (E) P Stadt; ~-*i Ḫorāsān* die St· Chorasan; *Beč* ~*i* die St· Wien; ~ *emīni* St·präfekt; (Name eines St·-teiles von Stambul)

شهرت *šöhret* A f Berühmtheit, Ruf, Reputation; ~ *bulmaq* Ansehen erlangen

شهريار *šehriyār* P Herrscher, Beh·, Monarch; ~*ī* großherrlich

شهزاده *šeh-zāde* P Königssohn, Prinz

شهسوار *šehsüvār* P Meisterreiter, (tapferster) Held

شهنشاه *šehinšāh* P = شاهنشاه; ~*ī* P großherrlich

شهنشين *šeh-nišīn* P Erker, Altan

شهيد *šehīd* A Blutzeuge, (für den Islam) erschlagen (= gefallen), hingerichtet; ~ *ētmek* zum B·n machen, töten, niedermetzeln; ~ *olmaq* B· werden, (für den I·) fallen; ~*ü 'l-memāt* B· durch Tod, für den I· gefallen

شیء *šey'* A Sache, Ding, Gegenstand; *bir* ~ etwas, (mit Negation:) nichts; *bu* ~ diese S·, dieses, das; *öyle* ~ derartiges, so etwas; *aslan* ~ toll(kühn)er Kerl!

شياطين *šeyāṭīn* A (Pl. v. شيطان *šeyṭān*) die Teufel; *ǧünūd-ı* ~ Satanssoldaten

شيخ *šeyḫ* A der Alte, geistlicher Würdenträger, Lehrer, Religionsl·; ~*ü 'l-ḥarem* Vorsteher des Heiligtums (in Mekka)

شيخوخت *šeyḫūḫet* A f Greisentum; *ġalebe-i* ~*-le* unter der Übermacht des G·s, vor Altersschwäche

شيشه *šīše* P Flasche

شيلر *šeyler*: T Pl. v. A شیء

شيله *šeyle, šöyle* = شويله; ~ *kim* so daß; also

شيم *šiyem* A f (Pl. v. شيمه *šīme*) Eigenschaften; *Yūsuf*-~ mit den E· des Joseph, schön wie (der biblische) J·

شيمدى *šimdi* = شمدى

شيوع *šüyū'* A Verbreitung, Ruchbarwerden

شيوه *šīve* P (zärtliche) Sprechweise

ص

صابونجى *ṣābūnǧu* AT Seifensieder

صاپ *ṣap*: → صارى

صاپمق *ṣapmaq* (vom Wege) abweichen

صاپه *ṣapa* abseits führend, a·liegend; ~ *yol* Umweg, Nebenweg

صاتلمق *ṣatılmaq* verkauft w.

صاتمق *ṣatmaq* verkaufen, feilhalten

صاچ *ṣač* Haar, Haupth.

صاچلمق *ṣačılmaq* (aus)gestreut w., gesät w.

صاچمق *ṣačmaq* streuen, ausst·, säen

صاحب *ṣāḥib* A Herr, Inhaber, Eigentümer, Besitzer, Gebieter; *ev* ~*i* Hausherr; [3] ~ *olmaq* [4] in Besitz nehmen, [4] besitzen, über [4] verfügen; ~*-devlet* I· der Macht (Ehrentitel des Großwesirs); ~*-tedbīr* umsichtig, geschickt; ~*-se'ādet* Besitzer von Glück, vom G· gesegnet, g·lich; ~*-qırān* Herr der (günstigen) Konjunktur (der Gestirne), vom Glück ausgezeichneter Held

صاحبه *ṣāḥibe* A f Herrin, Gebieterin; ~*tü 'l-beyt* H· (= Frau) des Hauses

صادق *ṣādıq* A wahrhaft, treu; (auch E.N.)

صارلمق [3] *ṣarılmaq* [4] (bittend, flehend) umfassen, s. an [4] anklammern, [4] (hastig) packen, zu [3] greifen

صارمق [4] *ṣarmaq* [4] winden, s. [4] umw·, [4] umgeben, [4] einschließen, [4] umzingeln

صارى *ṣarı* gelb, blond, fahl, bleich, blaß; *ṣap*-~ fahlgelb, wachsbleich, leichenblaß

صاريق *ṣarıq* Kopfbund, Turban

صاريلق *ṣarılıq* Gelbheit, gelbe Farbe

صاريلمق *ṣarılmaq* = صارلمق

صاغ *ṣaġ* rechts, rechte(r, s), gesund, heil, unversehrt, wohlbehalten; ~*a* = ~ *yana* nach rechts; ~*lıq* Gesundheit; [2] ~*lıġında* zu [2] Lebzeiten, solange [1] (noch) am Leben ist (= sind)

صاف *ṣāf* A rein, lauter, ungemischt, aufrichtig; *aṣfar-ı* ~ rein gelb

صافى *ṣāfī* A = صاف; ~*yāt* A f (Pl. v. ~*ye*) reine (Dinge)

صاقلامق *ṣaqlamaq* bewahren, beschützen, bei s. behalten, verbergen

صاقلنمق *ṣaqlanmaq* s. verbergen

صالح *ṣāliḥ* A zulässig

صالديرمق ³ *ṣaldırmaq* ⁴ anfallen, ⁴ angreifen, s. auf ⁴ stürzen

صالمق *ṣalmaq* in Bewegung setzen, laufen lassen, treiben, hetzen, (ein)schieben

صاليويرمك *ṣalı-vērmek* (§ 293) auslassen, losl·, freil·, gehen (= laufen) l·

صانجى *ṣanğı* Leibschmerzen

صانكه *ṣan-ki* TP gewissermaßen, als ob; ~ *ʿāšıq imiš* als ob er verliebt wäre, als wäre er v·; ~ *gelirse* angenommen (den Fall,) er kommt

صانمق *ṣanmaq* dafürhalten, glauben

صاوشديرمق ، صاوشدرمق *ṣavušdurmaq* gehen lassen, fortschicken, abschütteln

صاومق *ṣavmaq* vertreiben, verjagen, (Gefahr) überstehen

صايمق *ṣaymaq* zählen, gelten lassen

صايى *ṣayı* Zahl, Anz·

صباح *ṣabāḥ* A Morgen, Vormittag; ~*dan* früh am M·; ~*leyin* AT (früh)morgens

صبح *ṣubḥ* A Morgen, Tagesanbruch; ~*-dem* AP (zur) M·zeit

صبر *ṣabır* (E) A Geduld, Gleichmut; ~ *ētmek* s. gedulden

صبغه *ṣıbġa* A f (körperliche) Verfassung

صچان *ṣıčan* Maus; ~ *yolu* Mäusegang, Laufgraben, Approche

صچرامق *ṣıčramaq* springen, hüpfen, auffahren, aufsp·, losrennen; → جان

صحبت *ṣoḥbet* A f Beisammensein, Gespräch, Unterhaltung, Umgang, Verkehr, Gesellschaft, Trinkg·

صحّت *ṣıḥḥat* A f Gesundheit, Unversehrtheit

صحّيه *ṣıḥḥīye* A f Hygiene; ~ *išleri* Gesundheitswesen, Sanitätsw·

صحراء *ṣaḥrā'* A (freies) Feld, Flur, Ebene

صحن *ṣaḥn, ṣaḥan* A Schüssel; *qırq* ~ *niʿmet* vierzigerlei Gerichte

صخره *ṣaḫra* A f Fels

صخور *ṣuḫūr* A f (Pl. v. صخره) Felsen, Klippen

صدا *ṣadā, ṣedā* A Ton, Laut, Schall, Tönen, Stimme, Spiel (e.es Instruments)

صدارت *ṣadāret* A f Großwesirschaft

صدر *ṣadr* A Ehrenplatz, hohes Amt, Würde, Großwesir; ~*-ı ʿālī* = ~*-ı aʿẓam* Großwesir

صدف *ṣadef* A Muschel; ~*ī* m·ig, mit Schalen bedeckt; ~*ī ḥayvān* M·tier, Schaltier

صدق *ṣıdıq* (E) A Wahrhaftigkeit, Aufrichtigkeit; ~*-ı derūn* innige A·; ~ *dēmek* wahr sprechen, die Wahrheit reden

صدقى *ṣıdqī* A wahrhaft (auch E.N.)

صدور *ṣudūr* A Herausgehen; ~ *buyurulmaq* gnädigst herausgegeben (= erlassen) werden

صراحى *ṣurāḥī* P (langhalsige) Flasche, Weinf·

صربستان *Ṣırbistān* SP Serbien

صرف *ṣarf* A Aufwand, Konsumieren, Genuß; ³ ~ *ētmek* zu ³ anwenden, für ⁴ aufw·, für ⁴ (= zu ³) gebrauchen, auf ⁴ verwenden (= ausgeben); ³ ~*-ı maqdūr ētmek* für ⁴ alle seine Kräfte aufwenden

صرف *ṣırf* A rein, bloß, nur; → حرام

صرمه *ṣırma* Goldfaden, goldblond

صره *ṣıra* Reihe, R·nfolge, Ordnung, (rechte) Zeit; *öñümüz* ~ gerade vor uns; *bu* ~*da* zu dieser Z·, damals; *geldiğim* ~*da* (gerade) als ich kam

صريتمق *ṣırıtmaq* grinsen

صعوبت *ṣuʿūbet* A f Schwierigkeit

صعود [3] *ṣuʿūd* A Aufstieg auf [4], Auffahrt auf [4], Besteigung [2]; [3] ~ *ētmek* auf [4] (= zu [3]) hinaufsteigen(= -fahren)

صغرتماج *ṣığırtmağ* (Rinder-)Hirt

صغير *ṣaġīr* A klein, schmal; ~ *ü kebīr* Groß u. Klein, jedermann

صفاء *ṣafāʾ* A Unterhaltung, Vergnügen, Genuß; [2] ~*sını ētmek* [4] sehr genießen, in [3] schweigen; → ذوق

صفت *ṣıfat* A f äußere Form, Gestalt

صفرت *ṣufrat* A f das Gelb, g·e Farbe

صفّه *ṣoffa* A f Diele, Vorzimmer

صكره *ṣoñra* nachher, dann; [6] ~ nach [3]; ~? Und dann? na und?; *eñ ṣoñra* zu allerletzt, schließlich

صكصونجی *ṣañsūnğu*, *ṣam-* Hundewärter (: Traditionsname der 71. Janitscharenkompanie); ~ *bašı* Oberst der H·

صلح *ṣulḥ* A Frieden; ~ *ētmek* F· machen, einen Ausgleich treffen; ~*-perverāne* AP auf friedliche Weise

صلوة *ṣalāt* A f Gebet; ~*-ı ẓühr* Mittagsg·

صلی و رمك *ṣalı-vermek* = صاليويرمك

صناعی *ṣınāʿī* (f: ~*ye*) A industriell

صنايع *ṣanāyiʿ* A f (Pl. v. صنعت) Künste, Wissenschaften, Industrie

صندال *ṣandāl* A-T Kahn, Schaluppe, Beiboot

صنديق *ṣandıq* A-T Kiste

صنعت *ṣanʿat* A f Kunst, Handwerk, Gewerbe; ~*-kārlıq* APT H·erstand

صنم *ṣanem* A Idol, der (= die) Schönste der Schönen

صنور *ṣınur*, *ṣınır* G Grenze

صو *ṣu* Wasser, Bach, Fluß, Strom, Saft, Brühe; ~*lar* Gewässer

صواب *ṣavāb*, *ṣevāb* A richtige Handlungsweise, das Richtige, das Treffende, der rechte Weg; *bā-*~ treffend

صوارمق *ṣuvarmaq* bewässern, begießen

صواش *ṣavaš* Kampf; ~ *meydānı* Schlachtfeld

صوب *ṣavb* A Seite, Richtung; [2] ~*ına* zu [3], vor [4] hin, an [4] (gerichtet)

صوباشی *ṣubašı* Polizeipräfekt, Wachtmeister

صوپا *ṣopa* Knüttel, Knüppel

صوت *ṣavt* A Stimme

صور *ṣūr* A Posaune des Jüngsten Gerichtes

صورت *ṣūret* A f Form, Gestalt, Art u. Weise, Bild; Abschrift, Miene; *bu* ~*-le* auf diese Weise; *kitāblar yazılmaq* ~*iyle* (§ 438,10) in der Form daß (= indem) Bücher geschrieben w.; ~*e qoymaq* in eine (schöne) Form (= Ordnung) bringen, ausgestalten; ~*-i ḥüzün* traurige Miene; ~ *tebdīl ētmek* das (=sein) Aussehen verändern, s. verkleiden; ~*-yāb* AP Form findend, vor s. gehend; ~*-yāb-ı devām olmaq* Fortschritte machen

صورمق [6] [4] *ṣormaq* von [3] [4] (er)fragen, [4] um [4] (= nach [3]) fragen

صوسانمق *ṣusanmaq* Durst haben (= bekommen), d·ig sein; *ṣusanaraq* d·ig

صوفی *ṣūfī* (f: ~*ye*) A Mystiker, der Fromme, Frömmler, Scheinheiliger, mystisch; *merātib-i* ~*ye* die mystischen Stufen

صوقاق *ṣoqaq* Gasse, Straße

صوقيلمق ، صوقلمق [3] *ṣoqulmaq* s. in [4] einschleichen, s. an [4] heranmachen

صوك *ṣoñ* Ende, später nachkommend, letzte(r, s); *eñ* ~*unda* ganz zum Schluß, zu allerletzt, endlich, schließlich

صوكره ، صوكرا *ṣoñra* = صكره

صول *ṣol* links, linke Seite (= Hand); ~*a* nach links

صولت *ṣavlet* A f ungestümer Andrang, Angriff, Gewalt

صولوق *ṣoluq* Atem; ~ *almaq* A· schöpfen; ~*u* [5] *almaq* (erst wieder) in [3] A· holen, in einem Zuge (= Lauf) bis zu [3] eilen

صونمق *ṣunmaq* (dar)reichen, darbieten, kredenzen

صويك *ṣuyuñ*: Genitiv v. صو

صويمق *ṣoymaq* entkleiden, ausziehen, (Kleid) abnehmen

صوينمق *ṣoyunmaq* s. entkleiden, die Kleider ablegen

صيّاد *ṣayyād* A Jäger, Fischer

صيانت *ṣıyānet* A f Bewahren, Beschützen, Schutz; ~ *ētmek* (be)schützen, bewahren

صيجاق *ṣıǧaq* heiß

صيچرامق *ṣıčramaq* = صچرامق

صيحه *ṣayḥa* A f Schrei; ~ *ētmek* schreien

صيرق *ṣırıq* Spieß, Stange, Tragst· (der Lastträger), Ruderst·

صيرمه *ṣırma* = صرمه

صيره *ṣıra* = صره

صيغ *ṣıġ* seichte Stelle, Untiefe; ~*a oturmaq* auf eine U· laufen, s. im seichten Wasser fangen, stranden

صيغار *ṣıġar*: Ao. v. صيغمق

صيغمق *ṣıġmaq* hineinpassen

صيغنمق [3] *ṣıġınmaq* s. in [2] Schutz empfehlen

صيقلمق *ṣıqılmaq* gedrückt (= gepreßt, bedrückt, bedrängt) werden; [3] *ǧānım ṣıqıldı* ich ärgerte mich über [4]

صيقنتى *ṣıqıntı* Bedrängnis, Drangsal, Mangel, Not

صيقيجه *ṣıqıǧa* ziemlich fest, recht derb

صيقيشدرمق *ṣıqıšdırmaq* klemmen

صيقينتى *ṣıqıntı* = صيقنتى

صيوامق *ṣıvamaq* entblößen, (den Arm vom Hemd) freimachen

صييرمق *ṣıyırmaq* herausziehen

ض

ضابط *żābıṭ* A Offizier, Kommandant

ضابطه *żābıta* A f Polizei

ضايع *żāyiʿ* A verloren; ~ *ētmek* verlieren; ~ *gečirmek* verlorengehen lassen, ungenützt lassen

ضبط *żabṭ* A Festnahme; ~ *ētmek* ergreifen, besetzen, (mit Beschlag) belegen, (ein)nehmen, erobern, festhalten

ضبطيه *żabṭīye* A f Polizei; *bāb-ı* ~ P·-ministerium

ضخيم *żaḫīm* A dick, stark

ضرب *żarb, ḍarb* A Schlag, Sch·en, Streich; ~*-ı dest ile* im Handstreich, mit Gewalt, im Kampf

ضرر *żarar* A Schaden, Nachteil, Einbuße; ~ *ētmek* schaden, Sch· zufügen

ضرورى *żarūrī* (f: ~*ye*) A zwingend, notwendig, unvermeidlich

ضعيف *żaʿīf* A schwach, zart, mager, matt, kraftlos, arm

ضمير *żamīr* A Sinn, Gemüt

ضيافت *żiyāfet* A f Gastmahl, Gelage, Gastfreundschaft; *šerāyıṭ-ı* ~ *ile* nach allen Regeln der Gastlichkeit

ضيق *żıyq* A beengt; ~ *maḥall* bedrängte Lage

ط

طاب *ṭābe* A es sei gut!; ~ *ṡerāhu* gut sei sein Grab! (: Friede seiner Asche!)

طابله *ṭābla* I Tragbrett

طابور *ṭabur* U (christliches) Heer, Lager; ~*a girmek* L· beziehen

طابيه *ṭābya* A-T f Bastion, Schanze, Batterie

طاپو *ṭapu* Grundbuch; ~ *kāğıdı* G·-auszug, Grundbesitzurkunde

طاش *ṭaš* Stein

طاشلامق *ṭašlamaq* mit Steinen bewerfen

طاشير *ṭašır* : Ao. v. طاشيمق

طاشيرمق *ṭašırmaq* überlaufen (= überkochen) lassen

طاشيمق *ṭašımaq* tragen, in s. tragen, forttragen, umhertragen

طاغ *ḍaġ* Berg, Gebirge, Wildnis, Waldg·; ~ *baš*ı B·gipfel, Wildnis, wilde Gegend

طاغيدمق ، طاغيتمق *ḍaġıtmaq*, *ḍaġıdmaq* zerschlagen; ² *čeñesini* ~ ³ das (freche) Maul stopfen

طاقت *ṭāqat* A f Kraft; ~*siz* AT k·los, erschöpft; ~*sizlik* K·losigkeit, Schwäche

طاقم *ṭaqım* Gruppe, (zusammengehörige) Anzahl; *bir* ~ *düšünǧeler* eine Reihe (von) Gedanken, gewisse G·

طاقمق ³ *ṭaqmaq* an ³ (= an ⁴) anhängen, an ³ befestigen

طاقونيه *ṭaqunya* G Pantine

طالع *ṭāliʿ* A Geburtsstern, Horoskop

طالمق ³ *ḍalmaq* in ⁴ (ein)tauchen, s. auf ⁴ einlassen

طامو *ṭamu* Hölle

طانيمق ⁴ ¹ *ṭanımaq* ⁴ als ⁴ (an)erkennen

طاوشان *ṭavšan* Hase

طاوق *ṭavuq* Huhn

طاهر *ṭāhir* A rein, lauter, edel

طاياق *ḍayaq* Schläge, Prügel; ~ *yēmek* P· beziehen

طائفه *ṭāʾife* A f Volk, Zunft, Truppe, Mannschaft; *kefere* ~*si* das Giaurenvolk, die Giauren

طايفه *ṭayfa* (von طائفه) A f (gemeiner) Matrose, Mannschaft (eines Schiffes)

طب *ṭıbb* A Medizin, Heilkunde

طبابت *ṭabābet* A f Medizin, Heilkunde

طباعت *ṭabāʿat* A f Buchdruck

طبانجه *ṭabanǧa* P-T Pistole; ~ *atmaq* P· abfeuern

طبع *ṭabʿ* A Druck, D·en, Abdruck; ~ *ētmek* drucken

طبق *ṭıbqı* A ganz gleich, genau (wie); ~ *onuñ gibi* genau wie er (= sie)

طبّى *ṭıbbī* (f: ~*ye*) A medizinisch

طبيب *ṭabīb* A Arzt

طبيعت *ṭabīʿat* A f Natur, Wesen, Charakter, Temperament, (natürliche) Disposition; ~*iyle* natürlich, selbstverständlich

طبيعى *ṭabīʿī* (f: ~*ye*) A natürlich, angeboren

طبّيه *ṭıbbīye* A f Heilkunde, Medizin

طرب *ṭarab* A Fröhlichkeit, Lust, L·igkeit

طرح *ṭarḥ* A Wurf; ~ *ētmek* entfernen, ausscheiden, übergehen, weglassen

طرز *ṭarz* A Gestalt, Aussehen

طرف *ṭaraf* A Seite, Gegend, Richtung, Teil, Ende; ~ ~ nach allen S·n, hierhin u. dorthin; da u. dort, allenthalben; *ber*-~ → برطرف; *bir* ~*a* (irgend)wohin; *ne* ~*a*? in welche(r) Richtung?, wohin?; *bu* ~*da* auf dieser S·, hier; *her* ~*da* überall, allenthalben; *bir* ~*dan* einerseits; ¹ ~*ına* gegen ⁴ hin, nach ³; ² ~*ından* von seiten ², von ³ her, aus ³, (beim Passiv:) von ³

طرفدار *ṭaraf-dār* AP Anhänger, Fürsprecher

طرفه *ṭarfet* A f das Blinken; ~*ü ʾl-ʿayn* Augenblick; ~*ü ʾl-ʿayn ičinde* im A·, im Nu

طريق *ṭarīq* A Weg, Straße, Regel; *bir* ~-*le* auf (irgend) eine Art; ¹ ~*iyle* (auf dem W·e) über ⁴; *iṣrāf* ~*iyle* in verschwenderischer Art; ~-*ı ḥaqq* W· der Wahrheit, der W· zu Gott

طشره *ṭašra* das Äußere, das Freie, Provinz, hinaus, heraus; ~*da* im F·n, draußen; ~*dan* von draußen

طعام *ṭaʿām* A Speise, Mahlzeit; ~ *üzeri* (Zeit) kurz vor dem Essen, E·szeit

طعمه *ṭuʿme* A f Futter, Beute

طعن *ṭaʿn* A Schmähung; ³ ~ *ētmek* ⁴ beschimpfen, ⁴ schmähen

طغرا *ṭuġra* Namenszug (des Sultans)

طغرو *ḍoġru* = طوغرو

طغيان *ṭuġyān* A Hochflut, Überschwemmung

طفره *ṭafra* A f Hochmut, Stolz; ~*-künān* AP stolz, triumphierend

طفل *ṭıfl* A Kind

طفوليّت *ṭufūlīyet* A f Kindheit

طقسان *ḍoqsan* neunzig

طقوز *ḍoquz* neun; ~*unġu* neunte(r, s)

طلا *ṭılā*, *ṭalā* P-A Vergoldung; *zer-i ḫāliṣ* ~ *olunmaq* mit purem Gold überzogen werden

طلب *ṭaleb* A Verlangen; ~ *ētmek* verlangen, begehren

طلومباجى *ṭulumbaġı* Feuerwehrmann

طمع *ṭamʿ* A Habsucht, Gewinnsucht

طوان *ṭavan* Zimmerdecke; ~ *arası* Dachboden, Rumpelkammer

طوپ *ṭop* Ball, Geschütz, Kanone; ~ *atmaq* mit Geschütz(en) feuern; ~*a bašlamaq* das Feuer eröffnen; ~*lar atılır* es wird mit K·n geschossen, K·n werden abgefeuert

طوپارلمق *ṭoparlamaq* erfassen, wegraffen, dahinr·

طوپراق *ṭopraq* Erde, Boden, Grund, Land

طوپلامق *ṭoplamaq* sammeln, eins·; *kendini* ~ s. fassen, s. (wieder) finden

طوپلانمق *ṭoplanmaq* s. zusammenfinden, s. versammeln

طوپوق *ṭopuq* (Fuß-)Knöchel

طوتلمق *ṭutulmaq* gefangen w., s. fangen

طوتمق *ṭutmaq* halten, fassen, fangen, ergreifen, packen, gefangen nehmen, anfassen, befallen, einnehmen, annehmen, den Fall setzen; *ṭutalım-ki* setzen wir den Fall (= nehmen wir an, wollen wir gelten lassen) daß; *ṭutmamaq* nicht mehr fest sein, den Dienst versagen; → لاقردى

طوتوشديرمق *ṭutušdurmaq* zu halten geben, in die Hand drücken

طوتوشمق *ṭutušmaq* Feuer fangen, s. entzünden, entbrennen

طور *ḍur!* (Imperat. v. *ḍurmaq*:) Halt! Warte(t)!

طور *Ṭūr* A der Berg Sinai

طور *ṭavır* (E) A Art, Benehmen, Gebaren

طورپ *ṭurp* Rettich, Radieschen

طورمق *ḍurmaq* stehen (bleiben), bleiben, verweilen, warten, ausharren, zögern, verharren; *ḍur!* → طور; *fikre vardı ḍurdu* er dachte lange nach; *teʿaǧǧüb edib ḍurdum* ich verwunderte mich höchlichst; *ḍolašır ḍurur* sie wandelt immerzu herum; *deyib ḍururken* während er gerade noch sagt; *geli-dururken* während er eben auf der Rückreise begriffen war, während der Heimreise; *ne ḍuruyorsuñ?* Worauf wartest du?, Was hast du denn?

طوس *ḍos*: → طوغرو

طوطى *ṭūṭī* P Papagei

طوغر *ḍoġar*: Ao. v. طوغمق

طوغرو ، طوغرى *ḍoġru* gerade, g·nwegs, recht, wahr, genau; ³ ~ nach ³, zu ³ (hin), gegen ⁴ hin, auf ⁴ zu; ~*su* wahrhaftig, in der Tat; *ḍos-*~ haargenau

طوغمق *ḍoġmaq* = دوغمق

طوقات *ṭoqat* Ohrfeige; ³ ~ (*v*)*urmaq* ³ e.e O· versetzen, ⁴ o·n

طوقونمق ، طوقنمق ³ *ḍoqunmaq* s. an ³ stoßen, ⁴ berühren, auf ⁴ treffen (= st·, geraten), gegen ⁴ verstoßen

طوكمق *ḍoñmaq* gefrieren

طول *ṭūl* A Länge

طولاشدرمق [3] *ḍolašdırmaq* um [4] herumlegen (= herumwinden)

طولاشمق [(4)] *ḍolašmaq* (um [4] im Bogen) herumgehen, [4] umlaufen

طولایی [6] *ḍolayı* wegen [2], aus Anlaß [2]

طولباز *ḍavul-bāz* = دولباز

طولدیرمق ، طولدرمق *ḍoldurmaq* voll machen, (er)füllen, einf·, vollstopfen, hineinstopfen

طولمق *ḍolmaq* voll sein, s. füllen, zusammenströmen

طولو *ḍolu* voll, gefüllt; *avuğ* ~*su* Handvoll

طولی *ḍolu* Hagel

طومار *ṭomar* G Schriftrolle

طونه *Ṭuna* U Donau

طویغو *ḍuyğu* = دویغو

طویل *ṭavīl* A lang

طویمق *ḍuymaq* hören

طویورمق [3] *ḍuyurmaq* [4] (ein Geheimnis) hören (= merken) lassen

طویوش *ḍuyuš* Art zu empfinden, Empfindung, Auffassung

طیاق *ḍayaq* Stock, Prügel, Schläge

طیانمق [3] *ḍayanmaq* [3] Widerstand leisten, [4] aushalten, [4] ertragen; *maḥkemeye* ~ bis vor das Gericht kommen

طیران *ṭay(e)rān* A Flug; ~ *ētmek* fliegen, s. emporschwingen

طیشاری *ḍıšarı* hinaus

ظ

ظالم *ẓālim* A Wüterich, Unhold

ظاهر *ẓāhir* A sichtbar, äußerlich, ersichtlich, offenbar, klar, das Äußere, Außenseite; ~ *ehli* s. an die (äußere) Erscheinungswelt haltend; ~*de* nach außen hin, dem Anschein nach; ~ *olmaq* s. zeigen, hervorgehen, klar werden, entstehen, s. vernehmen lassen, ertönen

ظاهراً *ẓāhiren* A nach außen hin, öffentlich, offenbar, dem (= allem) Anschein nach

ظرافت *ẓarāfet* A f Zierlichkeit, Artigkeit, Witz

ظرف *ẓarf* A Schale, Kapsel, Hülle

ظرفاء *ẓurafā* A (Pl. v. ظریف) die Gebildeten, feine Leute

ظریف *ẓarīf* A feiner (= gebildeter) Mann, Stutzer

ظفر *ẓafer* A Sieg, Triumph

ظلم *ẓulüm* (E) A Ungerechtigkeit, Gewalt, Grausamkeit

ظنّ *ẓann* A Meinung; ~ *ētmek* meinen, vermuten, dafür halten

ظهر *ẓahır* (E) A Rücken, Leib

ظهر *ẓühür* (E) A Mittag

ظهور *ẓuhūr* A Erscheinen, Auftreten, Auftauchen, Aufkommen; ~ *ētmek* = ~*a gelmek* erscheinen, s. ereignen, vorkommen, zustande kommen; ~ *bulmaq* erfüllt werden

ع

ع: Abkürzung für مصرع (s. d.), mit der in Prosatexten eingeschaltete Verse eingeleitet w.

عادت *ʿādet* A f Gewohnheit, Brauch; ~ *üzere* dem B·e gemäß

عادتا *ʿādetā* A fast, beinahe, geradezu

عارسز *ʿārsız* AT schamlos, frech, unverschämt; ~ ~ voller U·heit

عارف *ʿārif* A wissend, weise, kundig, Kenner

عازم *ʿāzim* unternehmend; [3] ~ *olmaq* an [4] gehen, [4] unternehmen

عاشق [3] *ʿāšıq* A [4] liebend, in [4] verliebt, [2] Liebhaber, [2] Verehrer; *~ān* (P Pl.) die Liebenden; [3] ~ *olmaq* in [4] verliebt sein, s. in [4] verlieben; *~lıq* AT Verliebtheit

عاصی *ʿāṣī* A Empörer, Sünder

عافیت *ʿāfiyet* A f Gesundheit

عاقبت *ʿāqıbet* A f Ende; schließlich, letzten E·s

عاقل *ʿāqıl* A verständig, vernünftig, klug, gescheit; *ġayr-ı* ~ unvernünftig, ohne Verstand

عالم *ʿālem* A Welt, Zustand; *~-i ḥayretde qalmaq* im Z· der Bestürzung verharren, tief bestürzt sein; *~-i rüʾyā* Traumw·, Traum; *~-i ṭufūlīyet* Kindheit; → دنیا

عالمیان *ʿālemīyān* (P Pl. v. A عالمی *ʿālemī*) die Erdenbewohner, Menschen, Sterbliche

عالی *ʿālī* A hoch, erhaben, ausgezeichnet, vorzüglich, erlaucht

عام *ʿāmm* A gemein, niedrig, allgemein

عامره *ʿāmire* A f großherrlich

عائله *ʿāʾile* A f Familie

عبارت *ʿibāret* A f Satz; [6] ~ aus [3] bestehend; [6] ~ *olmaq* aus [3] bestehen, bloß (= nichts weiter als) [1] sein

عباره *ʿibāre* A f Satz

عبد *ʿabd* A Knecht, Diener; *bu ~-ı kemter* dieser niedrige K·, meine Wenigkeit

عبد الرحمن *ʿAbdu ʾr-Raḥmān*, *ʿAbdurraḥmān* A („Knecht des Allbarmherzigen“): E.N.

عبد الرحیم *ʿAbdu ʾr-Raḥīm*, *ʿAbdurraḥīm* A („Knecht des Allerbarmers“): E.N.

عبد الله *ʿAbdu ʾllāh*, *ʿAbdullāh* A („Gottesknecht“): E.N.

عبرت *ʿibret* A f Betrachtung; → نظر; *~-nümā* AP großartig, wunderbar

عبودیّت *ʿubūdīyet* A f Gottergebung

عتیق *ʿatīq* A alt, antik

عثمان *ʿOs̱mān* A: E.N. des Begründers der „osmanischen“ Dynastie (starb 1323/4); *vilāyet-i* ~ Land des ʿO·, Osmanisches Reich; *~lı* osmanisch, Osmane

عثمانی *ʿOs̱mānī* (f: *~ye*) A osmanisch; *~-neseb* o·er Abstammung, aus dem Geschlechte des ʿOs̱man; *devlet-i ~ye* O·es Reich

عجایب *ʿaǧāyib* A f (Pl. v. عجیبه *ʿaǧībe*) Wunderdinge, merkwürdig, sonderbar; *~den* ganz seltsam

عجب *ʿaǧeb* A wunderbar, sonderbar, seltsam, erstaunlich; vielleicht, wohl; *ne* ~! Wie merkwürdig!; ~ *ničün?* Warum denn (nur)?

عجبا *ʿaǧebā*, *ʿaǧabā* A ob wohl? vielleicht? etwa? denn?

عجز *ʿaǧiz* (E) A Schwäche, Erschöpfung, Unvermögen (etwas zu ertragen)

عجله *ʿaǧele* A f Eile, Hast; eilig, dringend; *~ñiz ne?* Wozu Eure Eile?

عجم *ʿaǧem* A persisch, Perser, Persien

عجیب *ʿaǧīb* A wunderbar, seltsam

عدّ *ʿadd* A Rechnung; [4] [1] ~ *ētmek* [4] als (= für) [4] ansehen; [1] [(=6)] ~ *olunmaq* zu [3] gezählt w., als [1] gelten (= angesehen w.)

عدد *ʿaded* A Stück; *on* ~ *ḥaydud* zehn ⟨St·⟩ Räuber

عدس *ʿades* A Linse (Hülsenfrucht)

عدل *ʿadl* A Gerechtigkeit

عدلیه *ʿAdlīye* A f: Name einer von Sultan Mahmud II. „dem Gerechten“ (*ʿAdlī*) 1826 gegründeten medizinischen Lehranstalt

عدم *ʿadem* A Mangel, Nichtexistenz

عدمی *ʿademī* A nichtexistentiell, negativ

عدن *ʿAdn* A (Garten) Eden

عدیده *ʿadīde* A f zahlreich, viele

عذاب *ʿaẓāb* A Qual, Folter, Pein

عرب *ʿarab* (poet.: *ʿareb*) A Araber

عربده *ʿarbede* A f Kampf

عربستان *ʿArabistān* AP Arabien

عربه *ʿaraba* (→ ارابه) Wagen, Karren, Fuhrwerk

عرش *ʿarš* A Thron Gottes, oberster Himmel

عرض *ʿarż* A Bericht, B·erstattung, Darlegung, Breite; ~ *ētmek* darreichen, darbringen, darbieten, entb·, unterbreiten, berichten, melden; ~-*ı islām ētmek* den (Übertritt zum) Islam anbieten (= vorschlagen); ~*a girmek* zur Audienz (hinein)gehen

عرض *ʿırż* A Ehre, E·nhaftigkeit; *ehl-i* ~ E·nmann, ehrbar, anständig

عروق *ʿurūq* A f (Pl. v. عرق *ʿırq*) die Adern

عريان *ʿuryān*, *ʿüryān* A nackt, bloß, entblößt

عز *ʿizz* A Macht, M·stellung, Würde, Ruhm, Ehre; ~-*i ḥużūr* die E· der Gegenwart (des Sultans), e·nvolle Audienz; ~*ühü* A seine E· (= M·, W·), sein R·

عزب *ʿazab* A Fußsoldat, Infanterist; ~ *ṭabyası* Infanterieschanze

عزّت *ʿizzet* A f = عزّ; ~*lü* hochgeehrt, (hoch-)wohlgeboren

عزم *ʿazm* A Absicht; ~ *ētmek* s. aufmachen, aufbrechen

عزيز *ʿazīz* A lieb, teuer

عزيمت *ʿazīmet* A f Aufbruch, Abreise; [3] ~ *etmek* nach [3] (= zu [3]) aufbrechen (= s. aufmachen, ausziehen, abreisen) den festen Vorsatz zu [3] fassen

عسرت *ʿüsret*, *ʿösret* A Schwierigkeit

عسس *ʿases* A Wächter; ~ *başı* Hauptmann der Heerespolizei

عسكر *ʿasker* A Heer, Truppe(n), Soldaten

عسكرى *ʿaskerī* (f: ~*ye*) A militärisch; *ümūr-ı* ~*ye* m·e Belange, Heerwesen

عسير *ʿasīr* A schwierig

عشرت *ʿišret* A f lustiges (= üppiges) Leben, Schwelgerei

عشق *ʿıšq*, *ʿašq* A Liebe, (Gottes-)Minne; [2] ~*ı* [2] L·, L· zu [3]

عصا *ʿaṣā* A Stab, Stock, Krücke

عصر *ʿaṣır* (E) A Jahrhundert, Zeitalter Regierungszeit; ~*ımızda* in unseren Tagen; ~*larğa* J·e lang

عطالت *ʿaṭālet* A f Trägheit

عطر *ʿıṭr* A Essenz, Parfüm; ~-*ı šāhī* Königsp·, E· der wohlriechenden Wicke

عظام *ʿıẓām* A (Pl. v. عظيم) die Großen, Hochmächtigen

عظيم *ʿaẓīm* (f: ~*e*) A groß, g·artig, hoch, h·ansehnlich, (h·)mächtig, gewaltig, stark, bedeutend; ~ *šikāyet* bewegte Klage; ~*ü 'š-šān* hochehrwürdig

عفو *ʿafv* A Verzeihung; ~ *ētmek* verzeihen, vergeben; [4] ~ *ētdirmek* für [4] V· erwirken

عقار *ʿaqār* A Grundstück(srente)

عقائد *ʿaqā'id* A f (Pl. v. عقيده *ʿaqīde*) Dogmen, religiöse Überzeugungen

عقب *ʿaqab* A das Hintere; [2] ~*ınğa* hinter [3] drein, [3] auf den Fersen; [2] ~*ından ērišmek* [4] (verfolgen u.) einholen

عقد *ʿaqd* A Knüpfen, Vertrag, Bündnis, Abschluß; ~-*ı nikāh ētmek* die Heirat abschließen, (ver)heiraten; → حل

عقل *ʿaql* (E) A Verstand, Vernunft, Geist, Klugheit; ~-*ı selīm* gesunder (= scharfer) V·; ~*ım bašımdan gitdi* ich war zu Tode bestürzt; ich bekam eine Heidenangst; [3] ~*ı ērmez* sein V· erreicht [4] nicht, er begreift [4] nicht

عقلاً *ʿaqlen* A aus Vernunftsgründen, empirisch, dem (eigenen) Verstande nach

علاج *ʿilāğ* A Mittel, Heilm·, Arznei

علامت *ʿalāmet* A f Zeichen; ~*-i šerīf* (→ § 79 A) edles (Hand-)Z· (des Sultans)

علايم *ʿalāyim* A f (Pl. v. علامت) die Zeichen, Kennz·, Merkmale

علم *ʿalem* Zeichen, Wappen, Insignien

علم *ʿilim* (E) A Kenntnis, Wissenschaft, Kunst

علماء *ʿulemā* A (Pl. v. عالم *ʿālim*; im T auch Sg.) Gelehrte(r), Gesetzkundige(r)

علمى *ʿilmī* (f: ~*ye*) A wissenschaftlich

علوم *ʿulūm* A f (Pl. v. علم *ʿilim*) Kenntnisse, Wissenschaften

على *ʿale* A über, auf, für, in; ~ *'t-tevālī* hintereinander, in einem fort, immer wieder; ~ *'t-taʿğīl* schleunigst, unverzüglich; ~ *'l-ḫuṣūṣ* vor allem, besonders; ~ *'s-seḥer* im Morgengrauen, in aller Frühe; ~ *'l-ʿumūm* im allgemeinen

على *ʿalī* (f: ~*ye*) A hoch, erhaben; (auch E.N.); *qara* ~ der schwarze ʿA· (E.N.); *ġayret-i* ~*ye* e·er Zorn

عليكم *ʿaleyküm* A über (= auf) Euch; → سلام

عليه *ʿaleyh(i)* A über (= auf) ihn; ~*i 'r-raḥmetü ve 'l-ġufrān* über ihm (sei Allahs) Erbarmen und Verzeihung!; ~*i 's-selām* über ihm (sei) das Heil! (§ 329,4)

عليّه *ʿalīye* A f: → على *ʿalī*

عليهنده [1] *ʿaleyhinde* AT gegen [4]; [1] ~*ki* gegen [4] gerichtet

عما *ʿamā* A Blindheit, Erblindung; [2] *gözlerine* ~ *geldi* [2] Augen sind erblindet

عمامه *ʿimāme* A f Turban

عمر *ʿömür* (E) A Leben, L·sfrist; [2] ~*üne sürmek* s. bis an [2] L·sende hinziehen

عمر *ʿÖmer*: E.N.

عمل *ʿamel* A Werk, Arbeit

عمليه *ʿamelīye* A f praktisch, angewandt

عمود *ʿamūd* A Säule

عموم *ʿumūm* A Allgemeinheit, alle, sämtliche, öffentlich; ~*(-ı) türkler* alle (= sämtliche) Türken

عموما *ʿumūmen* A allgemein, insgesamt

عمومى *ʿumūmī* (f: ~*ye*) A allgemein, gemeinschaftlich, allen zugänglich (= verständlich)

عميمه *ʿamīme* A f allgemein

عناد *ʿinād* A Hartnäckigkeit, Eigensinn; ~ *ētmek* e·ig sein, trotzen

عنان *ʿinān* A Zügel; ~*-rīz* AP die Z· schießen lassend

عنايت *ʿināyet* A f Güte, Gnade, Hilfe, Beistand; ~*lü* wohlwollend, gnädig, gütig

عنبر *ʿanber* A Ambra; ~*-siriŝt* AP ambrosisch, voll würzigen Duftes

عنترى *ʿanterī*, *ʿentarī* A kurzes Unterkleid, Hemd(k·)

عند *ʿind* A Seite; [2] ~*inde* bei [3], in [2] Augen, in (= nach) [2] Urteil

عنصر *ʿunṣur* A Element, Wesen; ~*-ı laṭīf* huldreiches (Lebe-)Wesen

عنقريب *ʿan-qarīb* A in Bälde, binnen kurzem

عنكبوت *ʿankebūt* A Spinne; ~*-vār* AP s·gleich, wie eine S·

عنوان *ʿunvān*, *ʿünvān* A Titel, Kennzeichen

عوارض *ʿavārıż* A f (Pl. v. عارضه *ʿārıża*) Unbilden, Unfälle

عواطف *ʿavāṭıf* A f (Pl. v. عاطفه *ʿāṭıfe*) Gnaden(beweise)

عوامّ *ʿavāmm* A (Pl. v. عامّ) niedriges Volk, großer Haufe, Allgemeinheit

عود *ʿūd* A Aloeholz

عودت *ʿavdet* A f Rückkehr; ~ *ētmek* zurückkommen, zurückkehren

عورت *ʿavret* A f Frau, F·enzimmer, Weib, Ehew·

عوض *ʿıvaz* A Ersatz, Entschädigung, Gegenwert, Äquivalent, Lohn, Entgelt

عون *ʿavn* A Hilfe, Beistand

عهد *ʿahd* A Verpflichtung, eidliche Zusage, Gelöbnis; [4] ~ *ētmek* (s.) [4] geloben, (s.) [4] schwören; *Allāha* ~*im olsun* ich gelobe bei Allah

عهده *ʿuhde* A f Verpflichtung, Versprechen; [2] ~*sinden gelmek* s. seiner Schuld für [4] entledigen; *der*~ *ētmek* auf s. nehmen, übern·, versprechen

عيادت *ʿiyādet* A f Besuch; ~ *ētmek* b·en

عيال *ʿiyāl* A Familie; *ehl ü* ~ Weib u. Kind

عيب *ʿayıb* (E) A Verstoß, Fehler, ungehörig, unschicklich

عيد *ʿīd* A (religiöses) Fest, F·tag; ~*-i ażḥā* (am 10. Tage des Wallfahrtsmonats gefeiertes) Opferfest

عيسوى *ʿīsevī* A christlich; *dīn-i* ~ ch· Religion, Christentum

عيسى *ʿĪsā* A Jesus

عيش *ʿayš*, *ʿīš* A Lebensgenuß, Lust, Schwelgerei; ~ *ü ʿišret* Sch· u. Lustbarkeit

عين *ʿayn* A f Auge, Wesen, Substanz; ~*ü 'l-fiʿil* (der Buchstabe) ع in (dem Worte) فعل, die genaue Mitte; ~*-ı qabāḥat* die reinste Schlechtigkeit, Gipfel der Häßlichkeit

عينى *ʿaynī* A gleich; ~ *zamānda* zur g·en Zeit, g·zeitig; ~*-ile* ganz genau so, aufs Haar (gleich)

غ

غارت *ġāret* A Verheerung; ~ *ētmek* verheeren

غازى *ġāzī* A Glaubensheld, tapferer Krieger, Sieger, der Siegreiche

غاصب *ġāṣıb* A Räuber

غافل *ġāfil* A gedankenlos; [6] ~ *olmaq* [4] vernachlässigen, s. um [4] nicht kümmern

غالب [3] *ġālib* [3] überlegen, [4] übertreffend; [3] ~ *olmaq* über [4] obsiegen, [4] überwältigen, [4] besiegen

غائب *ġā'ib* A verloren; ~ *ētmek* verlieren

غايت *ġāyet* A f Ende; sehr, überaus, höchst, äußerst; ~*de* s·, ü·, h·, ä·; ~ *bulmaq* zu E· gehen, aufhören

غدا *ġıdā* A-T Speise

غرايب *ġarāyib* A f (Pl. v. غريبه *ġarībe*) Merkwürdigkeiten, Wunder

غرب *ġarb* A Westen; ~*e* nach W·

غربت *ġurbet* A f Heimatlosigkeit; *diyār-ı* ~ Land der H·, die Fremde

غربلى *ġarblı* AT westlich, europäisch; ~*lašmaq* s. verw·en, s. europäisieren

غربى *ġarbī* (f: ~*ye*) A westlich, europäisch

غرّه *ġurre* A f erster Tag des Monats

غروش *ġurūš* D Piaster (= 20 Para)

غريب *ġarīb* (f: ~*e*) A fremd, f·artig, seltsam, wunderbar, denkwürdig, erstaunlich, heimatlos, allein(stehend), verlassen

غزاء *ġazā'* A Glaubenskampf, Heiliger Krieg, Feldzug

غزات *ġuzāt* A (Pl. v. غازى) die Glaubenskämpfer

غزل *ġazel* A lyrisches Gedicht, Liebeslied

غزوات *ġazevāt* A f (Pl. v. غزاء) Feldzüge, Kriege

غسل *ġasil* (E) A Leichenwaschung; ~ *ētmek* L· vollziehen

غضب *ġażab* A (heftiger) Zorn; ~*a gelmek* z·ig w.; ~*lu*, ~*lı* z·ig, jähz·ig

غلّات *ġallāt* A f (Pl. v. غلّه *ġalle*) Feldfrüchte, Getreide

غلام *ġulām* A Bursche, junger Diener (= Sklave), Page

غلبه *ġalebe* A f Übermacht, Sieg; ³ ~ *ēt-mek* = ³ ~ *čalmaq* über ⁴ die Oberhand gewinnen, über ⁴ siegen, ⁴ bes·, ⁴ überwältigen

غلبه‌لك *ġalebelik* AT Menschenmenge, Menschenandrang, Zusammenlauf, Auflauf, Gedränge

غلطه *Ġalaṭa* Galata (Stambuler Stadtteil jenseits des Goldenen Horns)

غلمان *ġılmān* A (Pl. v. غلام) Burschen, Pagen

غليظ *ġalīẓ* (f: ~*e*) A grob, dick, stark, roh

غمّ *ġamm* A Gram, Sorge, Kummer; ~ *yemek* s. grämen, S·(n) haben; ~*-dīde* AP betrübt, k·voll; ~*-güsār* AP S·nbrecher, Liebling

غنائم *ġanā'im* A f (Pl. v. غنيمت *ġanīmet*) Beute, B·stücke

غنچه *ġonǧa* A f Rosenknospe; ~*-fem* der (= die = du) mit dem R·nmund

غنى *ġanī* A wohlhabend, reich

غوغا *ġavġā* P Streit, Zank, Kampf; ~ *ētmek* st·en, z·en

غوندله *ġondola* I Gondel

غيب *ġayıb* (E) A das Unsichtbare; ~ *ēt-mek* verlieren

غيبت *ġaybet* A f Unsichtbarkeit; ~ *ētmek* s. absentieren, s. fortmachen

غير *ġayr* A andere(r, s); *ḥayvān-ı* ~ (*-ı*) *ʿāqıl* unvernünftiges Vieh; ~(*-ı*) *vāqiʿ* wahrheitswidrig, unwahr; → غيرى

غيرت *ġayret* A f Eifer, E·sucht, Zorn; ~*e gelmek* in E· (= Z·) geraten, s. ereifern; ³ ~ *ētmek* s. für ⁴ bemühen, s. wegen ² (= über ⁴) ereifern; ~*-keš* AP E·er, Anhänger, Fürsprecher

غيرى *ġayrī* A andere(r, s), anders (als vorgesehen), anderweitig, weiterhin, nunmehr, (mit Negation: nicht) mehr; ⁶ ~ anders als ¹, außer ³, abgesehen von ³; ⁶ ~ *kimse* jemand anderer als ¹; ⁶ ~ *šeyler* andere Dinge als ¹; *bir* ~ *iš* etwas Unvorhergesehenes; *onuñ* ~*si* anderes als dieses, alles andere

ف

فاتح *fātiḥ* A Eroberer; ~ *ǧāmiʿi* die (v. S. Mehmed II. erbaute) „Eroberer-Moschee" (in Stambul)

فاجع *fāǧiʿ* A traurig, schrecklich, tragisch

فاحش *fāḥiš* (f: ~*e*) A schändlich, abscheulich

فارغ ⁶ *fārıġ* A auf ⁴ verzichtend, von ³ abgewandt, ³ entsagend; ~*-ı dünyā* auf die Welt v·, allem Irdischen e·, Asket, a·isch

فاروق *fārūq* A der (zwischen Wahr und Falsch) streng Scheidende, (Beiname ʿOmars, des 2. Kalifen)

فاسد *fāsid* A schlecht, böse, B·wicht

فاش *fāš* A bekannt; ~ *ētmek* verraten

فاضل *fāżıl* A hochgebildet, tugendreich

فاطمه *Fāṭime, Faṭma*: E.N.

فام *fām* P Farbe

فانى *fānī* A vergänglich, irdisch; ~ *olmaq* vergehen, aufgehen

فايده ، فائده *fā'ide, fayda* A Nutzen, Vorteil, Gewinn; ~ *ētmek* nützen, helfen, zum Guten gereichen; *ne* ~? Was nützt(e) es (schon)?; ~*siz* nutzlos, vergeblich; ~*-baḫš* AP N· schenkend, nützlich, v·haft, g·bringend

فائق ³ *fā'ıq* A ³ überlegen, ⁴ übertreffend, ⁴ überragend

فتّان *fettān* A boshaft, hinterlistig

فتح *fetiḥ* (E) A Einnahme, Eroberung, Sieg; ~ *ētmek* öffnen, einnehmen, erobern; ~ *olunmaq* geöffnet (= eingenommen, erobert) w.; ~*-nāme* AP Siegesschreiben, Siegesbotschaft

فترت *fitret* A f Umsturz

فتن *fiten* A f (Pl. v. فتنه) Umtriebe, Unruhen, Krieg(szeiten)

فتنه *fitne* A f Aufwiegelung, Unruhe, Unheil, Unfug, Skandal, Bosheit, Schlechtigkeit, böses (= schändliches) Weib, W·sstück, schlechtes Frauenzimmer

فتوا *fetvā* A (religions-)gesetzliches (= juristisches) Gutachten

فتور *fütūr* A Erschlaffung, Erschöpfung; [3] ~ *geldi* [1] hat schlappgemacht; *bilā* ~ unermüdlich, wacker

فتوی *fetvā* = فتوا

فجره *feğere* A f (Pl. v. فاجر *fāğir*) die Liederlichen; *kefere-i* ~ die l· Ungläubigen

فحم *faḥım* (E) A Kohle

فحوا *feḥvā* A Wortsinn; [1] ~*sınğa* = [1] ~*sı üzere* im Sinne des Spruches (= Wortes) [1]

فدا *fedā* A Opferung; ~ *ētmek* opfern

فدایی *fedāyī* A Freiwilliger

فدان *fidān* G Sproß, Schößling, junge Pflanze, hübsches j·s Mädchen

فرار *firār* A Flucht; ~ *ētmek* fliehen, desertieren

فراش *fırāš* A (aus Teppichen, Matratzen, Sitzpolstern usw. bestehendes) Mobiliar (eines Raumes)

فراغ *fırāġ* A Ruhe; ~*-ı bāl üzere* ruhigen Herzens, getrost, bequem

فرانسه *Fransa* F-I Frankreich

فرح *feraḥ* A Heiterkeit, Lust; ~*-efzā* AP freudemehrend, anmutig, idyllisch

فرخنده *ferḫunde* P glücklich; ~*-baḫt* unter einem g·en Stern geboren; ~*-dem* (in e.e) g·e Zeit (fallend), glückhaft

فرد *ferd* A einzig; *bir* ~ Einer, Jemand; (mit Negation:) niemand

فرزند *ferzend* P Sohn

فرصت *fırṣat* A f (günstige) Gelegenheit, Bequemlichkeit, Sieg

فرض *farż* A göttliches Gebot, religiöse Pflicht

فرضا *farażā* A angenommen, gesetzt den Fall, falls etwa, vielleicht, zum Beispiel

فرق *farq* A Unterschied; ~*lı* u·lich, verschieden

فرقان *furqān* A Unterscheidung (zwischen Richtig u. Falsch), Koran

فرقه *fırqa* A f Partei

فرلامق *fırlamaq* fliegen, rennen, s. stürzen

فرمان *fermān* P Befehl, Erlaß; ~ *buyurmaq* zu befehlen geruhen

فرنکستان *F(i)rengistān* P Frankenland, (christliches) Abendland

فروخت *fürūḫt* P Verkauf, Absatz; ~ *ētmek* v·en

فرون *fırun, fırın* L-G Backofen; ~*ğı* Bäcker

فرهاد *Ferhād* P : E.N.

فریاد *feryād* P Jammer, das J·n, Klage, das K·n; ~ *ētmek* j·n, k·n, schreien

فریب *firīb* P verführend, betörend, berückend

فساد *fesād* A Verbrechen, Unfug, Aufruhr

فسیح *fesīḥ* A weit; ~*ü 'l-mesāḥe* von w·en Ausmaßen

فشار *fišār* P zusammenpressend

فصل *faṣıl* (E) A Teil, Akt, Szene, Portion (Schläge), Tracht (Prügel), Entscheidung, Schlichtung

فصیح *faṣīḥ* A korrekt, sauber

فضا *fežā* A Flur, Gefilde

فضایل ، فضائل *fażā'il, fežāyil* A f (Pl. v. فضیلت) Vorzüge, Tugenden; ~*mend* AP tugendreich, vortrefflich; ~*ühü* A seine V·

فضل *fażl* A Weisheit, Gelehrtheit, Güte, Gnade, Huld; ~-ı *ḥaqq ile* mit Gottes Gnade, so der Herrgott will

فضله *fażla* A mehr, weiter

فضيلت *fażīlet* A f Vortrefflichkeit, Vorzug, Tugend, Weisheit, Verdienst; ~*lü* vortrefflich; Seine (= Eure) Eminenz; ~-*meāb* Mittelpunkt der Tugenden; *ǧenāb-ı* ~*meāb* Seine (= Ew.) Eminenz

فعل *fiʿil* (E) A Handlung, H·sweise, Tat, Werk

فغان *fiġān* P Klage, Wehk·, das Jammern

فقرا *fuqarā* A (Pl. v. فقير) die Armen

فقط *faqaṭ* A aber, (je)doch, allein, nur, bloß

فقير *faqīr* A arm, der A·e; *bu* ~ dieser A·e, meine Wenigkeit; ~*lik* Armut, Not, Elend

فقيه *faqīh* A gesetzkundig, Rechtsgelehrter

فكر *fikir* (E) A Überlegung, Gedanke, Ansicht, Sinn; ~ *ētmek* denken, überlegen; [6] ~ *ḥāṣıl ētmek* s. von [3] ein Bild machen, von [3] eine Vorstellung gewinnen; ~*e varmaq* in G·n versinken, nachdenken, zögern; [2] ~*ine düšmek* [3] in den S· kommen, [3] einfallen

فكريه *fikrīye* A f gedanklich, innerlich, geistig

فكن *fiken* P werfend

فلاكت *felāket* A f Unglück, Schicksalsschlag, Katastrophe

فلان *filān*, *falān* A irgendein(e), ein gewisser, der u. der, die u. die, NN; ~ *ve* ~ der u. jener; ~ *yere* dort u. dort hin

فلك *felek* A Schicksal; ~-*i bī-āmān* AP das unbarmherzige (= unerbittliche) S·

فلله الحمد *fe-li-'llāhi 'l-ḥamdü* A ja Gott sei Dank!

فم *fem* A Mund

فن *fenn* A Wissenschaft, Kunst

فناء *fenā'* A Untergang, Hinschwinden, Entwerdung; böse, schlecht, übel; ~ *fī 'llāh(i)* Aufgehen in Gott; ~-*ı ʿālem* das Böse (= die Übel) der Erdenwelt; [2] ~*sıyle* wegen [2] (Bosheit); ~*lıq* Sch·heit, Sch·igkeit, sch·e (= b·) Tat, Unheil, Schaden

فندق *fındıq* P-T Haselnuß

فنون *fünūn* A f (Pl. v. فنّ) Wissenschaften; ~-*ı ṭıbbīye* die medizinischen W·

فنّى *fennī* (f: ~*ye*) A technisch

فوت *fevt* A Tod; ~ *ētmek* verabsäumen, ungenutzt vorübergehen lassen

فورسه *forsa* I (= ~ *gemi*) Galeere

فورطنه *forṭuna*, *fırṭına* I Sturm

فوق *fevq* A über [3]; ~*a 'l-ġāye* überaus, außerordentlich

فونوغراف *fonoġraf* G-F Phonograph

فهم *fehm* A das Verstehen; ~ *ētmek* verstehen, begreifen, merken

فى *fī* A in [3], (beim Datum:) am [3]; ~ *'l-ǧümle* kurz, mit einem Wort, gänzlich; ~ *'l-ḥāl* sogleich; ~ *'l-ḥaqīqa* = ~ *'l-vāqiʿ* in der Tat, t·sächlich, wahrhaftig

فيرلاتمق *fırlatmaq* werfen, schleudern

فيرلاتيويرمك *fırlatı-vērmek* eben mal werfen, schnell schleudern

فيرلامق *fırlamaq* = فرلامق

فيصيلتى *fısıltı* Flüstern, Raunen, Geflüster

فيضياب *feyż-yāb* AP Gewinn findend; ~ *olmaq* profitieren

فيل *fīl* A Elefant; ~ *dıšı* Elfenbein

فيمابعد *fī-mā-baʿd* A in Hinkunft, künftig(hin)

ق

قاب *qab* Hülle; *ayaq* ~*ı* Fußbekleidung, Schuh

قابا *qaba* grob, gemein, derb, rauh, dicht

قابل *qābil* A möglich, fähig; *~-i taʿbīr* zu sagen, sagbar; *nā-~-i telāfī* PA nicht wiedergutzumachen

قاپتان *qaptan* I Kapitän, Schiffskommandant

قاپدیرمق ³ ⁴ *qapdırmaq* s. von ³ ⁴ (weg)nehmen lassen

قاپمق *qapmaq* (er)greifen, nehmen, packen, fassen, wegreißen, rauben

قاپو ، قاپی *qapu, qapı* = قپو

قات *qat* Seite, Lage, Stockwerk, Geschoß; *bir ~ esvāb* ein vollständiges (= ganzes) Kleid; *üč ~* dreifach, dreimal; *üč ~lı* dreigeschossig; ² *~ında* an ² S·, bei ³, in ² Augen; *qāżī ~ında* vor dem Richter

قاتل *qātil* A Mörder

قاتلمق ³ *qatılmaq* s. unter ⁴ mischen (= mengen), in ⁴ aufgenommen werden

قاتمق *qatmaq* vor s. treiben, antreiben

قاتیلمق *qatılmaq* = قاتلمق

قاچ *qač* wie viele? *bir ~* einige, etliche, ein paar; *ayıñ ~ı* der wievielte (Tag) des Monats?

قاچمق *qačmaq* fliehen, davonlaufen

قادر ³ *qādir* A ⁴ könnend, zu ³ imstande, ² fähig; ³ *~ olmaq* ⁴ können, zu ³ i· sein

قادین *qadın* Frau, Herrin

قار *qar* Schnee; *~ yağdı* es hat geschneit

قارانکلق *qarañlıq* dunkel, finster, das D· D·heit, F·nis

قارداش *qardaš* = قرداش

قارش *qarıš* Spanne

قارشدیرمق ، قارشدرمق *qarıšdırmaq* mischen, verm·, umrühren, durchstöbern

قارشلمق *qarıšlamaq* mit der Spanne messen

قارشو ، قارشی *qaršu, qaršı* das Gegenüber, g·liegend, jenseitig, die andere Seite; ³ *~* gegen ⁴, ³ gegenüber; ³ *~ gelmek* ³ (zum Empfang) entgegengehen; *~ki* gegenüberliegend; *~ya* hinüber, auf die andere Seite, auf das andere Ufer; ² *~sına gelmek* ³ entgegenkommen, ³ begegnen; ² *~sında* ³ gegenüber

قارغه *qarğa* Rabe, Krähe

قارغەشالق *qarğašalıq* Durcheinander, Tumult, Verwirrung

قارن *qarın* (E) Bauch

قاره *qara* schwarz; *~ ṭopraq(lar)* der nackte Erdboden

قاری *qarı* Weib, Frau

قاریش *qarıš* = قارش

قازانمق *qazanmaq* gewinnen, (s.) erwerben, bekommen, verdienen

قاش *qaš* Augenbraue

قاشیق *qašıq* Löffel

قاصرغه *qaṣırğa* Wirbelwind

قاضی *qāżī, qadı* A Richter, Kadi; *Burusa ~sı* K· von Bursa; *~-ʿasker* Heeresrichter

قاطبةً *qāṭıbeten* A (mit Negation:) durchaus nicht, niemals; *qaṭʿan (ve) ~* auf keine Weise, auf keinen Fall

قاعده *qāʿide* A f Regel, Gewohnheit; *ber ~* regelgemäß, richtig, ordentlich, ordnungsgemäß

قاقق ⁴ *qaqmaq* ⁴ schlagen, ⁴ klopfen, an ⁴ pochen

قال *qāle* A er hat gesagt (= gesprochen)

قالب *qālıb* A (Guß-)Form; *~-ı efsürde* starre F·, lebloser Körper

قالدرمق *qaldırmaq* = قالدیرمق

قالدیرلق *qaldırılmaq* = *meydāndan ~* entfernt (= beseitigt, fortgeschafft) w.

قالدیرمق *qaldırmaq* (hoch-, auf-, empor-, in die Höhe) heben, beseitigen, wegnehmen, (Schiff) abfahren lassen, in See stechen lassen

قالقر *qalqar*: Ao. v. قالقمق

قالقشلمق *qalqıšılmaq* unternommen werden; [3] *qalqıšılmıšdır* es sind Anstalten getroffen worden zu [3]

قالقشمق [3] *qalqıšmaq* s. zu [3] anschicken, [4] unternehmen

قالقمق *qalqmaq* aufstehen, s. erheben, aufbrechen, s. fortbegeben, fortgehen, abreisen, abziehen; [3] ~ s. zu [3] anschicken, s. an [4] machen, an [4] gehen; [1] *ile düšüb* ~ mit [3] ständig beisammen sein

قالقيشمق *qalqıšmaq* = قالقشمق

قالمق *qalmaq* bleiben, übrig b·, überleben, noch vorhanden (= da) sein; [6] ~ [3] (= von [3]) fernbleiben, von [3] abstehen, [4] (= von [3]) lassen, [4] unterl·; *čalıšmaqdan* ~ aufhören zu arbeiten, nicht mehr a·; *az qaldı öleğekdi* es fehlte wenig (und) er wäre gestorben, er wäre fast (= um ein Haar) gestorben; *qalmamaq* nicht bleiben, nicht mehr vorhanden (= da) sein; *išitmekle qalmaz* er läßt es nicht beim Hören bewenden

قالمه *qalma* übriggeblieben, überliefert

قالنلق *qalınlıq* Dicke; [1] *~ı* v. der D· [2]

قالور ، قالير *qalur, qalır*: Ao. v. قالمق

قاما *qama* Dolch, kurzes Schwert

قامچى *qamčı* Geißel, Peitsche

قان *qan* Blut, Mord; ~ *ētmek* (er)morden, B· vergießen; ~ *terlere baṭmaq* in B·-Schweiß versinken, in hellen Sch· ausbrechen (vor Scham); *deli ~lı* → دلى

قانال *qanal* I Kanal

قانون *qānūn* G (über A) Satzung, Gesetz

قايدراق *qaydıraq* „Himmel-und-Hölle"-Spiel, „Tempelhüpfen"

قايش *qayıš* Lederstreif, Riemen, Tragr·, Gürtel

قايق *qayıq* Kahn, Nachen, Boot

قاين *qayın* (E) verschwägert; ~ *ana* Schwiegermutter

قبا *qaba* = قابا

قباحت *qabāḥat* A f Schändlichkeit, Schlechtigkeit, Schuld, Vergehen; *bir* ~ *ētmek* eine schlechte Handlung begehen, s. etwas zuschulden kommen lassen

قبح *qubuḥ* (E) A Häßlichkeit, das Häßliche; *ḥüsn ü* ~ Schönes u. H·s

قبر *qabir* (E) A Grab, G·mal

قبول *qabūl* A Annahme; ~ *ētmek* annehmen, übern·, zugeben, gestatten, gewähren; [3 4] ~ *ētdirmek* [4] zur A· [2] bewegen

قپاق *qapaq* Deckel

قپامق *qapamaq* (ver)schließen, (ab-, zu-) sperren, zumachen

قپان *qapan* Falle, Fangnetz

قپتان ، قپطان *qaptan, qapṭan* = قاپتان

قپلان *qaplan* Tiger (auch E.N.)

قپلمق *qaplamaq* einhüllen, überziehen

قپو *qapu, qapı* Tor, Türe, Pforte, Hof (des Sultans); *~dan ṭašra ētmek* [4] zur Tür hinausweisen, [4] hinauswerfen; *~ğı* Torwächter, Torhüter; *~ğılıq* Torhüteramt

قت *qat* = قات

قتال *qıtāl* A Kampf, Krieg, Schlacht, Gemetzel

قتل *qatil* (E) A Tötung, Mord; ~ *ētmek* töten, umbringen, erschlagen, morden, hinrichten

قتى *qatı* sehr

قچ *qač* = قاچ

قچان *qačan* wann, wenn, als; *her* ~ immer (= jedesmal) wenn, wann immer; *~-kim* als, während

قچمق *qačmaq* = قاچمق

قحبه *qaḥbe* P schlechtes Weib, Dirne, Hure; *~niñ eri* Mann einer H·, H·nkerl; *~-zen* H·nbock

قد *qadd* A Wuchs, Natur; → سرو *serv*

قدح *qadeḥ* A Trinkglas, Becher, Kelch, Pokal; ~ *sürmek* → سورمك

قدر *qadir* (E) A (innerer, wirklicher) Wert, W·schätzung, Geltung

قدر *qadar* A Menge, Maß; [1] ~ so groß wie [1], soviel wie [1]; [3] ~ bis zu [3]; *šehir* ~ so groß wie eine Stadt; *dört-yüz* ~ soviel wie (= etwa, an die) vierhundert; *bu* ~ so groß, so viel(e), so, dermaßen; *ol-*~ so viel; *eve* ~ bis zum Haus; *ben gelinğeye* ~ bis ich komme (= kam)

قدرت *qudret* A f Macht, Vermögen, Kraft; ~*-i ilāhīye* göttliche Macht, Gottes Allm·; ~*lü* hochmächtig

قدرجق *qadarğıq* AT ganz wenig; *o* ~ *čoğuq* ein so kleines Kind

قدماء *qudemā* A (Pl. v. قديم) die Alten; ~*-ı ḥükemā* die a· Weisen, die W· des Altertums

قدوة *qıdvet* A f Vorbild; ~*ü 'l-muʿtemedīn* V· der Vertrauenswürdigen

قديم *qadīm* (f: ~*e*) A alt; ~*ü 'z-zemān* a·e Zeit(en), A·ertum

قرار *qarār* A Ruhe; ~ *ētmek* = ~ *qılmaq* s. aufhalten, s. niederlassen, bleiben; *ber* ~ beständig, verweilend, fest

قرار *qırar*: Ao. v. قرمق

قرال *qıral* S (christlicher) Kaiser (= König); *yedi* ~ die Sieben Könige (= deutschen Kurfürsten)

قرآن *qur'ān* A Koran

قرائت *qırā'at* A f Lesen, Rezitieren; ~ *ētmek* (vor)lesen; *avaz* ~*ı* (schulmäßiges) lautes R· des Korans

قرب *qurb* A Nähe, Nachbarschaft; [1] ~*ünde* in der N· von [3], bei [3]

قرباچ *qırbač* Geißel, Ochsenziemer

قربان *qurbān* A Opfer, Schlachto·, O·tier (Hammel, der zum O·fest geschlachtet wird)

قرتلمق *qurtulmaq* = قورتلمق

قرداش ، قردەش *qardaš*, *qardeš* Bruder, Schwester, Freund; ~*im* mein Lieber!

قرشو ، قرشى *qaršu*, *qaršı* = قارشى ، قارشو

قرق *qırq* vierzig

قرقق *qorqmaq* = قورقق

قرلمق *qırılmaq* umgebracht w., erschlagen w.

قرمان *qaraman* = قرەمان

قرمزى *qırmızı* rot, scharlachr·, karmesinr·

قرمق *qırmaq* zerbrechen, zerschlagen, ersch·, umbringen

قرنداش *qarındaš* = قرداش

قرون *qurūn* A f (Pl. v. قرن *qarn*) Jahrhunderte, Ära; ~*-ı vusṭā* Mittelalter

قره *qara* schwarz; ~*ḍaġ* Montenegro; ~ *qol* Wache, Posten

قرەمان *qaraman* Karaman(ien): osm. Provinz in Südanatolien

قريب [3] *qarīb* A [3] nahe, n· an [3], kurz bevor [3]

قرين *qarīn* A (eng)verbunden, nahe verwandt; *muḥabbet-*~ voll Freundschaft, f·lich, liebevoll

قز *qız* Mädchen, Jungfrau, Jungfer, Tochter

قزمق *qızmaq* heiß w., zornig (= wütend) w., in Zorn (= Wut, Ärger) geraten, s. ärgern

قسطنطنيه *qosṭanṭinīye* G-A Konstantinopel

قسقانمق [4] *qısqanmaq* auf [4] eifersüchtig (= neidisch) sein (= w.)

قسم *qısım* (E) A Teil, Abt·ung, Art, Geschlecht, Klasse, Spezies

قسمت *qısmet* A f Schicksal, Los; [2] ~*ine düšmek* [3] zufallen

قشلمق *qıšlamaq* überwintern

قصاص *qıṣāṣ* A Blutrache; ~ *ētmek* B· nehmen

قصبه *qaṣaba* A f Städtchen

قصد *qaṣd* A Streben, Absicht, Vorsatz,

Zweck; [4] ~ *ētmek* es auf [4] absehen; *gitmek* ~*ında olmaq* fortzugehen beabsichtigen, fortgehen wollen

قصر *qaṣır* (E) A Palast

قصور *quṣūr* A Mangel, Fehler, Abgang; *bī-*~ vollkommen; ~*um qalmadı* ich habe es an nichts ermangeln lassen

قصّه *qıṣṣa* A f Begebenheit, Sache

قصير *qaṣīr* A kurz

قضاء *qażā'* A Schicksal, Verhängnis, Unheil, Unglück; Gerichtsbarkeit, Gerichtsbezirk; → جريان

قضاءً *qażā'en* A zufällig, versehentlich

قضاة *qużāt* A (Pl. v. قاضى) die Richter; *aqżā* ~*i 'l-müslimīn* Gerechtester der R· der Muslims

قضيه *qażīye* A f Ereignis, Fall, Vorf·, Umstand, Situation

قطع *qaṭ'* A Abschneiden; ~ *ētmek* (ab)-schneiden, abbrechen, (Weg:) zurücklegen; [6] ~*-ı naẓar* abgesehen von [3]

قطعاً *qaṭ'an* A durchaus, unbedingt; (mit Negation:) d· nicht, keinesfalls

قطعه *qıṭ'a* A f Stück, Kontinent

قطمير *qıṭmīr* A → نقير

قطيع *qaṭī'* A entschieden, bestimmt, fest, endgültig

قطعيت *qaṭ'īyet* A f Bestimmtheit, Entschiedenheit

قفتانجى *qaftanǧı* Kammerdiener; ~ *qız* K·in, Kammerjungfer

قفس *qafes* A Käfig, Vogelbauer, Gitterverschlag

قلابق *qalabaq* Filzmütze, Hut

قلاغوزلق *qılaġuzluq, qılavuzluq* Führung; ~ *ētmek* als Wegweiser dienen, den Weg zeigen

قلاق *qulaq* Ohr; ~ *(v)urmaq* lauschen

قلاى *qalay* Zinn

قلب *qalb* A Herz, Gemüt

قلبيّه *qalbīye* A f zum Herzen gehörig, innerlich, des Herzens

قلتق *qaltaq* schlechtes Weib(sstück)

قلع *qal'* A Ausrottung; ~ *ētmek* entwurzeln, ausreißen, ausrotten, vertilgen

قلعه *qal'e* A f Feste, Festung, Burg

قلفه *qalfa* (aus *ḫalīfe* A) Obergesell, Gehilfe (eines Meisters)

قلم *qalem* G-A Rohr, Schreibr·, R·feder, Feder, F·strich, Linie, Stift

قلمق *qalmaq* = قالمق

قلمق *qılmaq* = قيلمق

قلندر *qalender* P Bettelmönch, Derwisch

قلنمق *qılınmaq* gemacht w.; (Passiv v. قيلمق)

قلور *qılur, qılır*: Ao. v. قلمق *qılmaq*

قليج *qılıǧ* Schwert, Säbel; ~ *balıġı* Sch·-fisch; ~*a gelir* waffenfähig; ~*dan gečirmek* über die Klinge springen lassen

قليل *qalīl* (f: ~*e*) A klein, gering, g·fügig

قنات *qanat* Flügel, Türf·; ~*lı* geflügelt

قناد *qanad* = قنات

قناريه *qanarya* F Kanarienvogel

قناعت *qanā'at* A f Zufriedenheit, Genügsamkeit; [3] ~ *ētmek* s. mit [3] begnügen (= bescheiden), mit [3] zufrieden sein; [3] [6] ~ *gelmiyor* [1] ist mit [3] (noch) nicht zufrieden; *kemāl-i* ~*-la* mit völliger Z·, herzlich gerne, bereitwilligst

قنامق *qanamaq* bluten; *burunları qanamadı* sie haben keinen Kratzer abbekommen

قنده *qanda* wo? wohin?

قنغى *qanġı* welcher?; قنغمز *qanġımız* welcher (= wer) von uns?

قنى *qani* wo ist (= steckt) denn (nur)?

قوا *quvā* A f (Pl. v. قوّت) die Kräfte

قواق *qavaq* Pappel

قوپار *qopar*: Ao. v. قوپمق

قوپارمق *qoparmaq* ausreißen, für s. herausschlagen, ergattern, (Geschrei) anheben, anstimmen

قوپمق *qopmaq* losbrechen, ausb·, hereinb·

قوپیه *qopye, qopya* I Kopie

قوّت *quvvet* A f Stärke, Kraft; ~*li* stark

قوجاق *quǧaq* Umarmung, Busen, Brust; ~ *ačmaq* die Arme öffnen (= ausbreiten)

قوجاقلامق *quǧaqlamaq* umarmen, ans Herz ziehen

قوجه *qoǧa* alt, (sehr) groß, a·er Mann, Recke, Ehem·, Gatte; ~*ǧıq* lieber (Ehe-)Mann

قوچمق *qučmaq* umarmen

قوچوقوچو *qaču-qaču* (Kindersprache:) der Wau-Wau (= Hund)

قودورمق *qudurmaq* toll(wütig) sein (= w.)

قودوز *quduz* toll(wütig)

قور *qor*: Ao. v. قومق

قورار *qurar*: Ao. v. قورمق

قورتارمق *qurtarmaq* befreien, retten

قورتلمق ، قورتولمق [6] *qurtulmaq* von (= vor [3]) gerettet w., vor [3] s. retten, von [3] freikommen (= loskommen), [4] loswerden, [3] entwischen, [3] entkommen

قوردرمق *qurdurmaq* aufstellen (= errichten) lassen

قورشون *quršun* Blei, B·kugel, Büchsen- (= Flinten-, Pistolen-)Kugel

قورصان *qorṣan* Korsar, Pirat

قورق *qoruq* unreife (= saure) Weinbeere

قورقار *qorqar*: Ao. v. قورقق

قورقاق *qorqaq* furchtsam, feig

قورقتمق [4] *qorqutmaq* [4] einschüchtern, [3] drohen, [4] schrecken

قورقق [6] *qorqmaq* s. vor [3] fürchten, [4] f·; *gitmekden* (= *gitmeğe*) *qorqar* er fürchtet s. zu gehen

قورقو *qorqu* Furcht, Angst, Gefahr

قورقوتمق *qorqutmaq* = قورقتمق

قورقودر *qorqudur*: Ao. v. قورقوتمق

قورمق *qurmaq* aufstellen, errichten, (Brücke) schlagen

قورو *quru* trocken, nutzlos; ~*ǧa* etwas mager

قوری *qurı, quru* = قورو

قوریلمق *qurılmaq, qurulmaq* aufgestellt (errichtet) w., instand gesetzt (= veranstaltet) w.

قوریمق *qurımaq, qurumaq* trocken w., trocknen

قوس اووه *qos-ova* S Kosovo(polje), Amselfeld (in Serbien)

قوش *quš* Vogel; ~ *ṭutmaq* Vögel fangen; ~*a gitmek* auf Vogelfang (= Vogeljagd) ausgehen (= ausziehen)

قوشانمق *qušanmaq* s. gürten; → كينمك

قوشمق *qošmaq* laufen, rennen; *qošaraq gelmek* gerannt kommen

قوشو *qošu* das Rennen, Lauf; *bir* ~ in einem L·, ohne anzuhalten, eiligst

قوقوتمق *qoqutmaq* verräuchern, verstänkern

قوكشو *qoñšu* = قومشو

قوكور *qoñur* grau, schwarzg·, g·haarig

قول *qol* Arm, Abschnitt, Abteilung, (Heeres-)Flügel; *qara* ~ → قره

قول *qul* Knecht, Diener, Sklave, Janitschare; ~ *ağası* J·nführer (Offizier)

قول *qavıl* (E) A Wort, Rede, Ausspruch

قولاق *qulaq* = قلاق

قولای *qolay* leicht, nicht schwierig

قولایلاشمق *qolaylašmaq* leicht sein (= w.)

قولتوق *qoltuq* Achsel; ~ *qahvesi* Kaffeekneipe

قوللانمق *qullanmaq* gebrauchen, verwenden, genießen

قولمبرینه *qolumbrine* I Feldschlange

قولوبه *qulübe* G Hütte

قولومب *Qolomb* F Kolumbus

قولونى *qoloni* F Kolonie

قوم *qum* Sand; ~*qapu* Sandtor, Strandtor (: Bezirk im alten Stambul, am Mamarastrand)

قوم *qavim* (E) A Volk

قومار (statt قمار) *qumār* A Glücksspiel; ~-*bāz* AP G·er, Hasardspieler

قوماندا *qumanda* I Kommando, Befehl

قومسال *qumsal* (sandiges) Ufer, Strand

قومشو *qomšu* Nachbar, N·in

قومق *qomaq* = قويمق; *diri* ~ lebend (= am Leben) lassen; *bašını* ~ seinen Kopf (= sein Leben) einsetzen

قوملق *qumluq* = قومسال

قونار *qonar:* Ao. v. قونمق

قونداق *qundaq* die Windeln

قوندوره *qundura* G Schuh, Sch·e

قونلمق *qonulmaq* (auf)gestellt w.

قونمق [3] *qonmaq* s. auf (= in) [4] setzen, s. auf (= in [3]) niederlassen, in [3] absteigen, in [4] gelegt w., in [3] deponiert w.

قونوشمق *qonušmaq* (miteinander) sprechen; [2] *diliyle* ~ (in) [2] Sprache sprechen

قونوق *qonuq* Gast; ~ *olmaq* G· sein, g·-freundlich aufgenommen (= bewirtet) werden

قوومق *qovmaq* (ver)jagen, vertreiben, verfolgen

قوّة *quvvet* (→ قوّت) A f Kraft; ~-*i müteḥarrike* bewegende K·, Bewegungsvermögen

قوى *qavī* A stark, kräftig, fest, beständig

قويمق [4] *qoymaq* [4] (ab)setzen, [4] (auf-, hin-, nieder-)stellen, [4] (zurück-, weg-, zu-) lassen, [4] sein lassen, [4] (hinter-)legen, [4] aufbewahren, von [3] ablassen, mit [3] aufhören; [3] ~ in [3] unterbringen; [4] *qoyduñsa bul* wenn du [4] aufbewahrt hast, so finde (es auch wieder)!, [1] ist nicht mehr zu finden

قوين *qoyun* (E) Busen, Brust, Brustbausch, Umarmung; [2] ~*una girmek* s. von [3] umarmen lassen

قويو *qoyu* grob; ~ ~ kotzengrob

قهر *qahr* A Gewalt, Zwang, Niederzwingung, Zorn; ~-*ı ḫaṣım* N· des Gegners; ~ *ile* durch G·, zwangsweise, durch harte Notwendigkeit

قهرمان *qahramān* P Held, Kriegsh·

قهوه *qahve* A f Kaffee, K·haus; ~-*bahā* AP K·preis, Kosten für den K·; ~-*ḫāne* AP K·haus; ~-*fürūšluq* K·ausschank

قيا *qaya* Fels, Stein, Klippe

قياس *qıyās* A Vergleich; ~ *ētmek* meinen, glauben; [4] [1] ~ *ētmek* = [4] [1] ~*ında olmaq* [4] für [4] halten; *bī*-~ PA ohne Maß, m·los, überreich, unendlich reich, sondergleichen

قيافت *qıyāfet* A f Aussehen, Tracht, Kleidung, Verk·

قيامت *qıyāmet* A f Auferstehung, Jüngster Tag, J·s Gericht, (Menschen-)Gewimmel; ~ *mı qopar* bricht das J· G· an?; stürzt (deswegen) die Welt ein?, Na und (wenn schon)?, Was ist schon dabei?

قيد *qayd* A Fessel, Sorge, Bemühung, Bestrebung; ~ *ētmek* binden, fesseln; ~ *u bend ētmek* b· u. in Ketten legen; [2] ~*ına düšmek* s. [4] angelegen sein lassen, s. auf [4] verlegen; *dünyā* ~*ı* Fessel des Erdenlebens; [2] ~*ın(ı) görmek* [4] erledigen (= töten)

قيدرمق *qıydırmaq* → نكاح

قير *qır* das Freie, f·s Feld

قيرپمق *qırpmaq* kleinschneiden, in kleine Stücke schneiden, zerschnitzeln

قيرديرمق *qırdırmaq* töten (= umbringen, zusammenhauen, hinmetzeln) lassen

قيرمق *qırmaq* = قرمق

قيز *qız* = قز

قيزيلمق *qızılmaq* gezürnt w.; *qızılır* man ärgert s.

قيش *qıš* Winter

قيص *qıṣ* hussa!, Faß!

قيص *qıṣ* → قيوراق

قيصه‌جه *qıṣağa* kurz, in k·en Worten (= Zügen)

قيلار *qılar*: Ao. v. قيلمق

قيلمق *qılmaq* tun, machen, (anstatt ايتمك *ētmek zur* Bildung phraseologischer Verben verwendbar, § 179); *namāz* ~ beten, das Gebet verrichten; [4] *dilenği* ~ [4] zum Bettler m·

قيلور *qılur*: alter Ao. v. قيلمق

قيليق *qılıq* Gestalt; [2] *~ına qoymaq* in [4] verwandeln

قيمت *qıymet* A f Wert

قيمق *qoymaq* = قويمق

قين *qın* Scheide (des Schwertes, Messers)

قينا *qına* Henna(farbe); *~lı* mit H· gefärbt

قيوراق *qıvraq* verkrüppelt; *qıṣ* ~ *ētmek* völlig lähmen

قيون *qoyun* (E) = قوين

قيوويرمك *qoyu-vērmek* freilassen

قيي *qıyı* Ufer, Küste, Strand

ك

كاتب *kātib* A Schreiber, Kanzlist

كار *kār* P Arbeit, Geschäft, Zweck; ~ *ētmek* a·en, (ein)wirken; [2] *ğānına* ~ *ētmek* [3] in der Seele zuwider werden, s. [3] aufs Gemüt schlagen; [2] *~ını tamām ētmek* [4] erledigen, [4] vom Leben zum Tode befördern

كاردان *kār-dān* P sachverständig, erfahren

كاركير *kār-gīr* P aus Stein erbaut, st·ern, massiv

كاسه *kāse* P Becher

كاغد *kāğıd* A-P Papier, Brief, Urkunde; *~-ḫāne* Papiermühle (beliebter Ausflugsort am Goldenen Horn)

كافر *kāfir* (f: *~e*) A Gottesleugner, Ungläubiger, Giaur, Christ

كافه *kāffe* A f Gesamtheit

كاكل *kākül* P Haarlocke

كامران *kām-rān* P glücklich

كامكار *kām-kār* P mit erfüllten Wünschen, glücklich

كامل *kāmil* A vollkommen, durchaus, ganz u. gar, immerzu; ~ *üč gün* volle drei Tage

كأن *ke-'en* A als ob, wie wenn; ~ *lem yekün* A als ob es nicht (gewesen) wäre; spurlos vorübergegangen

كانون اوّل *kānūn-ı evvel* AP Dezember

كاه *gāh* P zuweilen; ~ *olur ki* z· kommt es vor, daß; ~ ~ des öfteren, immer wieder; ~ .. ~ (§ 504,10) bald .. b·

كاهى *gāhī* P einmal, gelegentlich

كباب *kebāb* A Braten; ~ *olmaq* geröstet w., verbrennen, s. verzehren (vor Leid)

كبار *kibār* A f (Pl. v. كبير) die Großen, vornehme Leute

كبر *kibir* (E) A Stolz, Hochmut, Dünkel

كبرتمك *gebertmek* krepieren machen, zu Tode prügeln

كبه *gebe* schwanger; ~ *qalmaq* sch· w.

كبى [1] *gibi* wie [1], gleich [3]; *dīvāne* ~ wie ein Narr (= Verrückter)

كبير *kebīr* A groß

كتاب *kitāb* A Buch; *~u 'llāh(i)* Allahs B·, Koran; ~ *oqumaq* Bücher lesen

كتابت *kitābet* A f Schrift, Schreibart

كتب *kütüb* (E) A (Pl. v. كتاب) Bücher; *~-ḫāne* AP B·ei, Bibliothek

كتخدا *ket-ḫüdā* P Präfekt; ~ *qadın* Hausmeisterin, oberste Dienstmagd, Beschließerin

كتدكجه *gitdikğe* allmählich, immer mehr; nach u. nach; ~ *yaqlašmaq* immer näher kommen

كترم *kötürüm* bresthaft, Krüppel

كتمك *gitmek* gehen, fortg·, hing·; verschwinden, fahren; es dabei bewenden lassen; *gitdi* er (= sie, es) ist weg; *avunur gider* es läßt s. eben (endgültig) beschwichtigen; *perīšān olur gider* er wird ganz und gar zerrüttet; *bilmeze (v)urub giderlerdi* sie stellten s., als wüßten sie es nicht, und ließen es dabei bewenden

كتورتمك *getürtmek, getirtmek* bringen (= holen) lassen

كتورمك *getürmek, getirmek* (her)bringen, holen, hinschaffen, herbeisch·, tragen, herumt·, bei s. führen; = كوتورمك *götürmek*

كتيرمك *getirmek* = كتورمك

كثرت *kis̱ret* A f Menge, Übermaß, Überfluß

كثير *kes̱īr* (f: ~*e*) A viel, häufig; ~*ü 'l-vüğūd* h· vorkommend, reichlich anzutreffen; *zemān-ı* ~ lange (Zeit)

كجيكمك *geğikmek* s. verspäten, zu spät kommen, längst fällig sein; *uyanmaqda* ~ s. Zeit lassen aufzuwachen

كچ *geč* spät; ~ *qalmaq* spät daransein, zu sp· kommen

كچر *gečer*: Ao. v. كچمك

كچرمك *gečirmek* = كچورمك

كچمش *gečmiš* vorüber(gegangen), vorbei, vergangen, überstanden

كچمك *gečmek* vorbeigehen, vergehen, verfließen, verstreichen, hinübergehen, hinüberschwimmen; ⁴ ⁽⁶⁾ ~ (Fluß) übersetzen; an ³ vorbeiziehen; ⁶ ~ ⁴ durchqueren, durch ⁴ kommen, ⁴ aufgeben; ³ ~ zu ³ gelangen

كچن *gečen* vergangen; ~ *gün(ler)* unlängst, neulich

كچنمك *gečinmek* = كچينمك

كچورمك *gečürmek, gečirmek* vorübergehen lassen, verbringen, zub·, überziehen; ³ ~ zu ³ hinüberbringen, in ⁴ hineinbringen, auf ⁴ bringen (= setzen); *ayaqlara* ~ über die Füße ziehen

كچيد *gečid* Furt

كچيرمك *gečirmek* = كچورمك

كچينمك *gečinmek* sein Auskommen haben; ¹ ~ für ⁴ gelten; ¹ *ile* ~ von ³ leben

كچينور *gečinür, -ir*: Ao. v. كچينمك

كدك *gedik* Lizenz, Patent; ~ *senedi* Gewerbeschein

كدى *kedi* Katze, Kater

كذار *güẕār* P darbringend; *muṣādaqat*-~ AP Treue darlegend, freundschaftlich; → كشت

كذب *kiẕb* A Lüge, Falsch

كذر *güẕer* P Durchgehen; → كشت

كذران *güẕerān* P Vergehen; ~ *ētmek* verstreichen, dahingehen

كر *ger* P (= اكر) wenn

كرآء *kirā'* A Vermietung, Miete; ~*ya vērmek* vermieten

كرّاكه *kerrāke* mantelartiges Überkleid

كرامت *kerāmet* A f Ehrwürdigkeit; ~*-efzāy* AP hochehrwürdig

كراهت *kerāhet* A f Abscheu, Widerwille, Entsetzen

كربت *kürbet* A f Traurigkeit; *dār-ı* ~ Stätte der T·, Elend

كرج *kireğ* Kalk; ~ *qapusu* Kalktor (e. Stadttor v. Galata, am Bosporus)

كرچك *gerček* wahr

كرچه *ger-či* P = ~ *kim* obgleich, wiewohl, wenn auch; zwar

كرد *gird* P Staub, Schmutz; ~*-i ġamm* St· des Kummers, Kummer

كردار *kerdār* P tuend, wirkend

كردن ، كردان *gerdān, gerden* P Hals

كردون *gerdūn* P Himmelsgewölbe, Firmament; ~*-niṭāq* das F· umgürtend, himmelragend

كرسى *kürsī* A Sitz, Throns·, Kanzel

كرفتار *giriftār* ergriffen; [3] ~ *olmaq* von [3] e· (= gefangen genommen) w.

كرك *gerek* notwendig, erforderlich; *gitmek* ~ man muß gehen; *gitsem* ~ (*-dir*) ich will (= muß, soll) gehen; ~*-dir ki* es ist n·, daß; [1] *neñe* ~*-dir* wozu brauchst du [4]?; *ḍoġru olmaq* ~(*-dir*) es muß (wohl) richtig sein; ~ .. (*ve*) ~ sowohl .. als auch, ob .. ob, sei es .. oder (§ 504, 10); *gereği gibi* nach Gebühr

كرلمك *gerilmek* gestreckt (= gespannt) werden, s. spannen, s. strecken

كرم *kerem* A Großmut, Freigebigkeit, Gnade, Gefälligkeit, Güte; ~ *ētmek* die Gunst (= Gnade) erweisen, die Güte haben

كرم *germ* P warm, erhitzt, hitzig; ~ *olmaq* s. erhitzen

كرماكرم *germ-ā-germ* P sehr warm, erhitzt

كرمك *girmek* = كيرمك

كرّه *kerre* A f Mal; *bir* ~ einmal

كرى *geri* zurück

كريبان *girībān* P Kragen

كريزان *gürīzān* laufend; ~ *olmaq* fliehen, davonlaufen

كريشمك [3] *girišmek* über [4] herfallen, auf [4] einschlagen

كريم *kerīm* (f: ~*e*) A edel, hochzuverehrend; ~*e* (das Fräulein) Tochter

كريه *girye* P Weinen, Wehklagen; ~ *ētmek* weinen

كريه *kerīh* (f: ~*e*) A abscheulich, widerlich; ~*ü 'l-manẓaralıq* häßliches Aussehen

كز *gez* P Mal; *bu* ~ jetzt, da

كزدرمك [3] [4] *gezdirmek* [4] in [3] herumführen, [4] [4] sehen lassen, [3] [4] zeigen

كزر *gezer*: Ao. v. كزمك

كزلمك *gizlemek* verborgen halten

كزمك *gezmek* herumgehen (= -fahren, -laufen, -streifen), herumgehend besichtigen, spazieren gehen

كزند *güzend* P (tödlicher) Hieb, (Todes-) Wunde

كزينمك *gezinmek* herumstreifen, s. herumtreiben

كسب *kesb* A Erwerb, E·en; ~ *ētmek* gewinnen, erlangen

كستاخانه *küstāḫāne* P frech, dreist

كستانه ، كسدانه *kestane, kesdane* G Kastanie, Marone; *kebāb* ~ geröstete K·, gebratene M·

كسر *kesir* (E) A Bruch; ~ *ētmek* brechen, zerb·, zerschlagen

كسر *keser*: Ao. v. كسمك

كسكين *keskin* scharf, spitz

كسلمك *kesilmek* (ab-)geschnitten werden, wund werden

كسمك *kesmek* schneiden, absch·, durchsch·, zersch·, spalten, unterbrechen; [2] *sözünü* ~ [3] die Rede absch·, [3] ins Wort fallen

كسيلمك *kesilmek* = كسلمك

كشا *küšā, güšā* P erobernd; *memālik-*~ ländererobernd

كشاد *küšād* P Eröffnung; ~ *ētmek* (Sitzung) abhalten

كشاكش *kešākeš* P Streit, Zank

كشت *gešt* P Herumgehen, Herumziehen, Spaziergang, Spazierritt; ~ *ü güẕār* Herumschweifen, Lustwandeln; ~ *ü güẕer ētmek* herumziehen, hindurchreiten

كشف *kešif* (E) A Aufdecken; ~ *ētmek* entdecken

کشور *kišver* P Zone, Weltteil, Land; ~-*sitān* Länder erobernd

کشی *kiši* Person, Mensch, Mann; man

کعبه *ka'be* A f Kaaba (in Mekka)

کفّ *keff* A Enthaltung; [3] ~-*i naẓar ētmek* v. [3] den Blick abwenden

کفّار *küffār* A (Pl. v. كافر) Ungläubige, Giauren

گفتار *güftār* P Wort, Rede; ~*a gelmek* zu sprechen anheben

گفتگو *güft(ü)gū* P Reden, Gerede

کفره *kefere* A (Pl. v. كافر) Ungläubige, Giauren; (auch Sg.)

کل *gel* komm! wohlan!

کل *gil*: Imperativsuffix (§ 249 A); *söyleme*~ sage nicht!

گل *gül* P Rose

کلام *kelām* A Rede, Wort

کلب *kelb* A Hund

کلبیّون *kelbīyūn* A Pl. die Zyniker, Parias

گلشن *gülšen* P Rosenflur

گلگلی *gülgülī* P rosa, rosenfarben

گلگون *gülgūn* P rosenfarben

کلمات *kelimāt* A f (Pl. v. کلمه) Worte, Reden

کلمك *gelmek* kommen, zurückkehren, groß (= lang, breit, schwer) sein; messen; *üč oqqa* ~ drei Pfund wiegen (= schwer sein); [3] *büyük* ~ [3] zu groß sein; *vēre-gelmišdir* er hat seit jeher gegeben

کلمك *gülmek* = كولمك

کلمه *kelime* A f Wort, Vokabel

کلنجه [3] *gelinğe* was [4] betrifft, hinsichtlich [2]; bis zu [3]

گلو *gelū* P Kehle; ~-*fišār* die K· zusammenpressend, würgend

کلور *gelür, gelir*: Ao. v. کلمك *gelmek*

کله پوش *kelle-pūš* P (runde) Kappe

کلهلم [3] *gelelim* kommen wir zu [3]! und nun zu [3]!

کلّی *küllī* A ganz, gänzlich, völlig, sämtlich; ~ *'ösret* größte Schwierigkeit(en)

کلیر *gelir*: Ao. v. کلمك *gelmek*

کلیسا *kilisa, kilise* G Kirche

کلین *gelin* Braut, bräutliches Mädchen, Jungfrau, junge Frau

کم *kem* P gering, klein

کم *kim* wer?; jemand; welche(r, s); da, weil, nachdem; daß, damit; ~*ler* wer alles?; ~ *o* wer ist da?; ~*i* einige (= einer) davon (= von ihnen); [2] ~*i*(*si*) .. ~*i*(*si*) die einen [1] .. die anderen; ~*i* .. ~*i* die einen .. die anderen (§ 396)

کما ینبغی *ke-mā yenbağī* A wie sichs gebührt, nach Gebühr

کمال *kemāl* A Vollkommenheit, Vollständigkeit, Vortrefflichkeit; ~-*i ṣıḥḥat* volle Gesundheit, völlige Unversehrtheit; ~-*i 'ağiz* völlige Ohnmacht; ~-*i merḥamet* hohe (= tiefe) Güte

کمانچه *kemānče* P Fiedel

کمتر *kemter* P gering(er), niedriger; *Neylī-i* ~ (ich,) der geringe N·

کمر *kemer* P Gewölbe

کمسنه *kimsene, kimesne* Person, jemand, einer; [1] *nām* ~ ein gewisser [1]

کمسه *kimse* Person, jemand, einer, (mit Negation:) niemand

کمك *kemik* Knochen, Bein

کمند *kemend* P Strick, St·leiter, Schlinge

کمور *kömür* Kohle

کمی *gemi* Schiff

کمی *kimi* → کم *kim*

کیمك *kemik* = کمك

کنار *kenār* P Rand, Ufer, Küste, Saum; [2] ~*ında* neben [3]; *bir* ~*da olmaq* s. abseits halten

گناه *günāh* P Sünde

کنایه *kināye* A f Umschreibung; [6] ~ (etwa) soviel wie [1]

کنج genğ jung, j·er Mensch (= Mann);
~lik Jugend

کنج künğ P Winkel; ~-i ġamm Sorgenwinkel

گنجایش günğāyiš P (benötigter) Raum;
~ bulmaq Platz finden, (hinein)passen

گنجیده günğide P passend; ³ ~ olmaq in ⁴ hineinpassen

کندز gündüz = کوندز

کندك kendüñ, kendiñ du selbst; → کندو

گنده gende P stinkend, faul; ~-ġān mit stinkendem Odem, luftverstänkernd

کندو kendü, kendi das Selbst; eigen; er, sie, es (selbst); ~si er, sie, es (selbst); ~yi ihn, sie; ~yi bilmez unbesonnener (= verantwortungsloser) Mensch; ~ ~me für mich selbst, zu mir selbst; ~ ~m ile mit (= bei) mir selbst

کندوز kendöz selbst; ~ün ihn selbst, s. (selbst)

کندی kendi = کندو; ~ne für s. (selbst)

کنش güneš = کونش

کنف kenef A Seite, Richtung, Gegend

کنه gene wieder, gleichfalls, dennoch, trotzdem, eben

کنیسه kenīse G-A Kirche

کوپری köpri, köprü G Brücke, Steg

کوبك göbek Nabel, Bauch

کوپك köpek Hund

کوتور kütür: → پاتر

کوتورمك götürmek forttragen, hinaust·, wegbringen, fortschaffen, hinbringen

کوچ güğ = کوچ güč

کوجلك güğlük Schwierigkeit, Mühe; ~ čekmek M· (= Sch·) haben

کوجیله güğiyle mit Mühe, mühselig

کوچ güč Schwere, Schwierigkeit, Beschwerde, Mühsal, Kraft(anstrengung); ³ ~üm yeter meine K· reicht für ⁴, ich kann ⁴ leisten, mein Vermögen beträgt ⁴

کوچ göč Umzug, Wanderung, Reise; ~ üzerinde auf der R·, unterwegs

کوچك küčük klein, jung, jünger

کوچلمك küčülmek kleiner werden

کوچلی güčlü (sehr) stark, (sehr) heftig

کوچمك göčmek abziehen

کوچوك küčük = کوچك

کور kör P blind; ~ yılan Erdschlange (Typhlops); ~lük Blindheit

کورر görür: Ao. v. کورمك

کورفز körfez die Insel Korfu; ~ deñizi das Adriatische Meer

کورك kürek Schulterblatt

کورلدی gürüldü Lärm, Krachen, Gepolter

کورلك körlük → کور

کورلمك görülmek = کورولمك

کورمك görmek sehen, erblicken, gewahr w·, wahrnehmen, erfahren, erleben, versehen, verrichten, besorgen, behandeln, leisten, vorkehren; ⁴ ¹ ~ ⁴ als ⁴ ansehen; (mit Verben im Gerundium auf i: Intensivform:) nazar eyleyi-gör! blicke doch hin!; tedārük ~ Vorsorge treffen; ne görsem (= görsek) was soll ich (= sollen wir) sehen? was sehe(n) ich (wir) da? Siehe da!

کورنمك görünmek s. sehen lassen, s. zeigen, auftauchen, (er)scheinen

کورولمك görülmek gesehen w·, zu sehen sein, sichtbar sein, s. zeigen; ¹~ (als) ¹ erscheinen; görülüyor ki man sieht, daß

کورونمك görünmek = کورنمك

کوره ³ göre ³ gemäß, ³ zufolge, nach ³, ³ entsprechend; ³ ~ olmaq ³ entsprechen (d sein), von ³ abhängen; baña ~ meiner Ansicht nach; buña (= oña) ~ in dieser Art, derlei, dementsprechend, demgemäß; → کوز

کوریلمك görülmek = کورولمك

کورینمك görünmek = کورنمك

كوز *göz* Auge, Blick; ~ *göre* vor aller A·n, ganz öffentlich; ~*ü aćıq* unbefriedigt

كوزتمك [4] *gözetmek* nach [3] ausspähen

كوزدر *gözedir*: Ao. v. كوزتمك

كوزل *güzel* schön, hübsch, anmutig, reizend; ~*lik* Sch·heit

كوس *kūs* P Trommel, Pauke

كوسترمك *göstermek* zeigen, vorz·, bez·, an den Tag legen, erweisen, vorw·

كوستريلمك *gösterilmek* gezeigt w.

گوش *gūš* P Ohr; ~ *ētmek* hören

كوشش *kūšiš* P Streben; ~ *ētmek* s. anstrengen, (hin)arbeiten

كوشك *köšk* P Lusthaus, Häuschen, Kiosk

گوشمال *gūš-māl* P Züchtigung; [3] ~ *ētmek* [3] e.e Z· erteilen

كوشه *gūše, köše* P Ecke, Winkel, Gegend; ~ *baš̆ı* (Straßen-)E·; ~-*nišīn* im W· sitzend, Müßiggänger

كوفته خور *köfte-ḫor* P Aufschneider, Prahlhans

كوفه *küfe* (großer) Henkelkorb, Butte

كوك *gök* Himmel, blau

كوكرجن *güğerğin, güverğin* Taube

كوكس *göğüs* (E) Brust, Busen

كوكل *göñül* (E) Herz, Gemüt; [3] ~ *bağlamaq* sein H· an [4] binden (= verlieren); [2] ~*ünü ele almaq* [3] Freundlichkeit(en) erweisen

كول *göl* See

كولدر *küldür* → پالدر

كولشمك *gülüšmek* miteinander lachen

كولك *külek* Mastkorb

كولكه *gölge* Schatten

كولمك [(3)] *gülmek* lachen, (über [4]) l·, [4] ausl·, lächeln

كومش *gümüš* Silber; ~ *rengli* s·farben

كون *gün* Tag; (~*lerde*) *bir* ~ eines T·es, einst, einmal; *bir* ~ *evvel* je eher desto lieber, unverzüglich; ~ *ḍoğdu* der T· ist angebrochen, die Sonne ist aufgegangen; *gečen* ~ unlängst, neulich; ~ *be*-~ TP T· für T·, täglich mehr

گوناگون *gūnāgūn* P verschieden(artig), mannigfach, allerlei, allerhand

كوندرمك *göndermek* schicken, senden, übers·, hers·

كونדريلمك *gönderilmek* geschickt (= entsandt) w.

كوندوز ، كوندز *gündüz* Tag, T·eszeit, bei T·e, über T·, zur T·eszeit; *gēğe* ~ bei Nacht u. bei T·, T· u. Nacht; ~*leri* (jeweils) t·süber

كونش *güneš* Sonne

گونه *gūne* P Art, Weise; *bu* ~ derart, solch

كووكى *güveği* Bräutigam; ~ *girmek* als B· (ins Hochzeitsgemach) eintreten, Brautnacht feiern

كوى *köy* P-T Dorf

گويا *gūyā* P sagend; sozusagen, als ob, gleichsam; ~-*ı taḥsīn* Lob spendend

كويلى *köylü* Bauer

كه *ki* P welche(r, s), der (= die, das) was; daß, so daß, weil, da; doch, ja; nämlich, und zwar, (zur Einleitung direkter Rede, wie Doppelpunkt:) im folgenden Sinne, folgendermaßen; (zum Abschluß verwunderter Fragen:) denn?, nur?

كى *key* P Fürst, König; ~ *Ḫüsrev* K· Khosrou (sagenhafter Perserkönig)

كيتدكجه *gitdikğe* = كتدكجه

كيتمك *gitmek* = كتمك

كيجه *gēğe* Nacht, n·s, Abend, a·s; ~ *ile* bei N·; *bir* ~ eines N·s; ~*leri* in den Nächten, (jeweils) nachts

كيجهلين *gēğeleyin* nachts, nächtlicherweile

كيچه *kēče* Filzdecke

كيدر *gider*: Ao. v. كتمك

كيدرك *giderek* allmählich, nach u. n·, im Laufe der Zeit

كيدرمك *gidermek* fahren lassen, fortschaffen, entfernen, beseitigen

كيدرمك [3 4] *giydirmek* [4 4] anziehen (= anlegen) lassen, [3 4] zum Anziehen geben, [4] mit [3] bekleiden

كيده كيده *gide gide* immerzu gehend (= fahrend), allmählich, schließlich

كيدەرك *giderek* = كيدرك

كيدى *gidi* schlechter Kerl!; *hay* ~ *qaḥbe* ach du böse Dirne!

كيديرمك *giydirmek* = كيدرمك *giydirmek*

كيديش *gidiš* Gehen, Gang

كيديلمك *gidilmek* gegangen w.

كيرمك [3] *girmek* in [4] (hin)eingehen (= eintreten, eindringen, hineinkommen, einsteigen), [4] betreten; *ičeri* ~ hineingehen, eindringen; *ele* ~ in die Hand fallen; *bir yola* ~ einen Weg einschlagen; [1] *yašına* ~ [1] Jahre alt w.

كيرو *girü, gērü, geri* hinten, zurück, wieder; ~*ye* *ḍurmaq* z·treten, Platz machen; *elinden geleni* ~*ye qomamaq* das was man tun kann nicht zurückhalten; s. keinen Zwang auferlegen

كيريلمك *girilmek* hineingegangen werden; *meterislere girildi* es wurde in die Schanzgräben gerückt, man rückte in die Sch·

كيزلمك *gizlemek* verbergen, verstecken, verheimlichen

كيزلنمك *gizlenmek* s. verstecken, s. in Deckung halten

كيزلى *gizli* verborgen, versteckt, heimlich

كيسه *kīse, kēse* A-T Beutel, Geldb·; ~ *čıqarmaq* den B· ziehen

كيشى *kiši* = كشى

كيف *keyf* A Genuß, Rausch; *ehl-i* ~ die R·giftsüchtigen; ~*siz* unwohl, krank; ~*sizlik* U·sein, K·heit, Unpäßlichkeit

كيفيّت *keyfīyet* A f Umstand, Sachverhalt, Sache, Angelegenheit; ~*-i nā-mešrūʿa* gesetzwidriger U·

كيلومتره *kilometre* F (G) Kilometer; [1] ~*lik* [1] K· zählend

كيم *kim* = كم *kim*

كيمسنه *kimsene, kimesne* = كسنه

كيمسه *kimse* = كسه

كيمك *giymek* anziehen, anlegen; [4] *giymiš* [4] anhabend (= tragend)

كيمى *kimi* → كم *kim*

كينمك *giyinmek* s. anziehen, s. ankleiden; *giyinmiš qušanmıš* gekleidet u. gegürtet, in vollem Staat

كيير *giyer*: Ao. v. كيمك

كيينمك *giyinmek* = كينمك

ل

لاتين *latin* L Latein; ~ *lisānı* l·ische Sprache

لاجل *li-eğli* [1] A zum Zwecke [2]; ~ *'mti-ḥān(in)* A (§ 516 l) behufs Prüfung

لازم *lāzım* (f: ~*e*) A notwendig, nötig, erforderlich; ~*e* n·es Erfordernis; ~ *olmaq* (= *gelmek*) n· (= e·) sein (= werden), not tun, zuständig sein; ~*ü 'l-ifāde* Mitteilung erfordernd; ~*lı* unentbehrlich

لاف *lāf* P Wort, Rede; *quru* ~ leere W·e, eitles Gerede

لاقردى *laqırdı* Rede, Worte, Gespräch, Plaudern, Schwatzen; ~*ya ṭutmaq* in ein G· verwickeln, mit Sch· aufhalten

لاقيدى *lā-qaydī* AP Gleichgültigkeit; ~*-i ḥayāt* G· im Leben

لاقيردى *laqırdı* = لاقردى

لاكن *lākin* = لكن

لالا *lālā* P Erzieher, Wesir

لاله *lāle* P Tulpe; ~*-fām* t·nfarben, dunkelrot (= voll d·en Weines)

لاهوتى *lāhūtī* A göttlich

لايق [3] *lāyıq* A [2] würdig, [3] angemessen, [4] verdienend, [3] gebührend; [3] ~ *olmaq* [2] w· sein, [4] verdienen; ~*-ı salṭanat* der Herrschaft (= des Thrones) w·; ~*ıyle* in g·er Weise, nach Gebühr, ordentlich

لب *leb* P Rand, Ufer, Küste

لباس *libās* A Kleid, K·er, K·ung, Gewand

لجّه *lüǧǧe* A f (weites) Meer

لبوط *lobuṭ* Keule; ~ *(v)urmaq* einen Schlag mit der K· versetzen

لحظه *laḥẓa* A Augenblick, Moment, kurze Zeit(spanne)

لحم *laḥım* (E) A Fleisch

لذائذ *leẕā'iẕ* A f (Pl. v. لذيذه *leẕīẕe*) Vergnügungen, Genüsse

لرزه‌ناك *lerzenāk* P zitternd

لسان *lisān* A Zunge, Sprache; ~*ī* (f: ~*īye*) mündlich

لش *leš* Leichnam, Kadaver

لشكر *lešker* P Heer, Truppe(n); ~*-šikār* H·e erbeutend

لطف *luṭuf* (E) A Gunst, Güte, Gnade, Huld, Freundlichkeit; ~ *ētmek* gütig (= gnädig) sein, die Güte haben; ~*-vāye* h·reich

لطيف *laṭīf* fein, zierlich, anmutig, lieblich, hübsch, gütig, huldreich

لعب *laʿb* A Spiel; ~*-ı qumar* Hasardsp.

لعين *laʿīn* A Verfluchter, Schurke

لفظاً *lafẓen* A wörtlich, dem Wortlaut nach

لقلقيّات *laqlaqīyāt* A f Pl. Geplapper, Geschwätz; [2] ~*i* das G· von [3]

لقمه *loqma* A f Bissen

لكن *lākin* A aber, jedoch

لم *lem* A nicht; → كان

لمعان *lemaʿān* A strahlend, glänzend; *mihr-*~ wie die Sonne st·

لمعه *lemʿa* A f Glanz, Abg·

لنسه *Linse* die Stadt Linz (in Österreich)

لوازم *levāzım* A f (Pl. v. لازمه) Bedarf (an Kleidung, Nahrung, Geld)

لوح *levḥ* A Tafel, Schreibt·, T· des Schicksals

لوله *lūle, lüle* P (Tabaks-)Pfeife

لون *levin* (E) A Farbe

له *lehü* A ihm; ~ *'l-ḥamdü ve 'l-minne* Ihm (= dem Herrgott) sei Lob und Dank!

لياقت *liyāqat* A f Fähigkeit, Tüchtigkeit

ليل *leyl* A Nacht; ~ *ü nihār* (bei) Tag u. N.

ليمان *liman* G Hafen

م

ما *mā* A was

مآب *me'āb* A Mittelpunkt; *ǧenāb-ı salṭanat-*~*leri* Seine Majestät der Sultan

مابين *mā-beyn* A Zwischenraum; ~*de olmaq* vorhanden sein, vorliegen, bestehen; *bu* ~*de* inzwischen, indessen, schließlich; ~*lerinde* untereinander, unter s.

ماتم *mātem* A Trauer; ~ *ētmek* t·n, klagen

مآثر *meāẕır* A f (Pl. v. مأثره *me'ẕere*) Leistungen, Werke

ماجد *māǧid* A erlaucht

ماجرا *mā-ǧerā* A Vorfall, Abenteuer

مادامكه *mā-dām-ki* AP da (ja), weil (nun einmal), solange als, alldieweil

مادّه *mādde* A f Thema, Angelegenheit

مأذون *me'ẕūn* A Erlaubnis habend, ermächtigt; ~ *olmaq* E· bekommen

مأذوناً *me'ẕūnen* A beurlaubt

مار *mār* P Schlange

مارغوط *Marǧoṭ* Margot (E.N.)

ماشا اه (Abk.f. ما شاء الله) *mā-šā'a 'llāh* was Gott will! (Ausruf der Bewunderung)

ماعدا [6] *mā-ʿadā* A außer [3], abgesehen von [3]

مأكول *me'kūl* A Eßware, Nahrungsmittel, eßbar, zum Essen

مال *māl* A Habe, Gut, Eigentum, Besitz, Vermögen, Geld, Reichtum

مالك [3] *mālik* A [4] besitzend, [2] Besitzer, mit [3] begabt; [3] ~ *olmaq* [4] besitzen, von [3] Besitz ergreifen, [4] gewinnen, [4] in die Hand bekommen

مألوف [3] *me'lūf* (f: ~*e*) A [4] gewohnt, (mit) [3] vertraut, an [4] gewöhnt; *ʿādet-i* ~*e* v·e Gewohnheit

مأمور *me'mūr* A beauftragt; [3] ~ *olmaq* zu [3] berufen sein; ~*īn* A Pl. Beamte

مأمول *me'mūl* A erhofft, erwartet; ~ *ētmek* erhoffen, erwarten; ~ *olmaq* erhofft (= erwartet) w.; ~*um* meine Hoffnung, das was ich hoffe

مانع *māniʿ* A hindernd, hinderlich, verwehrend; ~ *olmaq* h· sein, s. widersetzen, dazwischen kommen

مانعه *māniʿa* A f Hindernis

مانند *mānend* P ähnlich, gleich; ~*-i beyża* wie ein Ei, eiförmig, oval

مأنوس *me'nūs* A befreundet

ماوقع *mā-vaqaʿa* A was eingetreten ist; ~ *ḥāl* e·e Lage, e·e Umstände

ماه *māh* P Mond, Monat

ماهيت *māhīyet* A f (eigentliches) Wesen, (wahrer) Charakter

مايحتاج *mā-yuḥtāğ* A was benötigt wird, Bedarf

مايل [3] *māyil* A s. zu [3] neigend, zu [3] geneigt; *ṭūla* ~ zur Länge n·, länglich

مأيوس *me'yūs* A verzweifelnd; [6] ~ *olmaq* an [3] verzweifeln

مبادرت *mübāderet* A f Unternehmen; [3] ~ *olundu* [1] ist vorgenommen worden

مبارك *mübārek* (f: ~*e*) gesegnet, glücklich; *o* ~ dieser (= der) gute (= brave, wackere) Mann (= Junge), der Sapperlot; *sene-i* ~*e* das gesegnete (= islamische) Jahr

مباشرت *mübāšeret* A f Unternehmen; [3] ~ *ētmek* [4] unternehmen, [4] anfangen, [4] in Angriff nehmen

مبالغه *mübālaġa* A f Übertreibung; sehr viel(e), in übertriebener Weise

مبتلا [3] *mübtelā* A zu [3] neigend, [3] ergeben, [3] verfallen, [1]-süchtig; [3] ~ *olmaq* [3] v· sein, in [4] verliebt sein, an [3] (innig) hängen

مبذول *mebẕūl* A reichlich

مبرور *mebrūr* (f: ~*e*) A den Vorschriften der Religion gemäß, Gott wohlgefällig; *ġazevāt-ı* ~*e* die G· w·en Feldzüge

مبنى *mebnī* A erbaut, errichtet; [3] ~ auf Grund [2]

متابعت *mutābaʿat* A f Folgen; [3] ~ *ētmek* [3] Folge leisten, [3] nachgeben

متأثر [6] *müte'es̱s̱ir* A von [3] beeindruckt (= beeinflußt)

متألم *müte'ellim* A betrübt

متانت *metānet* A f Stärke, Festigkeit

متحرك *müteḥarrik* (f: ~*e*) A (s.) bewegend, beweglich; ~ *olmaq* beweglich sein, s. bewegen

متحقق *müteḥaqqıq* A offenkundig

متحير *müteḥayyır* A erstaunt, verblüfft, betroffen, bestürzt, verlegen; ~ *olmaq* erstaunen; ~ *qalmaq* erstaunt (usw.) sein

متخلى [6] *müteḫallī* A von [3] befreit (= erlöst)

متداول *mütedāvil* (f: ~*e*) A im Umlauf befindlich, zirkulierend

متريس *meteris* P Schützengraben, Schanzg·

متسلى *mütesellī* A getröstet, beschwichtigt

متشرّعانه *müteşerri'āne* AP nach Art e.es Gesetzesgelehrten, wie e. G·

متّصل [(3)] *muttaṣıl* A (mit [3]) verbunden (= zusammenhängend); fortwährend, ununterbrochen, unaufhörlich

متصوّف *mutaṣavvıf* A Mystiker; ~*āne* AP in der Art eines M·s gehalten

متعال *müte'āl* A der Allerhöchste (Gott)

متعلق [3] *müte'allıq* A an [3] anhängend, an [3] befestigt, [4] erfassend, auf [4] bezüglich

متفرّج *müteferriğ* (Pl.: ~*īn*) A lustwandelnd, Spaziergänger

متّكا *mütteka'* A Stütze

متنصّح *mütenaṣṣıḥ* (f: ~*a*) A der (= die) s. raten läßt, gewitzigt

متواتر *mütevātir* A allbekannt, notorisch

متين *metīn* A fest, stark

مثبت *müṣbet* A erwiesen, feststehend

مثل *miṣil* (E) A das Ähnliche, Gleiche

مثلا ، مثلاً *meṣelen, meṣelā* A zum Beispiel

مثللو [1] *miṣillü, miṣilli* AT (so) wie [1]

مثمر *müṣmir* A fruchttragend, von Nutzen

مثوا *meṣvā* A Wohnung, Behausung

مجار *mağar* Uungarisch

مجاز *müğāz* A erlaubt, gestattet

مجازات *müğāzāt* A f Vergeltung, Strafe, Züchtigung

مجازى *meğāzī* A uneigentlich, bildlich, allegorisch; *'ışq-ı* ~ u·e (= irdische, sinnliche) Liebe

مجال [(3)] *meğāl* A Spielraum, Kraft, Möglichkeit (zu [3]); ~ *vērmemek* keine Ruhe geben, keinen Atem gönnen; *bī-*~ ohnmächtig, unbeweglich, wie gelähmt

مجاهدات *müğāhedāt* A f (Pl. v. مجاهده) Kämpfe, Anstrengungen

مجبور *meğbūr* A gezwungen, genötigt, (zum Kriegsdienst) gepreßt; [3] ~ *ētmek* zu [3] zwingen (= nötigen); [3] ~ *olmaq* zu [3] gezwungen sein (= w.), s. zu [3] genötigt sehen, [4] müssen; [3] ~ *ṭutulmaq* zu [3] verhalten w.

مجبوريّت *meğbūrīyet* A f Zwang, Gezwungensein, Notwendigkeit; *gitmek* ~*inde bulunmaq* zu gehen gezwungen sein, gehen müssen

مجزوم *meğzūm* A entschieden, festgestellt; [1] ~*um-dur* [1] ist mir bekannt, ich weiß [4]

مجلس *meğlis* A Sitz, Residenz, Versammlung, (Trink-)Gelage, Ausschuß, Gemeinde, Auftritt (im Drama); *'ışq* ~*i* Liebesgelage; ~*-i imtiḥān* Prüfung(s-versammlung); ~*-i pür-sāz* Konzert

مجمر *miğmer* A Räucherfaß

مجموعه *meğmū'a* A f Sammlung, Schrift, Sch·werk

محاصره *muḥāṣara* A f Belagerung; ~ *ētmek* einschließen, belagern

محافظ *muḥāfız* A Besatzungskommandant

محافظه *muḥāfaẓa* A f Schutz, Bewachung, Bewahrung, Verteidigung; ~ *ētmek* (be)schützen, (be)wahren, beibehalten; [1] ~*sında qalmaq* s. vor [3] sch· müssen, s. gegen [4] verteidigen müssen; ~*ğı* Beschützer, beschützend

محاكم *meḥākim* A f (Pl. v. محكمه) Gerichte, Gerichtshöfe

محال *muḥāl* A unmöglich

محاوره *muḥāvere* A f Gespräch; ~ *ētmek* miteinander reden, disputieren

محبّت *muḥabbet* A f Freundschaft, Liebe

محبس *maḥbes* A Kerker, Verlies

محبوب *maḥbūb* (f: ~*e*) A geliebt, liebenswert, sehr hübsch, reizend

محبوس *maḥbūs* A eingekerkert

محتاج [3] *muḥtāğ* [4] nötig habend, [2] bedürfend; [3] ~ *olmaq* [4] nötig haben, [4] brauchen, [2] bedürfen, [2] entbehren (müssen); *qırılmağa* ~*ız* wir müssen erschlagen w.

محتمل *muḫtemel* A möglich, mutmaßlich, wahrscheinlich

محجوب *maḥǧūb* A beschämt; [2] *arasında* ~ *bıraqmaq* vor [3] blamieren

محراب *miḥrāb* A Gebetsnische (einer Moschee)

محرّر *muḥarrer* A geschrieben; *veğh-i* ~ *üzere* wie (oben) angeführt

محروس *maḥrūs* (f: ~*e*) A wohlbewahrt; *memālik-i* ~*e* die (v. Gott) beschützten Lande = das Osmanische Reich

محروم [6] *maḥrūm* A [2] nicht teilhaftig, [2] bar, [2] beraubt; [4 6] ~ *ētmek* [4 2] berauben, [3 4] (weg)nehmen

محصور *maḥṣūr* A eingeschlossen, belagert

محض *maḥż* A das Reine; ~*-ı ḫayāl* reine Einbildung, pure Fiktion, nichts als E·

محضر *maḥżar* A Gegenwart

محضر *muḥżır* A Gerichtsdiener, Büttel

محفظه *maḥfaẓa* A f Behälter, Behältnis

محفل *maḥfil* A Residenz

محقّراً *muḥaqqaren* A elend, verachteterweise

محكّ *meḥekk* A Probierstein, Prüfstein

محكم *muḥkem* A fest, stark; ~ *ētmek* f·machen, bef·igen

محكمه *maḥkeme* A f Gericht, G·shof; ~ ~ von G· zu G·; von einem G· zum andern

محكوميّت *maḥkūmīyet* A f Botmäßigkeit

محل *maḥall* A Ort, Stelle, Platz, Gegend, Zeitpunkt; *ol* ~*de* dort, da, damals

محلات *maḥallāt* A f (Pl. v. محلّه) Bezirke

محله *maḥalle* A f Stadtviertel, Bezirk; ~ *čoğuqlari* Gassenkinder, Gassenbuben

محمّد *Muḥammed* A (E.N. des Propheten, in dieser Aussprache tabuisiert; als sonstiger E.N. im T gewöhnlich *Meḥemmed* oder *Meḥmed* ausgespochen); ~*ī* auf (den Propheten) M· bezüglich, m·anisch, muslimisch

محمود *maḥmūd* A gelobt, lobenswert, löblich; ~*u 'l-eser* von l·em Werke; ~*u 's-siyer* von l·em Lebenswandel

محموم *maḥmūm* A fiebernd, fieberkrank

محميّه *maḥmīye* A f von Gott beschützt; ~*-i Burusa* das v· G· b·e Bursa

محنت *miḥnet* A f Trübsal, Drangsal, Plage, Qual; → دار

محو *maḥv* A Vernichtung; ~ *olmaq* zunichte w.

مخاطره‌لی *muḫāṭaralı* A T gefährlich

مخالصت *muḫālaṣat* A f Aufrichtigkeit, (aufrichtige) Freundschaft

مخالف *muḫālif* A widersprechend, entgegengesetzt

مختار *muḫtār* A frei, mit f·em Willen begabt, Bezirksvorsteher, Ortsv·, Schulze; [4] ~ *bıraqmaq* [3] f·e Hand lassen

مختصّ *muḫtaṣṣ* A auserkoren; *el-*~*u bi-envā'i mevāhibi 'llāhi 'l-meliki 'l-mu'īn* a· durch vielerlei Gnaden Allahs, des Herrn, des Hilfreichen

مخدّره *muḫaddere* A f keusches Mädchen, züchtige Frau

مخدوم *maḫdūm* A der bedient wird, hoher Herr, der H· Sohn; ~ *beğ* der H· S·

مخصوص [3] *maḫṣūṣ* (f: ~*a*) A eigens, besonders, [3] eigen(tümlich), [3] zukommend, [3] vorbehalten, für [4] bestimmt

مخلّ [3] *muḫıll* A [3] abträglich, [4] störend

مخلص *muḫliṣ* A aufrichtig; *bu* ~ dieser (Euer) Freund, der Schreiber dieses Briefes; ~*āne* AP a·, freundschaftlich

مخلوع *maḫlū'* A abgesetzt, entthront

مخمور *maḫmūr* A (noch) schlaftrunken, unausgeschlafen, übernächtig

مدّ *medd* A Anwachsen; ~ *ü ğezr ētmek* Flut u. Ebbe aufweisen

مدار *medār* A Kreis, Umkreis; → دارا

مداومت *müdāvemet* A f Besuch (einer Schule); ³ ~ *ētmek* ⁴ rezitieren, ⁴ ständig hersagen

مداهن *müdāhin* A Heuchler, Gleisner

مدبّر *müdebbir* A umsichtig, klug, geschickt

مدّت *müddet* A f Weile, Zeit(lang)

مدح *mediḥ* (E) A Lob, L·rede

مدد *meded* A Hilfe!, Erbarmen!, ach bitte!

مدرّس *müderris* A Hochschullehrer; (Pl.:) ~*īn* die H·

مدركات *müdrekāt* A f (Pl. v. مدركه) Erkenntnisse

مدفون *medfūn* A begraben, bestattet

مدقّقانه *mudaqqıqāne, müdeqqiqāne* AP kritisch, eingehend, tiefschürfend

مدنى *medenī* (f: ~*ye*) A zivilisiert, zivilisatorisch

مدنيّت *medenīyet* A f Zivilisation

مدوّر *müdevver* A rund, kreisförmig

مدهش *müdhiš* A erschreckend, schrecklich

مدهوش *medhūš* A betroffen, verblüfft, starr, stumm

مذكور *mezkūr* A erwähnt, jene(r, s); (Pl.:) ~*īn* die e·en

مذموم *mezmūm* (f: ~*e*) A getadelt, tadelnswert, geringgeachtet

مذهب *mezheb* A Weg, Lehre, Richtung, System

مراتب *merātib* A f (Pl. v. مرتبه) Stufen

مراجعت *mürāǧaʿat* A f Rückkehr; ³ ~ *ētmek* auf ⁴ zurückkommen, s. an ⁴ (= zu ³) wenden, bei ³ vorsprechen

مراحم *merāḥim* A f (Pl. v. مرحمت *merḥamet*) Gnaden(beweise); ~*-kerdār* AP G· wirkend, gnädig

مراد *murād* A Wille, Begehr, Wunsch, Zweck, Absicht; ~ *ētmek* wollen, wünschen; ~*ına ērmek* seinen Wunsch erreichen

مراد *Murād* A (E.N.)

مراسم *merāsim* A f (Pl. v. رسم) Zeremonien

مراق *merāq* A Leidenschaft, Marotte; ~ *ētmek* neugierig sein, s. wundern, s. den Kopf zerbrechen, s. Sorgen machen; ~*lı* neugierig, interessant, fesselnd, spannend

مراقبه *murāqabe* A f Meditation, Nachdenken; ~*ye varmaq* s. in M· versenken

مراكب *merākib* A f (Pl. v. مركب *merkeb*) Fahrzeuge; ~*-i baḥrīye* Seef·, Schiffe

مرتّب *müretteb* A geordnet

مرتبه *mertebe* A f Grad, Stufe, Rang, Maß; *ol* ~ so (sehr), so viel; *tamām* ~ im höchsten G·, überaus, vollkommen, ganz u. gar; *bir* ~ *daha* um einen G· mehr, in noch höherem Maße; *vesʿī* ~ breiten Maßes, weitreichend, weithin

مرتفع *mürtefiʿ* A hoch

مرحمت *merḥamet* A f Mitleid, Erbarmen, Güte, Gnade; ³ ~ *ētmek* mit ³ M· haben, s. ² erbarmen; ~*lü* barmherzig, gnädig

مرحوم *merḥūm* A verstorben, selig, verewigt, weiland; der Verewigte

مرد *merd* P Mann; ~*-i kāmil* vollkommener M·, vortrefflicher Mensch

مرد *mürd* P tot; ~ *olmaq* sterben, verenden

مردار *mürdār* P unrein, schmutzig

مردانه *merdāne* P mannhaft, wacker

مرديون ، مرديوه‌ن *merdiven* (→ نردبان) Treppe; ~ *altı* Raum unter der T·, Rumpelkammer

مرسل *mürsel* A Gesandter, Prophet; (Pl.:) ~*īn* die himmlischen Boten

مرشد *müršid* A auf den rechten Weg führend, Führer

مرض *maraż* A Krankheit

مرغ *murġ* P Vogel

مرغوب *merġūb* A erwünscht, beliebt, angenehm, angesehen; *~ter* AP angesehener

مرقد *merqad* A Grab

مرقوم *merqūm* (f: *~e*) A genannt, (oben)-erwähnt

مركّب [(6)] *mürekkeb* A aus [3] zusammengesetzt, gemischt, gemengt; *~ü 'l-levin* gemischtfarbig

مروّت *mürüvvet* A f Herzensgüte, Großmut; *~siz* ohne H·, herzlos

مرور *mürūr* A Vergehen; *~ ētmek* vergehen, verstreichen

مروى *mervī* A erzählt, berichtet, überliefert

مريم *Meryem* A Maria

مزار *mezār* A Grab; *~a qomaq* ins G· senken; *~ ṭaši* G·stein

مزبور *mezbūr* (f: *~e*) A oben genannt, erwähnt, obige(r, s), jene(r, s)

مزحرفات *müzaḥrefāt* A f (Pl.) Abfälle, Unrat

مزيد *mezīd* A Menge, Fülle; *~-i iʿtiqād* hohes Maß an Glauben, tiefer G·

مزيّن *müzeyyen* A geschmückt

مسارعت *müsāraʿat* A f Eile, Schnelligkeit

مساعده *müsāʿade* A f Hilfe, Beistand, Erlaubnis, Gewährung, Gunst

مسافر *müsāfir* (Pl.: *~īn*) A Reisender, Besucher

مسأله *mes'ele* A f Frage, Angelegenheit

مسائل *mesā'il* A f (Pl. v. مسأله) Angelegenheiten, Fragen; *~-i šerʿīye* F· des (Religions-)Gesetzes, Rechtsf·

مساوى *mesāvi* A f (Pl. v. مسائه *mesā'e*) Schandtaten, üble Reden; *~-ḫāne* AP Haus der Sch·, Lasterhöhle

مسبّب *müsebbib* A Verursacher

مسبوق *mesbūq* A (bereits) vorgekommen; *~u 'l-emsāl* b· mehrfach v·

مست *mest* P berauscht, trunken; *~āne* B·er, T·er

مستثنا [6] *müstesnā* A von [3] ausgenommen, vor [3] auserlesen, vorzüglich

مستحق [3] *müstaḥıqq* A [4] verdienend, [2] würdig; *~-ı salṭanat* der Herrschaft (= des Thrones) w·; *siyasete ~* straffällig

مستغرق *müsteġraq* A versinkend; [3] *~ olmaq* in [4] hineintauchen, von [3] (geradezu) überschüttet w.

مستغفر *müstaġfır* A um Vergebung bittend; *~ olmaq* (Gott) um V· bitten

مستغنى *müstaġnī* A verzichtend; [6] *~ olmaq* [2] nicht bedürfen

مستقيم *müstaqīm* A richtig

مستولى *müstevlī* A überwältigend, unwiderstehlich; [3] *~ olmaq* s. [2] bemächtigen, [4] erfassen

مستهلك *müstehlek* A aufgelöst, aufgegangen

مسجد *mesǧid* A Moschee

مسخر *musaḫḫar* A unterworfen; *~ qılmaq* untertan machen

مسرور *mesrūr* A erfreut, froh, zufrieden

مسطح *musaṭṭaḥ* A abgeplattet, flach

مسطور *mesṭūr* A geschrieben, verzeichnet

مسفور *mesfūr* A besagt, der B·e

مسكن *mesken* A Wohnstätte, Haus, Aufenthaltsort; *~ qılmaq* s. zur W· nehmen

مسكّن *müsekkin* A beruhigend, beschwichtigend

مسكنت *meskenet* A f Armut, Elend

مسكين *miskīn* A niedrig, elend; *~āne* AP n·, e·; *beze ~* die ganz armen Leute, a· Teufel

مسلك *meslek* A Weg, Richtung, Glaubensr·

مسلم *müsellem* A sicher, gewiß; *~ olmaq* feststehen

مسلمان *müsülmān* A-P Muslim, m·isch

مسلمين *müslimīn* (Pl. v. مسلم *müslim*) A Gläubige, Islambekenner, Muslims

مسموع *mesmūʿ* A gehört; *~um-dur* ich habe g· (= vernommen)

مسمّى *müsemmā* A genannt, benannt

مسند *mesned* A Kissen, Ehrenplatz

مسئله *mes'ele* = مسأله

مشابه *müšābih* A ähnlich, gleich

مشاجره *müšāğere* A f Widerstreit, Opposition

مشاقّ *mešāqq* A f (Pl. v. مشقّت) Beschwerden, Mühsale, Sorgen

مشاوره *müšāvere* A f Beratung; ~ *ētmek* (s.) beraten, Rat halten

مشاهده *müšāhede* A f Augenschein; ~ *olunmaq* gesehen w., festgestellt w., s. herausstellen

مشايخ *mešāyıḫ* A f (Pl. v. شيخ) die Religionslehrer, Derwische

مشترك [3] *müšterik* A an [3] teilhabend, [4] gemeinsam besitzend

مشترك *müšterek* A gemeinsam, identisch

مشترى *müšterī* A Käufer, Kunde, Fahrgast

مشتمل [4] *müštemil* [4] umfassend, aus [3] bestehend

مشرب *mešreb* A Charakter, Gemütsart, Manier

مشرق *mašrıq* A Osten

مشرك *müšrik* (Pl.: *~īn*) A Götzendiener, Heide, Ungläubiger

مشروب *mešrūb* A zum Trinken, Getränk

مشروح *mešrūḥ* A erwähnt, beschrieben

مشروع *mešrūʿ* (f: *~a*) A gesetzlich (sanktioniert); *nā-~* PA gesetzwidrig

مشعر *müšʿir* A anzeigend, andeutend

مشغول *mešğūl* A beschäftigt; [3] (= [1] *ile*) ~ *olmaq* s. mit [3] beschäftigen, s. um [4] kümmern, s. [3] widmen, [3] obliegen

مشقّت *mešaqqat* A f Beschwerde, Mühsal, Anstrengung

مشكل *müškil, müškül* A schwer, besch·lich, schwierig

مشكلات *müškilāt* A f (Pl.) Schwierigkeiten

مشهود *mešhūd* A gesehen, zu sehen, zu beobachten

مشهور *mešhūr* A bekannt, berühmt, notorisch; *~-ı āfāq* in aller Welt b·

مصاحبت *muṣāḥebet* A f freundliches Gespräch; *~-künān* f· G·e führend

مصادقت *muṣādaqat* A f Treue, t· Freundschaft

مصالح *meṣāliḥ* A f (Pl. v. مصلحت *maṣlaḥat*) Angelegenheiten, Geschäfte; [2] *~ini görmek* für [2] Erfordernisse sorgen

مصالحه *muṣālaḥa* A f Ausgleich; ~ *ētmek* Frieden schließen

مصحف *maṣḥaf* A (geschriebener) Koran, K·exemplar; *~-ı šerīf* der heilige K·

مصر *Mıṣır* (E) A Ägypten

مصرع *mıṣraʿ* A Vers

مصرف *maṣraf* A Ausgabe

مصرلى *mıṣırlı* AT ägyptisch

مصطفى *Muṣṭafā* A E.N. (der Erkorene)

مصنع *muṣannaʿ* A kunstreich, kunstvoll

مصيبت *muṣībet* A f Kalamität, Unbill, Unglück

مصير *maṣīr* A Aufenthalt, A·sort

مضايقه [(3)] *mużāyaqa* A f Enge, Beengung, Not (an [3])

مضرّات *mażarrāt* A f (Pl. v. مضرّت) Nachteile, schlechte Seiten

مضرّت *mażarret* A f Schaden, Schädlichkeit

مضطرّ [5] *mużṭarr* A zu [3] gezwungen, genötigt; *gitmekde* ~ *olmaq* gehen müssen

مضطرب *mużṭarıb* A leidend, verstört; ~ *ētmek* leiden lassen

مضمون *mażmūn* A Inhalt, Bedeutung, Sinn; [1] *~u üzere* gemäß dem Worte (= Spruche) [1]

مطالبه *muṭālebe* A f Forderung; [4] ~ *ētmek* nach [3] verlangen, [4] vermissen, [4] suchen

مطالعه *muṭālaʿa, müṭāleʿa* A f Beobachtung, aufmerksames Lesen

مطبخ *maṭbaḫ, muṭbaḫ* (*mutfaq*) A Küche

مطبوعه *maṭbūʿa* A f einfach, schlicht, gefällig, anmutig

مطرب *muṭrib* A Musiker, Spielmann

مطلّا *muṭallā* A goldgewirkt

مطلق *muṭlaq* A absolut; *vüǧūd-ı* ~ das a· Existente, das höchste Wesen, Gott

مطلقا *muṭlaqā* A allgemeinhin, überhaupt

مطلوب *maṭlūb* A verlangt, begehrt; ~*um* mein Verlangen (= Begehr), was ich begehre

مطمئنّ *muṭme'inn* A beruhigt

مطوى *maṭvī* A zusammengefaltet, zugeklappt, abgeschlossen

مظالم *meẓālim* A f (Pl. v. مظلمه *maẓlama*) Ungerechtigkeiten, Gewalttaten

مظهر *maẓhar* A Objekt; [3] ~ *olmaq* [4] an s. (selbst) erfahren, [2] teilhaftig werden

مع مافيه *maʿa mā-fīh* A dessenungeachtet, gleichwohl, nichtsdestoweniger, dennoch, trotzdem

معاً *maʿan* A zusammen, miteinander, zugleich

معاد *meʿād* A Rückkehr; *dūzaḫ-*~ Hölle als R·ort habend, zur H· verdammt

معاذ الله *maʿāẕa 'llāh* A Gott bewahre!

معارف *maʿārif* A f (Pl. v. معرفت) Kenntnisse, Wissenschaften

معاشرت *muʿāšeret* A f geselliges Leben

معالجه *muʿāleǧe* A f Heilbehandlung, Kur

معالى *maʿālī* A f (Pl. v. معلاة *maʿlāt*) Großtaten, hohe Leistungen

معاملات *muʿāmelāt* A f (Pl. v. معامله *muʿāmele*) Handlungen, Vorgehen, Verhältnisse

معاونت *muʿāvenet* A f Beistand, Unterstützung

معبد *maʿbed* A Andachtsort, Tempel, Kapelle

معبر [3] *maʿber* A Übergang(sort) zu [3], Passage zu [3]

معتاد *muʿtād* A gewohnt, Gewohnheit, Brauch; ~ *üzere* auf die g·e Weise, wie üblich; ~*a muḫālif* ungewöhnlich, gegen das Herkommen

معتبر *muʿteber* A geachtet, geschätzt

معتمد *muʿtemed* (auch: ~(*ün*) *ʿaleyh*) vertrauenswürdig, Vertrauter, Vertrauensmann

معتمدين *muʿtemedīn*: Pl. v. معتمد

معتنا *müʿtenā* A wichtig

معدلت *maʿdelet* A f Gerechtigkeit; ~-*ḥaṣr* die G· bewahrend (= hütend)

معدن *maʿden* A Fundgrube, Bergwerk; ~*ü 'l-fażli ve 'l-yaqīn* F· der Weisheit u. Wissenschaft

معدنى *maʿdenī* A mineralisch, metallisch

معدود [6] *maʿdūd* A zu [3] gezählt (= gerechnet)

معده *miʿde* A f Magen

معذور *maʿẕūr* A entschuldigt; [4] ~ *ṭutmaq* [4] entschuldigen, [3] verzeihen

معرفت *maʿrifet* A f Wissenschaft, Kunst; [1] ~*iyle* vermittels [2], durch [4]

معركه *maʿreke* A f Schlachtfeld, Kampf

معروض [3] *maʿrūż* A [3] ausgesetzt

معروف *maʿrūf* A bekannt, [1] *dēmekle* ~ unter dem Namen [1] b·

معزولين *maʿzūlīn* A Pl. die abgesetzten (Beamten)

معشوق *maʿšūq* A geliebt, G·er, schöner Knabe

معصوم *maʿṣūm* A unschuldig; (u·es) kleines Kindchen

معظّم *muʿaẓẓam* (f: ~*e*) A (sehr) groß

معقول *maʿqūl* A vernünftig, verständig, zweckentsprechend, angebracht, geraten, das Beste (zu tun); ~ *olan* das Beste (ist:); [4] ~ *görmek* [4] als a· ansehen, [4] billigen, mit [3] einverstanden sein

مُعَلِّم *muʿallim* A Lehrer; ~-*i sulṭānī* Sultanslehrer, Prinzenl·

مُعَلَّم *muʿallem* A abgerichtet, dressiert, gelehrig

مَعلُوم *maʿlūm* A bekannt, bewußt; ~ *olmaq* bekannt werden, s. herausstellen, s. zeigen, ausfindig gemacht werden, feststehen; ~ *ola ki* es sei kund (= zur Kenntnis genommen) daß; [1] ~*umuzdur* [1] ist uns b·, wir wissen (= kennen) [4]; [2] ~-*ı šerīfleri ola* es möge zu [2] werter (= geneigter) Kenntis dienen

معلومات *maʿlūmāt* A f (Pl.) Kenntnisse, Nachrichten, Wissenschaften, Aufklärungen; *eṣḥāb-ı* ~ die Gelehrten

معمور *maʿmūr* A belebt, bewohnt, bevölkert; ~ *qılmaq* blühend machen, wohl ausbauen

معنا *maʿnā* A Sinn, Gedanke, Ansicht, Absicht, Zweck, Umstand, Sachverhalt; *bī-*~ sinnlos, zwecklos

معناً *maʿnen* A dem (tieferen) Sinne nach

معنى *maʿnā* = معنا

مُعَوِّذَتَين *muʿavviẕeteyn* A: die beiden letzten Suren des Korans

معيشت *maʿīšet* A f Lebensunterhalt

معين *muʿīn* A hilfreich

مُعَيَّن *muʿayyen* A bestimmt, angestellt

مغاره *maġāra* A f Höhle

مغان *muġān* P (Pl.) die Magier, Heiden

مغاير *muġāyır* A zuwiderlaufend, widersprechend, entgegengesetzt; [3] ~ *olmaq* [3] zuwiderlaufen, [3] widersprechen

مغتنم *muġtenem* A privilegiert; [1] *ile* ~ *olmaq* [4] genießen (dürfen)

مغرب *maġrib* A Sonnenuntergang, Westen

مغفور *maġfūr* A verziehen; ~ = ~ *leh* dem die Sünden verziehen sind, selig

مغلوب *maġlūb* A besiegt, überwunden

مغنّى *muġannī* A singend; *ǰivān-ı* ~ s·er Jüngling, junger Sänger; *merd-i* ~ s·er Mann, Sänger

مفارق *mefārıq* A f (Pl. v. مفرق *mefraq*) die Scheitel; ~-*ı ʿālemīyānda* auf (= über) den Sch·n (= Häuptern) der Menschen

مفتون *Meftūn* A (E.N.)

مفتى *müftī* A (oberster) Rechtsgutachter

مفصّل *mufaṣṣal* A ausführlich; ~*āt* (Pl.) Einzelheiten

مفقود *mefqūd* A vergeblich gesucht, nicht vorhanden

مفيد *müfīd* A nützlich, heilsam, helfend; ~ *olmadı* es nützte (= half) nichts

مقابل [3] *muqābil* A [3] entsprechend, [3] gleich(wertig), gleich groß wie [1]

مقابله *muqābele* A f Gegenüberliegen, Entsprechung; ~-*i qalʿede* gegenüber der Festung; *bu* ~*de* (zum Lohn) dafür

مقارن [3] *muqārin* A [3] nahe, [3] (an)genähert, [3] entsprechend, [2] teilhaftig

مقام *maqām* A Ort, Stando·, Stelle, Stand, Würde, Rang, Stufe (der mystischen Einsicht), Takt, Lied, Gesang, Weise

مقتضا *muqteżā* A Erfordernis

مقتول *maqtūl* A erschlagen, ermordet

مقدار *miqdār* A Quantum, Menge, Anzahl; *yüz* ~ etwa (= an die) hundert; *bir* ~ ein wenig (= bißchen); *ne* ~ wie groß?, wie viel(e)?; *ne* ~*ı* welche M· davon? wieviel davon?; [1] ~-*ı* das (= vom, im) Ausmaß [2], so groß wie [1]; *iki sāʿat* ~-*ı* zwei Stunden lang (= weit); ~-*ı ʿades* die (= v· der) Größe einer Linse, linsengroß

مقدّم (6) *muqaddem* A vor [3], zuvor, vorher, früher, ehedem, zuerst, einst

مقدّمه *muqaddema* A = مقدّم

مقدور *maqdūr* A (menschliches) Vermögen, das Menschenmögliche

مقرّر *muqarrer* A sicher, gewiß

مقرون [3] *maqrūn* A [3] angebunden, mit [3] verbunden; *ṣıdq-ı derūna* ~ von inniger Aufrichtigkeit erfüllt

مقصد *maqṣad* A Zweck, Absicht, Vorhaben; [1] *dēmekden* ~ [1] bedeutet, [1] heißt (soviel wie)

مقصود *maqṣūd* A Absicht, Ziel

مقصور [3] *maqṣūr* A auf [4] beschränkt

مقوله *maqūle* A f Art, Spezies; *o* ~ derartig, derlei; [1] *~si* [1] und dergleichen, [1] und so weiter, Leute wie [1], Dinge wie [1]

مقهور *maqhūr* A besiegt, unterworfen; ~ *ētmek* besiegen, unterwerfen, niederschmettern

مقيّد *muqayyed* A beflissen; [3] ~ *olmaq* s. um [4] kümmern, s. [4] angelegen sein lassen

مقيم *muqīm* A residierend

مكابره *mükābere* A f Hochmut, Dünkel

مكارهلك *mekkārelik* AT Wesen u. Treiben einer Betrügerin, Lug u. Trug

مكتب *mekteb* A Schule

مكتوب *mektūb* A Brief, Schreiben

مكث *mekṡ* A Aufenthalt; ~ *ētmek* verziehen, verweilen, ruhen

مكر *meger, meğer* P nun, aber, zufälligerweise, von ungefähr; (mit Optat.:) außer daß; *~-se* (aus: ~ *ise*) nämlich

مكرمت *mekremet* A f Großmut, Hochherzigkeit, Mildtätigkeit

مكروه *mekrūh* A häßlich, garstig, verpönt

مكلّف *mükellef* A reich geschmückt, prächtig

مكمّل *mükemmel* A vollkommen, vollendet, großartig

مل *mül* P Wein

ملاحظه *mülāḥaẓa* A f Rücksichtnahme, Erwägung; [4] ~ *ētmek* an [4] denken; [4] ~ *ētdim* mir fiel [1] ein; [2] *~sıyle* mit Rücksicht auf [4]

ملازمت *mülāzemet* A f Aufwartung; ~ *ētmek* auf die Verleihung eines Postens (= Amtes) warten

ملاصق *mülāṣıq* A verbunden; [3] ~ *olmaq* an [4] anstoßen, [4] berühren; ~ *ḍoğan tev'emler* siamesische Zwillinge

ملاعين *melāʿīn* A f (Pl. v. ملعون) die Verfluchten

ملال *melāl* A Traurigkeit, Betrübnis

ملبوس *melbūs* A zum Anziehen, Kleidung

ملّت *millet* A f Gesetz, Religion, Volk, Nation

ملتزم *mültezem* A notwendig, wichtig

ملحّم *mülaḥḥem* A fleischig, dick

ملعون *melʿūn* A verflucht, Schurke.

ملك *melek* A Engel; *~ü 'ṣ-ṣıyāne* Schutzengel

ملك *melik* A Herr, H·gott (König)

ملك *milk* A Besitzrecht

ملك *mülk* A Besitz, B·tum, Sache, unbewegliches Gut, Reich

ملكه *meleke* A f Talent, Geschicklichkeit

ملكى *mülkī* (f: *~ye*) A administrativ, auf das Reich bezüglich

ملل *milel* A f (Pl. v. ملّت) Völker, Nationen

ملوكانه *mülūkāne* AP königlich, großherrlich

ملول *melūl* A verdrossen

ملّى *millī* (f: *~ye*) A Volks . . ., v·tümlich, national

مليون *milyon* I Million; *~larğa* zu M·en, M·en von

ممات *memāt* A Sterben, Tod

ممالك *memālik* A f (Pl. v. مملكت) Länder, Reiche

ممتدّ *mümtedd* A ausgedehnt; ~ *olmaq* dauern, währen

ممتنع *mümteniʿ* A verwehrt, versagt, unmöglich

ممدوح *memdūḥ* A gelobt, gepriesen

ممكن *mümkin, mümkün* A möglich; ~ *olduġu qadar* soweit m·, nach M·keit

مملكت *memleket* A f Reich, Land, Heimat

ممنوع *memnūʿ* (f: ~*a*) A verboten

ممنوعيّت *memnūʿīyet* A f Verbot, V·ensein

ممنونيّت *memnūnīyet* A f Freude, Vergnügen; ~*-le* gerne

مه *meme* (weibliche) Brust

من *min* A von, aus; ~ *evvelihi ilā āḫirihi* vom Anfang bis zum Ende, zur Gänze; ~ *baʿd* hierauf, von nun an, weiter(hin), übrigens; ~*hü* von ihm, vom Nämlichen, detto

منابع *menābiʿ* A f (Pl. v. منبع) Quellen

مناجات *münāǧāt* A Gebet; ~ *ētmek* (still u. inbrünstig) beten

منازعه *münāzaʿa* A f Streit, Hader

منازل *menāzil* A f (Pl. v. منزل) Wohnstätten, Tagreisen

مناسب *münāsib* A passend, schicklich, angemessen, geeignet, zweckmäßig

مناسبت *münāsebet* A f schickliche Gelegenheit; *bī-*~ bei unpassenden G·en; ~*siz* albern, ausgefallen

مناصب *menāṣıb* A f (Pl. v. منصب) Ämter, Posten; *eṣḥāb-ı* ~ Inhaber v. (Staats-) Ä·n, Beamte

مناقشه *münāqaša* A f Streit, Zank

منبع *menbaʿ* A Quelle, Ursprung; ~*-ı aṣlī* Urquell

منتدار *minnetdār* A P dankbar, verbunden, verpflichtet; [2] ~*ı* [3] dankbar, [3] zu Dank verpflichtet

منتظر *muntaẓır* A erwartend, gewärtig, erwartungsvoll; [3] ~ *olmaq* [4] erwarten, auf [4] warten

منتظم *muntaẓam* A geordnet, (wohl)organisiert

منتها *müntehā* A himmelhoch ragend; [3] ~ *olmaq* zu [3] führen, bei [3] enden

منتهى *münteha* = منتها

منجمد *münǧemid* A gefroren; ~ *olmaq* zufrieren

منخوته *menḫūte* A f hohl, konkav, überhängend

مندر *minder* Matratze, (breites, großes) Kissen (zum Sitzen)

مندرج *münderiǧ* A eingefügt; ~ *olmaq* enthalten sein

منزل *menzil* A Absteigeort, Poststation, Tagreise, Ziel, Lager, Wohnstätte

[3] منسوب *mensūb* A [3] angehörig; [3] ~ *olmaq* [3] anhängen

منصب *manṣıb* A Platz, Posten, Amt; [2] ~*ı tebdil ēdildi* [1] ist von seinem Posten (= Amt) abgelöst worden

منصور *manṣūr* A siegreich (auch E.N.)

منظره *manẓara* A f Anblick, Bild

منظور *manẓūr* A gesehen, ang·, geprüft; ~*um* von mir ang· (= geprüft)

منظومه *manẓūme* A f Dichtung, Poem

منع *menʿ* A Verbieten, Verbot; ~ *ētmek* abwenden, zurückhalten, abraten

منفعت *menfaʿat* A f Nutzen, Vorteil, gute Seite, Vorzug

منقطع *munqaṭıʿ* A unterbrochen, abgeschnitten; ~ *olmaq* ausfallen

منقول *menqūl* A überliefert, berichtet; [1] ~*-dur* man erzählt [4], [1] wird ü· (= b·)

منكوب *menkūb* A zugrunde gerichtet

منوال *minvāl* A Art, Weise; *bu* ~ *üzere* auf diese W·, dergestalt; *ne* ~ *üzere* wie

منوّر *münevver* (f: ~*e*) A erleuchtet; *tābūt-ı* ~*e* der v. (heiligem) Licht überstrahlte Sarg

منه *minhü* A → من

منهزم *münhezim* A geschlagen; ~ *ētmek* aufs Haupt schlagen

منير *münīr* A leuchtend, strahlend, glänzend

منيف *münīf* A erhaben, hoch, erlaucht

موازنه *muvāzene* A f Gleichgewicht, Bilanz

مواضع *mevāżi'* A f (Pl. v. موضع) Orte, Stellen, Gegenden

مواهب *mevāhib* A f (Pl. v. موهبه) (Gottes-) Gnaden

موت *mevt* A Tod

مؤتمن *mü'temen* (Pl.: ~*īn*) A zuverlässig

موجب (4) *mūğib* A 4 bewirkend, 4 veranlassend, Anlaß, Ursache; 4 *olmaq* 4 veranlassen, 4 bewirken, 4 zur Folge haben; 1 ~*i* *üzere* auf Grund 2; (1) ~*inğe* 3 gemäß, 3 zufolge, demg·, kraft dessen

موجود *mevğūd* (f: ~*e*) A gefunden, vorhanden, existierend

موجوديّت *mevğūdīyet* A f Existenz, Bestand

موحّد *muvaḥḥid* (Pl. ~*īn*) A Monotheist, Rechtgläubiger, Muslim

مؤدّب *mü'eddeb* (f: ~*e*) A gesittet; *ġayr*(-*ı*) ~ unanständig

مودّت *meveddet* A f Liebe, Freundschaft, Wohlwollen

مؤذّن *mü'ezzin* A Gebetsrufer

مور *mor* dunkelblau, veilchenblau

مؤرّخ *mü'erriḫ*, *müverriḫ* A Historiker, Geschichtsschreiber

موروث *mevrūs̱* A ererbt; *mülk-i* ~ e·es Reich, Erbland

مؤسّسات *mü'essesāt* A f (Pl. v. مؤسّسه *mü'essese*) Institutionen, Einrichtungen

موسم *mevsim* A Jahreszeit, Zeit

موسى *Mūsā* A Moses

موسيو *mösyö* F Monsieur

موضع *mevżi'* A Ort, Örtlichkeit, Stelle, Platz

موظّف *muvaẓẓaf* A (fest) besoldet

موعد *mev'id* A Versprechen, Zusammenkunft

موفّق 3 *muvaffaq* 4 (als Erfolg) erreichend; 3 ~ *oldum* mir ist 1 gelungen (= geglückt), ich habe 4 erreicht

موقع *mevqi'* A Stelle, Platz, Lage

مولانا *mevlānā* A unser Herr (Titel für Scheichs:) Seine (= Euer) Ehrwürden

مؤلّف *mü'ellif* A Verfasser, Autor

موم *mūm* P Kerze

مؤمن *mü'min* (Pl.: ~*īn*) A gläubig, G·er (Muslim)

مومى اليهم *mūmā ileyhim* A die Obgenannten

مؤنات *mü'enāt* A f (Pl. v. مؤنت) Vorräte

موهبه *mevhibe* A f Geschenk, Gottesg·, Talent

موهوم *mevhūm* A eingebildet, nur im Wahn existierend

مهابت *mehābet* A f Ehrfurcht gebietendes Wesen, Majestät

مهارت *mehāret* A f Geschicklichkeit, Begabung, Talent

مهپاره *meh-pāre* P („Mondstück“ =) strahlend schöner Knabe

مهجور *mehğūr* A verlassen

مهر *mihr* P Sonne

مهره *mehere* A (Pl. v. ماهر *māhir*) die Meister, Koryphäen

مهلكه *mehleke* A f gefährliche Stelle

مهمّ *mühimm* (f: ~*e*) A bedeutend, wichtig; ~ *ētmemek* s. nicht kümmern

مهمّات *mühimmat* A f Pl. (Kriegs-)Bedarf

مهمان *mihmān* P Gast, G·freund; ~ *ētmek* als G· weilen lassen, (g·lich) unterbringen; ~-*ḫāne* G·haus, Herberge;

~-*ḫāne-i iḥsān* G·haus der Wohltätigkeit, Freiherberge

مهمل *mühmel* A sinnlos

مى *mi, mı, mü, mu*: Fragepartikel, § 504,14

مى *mey* P Wein

ميال *meyāl* → خيال

ميان *meyān* P Mitte, Leibesm·, Taille; [2] ~*ında* zwischen [3], unter [3]; *ol* ~*da* bei dieser Gelegenheit, aus diesem Anlaß

ميت *meyt* A Leichnam

ميخانه *mey-ḫāne* P Weinhaus, Schenke

ميدان *meydān* A Platz, öffentlicher P·, Kampffeld; ~*a čıqarmaq* zum Vorschein bringen, zustande b·

ميرآلاى *mīr-alay* A-PT Oberst (= General) eines Regiments

ميركلام *mīr-i kelām* A-PA guter Redner

ميراث *mīrāṡ* A Erbschaft

ميزيقچيلق *mızıqčılıq* Spielverderberei

ميسّر *müyesser* A leicht gemacht, zu bewerkstelligen

ميسره *meysere* A f linke Seite

ميل *meyl* A Neigung; [3] ~ *ētmek* s. zu [3] neigen, zu [3] geneigt sein, zu [3] Lust haben, nach [3] trachten

ميل *mīl* L-A Meile

ميلاد *mīlād* A Geburt, G· Christi

ميلادى *mīlādī* (f: ~*ye*) A nachchristlich; *sene-i* ~*ye* das Jahr nach Christi Geburt

ميليون *mil(i)yon* → مليون; ~*luq* Millionen zählend

ميمنت *meymenet* A f Segen, glückliche Vorbedeutung

ميمنه *meymene* A f rechte Seite; ~ *meysere* r·r Hand (u.) linker H·, rechts u. links

ميمون *meymūn* A sehr glücklich, glückhaft

ميمون *maymūn* Affe

مينا *mīnā* P gläsern

ميوه *meyve* P Frucht; ~-*i ter* frische F·

ن

نا *ne* = نه *ne*

نا *nā-* P: (Negativpartikel) un-, nicht-, -los;

نا اهل *nā-ehl* PA: → اهل

نابديد *nā-bedīd* P verschwunden, verschollen

ناپايدار *nā-pāydār* P unbeständig, unstet, nur von kurzer Dauer

ناتوان *nā-tüvān* P zart, schwach

ناچار *nā-čār* P hilflos, gezwungen, wohl oder übel

نادر *nādir* A selten; ~*ü 'l-vuqūʿ* s· vorkommend

نارى *nārī* (f; ~*ye*) A Feuer . .

ناز *nāz* P Eigensinn, Ziererei; [2] ~*ını gečirmek* s. [2] E· gefallen lassen

نازك *nāzik* P fein, zart, schlank, hübsch

نازنين *nāzenīn* P zierlich, hübsch, zärtlich, die Schöne

ناصائب *nā-ṣā'ib* PA: → صائب

ناصل *naṣıl*: → نصل

ناظر [3] *nāẓır* A [4] sehend, auf [4] blickend, auf [4] hinausgehend, [3] vorstehend, [3] vorgesetzt; ~ *olmaq* zusehen

ناعوره *nāʿūre* A f (Seil-)Winde, Haspel

نافعه *nāfiʿa* A f öffentliche Wohlfahrt

نافله *nāfile* A überflüssig, unnütz, vergeblich; ~ *yere* umsonst, v·, zwecklos, unnützerweise

ناقابل *nā-qābil* PA: → قابل

ناكام *nā-kām* P unglücklich

ناگاه *nā-gāh* P plötzlich, unerwartet, unvermutet, auf einmal, da

ناگهان *nā-gehān* P = ناگاه

ناله *nāle* P Seufzer, Klage; ~ *ētmek* seufzen, k·n

نالين *nālīn* A-T Holzpantoffel

نام *nām* P Name, Rang, Titel; ¹ ~ (= ~*ında*) *bir kimesne* eine Person namens ¹, ein gewisser ¹; ¹ ~*ına* unter dem Namen ¹ ⁽²⁾, unter dem Titel ¹, als ¹; *fāżıl* ~*ına ǧāhil* s. als hochgebildet ausgebender Unwissender; *terbiye* ~*ıyle* als (sogenannte) Erziehung

نامشروعه *nā-mešrūʿa* PA f ungesetzlich, gesetzwidrig

نامعقول *nā-maʿqūl* PA unvernünftig, vernunftlos

ناملو *nāmlu, nāmlı* PT berühmt

نامه *nāme* P Schreiben, Brief

نان *nān* P Brot

ناهموار *nā-hemvār* P ungleichmäßig, unregelmäßig, uneben

نائبه *nā'ibe* A f Unterstützung, Hilfe

نائره *nā'ire* A f Feuer, Flamme, Glut

نته کیم ، نته کم *nite-kim* wie, (eben)so wie denn auch

نتیجه *netīǧe* A f Ergebnis, Resultat, Folge; ~ *söz* abschließender (= endgültiger) Bescheid; ³ ~ *vērmek* zu ³ führen, ⁴ zur Folge haben; ~-*baḫš* wirksam, von Nutzen

نثر *neṡir* (E) A Prosa

نجات *neǧāt* A Rettung

نجاری *neǧǧārī* A Zimmermanns-

نجم *neǧim* (E) A Stern, Gestirn

نجوم *nüǧūm* A f (Pl. v. نجم) Sterne, Gestirne; *ehl-i* ~ Sterndeuter, Astrologe(n)

نجه *niǧe* = نیجه

ندر (für نه در) *ne-dir* was ist (los)?, was gibt's?

ندن (für نه دن) *neden* warum?, wieso?

نردبان *nerdübān* P Treppe, Leiter, Sturml·

نره ده *nerede* wo?

نره یه *nereye* wohin?

نزاع *nizāʿ* A Streit, Zank

نزاکت *nezāket* P-A f Zierlichkeit, Höflichkeit; ~ *ētmek* s. höflich (= artig) ausdrücken, Feingefühl (= Zartg·) beweisen

نزد *nezd* P Nähe; ~-*i ʿālīde* in der erhabenen N·, bei (= in den Augen) Seiner Majestät

نزول *nüzūl* A Absteigen, Einkehren, Ankunft; ~ *bulmaq* (ab)sinken, herunterkommen; ~ *ētmek* absteigen, lagern

نسب *neseb* A Abstammung

نسبت ³ *nisbet* A f Verhältnis (zu ³); ³ ~-*le* im Vergleich mit ³, verglichen mit ³

نسخه *nusḫa, nüsḫa* A f Exemplar; ~-*ı ṡānīye* zweite Ausgabe

نسل *nesil* (E) A Nachkommenschaft, Geschlecht

نسلاً بعد نسل *neslen baʿde neslin* A von Generation zu G·

نسنه *nesne* Ding, Sache; *bir* ~ (irgend) etwas, (mit Negat.:) nichts

نسوان *nisvān* A f (Pl. v. نسا *nisā*) Frauen, Weiber

نسیم *nesīm* A Lüftchen, Zephyr

نشأت *nešʾet* A f Hervorgehen; ⁶ ~ *ētmek* aus ³ hervorgehen, von ³ seinen Anfang nehmen, von ³ herrühren

نشاط *nišāṭ* A Heiterkeit, Freude

نشان *nišān* P Zeichen; ⁶ ~ *vērmek* von ³ ein Z· (= Kunde) geben, ³ gleichen

نشر *nešir* (E) A Verbreitung

نشین *nišīn* P sitzend; *mesned*-~ den Ehrenplatz einnehmend

نصاری ، نصارا *naṣārā* A (Pl. v. نصران *naṣrān*) Christen

نصب *naṣb* A Einsetzung, Erhebung; ~ *ētmek* einsetzen, erheben, errichten, aufpflanzen; ⁴ *pādišāh* ~ *ētmek* ⁴ als P· einsetzen, ⁴ zum Herrscher erheben

نصرت *nuṣret* A f Sieg, Triumph

نصف *nıṣf* A Mitte, Hälfte; *~-ı yevm miqdārı* einen halben Tag lang; *~u 'l-leyl* Mitternacht

نصل *naṣıl* wie?, wieso?, welch?, was für ein?; *~ ise = ~-sa* wie es (= dem) auch sei, irgendwie, auf irgendeine Weise

نصيب *naṣīb* A vom Schicksal zugeteilt, unverhofft gewonnen

نصيحت *naṣīḥat* A f (guter) Rat, Ermahnung

نطاق *niṭāq* A Gürtel

نطفه *nuṭfe* A f männlicher Samen

نطق *nuṭuq* (E) A Sprache; *~a gelmek* zu sprechen anfangen, die Stimme erheben

نظاره *neẓāre* A f Ansicht, Aussicht; *~-fiken* Ausblick haltend

نظافت *neẓāfet* A f Reinheit, Sauberkeit

نظام *niẓām* A Ordnung, Ano·, Vero·, Regelmäßigkeit

نظامات *niẓāmāt* A f (Pl.) Ordnungswesen, Ordnung

نظر *naẓar* A Blick, böser B·; (3) *~ ētmek* schauen, blicken, [4] betrachten; *~-ı ʿibret* aufmerksamer B·; [3] [1] *~ıyle baqmaq* [4] als [4] betrachten (= ansehen)

نظم *naẓım* (E) A Dichten; *~ ētmek* dichten, verfassen

نعامه *neʿāme* A f Straußenvogel

نعلبند *naʿl-band* AP Hufschmied

نعلين *naʿlīn* A Pantine

نعمت *niʿmet* A f Glück, Vermögen, Besitz, Lebensunterhalt, Speise(n), Genuß, Annehmlichkeit, Gunst

نغم *naġem* A Melodie; *~ ētmek* musizieren

نغمه *naġme* A f Ton, Melodie, Gesang, Lied

نفر *nefer* A Mann, Person; *yüz ~ ādem* hundert Mann (= Menschen)

نفرات *neferāt* A f (Pl.) Mannschaft(en)

نفرت *nefret* A f Widerwille, Abscheu; [6] *~ ētmek* (= *üzere olmaq*) vor [3] W·n (= Abscheu) haben, s. vor [3] ekeln

نفس *nefs* A Seele, Leben, das eigene Selbst, das Fleisch, die inneren Leidenschaften u. Begierden; *hevā-ı ~* F·eslust, sinnliche B·; *~-i emmāre* allgewaltige Leidenschaft

نفس *nefes* A Atem; [2] *~i kesildi* [1] ist erstickt

نفع *nefʿ* A Nutzen, Vorteil

نفقه *nafaqa* A Unterhalt, U·sgelder, Alimente; *~ ġavġası* Streit um die A·

نفوس *nüfūs* A f (Pl. v. نفس) Seelen, Einwohner, Bevölkerung

نقدر *ne-qadar*: → نه قدر

نقل *naqıl* (E) A Überführung, Transport; (4) *~ ētmek* (wohin) schaffen, transportieren, umziehen, auswandern, berichten, erzählen, (von [6]) sprechen

نقلاً *naqlen* A der Überlieferung (des islamischen Gesetzes) nach

نقير *naqīr* A Grübchen; *~ u qıṭmīr* aufs kleinste, ganz genau, in aller Ausführlichkeit

نڭ *neñ* was an (= von) dir?

نكاح *nikāḥ* A Verheiratung, Trauung, Heiratsgut; *~ ile almaq* ehelichen, verheiraten, (vom Vater: seinem Sohne) als Ehefrau geben; [3] *~ ile vērmek* = [3] *ʿaqd-i ~ ētmek* = [3] *~lamaq* [3] antrauen, [3] in die Ehe geben, mit [3] verheiraten; [3] *~ qıydırmaq* [3] antrauen lassen; *~ ġavġası* Streit um das H·

نگار *nigār* P schöne Maid

نگاه *nigāh* P Blick; (3) *~ ētmek* dreinblicken, [4] betrachten

نكم *ne-kim* was immer

نگونسار *nigūn-sār* P kopfüber, mit dem Gesicht zur Erde; [3] ~ *bırağılmaq* [3] vor- (= vor [4] hin-)geworfen werden

نگهبان *nigehbān* P Wächter; *~lıq* Amt des W·s, Wache; *gēğe ~lığında bulunmaq* das Amt des Nachtw·s ausüben

نماز *namāz* A (täglich fünfmal zu verrichtendes Pflicht-)Gebet; ~ *qılmaq* das G· verrichten; [2] *~ını qılmaq* für [4] das Toteng· v·

نمایان *nümāyān* P offenbar; ~ *olmaq* o· w., s. zeigen

نمچه *nemče* S deutsch, D·er

ننه *nine* Großmutter, Ahne, Amme

نو *nev* P neu, frisch

نوا *nevā* P Stimme, Laut, Ton, Klang, Melodie, Lied, Gesang; *bī-~* ohne Einfluß, arm

نواحی *nevāḥī* A f (Pl. v. ناحیه) Gegend, Landschaft

نوازش *nüvāziš* P Liebkosung, zärtliche Worte

نوبهار *nev-bahār* P Frühling, Lenz

نور *nūr* A Licht

نورسیده *nev-resīde* P neu (gewachsen), sprossend

نورلاندیرمق *nūrlandırmaq* AT erleuchten, aufklären, bilden

نورلاندیریلمق *nūrlandırılmaq* AT erleuchtet (= aufgeklärt, gebildet) werden

نوش *nūš* P Trunk; ~ *ētmek* (= *qılmaq*) trinken

نوظهور *nev-ẓuhūr* PA neu auftretend

نوع *nevi'* (E) A Art, Spezies

نوگفته *nev-güfte* P neu gedichtet, eben (erst) verfaßt, neuesten Datums

نوم *nevm* A Schlaf

نه *ne* was?!, welch (ein)?!, was für ein(e)?!; warum?, wieso?; ~ .. *(ve)* ~*(de)* weder .. noch (§ 504, 10); ~ *güzel* wie schön!; ~ *güzel quš* was für ein schöner Vogel!; ~ *olur* was geschieht?, wie wäre es?; ~ *olursa olsun* wie dem auch sei(n mag); ~ *bileyim* wie soll ich das wissen?; ~ *ise* was es auch sei, wie dem auch sei(n mag); *~m* was von mir?, was für mich?; *~den* woher?, warum?, wieso?, wozu?; *~ye* wofür?, wozu?; *~ler* was (alles)?; ~ *qadar* wie (sehr)?!, wie groß?!, wieviel(e)?!; ~ *qadar güzel* wie schön!; ~ *ičün* = نیچون

نهار *nehār* A (heller) Tag

نهال *nihāl* AP Bäumchen

نهایت *nihāyet* A f Ende, das Äußerste; am Ende, endlich

نهایه *nihāye* A f = نهایت ; *bī-~* ohne Ende, unendlich, unzählig, in übergroßer Zahl (vorhanden)

نه‌دن *neden*: → نه

نهر *nehir* (E) A Fluß, Wasserlauf, Kanal

نه‌لر *neler*: → نه

نه‌م *nem*: → نه

نه‌یه *neye*: → نه

نیاز *niyāz* P Verlangen, Bitte, Gebet; ~ *ētmek* bitten, flehen

نیّت *nīyet* A f Absicht, Vorsatz; ~ *ētmek* den V· fassen

نیجه ، نیجا *niğe* wie?!, auf welche Weise?; (= نیچه)

نیچا *niče* = نیچه

نیچون *ničün, ničin* wofür?, wozu?, weswegen?, weshalb?, warum?

نیچه *niče* wie groß?!, wie viel(e)?!, was für ein?!; (gar) viele, mehrere, manche, etliche, einige; *bir* ~ manche, einige, viele; ~ *zamān* etliche (= lange) Zeit

نیچین *ničin* = نیچون

نینی *ninni* Wiegenlied

نیه *niye, neye* wozu?, wofür?, warum?; → نه

و

و *ve* (laut § 306 auch:) *u, ü* und

وابسته [3] *vābeste* P an [4] gebunden, von [3] abhängig

واپور *vapur* I Dampfschiff, Dampfer; ~ *parası* Fahrgeld

واجب *vāğib* A erfordernd; ~*ü 't-tebğīl* ehrfurchtgebietend

وادی *vādī* A Tal, (übertr.:) Gebiet, Weg

وار *var* seiend, vorhanden; [1] ~(*-dır*) [1] ist (vorhanden), es gibt [4]

وار *vār* P gleich, *ʿankebūt-*~ spinneng·, wie eine Spinne

وار *var* (Imperat. v. *varmaq*) geh hin (und ...)!

وارث *vāriṡ* A der Erbe; ~*ü ʿulūmi 'l-enbiyā'i ve 'l-mürselīn* E· der Wissenschaften (= des Wissens) der Propheten u. himmlischen Sendboten

واردی *var-(ı)dı*: Perf. v. *var(-dır)*

واردیان *vardiyan* I Aufseher, Wächter

وارسته [6] *vāreste* P [2] enthoben

وارلق *varlıq* das Sein, die individuelle Existenz, das Ego

وارمق [3] *varmaq* zu (= nach) [3] (hin)gehen, s. zu (= nach) [3] begeben, zu [3] gelangen

وارنجه [3] *varınğa* (bis) zu [3]

وارنه *Varna* Varna (Stadt in Bulgarien)

واروش *varoš* U Vorstadt

واسطه *vāsıṭa* A f Mittel; [1] ~*sıyle* (ver)mittels [2], (beim Passiv:) von [3]

واسع *vāsiʿ* (f: ~*e[t]*) A geräumig, ausgedehnt, weit, breit

واصل [3] *vāṣıl* A s. mit [3] verbindend, [4] erreichend; [(3)] ~ *olmaq* (zu [3]) kommen, ank·, eintreffen, zu [3] gelangen, [3] zufließen, [4] erreichen; [4] [3] ~ *ētmek* [4] zu [3] gelangen lassen

واعظ *vāʿız̤* A Prediger

وافر *vāfir* A zahlreich, reichlich, viel, herzlich, heftig; *bir* ~ (adv.) viel, sehr, lange

وافی *vāfī* A reichlich, viel(e)

وافیات *vāfiyāt* (Pl. v. f. *vāfiye*) A reichlich, viel(e)

واقع *vāqiʿ* A vorfallend, stattfindend, s. ereignend, liegend, gelegen, wirklich, tatsächlich; ~ *olmaq* s. ereignen, stattfinden, s. verwirklichen, der Fall sein, sein, liegen, gelegen sein, angelegt werden; *ġayr(-ı)* ~ wahrheitswidrig, unrichtig

واقعه *vāqıʿa* A f Ereignis, Vorfall, Traum, T·gesicht; ~ *görmek* einen T· haben, im T· sehen

واقف [3] *vāqıf* A [4] verstehend; [3] ~ *olmaq* [4] beobachten, von [3] Kenntnis erhalten, [4] verstehen, [4] begreifen, [4] (be)merken

والحاصل *ve 'l-ḥāṣıl* A = الحاصل

والد *vālid* A Vater

والده *vālide* A f Mutter, Frau M· (= Mama)

والدین *vālideyn* A (beide) Eltern

والله *va-'llāhi* A bei Gott!, wahrhaftig!

والی *vālī* A Statthalter, Sachwalter

واویلا *vāveylā* P Zetergeschrei

واه *vāh* P ach (ja)!, oh!, o weh!

وای *vay* wehe!, o weh!; ~ [2] *ḥāline* wehe [3]!

وایه *vāye* P Anteil

وجد *veğd* A Ergriffenheit, Ekstase

وجدان *viğdān* A das innere Sein, Bewußtsein, Gewissen

وجوب *vüğūb* A Notwendigkeit, Pflicht

وجود *vüğūd* A das Sein, Vorhandens·, Existenz, Körper, Leib; ~*-ı muṭlaq* die absolute E·, das absolut Seiende, Gott; ~*e gelmek* zur Welt kommen, geboren w.; *nāzik-*~ PA schlankwüchsig, hübsch

وجودی *vüğūdī* A existentiell, positiv, pantheistisch

وجوديّه *vüǧūdīye* A f Existentialismus; *~-i ḫayālīye* idealistischer E·, Pantheismus

وجه *veǧh* A Art u. Weise; *ne ~-ile* auf welche W·?, wie?; *bu ~-ile* auf diese W·, so; *šu ~-ile* folgendermaßen, so; *bir ~-ile* auf (irgend)eine W·; (mit Negation:) in keiner W·, unmöglich, nie u. nimmer; *ber ~-i* [1] als [1]; *ber ~-i mešrūḥ* auf die erwähnte (A· u.) W·

وجيع *veǧīʿ* A schmerzhaft

وزارت *vezāret* A f Wesirat

وزراء *vüzerāʾ* A (Pl. v. وزير) die Wesire, Minister

وزن *vezin* (E) A Versmaß, Metrik

وزير *vezīr* A Wesir, Minister; *~-i aʿẓemlik* Großwesirat; *~-zāde* A P Wesirssohn

وساطت *vesāṭet* A f Vermittlung

وسائط *vesāʾiṭ* A f (Pl. v. واسطه) die Mittel, Organe, Vermittler

وسط *vasaṭ* A mittel, m·mäßig, m·groß

وسطى *vusṭā* A f mittel; → قرون

وسعت *vüsʿat* A f Weite, Breite

وسعى *vesʿī* A weitreichend

وسيع *vasīʿ* A ausgedehnt, weit

وسيله *vesīle* A f gute Gelegenheit; (auch E.N.)

وصال *viṣāl* A Vereinigung; *~-i ḥaqq* die V· mit Gott

وصف *vaṣıf* (E) A Eigenschaft

وصول *vuṣūl* A Ankunft; *~ bulmaq* ankommen, eintreffen

وصى *vaṣī* A Vormund

وصيّت *vaṣīyet* A f Testament; *~ ētmek* sein T· machen, seine letztwilligen Verfügungen treffen; *~-nāme* AP (geschriebenes) T·

وضع *vażʿ* A Haltung, Handlung; *~ ētmek* setzen, legen, (auf-)stellen; *~-ı ḥaml ētmek* ein Junges gebären, werfen

وضوح *vużūḥ* A Deutlichkeit

وطن *vaṭan* A Heimat, Vaterland

وظيفه *vaẓīfe* A f Obliegenheit, Pflicht, Aufgabe

وعد *vaʿid* (E) A Versprechen; *~ ētmek* versprechen, zusagen

وعظ *vaʿıẓ* (E) A Ermahnung, Predigt; *~ ētmek* eine P· halten, predigen

وفا *vefā* A Treue, Redlichkeit; *~ ētmek* ausreichen, nicht ausgehen, nicht im Stiche lassen; *bī-~* untreu, treulos, unredlich

وفات *vefāt* A Tod; *~ ētmek* sterben

وفقط *ve-faqaṭ* A jedoch, aber

وقايع *veqāyiʿ* A f (Pl. v. واقعه) Ereignisse, Begebenheiten; *~ kātibi* Registraturkanzlist (bei Gericht)

وقت *vaqit* (E) A Zeit, passende Z·, Z·-punkt, Weile; *geldiği ~* wenn (= sobald) er kommt, als er kam; *ol ~* damals, dann; *her ~* allezeit, immer (wieder); *bī-~* zur Unz·, unz·ig, zu früh; [2] *~i* die rechte Z· für [4]; [1] *~inde* zur Z· [2]; *~iyle* zu seiner Z·, seinerz·, einst; *gēǧe ~i* zur Nachtz·, nächtlicherweile; *~ gečirmek* die Z· verstreichen lassen, Z· vertun (= vergeuden)

وقتنكم *vaqtan-kim* AT zur Zeit als; *ol ~* zu jener Z· als, damals als

وقف *vaqıf* (E) A fromme Stiftung

وقوع *vuqūʿ* A Vorliegen, Vorfallen, Stattfinden, Ereignis; *~ bulmaq* s. ereignen

وقوعات *vuqūʿāt* A f (Pl.) Ereignisse, Begebenheiten

وقيّه *vaqīye* A f Pfund (= اوقه *oqqa*)

وكالت *vekālet* A f (Groß-)Wesirat

وكلاء *vükelāʾ* A (Pl. v. وكيل) Wesire

وكيل *vekīl* A Stellvertreter, Verweser; *~-i ḫarǧ* Säckelverwalter

ولاة *vülāt* A (Pl. v. والى) die Sachwalter

ولادت *vilādet* A f Geburt

ولايت *vilāyet* A f Land, Provinz; ~-*i aṣlīye* das ursprüngliche L·, Heimat, Vaterl·

ولوكه *velev-ki* AP (§ 432) und wenn auch

ونديك *Venedig* Venedig; ~*lü*, ~*li* Venezianer

وهّاب *vehhāb* A freigebig, der F·e; *ğenāb-ı* ~ Gott der Geber aller Dinge

ويا ، وياخود *veyā(-ḫod)* A (P) oder (auch)

ويانه *Viyana* Wien

ويران *vīrān* P zerstört, verwüstet, verheert

ويرانه *virāne* P zerstört, Trümmerhaufen, Ruine, Brandfeld

ويرمك *vērmek* geben, darreichen, schenken, (zur Frau) g·, herausg·, überg·, verleihen, ausliefern

ويرر *vērir*: Ao. v. ويرمك

ه

هاپ *hap* (Kindersprache:) happ machen, essen

هادى *hādī* A Führer (auf dem Weg zum Heile), Allah der F· z· H·

هاشمى *Ḥāšimī* A: E.N.

هانكى *hangi* welche(r, s)?, was für ein(e)?, *her* ~ irgendein beliebiger, welcher auch immer

هانى *hani* wo (ist); ~ *ya* = هانيا

هانيا *hani-ya* [1] wo ist [1]?, wo hast du [4] (gelassen)?, doch (bekanntlich); ~ *parası yoq mu* er hat doch Geld, nicht wahr?

هاى *hay* he!, ach!, ha!

هايدى *haydı* vorwärts!, wohlan!, auf!, los!, marsch!, fort von hier!

هب *heb* alles, ganz, das G·e, lauter, alle(samt), insgesamt; *bunlarıñ* ~*si* alle von diesen, alle diese; *ayıñ* ~*si* g·er Monat

هبوط *hübūt* A Absteigen; ~ *ētmek* hinabsteigen, hinunterfahren

هبه *hibe* A f Geschenk; ~ *ētmek* schenken

هپ *hep* = هب; ~*iñiz* jeder von euch, ihr alle

هجرت *hiğret* A f Auswanderung; Hidschra (Beginn der islamischen Zeitrechnung)

هجوم *hüğūm* A Angriff, Sturm(a·); [3] ~ *ētmek* [4] angreifen, [4] überfallen

هدايت *hidāyet* A f Rechtleitung, Führung auf dem Wege des Heiles

هر *her* P jede(r, s), alle(s); ~ *bār* allemal, jederzeit; ~ *bir* jedwede(r, s); ~ *biri* j·r (einzelne) von ihnen; ~ *ḥālde* j·falls, in j·r Hinsicht; ~ *hangi* → هانكى; ~ *qačan* → قچان; ~ *kes* j·rmann; ~ *kim olsa* wer immer es sei(n mag); ~ *gün* j·n Tag, täglich; ~ *ne-qadar* wie sehr auch, wie viel(e) auch

هرسك ، هرسەك *herseg* D Herzog, Kurfürst

هركس *herkes* → هر *her*

هفت *heft* P sieben

هفته *hafta* P Woche

هلاك *helāk* A das Verderben; ~ *ētmek* (= *qılmaq*) umbringen, töten, verderben, vernichten; ~ *olmaq* umkommen, sterben

هله *hele* also!, los!, doch (nur)!, nur!, komm!, wenigstens!; ~ *baq* schau doch (nur)!, schau nur!

هم *hem* P ebenso, zugleich, auch, und; ~ ... (*ve*) ~ (*de*) sowohl ... als auch, einerseits ... andererseits; (*ve*) ~ (*de*) u. zugleich, u. ferner, u. obendrein, u. auch, desgleichen, u. zwar, u. noch dazu (§ 504,10)

هما *hümā* P Glücksvogel, Phoenix

همان *hemān* P (eben) diese(r, s), ebenso, genau, also, so, eben, nur, da, sogleich, (mit Negation:) kaum; ~*dem* → هماندم

همان‌دم *hemān-dem* P im selben Augenblick, da

همایون *hümāyūn* P erlaucht, großherrlich

همّت *himmet* A f Streben, Bestrebung, Mühewaltung, Gunst, Wohlwollen, guter Wunsch; [3] ~ *ētmek* s. um [4] bemühen, für [4] Sorge tragen

همتا *hem-tā* P gleich, ebenbürtig; *bī-*~ ohnegleichen, einzigartig

همجنس *hem-ğins* PA Artgenosse

همدردلك *hem-derdlik* PT Mitleid

همشهری *hem-šehrī* P Mitbürger (aus der gleichen Stadt), Landsmann

همشیره *hem-šīre* P Schwester

همعنان *hem-ʿinān* PA mit gleichem Zügel, in gleicher Linie reitend

همم *himem* A f (Pl. v. همت) Bestrebungen; ~*-i ʿalīye* hohe B·

هموار *hem-vār* P eben, gleich

همواره *hem-vāre* P stets, immerdar

همیشه *hemīše* P stets, immerdar

هند *Hind* Indien

هندستان *Hindistān* P Indien

هنر *hüner* P Kunst, Fertigkeit; *erbāb-ı* ~ Meister der K·

هنطو *hinto(v)* U Kutsche

هنگام *hengām* P Augenblick, (rechte) Zeit

هنگامه *hengāme* P Schlacht, Sch·getümmel

هنوز *henūz, henüz* P noch, bis jetzt, eben erst; (mit Negation:) noch nicht

هوا *havā* A Atmosphäre, Luft, Hauch

هوا *hevā* A Lust, Gelüste, Verlangen, sinnliche Begierde; ~*-ı nefs* → نفس

هوالاندرمق *havālandırmaq* AT (in die Luft) steigen lassen

هوس *heves* A lebhaftes Verlangen, Lust, Laune; ~*āt* A Pl. f Launen

هی *hey* oh!, heh!, ach!, ha!

هیچ *hīč* P je(mals), jemand, nicht?, etwa (nicht)?, (mit Negation:) gar (= überhaupt) nicht(s), nie, auf keine Weise; ~ *bir* kein(erlei); ~ *ağlama* weine doch (= nur) nicht!

هیچلك *hīčlik* PT Nichtsein, Nichtexistenz

هیكل *heykel* A Statue

هیهات *heyhāt* A ach!, ach weh!

هیئت *hey'et* A f Gestalt, Form; ~*-i aṣlīye* ursprüngliche G·; ~*-i ʿaskerīye* militärische Macht; *ḥāl ü* ~*e girmek* Zustand u. G· annehmen, Charakter annehmen

ی

یا *ya* nun, denn, aber, und, und da, ja, doch; *geliyorum* ~ ich komme ja (schon)!; *geldi* ~ er ist doch (schon) gekommen!

یا *yā* A oh!; ~ *'llāh* o Allah!, vorwärts!, auf!, los!

یا *yā* P oder; ~ . . . ~(*ḫod*) entweder . . . oder

یابانجی *yabanğı* fremd, F·er, Ausländer

یاپدرمق *yapdırmaq* machen lassen

یاپشمق [3] *yapıšmaq* an [3] kleben (bleiben), an [4] Hand anlegen, s. an [3] festhalten (= anklammern), [4] anfassen, [4] (fest) packen; [2] *yanına* ~ s. an [4] anhängen, [3] nicht v. der Seite weichen

یاپلمق *yapılmaq* gemacht w., gebaut w., vermauert (= zugemauert) w.

یاپمق *yapmaq* tun, machen, herstellen, ausüben, bauen, vermauern; [4] [1] ~ [4] zu [3] machen; *bu mektūbu ne yapdıñ* was hast du mit diesem Brief gemacht?

یاپیلمق *yapılmaq* = یاپلمق

یاتاق *yataq* = یتاق

یاتر *yatar, yatır*: Ao. v. یاتمق

ياتمق *yatmaq* liegen, dal·, l· bleiben, s. (nieder)legen, schlafen

یاتور *yatur, yatır*: alt. Ao. v. ياتمق

ياخود *yāḫod* P oder; *ve-*~ oder (auch)

یادگار *yādigār* P Andenken, Erinnerung; ~*-ı* [1] die E· an [4]

یار *yār* P Freund, Geliebte(r), Liebchen, Schatz

یارادیلیش *yaradılıš* Wesen, natürliche Anlage, Charakter

یاراشمق [3] *yarašmaq* [3] wohl anstehen, s. für [4] schicken

یارالی *yaralı* wund, verw·et, verletzt, weh

یاراماز *yaramaz* schlimm, nicht tauglich, nicht passend, nicht entsprechend, Taugenichts

یاران *yārān* P (Pl. v. یار) Freunde, gute Leutchen, „Herrschaften"; ~*-ı ṣafā* F· des Wohllebens, Genießer

یاردم *yardım* Hilfe, Beistand, Almosen

یارلمق *yarılmaq* gespalten w., (durch blutende Wunde) verletzt w.

یارم *yarım* halb

یارن *yarın* morgen; ~*ki* morgig

یاره *yara* Wunde; ~*lanmaq* verwundet w.

یاری *yarı* Hälfte; ~ . . . ~ halb . . . halb; ~*sı* die H· davon; *gēğe* ~*sı* (um) Mitternacht

یارین *yarın* = یارن

یاز *yaz* Sommer

یازار *yazar* (Ao. v. یازمق) schreiben könnend; → اوقور

یازق *yazıq* schade!; ~ [3] wehe [3]!, schade um [4]!

یازلق *yazılmaq* geschrieben w. (= sein)

یازمق *yazmaq* schreiben, besch·, schildern, darstellen; (vgl. auch § 291, 2:) *düše-yazdı* er wäre fast gestürzt; [1] *ola-yazdım* beinahe wäre ich [1] geworden

یازی *yazı* Schrift; ~ *yazmaq* schreiben

یازیش *yazıš* Schreibweise, Stil

یازیلمق *yazılmaq* = یازلق

یاش *yaš* Feuchtigkeit, Regen, Träne(n); ~ *dökmek* T·n vergießen

یاش *yaš* Alter, Lebensjahr; ~*ını almaq* älter w., heranwachsen; [1] ~*ında* im A· von [1] Jahren, [1] Jahre alt; [1] ~*ına girmek* [1] Jahre alt w.

یاشامق *yašamaq* leben

یاشلو *yašlu, yašlı* älter, ä·er Mensch

یاغلیجه *yağlıǧa* ein bißchen fettig

یاغمق *yağmaq* (vom Himmel) fallen, regnen; *qar yağıyor* es schneit

یاقارمق *yaqarmaq* flehen

یاقشمق *yaqıšmaq* s. schicken, passend erscheinen, hübsch aussehen

یاقلشمق ، یاقلاشمق *yaqlašmaq* s. nähern, näherkommen, (s.) nahen, herannahen, hingehen, in die Nähe gehen

یاقلمق *yaqılmaq* angezündet sein (= werden), (ver)brennen, (von Sorgen, Schmerz) verzehrt werden; *yanmaq* ~ elend verbrennen, jammernd weinen

یاقمق *yaqmaq* anzünden, anfachen, verbrennen

یاقه *yaqa* = يقا

یاقیشقلی *yaqıšıqlı* hübsch, schön

یاك *yañ* = یان *yan*

یاکاق *yañaq* Wange; *gül* ~*lı* rosenwangig

یاکلش *yañlıš* irrig, falsch; ~ *añlamaq* f· verstehen, mißv·

یاکلمق *yañılmaq* s. täuschen lassen, (s.) irren

یالاق *yalaq* Trog

یالامق *yalamaq* lecken, aufl·, abl·

یالانجی *yalanǧı* Lügner, L·in

یالکز *yal(ı)ñız* allein, einfach, bloß, nur

یالوارمق [3] *yalvarmaq* [4] (= zu [3]) bitten, zu [3] flehen, [4] anf·

یالی *yalı* Strandvilla

يالين ***yalın*** nackt; ~ *ayaq* barfuß

يان ***yan*** Seite; *bir* ~*a* beiseite, abseits, (irgend) wohin; *saġ* ~*a* nach rechts, r·hin; [2] ~*ına* an (= zu) [2] Seite, zu [3]; [2] ~*ında* neben [3], bei [3], in [2] Gegenwart

يانشمق [3] ***yanašmaq*** s. [3] nähern, [4] anlaufen, in (= bei) [3] landen; [2] *yanına* ~ an [4] herankommen, s. an [4] heranmachen

يانمق ***yanmaq*** brennen, lodern, (vor Liebe, Schmerz) b·, s. verzehren, leiden, klagen; [3] ~ an (= in) [3] verb·

يانيه‌لى ***Yanyalı*** aus Yanya (= Janina in Griechenland)

ياورو ***yavru*** (kleines) Kind; ~*ǧaq* (liebes) K·chen

ياوه ***yāve*** P fade, geistlos, eitel

يايان ***yayan*** Fußgänger

يايلمق ***yayılmaq*** s. verbreiten

ياين ***yayan*** = يايان

يباب ***yebāb*** A wüst; ~ *ētmek* verw·en, zerstören

يبانجى ***yabanǧı*** = يابانجى

يبوست ***yübūset*** A f Trockenheit

يتاق ***yataq*** Lager, Bett

يتشمك ***yetišmek*** schnell herkommen, zur Reife kommen; [3] ~ an [4] herankommen, zu [3] eilen, [3] zu Hilfe kommen, [4] erreichen, [4] erlangen, zu [3] zurecht kommen, [3] genügen; [2] *arqasından* ~ [3] nacheilen (= nachkommen); *yetišir* = *yetišür* es ist genug, es genügt

يتشميه سيجه ***yetišmiyesiğe*** was nicht heranwachsen u. gedeihen soll, verwünscht

يتشور ***yetišür, yetišir*** → يتشمك

يتمش ***yetmiš*** siebzig

يتمك ***yetmek*** hinreichen, genügen

يتورمك ***yitürmek*** = ييتورمك

يخسا ***yoḫ-sa*** = يوقسه *yoq-sa*

يخود ***yaḫod*** = ياخود

يد ***yed*** A Hand; [4] ~*-i iǧtıṣābına gečirmek* s. [2] gewaltsam bemächtigen

يدرمك ***yedirmek*** zu essen geben, (als Speise) vorsetzen

يدمك ***yedmek*** (an der Hand) führen

يدنجى ***yedinǧi*** siebente(r, s)

يدى ***yedi*** sieben

يديرمك ***yedirmek*** = يدرمك

ير ***yer*** Erde, Boden, Ort, Stelle, Raum, Platz, Gegend, Gelände; *beš adım* ~ eine Strecke von fünf Schritten; ~ *yüzü* Erdoberfläche, Erdboden; *bir* ~*e gelmek* zusammentreten, s. versammeln; *bī-maʿnā* (= *boš, nāfile*) ~*e* sinnlos, umsonst, vergeblich, unnützerweise; *aṣlı yoq* ~*e* ohne Grund, g·loserweise, gegenstandslos; *bir* ~*den* auf einmal, zusammen, zur gleichen Zeit; *güleğek* ~*de* statt zu lachen; ~*inde* an seinem Platze, am rechten Ort, angebracht, gelegen; [4] ~*ine getirmek* [4] erfüllen; [2] ~*ine gelmek* an [2] Stelle treten; ~*lü* (= ~*li*) ~*inde* jede(r) an ihrem (= seinem) Platze

ير ***yer***: Ao. v. يمك *yemek*

يرار ***yarar*** tauglich, nützlich, passend, zweckmäßig, tüchtig, tapfer

يرامز ، يراماز ***yaramaz*** = ياراماز

يراشير ***yarašır***: Ao. v. ياراشمق

يرتلمق ***yırtılmaq*** zerrissen (= zerstückt) w.

يرتمق ***yırtmaq*** = ييرتمق

يرلشديرمك ***yerlešdirmek*** an seinen Platz stellen

يرلو ***yerlü, yerli*** → ير *yer*

يسار ***yesār*** A linke Seite, l·r Heeresflügel

يشامق ***yašamaq*** = ياشامق

يشيل ***yešil*** grün; ~*lik* das G·, G·zeug, Gemüse

يعقوب ***Yaʿqūb*** A (E.N.: Jakob)

يعنى *ya'nī* A das ist, das heißt, nämlich, und zwar, also

يغرد ، يغرت *yoğurt, yoğurd* eingedickte Sauermilch; ~*ğu* Joghurtverkäufer

يغما *yağma* P-T Plünderung; ~ *ētmek* plündern, rauben, wegnehmen

يقا *yaqa* Kragen; ~ ~*ya* K· an K·, s. in den Haaren liegend; ~*yı qurtarmaq* den (= seinen) K· retten, s. aus der Schlinge ziehen; [2] ~*sın(ı) yırtmaq* [3] das Kleid zerreißen

يقلشمق *yaqlašmaq* = ياقلاشمق

يقلمق *yıqılmaq* = ييقيلمق

يقمق *yıqmaq* = ييقمق

يقه *yaqa* = يقا

يقين *yaqīn* A sichere Kenntnis, Wissenschaft, bestimmt

يقين *yaqın* nahe, nicht weit (= fern)

يك *yañ* = يان *yan*

يك *yeg* gut, vorzüglich, besser

يك *yeñ* Ärmel

يكاق *yañaq* = ياكاق

يكت *yiğit* junger Mann, Bursche, Jüngling, Held, Recke

يكد *yiğid* = يكت *yiğit*

يكديكر *yek-dīğer* P einander (auch ~*leri*)

يكرم *yiğirmi* = يكرمى

يكرمنجى *yiğirminği* zwanzigste(r, s)

يكرمى *yiğirmi, yirmi* zwanzig; ~*šer* je z·

يكسان *yeksān* P einerlei, gleich; *ḫāk-le* ~ *ētmek* dem Erdboden gleichmachen, vernichten

يكن *yegen, yeğen* Neffe

يكن *yekün* A es wäre; → كان

يكى *yeñi* neu, frisch; ~*den* von neuem; ~ *köy*: ein Villenort am Bosporus

يكيت *yiğit* = يكت

يكيچرى *yeñi-čeri* Janitschare; ~ *ağası* der Oberst der J·n, J·ngeneral

يكيد *yiğid* = يكت *yiğit*

يلديرم ، يلدرم *yıldırım* Blitz, Wetterstrahl

يلوارمق *yalvarmaq* = يالوارمق

يمان *yaman* schlimm, böse, toll

يمش *yemiš* (eßbare) Frucht, Obstf·

يمك *yemek* essen, verzehren, fressen, (Prügel:) erhalten (= beziehen)

يمك *yemek* (§ 437) Essen, Speise; ~ ~ ein Mahl einnehmen, essen

يمن *Yemen* A Jemen, Südarabien

يمن *yümün* (E) A Glücksorakel, gutes Auspizium

يمورجق *yumurğaq* Range, Bengel

يمين *yemīn* A rechte Seite, r·r Heeresflügel, Macht

ينا *yine* = ينه

يناشدرمق *yanašdırmaq* nähern, (Schiff:) anlaufen (= anlegen, landen) lassen

يناشمق *yanašmaq* = يانشمق

ينه *yine* wieder, w·um, abermals, eben, doch, trotzdem, dennoch, nichtsdestoweniger; ~ *o* eben diese(r, s), derselbe

يواش *yavaš* langsam; ~ ~ behutsam, verstohlen

يوجه *yüğe* erhaben, hoch

يوخسه *yoḫ-sa* = يوقسه *yoq-sa*

يورت *yurt* Lager, Zeltl·

يورك *yürek* Herz

يورومك *yürümek* gehen, losg·, vorwärtsg·, marschieren, laufen, ziehen

يوريمك *yürimek, yürümek* = يورومك

يوز *yüz* Gesicht, Vorderseite, Oberfläche; ~ *čevirmek* die Flucht ergreifen; [6] ~ *döndürmek* von [3] das G· abwenden, [4] (treulos) verlassen, [3] untreu w.; [3] ~ *sürmek* s. vor [3] niederwerfen; ~*üm aqdır* ich stehe makellos da; [2] ~*ü döndü* [1] ist geflohen, [1] hat die Flucht ergriffen; [2] ~*ünü görmemek* [4] nicht zu sehen bekommen; [2] ~*ünden* um [2] willen, wegen [2]; *yer* ~*ü* Erdoberfläche

يوز *yüz* hundert

يوزمك *yüzmek* schwimmen

يوسف *Yūsuf* A Joseph, der biblische J·

يوغ *yoġ* = يوق *yoq*

يوق *yoq* nicht seiend (= existent, vorhanden, zugegen), abwesend; (als Antwort:) nein, keineswegs, [1] *~-dur* [1] ist nicht, [1] ist nicht da (= zugegen), es gibt [4] nicht; ~ ~ aber nein (doch)!

يوقارى *yuqarı* (nach) oben, hoch, hinauf, herauf; *~ki* oben befindlich, obere(r, s)

يوقسه *yoq-sa* wenn nicht, im anderen Falle, sonst, oder, übrigens, also, etwa

يوقسول *yoqsul* arm; *~luq* Armut

يوقلق *yoqluq* Armut

يوقلمق *yoqlamaq* prüfen, untersuchen

يوك *yük* Last, Bürde, Gewicht, Gepäck

يوكسك *yüksek* hoch, hoher Ort, Bodenerhebung, Anhöhe

يوكسه‌لتمك *yükseltmek* erheben, emporheben

يوكسه‌لمك *yükselmek* s. erheben, emporsteigen

يوكلتمك [4] [3] *yükletmek* [4] auf [4] laden

يوكلنمك [4] *yüklenmek* s. [4] aufladen, [4] auf s. nehmen

يول *yol* Weg, Straße, Fahrt, Reise, Gang, Art u. Weise, Anliegen; *~a čıqmaq* (= *düzülmek*) s. auf den Weg machen, abfahren; [2] *~una* für [4], um [2] willen; *~undan qalmaq* aufgehalten w.

يولجى *yolğu* Reisender

يولداش *yoldaš* Gefährte, Kamerad; *qapu ~ı* Dienstgenosse (am Sultanshof)

يوللامق *yollamaq* schicken, senden

يوللو [1] *yollu* in der Art v. [3]; [1] *~ sözler* Worte wie [1]

يولمق *yolmaq* (ab-, aus-)rupfen, ausreißen

يولنمق *yolunmaq* gerupft werden

يوم *yevm* A Tag; → اربعا → خمسين

يومروق *yumruq* Faustschlag; *bir ~ (v)urmaq* eine Ohrfeige versetzen

يومق *yumaq* waschen, reinigen

يومورطه *yumurṭa* Ei

يوميّه *yevmīye* A f Tagesgebühr, als T·

يونانستان *Yunānistān* G-AP Griechenland

يونس *Yūnus* A (E.N.: Jonas)

يووا *yuva* Nest

يهودى *yahūdī* A jüdisch, Jude

ييا كان *yiyegen* gerne essend

ييان *yayan* = ياياں

ييتمك *yētmek* hinreichen, genügen

ييتورمك *yitürmek*, *yitirmek* verlieren

ييدرمك *yēdirmek* = يدرمك

يير *yēr* = یر *yer*

ييرتمق *yırtmaq* zerreißen, in Stücke reißen

ييغين *yıġın* Haufe; ~ ~ h·nweise, in hellen H·n (= Scharen)

ييقار *yıqar*: Ao. v. ييقمق

ييقانمق *yıqanmaq* baden, ein Bad nehmen

ييقمق *yıqmaq* niederreißen, einreißen, abbrechen, umstürzen, verheeren

ييقيلمق *yıqılmaq* niedergerissen werden, niederstürzen, zusammenbrechen, fallen

ييل *yıl* Jahr; *ol ~* in jenem J·

ييلان *yılan* Schlange; → كور

ييلدز ، ييلدوز *yılduz*, *yıldız* Stern

ييللق [1] *yıllıq* [1] Jahre lang, für [1] J· ausreichend; *bir ~ ʿömür ġāʾib ētmek* ein Jahr seines (= ihres) Lebens verlieren

ييلمق [6] *yılmaq* s. von [3] einschüchtern lassen

ييمك *yēmek* = يمك

ييه‌جك *yiyeğek* (etwas) zu essen, Nahrung